KB251537

Philosophy of Time 시간의 철학적 성찰

소 광 희 | 시간의 철학적 성찰

Philosophy of Time

문예출판사

일러두기

1. 인용문 속에서 사용된 〔 〕는 독자의 이해를 돕기 위한 저자의 설명일 경우 사용되었다.

2. 인용문 속에서 ' '는 원문에 따른 것이고, 본문에서 쓰인 ' '는 개념을 강조하거나
개념 또는 문장의 한계를 분명히 하기 위해 사용되었다.

3. 인용문 속의 ( )는 원문에 따른 것이다.

4. 〈 〉는 하이데거가 독자적으로 사용하는 부호인데 내용상 ' '와 다르지 않으나
2의 ' '와 혼동될 우려가 있어 하이데거의 경우에 한해 사용하였다.

시간은 끝없이 끝없이 흘러만 가는 것으로 여겨진다. 세월이 흐르는 물과 같다고 한다. 공자도 흐르는 물을 물끄러미 바라보다가 세월이 저 물과 같다고 서글퍼하였고, 석가모니는 제행무상(諸行無常)을 깨달았으며, 예수 그리스도는 영생을 가르쳤다.

모든 식물이 봄에는 꽃피고 새싹 나며, 여름 불볕을 받고 자라서 가을에는 열매를 맺고 시들어서 낙엽을 떨군다. 동물도 태어나고 자라서 자식을 낳아 기르고는 죽는다. 이 세상에 생을 얻어 사는 생물은 하나같이 자기의 삶을 미래로 향하고 있다. 마치 물고기가 거센 물줄기를 힘겹게 거슬러 올라가며 살듯이, 삶은 자기를 내일 속에서 실현시키고자 기를 쓴다.

한창 때의 젊은이에게 시간은 자기 실현의 무대일 것이다. 미래는 그의 인생 바로 그것이다. 그 미래란 얼마나 화려하고 희망 찬 것인가? 만일에 내일이라는 미래가 없고 오늘만 있다고 한다면 모든 생물은 한순간에 생존을 정지당할 것이다. 내일은 삶을 이끌어가는 견인차인 것이다. 시간론은 이 희망 찬 미래를 주제로 한다.

인생을 한마디로 말한다면 시간에 실려 가는 삶의 지속이다. 시간을 제쳐놓고 삶을 이야기할 수는 없다. 그러나 시간은 언제나 모든 것을 소멸시키는 장본인으로 여겨져왔다. 릴케는 그의 한 초기 시에서 소년이 가져다준 장미를 슬퍼하고 있다. 어제 그 소년이 가져다준 노란 장미를 오늘은 그의 무덤에 조화로 가져가는데, 어제의 그 빛나던 이슬은 눈물이 되었다고 한다. 무상의 영화를 누린 양귀비의 삶이 덧없음을 노래한 두보의 「옥화궁」(玉華宮)이라는 시는 이렇게 노래하고 있다.

> 미인은 황토가 되었거니와 하물며 연지 곤지이랴
> 황금마차로 모시던 것은 옛적, 남은 것이라곤 돌덩이뿐이로다.
> (美人爲黃土 況乃粉黛假 / 當時侍金輿 故物獨石馬)

모든 변화는 시간과 더불어, 시간을 기저로 하여, 시간을 통해 형성된다. 시간은 변화를 동반한다. 그러나 변화는 또 인간을 고달프게 한다. 시간은 고뇌의 주제인 것이다.

한 번 흘러간 시간은 영영 돌아오지 않는다. 시간은 오직 한 번 있다가 사라질 뿐이다. 시간의 본질은 유일회성(唯一回性)에 있다. 사마천은 『사기』의 「자객열전」(刺客列傳)에서 진시황을 살해하려고 떠난 연(燕)나라의 자객 형가(荊軻)를 소개한 뒤에 그가 다시 돌아오지 못한 것을 두고, "바람은 스산하게 불고 역수강(易水江) 물은 찬데 / 장사 한 번 떠나가더니 다시 돌아오지 않는구나"(風蕭蕭兮易水寒 / 壯士一去兮不復還)라고 읊조렸다. 모든 생명체는 개별자로서 이 한 번밖에 없는 삶을 변화무쌍하게 사는 것이다. 시간론은 단 한 번의 인생 자체를 주제로 한다.

변화의 극점은 죽음이다. 죽음은 가장 자연스런 인생의 종말이다. 만일 죽음이라는 것이 없다면 종교도 예술도 철학도 과학도 생겨나지 않았을 것이다. 아니, 삶 자체가 없다. 시간과 동행하는 삶의 지속이 중단되면 거기가 곧 죽음이므로 삶과 시간은 동일한 것처럼 연관되어 있다. 우리의 인생은 그 시간 밖에 있는 것이 아니라 그 흐름에 실려서 함께 흘러가다가 어느 날 갑자기 사라지는 것으로 표상되어왔다.

죽음은 삶의 종말에 필연적으로 따라오는 현상이지만 태곳적부터 인간은 영원히 살기를 갈망하였다. 고대 이집트인들이 시체를 미라로 만들고 영혼이 별로 재생한다고 믿은 것이나, 고대 그리스 철학과 불교에서 윤회전생을 교설하는 것, 그리스도교가 '죽었다가 다시 살아나서 영원히 사는 천국'을 역설하고 거기에서 고통 없이 살고자 하는 것도, 심지어 철학적으로 시간의 비실재성을 증명해 보이려고 하는 것도 근본적으로는 영생에 대한 절실한 소망의 발현에 다름 아니다. 시작도 끝도 없이 영속하는 시간에 비하면 사람의 일생이란 얼마나 덧없는 것인가? 사람들이 그렇게도 갈망하고 갈구하는 그 영원은 어디 있는가? 영원이란 무엇인가? 우리는 죽음 이후를 불변의 영원이라고 한다. 그러나 엄격하게 말하면 거기는 무시간, 즉 시간 밖이다. 종교는 영생을 기원하는 인간의 원시 심정에 근거해서 무상을 극복하려는 시도이다. 그러나 영원은 종교적 이데올로기의 산물일 뿐이고, 정직하게 말하면 영원이란 변화가 전혀 없는 저 비존재의 세계 즉 불변의 영역이며 완전한 무의 세계이기도 하다. 이것은 과거화의 관점에서 본 인생-시간이다. 시간은 황혼길에 접어든 자의 주제, 아니, 최후의 주제이기도 하다.

시간은 도대체 무엇인가? 어떻게 물어야 우리는 시간에 접근할 수 있는가? 아우구스티누스는 '시간이 무엇이냐?'고 묻지 않으면 시간이 무엇인지 알 것 같은데 누가 '시간이 무엇이냐?'고 물어서 거기 대해 설명하려고 하면 시간이 무엇인지 모르겠다고 고백한 바 있다. 그러나 솔직히 말하면 그가 '설명하기 전에는 시간에 관해 알 것 같다'고 한 것은 진정한 앎이라기보다는 짐작이나 느낌이 아닐까? 시간은 끝없이 흘러가는 것이라는 느낌. 시간은 여전히 수수께끼에 싸여 있다. 아니, 시간은 너무 친숙하게 알려져 있는지도 모른다. 초등학교 학생들도 시계를 차고 다니며 시간에 맞추어 사는 터에 시간을 모르다니 말이 되는가? 그러나 그것은 시계 위에서 보여지는 시각의 표시이지 시간 자체는 아니다. 이렇게 '앎'과 '모름'의 중간에서 우리의 물음은 시작한다.

시간을 연구하는 차원은 세 가지이다. 첫째는 과학의 차원이고, 둘째는 종교의 차원이며, 셋째는 철학의 차원이다. 첫째 과학의 차원에서 보여지는 시간은 태양계에 속하는 생물들이 해와 달과 별들의 주기적 운행에 맞추어 사는 데 근거한 것으로서 거의 상식화된 견해요, 따라서 다른 차원의 시간론의 기초가 된다. 여기에서 다루어지는 시간을 흔히 우주적 시간 또는 자연적 시간이라 한다. 우주적 시간은 영구히 회귀한다는 표상을 낳는다. 농경 사회의 시간 표상은 대개 이런 것이다.

이 차원에서의 주제는 예컨대 시간 주기의 정확한 측정에 입각한 캘린더의 제정과 그 연장선상에서 시간의 미시적 측정 도구인 시계의 제작, 시간 측정을 둘러싼 과학 이론(절대시간과 상대론적 시간), 시간 측정의 거시화, 시간과 생명과의 관계 즉 생명체의 시간 지각, 나아가서 모듬살이의 방식에 따른 시간감각의 차이 등이다. 현대인은 무심코 캘린더를 사용하고 있지만 이를 위해 태초의 고대인들은 얼마나 많이 천체의 운행을 관찰하고 기록하였는지 모른다. 사실 문명이란 이 천체의 관찰과 기록으로부터 시작되었다. 이 캘린더의 제작을 통해 비로소 인간은 역사 세계를 연 것이다.

점성술을 비롯한 인간의 운명을 점쳐보려는 이런저런 시도들도 내용상으로는 더러 종교적 냄새가 없는 바는 아니나 사주(생년월일시)부터 따지는 것을 보면 시간론상으로는 여기서 말하는 과학적·상식적 시간을 전제하고서 가능한 것이다.

둘째, 종교의 차원에서의 시간 사상은 인간 영혼의 구원으로 모아진다. 인간은 누구나 영생하길 원한다. 여기서 필연적으로 나오는 것이 세 가지 영원관이다. 하나는 이승의 시간을 무한하게 늘여서 이승에서 불로장생을 성취하려는 것이고, 다른 하나는 사후에 영생 개념을 두는 것이다. 시간은 고통과 죄로 가득 찬 영역인 데 반하여 영원은 불변이고, 고통 없는 낙원이고, 불생불멸이다. 종교적 시간관에서는 이 시간을 지양하고 영원에 도달하기 위해 부활, 득도, 성불, 각(覺) 등 여러 가지 초월화의 장치를 만들어놓는다. 세 번째는 윤회 전생이다.

시간과 관련해서는 가령 시간을 성스런 시간과 세속적 시간으로 구분하여 후자로부터 전자로 전환하는 대목에 비약적 계기를 설정한다. 예컨대 스트레스라는 것은 종교적으로 말하면 일종의 고통이요, 죄인데 이것을 해소하는 방법은 영원에 참례하여 자기를 부활(재생)시키는 것이다. 그 집단적 형태가 축제이다. 축제는 세속적 시간을 청산하는 비약의 계기이다. 따라서 축제는 심령 행사이며, 시간이 영원과 만나는 장이다. 무속의 행사는 그 원시적 형태이다.

이런 시간관은 대개 직선적으로 표상된다. 그 이유는 이승의 고통스런 시간이 끝이 있길 염원하는 데 있는 게 아닌가 여겨진다. 직선적 시간 표상을 가지고 사는 민족들은 인간의 삶의 근거를 자연에 두기보다는 역사에 둔다. 그리스도교의 시간론에서 그 단초를 '역사의 의미'에 대한 물음에서 찾는 까닭이 여기 있다. 역사는 일회한적이기 때문이다. 그만큼 미래에 대한 선취의식이 강하다고 할 수 있다.

그러나 나는 종교적 시간 연구를 별도로 다루지 못했다. 영원이라든가 겁과 찰나, 구원 등에 의존하는 종교적 담론은 매우 감동적이긴 하나 실증성과 논리적 정합성이 떨어지는데다 나 자신 종교에 대한 조예가 깊지 못하기 때문이다. 그러나 필요한 주제는 적당한 곳에서 논의하였다.

시간의 본질, 시간의 인식, 시간 양상의 문제, 시간과 영원과의 관계, 시간의 근원 등이 철학 차원의 시간 연구 주제이며 이 책에서는 이런 것들을 자세하게 다룰 것이다. 그 동안 내가 시간이라는 주제를 좇아다니며 연구한 것을 내 나름의 방식으로 배치하고 정리하였다. 시간에 대한 담론을 빼놓지 않고 수록하려고 애썼다. 말하자면 나는 이 책에서 시간 논의에 지번을 매기고자 하였다.

제I편은 일반 시간론이다. 여기에서는 시간에 대한 상식적·과학적 차원의 견해를 몇 가지로 나누어서 검토한다. 제1부는 시간의 일반적 표상, 즉 원환적 표상과 직선적 표상을, 제2부는 캘린더의 제정과 그 이후의 시간에 대한 과학적 연구를, 제3부는 태양계 안의 생명체와 시간과의 관계를 다룬 것인데 그 이후의 철학적 시간론으로 자연스럽게 이행하도록 고려하였다.

제II편과 제III편은 철학적 시간 연구로 말하자면 철학적 시간론의 역사라고도 할 수 있을 것이다. 나는 종래의 철학적 시간론을 가능한 대로 모두 여기에 수록하였다.

2001년 5월 분당에서
운정 소광희(芸汀 蘇光熙)

제II편 철학적 시간론(1)
─ 시간론의 기초

제Ⅲ편 철학적 시간론(2)
－시간에 대한 근·현대적 표상과 그 역할

일반 시간론

시간에 관한 연구는 먼 옛날부터 여러 방면에서 이루어져왔다. 그 첫 번째 방면은 천체 운행의 주기성 및 그 주기의 길이 측정과 관련된 우주론적(천체 물리학적) 연구이다. 그것은 처음에는 아마 종교적 심성 내지 점성술과 관련되었을 것이다. 가장 기본적이고 소박하면서도 우리의 일상 생활과 깊이 관련된 시간이 여기서 다루어지는 바로 그 '시간'이다. 그것은 구체적으로 캘린더-시계와 관련되기도 하고, 천체 운행의 주기성이 종교적 제의와 만나기도 한다. 종교적으로 표상되는 시간은 그러나 평균화된 일상적 시간이 아니라, 영원이요—그것이 지상에 투영된 것이 거룩한 시간이다—죄를 발무(撥無)하고 영생을 보장하는 시간이다. 신 앞에서 두려워하며 자신을 가다듬는 종교적 제의는 우리의 세속적 삶을 정화하고 경건하게 하며 함부로 행동하지 못하게 한다. 그것은 속화된 삶을 갱신해서 인간으로 하여금 새롭게 태어나도록 한다.

이 제I편 일반 시간론에서는 세 가지가 다루어진다. 제1부에서는 시간에 관한 일반적 표상으로서 원환적 표상과 직선적 표상이 취급된다. 그런 시간 표상의 근저에는 종교적 시간관이 숨어 있다. 그리하여 거기에 이어서 거룩한 시간과 세속적 시간이 다루어진다. 제2부는 역법(캘린더)과 계시(計時)의 발달을 비롯한 과학적 시간을 검토한다. 시간의 측정 문제도 여기서 논의된다. 측정을 위한 시간 개념으로 시간의 절대성과 상대성이 고려된다. 그 시간은 우리의 일상 생활이 거기에 맞추어서 영위되는 그런 시간이다.

그리고 마지막 제3부에서는 태양의 자식들의 시간, 즉 생명과 관련되는 시간을 다룬다. 생체 시간 및 체험 시간이 그것이다. 동식물의 시간 지각에 대한 실험적 연구 보고는 많다. 인간의 경우에는 특히 삶의 양식인 사회 구조에 따라 시간관이 달라진다는 것을 보여주고 있다. 이런 시간 논의는 시간의 내용에 대한 담론이다.

서설 1. 천체의 운행과 원시 심정

진화라는 것을 믿는다면 인간은 새들과 더불어 가장 늦게 지상에 출현한 동물 종족에 속한다. 인류 출현 전에도 풀과 나무는 낮의 활동과 밤의 수면을 반복하면서 살았을 것이고, 짐승들은 산과 들을 헤매고 다녔을 것이며, 물 속에서는 어류들이 헤엄치고 있었을 것이다. 그러나 인간이 출현하기 전의 우주는 절대적 의미에서 무(無)에 불과했다. 인간이 출현함으로써 비로소 우주 만물은 존재로서 깨어나고 운행하기 시작한 것이요, 그와 동시에 신은 하늘과 땅을 창조한 것이다. 인간의 출현과 신의 천지 창조는 동시적이다. 인간과 신은 동시에 존재하기 시작한 것이다.

일찍이 인간이 대평원의 언덕 위에 또는 파도치는 대양(大洋) 가에 혹은 산마루 위에 우뚝 서서 고개를 들어 하늘을 바라보았을 때, 그는 저 하늘의 해와 달과 별들의 규칙적이고도 찬란한 운행에 대해, 대자연의 광활함과 신비스러움에 대해 놀라움을 금치 못했을 것이다. 그가 느낀 최초의 경외적 원시 감정은 어떤 것이었을까?

하늘은 에메랄드빛으로 파랗고 구름은 미풍에 실려 춤추듯 흘러간다. 산과 들에는 새들과 짐승들이 두려움 없이 노닌다. 청명한 계곡의 물은 그 속에 푸른 하늘을 담고 희롱하듯 재잘거리며 미끄러져 흘러간다. 꽃들은 화려한 자태를 한껏 뽐내며 벌과 나비를 유혹한다. 함초롬히 내린 비로 초목은 생기발랄해지고 호수에서 솟아오른 무지개가 찬란하게 하늘에 걸려 있다. 푸른 벌판은 끝없이 펼쳐져 있다. 아침과 저녁으로 동쪽과 서쪽 하늘에 원색으로 그려놓은 저 현란한 그림은 얼마나 아름답고 화려한가? 원시인들의 최초의 감정은 황홀과 경탄이었을까?

칠흑같이 어두운 밤에 불어오는 요기 서린 음산한 바람. 온갖 짐승의 소름끼치는 울부짖음. 발 들여놓을 틈도 없이 울창한 숲 속에 우글거리는 맹수들과 강가의 징그러운 파충류. 산더미처럼 달려왔다가 쉰 소리 내며 밀려 가는 검은 파도. 소름끼치게 무섭던 긴 밤이 지나는 끝에 동쪽 하늘에 나타난 칼날같이 섬뜩하고 원한 품은 혼령인 양 요괴스런 그믐달. 내려치는 천둥과 벼락의 괴력. 최초의 원시 감정은 머리카락이 빳빳하게 서고 닭살 돋는 두려움이 아니었을까?

경탄보다는 오히려 두려움이었을 것이다. 그리고 그 원시 감정을 표출하는 최초의 한마디는 '하느님!'이 아니었을까? 인류 최초의 문명 형태가 종교였기 때문이다. 메소포타미아 문명, 나일 강의 이집트 문명, 인더스 강의 인도 문명 그리고 늦게는 이스라엘의 종교 문명이 그러하다.

인간의 군집 생활 또한 그 증거이다. 동물은 두려우면 모듬살이를 하게 마련이다. 태초 이래 인간에게는 즐거움보다는 슬픔이, 기쁨보다는 근심과 두려움이 기본 심정으로 자리잡고 있다. 슬픔과 근심 걱정은 인간에게서 떠날 날이 없었다. 산다는 것은 우수사려(憂愁思慮)에 다름 아니다.

그러나 초승달의 다정함과 보름달의 원만함은 인간을 위로하고 어루만져서 그에게 평안과 희망을 주기에 족하다. 어둠을 걷고 불끈 솟아오르는 태양은 캄캄한 밤의 공포를 걷어낼 뿐 아니라 모든 생물을 생육(生育)시키는 위대한 힘을 가지고 있다. 그러기에 예로부터 태양은 최고신으로 추앙받았던 것이다.

청명한 밤하늘에 반짝이는 별들은 또 얼마나 다정한가? 천체의 규칙적 운행은 생명체가 거기에 순응해서 살 수 있도록 삶의 리듬을 가져다준다. 인간을 공포로부터 구해내어 자연 속에서 다른 생물들과 더불어 살 수 있도록 해준 것은 천체의 규칙적 운행이다. 태양의 규칙적 운행은 밤의 공포가 곧 사라질 것임을 보증하고, 달의 규칙적 영허(盈虛)는 태양의 운행과 더불어 삶으로 하여금 그것과 숨결을 함께하도록 한다.

천체의 운행으로 인해 인생은 태어나고 자라고 늙게 되는 것이니, 천체의 운행은 인간이 시간적 존재임을 일깨워준다. 만일 천체의 운행이 없었다면 인간의 생로병사(生老病死)도 없을 것이요, 따라서 우수사려도 있을 수 없을 것이다. 천체의 운행은 변화로서 시간의 지각일 뿐 아니라 삶의 리듬이요, 삶 자체이다.

태초에 인간은 무엇에 의존해서 시간을 알았을까? 시간은 변화를 통해서 지각된다. 변화가 없는 곳에서 시간은 지각되지 않는다. 영국의 저명한 여류 시인 크리스티나 로세티(Christina Rosseti, 1830~94)는 「누가 바람을 보았는가?」라는 시에서 다음과 같이 변화의 지각을 노래했다.

누가 바람을 보았는가?

나도 너도 아무도 못 봤지.

그러나 나뭇잎이 매달려 떨고 있을 때

바람은 질러 가고 있다.

누가 바람을 보았는가?

너도 나도 아무도 못 봤지.

그러나 나무들이 머리 숙여 인사할 때

바람은 스쳐 가고 있다.

(Who has seen the wind?

Neither I nor you.

But the leaves hang trembling,

The wind is passing through.

Who has seen the wind?

Neither you nor I.

But the trees bow down their heads,

The wind is passing by.)

변화가 없으면 시간은 결코 지각될 수 없다. 이 점에서 그것은 바람과 같다. 그러나 설사 변화가 지각된다 하더라도 그 변화가 한결같고 규칙적이고 무한하게 전진하지 않으면 시간으로서 지각되지 않는다.

그 변화 중에서 가장 크고 가장 규칙적이고 우리에게 가장 광범하게 작용하는 것은 다름 아닌 해와 달과 별 들의 움직임, 즉 천체의 순환적 운행이다. 원시인들은 태양이 규칙적으로 떠오르고 지는 것에 대해, 태양이 주는 밝음과 열기에 대해, 달이 차고 기우는 것에 대해, 그리고 별들의 자리 이동에 대해 신비롭게 생각했을 것이다. 이것들은 엄청난 경이와 찬미의 대상이었다. 모든 종교와 신화와 예술적 상상력과 학문적 사색이 거기서 비롯하는 것이다.

태양이 가까워지고 멀어짐에 따라 식물은 생기를 띠기도 하고 잃기도 한다. 태양이 나오고 숨는 것에 따라 동물의 활동은 활발해지기도 하고 늘어지기도 한다. 태양이 뜨고 지는 것에 따라 인간은 낮을 향유하기도 하고 밤의 공포에 시달리기도 한다. 낮과 밤의 밝음과 어둠도 태양 때문이지만, 따뜻하고 추운 것도 태양 때문이며, 천둥 번개가 포효하는 것도 태양으로부터 기인한다.

태양계 안의 모든 생명체는, 바닷속의 생물이든 지상의 동식물이든 하늘을 나는 새들이든 모두 태양의 자식이다. 그러기에 지상의 모든 생명체의 삶은 태양의 운행과 일치한다. 생명체의 먹이사슬도 태양의 운행에 따른 생물의 생존 방식에 의해 형성된다.

태양은 현대인들이 생각하는 것처럼 에너지원으로서 단순한 항성(恒星)의 하나가 아니고, 달 역시 인간이 발자취를 남기고 올 수 있는 지구의 혹성에 불과한 것이 아니다. 그것은 신비도 내포하고 있으려니와 인간의 힘으로는 도저히 어쩌지 못하는 엄청난 위력을 지니고 있다.

자연의 극한, 즉 인간의 힘이 미치지 못하는 저쪽에 인간은 어쩔 수 없이 초자연적 위력을 가진 신을 상정한다. 해와 달과 별들은 그 자체로 신이다. 특히 태양신은 어느 종족에 있어서나 신들 중의 신이다. 태양신 제우스와 아폴론은 그리스-로마적으로 말하면 신들의 왕이다. 모든 신화와 종교는 태양을 인격화한다.

태양신은 가장 완전하고 자족적인 신이어서 자기가 마음먹은 대로 무엇이든 할 수 있다. 태양이 빛과 열은 주지만 다른 한편으로는 생명을 위협하는 어둠과 추위, 무서운 불벼락도 주는 것처럼 신은 매혹과 사랑의 신이면서 동시에 벌을 내리는 공포의 신비를 가지고 있기도 하다. 신은 언제나 이 두 요소를 함께 가지고 있다.

달이 차고 기우는 것에 따라 바다의 신이 노하여 항해를 방해하기도 하고 혹은 부드러운 바람으로 순조로운 항해를 허락하기도 한다. 바다의 신은 조수의 간만도 좌우하거니와 이를 통해 인간의 항해와 어로(漁撈) 또한 지배한다. 그뿐 아니라 바닷속의 온갖 생물은 달의 영허에 따라 자라고 짝짓고 번식한다. 수중 생물의 신은—만일 그들에게 신이 있다고 한다면—태양이 아니라 달일 것이다.

위력이 있는 곳이면 도처에 신들이 있다. 숲 속에는 요정들이 있고, 나무에는 수령(樹靈)이 있으며, 바다에는 파도와 폭풍을 다스리는 해신(海神)이 있고, 산에는 산신령이 있다. 비와 바람과 물과 불에도 모두 신들이 있다. 우리의 토속 신앙으로는 광에는 광귀신, 부엌에는 오구신, 달걀귀신, 멍석귀신 등 온갖 신들이 있다. 거기는 물활론의 본거지이다.

신들의 가호를 받아 평화롭게 살 수 있기 위해, 또는 감당하기 어려운 시련을 당하여 이를 극복하기 위해 인간은 수시로 신에게 기원한다. 무리 지어 행하는 제신 행위(祭神行爲)는 다름 아닌 축제이다. 축제는 신년, 춘분과 부활절, 추분과 추수감사절 등이 보여주듯이, 계절과 짝지어진 주기적 회귀성을 지닌다. 축제는 천체의 운행에 맞추어져 있다. 천체의 규칙적·주기적 순환과 인간의 삶의 엑스타시스적 표현으로서의 축제는 같은 질서, 같은 리듬으로 맞물려 있다. 축제는 인간의 평화를 신에게 기원하고 인간의 행복을 신에게 감사하는 신사(神仕) 행위이다.

우리가 여기서 간과할 수 없는 것은 제신 행위까지도 그 기초를 최고 신인 태양의 운행, 보다 넓게 말해서 천체의 운행에 두고 있다는 것이다.

그런가 하면 신사 행위는 인간이 사는 자리로서의 공간과도 관련되어 있다. 엘리아데(M. Eliade, 1907~86)는 축제는 인간의 삶이 세속화하는 것을 다시 원형으로 회복하는 시간이요, 장이라고 한다. 시간과 공간에는 거룩한 시간, 거룩한 공간이 있다는 것이다. 그 거룩한 시간과 공간에 참여하는 것이 다름 아닌 축제인 것이다.

서설 2. 시간의 시작과 끝

시간은 언제부터 존재하기 시작했으며 언제 끝날 것인가? 시간에는 시작이 있는가, 그리고 끝이 있는가? 시간은 우주 창조와 함께 있기 시작했으며, 따라서 우주가 파멸해서 없어지는 날 시간도 함께 없어진다. 시간이 우주 창조와 함께 있기 시작했다면 창조 이전에 시간은 있지 않았을 것이고, 우주의 종말 이후에 또한 시간이 있을 리 없다.

아우구스티누스는 "하늘과 땅을 만들기 전에 하느님은 무엇을 하였느냐고 묻는 자가 있다면 그는 천지 창조 이전에도 시간이 있었다고 생각할 터인데 시간 자체도 창조와 함께 만들어진 것"[1]이라고 잘라 말한다. 즉 신의 천지 창조 '이전'에는 시간이 있지 않았다는 것이다. 그런즉 천지 창조 '이전'에 시간은 어떠하였느냐고 묻는 것은 어리석고 무의미하다. 무의미할 뿐 아니라 그렇게 깊은 것을 묻는 자들을 위해 신은 지옥을

---

1 *Confessiones*, XI, 12. 그러나 창조 이전에 하느님은 창조주 즉 창조의 주체로서 존재해야 하지 않을까?

마련해두었다고 한다. 신 '이전'을 말하는 것은 불손하며, 신의 권위에 거스르는 일이기 때문이다. 종말 '이후'의 시간은 어떠할 것인가 하고 묻는 것도 마찬가지이다.

그리고 시간의 종말에 대해 불트만(R. K. Bultmann, 1884~1976)은 "〔최후의 심판 이후의〕 새 세상에서는 (…) 때도 해(年)도 없어지고 달(月)도 날(日)도 시간도 이미 존재하지 않게 된다"고 말한다.[2] 시작의 경우와 마찬가지로 시간의 종말도 신에 의해 결정된다. 시간에 시작과 끝이 있다는 사상은 이와 같이 애당초 종교적 심성에 기초를 두고 있다. 시간에 시작과 끝이 있다고 하는 종말론은 신에 의한 인간 구원의 염원에서 생겨나는 것이 아닐까?

성경의 「창세기」 1장에는 이렇게 쓰여 있다.

　태초에 하느님이 천지를 창조하시니라.

　땅이 혼돈하고 공허하며 흑암이 깊음 위에 있고 하느님의 신〔성령〕은 수면에 운행하시니라.

　하느님이 가라사대 빛이 있으라 하시매 빛이 있었고

　그 빛이 하느님 보시기에 좋더라. 하느님이 빛과 어둠을 나누사 빛을 낮이라 칭하시고 어둠을 밤이라 칭하시니라. 저녁이 되며 아침이 되니 이는 첫날이니라.[3]

첫날 즉 시간(낮과 밤)의 처음은 신의 천지 창조와 함께 시작되었다. 그리고 「요한계시록」 마지막 몇 장에 보이듯이 최후의 심판으로 이 세

---

2 *Geschichte und Eschatologie*, 2 Aufl. 1964, Tübingen, Kapt. III.
3 이 책의 75쪽 이하 참조.

상이 끝날 때는 시간도 끝날 것이다. 그 이후는 영원, 즉 무시간이다. 그 영원의 세계에서 고통 없는 영생을 누리고자 하는 염원에서 역사적 시간이 끝나기를 희구한 것은 아닐까.

과학에서는 일반적으로 시간은 시작도 끝도 없이 무한히 흐르는 것으로 표상되어왔다. 그러나 호킹(Stephen W. Hawking, 1942~)에 따르면, 우주는 대폭발(big bang)과 함께 시작되어 계속해서 팽창하다가 언젠가는 또 한 번의 대폭발로 인해 파괴되고 만다. 즉 우주는 언젠가 블랙홀 속에 빠져서 없어져버리고 만다. 시간은 이전의 대폭발과 함께 있으면서 진행하다가 마침내 이후의 또 한 번의 대폭발로 인해 없어질 것이다.[4]

종교적으로 표상하든 과학적으로 가정하든 시간에는 시작과 종말이 있다는 것이다. 그리고 그 사이를 시간이 흐른다. 시간의 흐름이 얼마나 긴지는 아무도 모른다. 지구과학의 최근 연구에서는 지구의 탄생을 46억 년으로 추산하고 있다. 상식으로는 도저히 짐작할 수 없을 만큼의 긴 세월이다. 그것은 거의 무한(無限)이 아닐까?

모든 생성과 소멸은 이 시간 속에서 발생한다. 모든 생명체는 개적(個的)으로든 종적(種的)으로든 이 무한한 시간 속에서 한순간을 살다가 죽는다. 무한시간에서 보면 인간에게 주어진 생명의 길이란 참으로 찰나에 불과하다. 그럼에도 그 인간은 우주의 신비를 캐묻는다. 파스칼의 명제를 빌리면, 인간은 갈대와 같은 것, 그를 죽이기 위해서는 몇 방울의 액체로 족하다. 그러나 그는 우주의 신비를 생각하는 갈대인 것이다.

개적으로든 종적으로든 인간과 함께 시간은 있기 시작하고, 언젠가 인간 종족이 이 세상에서 사라질 때 함께 없어지는 것이다. 왜냐하면 인

---

4 Stephen W. Hawking, *A Brief History of Time, from the big bang to black holes*, 玄正晙 역, 『時間의 歷史』, 1988, 三省이데아, 서울.

간이 없고 시간의식이 없다면, 설사 시간이 있다 하더라도 아무런 의의가 없을 것이요, 아니 의의를 말하기 전에 이미 시간 자체가 있을 수 없다. 시간이 없는 상태, 즉 창조의 첫날 이전을 「창세기」에는 "땅이 혼돈하며 흑암이 깊음 위에 있고 하느님의 신은 수면 위에 운행하시니라"고 쓰여 있거니와, 엄격하게 말하면 '혼돈의 땅'도 '흑암의 깊음'도 신이 '운행할 수면'도 없어야 한다. 창조 이전에 규정되지 않은 채 어떤 것이 있었다면, 천지 창조는 이미 '무로부터의 창조'(creatio ex nihilo)가 아니기 때문이다.

신도 인간이 있어 비로소 두렵고 경외로운 심판관으로서 또는 사랑과 은총의 수여자로서 존재하는 것이다. 시간도 신도 천체의 운행도 가장 넓은 의미의 인간의 의식으로 인해 비로소 존재하는 것이 아닐까? 그러고 보면 시간이 천지 창조와 함께 있기 시작하고 우주의 파멸과 더불어 없어진다고 하는 말은, 정확하게 말하면, 시간은 인간의 탄생과 함께 있다가 인간의 죽음과 더불어 없어진다는 말이다.

　제1부에서 중점적으로 다룰 것은 시간에 관한 일반적 표상, 즉 원환적 표상과 직선적 표상이다. 전자는 주로 농경 사회의 자연관에 기초한 그리스적 · 동양적 표상이고, 후자는 이스라엘 민족의 역사적 삶에서 연원하는 시간 표상이다.

　흔히 이 두 시간 표상이 생기는 배경을 인간의 삶의 방식의 차이(농경 생활과 유목 생활)나 사물을 대하는 인식 방식의 차이(시각 중심의 인식과 청각 중심의 인식)에서 찾으려고 하지만, 사실은 생활 방식 이전에 시간 진행 자체가 자연적 · 순환적이고 역사적 · 직선적이기도 하다. 그럼에도 두 시간 표상에는 종교적인 것이 배후에 숨어 있다.

　우리는 이 두 시간 표상을 동시에 다 가지고 생활한다. 세월은 해마다 되풀이해서 돌아오고, 인생은 태어나 살다가 마침내 죽는다. 전자는 원환적 시간 표상이고, 후자는 직선적 시간 표상이다. 우리는 전자의 대표적 예를 그리스 사상과 니체에게서 발견하고, 후자를 유대교 · 그리스도교의 종말론에서 본다.

　그리고 마지막으로 엘리아데의 '회귀하는 거룩한 시간'이라는 종교적 개념을 도입하여, 우리네 각자의 인생도 작은 고리를 이루는 순환 속

에서 세속적 삶과 정화된 삶을 반복적으로 되풀이하며 진행한다는 것을
보이고자 한다.

A. 인간의 삶의 터전

인간의 삶의 터전은 두 곳이다. 하나는 자연이고 다른 또 하나는 역사이다. 인간은 자연의 일부이면서 동시에 역사적 존재인 것이다. 자연적 존재라 함은 인간도 동물의 한 종(種)이라는 것이고, 역사적 존재라 함은 인간이 자연 상태 그대로 살지 않고 자연에 대해 작용을 하면서 산다는 것이다. 가령 농사 짓고 짐승을 기르는가 하면 교역하고 건설하는 등 넓은 의미의 사업을 일으키기도 하고, 지배하고 복종하며 사건을 만들고 수습하기도 하면서 정치적으로 사는 것, 문화를 창조하고 향유하는 것, 그것들은 자연이 아니라 역사(歷史)이다. 역사는 곧 역사(役事)요, 인사(人事)이니 사람이 하는 일이다. 이 지점이 인간이 동물과 갈라지는 길목이다.

그러나 어느 터전에 있어서나 인간은 절대자와 마주해서 살고 있다. 인간은 종교적 동물인 것이다. 다시 말하면 원시적 인간은 자연적 또는 초자연적 위력에 압도되어 있었다. 인간의 삶의 의존처(依存處)는 주로 자연적이거나 초자연적 신이었다. 그리하여 삶의 위기를 당해 인간은 자연의 위력이나 신의 능력에 호소함으로써 그 위기를 극복하려고 한 것이다. 인간은 자연의 한 미물이다.

그러나 동시에 인간은 역사적 삶을 산다. 역사는 그냥 자연 위에 세워지는 게 아니다. 자연의 변화는 자연법칙—자연법칙이란 자연으로부터 인간이 읽어낸 변화의 규칙에 불과하다—에 따라 설명 가능하지만 역사는 자연처럼 법칙에 따라 운영되지 않는다. 오히려 역사는 인간이 만든 여러 제도와 규칙에 따라, 즉 인간의 의식적 결정에 의해 진행한다. 이 점에서 역사 진행에는 종교가 개입할 수 있다. 종교는 인간 정신의 결정체이기 때문이다.

그러나 아무리 종교가 역사를 규정한다 하더라도 거기에는 한계가 있다. 설사 그리스도교에서 우주의 창조와 종말을 교리화한다 하더라도 세상은 그 교리대로 되지 않는다. 반면에 인간의 역사를 자연으로 환원하려고 해도 인간의 동물화가 불가능한 만큼이나 그것은 불가능하다.

시간에 대한 표상에는 어느 민족 어느 문화권에서나 두 가지가 공존한다. 사람들은 한편으로는 시간을 원환적으로 표상하고 다른 한편으로는 직선적으로 표상한다. 서로 대립되는 듯한 두 시간 표상의 대표적 예를 우리는 흔히 헬레니즘과 히브리즘의 대비에서 본다. 이 두 문명 형태는 대조적이면서 동시에 유럽 문화 형성에 불가결한 기초가 되고 있다.

앞에서 시사한 바와 같이, 이 두 시간 표상의 차이를 어떤 사람은 두 민족의 생존 방식의 차이, 즉 농경 민족과 유목 민족이 각기 가지고 있는 생활과 사고의 차이에서 찾는다. 또 어떤 학자는 사회적 · 경제적 발전 과정에서 표출된 그 사회의 기초적 사고 양식의 일반성이 시간 표상에 투영된 것으로 보기도 한다. 또 어떤 학자는 각각의 민족이 가지고 있는 종교의 차이에 주목하기도 한다. 더러는 아예 종족 자체의 차이와 그 차이에서 연유하는 사고의 차이에서 두 시간 표상의 차이를 구명하기도 한다.

인간의 삶의 방식에 따라 시간에 대한 표상은 달라진다. 주로 자연에 의존해서 사는 농경 사회의 경우에 세월은 해와 달과 지구의 자전·공전과 함께 흐르는 것으로 간주되고, 인간은 거기에 맞추어서 삶을 영위한다. 세월은 해(year) 단위, 달(month) 단위로, 다시 말하면 낮과 밤의 주기로 되풀이되고 있다. 어제는 오늘로 반복되고 작년은 금년으로 되돌아오는 것이다. 시간은 천체의 순환과 함께 원환적으로 표상된다. 그러나 인간이 산업 사회에서처럼 주로 역사에 의존해서 사는 경우 시간은 직선적으로 표상된다. 시간은 한 번 지나가면 영원히 되돌아오지 않는다. 일반적으로는 두 시간 표상을 크로노스적 시간(choronos)과 카이로스적 시간(kairos)으로 구별한다.

자연과 역사의 이원론에 입각하여 불트만은 그리스적 역사 서술과 고대 이스라엘적 역사 서술을 구별하고 있다.[1] 그에 따르면 그리스적 삶은 전적으로 자연에 근거하고 있다. 그리하여 그들의 역사 서술은 역사의 영역을 자연의 영역처럼 이해하려는 형태를 보여주고 있다. 헤로도투스, 투키디데스, 폴리비오스 등 그리스계 역사가들은 한결같이 자연을 인간적 삶의 기초로 삼고 있다. 헤로도투스에게는 역사적 관심과 지리적 관심이 결합되어 있으며, 투키디데스는 역사에도 자연에서와 같은 내재적 법칙이 있어서 인간적 사건은 자연적 사건과 다르지 않다고 보았다. 폴리비오스도 역사를 자연의 유비(類比)로 이해했다는 점에서 투키디데스와 다를 바가 없다. 이런 그리스적 역사관을 콜링우드는 '실체론적'이라고 진단한다.[2] 한마디로 말하면 그리스적 역사관에는 역사의 의미에

---

1 R. Bultmann, *Geschichte und Eschatologie*, S. 15ff. 참조.

2 R. G. Collingwood, *The Idea of History*, 소광희·손동현 역,『역사의 인식』, 1990, 제1부.

대한 물음이 없다는 것이다.

역사의 의미라는 말로써 불트만이 가리키는 바는 역사의 진행과 목표가 신의 의지에 의해 이끌려지고 있다는 것이다. 항해자나 교역민으로서의 그리스인들이 타민족이나 다른 육지에 대해 구체적으로 기술한 것과는 달리 고대 이스라엘의 역사관에서는 인간의 행위를 신의 계명에 대한 경외와 복종으로서 이해하였다. 역사는 신의 섭리로 진행한다. 신의 계명에 그 진행이 맡겨진 역사 과정은 의미의 통일체를 이룰 수밖에 없다. 이런 역사를 이끄는 시간이 직선적으로 표상되는 것은 당연하다.

시간 표상의 원초적 근원이 천체의 운행에 있는 이상, 원환적으로 표상되는 것은 매우 자연스런 일이다. 동시에 한 번 지나가버리면 영영 다시 돌아오지 않는 시간을 직선적으로 표상하는 것도 역시 자연스런 일이다.

우리의 관심사는 시간 표상이다. 만약 자연적 삶에 기초를 둔다면 그 시간 표상은 원환적이기 쉽고, 역사성을 강조하다 보면 직선적이기 쉽다는 것이다. 전자는 천체의 운행에 근거한다. 그것은 천체의 운행이 주기적·규칙적으로 되돌아오기 때문이다. 그러나 역사는 냉혹하게 일회한적(一回限的)이다. 더러 역사적 사건의 유형이 비슷하다 하여 역사의 순환성을 말하는 사람도 있으나, 역사적 사건 자체는 한 번 지나가면 그만이지 결코 되돌아오지 않는다. 원환적이라 하더라도 지나간 것이 그대로 반복되는 것이 아님은 말할 것도 없다. 다만 시간을 그렇게 원환적으로 또는 직선적으로 표상한다는 것이다.

우리는 해 단위로 바뀌는 캘린더를 가지고 원환적으로 살면서 동시에 결코 돌아올 수 없는 일회한의 역사와 인생을 사는 것이다.

원환적 시간 표상의 또 하나는 제의적 행사의 주기성에서 발견된다. 제의적 행사에는 단순한 시간의 주기성만이 아니라 그 주기성에 맞추어서 인간의 갱생(rebirth)·갱신(renew)이라는 보다 깊은 종교적 의미가 따른다.

엘리아데가 천체의 순환에다 종교적 순환을 덧붙여서 거룩한 시간의 영속적 회귀를 말한 것은 널리 알려진 일이다. 그에 따르면, 우리가 사는 세상에는 도처에 거룩한 때가 있고 거룩한 곳이 있으며 거룩한 물건이 있다. 거룩한 때와 거룩한 곳과 거룩한 물건은 제의의 대상이 된다. 그때는 시간으로서 지속하지 않고, 그곳은 장소로서 연장되지 않으며, 그 물건은 자연성을 넘어선다. 야곱의 돌베개, 성황당의 당나무, 프레이저의 '황금 가지'(Golden Bough), 당집 등은 그 자체로 성현(聖顯, hierophany)을 가진 것으로서 숭배의 대상으로 바뀐다. 같은 명칭으로 불리는 때이고, 곳이고, 물건이로되 일반적 시간과 공간을 초월한 그때이고 그곳이며 그 물건이다. 그것들은 모두 초월성을 갖는 때이고, 곳이며, 물건이다. 그때에는 시간이 갱신되고, 그곳은 우주의 중심으로서 기능한다.

세속적 삶을 살아가면서 우리는 신성으로부터 점점 멀어지고 그만큼 때묻고, 타락하고, 악을 쌓고, 죄에 빠진다. 현대적 표현으로 말하면 시간이 지남에 따라 스트레스가 쌓여 생활에 활력이 떨어지고 지루해지는 것이다. 그것은 씻어내지 않으면 안 된다. 정화(淨化)는 거룩한 때나 거룩한 곳의 거룩한 행사에 주기적으로 참여함으로써, 즉 거룩한 그때와 거룩한 그곳의 거룩한 행사에 마음과 몸을 담금으로써, 통과의례(initiation)를 체험함으로써, 세속화되고 때묻고 짜증스러워진 삶을 청산한다. 그것이 제의로서의 축제이다. 그리하여 축제는 갱신·갱생의 의미를 지닌다. 그 제의적 순환은 대개 천체의 순환과 궤도를 같이 한다.

그리스도교에서는 신이 창조 과정에서 7일째 되는 날 쉰 것을 근거로 해서 안식일 예배를 정례화하고—일주일을 7일로 하는 것은 이미 메소포타미아 문명에서 보이지만—그 안식일 예배를 통해 삶의 갱신을 도모한다. 원시 게르만 민족의 봄맞이 축제인 라인강 축제(Rhein- festival)나 브라질의 삼바 축제 등은 지금도 세계적으로 유명하다.

우리는 원환적 시간 표상을 그리스의 시간관에서 그 전형적 예를 보고자 하거니와, 그 현대적 대표 예를 니체의 '영겁회귀'(ewige Wiederkehr) 사상에서 본다. 그리고 직선적 시간 표상은 원시 그리스도교, 성서적 유대교의 상승하는 선으로서의 시간, 카이로스적 시간관을 살펴보는 것으로 갈음하고자 한다.

그리고 마지막으로 엘리아데의 종교관 중 특히 시간의 주기적 순환 속에 종교적 신성의 순환도 깃들어 있다는 성현 사상을 도입하여 이 양자를 종합하고자 한다. 그런 신성함의 주기적 순환은 축제에서 발견된다. 주기적 성현성을 가지고 종합하고자 하는 것은 축제야말로 현대 산업 사회에서 지치고 거칠어진 인간성을 구제할 수 있는 처방전이라고 생각되기 때문이다.

B. 원환적 시간 표상 : 영겁회귀 사상

그리스 정신을 현대에서 재생하는 데 결정적으로 공헌한 사람은 니체(Friedrich Wilhelm Nietzsche, 1844~1900)이다. 그는 특히 르네상스 이후 일반적 통념이 되다시피한 견해, 즉 그리스를 아폴론적으로 상정하는 것과는 달리 그리스의 문화 특히 음악과 문예가 아폴론적인 것과는 반대되는 디오뉘소스적 정신으로부터 발생하였음을 문헌학을 통해 보여주고 있다.

그는 그리스의 문화와 사상을 부활시키는 데 그치지 않고, 그것을 새로운 차원과 지평에서 새롭게 살려낸 것이다. 그의 영겁회귀 사상을 단순한 시간관으로 보지 않고 존재론적으로 규정하려는 견해도 있지만 나는 그것을 그리스적 시간관의 현대적 표현으로 보고자 한다.

1. 회귀 사상의 계보

그리스 철학의 원조인 이오니아학파에 속하는 사람들이 세계의 생성을 농후화(濃厚化)와 희박화(稀薄化)의 순환 과정으로 설명하였음은 잘 알려진 바다. 이것이 헤라클레이토스에 이르면 '영원히 타는 불'(πῦρ αι εισωον)이 불→물→땅의 하향도(下向道, ὁδὸς κάτω)와 그 반대 방향인 흙→물→불의 상향도(上向道, ὁδὸς ἄνω)를 동시적으로 교환(αντμο βε)하면서 '처음과 끝이 영원한 순환 가운데 일치한다'[3]는 이론과 만난다. 그는 이런 자연의 생성에 평행해서 인간의 삶도 생명→수면→사망을 반복하며 머무르는 일 없이 순환한다고 말한다.[4] 완전한 순환운동에 있어서는 '밤과 낮이 동일'하므로 상향도와 하향도가 동일하고, 존재는 '있었고, 있고, 있게 될 영원한 것'이다.[5] 이 운동은 필연적 법칙을 띠게 되는데 비록 '태양이라 할지라도 이 법칙에서 벗어날 수는 없다.'[6]

엠페도클레스에게서도 만물의 네 근본 질료(ῥιζωματα)인 지수풍화(地水風火)를 결합시키고 분리시키는 운동인으로서의 사랑(φιλότης, στεργω)과 미움(νεῖκος, κότος)이 상호 교체적으로 세계를 지배하여 사랑의 시기, 사랑이 가고 미움이 오는 시기, 미움의 시기, 미움이 가고 사랑이 오는 시기, 이 네 시기가 질서 있게 주기적으로 운행한다고 말한다.[7]

쿨만(O. Cullmann)이 지적한 바와 같이, 그리스적 시간 표상은 원환적인 것의 대표라 할 수 있다.[8] 그것은 시간의 근거를 자연 즉 천체의 순

---

3 *Frag.*, 30, 90, 103 참조.
4 *Frag.*, 36 참조.
5 *Frag.*, 57, 60, 95 참조.
6 *Frag.*, 94.
7 *Frag.*, 17, 26, 27~31, 35~36 참조.
8 *Christus und die Zeit*, 2 Aufl. Schweiz, 1948.
  그리스적 시간 표상은 원환적이고 히브리적 시간 표상은 직선적이라는 쿨만의 지적은 이미 상식처럼 되어 있다. 그러나 보만(Th. Boman)의 견해는 다르다. 그는 그의 *Das hebraische Denken im Vergleich mit dem Griechischen* 제3부 시간과 공간에서 신학 특히 성서에 쓰인 낱말의 분석과 고대 그리스어의 분석을 통해 이스라엘-유대적 시간 표상과 그리스-헬레니즘적 시간 표상을 대비하고 있다. 그는 유럽-그리스적 시간 표

환에 두었기 때문이다. 플라톤은 시간 문제를 그의 우주론을 밝힌『티마이오스』에서 다루고, 아리스토텔레스는 그것을『자연학』에서 논하였다. 이것은 시간을 자연으로서의 천체의 순환에 기초해서 표상하였음을 함축한다.

플라톤은 피타고라스학파가 떠메고 다니는 오르페우스의 윤회전생(輪廻轉生) 사상의 영향을 받았음인지, 『티마이오스』[9]에서 전생(轉生)에 대해 서술하고 있다. 그에 따르면, 남자 중 겁쟁이로 인생을 부정하게 살다 죽은 자는 다음 세상에 여자로 태어나고, 남에게 해를 끼치지는 않았지만 경솔한 자들 그리고 천문학에는 지견(知見)이 있으나 우직하여 시각에 의한 증명만을 가장 확실하다고 믿는 자들은 죽어서 새들로 전생한다. 네 발로 걸어다니는 동물은 머리를 쓰지 않고 본능에 따르기 때문에 이성적 사유를 사용한 일도, 천체를 관찰한 일도 없는 자들로부터 태어난다. 그들은 머리와 앞다리를 땅에 붙이고 몸을 길게 늘린다. 그 중에서 더 무지한 것은 발도 필요 없이 기어다니는 파충류로 태어난다. 물 속에

상이 직선적이라고 주장한다. 그는 또 쿨만이 그리스적 시간 표상이 원환적이며 아리스토텔레스도 예외가 아니라고 한 것을 비판한다. 그는 아리스토텔레스의 시간관이 상대성 원리와 같다는 콘포드(F. M. Cornford, Aristotle, *The Physics*, p. 382)의 견해를 지지하면서, 아리스토텔레스의 시간 표상도 직선적이라고 주장한다. 그가 지적하는 것 가운데 유럽적 시간 표상이 직선적이라고 하는 것, 그리스적 시간 표상이 정태적이라는 것은 타당하다. 그러나 아리스토텔레스적 시간 표상이 직선적이라고 단정한 것은 재고할 필요가 있다. 그의 견해 중에서 특히 주목할 만한 대목은 히브리인들의 시간 표상이 리듬으로 되어 있다는 지적이다. 그에 따르면, 이스라엘적 사유는 변화에 승(乘)하고 체험적이다. 그리하여 시간도 태양의 빛과 어둠, 그 온(溫)과 냉(冷), 달의 영허(盈虛) 등의 리듬으로 파악되고, 거기 따라 인간의 삶도 수면과 각성, 노동과 휴식 등의 리듬적 진행으로 이해된다. 그 리듬은 맥박과 같이 진행한다. 인간의 일생도 '탄생-생활-대지로의 복귀'로 표상된다.

9 90 e~92 c.

사는 고기는 가장 무지한 것이 전생한 것이다. 이런 윤회전생이 곧바로 시간의 순환적 진행을 의미하지는 않겠지만 적어도 윤회 사상은 시간의 순환성을 함께 함축해야만 생각할 수 있는 것이다. 다시 말하면 시간은 직선적으로 진행하는 데 반하여 삶은 그것과는 상관없이 순환적으로 전생한다고 생각할 수는 없다는 것이다. 그리스의 철학자들은 모두 시간을 원환적인 것으로 보았다고 해도 과언이 아니다. 그리고 거기에는 윤회전생의 종교적 믿음이 늘 따라다닌 것도 사실이다.

스토아학파는 그리스의 우주론을 답습한 것으로 알려져 있거니와, 4세기 에메사의 사제(司祭)인 메네시우스는 스토아학파의 학자들이 시간의 순환성을 견지하고 있었음을 생생하게 전하고 있다. 그는,

> 스토아 학자에 따르면, 여러 혹성들이 일정한 주기가 끝난 뒤 우주가 처음 구성될 때와 똑같은 상대적 위치를 갖게 되면 큰 재해가 일어나고 존재하는 모든 것은 파멸된다. 그 뒤 다시 우주는 이전과 똑같이 배열되어 새로운 질서를 회복한다. 저 혹성들은 각기 이전의 주기로 회전하게 되고 변함없이 그 궤도 위를 운행한다.[10]

또 스토아학파의 크리쉬포스의 말이라 하여 전하는 바에 따르면 다음과 같은 명제가 있다.

> 소크라테스와 플라톤이 다시 생존할 것이고, 모든 사람들이 그 친구와 동료 시민과 함께 다시 생존할 것이다. 그는 동일한 것

---

[10] Gerald James Whitrow, *The Nature of Time*, 12쪽에서 재인용.

(dasselbe)을 경험하고 같은 것을 행할 것이다. 모든 도시와 밭과 들판은 다시 나타날 것이다. 그리고 이 회귀는 한 번만 일어나는 것이 아니고, 같은 것이 끝없이 회귀할 것이다.[11]

시간에 구속되어 있는 인생은 일종의 노예 상태이므로 거기로부터 해방되는 것은 차안(此岸)을 벗어나서 피안(彼岸)에 도달하는 것이다. 차안-피안이라는 이 대비에 대해 쿨만은 그리스적 사유가 시간적이라기보다는 다분히 공간적이라고 지적한다. 그건 어찌 되었든 그리스적 사유에서 죽음을 속박으로부터의 해방이라고 찬미하고 신체를 영혼의 무덤이라고 하는 것이 충분히 이해됨직하다. 그들은 역사적 삶을 산다기보다는 자연적 삶을 산 셈이다. 그리스적 구제는 다름 아닌 이 동일한 것의 영겁의 회귀로부터 해방되는 것으로서의 죽음, 즉 숙명적 시간의 질곡으로부터의 탈출로 향해 있었다.

아우구스티누스는 이 스토아학파에 대해 보고하길, "이 철학자들의 교설에 따르면, 시대와 사건이 언제나 반복한다. 예컨대 아카데미라는 아테네의 학교에서 가르친 철학자 플라톤과 마찬가지로 이 동일한 플라톤과 동일한 학교와 동일한 학생들이 무한한 시대를 거쳐 길지만 일정한 시간 간격 속에 존재하고 무한한 미래의 시간과 공간 속에서 회귀할 것이다"[12]라고 한다. 스토아학파의 마지막 철학자 마르쿠스 아우렐리우스 황제는 "오! 자연이여, 일체는 그대로부터 나서, 그대에게 있으며, 그대에게로 돌아간다"[13]고 하여 전형적인 회귀를 말하고 있다.

---

11 R. Bultmann, *Geschichte und Eschatologie*, 2 verbesserte Aufl. 1964, 25쪽에서 재인용.
12 같은 책, 25쪽 및 Augustinus, *De Civitste Dei*, XII, 14 참조.
13 Marcus Aurelius, 『自省錄』, IV. 23.

플로티노스에서도 이 사상의 편린을 엿볼 수 있으니, 그의 일자→누우스(nous)→영혼→자연으로의 하향적 유출(流出, emanatio)과 그 역인 윤리·종교적 상향도와의 교체를 논리적으로 고찰할 때 두 길은 상호 순환·회귀한다고 말할 수 있다.

이 밖에도 헬레니즘 시대의 에피쿠로스학파나 회의학파 등의 사상에서도 이 회귀 사상은 면면히 흐르고 있다. 일반적으로 그리스 철학에 있어서 회귀 사상과 그 결과로서의 전생 사상 및 운명론은 불가분의 관계에 있다고 할 것이다.

근대적 형태로는 헤겔 철학이 일종의 회귀 사상이다. 그의 변증법이 매양 부정을 매개로 하여 즉자적(卽自的) 실체를 대자(對自)로 전환하고 다시 양자를 지양, 통일하는 운동이고, 의식의 대상을 자기 의식의 대상인 개념으로 전환하는 운동이라고 한다면, 그것은 '처음을 전제하고 끝에 가서 마침내 그 처음에 이르는 원환'[14] 운동이다. 따라서 '시작은 결과'(der Anfang ist der Resultat)이고 '결과는 시작이다'(der Resultat ist der Anfang). 결과로부터 시작이 결과할 때 그 결과는 본래적으로 시작되는 것이다. 그리하여 하이데거는 "헤겔에게서 사유거리는 자기 자신으로 돌아오는 존재로서 자기 자신을 사유하는 사유"라고 지적하고 있다.[15]

쇼펜하우어에게 있어서는 불교의 윤회전생의 영향하에 스토아학파의 개신(改新)을 방불케 하는 재생(Wiedergebort)[16]과 윤회(Metemphychose)[17]

---

14 "der Kreis, der seinen Anfang voraussetzt und ihn nur im Ende erreicht." *Phänomenologie des Geistes*, S. 558(Lasson).

15 "Die Sache des Denkens ist somit für Hegel da sich denkende Denken als das in sich kreisende Sein" *Identität und Differenz*, S. 50.

16 *Die Welt als Wille und Vorstellung*, Brockhaus, Bd. 1, §70 Bd. 2 Kapt. 48.

17 같은 책, Bd. 1, §68. Bd. 2 Kapt. 41.

가 사유되고 있다. 베르그송의 사유 속에서 굳이 회귀적 요소를 찾는다면 질적 회귀와 양적 회귀를 들 수 있을 것이다. 전자는 무생물인 물질에서 하등생물로, 하등생물이 고등생물로 비약·발전하는 동시에 고등생물은 자기 보존을 위한 먹이를 하등생물에서 구하고, 하등생물은 다시 그 먹이를 무생물에서 구하는 회귀이고, 후자 즉 양적 회귀는 생물이 자기의 종족을 유지 존속시킬 목적으로 자기와 똑같은 것(생명)의 생산을 영구히 반복하는 것이다. 이와 같이 회귀 사상은 현대 철학 속에도 살아 있다. 그러나 그런 것들을 가지고 회귀 사상을 논할 수는 없다.

현대의 회귀 사상의 대표적 예는 니체에게서 발견된다. 그는 그것을 권력의지와 표리 일치를 이루어 일체 가치의 전도(Umwertung aller Werte) 및 허무주의와의 관계 속에서 천명하면서 스스로 영겁회귀의 교설자로 자처하고 있다.

2. 회귀의 뜻

회귀는 본디 같은 것으로의 회귀(Wiederkehr des Gleichen)이다. 다시 말하면 '같은 것'이 제자리로 되돌아옴을 의미한다. 어제의 A씨가 오늘 다시 나타났을 때 그것은 A씨의 시간상의 회귀이다. 지금 이 책상 위에 있는 책과 똑같은—같은 내용, 같은 크기, 같은 저자의 같은 판, 같은 쪽수 등—책이 옆방에도 있을 경우, 그것은 책의 공간상의 회귀이다. 회귀는 반드시 '같은 것'을 전제로 성립한다. 따라서 같은 것의 영겁회귀라는 명칭에 있어서 '같은 것'이라는 말은 명목에 불과하다. 그 낱말은 '회귀'라는 말 속에 이미 전제되어 있다. 그러나 그 같은 것이 반복해서(wieder)

제 모습을 보일 때 그것이 회귀일진대, 회귀는 같은 것의 반복 출현에서 성립한다. 즉 자기 동일성을 유지하는 것이 다시 자기를 나타낼 때 회귀일 수 있다.

하이데거는 이 경위를 다음과 같이 요약하고 있다. '회귀'로 생각하는 것은 생성체의 생성을 그 생성체가 지속적으로 생성하는 가운데 확보하는 것이다. '영원히'란 생성체의 순환이 지속적으로 생성체 자신을 향해 달려가면서 자신에게로 돌아온다는 것을 의미한다. 그러나 생성체는 끝없이 변전(變轉)함으로써 타자로 되는 것이 아니다. 생성되는 것은 같은 것(das Gleiche) 자신이다. 즉 그때마다 타자와 구별되는 가운데 있는 자기 동일적인 것(das Eine und Selbe), 동일한 것(das Identische)이다. '같은 것'으로서 사유되고 있는 것은 동일자의 생성적 현전성이다. 니체의 회귀 사상은 생성체의 생성을 동일자의 자기 회귀의 현전성 속으로 부단히 존속시키는 것을 말한다.[18]

그러나 엄격하게 말하면 어제의 A씨는 바로 오늘의 A씨가 아니다. 이 책상 위에 있는 책만 하더라도 이것은 유일한 것으로서 바로 이 책상 위에 있다. 일체의 존재자는 각기 일회성 가운데 있다. 일회성을 강조하면, 즉 정재(定在, Dasein)만을 보면 회귀는 성립되지 않는다. 정재를 존재자의 '있음'(Daβ-sein)의 계기라 하고, 그 존재자의 '무엇임'(Was-sein)의 계기를 상재(相在, Sosein)라고 한다면, 그 정재와 함께 상재를 정립할 때, 회귀가 논의될 수 있는 것이다. 다시 말하면 회귀가 논의될 수 있으려면 존재론적으로는 존재를 정재와 상재라는 존재계기(Seinsmoment)로 구분해서 상재의 면을 주목해야 한다는 것이다.

---

18 Heidegger, *Nietzsche*, Bd. 2, 11쪽 참조.

그러나 그리스인들이 의미하는 회귀는 존재 자체의 회귀, 즉 정재의 회귀이다. 회귀는 과연 정재의 회귀인가, 상재적 측면의 회귀인가, 아니면 상징적인 담론인가?

3. 니체의 회귀 사상의 전개

『차라투스트라는 이렇게 말했다』(이하 『차라투스트라』로 약칭)의 앞부분에 낙타→사자→어린이로의 정신의 3단계의 변화가 이야기되고 있다. 이것은 '너는 해야 한다'→'나는 의욕한다'→'나는 존재한다'(Du sollst→ich will→ich bin)의 변화이기도 하다.[19] 짐을 짊어지게 된 정신―인간은 남을 존경해야 하고, 가장 무거운 짐을 감당해야 한다. 그런데 첫 단계에서 그는 대담한 정신, 즉 두려움을 없애고 자기를 신뢰하는 사자로 변한다. 사자로 된 정신은 자유를 약탈하여 황야의 주인이 된다. 사자는 '너는 해야 한다'는 '너의 의무'를, '나는 의욕한다'는 '나의 의지'로 전환시킨다. 그러나 사자는 아직 '새로운 가치를 창조하지는 못한다.'

---

[19] 도의를 극복하기 위한 지표로서 제시한 예지(叡智)로의 길(Der Weg zur Weisheit) 은 3단계의 변화를 다음과 같이 말하고 있다.

첫째 길 : 존경하고 (순종하고) 배우는 것이 좋다. 모든 존경할 만한 것을 모아서 서로 싸우게 하라. 모든 어려운 것들은 결합의 시간을 짊어지고 있다.

둘째 길 : 가장 확고하게 얽매여 있을 때 존경의 염(念)을 부순다. 자유로운 정신, 독립, 황량(荒凉)의 시기. 모든 존경받던 것의 비판(존경받지 않던 것의 이상화), 전도된 평가의 탐구.

셋째 길 : 적극적 입장, 긍정에 유용한지 어떤지를 위대하게 결단. 나 위에는 이제 신도 없고 인간도 없다! 자기가 어디에다 손을 놓았는지 아는 창조자의 본능. 커다란 의무와 무구(無垢), (*Nietzsches Werke*, Großoktav Verlag XIII, S. 39f.).

사자는 다만 '너의 의무'를 명령하는 신과 의무를 부정함으로써, 새로운 가치 창조를 위한 자유를 누릴 뿐이다. 잃어버린 세계, 영구히 회귀하는 존재자의 존재를 거룩하게 긍정하기 위하여, 즉 우주적 무구(無垢) 속에 존재하기 위하여, 사자는 가장 고요한 시간인 제2의 단계에서 어린이로 되는 것이다. '나의 의지'는 '나의 존재'로 전환한다.[20] '나의 의지'를 향한 최초의 결의는 종래의 속박에서부터 자유로워지는 허무주의(즉 가치 전도)로 가고, 자유로부터 자기를 기투하는 제2의 결의는 '나의 존재'를 그대로 긍정하는 운명애(amor fati)를 가리킨다.

자유로워진 상태를 부정하는 것은 무를 향한 자유(Freiheit zum Nichts)이다. 이것은 필연적으로 원상의 자기로 회귀하는 것이다. 운명애에 이르러 존재의 영겁회귀의 자기 긍정(세계의 맹목적 순환)과 존재에 대한 현존의 영원한 긍정(생의 유희)은 일치한다. 이것이 다름 아닌 디오뉘소스의 세계이다. 이리하여 처음과 끝은 서로 꼬리를 물고 회귀한다. 1878년 7월 16일 니체에게 보낸 로데(E. Rohde)의 편지에서도 지적된 바와 같이, 니체는 "끝에 와서는 다시 출발점으로 되돌아간다."[21] "그것은 재귀할 뿐이다. 그것은 결국 나에게 되돌아온다. ―나의 고유한 자기가" 라고 니체는 『차라투스트라』의 전신(轉身)의 종장(終章)에서 선언했을 뿐 아니라, 이 자기에로의 귀환을 '비극의 탄생'의 문제에로의 귀환이라고 밝히기도 한다.[22]

---

20 *Also sprach Zarathustra*, Von der drei Verwandlungen 참조.

21 *Briefe* II, S. 546.

22 *Götzen-Dämmerung*, Was ich den Altern verdauke 에서 니체는 또 이렇게 말하고 있다. "그러기 위하여 나는 내가 일찍이 출발했던 장소를 다시 경유한다―『비극의 탄생』은 나의 최초의 전 가치의 전도였다. 나는 나의 소망, 나의 능력이 거기서 싹텄던 그 지반으로 되돌아온다―나 디오뉘소스 철학자 중의 마지막 젊은이, 나 영

니체 자신의 생애를 보면 그의 사유의 진행 과정이 또한 앞의 순서를 따르고 있다. 그리스의 문학과 사상에 대한 열정적 탐구로 불타던 청년 시절 그는 『비극의 탄생』(Geburt der Tagödie)으로 붓을 들었고, '인간적인, 너무도 인간적인' 자유인으로서 생애의 중기를 이루었으며,[23] 말기에는 영겁회귀의 교설자로서의 자기 존재—운명—를 사랑하였다. 그러나 이 것 역시 순환을 이루어서 앞의 언명과 같이 『비극의 탄생』(처음)이 회 귀 교설(끝)의 끝에 가서 다시 대두되고 있다. '너의 의무'에서 출발한 그의 사상 경로를 일단 '나의 존재'에 종착하는 것으로 본다면, 이 회 귀 사상이야말로 그의 사색의 정점이라고 할 것이다. 그리하여 뢰비 트(K. Löwith)는 '그것(영겁회귀)만이 니체 본래의 철학'[24]이라고 한다.

회귀 사상의 최초의 발상을 우리는 니체의 자서전에서 찾아볼 수 있다.

나는 식물로서는 묘지에 가깝게, 인간으로서는 목사 집에서 태어 났다.

이 글의 마지막 문장은 이렇다.

결국 인간을 둘러싸고 있는 고리(Ring)는 어디에 있는가? 그것은 신인가, 세계인가?[25]

겁회귀의 교설자는."

23 이때 이미 회귀의 중심 사상인 정오(正午)와 직결되는 '나그네와 그 그림자'(Der Wanderer und seine Schatten)가 발표되고 있음은 흥미 있는 일이다.

24 K. Löwith, *Nietzsches Philosophie der Ewigen Wiederkehr des Gleichen*, 1956. 2 Aufl. S. 2.

25 III, S. 110.

이것은 니체의 나이 19세 때의 일이다. 그로부터 20년이 지난 1884년의 『차라투스트라』제III부 '일곱 개의 봉인'(Die sieben Spiegel, Oder : das Ja-und Amen-Lied)은 번호가 붙은 일곱 개의 문단으로 되어 있는데 문단마다 그 끝을 "나는 너를 사랑하기 때문이다, 오 영원이여!"라는 강조체 문장으로 맺고 있다. 그 영원이 회귀하는 영원임은

> 오, 얼마나 나는 영원에 대하여, 원환 중의 원환인 결혼 반지—회귀의 고리에 대하여 정열적이었던가?

로도 알수 있다. 영겁회귀의 사상은 착상 이후 계속해서 니체의 관심사였다.

『이 사람을 보라』(*Ecce Homo*)의 '차라투스트라는 이렇게 말했다'(Also sprach Zarathustra) 장에는 이렇게 기록되어 있다.

> 나는 『차라투스트라』의 내력을 이야기한다. 이 작품의 근본 개념은 곧 영겁회귀의 사상이거니와, 달성하고야 말 긍정의 최고 형식은 1881년 8월에 잉태되었다. 그것은 '인간과 시간의 피안 6천 피트'라는 표제로 나뭇잎에 간략하게 적혀 있었다. (…) 그때 이 사상이 떠올랐다.[26]

다시 1881년 8월 14일 가스트(P. Gast)에게 보낸 편지에는 다음과 같은 문장이 있다.

---

[26] XV, S. 85.

8월의 태양은 우리 머리 위에서 빛나고, 세월은 그것을 선회하고 있다. 산마루와 들판은 고요하고 평화롭다. 나의 지평선에 사상이 떠올랐다. 이와 같은 것을 나는 일찍이 경험하지 못했다. (…) 그것을 나는 아직 입 밖에 내지 않도록 나를 부동의 정적 속에 간직할 것이다. 나는 몇 년인가를 더 살지 않으면 안 된다.

그러나 정적 속에 간직하겠다던 사상은 다음해에 공표되고 말았다. 1882년에 공간(公刊)된 『즐거운 지식』(*Die frohliche Wissenschaft*)의 종장 (276~342번)이 그것이다. 하지만 완결된 사상과 학설로 발표된 것이 아니고 다만 단편적으로 언급되었을 뿐이다.

좀더 상세하게 이 사상을 전개한 것은 말할 것도 없이 잠언적 표현을 구사한 『차라투스트라』(1884)에서였다. 그 서문에서도 밝힌 바와 같이, 이 작품은 전적으로 회귀 사상을 내용으로 하고 있다. 그리고 이제 물음의 형식을 취한 『선악의 피안』(*Jenseits von Gut und Böse*, 1886)과 그 이후의 작품들, 즉 『우상의 황혼』(*Götzen-Dämmerung*, 1888), 『반그리스도』 (*Antichrist*, 1889), 유작인 『권력의지』(*Wille zur Macht*) 및 『이 사람을 보라』(*Ecce Homo*, 1889) 등에서도 영겁회귀에 대해 언급하고 있다.

왜 니체는 하나의 생각을 23년 동안이나 품고 있어야 했는가? 그 이유는 첫째, 이 영겁회귀 사상이 처음부터 끝까지 그의 지배적 중심 사상이었다는 데 있으며, 둘째, 이 사상이 존재의 근본 성격을 해명하는 것으로서 그의 또 하나의 중심 사상인 권력의지와 불가분의 관계를 맺고 있기 때문이다.[27] 그리고 셋째 이유로 우리는 니체의 사색인으로서의 사명

---

27 하이데거는 니체의 '권력의지'와 '영겁회귀'와의 관계를 1) 권력의지는 영겁회귀의 인식 근거이자 사실 근거이며, 2) 권력의지는 존재자의 틀(Verfassung)이요 본질

을 들지 않을 수 없다. 그는 시인으로서의 자기 처지에 충실한가, 요설가와 같이 수다스럽지 않고 군인처럼 자기의 명령에 충실한가를 자문하고 있다.[28] 그는,

> 우리는 자기의 인식을 전달해버리기만 하면 더 이상 그 인식을 사랑하지 않게 된다.[29]

라고 말하고 있다. 이로 미루어보아 니체가 자기의 내면 깊이 간직한 이 영겁회귀 사상을 얼마나 사랑했으며, 또 사색인으로 자기 자신에게 얼마나 충실했는가를 엿볼 수 있다. 이것이 그토록 오랜 세월을 끌어온 또 하나의 이유일 수 있다. 무엇보다도 그리스 정신에 흠씬 젖은 니체의 우주관이 만유의 영원한 회귀로 귀결되는 것은 불가피한 일이다.

4. 회귀 사상의 본질

니체에게 있어 회귀는 과연 무엇인가? 그것은 어떻게 파악되고 어떻게 기술되어 있는가? 그리고 니체 사상 속에서 그것이 차지하는 의의는 어떤 것인가?

(Was, quidditas, essentia)로서, 존재자 전체가 실제적으로 있는(Wie und Daβ, existentia) 존재 양식인 영겁회귀를 정초하기 때문에, 단적으로 권력의지는 영겁회귀가 성립하는 전제일 수 있다고 말한다(*Nietzsche*, Bd. 1, S. 425). 그리고 니체의 경우에는 권력의지는 Was-sein이고, 영겁회귀는 Daβ-sein이라고 한다.

28 XIII, S. 38ff.

29 *Jenseits von Gut und Böse*, N. 160.

1) 영겁회귀의 교설

『즐거운 지식』의 제4권 거룩한 정월(Sanctas Januaris)의 341번에는 다음과 같은 명제가 있다.

> 최대의 중력 : 어느 날 낮이라도 좋고 밤이라도 좋다. 혼자서 적막하게 있는데 한 혼령(Daimon)이 슬며시 찾아와서, '너는 현재 살고 있고, 또 지금까지 살아온 이승의 인생을 일획의 수정 없이 그대로 다시 한 번, 아니 무한 횟수를 반복해서 살아야 한다. 새로운 것이라곤 아무것도 없다. 그뿐 아니라 일체의 고통, 일체의 부담, 일체의 사유와 신음, 너의 생애 가운데 있었던 크고 작은 일체의 것들이 동일한 순서, 동일한 결과대로 너에게 되돌아온다. 나무들 사이의 이 거미, 이 달빛, 이 순간, 바로 너 자신까지도 되돌아온다. 현존(Dasein)의 영원한 모래시계는 언제나 회귀한다. 그리고 그 모든 것들과 더불어 너는 일말의 먼지바람에 불과한 것!'이라고 말한다면 너는 굴복하지 않고 분노한 나머지 절치부심하여 그렇게 말하는 혼령을 저주하지 않겠는가? 그렇지 않으면 '너는 신이다. 나는 〔너 이상의〕 신다운 것을 들어보지 못하였다'라고 그 혼령에게 대답하는 비상한 순간을 다시 한 번 체험하는 것이다.

최종 연인 342번의 비극의 시작(Incipit tragoedia)은 다음해 1883년에 쓰여진 『차라투스트라』의 '차라투스트라의 서설'과 똑같은 내용이다. 즉 차라투스트라는 서른 살 때 고향의 산천을 떠나 깊고 높은 산에 올라가서 10년 동안 지치는 일 없이 정신과 정적(靜寂)을 길렀으나, 드디어 어느 날 심기일전하여 매일같이 자기의 동굴을 찾아온 큰 별인 태양을 향하여 자기는 인간 중의 현인들이 다시 한 번 그들의 어리석음을 되찾게 하기 위하여, 가난한 자들이 다시 한 번 그들의 풍요를 되찾게 하기 위하여, 자기의 동물인 독수리와 뱀을 데리고, 태양이 서산으로 지듯이 하계(下界)할 것을 서약한다. 그리고 이하 인간에게 영겁회귀를 교설한다. 그렇다면 영겁회귀란 도대체 무엇인가?

태양이 정오에 섰을 때 : 차라투스트라는 창공을 응시하였다.─ 머리 위 하늘에서 날카로운 소리가 들렸기 때문이다. 보라! 독수리가 대기를 헤치면서 커다란 원(Kreise)을 그리고 있으며, 그 목에는 뱀이, 잡힌 물건으로서가 아니라 다정한 벗으로서 고리처럼 감겨 있다.[30]

독수리가 맴도는 원환과 그 목에 감긴 뱀의 고리 역시 회귀의 상징이다.[31]

일체는 가고 일체는 되돌아온다. 존재의 바퀴는 영원히 굴러간다.

---

30 *Zarathustra*, Vorrede N. 10.

31 하이데거의 해석에 의하면 독수리와 뱀의 원환과 고리는 물론 영겁회귀의 상징이다. 그 동물들은 임의의 동물이 아니다. 독수리는 대담한 동물로서 그 대담성은 '자기를 바꾸지 않는 확실성'(die Sicherheit des Sich-nicht-mehr-verwechselns)을 가진 고고함이며, 뱀은 예리한 동물인데 그 예리함은 '자기를 버리지 않는 지배'(Herrschaft des Sich-nicht-preisgebens)로서 힘이다. 이 동물들의 본질 즉 대담성과 예리함(고고와 힘)은 영겁회귀 사상의 근본 태도이자 그 인식의 양식이다. 그리고 가축으로 길들여지지 않은 동물로서의 고독은 차라투스트라 자신에 대한 최고의 요구─준엄하면 할수록 그만큼 회귀 사상은 명제나 규칙 또는 경고로서 언표할 수 없고, 또 그만큼 직접적 상징의 현전성에 있어서 영겁회귀의 본질은 원환과 고리로 상징되어 보다 더 의미 있게 언명된다고 한다(M. Heidegger, *Nietzsche*, Bd. 1, 298~301쪽 참조).

일체는 이울고, 일체는 다시 꽃피고, 존재의 해바퀴(年輪)는 영구히 달린다. 일체는 부서지고 일체는 다시 안배되어 존재의 동일한 집은 영원히 건설된다. 일체는 헤어지고 일체는 다시 만나 존재의 고리는 영원히 엄정을 지킨다.

모든 순간에 존재는 시작한다. 모든 여기저기에 원구(圓球)가 구른다. 중심은 도처에 있는 것, 영원의 대로(大路)는 곡만(曲灣)을 이루고 있다.[32]

오! 인간은 영원히 회귀한다! 작은 인간은 영원히 회귀한다.[33]

너는 거대한 생성의 해바퀴, 거대한 해바퀴의 괴물이 있다고, 그리고 그 해바퀴는 모래시계와 같이 언제나 새롭게 흘러가고 흘러오기 위하여 새롭게 회귀한다고 교설한다.[34]

나의 집은 어디 있는가? 나는 그것을 찾아보았고, 지금도 묻고 찾아 헤매지만 발견하지 못한다. 오! 영원한 도처(到處), 오! 영원한 무도처(無到處, Nirgendwo), 오! 영원한 무모.[35]

『차라투스트라』의 제III부에서는 앞에 적은 바와 같은 회귀 사상이 발견된다. 다시 『선악의 피안』의 제III부의 56번에는 질문 형식으로 '악순환의 신'(circulus vitiosus deus?)이 언급되어 있다.

이렇게 시적으로 표현되는 회귀는 도대체 무엇을 의미하는가? 우리

---

32 *Also sprach Zarathustra*, Genesende N. 2.
33 같은 책, 같은 곳.
34 같은 곳.
35 *Zarachustra*, Der Schatten. 이 밖에도 예문은 숱하게 발견된다. '일체는 회귀한다. 이 순간의 시리우스(Sirius)별도 거미도 너의 사유도 (…) 모두 회귀하는 것'(XII. 92쪽)이라고 하였다. 해석하기에 따라서는 『권력의지』 전체의 근본적 의미를 이 회귀 사상에서 구할 수도 있다.

는 좀더 가까이 다가가지 않으면 안 된다.

2) 정오(순간)의 사상

'태양이 정오에 섰을 때', '위대한 정오에서', '인식의 태양이 정오에 섰을 때' 등등 우리가 인용한 구절마다 정오가 언급되고 있다. 그 정오는 무엇을 의미하는가? 정오는 태양의 상승과 하강, 시간의 오전(과거)과 오후(미래)가 교체하는 순간, 양자가 하나로 만나는 순간, 두 대립이 통일되는 순간을 의미한다.

난쟁이 괴물이 내 어깨에서 뛰어내려 앞에 있는 바위에 올라앉았다. 가벼워졌다. 우리가 머무르고 있는 바로 거기에 성문의 길(Torweg)이 있다. '난쟁이야, 성문을 보라!' 나는 말을 이었다. 그것은 두 개의 얼굴을 가지고 있다. 아무도 끝까지 가본 일이 없는 이 두 길은 여기에서 만난다.

한 길은 길게 밖으로 나가고, 다른 길은 뒤로 돌아오면서 제각기 영원과 맞닿아 있다. 이 두 길은 서로 용납하지 않고 상충한다. 그리고 여기 이 길에서 두 길은 만난다. 그 성문의 길 위는 '순간'(Augenblick)이라고 쓰여 있다. (…) 모든 진리는 곡만(曲灣)을 이루고 시간 자신은 순환이다.

이 순간을 보라! 이 성문의 길로부터 인간은 뒤로 향하여 영원히 긴 길을 달리고, 우리 뒤에는 영원이 있다.[36]

정오의 순간과 영원—이것이 문제이다. 니체의 순간은 언제나 정오

---

36 *Zarathustra*, Gesicht und Rätsel, 2.

의 순간이다. 정오에 관하여 니체는 이렇게 말하고 있다.

그리고 위대한 정오에서 인간은 자기 궤도의 중간—동물과 초인 사이—에 서고, 석양으로 기우는 진로를 최고의 희망으로 삼나니, 왜냐하면 그것은 새로운 여명으로 가는 길이기 때문이다.

그때 몰락하는 자(der Untergehende)는 자기가 상승하는 자(der Hinübergehende)이겠기에 십자를 긋는다. 자기의 인식의 태양은 정오에 서는 것이다.

'모든 신들은 죽었다. 이제 우리는 초인이 살기를 원한다.'—이것은 일찍이 위대한 정오에서 우리의 마지막 의지이다.[37]

정오는 드높은 하늘에서 오전과 오후가 만나고 영원의 빛이 그 교차점에서 번득이는 순간이다. 그리고 정오는 신들의 죽음과 함께 새로운 인간—초인이 대두하는, 인간 역사의 전환점이기도 하다. 또는 가치를 전도하여 과거를 불식하고 미래의 새로운 가치 창조를 이루려는 변혁의 계기이기도 하다. 그것은 과거와 단절된 채 미래적 삶의 양식이 잉태되는 시점이다. 1881년의 영겁회귀의 한 초안[38]에서는 모든 미래의 삶의 양식이 언급되고, 다시 그 대목에서 '정오와 영원'이라는 제목으로 이렇게 적고 있다.

인식의 태양은 다시 한 번 정오에 섰다. 그 빛 속에서 영원의 뱀이 선회하고 있다.—이것은 그대들의 시간, 그대들은 정오의 형제들!

---

37 *Zarathustra*, Von der schenkenden Tugend, 3.

38 XII, S. 42.

정오는 인간의 삶의 양식을 결정하는 개념이기도 하다. 정오로 향하는 상승의 길이 '나의 의욕'의 과정이고 그 의욕과 의지가 '무를 향한 의지'라고 한다면, 석양을 향한 낙조에로의 길은 '나의 존재'의 과정이다. 정오는 이 두 계기가 전환하는 순간이다. 그리고 '나의 의욕'이 종래의 모든 가치의 전도(허무주의)의 단계이고, '나의 존재'가 자기 존재의 긍정, 세계에 대한 디오뉘소스적 긍정으로서 운명애의 단계[39]라고 한다면, 정오는 과거를 부정하고 새로운 운명을 긍정하는 전신(轉身)의 매듭, 그리스도 대 디오뉘소스가 맞부딪치는 대목이라고 할 것이다.[40] 그러나 여기에서는 우선 정오의 순간이 영원과 어떻게 관계되는가를 살펴보아야 할 것이다.

2)의 처음에 인용한 문장에는 영원으로 통하는 두 길이 상충하는 곳에 '순간'이라고 쓰여 있다고 했다. 니체에게서는 시간은 순간에서 보여진다. 순간에서 시간은 한편으로는 아직 없는 미래로 가는 길인 영원과 만나고, 다른 한편으로는 이미 없는 과거로 가는 길로서의 영원과 만난다. 이 순간은 시간의 최소 단위가 아니다. 순간은 시간과 영원이 거기에서 만나는 곳이다. 변전하는 '생성'과 보편적 '존재가 만나는 최고의 가능성'이기도 하다.[41]

그런데 시간은 곡만을 이루어 언제나 제자리로 돌아오면서 커다란 원환을 그린다. 시간의 원상에로의 순환은 곧 시간 가운데 있는 일체의 것이 언제나 자기 자신으로 되돌아옴을 의미하고, 이것은 다시 존재자

---

39 "세계에 대한 디오뉘소스적 긍정—거기 대한 나의 공식은 운명애이다"(*Wille zur Macht*, IV n.1041).

40 이 책의 62쪽 참조.

41 M. Heidegger, *Nietzsche*, Bd. 1. S. 301.

전체, 즉 세계의 존재 양식이 순환임을 가리킨다. 존재자가 존재자로서 드러나는 근원으로서의 진리의 개시성도 또한 순환이다. '존재의 바퀴는 영원히 굴러가고', '존재의 해바퀴는 영원히 달리며', '존재의 동일한 집은 영원히 부서지고 건설되어―공이 구르듯 영원의 대로(大路)는 곡만(曲灣)을 이루고' 있으므로 진리도 곡만을 그리며 회귀하는 것이다.[42]

그렇다면 우리는 다음과 같이 물어보지 않을 수 없다. 어떤 근거에서 순간은 시간과 영원이 서로 만나는 곳일 수 있는가?

순간은 시간의 최소 단위로서의 지금(Jetzt)과 다르다. '지금'은 과거와 미래를 단절하기도 하고 연결하기도 하는, 있으면서 없고 없으면서 있는 시간의 한 단위이자 한계이지만, 니체에게 있어 '순간'은 영원이 변화계에 조응할 때 성립한다. 영원의 조응은 순간을 통해서만 가능하다. 따라서 "영원은 순간 속에 있으며, 순간은 무상한 지금이 아니며, 관찰자가 지나가면서 보는 한 찰나가 아니다. 그것은 과거와 미래와의 상충일 뿐이다."[43] 영원과 시간의 흐름이라는 두 모순이 부딪치는 거기가 순간이다. '방랑자와 그의 그림자, 빛과 그 그림자가 상속(相屬)'하고 '긍정과 부정'이 통일되는 데가 순간이다. 그런데 이 통일의 매개는, 인간의 영혼에서 이루어진다. 인간의 영혼이 없이는 시간도 영원도 성립되지 않는다.

순간은 이와 같이 그 자체로 영원과 시간이라는 모순의 통일이다. 따라서 순간은 본디 영원이 임하는 곳이며, 시간은 이 순간을 통하여 영원과 만나고 영원을 모방하여 지속하는 것이다.

---

42 '존재의 집'(das Haus des Seins), '존재의 공'(die Kugel des Seins), '존재의 해'(das Jahr des Seins), '존재의 바퀴'(der Rad des Seins) 등의 표현은 『차라투스트라』의 도처에 보인다.

43 M. Heidegger, *Nietzsche*, Bd. 1. S. 335.

3) 두 가지의 회귀

존재 세계의 구적(球的) 구조와 시간의 무한성은 필연적으로 회귀로 이끌려 가지 않을 수 없다. 인간의 작은 목적 의식은 거기에 참여할 수 없고 존재의 명운은 필연적으로 회귀하지 않을 수 없다. 이것이 존재의 '무구(無垢)함'이다. 운명애는 바로 그 존재 내부의 변경할 수 없는 자기 긍정이다. 니체는 맹목적인 존재의 필연성과 무구를 '삶의 유희'(Spiel des Lebens)라고 말한다. 삶은 존재 전체로서 헤라클레이토스의 '어린이'와 같이 무구하고 영원하다. 이 존재 전체가 천진한 유희를 한다는 것이다. 맹목적 필연성이라는 것이 회귀 사상의 특징이다.

니체는 반그리스도교를 선명하게 천명하고 있는데, 그것은 말할 것도 없이 그리스 대 그리스도의 구도에서 연유한다. 그러나 종래 서구의 최고 가치인 그리스도교의 윤리적 신을 부정함으로써 허무주의의 심연에 빠진 니체는 미래의 인간상으로 '지상의 주인'(Herr der Erde)인 초인을 열망하고 긍정하지 않을 수 없다. 반그리스도의 기치 아래서는 사후 세계나 죽어서 부활한다는 것은 절대로 불가능하기 때문이다. 인간의 운명은 맹목적으로 회귀한다고 볼 수밖에 없다. 죽으면 그만이고 그것으로 모든 것이 끝이라고 단념해버리기에는 인생은 너무 안타깝고 억울하다.

우리는 여기에서 회귀를 인간 운명의 회귀와 우주(존재)의 필연적 회귀로 나누어서 고찰하고자 한다.

(1) 인간적 회귀

니체에게서 영겁회귀는 '삶의 양식에 대한 하나의 기획'(ein Entwurf einer Art zu Leben)이었다. 신의 퇴위로 인해 "모든 목표는 없어져버렸다. 인간은 어떤 목표를 찾지 않으면 안 된다. 그가 목표를 가지고 있으려니 생각하는 것은 오류이다. (⋯) 이전의 모든 목표에 대한 전제들은 없어져 버렸다."[44] 그러나 의지를 그 근본 성격으로 삼는 인간 존재가 목표를 완전히 청산해버릴 수는 없다. 따라서 새로운 목표(neues Wozu)를 찾아야 한다.

니체로서는 그러나 이 목표를 피안에 설정할 수는 없고 인간의 삶의 전진에서 구하지 않으면 안 된다. 과거를 극복하고 미래에서 지상의 인간을 긍정하여 영겁회귀를 교설하는 차라투스트라가 니체적 삶의 목표라고 할 수 있을 것이다. 그는 대지의 주인이다. 대지의 주인—그는 니체의 반항적 실천 철학이 남겨놓은 자식이다.[45] 미래의 인간은 자기를 명령하고, 감춰졌던 허무주의의 속박을 벗어버리는 인간이다. 그것은 차라투스트라 자신이다.

그러나 인간은 영겁회귀에 있어서 한 획의 수정도 없이 그 삶을 반복한다고 했다. 그러므로 그의 과제는 '네가 다시 살지 않으면 안 된다는 것을 원하도록 그렇게 사는 것'이며, 영겁회귀는 따라서 '새로운 생명으로 다시 태어나려는 의지'(der Wille zur Wiedergeburt, vita nouva)로서 실천적 요청인 것이다. 이 '새로운 생명'(vita nouva)으로서의 삶의 영겁회귀는 다름 아닌 니체의 불사성(Unsterblichkeit)이다.

니체의 이승의 긍정은 불사성 즉 이 지상에서의 삶의 영원화의 요청이다. 그것은 종교에 다름 아니다. 그리하여 니체는 "우리의 삶에 영원의 모상을 새겨라! 이 사상은 이승을 찰나적인 것으로 경시하고 다른 부정(不定)의 삶으로 간주하도록 교설하는 모든 종교보다 훨씬 많은 것을 포함한다"[46]고

---

44 XII, 357ff, XVI, 287.

45 XII, 406ff.

46 XII, 66ff.

말한다. 이것이 그의 디오뉘소스적 삶이요, 신앙이다. 영겁회귀는 인간에 정위(定位)할 때 맹목적 순환의 필연적 '영원한 현재'(ewige Gegenwart) 만이 아니라, 과거의 짐에서부터 자유로워지고 미래로 향하는 의지에 상응하는 미래적인 것이다.[47] 영겁회귀는 이승의 영원화로 향하는 의지를 정립하는 종교적 목표이자 실존적 요청인 것이다.

(2) 우주적 회귀

에너지 보존이라는 자연과학적 명제나 부단한 천체의 운행 속에서 우리는 영겁회귀 현상을 엿볼 수 있다. 니체 역시 종교적 정신에 우위하는 자연과학적 정신을 인정하여[48] 다음과 같이 말한다.

세계의 성립은 생성되는 것도 아니며 소멸하는 것도 아니다. 오히려 세계는 생성하고 소멸하면서 끝도 없고 중단도 없다. 세계는 자기 스스로 살고, 그 배설물은 그 영양이다.[49]

맹목적이고 시작도 끝도 없는 힘의 회귀가 자연과학적 회귀의 특성이다. 니체가 구상하는 세계(존재)는 창조주에 의하여 무로부터 창조된 것이 아닌 만큼 근원도 목표도 없이 매 순간마다 시작과 끝이 동시에 회귀하는 항구적 운동을 계속한다.[50] 그러므로 세계 속에서 진행되는 시간도 처음과 끝을 갖는 일 없이 무한하고 영원히 회귀적으로 진행한다.

---

47 Br. III, S. 307f.

48 XII, 53 ; XV, 63, 183 ; XVI, 397 ; *Die Fröhliche Wissenchaft*, 335, etc.

49 XVI, 399.

50 VI, 274 참조.

그러나 그 안에서 일체가 제 힘을 시험하는 시간은 무한하다. 즉 힘은 영원히 동일하고 영원히 활동하고 있다.— 이 순간에 이르기까지 이미 무한히 흘러왔거니와 그것은 모든 가능한 전개가 이미 거기 현존해 있지(*dagewesen ist*) 않으면 안 된다는 것이다. 그 결과 순간적인 발전은 회귀라야 하고, 그리하여 그 발전이 잉태하고 〔발전의〕 전개에서 발생하는 것은 앞으로나 뒤로 회귀한다! 일체는 무한 횟수를 거쳐 현존해 있다.—일체의 힘의 총체가 언제나 회귀하는 한.[51]

이런 존재의 유희 속에서는, 앞에서 본 바와 같이, 인간도 필연적으로 회귀하지 않을 수 없다. 왜냐하면 인간 존재는 존재자 전체가 영겁으로 회귀하는 대원환 속에서 함께 돌아가는 바퀴이기 때문이다. 그리하여 인간은 작은 바퀴로서 큰 바퀴 속에서 불가피하게 회귀하면서 동시에 허무주의를 극복하고 새로운 삶으로 회귀하지 않으면 안 된다.

정오의 사상은 우주적 회귀와 인간적 회귀라는 이 두 회귀의 정점을 이룬다. '신 없는 종교'와 '자연적 형이상학'이 맞부딪치는 그 정오는 신을 상실한 허무적 현존재와 자연적 에너지의 현전 사이의 통일이기도 하다. 자연과학의 면에서 본 니체는 철학의 초심자이고, 종교적 사상가로서의 니체는 '병과 권력의지 사이의 중간자'라고 할 것이다.[52] 뢰비트(K. Löwith)는 이 대목을 이렇게 말하고 있다. "저 말 붙일 곳 없고(言語道斷) 목표 없이 된 현존재와 이 파악할 수 없고 무의미하게 되어버린 세계는 영겁회귀의 욕망(Wollen)에서 일치하는데, 이 영겁회귀의 우주적 순환은 인간의 욕망에 대하여 무관심한 것이다."[53]

---

51 XII, 51.

52 XVI, 387. Löwith, *Nietzsches Philosophie der Ewigen Wiederkehr des Gleichen*, S. 87 참조.

5. 회귀 사상의 존재론적 구조

이상으로 회귀 사상 일반과 니체의 영겁회귀 사상의 구조 및 성격을 점검해보았다. 이를 총괄하면 다음과 같다.

1) 일체가 영겁으로 되돌아오기 위해서는 존재의 완전성이 전제되어야 한다. 시작도 끝도 없어야 한다. 그것은 달리 말하면 오직 존재만을 인정할 뿐 무를 인정하지 않아야 한다. 신에 의한 존재의 창조란 거기에서는 애당초 있을 수 없는 일이다. 니체의 허무주의는 무에서 유래하는 것이 아니라 존재의 완결성, 즉 무의 부인에서 유래한다.[54] 그러므로 전체로서의 우주(세계) 자체가 완결된 것이기 때문에 원으로 표상된다. 원으로서의 우주에 무한한 시간이 진행한다고 할 때 그 시간이 원환적으로 진행될 것은 자명하다. 우주 내부의 운동(생성)은 완결된 우주 밖으로 나갈 수 없으므로 회귀한다. 그 운동은 맹목적일 수밖에 없다. 또한 그 속에 사는 인간은 무한 횟수를 거쳐 맹목적으로 재생한다고 여겨지는 것이다. 그 인간의 삶은 숙명적 결정론적이다. 운동 영역은 유한한데 시간이 무한하면 그 회귀는 영원한 순환운동이 된다.

그리스 철학이 허무주의에 빠지고 그것을 니체가 '비극'으로 읽은 것은 이와 같이 그 사상이 존재의 완결성에 근거하고 있기 때문이다. 니체가 세계의 완결성을 보인 몇 가지 예는 다음과 같다.

(1) "조용히! 세계는 완전하다"[55]—세계가 완전하기 위해서는 세계의

---

53 K. Löwith, 같은 책, 88쪽.

54 무를 인정하는 데서 그리스도교적 창조 사상이 나온다. 헤겔의 변증법도 존재와 무를 동시에 인정할 때 가능하다.

55 *Zaratustra*, Mittags.

유한성과 완결성이 전제되지 않으면 안 된다. 이 점에 관하여 하이데거는 이렇게 부연하고 있다. "존재자 전체 없이는 무가 있지 못하리라고 하는 한 존재자 전체의 극한, 즉 단적인 비존재자, 즉 무는 역시 존재자 전체에 속한다."[56] 다시 말하면 무는 존재와 모순으로 대립하지 않고 생성을 설명하기 위해 불가결한 경우 그 무는 존재에 내속되어 있다는 것이다. 니체의 '힘'의 일반적 성격으로 보아 존재 및 그 생성은 유한하고 완결된 것이라고 하지 않을 수 없다.

(2) 니체는 세계를 그림자(Schatten)와 빛(Licht)으로 나누었다. 전자를 하데스(Hades)를 주인으로 삼는 '결정적 허무주의의 무'로 보았고, 후자는 디오뉘소스를 주인으로 하는 영겁회귀 사상으로 이어졌다. 그리고 세계를 지배하는 것은 디오뉘소스라 하였는데 디오뉘소스는 허무주의를 극복한 결과로서 오는 것인즉 존재(amor fai의 ich bin)를 신과 무의 극복자로서 긍정하는 것이다.

(3) 『차라투스트라』의 제II부 '치유자'(Genesende)의 내용은 차라투스트라가 병들어 눕자 그의 동물들인 독수리와 뱀이 빨간 배(梨)와 노란 배를 갖다 먹여서 병을 낮게 한다는 이야기이다.

병든다는 것은 무에 의한 존재의 침식이다. 노란 배와 빨간 배—하이데거에 따르면 '진한 황색'(das tiefe Gelb)은 금으로서 '황색으로 빛나는 생명의 뱀'(Goldaufbliten der Shlange vita), 즉 '영원의 뱀'을 상징하여 영겁회귀를 의미하고, '뜨거운 빨강'(das heiße Rot)은 '권력의지'의 색깔을 뜻한다.[57] 이 두 가지를 가지고 차라투스트라는 병을 치유하였다.

그리고 특히 하늘에서 선회하는 짐승들(영귀회겁)은 '밤이고 낮이고

---

56 M. Heidegger, *Nietzsche*, Bd. 1. S. 277 ; *Zarathustra*, Mittags.
57 M. Heidegger, 같은 책 304쪽 ; *Zaratustra*, N. 577 참조.

그를 지켰다'―존재가 무의 침투를 막은 것이다.

(4) 차라투스트라의 생성은 그의 하계와 함께 시작한다. 또 윤환(輪環)을 그리는 뱀과 반대되는 것을 게으른 외래자(外來者), 게으른 벌레(verschlafene Wurm)라고 한다. 이것은 존재에 의한 무의 극복을 의미한다.

2) 그리스 철학과 니체의 영겁회귀 사상에는 (자연에 바탕하는) 비역사적 사상이 지배하고 있다. 니체는 그의 초기 작품 『반시대적 고찰』(Unzeitgemässe Betrachtung)의 제II편 '삶에 대한 역사적 이해(利害)'에서 동물이나 어린이의 비역사적 삶 속에 이상적 삶의 모습을 발견한다. 과거를 상고하여 내일의 삶에 어떤 지표를 발견하는 것은 바람직한 일이지만 역사학이 지나치면 도리어 인간의 인간다움을 해치게 된다고 그는 역설한다. 그의 초인은 인습의 굴레와 역사의 속박으로부터 벗어난 새로운 인간이다.

이 영겁회귀를 종교적으로 해석하면 어떻게 될까? 종교란 본디 죽음에 대한 불안, 삶에 대한 좌절 등으로 상처받고 괴로워하는 영혼의 구제를 근본 목표로 하거니와, 삶-시간에 대한 종교적 관념에는 세 가지가 있다. (1) 죽어서 다시 살고 또 죽었다가 다시 산다는 윤회 사상, (2) 죽었다가 그대로 살아나서 하느님의 품에 안겨 다시는 죽지 않는다는 영생 관념, (3) 이승의 삶을 가능한 대로 늘여서 오래오래 살겠다는 불로장생이 그것이다. 이 세 관념에는 선한 사람은 좋은 결과로 보상받고 악한 사람은 나쁜 결과를 초래한다는 권선징악의 교훈이 전제되어 있다. 영겁회귀 사상을 이런 범주에 넣는다면 그것은 윤회 사상의 다른 표현에 불과하다. 다만 니체는 윤회 사상의 내용에 대해서는 논하지 않고, 그것을 형식적·상징적으로만 표현하고 있을 뿐이다.

C. 직선적 시간 표상 : 종말론적 시간관

불트만은 역사의 의미에 대한 물음이 시간을 직선적으로 표상하도록 한다고 했다. 그런 시간 표상의 대표적 예를 이스라엘 민족의 종교사상 즉 유대교와 그리스도교에서 본다는 것은 전술한 바 있다. 직선적 시간 표상은 시간에 시작과 종말이 있다는 것을 전제한다. 이것을 우리는 종말론(eschatology)이라 한다. 이 말은 το ἔσχατον(최후의 것)과 ὁ λόγος (이론)의 합성어이다. 역사에 시작과 종말이 있은 즉 역사는 이 종말을 목표로 하여 진행한다는 것이다. 그것은 역사와 시간의 일회성과 직선적 진행을 함축한다. 그 역사는 최후의 심판과 심판 이후의 영생을 목표로 해서, 즉 구제사(救濟史)적으로 진행된다.

시간의 진행을 선형적(線型的)으로 표상하는 또 하나의 전형은 근대의 과학적 사고에서 발견된다. 갈릴레이, 데카르트, 뉴턴 등은 우주의 무한성과 함께 시간 진행의 전향적 방향 및 그 직선적 무한 진행을 믿었다. 19세기에 이르러 생물학적 진화론이 크게 보급되고 이와 함께 발전론적 역사관이 일반화됨에 따라 근대적 시간 표상도 대체로 선형적으로 되었다. 미래는 앞에 있고 과거는 뒤에 있으며 현재는 그 양자 사이의 한 점으로 간주되어 시간은 이 삼자를 잇는 선과 같은 것으로 표상된다.

우리는 직선적 시간 표상의 대표적 예로서 이스라엘 민족의 상승하는 선으로서의 시간관을 검토하고자 한다. 물론 유대교와 예수를 정점으로 하는 그리스도교 사이에는 시간 문제만을 중심으로 해서 보더라도 차이가 있는 것이 사실이다. 그러나 우리는 신앙 양식의 차이에서 오는 그런 자세한 문제에까지 나아가지는 않을 것이다.

우리는 1) 종말론적 시간관의 종교적 배경과 2)「창세기」를 통해 시간의 시작을 성찰하고, 3) 그리스도교에 고유한 시간관으로서 카이로스와 아이온을 검토할 것이다. 마지막으로 4) 계시 문서(「다니엘」과「요한계시록」)를 통해 역사의 종말에 대한 그들의 견해를 살펴보고자 한다.

종말은 문자 그대로 역사와 시간의 미래 쪽 끝에 강조점이 있다. 그러나 그 끝은 과거 쪽, 즉 처음 쪽에도 있어야 한다. 그것은 신에 의한 천지와 시간의 창조이다.

1. 종말론적 시간관의 종교적 배경

앞에서도 언급한 바와 같이, 인간의 삶의 터전은 자연과 역사이다. 전자의 시간관에 대해서는 그리스의 회귀 사상과 그 연장선상에 있는 니체의 회귀 사상을 통해서 살펴보았다. 이스라엘 민족은 후자의 입장을 대표한다고 말할 수 있다. 그것은 그들의 삶의 터전이 역사라는 것을 함축한다. 그러나 그 역사는 인간이 만들어가는 역사가 아니라 신의 복음과 심판으로 이루어지는 역사, 즉 종교적·종말론적 역사이다.

성서 속에는 처음부터 '자연'이 없다. 자연이 있다면 그것은 인간의 지배 대상으로만 있을 뿐, 그 질서와 힘 앞에서 인간이 경외를 느끼고 두려워하는 그런 자연, 인간이 거기에 순응해서 살아야 하는 삶의 질서 내지 전형으로서의 자연은 성서 속에 없다. 그리하여 인간과 모든 생물이 그 리듬에 맞추어서 사는 기본적 질서, 즉 해마다 날마다 제 자리로 되돌아오는 천체의 순환에 대한 의식이 『성서』에는 없다. 자연은 역사와 마찬가지로 신이 만들면 되는 것이다. 이스라엘 민족의 삶을 이끄는 것은 오직 신의 계시적 말씀이다.

그들에게 역사는 신이 인간에게 계시하는 것이지 인간이 만들어가는 것이 아니다. 인간은 다만 신의 계명에 따라 역사 형성에 참여할 뿐이다. 신의 모든 계시와 구원과 심판은 역사 속에서 이루어진다. 역사를 벗어나는 신의 구원과 계시와 심판은 있을 수 없다. 이것이 이스라엘 민족의 역사의식을 생각할 때 주목해야 할 대목이다.

1) 신의 신비

이스라엘 민족은 자연으로부터 아무런 혜택도 받지 못했다. 주변 환경은 사막인데다 그들은 고대 선진 문명을 이룬 두 거대 문명, 즉 티그리스-유프라테스 강의 메소포타미아 문명과 나일 강가에 이룩된 이집트의 거대한 신전 문명 사이에 낀 약소 민족이었다. 이 두 신전 문명의 영향을 받으면서 때로는 노예로 때로는 방황하는 유목민(히브리란 떠돌이라는 뜻이다)으로 주변의 강대 민족과 대결하면서 오랫동안 '하느님이 약속한 꿀과 젖이 흐르는' 희망의 땅을 찾아 헤매고 다녔다. 그들이 처한 자연적 · 역사적 상황은 그들로 하여금 미래에 죽지 않고 영원히 살 수 있는 구원을 대망하지 않고서는 삶을 유지할 수 없도록 하였다.

그런 자연적 · 역사적 환경 속에서 이스라엘 민족은 자연신적 다신교를 지양하고 역사상 최초로 유일신교를 발전시켰다. 여호와는 처음에는 부족신이었으나 뒤에는 민족적 국가신이 되었고, 예루살렘이 파괴될 무렵을 전후해서는 예언자들에 의해 인류를 구제할 보편적 신으로서 신봉되었다.

그들의 신은 그냥 신이 아니라 살아 있으면서 우주 만물과 인간을 창조하고 역사를 진행시키며 절대적 구원의 힘을 직접적으로 행사하는, 전지전능한 유일신이다. 그 신이 역사의 처음과 끝을 결정한다. 최후의 심판이라는, 미래에 설정해놓은 그 목표를 향해 역사와 시간은 전진한다. 시간은 전진할 뿐 결코 되돌아오지 않는다. 시간은 일회적이고 유한하다. 시간과 역사는 신에 의해 정해진 이 끝을 향해 오직 한 번 진행하는 것이다. 그리고 그 끝에 신에 의한 영원한 구원이 있다. 종말론을 제외하고서는 그리스도교의 시간관과 역사관은 생각할 수 없다.

신은 언제나 두 가지 신비를 가지고 있는데 그 하나는 자비, 은총, 구원, 사랑 등의 계열에 속하는 '매혹의 신비'(mysterium fascinosum)이고, 다른 또 하나는 신의 계명을 어길 때 내리는 처벌, 심판 등을 동반한 '공포의 신비'(mysterium tremendum)이다. 그리스도교의 신이라고 해서 이 범주를 벗어날 수는 없다. 특히 유대교는 다른 종교보다 이 두 신비가 선명한 종교인 것 같다.

신이 우주 만물과 인간을 창조한 것은 특별한 이유가 있어서가 아니다. 『구약성서』에는 신이 창조를 마치고는 그냥 "보시기에 좋았더라"고 적고 있다. 만들어놓고 보니 보기에 좋았더라는 것이다. 자족적일 만큼 완전한 창조인 것이다.

설사 신의 창조 이유가 따로 있다 하더라도 우리 인간은 그것을 알지 못한다. 그런 신은 특히 이스라엘 민족을 통해 인류에게 많은 복을 주기로(아브라함에게 준 약속, 이집트의 노예 상태에서 탈출시켜주겠다는 약속, 다윗 왕조의 약속, 메시아에 대한 약속 등등) 자진해서 약속을 하고는, 이스라엘의 후손들이 과연 그 복을 받을 만큼 계율을 지키는지를 감시하고 있다가 지키지 못하면 엄한 벌을 내리기로 결정한다.

그런데 그 복과 벌이 반드시 역사 속에서 이루어진다는 것이다. 즉 신은 역사 밖에 있으면서 그냥 인간이 사는 모습을 바라보기만 하는 신이 아니라, 역사 속에 살아 있으면서 판단하는 신이다. 『구약성서』는 그런 약속과 벌의 기록이라고 말할 수 있다. 그것은 이스라엘 민족의 간절한 소망과 고난의 역사서이면서 신앙서이다. 특히 최후의 심판 때문에 그 시간 사상은 미래대망적 종말론이다. 최후의 심판과 구원이라는 목표를 향해 시간과 역사가 진행하므로 그 시간은 목적론적이며, 직선적으로 표상된다.

시간을 미래 중심적으로 표상한 대표적 문서는 『구약성서』의 「다니엘」서와 『신약성서』의 「요한계시록」이다. 이 두 계시문학(啓示文學)은 미래에 대한 예언 문서로 유명하다.

그런데 이 두 문서는 기이하게도 종교적 탄압이 가장 심할 때 쓰여졌다는 공통점을 가지고 있다. 전자는 기원전 2세기 중엽 시리아 왕 안티오코스, 에피파네스에 의한 철저한 유대교 탄압과 예루살렘 시민 학살 시대의 말기에 쓰여진 것이고, 후자는 1세기 말 악명 높은 네로와 그의 뒤를 이은 도미티아누스에 의한 그리스도교 탄압의 시대에 쓰여진 것이다. 그리스도교 탄압은 3세기 디오클레티아누스(284~305 재위)에 의한 처절한 박해와 예루살렘 멸망의 시대에까지 계속되었다.

그것은 절망 속에서 도리어 희망을 잃지 않으려는 강인한 의지가 '예언'이 지정해준 그때를 향해 억세게 삶을 이끌어갔음을 보여준다. 즉 '최후의 심판과 그 이후의 영원한 이상적 왕국'에 대한 굽힐 줄 모르는 신앙은 비실재적·이념적인 것을 실재화한 것이다. 그것은 '신이 약속한 영생의 나라'를 찾아 미래를 향해 곧바로 달려가는 것이다. 심판은 그냥 심판으로 끝나는 것이 아니라 심판을 통한 구원인 것이다. 최후의 심판이라고 해서 인류의 파멸로 끝나는 것이 아니라, 새로워지고 죄에서 벗어난 정화된 영생의 시작인 것이다.

이런 사유 상황 속에서 시간이 직선적으로 표상되는 것은 지극히 당연하다. 미래대망 사상은 미래 선취를 함축하기 때문이다. 직선적 시간 표상은 자연에 근거를 둔 원환적 시간 표상과는 달리 역사에 기초를 둔 결과인 것이다. 고난의 현재를 살면서 미래의 천국을 대망하는 심정 속에서 미래 시간은 기다리기만 하면 오는 그런 한가로운 것이 아니다. 미래는 선취되는 것이다.

2) 성서적 역사의 의미

일반적 역사 과정에서 보면 나사렛 예수의 행적과 죽음은 로마제국의 먼 변방 속국의 작은 마을에서 일어난 하찮은 사건에 불과하다. 그의 죽음은 유대교 신자들 사이에서 일어난 종교적 시비를 로마의 관리가 판결하고 시행한 사형 집행 사건일 뿐이다. 대제국 로마의 입장에서 보면 그것은 지방지(地方誌)에나 들어갈 만한 사소한 일일 수도 있다.

그러나 예수의 탄생과 짧은 생애 동안 행해진 기적적 행적과 처참한 죽음과 신비스런 부활 등은 그냥 스쳐버려도 그만인 그런 하잘것없는 일이 결코 아니다. 예수의 제자들은 그리스도의 탄생과 활동, 비극적 죽음과 신비적 부활의 역사를 보편적 세계사로 승화시켜 그 이전과 이후의 역사 존재의 의미를 달리하게 하였다. 그리하여 그리스도의 탄생은 역사의 중심에 자리잡게 되었고, 그 역사는 구제의 역사, 계시의 역사이면서 동시에 인류의 역사가 된 것이다.

이 나사렛의 예수 그리스도를 중심으로 하는 구제사 즉 성서적 역사는 일반 역사의 여러 사실과 각 시대의 일반적 사건들에 역사적 의미를 부여하게 된다. 다시 말하면 모든 사건은 예수 그리스도의 사적으로부터, 즉 이 사건을 규준으로 해서 해석되고 판단된다. 일반 역사는 성서적 역사에 의해 판단되는 것이다. 그리스도의 사적은 모든 역사의 중심이 되고 있다. 즉 그의 생애는 단순히 인간사의 일부로서 평범한 세속적 삶이 아니라 신의 강림과 부활과 구제와 관계되는 생애요, 시간인 것이다.

그러므로 나사렛 예수의 생애와 행적은 신학적으로 해석되어야 한다. 왜냐하면 쿨만의 말과 같이 "〔성서적 역사의 문제는〕 역사의 중심인 나사렛 예수의 행위가 인간에게 주어진 신의 절대적 계시로서 승인될 때만 의미 있는 역사가 될 수 있기 때문이다. 이런 믿음 없이는 이 성서적 역사 전체에 대해 규준적 가치를 인정할 수 없을 뿐 아니라, 그런 역사는 무의미한 것으로 되지 않을 수 없다."[58] 역사란 신학적으로는 예수를 정점으로 하는 신과 인간과의 관계의 표현이다. 예수의 역사적 행적은 로고스로서의 신의 계시의 완전한 표현인 것이다.

그리하여 성서적 역사는 일반 역사가 아니라 전적으로 신앙적으로 해석되는 역사, 교의적 역사요 그리스도교의 이데올로기가 만들어내고 해석해낸 역사이다. 예수의 구제사적 생애는 『구약성서』의 전 역사와 그가 죽은 뒤 미래의 종말적 구제사를 규정하는 현재이다. 그 현재는 이렇게 전후의 모든 역사적 시간을 규정하는 카이로스(καιρός)이면서 동시

---

58 O. Cullmann, *Christus und die Zeit*, Zweite Aufl, 1948, p. 6.

에 아이온(αἰών)이다. 즉 그 현재는 과거와 미래를 규정하는 최고의 시간의 정점인 현재로서는 카이로스이지만 동시에 그것은 시간 양상의 한 단위가 아니라 과거와 미래의 전 역사에 걸쳐 있다는 점에서는 아이온이다. 과거는 예수 그리스도의 탄생을 준비하던 시간이고, 미래는 최후의 완성을 대망하는 시간이다. 예수 이전으로는 이스라엘의 역사를 거슬러 올라가서 창조로 소급되고, 예수 이후로는 신의 수육(受肉)과 부활, 재림과 최후의 심판에까지 이른다. 그리고 그 중간에 성찬식의 현재가 전후의 시간을 결합하고 규정하는 최고의 정점을 이루고 있다.

이와 같이 그의 생애와 모든 행적과 죽음과 부활은 오직 한 번 있었을 뿐이지만 이 유일한 일회적 사건과 시간은 그러나 일반성을 넘어서 전 인류 역사와 인간의 삶을 규정한다.

"우리에게는 오직 한 분 하느님, 아버지가 계시니 만물이 그 분께로부터 낳고 우리도 그 분 안에 있으며 또 한 분 주 예수 그리스도가 계시니 만물이 그 분을 통하여 있고 우리도 그 분을 통하여 있느니라."[59] 신의 아들로서 삼위일체를 이루는 예수 그리스도는 그리스도교의 구제사의 중심이자 원점이기도 하다.

2. 「창세기」를 통해서 본 시간의 시작

시간은 언제부터 시작되었는가? 이 물음은 물음으로서 별로 의의를 갖지 못한다. 왜냐하면 물어보았자 대답이 명료하지 않기 때문이다. 그

---

59 「고린도전서」, 8장 6(『성경』, 한영대역, 2000, 말씀보존학회, 343쪽).

러나 창조 이전의 상태에 대해 「창세기」 1장은 이렇게 적고 있다.

> 땅이 혼돈하고 공허하며 흑암이 깊음 위에 있고
> 하느님의 신은 수면에 운행하시니라.
> (was upon the the face of the deep
> the Spirit of God moved upon the face of the waters.)

이런 상태에서 신은 엿새 동안 창조의 대업을 진행하였다.

1) 6일간의 창조

그 6일간의 창조 과정을 날짜별로 정리하면 아래와 같다.

첫째 날

빛이 있으라 하여 빛을 창조하고(1장 3)

빛과 어둠을 나누어(1장 4)

빛을 낮이라 칭하고 어둠을 밤이라 칭하다(1장 5).

저녁이 되며 아침이 되니 이는 첫째 날이니라(1장 5).

둘째 날

물 가운데 궁창(firmament)이 있게 하고 그것을 물과 물로 나누어지게 하다(1장 6).

하느님이 궁창을 만들어 궁창 아래의 물과 궁창 위의 물로 나누어지게 하다(1장 7).

궁창을 하늘이라 칭하다 저녁이 되고 아침이 되니 이는 둘째 날이니라(1장 8).

셋째 날

천하의 물을 한곳으로 모이게 하다(1장 9).

뭍을 땅이라 칭하고 물을 바다라 칭하다(1장 10).

땅은 풀과 씨 맺는 채소(herb)와 열매 맺는 나무를 낳게 하다(1장 11).

저녁이 되고 아침이 되니 이는 셋째 날이니라(1장 13).

넷째 날

하늘의 궁창에 빛이 있게 하고 그 빛이 낮과 밤을 나누게 하다. 또 그 빛으로 하여금 징조(sign)와 계절과 날(days)과 해(years)가 되게 하다(1장 14).

하늘의 궁창에 있는 그 빛이 땅 위를 비추게 하다(1장 5).

두 큰 빛을 만들어 더 큰 빛은 낮을 주관하게 하고 작은 빛은 밤을 주관하게 하며 또 별들을 만들고(1장 16)

그것들을 하늘의 궁창에 두어 땅을 비추게 하고(1장 17)

주야를 주관케 하고 빛과 어둠을 나누다(1장 18).

저녁이 되며 아침이 되니 이는 넷째 날이니라(1장 19).

다섯째 날

물들은 생물들로 하여금 번성케 하고 땅 위 궁창에는 새들이 날도록 하다(1장 20).

큰 물고기와 수중 생물들을 그 종류대로 창조하고 날개 가진 새들을 그 종류대로 창조하다(1장 21).

그들에게 복을 주어 말하길 생육하고 번성하여 바다의 물을 채우고 새들도 땅 위에 번성하도록 하다(1장 22).

저녁이 되고 아침이 되니 이는 다섯째 날이니라(1장 23).

여섯째 날

땅은 생물을 그 종류대로 내고 육축과 파충류와 지상의 짐승들을 그 종류대로 내게 하다(1장 24).

지상의 짐승과 육축과 지상의 모든 파충류를 그 종류대로 만들다 (1장 25).

하느님이 자기의 형상을 따라 그 모양대로 사람을 만들어 바다의 고기와 공중의 새와 육축과 지상의 파충류를 다스리게 하자 하고(1장 26)

자기의 형상대로 사람을 창조하되 남자와 여자로 만들다(1장 27).

복을 주어 가로되, 생육하고 번성하여 땅을 충만케 하고 땅을 정복하라. 바다의 고기와 공중의 새와 지상에서 살아 움직이는 모든 것을 다스리라고 하다(1장 28).

하느님이 말하길 모든 지면 위에서 씨 맺는 채소와 씨 맺고 열매 여는 모든 나무를 사람에게 주니 사람은 이것을 먹을거리로 삼을지라 하다(1장 29).

생명을 가진 지상의 모든 짐승과 공중의 새와 파충류에게 먹을거리로 푸른 채소를 주다(1장 30).

저녁이 되고 아침이 되니 이는 여섯째 날이니라(1장 31).

2) 시간은 언제 창조되었는가?

이와 같이 「창세기」 1장은 신이 우주와 세상 만물과 인간을 창조한 과정을 기록하고 있다. 신은 만유를 한꺼번에 창조하지 않고 시간의 순서에 따라 창조하였다. 그러나 나는 그 기록이 체계적이지 못하고 시간적 순서로 보더라도 맞지 않는 곳이 있으며 더구나 중언부언이며 논리적으로 앞뒤 모순이 많다는 것을 지적하려는 것이 아니다.

우리는 우리의 주제인 시간의 근원에 대해서 묻고 있는 것이다. 아우구스티누스는 "창조 이전에 하느님은 무엇을 하였느냐"고 물었다.[60] 그러나 나는 시간은 언제 창조되었느냐고 묻는다. 창조의 첫째 날에 신은 빛이 있으라 하여 빛을 만들고, 이 빛으로 인해 낮과 밤이 나누어졌다. 그리고 "저녁이 되며 아침이 되니 이는 첫째 날이니라"고 적혀 있다.

밝음과 어둠, 낮과 밤은 다름 아닌 시간 이행을 가리킨다. 시간이 이행하지 않고서는 저녁이 되고 아침이 된다고 말할 수 없다. 성서에는 분명하게 표현되어 있지 않지만 시간은 이 빛의 창조와 동시에 창조되었다. 다시 말하면 빛과 어둠이 나누어지고, 그와 동시에 시간이 창조되어 이행함으로써 비로소 낮과 밤이 생기는 것이요, 그리하여 저녁이 되고 아침이 된다고 말할 수 있는 것이다. 시간은 창조의 첫째 날에 빛과 동시에 만들어졌다고 해야 옳다. 그 뒤의 창조는 시간의 상하에서 진행된다.

시간은 신의 최초의 창조물이다. 시간을 창조한 신은 시간 '이전'에 '존재'해야 한다. 이런 전제하에서 아우구스티누스는 창조 '이전'에 신은 무엇을 하였느냐고 물었던 것이다. 그러나 시간의 창조에 선행하는 시간적 '이전'이라는 것은 있을 수 없다는 것이 아우구스티누스의 해답이다.

3) '하늘의 하늘'과 무형 질료

신이 창조의 대업을 개시하던 때는 "땅이 혼돈하고 공허하며 흑암이 깊음 위에 있고 하느님의 신(령)은 수면에 운행"하던 상태였다. 이것은 무엇을 가리키는가? 이 물음은 시간이 창조되던 그 당장의 존재상태는 어떠하였는가라고 묻고 있는 것이다. 이런 상태를 우리는 어떻게 이해해야 하는가?

---

60 *Confessions*, Bk. 11, Ch. 10.

흔히 그리스도교에서는 신의 전지전능을 강조하여 그 신의 창조를 '무로부터의 창조'(creatio ex nihilo)라 하고, 이 주장은 거의 정설로 굳어져 있다. 그러나 "땅은 모양을 갖추지 않고 공허하다"(the earth was without form, and void), "하느님의 신령(spirit)은 수면에 운행하시니라"고 적혀 있는 것을 보면 창조 이전의 상태는 순수하고 절대적인 무의 상태는 아니었던 것 같다. 무엇인가 있긴 있는데 그것은 전혀 형태를 갖추지 않았기 때문에 뭐라고 부를 수조차 없었고, '수면 위에 움직였다'고 하는 것도 우리가 흔히 말하는 물 위는 아닌 것이다.

아우구스티누스는 신의 하늘을 「시편」 148장 4에 있는 명제를 인용하여 '하늘의 하늘'(coelum coeli)이라 하고, 이를 우리의 하늘과 구별하였다.[61] 우리 인간의 하늘과 땅은 오관에 와서 닿는 것이지만 신의 그것은 우리에게 보여지는 것이 아니다. 우리에게 그것은 무인 것이다. 신의 땅은 형상을 갖추지 않은(without form) 무형 질료(informa materia)이며 그것은 '혼돈하고 공허한 땅', '심연 위에 있던 어둠'이다. 신의 창조는 거기에 빛인 로고스를 불어넣어서 형태를 갖추게 하여 비로소 존재자로 있게 한 것이다. 그리고 이 존재자의 세계는 아담과 이브 및 그 후손들의 역사적 세계가 된 것이다.

4) 신의 창조는 인간이 만들어지면서 완성된다

신은 모든 창조를 마치고는 제7일째 되는 날을 안식일로 선포하고 스스로 쉬었다. "여호와 하느님이 천지를 창조하신 때에 천지의 창조된 대략이 이러하니라"(2장 4)고 기록한 천지 창조 직후의 존재 상태에 대해 성서는 이렇게 기록하고 있다.

---

61 같은 책, 1제2권 2~6장 참조. 이 책의 276쪽 이하 참조.

여호와 하느님이 땅에 비를 내리지 아니하셨고 경작할 사람도 없었으므로 들에는 초목이 아직 없었고 밭에는 채소가 나지 아니하였으며(2장 5) 안개만 땅에서 올라와 온 지면을 적셨더라(2장 6). 여호와 하느님이 흙으로 사람을 지으시고 생기를 그 코에 불어넣으시니 사람이 살아 있는 혼이 된지라(2장 7). 여호와 하느님이 에덴 동산을 창설하시고 그 지으신 사람을 거기 두시고(2장 8) 여호와 하느님이 흙으로 각종 들짐승과 공중의 각종 새를 지으시고 아담이 어떻게 이름을 짓나 보시려고 아담이 그 생물을 일컫는 바가 곧 그 이름이라(2장 19). 아담을 돕는 배필이 없으므로(2장 20) 여호와 하느님이 아담을 깊이 잠들게 하시니 잠들 때 그가 그 갈빗대 하나를 취하고 살로 대신 채우시고(2장 21) 아담에게서 취하신 그 갈빗대로 여자를 만드시고 그를 아담에게로 이끌어 오시니(2장 22),

2장 5와 2장 6에서 보면 6일간의 신의 창조로는 자연은 아직 거친 상태였다. 그리하여 신은 그 자연을 가꾸고 온갖 식물과 동물을 다스려서 아름답고 기름지게 하기 위해 흙으로 아담을 만들고 그로 하여금 각종 생물들에게 이름을 지어서 질서를 세우게 하였다. 그러나 아담과 이브는 "…선악을 알게 하는 나무의 실과는 먹지 말라. 네가 먹는 날에는 정녕 죽으리라"(2장 17)고 한 신의 계명을 지키지 못하고 뱀의 유혹을 받아 그 열매를 따먹고 에덴 동산에서 추방되어 고난의 길을 걷게 되었다. 이것이 역사적 삶의 시작이다.

「창세기」 2장 이하의 모든 기록은 그 뒤 인류가 걸어온 길고 험난한 고난의 역정과 극복, 그리고 그때마다 신이 베푼 은총과 벌을 통해 신을 찬미하고 그 은총과 영광을 드러낸 것이다. 그러나 이 1장의 기록은 신앙상 신의 전지전능의 선언이지 시간의 순서에 따른 창조 과정을 보여주기 위한 것도 아니고 논리적으로 정리한 것도 아니다. 그러므로 성서에 의거해 신의 창조를 따져 묻는 것은 무의미하다. 그뿐 아니라 아우구스티누스가 고백했듯이[62] 지옥은 신의 비밀을 캐물으려는 자들을 잡아 가두기 위해 마련되었는지도 모른다.

3. 카이로스와 아이온

이스라엘 민족의 종교적 시간관을 가장 분명하게 보여주는 것은 『신약성서』이다. 『신약성서』는 예수 그리스도를 통해 인간에게 준 신의 새로운 약속이다. 그리스도를 정점으로 하는 현재는 따라서 과거 · 현재 · 미래라는 시간 양상 중의 하나가 아니라 전 인류와 전 역사의 과거 및 미래를 규정하는 현재인 것이다. 그런 시간을 우리는 카이로스라 하고, 이것과 구별되기도 하고 대립되기도 하는 것을 아이온이라 한다.

1) 카이로스

카이로스(καιρός)는 쿨만에 따르면, 세간적 용법으로는 어떤 계획을 위해 시간적으로 특별히 좋은 기회를 가리킨다. 그것은 이미 이전부터 예상되었으나 그것이 언제인지는 알려지지 않은 시간의 한 점이며, 예컨대 거의 확실시되는 전승일—기념일이 아니다—과 같은 것[63]이며, 성서적으로 말하면 대망하던 그 시간이 바야흐로 도래한 바로 그때를 가

---

62 같은 책, 11권, 12장.
63 O. Cullmann, *Christus und die Zeit*, S. 20 참조.

리킨다.

따라서 이 용어는 전적으로 유대교와 그리스도교적으로만 사용되는 구제사적 개념이다. 즉 신의 구제 계획의 중심이 되는 사건을 카이로스적이라고 말한다. 카이로스는 가령 이스라엘 민족의 이집트 탈출, 신과 모세의 만남, 메시아로서의 예수의 탄생과 최후의 만찬, 죽음과 부활, 그의 재림과 최후의 심판 등 역사 전체의 의미를 결정하는—바꿔 말하면 역사 전체의 의미가 응축된—시점을 말한다.

앞에서 예시한 종말론적 의미의 카이로스를 결정하는 것은 전적으로 신의 권위에 속하는 것이어서 인간은 그것이 언제인지 모른다. 그것은 구제사적으로 하나의 획을 긋는 내용 있는 시간이다. 일반사적으로 보면 그것은 하나의 독단이다. 도그마(dogma)가 교의, 신조의 의미와 함께 독단의 뜻을 갖는 이유가 여기 있다.

이런 의미에서 카이로스는 신의 지상에의 강림 혹은 신의 영원한 세계가 지상의 덧없는 세계에 모습을 드러내는 순간이라고도 말할 수 있다. 유대교는 그것을 인정하지 않지만 예수 그리스도를 정점으로 하는 그리스도교에서는 이 예수 그리스도의 탄생과 죽음과 부활은 인류를 위해 대속한 대표적 카이로스이다. 신의 강림, 즉 그리스도의 탄생으로 인해 그 이전과 그 이후의 역사의 의미가 결정된 것이다.

예수 그리스도의 탄생을 기준으로 해서 그 이전과 그 이후의 역사의 의미를 새로 규정하는 것은 구제사적으로는 합당한 일이다. 신의 수육(受肉)으로서 신의 아들인 그리스도는 카이로스를 선포할 수도 있다. 「마태복음」 26장 18에는 최후의 만찬을 준비하면서 예수가 "나의 카이로스가 가까워졌다"고 말하고 있다. "하늘 나라가 가까이 왔다"고 하여 카이로스가 임박했음을 선포하는 것도 같은 예이다.

2) 아이온

카이로스 못지 않게 중요하고 또 빈번하게 쓰여지는 시간 관계 개념으로서 아이온(αἰών)이 있다. 일반적으로는 이 개념은 그리스적으로 표상되는 무시간, 즉 영원을 의미한다. 영원은 거기에서는 시간의 근원이다. 그러나 그리스도교적으로 아이온은 시간과 평행하는 개념이다.

이 낱말은 한편으로는 한정된 시간의 길이를 가리키면서 다른 또 한편으로는 측정할 수 없이 무한정한 시간 길이를 의미한다. 특히 후자와 관련해서 이 말을 '영원'이라고 번역하기도 한다. 그러나 그것은 신의 나라인 영원, 즉 우리의 천년이 신의 하루와 같다는 그런 영원은 아니다. 그것은 또 무시간이나 초시간도 아니다. 아이온은 무한정한 시간을 의미한다. 무한정하다 함은 계산하기 어렵다거나 그때까지의 시간 길이를 예측하기 어렵다는 뜻이지 결코 한정이 없다는 의미는 아니다.

아이온 개념은 대충 다음과 같이 세 관점에서 검토될 수 있다.

1) 아이온은 단수 복수에 관계없이 전방(과거)과 후방(미래)를 향해 한계를 갖지 않는, '영속적'인 시간을 그 무제한한 길이 전체에 걸쳐 나타낸다. 그러나 이것을 그대로 시인한다면 종말론에 어긋날 수 있다.

2) 아이온은 창조와 종말의 사이에 있는 시간 길이로서 한정된 시간이다. 이 개념은 처음과 끝 사이의 아이온이므로 종말론과 부합할 수 있다. 그러나 이때의 아이온은 우리가 그 길이를 헤아릴 수 없다는 의미에서 무한하다고 말할 수 있다.

3) 한 방향으로는 한정되고, 다른 방향으로는 무한한 시간 길이를 상정하는 아이온 개념이 있을 수 있다. 이것은 다시 두 가지로 구분할 수 있다. 그 하나는 창조(과거)의 방향을 향해서는 종말 즉 한계(시작)를 갖지만, 미래를 향해서는 무한하여, 이런 의미에서만 영원한 시간이다. 그

러나 이것은 미래대망적 종말론과 정면으로 대립된다.

다른 하나는 다가오는 종말의 사건에는 한계를 갖지만, 과거를 향해서는 무한한 시간 길이를 가리키는 즉 과거적으로는 무한한 시간 개념이다. 이 개념은 종말 개념에는 합당하다. 종말은 미래 지향적이기 때문이다. 그러나 이 개념은 신의 창조 개념을 설명하기에는 적합하지 않다.

첫 번째 아이온 개념은 종말론에 어긋나고, 두 번째 아이온 개념은 신의 전지전능에 어긋난다. 여기서 우리가 유의해야 할 것은 '영원'이 그리스적 의미의 무시간이나 초시간은 아니라는 것, 그리고 그것은 오직 신의 나라로서만 가능하다는 것이다. 즉 '영원한 하느님'은 처음에 있고, 지금 있으며, 일체의 미래에 걸쳐 있다.[64] 이와는 달리 아이온 개념은 우리의 유한한 시간이나 헤아릴 수 없는ㅡ그런 의미에서 무한한ㅡ시간에 대해서 사용할 수 있다.

아이온의 수에 대해 유대교와 그리스도교 사이에는 차이가 있다. 전자에게 아이온은 두 개(구제의 준비와 종말)이지만, 구세주의 출현을 인정하는 그리스도교에서는 세 개이다. 후자의 견해를 영원한 신의 존재 양상을 고려해서 요약하면 아래와 같다.

1) 신의 예정에 의해 계시가 준비되는, 창조 이전의 아이온.
2) 창조와 종말 사이에 있는 현재의 아이온(즉 예수 그리스도의 출현).
3) 종말이 이루어지는 다가오는 아이온.

그러나 창조 이전의 아이온은 생각하기 어렵다. 한마디로 줄여서 말하면, 아이온 개념은 매우 다의적이고 그만큼 혼란스런 개념이다.

---

[64] 「요한계시록」, 1장 4 참조.

4. 계시 문서와 역사의 종말

우리는 이스라엘 민족의 시간 사상인 종말론을 검토하고 있다. 이 종말에 대한 그리스도교측의 견해를 들어보고 우리는 그것을 다만 시간론의 입장에서 철학적으로 검토할 것이다.

종말은 달리 말하면 미래에 있을 구세주의 출현과 천년왕국, 신의 심판에 의한 세계의 멸망 등을 가리킨다. 그에 관한 대표적 문서인 「다니엘」서 7장과 8장에는 다니엘이 본 이상(異像)을 기록하고 있다. 그가 본 첫 번째 이상은 짐승에 대한 것이다. 그는 꿈(7장)에 네 마리의 흉측한 짐승을 보았다. 그 짐승들은 사자, 표범, 곰 등 사나운 짐승의 형상에다 맹금류의 강한 날개와 사나운 발톱과 쇠 이빨, 몇 개씩 되는 머리, 여러 개의 뿔 따위를 가지고 있었다. 사람의 형상을 일부 본떠서 만들어진 동물들도 있었다. 이 짐승들은 지상의 가혹한 왕들을 상징한다. 그들은 인간의 일상적 삶을 착취하여 인간으로 하여금 괴로워서 몸부림치게 하는 존재자들이다. 그러나 종당에는 옛적부터 항상 계신 지극히 높으신 분이 와서 그 짐승들을 멸하고 영원한 나라를 세운다는 것—그것이 다니엘에게 보인 첫 번째 성령의 꿈이다.

두 번째 나타난 이상(8장)은 먼저 난 것은 짧고 뒤에 난 것은 긴 뿔을 가진 숫양에 관한 것이다. 이 숫양이 서·북·남을 향해 마구 치받는데 그에 대적할 짐승이 없다. 그런데 두 눈 사이에 뿔이 있는 숫염소가 서쪽에서부터 나타나서 온 지면을 휘젓고 두루 헤매지만 발이 땅에 닿지 아니한다. 이 염소가 숫양에게 달려가서 그 뿔을 꺾고 땅에 엎드리게 하였다. 이 숫염소가 스스로 강대해져서 뿔이 새로 나고 당할 자가 없어 비할 데 없이 오만해졌다. 이 이상을 해석하는 이가 있어 말하길, 이 양과 염소는 세속의 왕들을 가리키는데 그것들은 머지않아 쇠망할 것이라고 한다. 그러면서 또 가로되 "이 이상은 정한 때 끝에 관한 것이니라"고 거듭 일러준다(8장 17, 19). 즉 세속의 왕들의 종말과 옛적부터 항상 계신 지극히 높으신 분이 와서 짐승들을 멸하고 영원한 나라를 세운다는 것, 다시 말하면 이 세상이 신의 승리로 종결된다고 예언한 것이다. 이 예언서는 기원전 2세기 중엽 시리아 왕 안티오코스의 탄압 아래 이스라엘 민족이 가장 비참한 생활을 하던 시대에 쓰여진 것이다.

「요한계시록」은 천년왕국설로서 유명한 예언서이다. 이것 역시 저 유명한 네로와 도미티아누스의 잔인무도한 그리스도교 박해 아래 기록된 것이다. 이 계시록의 종말은 두 단계로 되어 있다. 첫 번째 단계는 7장에서 15장까지의 기록으로서 일곱 천사에 의한 대심판 끝에 메시아와 성도들에 의한 천년왕국의 통치이고, 두 번째인 마지막 단계는 20장에서 22장까지 전개되는 최후의 전쟁과 사탄의 파멸 및 새로운 천지의 창조이다.

첫 번째 단계는 그리스도인들을 박해한 지상의 세력들을—뱀, 용, 악마 등 사납고 무서운 동물로 상징되어 있다—옥에 가두고, 마지막 날을 위해 이스라엘의 각 지파로부터 가려 뽑은, 이마에 봉인받은 144,000명과 '모든 나라에서 온 군중' 및 우상 숭배를 거부하다가 순교하고 부활한 자들이 메시아를 모시고 천년 동안 다스릴 천년왕국에 관한 기록이다. 이때는 물론 억압과 착취, 범죄와 살인 등 모든 죄악이 없는 가장 평화롭고 아름다운 세상이 될 것이다. 이 천년왕국은 종말이 오기 전 메시아와 성도들이 다스리는 가장 선하고 자비로운 통치를 형성한다.

그 다음 단계는 이렇다. 메시아의 왕국 천년이 지난 뒤 옥에서 풀려난 사탄들이 연합하여 하나의 큰 세력을 형성한다. 예루살렘을 차지하기 위해 성도들은 이들 세력과 최후의 전쟁을 치른다. 이것은 세상의 마지막 대혼란이다. 신은 이 적의 무리들을 유황과 불 속에 집어 던져서 영원히 헤어나지 못하게 한다. 그리고 모든 죽은 자들이 부활하여 그가 생전에 행한 행위에 따라 최후의 심판을 받게 되며, 신은 새 천지를 창조할 것이다.

이와 같이 종말은 두 단계로 진행된다. 첫 번째 단계는 천년왕국이고 마지막 두 번째 단계는 최후의 심판이다. 천년왕국 시대에는 악의 세력은 옥에 갇혀 있다. 그러나 그 천년이 지나면 사탄들은 옥에서 풀려나 세력을 형성해 신도들과 대결전을 벌인다. 신이 사탄을 물리치면 죽은 자들이 부활하여 심판을 받는다. 그들은 심판에 따라 각기 천당과 지옥으로 갈라져 간다.

요컨대 예언서들은 그리스도교 신자들로 하여금 고통 속에서도 희망을 잃지 않고 살아갈 수 있도록 미래에 최후의 심판을 상정하고, 그 심판을 통해 최후의 승리를 확신할 수 있도록 한 것이다. 그리고 동시에 박해하던 악의 세력은 이 심판을 통해 영원히 살아날 수 없게 된다는 일종의 반그리스도 세력에 대한 보복적 청산 심리도 실려 있다.

그러나 최후의 심판은 인류의 멸망으로 역사를 종결짓는 것이 아니다. 그보다는 오히려 이 심판을 통해 인간을 정화하고 새로 태어나게 하여 고통과 죄악이 없는 새 세상을 열어서 인간으로 하여금 평화롭게 살 수 있도록 하겠다는 염원의 표현인 것이다. 그것은 적극적으로는 죄악 없는 새 세상의 창조 의지의 천명이다. 왜냐하면 모든 종교는 궁극적으로는 유일한 현세의 삶에 대한 적극적 긍정이라야 하기 때문이다.

아무리 죄 많고 추한 세상이라 하더라도 한 번밖에 없는 이 세상의 이 삶을 완전히 저버릴 수는 없다. 궁극적으로는 이 세상으로 다시 돌아오겠다는 현세 긍정과 이승의 생에 대한 적극적 긍정을 어떤 종교도 포기할 수는 없는 것이다. 모든 종교는 현세 긍정적이다. 그러나 오늘의 현실이 너무 잔인하고 너무 추악하고 너무 비참하기 때문에 고통 없는 행복한 삶을 미래를 향해 투영한 것이 예언적 계시 문서가 아닐까?

D. 거룩한 시간의 회귀

　종교의 제일의 범주는 유한하고 고통스런 시간적 삶으로부터의 인간의 구원, 즉 변치 않는 영원한 세상에서의 지복한 삶의 보장이다. 그러나 그런 삶은 사실의 세계에서보다는 그 사실을 넘어서는 의미의 세계에서 실현 가능하다. 그래서 종교에서는 늘 상징을 통한 의미의 해명이 중요시되는 것이다. 영원이 시간 속에 임재하는 순간을 거룩한 시간이라 하고, 그렇지 못한 시간을 세속적 시간이라 한다. 종교적 표상으로는 이 세상의 모든 것, 즉 나무, 돌, 짐승, 산, 강 할 것 없이 모든 존재자는 거룩하거나 속되다. 우리의 일상적인 역사적 세계에서 만나는 것은 속된 것이고, 그 역사적 세계를 단절하고 나타나는 비일상적인 것은 거룩한 것이다. 엘리아데에 따르면 그것은 신의 시현체(theophanies)이다. 프레이저(J.G. Frazer, 1854~1941)가 말하는 '황금가지'(Golden Bough)는 그 대표적 예이다.

　시간의 경우와 마찬가지로, 공간(장소)에도 거룩한 공간과 속된 공간이 있다. 속된 것은 동질적이고 중성적이지만 거룩한 것은 이질적이며 세속을 초월한다. 전자가 과학의 대상으로서 교환 가능한 것인 데 반해, 후자는 고정 불변적이며 신비적·계시적이고, 신화와 종교적 심성의 대상이다.

1. 거룩한 시간

루마니아 출신의 비교종교학자 엘리아데는 원형(또는 조형) 존재론
(ontology of archetype)이라는 것을 제창한다. 원형적(原型的) 실재 세계
에 대한 존재론이라는 것이다. 그 기본 범주는 성(聖, sacred)과 속(俗,
profane)이다.

종교적 인간의 입장에서 보면 세상은 온통 거룩한 공간, 거룩한 시간
으로 가득 차 있다. 함부로 디디고 다닐 곳과 때가 없다. 우리는 이 세상
을 경건하고 조심스럽게 건너가야 하는 것이다.

1) 거룩한 공간

야곱의 돌베개는 그 전형적 예이다. 이삭의 아들 야곱이 하란으로 가
는 도중에 날이 저물어 돌 하나를 베개 삼고 잠이 들었다. 꿈에 본즉 사
다리가 하늘에 닿았는데 그것을 타고 천사들이 오르내린다. 여호와께서
그 위에서 말하길, "나는 여호와이니 너의 조부 아브라함의 하느님이요,
너의 아비 이삭의 하느님이라" 한다. 야곱이 잠에서 깨어나, "두렵도다,
여기는 하느님의 전이요, 하늘의 문이다"라고 외치고는 그 돌을 기둥〔기
둥비〕으로 세우고 그 위에 기름을 부었다. 그리고 그 자리를 신의 집 즉
베델(Beth-el)이라고 불렀다.[65]

토속 신앙에서 터부시되는 성황당의 나무는 두려움의 대상이 될 수
있다. 색색의 천으로 울긋불긋하게 치장한 나무는 까닭 없이 두렵다. 성
당은 그 속에 들어서기만 해도 거룩함을 느끼게 한다. 그곳은 세속을 초

---

65 「창세기」 28장 12~19 및 M. Eliade, *The Sacred and The Profane*, p. 26 참조.

월하는 곳이기 때문에 세속의 죄인도 일단 그 안에 들어오면 체포당하지
아니한다. 그 안은 세속의 권리가 미치지 못하는 신의 공간이다. 성당에
들어서는 문턱은 성과 속의 존재 양식을 가르는 경계선이다. 안과 밖은
이 문턱에 의해해 단절된다. 두 세계는 그 존재 양식을 달리하는 별도의
세계이다.

거룩한 공간(장소)은 하나의 세계를 창조하는 상징으로서 참된 실재
성을 지니고 있다. 개인적으로 고향이나 첫사랑의 추억이 어린 장소 등
은 그런 의미에서 진정한 실재성을 지니면서 하나의 작은 삶의 영역을
창조한다고 말할 수 있다. 그것은 '개인적 우주의 성지'이다.[66] 그곳을 중
심으로 그의 삶의 내적 질서가 형성되는 것이다.

백두산은 아름답고 높아서만이 아니라, 민족의 역사가 비로소 개시
된 성지이기 때문에 민족의 영산으로서 추앙받는 것이다. 그 산정과 천
지는 민족 역사의 근원으로서 신성시되고 있다. 모든 종교의 사원은—
심지어 당집까지도—다름 아닌 세계 창건의 원점 구실을 하고 있다. 이
런 거룩한 실재들이 죄에 찌들어 속화된 인간의 심정을 정화하여 갱생케
한다. 악귀를 몰아내고 복을 부르는 것도 이와 같다. 우리가 교회에 가는
것이나 성지를 순례하는 것은 다름 아닌 이런 거룩한 공간에 참여함으로
써 세속의 때를 씻고 다시 태어나기 위함이다.

2) 거룩한 시간[67]

'거룩한 시간'은 거룩한 시간과 속된 시간을 구별하는 예를 들어보면
쉽게 납득할 수 있을 것이다. 서양 중세는 교회의 권위, 즉 교황의 권한

---

66 *The Sacred and The Profane*, p. 24.
67 이 책의 180쪽 이하 참조.

이 세속의 왕권 위에 군림하던 시대이다. 그런 시대, 그런 사회에도 상인은 있다. 그러나 상인은 교회로부터 늘 불경스런 인간으로 취급되었다. 왜냐하면 신에게만 속하는 시간을 상인들은 자기의 이익을 위해 저당하고 있다고 여겨졌기 때문이다.[68] 그 대표적 상인은 고리대금업자이다. 상인은 기회를 포착하여 매점 매석하고 투기를 해야 이익을 올릴 수 있다. 폭설이나 홍수, 화재 등 남들의 재난이 상인에게는 돈을 벌 수 있는 절호의 기회가 된다. 이익을 위해 호기를 노리는 상인의 시간은 속된 시간의 대표적 예이다.

그런 세속적 시간과 구별되는 교회의 시간이 있다. 그 시간은 신에 의해 지배되는 거룩한 시간이다. 그 거룩한 시간에서 보면 저 세속의 시간은 죄악의 시간이다. 상인은 지옥에 떨어지지 않으려면 그 죄를 발무(撥無)해서 구제를 받아야 한다. 교회는 고해 제도를 설치해서 상인도 구제받을 수 있도록 한다. 상인의 입장에서 보면 이익을 챙김으로써 죄를 짓고, 이 죄로부터 구제받기 위해서는 고해하고 십일조말고도 거액의 헌금을 해야 한다. 즉 큰 이익이 생기면 더 많은 헌금을 해야 한다. 상인의 거래가 대형화하고 죄가 커질수록 교회에 바치는 헌금의 액수도 커진다. 교회측에서는 이 양의성(兩義性)을 정당화할 필요가 생기고, 그리하

---

68 14세기 초 프란시스코 수도회의 한 교수의 토론문에 이런 예화가 있다.

물음 : 상인은 동일한 거래에 있어 즉시 결제하는 사람으로부터 받는 돈보다 더 많은 돈을 늦게 결제하는 사람으로부터 받아도 되는가? 현실적으로는 늦게 결제하는 사람으로부터는 더 많은 돈을 받아야 한다. 그렇게 하지 않으면 상거래가 성립되지 않기 때문이다.

답 : 안 된다. 왜냐하면 그렇게 되면 그 상인은 시간을 파는 것이 되기 때문이다. 그것은 자기 것이 아닌 것〔신이 만든 것〕을 팔아서 이익을 챙기는 죄를 범하는 것이 된다. 이 예화는 교회의 거룩한 시간과 상인의 속된 시간이 엄연히 분리되어 있다는 것을 보여주고 있다.

여 근대의 교회는 자본주의를 정당화하는 교리를 만들지 않으면 안
되게 된다.

시간의 성·속의 구별은 현대 사회에서도 볼 수 있다. 우리의 일상적
생활은 시간이 지남에 따라 낡고 지루해져서 요즘 말로 표현하면 스트레
스가 쌓인다. 그것이 심하면 병이 될 수도 있고 범죄의 원인이 될 수도
있다. 이것을 청산하여 삶에 새 활력을 불어넣어서 한결 신명나게 하고
범죄로부터 자유스러워지게 하는 것이 다름 아닌 부활이요, 그 시간이
거룩한 시간이다. 현대 사회의 거룩한 시간은 축제의 시간이다.

새해의 첫날인 설날, 부활절이나 추수감사절, 개인적으로는 생일, 부
모의 기일, 결혼 기념일, 국가적 제전일(祭典日) 등은 모두 거룩한 시간
이다. 거룩한 시간은 세속적·역사적 시간의 연속성을 단절한다. 축제가
그 단절의 역할을 담당한다. 축제는 세속적 시간의 지속을 거룩한 것으
로 이행시킨다. 축제일은 한편으로는 신이든 초월자든 거룩하고 영원한
존재자가 지상에 임하는—달리 말하면 지상의 것이 영원과 만나는—시
간인 동시에 다른 또 한편으로는 긴장된 역사적 시간으로부터 인간을 해
방하는 시간이다. 그러기에 축제일은 엄숙하고 거룩하면서도 세속의 질
서를 파괴하고 새 질서 창조를 위해 몸부림치는 혼돈의 시간이다. 그것
은 디오뉘소스적 혼돈이다. 그 혼돈 속에서는 범죄가 성립되지 않는다.
왜냐하면 이 혼돈은 새로운 창조를 위한 거룩한 혼돈이기 때문이다. 축
제의 시간은 거룩한 창조적 혼돈의 시간이다. 이 혼돈을 통해 시간과 역
사는 새로워지고 새 힘을 얻어 새 삶을 출발시킬 수 있다.

2. 회귀하는 거룩한 시간

우리는 두 가지 시간 속에서 살고 있다. 하나는 세속적·역사적 시간이고, 또 하나는 거룩한 시간이다. 비종교적 인간은 대개 역사적 시간으로만 산다. 그들에게 축제는 단순한 놀이, 흥분된 유희에 지나지 않는다. 단순한 민속적 연희로서 우리의 탈놀이나, 신성의 계기 없이 단순히 악귀를 몰아내고 복을 부르는 축제는 대개 그런 것이다.

그러나 종교적 인간의 거룩한 시간은 일회적이 아니라 반복해서 세속의 시간을 거룩하게 정화한다. 그 시간은 제의를 통해 주기적으로 회귀하는 신화적 영원한 현재를 재현한다. "종교적 인간에게 세속적 시간 지속은 거룩한 비역사적 시간에 의해 주기적으로 중단될 수 있다. 교회가 근대 도시의 세속적 공간 지평을 단절시키는 것과 마찬가지로, 그 내부에서 행하는 신의 예배는 세속적 시간 지속을 단절시킨다. 그곳의 현재는—인접한 거리에서 경험되는 역사적 오늘이 아니라—그리스도의 역사적 현존의 시간, 그의 설교와 수난과 죽음과 부활에 의해서 거룩해진 시간의 현재이다."[69] 그러나 그리스도교는 그리스도의 인격의 역사성을 강조하는 나머지[70] 다른 종교에 비해 거룩한 시간과 세속적 시간의 차이를 선명하게 보여주지 못한다.

거룩한 시간은 원초적·신화적 시간—그 시간은 우주 개벽을 보여준다—이지만 주기적으로 재현된다. "세계가 카오스적 존재 형태로 주기적으로 회귀하는 것은 한 해의 모든 죄, 시간이 써버리고 더럽힌 모든

---

69 M. Eliade, *The Sacred and The Profane*, p. 72.

70 그리스도교의 제의는 신의 아들인 예수 그리스도의 현신에 의해 정화된 역사적 시간 속에서 행해진다.

것이 낱말의 자연적 의미(physical sense)에서 절멸되었음을 의미한다. 인
간은 세계의 소멸과 새로운 창조에 상징적으로 참가함으로써 스스로 새
롭게 창조된다. 그는 재생되어 새 인생을 시작하는 것이다. 새해를 맞이
할 때마다 인간은 더 자유롭고 더 순수해진 것을 느낀다. 그는 죄와 잘못
의 짐에서 벗어났기 때문이다. 인간은 우주 창조의 설화적 시간에 재통
합된 것이다. 그 시간은 거룩하고 강력한 시간이다. 그것은 신들의 현재
에 의해 변형되었기 때문에 거룩하고, 모든 창조 가운데 (…) 유일무이
한 우주 창조의 시간이기 때문에 강력하다.”[71]

　강력하고 거룩한 시간은 실재가 창조되는 원초적 시간이며 불가사의
한 찰나이다. 종교적 인간은 그 창조의 원점에서 보여지는 가장 순수한
실재를 갈망하기 때문에 저 근원적 시간에 도달하려고 한다. 그리하여
그 원초적 시간에 참여함으로써 인간은 모든 역사적 시간에서 묻은 때와
죄와 온갖 스트레스를 씻고 갱생되는 것이다. 그런 거룩한 시간은 영원
이 지상에 임재하는 찰나로서 반복적으로 회귀하지 않으면 안 된다. 그
시간은―거룩한 공간과 마찬가지로―‘원형의 존재론’이 도달하려고 하
는 지점이기도 하다.

　축제는 그 거룩한 시간의 재현을 기원하고 즐기는 행사이기도 하다.
창조의 원점이자 역사적 시간의 구속으로부터의 해방인 축제는 최고의
자유가 보장되는 혼돈의 장이다. 축제는 신의 모범을 정확하게 반복하는
것으로서 두 가지 효과를 가지는데,[72] 1) (그 축제 속에서) 인간은 신들을

---

71 M. Eliade, 같은 책, 79쪽. 여기서 말하는 창조란 그리스도교적 의미의 창조라기보
　다는 예컨대 새해 첫날을 가리킨다. 고대의 농경 사회에서는 대개 만물이 소생하는
　첫봄인 3월을 새해의 시작으로 생각하였다.

72 같은 책, 99쪽.

모방함으로써 거룩한 것 속에, 따라서 실재 속에 머문다; 2) 신들의 모범적 행위를 부단히 재현하는 축제를 통해 세계는 거룩해진다. 인간의 종교적 행동은 세계의 신성함을 유지하는 데 기여한다.

E. 결론

일반적 시간 표상 가운데 원환적 시간 표상이 대개 자연의 무한 순환에 기초를 둔 것이라면 직선적 시간 표상은 역사와 생명의 유한성을 전제하는 시간 개념이라고 말할 수 있다. 전자의 대표적 예를 우리는 그리스적 시간 표상에서 본다. 그리고 그 현대적 대표 예를 니체에서 보았다.

그리스의 시간 표상은 우주론적 관념에 근거한다. 코스모스는 우주 질서이면서 동시에 인간의 삶의 질서이다. 그들의 신은 해와 달과 별들, 즉 자연적인 것들이다.

그리스 철학에 있어서 운동·변화·생성 따위는 실재성이 적고, 저급한 것으로 간주된다. 진정한 존재는 자기 동일성을 가진 부동의 영원한 존재이며, 그 존재의 총량은 불변하는 것으로 여겨진다. 영원불변하는 존재 즉 본질이 그리스인들에게 가장 고귀한 것이다. 그들의 사고는 실체론적이다. 그리스에서 기하학이 존중되었던 까닭도 그것이다.

따라서 역사는 데카당스의 법칙하에 있게 된다. 즉 역사의 진행은 연속적으로 상승하는 발전이 아니라 퇴락의 과정이다. 역사를 지배하는 것은 우연이요, 그 속에서 살고 있는 인간은 무한 횟수를 반복해서 똑같은 삶을 살아야 하는 우연적·숙명적 존재자이다. 그리스인들의 운명(τύχη) 사상은 여러 비극 작품에서 선명하게 표출되고 있다. 니체의 운명애나 '비극의 탄생'은 이에 대해 많은 것을 시사한다. 그리스인들에게 역사란 지리, 풍토, 기후 등 자연과 거기에 따르는 인간의 생활 양식의 묘사든가 사물을 대하는 인간의 심리를 과학적·실증적으로 고찰하는 것에 지나지 않는다. 그들에게 역사철학이 없는 이유가 여기에 있다.

시간에 대한 일반적 표상 가운데 직선적인 예를 우리는 이스라엘 민족의 신앙과 역사관에서 살펴보았다. 직선적 시간 표상은 시간의 유한성 즉 시간에 처음과 끝이 있다는 것을 전제해야 가능하다. 시간의 유한성은 전지전능한 신의 우주 창조와 인류 역사의 종말을 전제하는 그리스도교 사상에, 그리고 죽음 앞에서 삶의 유한성을 절감하는 우리의 일상적 사유에 언제나 따라다니는 시간 개념이다. 그 시간은 불가역적이고 일회한적이고 유한한 것이다.

그러나 인간은 이 두 시간 표상을 동시에 가지고 있다. 해가 바뀌어 새해가 되어도 새해의 절기는 작년과 마찬가지로 순환하면서 되돌아올 것이다. 새 날이 밝아도 태양은 어제와 마찬가지로 동쪽에서 떠서 서쪽으로 지면서 24시간 운행할 것이다. 그것은 시간의 연속적 순환성을 보여주는 것이다.

그러나 그 새해는 지난해와 다를 것이며, 새 날은 어제가 아니다. 그것은 시간의 단절적(종말적) 계기를 보여주는 것이기도 하다. 우리는 이렇게 회귀하는 시간 속에서 일회한의 삶을 산다. 삶이란 죽음을 향해 곧바로 직선적으로 달려가는 것이다. 다시 말하면 우리는 연속적 자연 속에서 직선적 역사 세계에 살고 있는 것이다. 그리하여 달력과 시계 등은 순환적이면서 직선적으로 제정되는 것이다.

　그러나 그것으로 시간 개념이 다하는 것은 아니다. 인간의 시간 개념에는 삶의 내용이 빠져서는 안 된다. 즉 시간에는 질적 계기가 있다. 다른 시간과 질적으로 구별되는 그런 시간을 엘리아데는 거룩한 시간이라고 한다. 거룩한 시간의 반복은 이미 최초의 문명 형태에서부터 보이는, 인간의 삶의 리듬이다. 그 거룩한 시간은 곧 축제의 시간이다. 그리고 이 축제를 통해 통속적 시간은 발무되고 사람은 새로 태어나서 새 삶을 영위할 수 있는 힘을 얻는 것이다. 종교적 인간의 입장에서는 세월은 거룩한 시간투성이이다. 이 거룩한 시간은 늘 반복적으로 회귀하면서 우리의 삶을 갱신한다. 이와 같이 인간은 회귀하는 자연적 시간 속에서 특정한 거룩한 날을 정하여 스스로 갱생하면서 일회한의 역사적 인생을 사는 것이다.

사람은 누구나 오늘이 몇 년 몇 월 며칠이며, 지금이 몇 시인가를 확인하면서 산다. 어느 가정에나 달력이 걸려 있고 대개는 책상 위에 요일별로 만들어진 테이블 캘린더가 놓여 있다. 날짜와 요일이 적혀 있는 수첩도 가지고 다닌다. 달력과 시계는 현대인의 필수품이다. 현대 생활은 테이블 캘린더와 수첩에 적혀 있는 날짜와 요일과 시간에 맞추어 그날그날 계획된 활동을 수행하는 것으로 진행된다.

제2부에서 다루어질 시간은 상식적 의미의 시간, 즉 우리가 그것을 가지고 또는 그 속에서 생활하는 시간이다. 이것을 흔히 과학적·객관적 시간이라고도 하고, 우리의 구체적 삶을 규제하는 사회적 시간이라고도 하여 체험적 시간과 구별한다. 그러면 캘린더는 어떻게 만들어졌으며, 시간 측정은 어떻게 이루어지는가. 그리고 시계는 어떻게 제작되고 계시법은 어떻게 발달해왔는가.

내가 여기서 기술하는 것은 상식에 속하는 문헌적인 것이지 과학자의 연구는 아니다. 문헌적인 것이라 하더라도 역사학적 기술은 아니다. 다시 말하면 역법의 발달, 계시법(計時法)과 시간 측정의 정밀화 및 시계 발달의 역사적 과정을 모든 증거를 동원하여 서술한 것은 아니다. 단지

이 책의 체제에 맞게 현행하는 역법이 어떻게 이루어졌으며, 시간 측정
과 계시 방법은 어떻게 발달했는가에 대해 그 대강을 정리하고자 한 것
뿐이다.

A. 역법의 제정

고대인들은 어떻게 해와 달과 천체의 운행을 관측하고 이것을 인간 생활에 반영했을까? 즉 그들은 어떻게 역법(曆法)을 제정했을까? 그들은 또 어떻게 기년(記年)했을까?

기원전 3세기경 그리스에서는 올림픽 경기를 가지고 해(year)를 표기하였다. 역사가 티마이오스(B.C. 356년경~260년경)는 기원전 776년에서부터 기년(記年)하기 시작하는 올림피아기(紀)를 도입한 것으로 알려져 있다. 올림피아기는 4년마다 햇수를 세는 것이다. 가령 누가 우승을 하던 해 1년 전, 또는 3년 후라고 표기하는 것이다. 그리스도교 시대가 되고 나서도 기원후 527년까지는 지금 우리가 사용하는 서력 기년법이 아직 제정되지 않았다. 기원전(B.C.)과 기원후(A.D.)의 구분도 17세기에 이르러서 처음으로 사용되기 시작했다. 그 이전에는 세월은 12궁(宮)으로 분할된 것으로 간주되었다. 그러나 새로운 기년법은 역법(曆法, 달력)의 올바른 제정을 통해서 비로소 가능하게 된다.

달력이란 지구와 태양과 달, 별 등 천체의 운행을 장구한 세월에 걸쳐 관찰하고 기록해서 그 운행의 주기와 이동을 지구상의 계절의 변화와 일치하도록 계산하고, 계절에 맞게 배정해놓은 것이다. 한마디로 말하면 역법의 제정이란 1년(365일)을 정확하게 계산해서 우리가 사는 지구상의 계절 변화에 배치하는 것이다. 역의 제정을 위해서는 따라서 태양과 지구와 달과 항성과 행성 등에 대해 고려하지 않으면 안 된다.

인간은 지상의 모든 생물과 마찬가지로 태양의 자식이다. 생명체는 일출과 일몰에 맞추어 깨어나서 활동하다가 날이 저물면 자는—야행성 동물은 그 반대이지만—존재자이다. 인간도 예외가 아니다. 태양계 안에 있는 모든 생명체는 천체의 운행과 삶의 리듬을 함께하는 존재자이다.

그 일출과 일몰이 하루를 형성한다. 이런 태양의 순환(사실은 지구의 자전이지만)이 역법의 최초의 기초이다. 서쪽 하늘 아래로 자취를 감춘 태양은 다음날 다시 동쪽에서 떠올라서 하루의 하늘을 주행한다. 그것을 원시인들은 태양이 수레나 배를 타고 밤새 동쪽으로 이동했다가 다시 떠오르는 것으로 생각했다.

태양이 황도를 따라 운행하다 제자리로 돌아오면 1년이 되고, 지구가 태양을 중심으로 공전하면서 한 바퀴 자전하면 하루가 되며, 달이 지구를 한 바퀴 돌면 한 달이 된다. 즉 지구의 자전은 하루를 만들어내고, 태양의 자전은 1년이라는 시간 단위를 만들어낸다. 그 동안 지구는 태양을 한 번 공전하면서 365번 자전한다. 그리고 지구의 공전 궤도는 타원형을 그리면서 계절을 만들어낸다.

행성은 태양 주위를 타원 궤도를 그리며 운행하는 비교적 큰 천체를 가리킨다. 태양에서 가까운 것부터 열거하면 수성·금성·지구·화성·목성·토성·천왕성·해왕성·명왕성이 그것들이다. 이 별들이 태양계를 형성한다. 또 모든 규칙적 변화는 언제나 불변을 전제해야 가능한데 그 불변의 몫은 항성이 담당한다. 항성은 서로의 위치를 바꾸지 않고 성좌를 구성하는 천체로서 태양, 북극성, 북두칠성 등이다.

1. 태음력의 원리

　고대인들은 비교적 관찰하기 쉬운 달의 운행 주기(곧 달이 커지고 작아지는 주기)를 역법의 기초로 삼았던 것 같다. 이것을 태음력(太陰曆, lunar calendar)이라고 한다. 최초의 역은 태음력이었던 것이다.

　달의 공전, 즉 달의 영허(盈虛)가 보여주는 순환 주기는 예컨대 인간의 생체 주기(월경 등)나 조수의 간만 주기와 리듬을 같이한다. 달의 공전 주기는 29.5일(정확하게는 29.5305882일)이다. 그것은 달의 만월로부터 다음의 만월까지를 계산한 것이다. 그런데 이 기간에는 신월(新月)에서 만월에 이르기까지 즉 달이 만월을 향해서 커져가는 시기―이 시기를 상현(上弦)이라 한다―가 있고, 만월이 차츰 작아져서 보이지 않게 되는 시기―이때를 하현(下弦)이라 한다―가 있다. 신월 때는 실제로 달은 보이지 않는다. 3일이 지난 뒤 해가 지면 서쪽 하늘에 실낱 같은 달이 보이는데 그것을 초승달이라 한다. 만월은 태양이 서산에 지는 것과 동시에 동쪽에 떠오른다. 하현의 끝 무렵 꼭두새벽에 보이는 달은 그믐달이라 한다.

　그리고 상현과 하현의 각각에 반달인 때가 있다. 신월에서 상현의 반달까지, 그때부터 만월까지, 만월에서 하현의 반달까지, 그리고 거기에서 신월까지의 (캄캄한) 시기, 이 네 시기로 29.5를 나누면 대충 7일이 된다. 즉 신월에서 상현의 반달까지가 약 7일, 이 반달에서 만월까지가 약 7일, 만월에서 하현의 반달까지가 약 7일, 그리고 그 반달에서 신월까지가 약 7일이다. 그리하여 7일은 한 달을 형성하는 태음력의 기본 단위가 된다.

　만월―망(望)이라 한다―은 달이 태양과 지구와 나란히 지구 뒤에 들어가므로 달 전체가 보이는 때이고, 신월―삭(朔)이라 한다―은 달이 태양과 지구 사이에 들어가서 달 전체가 보이지 않는 때이며, 상현은 달이 태양으로부터 약 90° 동쪽으로 기울어진 때이고, 하현은 그것이 서쪽으로 약 90° 기울어진 때를 가리킨다.

지구가 태양을 한 번 공전하는 1년에는 이런 29.5일에 한 번 지구를 회전하는 달의 주기적 반복이 대충 12번 행해진다. 1년을 12달로 한 것은 달이 1년 동안에 12번 지구를 회전하는 데에 근거한다.

태음력으로는 1년의 날짜가 354일이다. 그것은 지구가 태양을 공전하는 365.24219879…(즉 태양년)보다 10.8762일이 적다. 따라서 태음력은 태양의 주기로 인해 생기는 계절과는 관계가 없다. 그러나 그렇게 되면 농경 사회에서는 효용성이 떨어질 뿐 아니라 축제 등 종교적 행사나 항해 등에 혼란을 일으키게 된다. 이것을 해결하기 위한 옹색한 방법으로 3년에 한 번씩 윤달을 두어서 날짜 수만 비슷하게 하였다.

계절과 맞추기 위해서는 부득이 태양력(太陽曆, solar calendar)을 전적으로는 아니더라도 부분적으로 도입하지 않을 수 없다. 계절은 태양의 운행과 밀접하게 관련되기 때문이다. 특히 농경 사회에서는 계절의 변화와 역(曆)과의 일치는 중대한 문제가 아닐 수 없다. 달의 주기에 기초한 태음력에다가 태양의 주기를 고려해서 계절과 태양의 운행을 조정하는 것이 태음태양력(太陰太陽曆)이다.

달의 정확한 주기 일수(29.5305882)와 편의상의 일수(29.5) 사이에는 한 달에 0.030589…의 차이가 생긴다. 이것을 큰 달(31일), 작은 달(30일)로 교체시키면 1년에 0.3670584일, 즉 33개월에 1일이라는 단수(端數)가 생긴다. 태음태양력에서는 윤일(閏日)을 두어서 이것을 조절한다.

2. 태음태양력

앞에서 본 바와 같이, 달의 12번의 삭망(朔望)을 1역년(29.5…일)으로 하게 되면 태양년—태양이 황도 위를 한 바퀴 돌아서 같은 위치에 오는 역법으로서, 계절을 고려하는 농경 사회에는 절대로 필요하다—1년(365.242…)에 비해 10.8762일이 부족하다. 이것을 해결하지 않으면 예컨대 봄이 10월로 갔다가 6월로 왔다가 할 수도 있다. 그것은 역법이 제 구실을 할 수 없다는 말이 된다.

이 문제를 해결하는 가장 간단한 방법은 그리스의 메톤이 기원전 430년에 발견한 것으로서 3년에 한 달을 더 두는 것, 즉 윤달을 두어서 13개월로 하는 것이다. 더 정확하게는 19년에 7번 윤달을 두는 것이다. 그러나 중국에서는 이보다 수백 년 앞서 주(周)나라에서 이 법을 발견하였다고 한다. "… 이것을 장(章)이라고 한다. 이 방법은 19역년(曆年)에 7번 윤달을 넣어서 235개월, 즉 날짜 수로는 6940일로 하는 것으로서, 235삭망(朔望)과의 차이 0.31일, 19태양년과의 차이도 0.40일과 매우 잘 맞는다."[1] 기원전 330년경에 그리스의 카리포리스가 발견한 카리포리스법에는 76역년에 28윤달을 두어, 합계 940달, 27759일로 하여 훨씬 정밀도를 더했다.[2] 고대 중국, 바빌로니아, 그리스, 이스라엘 등에서 사용된 역은 이것이었다.

윤달을 두었다는 것은 역법 문제에 있어 가장 성가신 두 문제, 즉 천체의 운행 주기를 결정하는 문제와 끝자리(端數) 처리의 문제 중 후자에 대해 결정을 보았음을 함축한다.

---

1 虎尾正久, 『時とはなにか』, 29쪽.

2 같은 책, 같은 곳.

3. 태양력

태양력을 처음 개발한 것은 이집트인들이라고 알려져 있으나 그들도 처음에는 태음력을 사용하였다. 그러나 그 태음력은 그들의 농경 생활에 맞지 않았다. 태양력이란 정확하게 말하면 태양이 춘분점에서 출발하여 다음의 춘분점으로 돌아오는 회귀년(回歸年)에 근거하는 역법이다.

고대 이집트인들은 홍수가 있기 전에 밝은 빛을 발하는 항성 시리우스가 태양과 동시에 동쪽 하늘에 뜨는 날이 있다는 것을 관찰하였다. 그들은 이 날로부터 시작하는 1년이 365.25일(현재 항성년(恒星年)이라 부르는 1년의 정확한 일수는 365.2563042…일이다)이라는 것을 발견하였다. 그것은 시리우스별을 관측해서 얻은 결과이다. 이집트인이 고려한 것은 이 별과 나일 강의 범람과의 관계이다. 이 규칙적 범람을 기준으로 이집트인은 1년을 범람기(Akhet), 감수기(Peret, 파종기), 갈수기(Shemou, 수확기)의 세 시기로 나누고, 각 시기에 4개월씩을 배정했다. 범람기의 첫 달을 그들은 시리우스별을 의미하는 토드(Thoth) 신의 달이라고 한다. 그들은 1년 365일을 상용으로 하는 태양력을 만들었다. 그것은 기원전 4241년의 일이라고 추정된다.

마야 문명도 일찍부터 태양력을 사용한 것으로 알려져 있다. 그들은 연월일을 종교적·마술적으로 표현하긴 했으나 현대 역 못지 않게 정확한 캘린더를 개발하였다고 한다.

이와 더불어 낮에는 천체를 관측하기 어렵고 밤에 관측한 것을 가지고 고대인들은 한 해 동안 태양의 운행이 변화한다는 것을 알았다.

태양은 황도를 따라 이동한다. 이 길을 따라 태양이 춘분(0°)에서 출발하여 하지(90°)를 향해서 이동하고, 다시 추분(180°)을 지나 동지(270°)

를 거쳐 다시 춘분에 이르는 데는 꼭 1년(12달)이 걸린다. 태양은 한 달에 약 30°씩 이동한다. 360°를 이 30°로 나누면 12이다. 이것이 1년 12달인 것이다. 이것은 또 태음력의 원리와 일치한다.

고대인들은 이 이동 경로상에 있는 별자리의 모양새를 보아 신화에 있는 이야기를 붙여서 양자리니 사자자리니 하는 이름으로 불렀다. 중국에서도 옛날부터 현재 우리가 부르는 것과 같은 이름의 12궁(宮)을 배치했다. 이것이 황도 12궁(12성좌)이다. 그 12궁의 이름과 그리스인들이 붙인 별자리 이름을 대비하면 다음과 같다.

황도12궁의 이름	그리스인의 별자리 이름	황도12궁의 이름	그리스인의 별자리 이름
백양궁	양자리	천칭궁	저울자리
쌍어궁	물고기자리	처녀궁	처녀자리
보병궁	물병자리	사자궁	사자자리
마갈궁	염소자리	거해궁	게자리
인마궁	사수자리	쌍아궁	쌍둥이자리
천갈궁	전갈자리	금우궁	황소자리

한 궁에서 다음 궁까지의 기간은 대략 30일이다. 이 30일로 365일을 나눈 것도 약 12이다. 단수로 생기는 5일을 윤달로 처리한다는 것은 앞에서 말한 바와 같다.

그런데 지구의 세차(歲差)운동[3] 때문에 춘분점이 1년에 약 50.26초씩 서쪽으로 움직여서 2200년이 지나면 약 30° 어긋나게 된다. 2200년 전 히파르쿠스가 황도 12궁을 정했을 때는 춘분점이 백양궁과 양자리가 일

---

[3] 세차운동에 대해서는 이 책의 136쪽의 주에서 밝혀놓았다.

치해 있었다. 그러나 2200년이 지난 현재의 춘분점은 12궁으로는 마찬가지로 백양궁이지만 그 백양궁에 있어야 할 성좌가 양자리에서 물고기자리로 옮겨갔다.

4. 동양의 자연력

농경 사회인 중국에서는 먼 옛날(기원전 약 2000년 전)에 이미 아주 간단한 방법으로 태양의 운행을 관측하는 법을 발견하였다. 즉 수직의 막대기를 세워서 정오에 그 그림자가 1년 중 가장 긴 날을 동지(冬至)라 하고, 가장 짧은 날을 하지(夏至)라고 하여 황도상의 태양의 위치를 정한다. 동지는 1년 중 낮이 가장 짧고 밤이 가장 긴 날이다. 하지는 그 반대의 날이다. 그리고 밤낮의 길이가 같은 날이 두 개 있는데 봄의 것을 춘분(春分)이라 하고, 가을의 것을 추분(秋分)이라 한다.

1) 24절기

이렇게 계절의 네 축을 정한 뒤에, 태양의 평균 황경(黃經)이 약 15일마다 15°씩 나아가는 것[4]을 고려하여 24절후를 구상하였다. 황도 360°를 15°로 나누어보니 24절기가 된 것이다. 따라서 한 절기는 대개 15일마다 바뀐다. 24절기는 아래 표와 같다.

24절기는 농경 사회(중국 황하 유역)의 절기에 따른 일거리와 민속을 고려해서 이름을 지어, 생활에 직접 이용할 수 있게 하였다. 이것은 우리의 전

---

4 360°를 24등분하면 15°가 된다. 이것은 태양이 15°씩 황도상의 위치를 바꾼다는 것이다.

통적 역법으로서 최근까지 우리의 생활에 바로 이용되어온 것이다. 아직 농경 사회에 머물러 있던 1950년대까지만 해도 우리네 시골집에는 한 장짜리 24절후표 달력이 벽에 붙어 있었다.

24절후표

명칭	현대 역의 날짜(1970)	태양의 평균황경(°)	명칭	현대 역의 날짜	태양의 평균황경(°)
입춘(立春)	2월 4일	315	입추(立秋)	8월 8일	135
우수(雨水)	2월 19일	330	처서(處暑)	8월 23일	150
경칩(驚蟄)	3월 6일	345	백로(白露)	9월 8일	165
춘분(春分)	3월 21일	0	추분(秋分)	9월 23일	180
청명(淸明)	4월 5일	15	한로(寒露)	10월 9일	195
곡우(穀雨)	4월 20일	30	상강(霜降)	10월 24일	210
입하(立夏)	5월 6일	45	입동(立冬)	11월 8일	225
소만(小滿)	5월 21일	60	소설(小雪)	11월 23일	240
망종(芒種)	6월 6일	75	대설(大雪)	12월 7일	255
하지(夏至)	6월 22일	90	동지(冬至)	12월 22일	270
소서(小暑)	7월 7일	105	소한(小寒)	1월 6일	285
대서(大暑)	7월 23일	120	대한(大寒)	1월 20일	300

시간과 기후의 변화를 사람들은 5일이 지나면 지각하게 된다. 기후 변화의 최소 단위는 5일인데 이것을 후(候)라 한다. 한 절(節)인 15일을 5일로 나누어서 얻은 수(3)로 24절기를 곱(24×3)하면 72후가 된다. 후는 기후 변화의 최소 단위이다. 72후는 기후 변화에 대한 지각을 가지고 24절기를 세분한 것에 불과하다. 또 10일을 순(旬)이라 한다. 한 달에는

상·중·하 세 개의 순이 들어 있다.

입춘(立春)은 새해의 시작이자 봄의 시작이다. 우수(雨水)는 눈이 녹고 비가 내리는 절기이고, 경칩(驚蟄)이 되면 땅 속에서 동면하던 것들이 깨어나는 것이다. 춘분(春分)은 봄을 둘로 나누는 절기, 봄의 한가운데이며, 청명(淸明)은 봄의 맑은 기운을 나타낸다. 곡우(穀雨)는 곡식에 필요한 비가 내리는 절기, 입하(立夏)는 여름의 시작이라고는 하나 날씨는 여전히 봄이다. 소만(小滿)·망종(芒種)은 보리가 패고 익는 절기를 가리킨다. 하지(夏至)·소서(小暑)·대서(大暑)는 더운 여름의 절기이며, 처서(處暑)가 되면 더위가 한풀 꺾인다. 백로(白露)는 흰 이슬이 내리는 것을 가리키고, 추분(秋分)은 가을을 둘로 나눈다는 뜻이다. 한로(寒露)·상강(霜降)은 찬 이슬과 서리가 내리는 절기를 말하며, 입동(立冬)부터 겨울은 시작된다. 소한(小寒)·대한(大寒)은 추위의 정도를 나타낸 명칭이다.[5]

이것은 자연의 시절의 변화와 시절에 따른 농삿일, 계절 음식 및 사람들의 세시풍속 등을 두루 표시한 것으로서 농경 사회에서는 전통 문화의 맥을 잇는 데도 크게 이용되었다. 그러나 중국과의 지리상의 차이 때문에 이 24절후표가 우리 나라의 절기와 꼭 일치하지는 않는다.

2) 간지와 60진법

중국에서는 일찍부터 십간(十干)과 십이지(十二支)가 있어 이 양자의 결합을 통해—가령 갑자(甲子)년 을축(乙丑)월 병인(丙寅)일 정묘(丁卯)시라고—해를 헤아리고 달 이름과 날 이름 또는 시간 이름을 표현하였다. 이것은 또 점을 치고 사주를 보는 데도 사용되었다. 우리 나라에서도

---

5 永田 久 저, 沈雨晟 옮김, 『曆과 占의 과학』, 164~174쪽 참조.

이것은 지금까지 상용되고 있다. 십간(十干)과 십이지(十二支)의 기원에 대해서는 정설이 없다. 다만 십간은 열 손가락으로 수를 헤아리는 데서 유래한 듯하고, 십이지는 1년이 12달이므로 거기에서 연유한 것으로 추측할 뿐이다.

십간(甲乙丙丁戊己庚辛壬癸)과 십이지(子丑寅卯辰巳午未申酉戌亥)의 각각은 서로서로 짝을 지어 조합해서(甲子, 乙丑 등으로) 한 바퀴 돌면 60이 된다. 이것을 60간지(干支)라 한다. 60으로 세는 가장 흔한 예는 회갑이다. 십이지(十二支)에는 12개의 동물을 배정하기도 한다. 그것은 12궁식 발상법이다. 그리하여 그 동물의 이름이 붙는 해에 출생한 사람은 그 동물의 성질을 닮는 것처럼 여기곤 하는데 근거가 있는 것 같지는 않다. 그것은 일종의 유감(類感) 사상인 것이다.

십간과 십이지의 명칭이 왜 그렇게 지어졌는지에 대해서도 알려진 바가 없다. 대개의 기록에는 간지를 음양오행설(陰陽五行說)과 관련시켜서 언급하고 있으나, 그것은 사주를 보거나 점을 칠 때 자리매김으로 간지를 이용하는 것이지, 간지 자체의 기원에 대한 설명은 아니다.

동양에서와 마찬가지로 고대 메소포타미아 문명(기원전 3500년경)에서도 60진법의 셈법을 전하고 있으나 왜 60진법이라야 하는지, 그 기원과 이유에 대해서는 뚜렷이 알려진 게 없다. 즉 수를 세는 데 있어 왜 60을 단위로 해야 하는지에 대해서는 알려진 것이 없고 단지 그 표기 방법에 대해서만 부분적으로 알려져 있을 뿐이다.

현대에도 60진법은, 예컨대 1분은 60초, 1시간은 60분, 회갑은 60세 등으로 동서양을 막론하고 시간 계산에 사용되고 있다.

B. 오늘날의 역법

고대 로마인들이 쓰던 역은 로마인들의 철저한 실용주의적 기질의 산물로 1년을 10개월로 하고 생산성이 없는 농한기인 겨울 약 2개월은 아예 독자적 계절로 간주하지 않았다고 한다. 이것에 대한 해석은 두 가지이다. 하나는 1년은 약 365일로 성립되는데 이것을 10개월로 처리하였으므로 1개월이 36~37일로 구성된다는—이것은 그리스가 제도 개혁할 때(B.C. 508년) 채용한 역법이기도 하다—해석이고, 다른 해석은 농한기인 겨울 두 달을 아예 역에서 빼버렸다는 해석이다. 이때는 1년의 날수가 305가 된다.

전자의 경우에는 겨울 두 달을 역으로 간주하지 않았다는 말이 성립되지 않고, 다만 1년을 10개월로 계산했다는 말이 될 뿐이다. 후자의 경우에는 그 두 달을 어떻게 셈하고 처리하였느냐 하는 의문이 생긴다.

로마의 율리우스 카이사르는 기원전 45년 사회 개혁의 일환으로 이집트의 태양력을 로마에 도입하였다. 그때까지 사용하던 로마 역을 버렸음은 말할 것도 없지만, 이 태양력은 현대의 표준 역인 그레고리우스력의 선구로서 율리우스력이라 한다. 율리우스 카이사르에게 경의를 표하기 위해 원로원에서 그렇게 명명한 것이다.

율리우스 카이사르가 역법 개혁을 단행할 때의 태양력의 정확한 1년의 날수와 이집트인이 계산한 1년의 날짜 사이에는 매해 0.25일의 단수가 생겼다. 이것을 모아서 4년에 한 번씩 2월 말에 윤일(閏日)을 넣어서 조절하였다.[6] 이것이 윤년, 즉 윤일이 들어간 해의 시작이다.

율리우스력의 1년은 365.25…일이다. 이 역법과 정확한 태양력과의 차이는 0.0078일이다. 처음에는 이 정도의 차이는 무시되었다. 그러나 많은 세월이 지나면 그것은 결코 무시해도 될 일이 아니었다. 그리하여 기원후 400년에는 약 3일의 오차가 생겼다. 10세기에는 이 오차가 쌓여서 12일이 되었다. 이것은 춘분을 3월 11로 정함으로써 부활절과 큰 차질을 일으켰기 때문에, 번번이 교회로부터 개정할 것을 요구받았다.[7] 국교인 그리스도교의 큰 행사가 지장을 받는다는 것은 예사 문제가 아니었다. 교황청은 이를 개혁할 필요성을 느꼈다. 교황청 못지않게 해상 무역상들도 역의 개정을 요구하고 나섰다. 조수의 간만, 해풍의 방향 등이 당시의 달력과 일치하지 않았던 것이다.

로마 교황 그레고리우스 13세는 1582년 10월 5일부터 10월 14일에 이르는 10일을 아예 역에서 제하여 10월 4일 다음날을 곧장 10월 15일로 정하고 동시에 윤일을 3번 덜기로 하는 등 오늘날 우리가 사용하는 태양력을 확정했다.[8] 그리고 3월 11일로 앞당겨졌던 춘분 일을 325년 니

---

6 윤일을 2월에 넣는 것에 대해서는 이 책의 119~120쪽 참조.

7 율리우스력을 만든 사람들은 춘분을 3월 11일로 정했다. 그런데 부활주일은 춘분 뒤 첫 만월 직후의 첫 번째 일요일로 명시되었다. 부활주일 날짜를 계산하려면 19년의 태음 주기와 28년의 태양 주기를 결합시켜야 했다. 그런데 해가 갈수록 달력의 춘분 날짜가 점점 빨라져서 16세기에는 춘분 날짜가 실제 계절보다 10일이나 앞서 있었다. 이것은 그리스도교에서는 중대한 문제가 아닐 수 없다. 그래서 그레고리우스력에서는 춘분을 3월 21일로 옮겨놓은 것이다. 김석희 옮김, 『시간 박물관』, 46~47쪽 참조.

케아 종교회의에서 결정한 대로 3월 21일로 환원하고, 4년에 한 번씩 오는 윤일(閏日)을 2월 말에 두도록 선포하였다(1582년 2월 24일). 이것이 현재 거의 전 세계에서 채택하고 있는 그레고리우스력이다.

그러나 처음에는 이 역의 사용에 대해 개신교에선 말할 것도 없고 유대교측과 그리스 정교회, 나아가서 영국의 성공회측에서도 심하게 반발하였다. 교회의 중요한 행사에 갑자기 큰 차질을 가져오기 때문이다.

이 그레고리우스력을 받아들이는 데는 최소한 10일 이상의 차이— 이 10일을 살지 않고 건너뛰어야 하는데(심할 경우는 약 1개월을 건너뛰는 경우도 있었다) 그것은 사회 생활에도 굉장한 혼란을 초래한다. 이것은 역법 제정사상 가장 큰 혼란을 야기시킨 사건이다. 그런 혼란을 감당하기 어려웠던지 이 역을 받아들이는 데는 몇 세기가 걸렸다. 이스람교에서는 아직도 이 역을 받아들이지 않고 독자적 역을 사용하고 있다.

로마인들은 매달 첫날을 칼렌도(calendo)라고 부르는 습관을 가지고 있었는데, 이 낱말이 오늘날의 캘린더(calendar)가 되었다.

1. 현행 서구권의 달(month) 이름

한 해의 첫날을 어디에서부터 시작할 것인지는 문화권에 따라 다를 수 있다. 동양 사람들은 달을 세는 데 있어 1월, 2월, 3월이라고 하지만,[9]

---

8 그레고리우스력을 제정하는 과정에는 잊을 수 없는 두 사람이 있다. 이탈리아의 알로이시우스 릴리우스와 독일인 크리스토퍼 클라비우스이다. 이들은 이 역의 제정에 실무자로 참여하고 이 역의 타당성을 역설하는 데 공헌하였다.

9 중국에서는 우리와 달리 맹(孟)·중(仲)·계(季)…로 부르기도 하고, 간지(干支)나 역괘(易卦)로 부르기도 했으며, 여(如)·숙(宿)·여(余) 등의 명칭으로 부르기도 하였

서양 사람들은 January, February, March, April, May…라고 한다.

고대 로마에서는 한 해의 첫 달이 Martius였다. 거기로부터 Aprius, Maius, Junius, Quintilis(다섯), Secustilis(여섯), Septem(일곱), Octo(여덟), Novem(아홉), Decem(열)이 이어진다. 10개월인 것이다. 그러다가 기원전 700년경에 Januaris(문의 신)와 Februaris(역병의 신)를 연말에 추가하여 12개월이 되었다. 연말 두 달의 이름을 왜 저런 신의 이름으로 정했는지는 잘 모르겠다.

그런데 율리우스 카이사르는 태음력을 태양력으로 개혁하면서 해(year)의 첫 달을 Januaris로 결정해버렸다. Januaris와 Februaris가 연말에서 연초로 넘어온 것이다. '문의 신'을 가리키는 Januaris를 그해의 첫 달로 삼은 것은 문이 열리고 닫히는 것으로써 묵은해를 막음하고 새해의 열림을 상징한 것이다. Februaris 즉 역병의 신을 둘째 달인 2월의 이름으로 정한 것은, 로마의 날씨가 우리와 비슷해서, 이 해동기에 감기나 기타 질병이 유행하고 노인들이 많이 세상을 떠난다는 데 그 이유가 있다. 율리우스력이 이 달을 29일로 한 것이나 아우구스투스가 8월을 큰 달로 만들기 위해 2월에서 하루를 빼간 것, 그리하여 결과적으로 2월이 평년에 28일로 된 것은 이 달이 역신의 달이므로 빨리 지나가기를 바랐기 때문일 것이다.

Martius(March)는 마르스(Mars) 즉 군신인데 이것을 고대 로마인들이 해의 첫 달로 삼았던 것은 그들의 상무적 기상의 반영이라 할 수 있다. Aprius는 양지 바른 봄을 열어(apeiro) 만물이 소생하도록 하는 달이다. Maius(May)는 풍요의 여신 Maia(남신은 Maius)에서 유래하며, Junius(June)은 로마 최고의 여 군신(Juno)을 제사 지내는 달이라는 데서 생긴 이름이다.

다고 한다.

그리고 로마의 옛 달력으로는 원래 5월을 의미했던 Quintilis(다섯)는 January와 February가 연초로 넘어오는 바람에 일곱 번째 달로 밀려났다. 카이사르는 이 달이 자기가 태어난 달이라 하여 Quintilis 대신 자기 이름인 Julius(July)를 넣었기 때문에 그 이름마저 소멸되었다.

처음에 로마역에서는 기수 달을 31일, 우수 달을 30일로 하였다. 다음 황제인 아우구스투스는 여섯을 의미하는, 그러나 실제로는 8월인 Secustilis를 빼고 그 자리에 이집트 정벌(8월)을 기념하여 자기 이름인 Augustus를 넣었다. 종전대로 하면 기수 달은 31일, 우수 달은 30일이므로 그렇게 되면 8월은 30일이다. 로마인들에게는 기수를 더 존중하고 우수를 피하는 습관이 있었다. 그는 또 자기 이름이 붙은 달이 작은 달(30일)인 것이 싫어서 2월에서 다시 하루를 빼다가 8월에 넣어서 31일로 만들었다. 그리하여 2월은 28일로 줄고, 8월 이후에는 30일과 31일의 순서가 바뀌어 기수 달이 30일, 우수 달이 31일로 되었다. 그리고 종래 3년마다 윤일을 넣던 것을 4년마다 넣는 것으로 고치고 그것을 역신의 달이라 해서 1일을 빼앗기고 또 8월에 1일을 빼앗긴 2월에다 배치했다. 윤달이 되어야 2월은 겨우 29일이 될 수 있는 것이다. 그리하여 현행 역으로는 1월부터 6월까지는 신의 이름으로, 7, 8월은 사람의 이름으로, 그리고 9월 이후는 두 달씩 어긋나는 수사(數詞)로 되어 있다.

이렇게 서양의 달 이름은 군더더기처럼 되어 있다. 최근 일부 인사들에 의해 우리처럼 1월, 2월로 표현되는 경우를 더러 보는데 그것은 기능면에서 바람직한 일이다.

2. 요일의 제정과 일요일의 유래

일, 월, 화, 수, 목, 금, 토라는 요일의 명칭은 어디에서 유래하며 일요일을 휴일로 한 이유는 무엇인가? 그리고 1주일을 7일로 한 까닭은 또 무엇인가?

나일 강가나 인더스 강가에서와 마찬가지로, 티그리스-유프라테스 강가에서는 약 5천 년 전 수메르인들에 의해 인류 최초의 달력 문명이 일어났다. 여러 종족 간에 패권이 교체되곤 하였으나 문명은 전수되어 뒷날 그곳에 칼데아인들을 중심으로 한 바빌로니아 문명이 일어났다. 그들은 고대 도성 국가를 만들고 쐐기문자를 창안하여 점토에 기록을 남기기도 하였다. 역법의 발달 과정에서는 이곳의 문명을 그냥 지나칠 수는 없다. 이들의 문명은 그리스(특히 프톨레마이오스)에 전수되고 로마에 전해져서 현대 문명의 근원이 되었기 때문이다. 수메르의 천문학을 발전시킨 것은 주로 신관(神官)들이었다. 그들은 별들의 위치와 운행 궤도를 관찰하여 홍수 등 천재지변에 대한 신의 의지를 예견하였다.

요일의 명칭이 지금처럼 일, 월, 화, 수, 목, 금, 토로 정해진 데 대해서는 다음과 같은 견해가 있다. 수메르인들이 관찰한 바에 따르면 어떤 별은 정해진 궤도 위를 질서 있게 운행하는 데 반하여 어떤 별은 나타났다가 사라지곤 한다. 또 계절의 변화에 따라 별의 위치가 바뀌기도 한다. 거꾸로 말하면 별자리의 변화에 의해 계절을 읽을 수도 있다는 것이다.

그런데 계절마다 질서 있게 천체가 변하는데 다섯 별만이 질서 있는 별들의 진행을 어지럽히고 있다. 이 다섯 별은 주위의 별들에 비해 유난히 빛이 강하고 다른 별처럼 깜박이지도 않고 자유롭게 움직인다. 이를 행성이라 한다. 그것들은 수성 · 금성 · 화성 · 목성 · 토성이다. 이 별들의 명칭은 기원전 2~1세기 로마에서 유래한 것으로 알려져 있다. 즉 로마인들은 태양(sol)과 태양을 공전하는 여섯 행성을 saturnus(토성), jupiter(목성), mars(화성), venus(금성), mercurius(수성), luna(달)이라고 불렀다.

그런데 요일의 명칭은 일요일과 월요일, 토요일 이외의 요일의 명칭이 튜튼 신화에서 유래했다는 설도 있다. 일요일과 월요일의 명칭이 라틴어 태양의 날(dies solis)과 달의 날(dies lunae)에서 유래한다는 것은 이미 알려진 바이다. 화요일(Tuesday)은 튜튼 신화의 법과 전쟁의 신 Tiw에서, 수요일(Wednesday)은 그 주신 Woden에서, 목요일(Thursday)은 그 천둥의 군신 Thor에서, 금요일(Friday)은 그 사랑의 여신 Fria에서, 토요일(Saturday)은 다시 로마 신화에 나오는 농경의 신 Saturn에게서 유래한다고 한다. 이것은 명칭 면에서 하는 말이다.

그러나 명칭만의 일이라 하더라도 로마의 별 이름만큼 설득력이 없다. 어쨌든 요일의 이름이 해와 달과 행성의 이름에서 유래한다는 것은 동양에서도 요일의 명칭을 행성의 이름으로 부르는 것을 보아도 알 수 있다.

현대 서유럽 언어는 인구어(印歐語)에서 파생된 것이다. 더 좁혀서 말하면 독일어를 제외한 영어·프랑스어·이탈리아어·스페인어 등은 라틴어의 지방어가 근대 민족국가 형성과 함께 독자적으로 발달한 언어들이다. 그럼에도 그 언어들 사이에 요일의 명칭이 서로 다른 것을 본다. 각 민족의 문화적 배경과 사유 방식, 어원과 그 변화 과정을 일일이 추적하면 그렇게 달라진 이유를 찾아낼 수 있겠지만 지금 우리는 그렇게까지 현학적(衒學的)일 필요는 없다. 우리는 요일의 명칭이 해와 달 그리고 다섯 행성의 명칭에서 유래한다는 것을 확인하는 것으로 족하다.

그러나 그 행성의 수가 왜 다섯이라야 하는가? 즉 해와 달을 거기에 더하여 왜 7이라야 하는가? 앞에서 보았듯이, 한 달은 달이 지구를 도는 공전 주기를 근거로 한 시간 단위이거니와, 그 달의 형태(크기)의 변화가 다시 7일을 단위로 한다는 그 이유 때문에 1주일을 7일로 한 것인가? 옛날의 천문학적 지식으로는 태양으로부터의 거리가 토성보다 먼 별들(천왕성·해왕성·명왕성)에 대해서는 알지 못한 탓이었나? 아니면 달의 형태 변화의 주기(7일)가 인간의 삶의 리듬과 맞기 때문인가? 어쨌든 먼 옛날 메소포타미아 문명에서부터 7일을 날짜 진행의 기본 단위로 한 흔적이 있고, 서양에는 7을 행운의 수라고 하는 속신(俗信)이 있다.

「창세기」에는 "하느님이 일곱째 날을 복 주사 거룩하게 하셨으니 이는 하느님이 그 창조하시며 만드시던 모든 일을 마치시고 이날에 안식하셨음이더라"[10]고 적혀 있다. 이에 근거하여 모세는 "제칠일은 너의 하느님 여호와의 안식일인즉 너나 네 아들이나 네 딸이나 네 남종이나 네 여종이나 네 육축이나 네 문 안에 유하는 객이라도 아무 일 하지 말라. 이는 엿새 동안에 나 여호와가 하늘과 땅과 바다와 그 가운데 모든 것을 만들고 제칠일에 쉬었음이라. 그러므로 나 여호와가 안식일을 복되게 하여 그날을 거룩하게 하였느니라"[11]고 하여 그날을 신을 간구하는 날로 지키도록 하였다. 그러므로 이날은 그냥 쉬는 날이 아니라, 신에게 간구하고 신을 기리는 날이다. 이 기록대로라면 주일을 7일로 하고 7일째 되는 날을 안식일로 정한 것은 이스라엘 민족의 신이 명령하고, 이것을 받들어 모세가 정했다는 말이 된다. 산업 사회도 아닌 유목 사회에서 '안식일'을 두어 일을 쉬게 했다는 것은 참으로 대단한 일이다.

---

10 「창세기」, 2장 3.
11 「출애굽기」, 20장 10~11.

엘리아데가 말하는 신화적 사고의 특징을 가지고 말한다면, 일곱이라는 숫자는 특히 유대 민족이 신비의 숫자로 여기던 것인데, 그것을 성화(聖化)해서 안식일로 정했다고 해석함직도 하다.

그러나 실제로 최초의 일요일은 321년 콘스탄티누스 대제가 그리스도교를 국교로 삼을 때 선포한 것으로 알려지고 있다. 예수 그리스도는 13일의 금요일에 십자가에 못 박혀 돌아가셨고, 그 3일째 되는 날 즉 일요일에 부활하셨다. 그리하여 콘스탄티누스 대제는 예수가 부활한 일요일을 '주일' 또는 '존경할 만한 태양의 날'이라 해서 시민 및 노동자들에게 안식을 주도록 규정하여 그들을 노동으로부터 해방하였다.[12] 어찌 되었든 이날에 노동을 쉰다는 것은 인권을 위해서나 삶의 리듬을 위해서도 대단히 큰 의의를 갖는다. 그는 또 크리스마스를 12월 25일로 정했다. 그것은 매년 이날에 태양이 동지 후 새 생명을 가지고 탄생하는 것을 축복하고 있었기 때문이다.

527년 로마의 수도원장 디오니시우스 엑시구스는 그리스도 탄생의 해를 기준으로 기원전(B.C.)과 기원후(A.D.)라는 연대 계산법(기년법)을 채용했다.

---

12 G. J. Whitrow, *The Nature of Time*, p. 16 참조.

C. 시간의 측정

시간 측정의 가장 원시적 방법은 막대기를 수직으로 세워서 태양이 던지는 그림자의 길이를 재는 것이다. 이런 시간 측정 기구를 해시계라 한다. 해시계로 재는 시간이 요즘 말로 하면 태양시(太陽時, solar time)이다. 밤에는 하늘의 별들의 이동을 통해 시간을 잴 수 있다. 그러나 이 두 방법은 궂은 날에는 효용성이 없다. 다음에 이용할 수 있는 방법은 물이나 모래를 규칙적으로 떨어지게 하는 것, 즉 물시계나 모래시계이다.

시간을 정확하게 측정하는 일은 여간 번거롭고 까다롭지 않다. 시간 측정을 위해서는 달과 지구와 태양과 별들의 운행이 두루 고려되어야 하기 때문이다. 그리하여 시간을 측정함에 있어 항성을 기초에 놓고 지구의 자전운동을 재는 입장을 취할 것인지, 지구의 공전운동에 입각하여 하늘을 운행하는 태양을 마치 시계의 바늘처럼 지구에서 바라보는 입장을 취할 것인지에 따라 종래 두 가지 측정법이 있어왔다. 태양을 기준으로 시간을 잴 때는 지구의를 사용하고, 항성을 기준으로 시간을 잴 때는 천구의를 사용한다.

1. 항성시와 태양시

옛날부터 항해에는 북두칠성이 시간을 가리켜주는 지표로 이용되곤
하였다. 시간 관측을 항성에 의존한 것이다. 춘분점을 목표로 정하고 지
구의 자전을 재는 계시 체계(計時体系, 時系)를 항성시(恒星時)라 한다.

춘분점(황도와 적도가 교차하는 점 가운데 태양이 남쪽에서 북쪽
으로 향하여 적도를 통과하는 점)이 자오(子午) 면에 오는 순간을 항
성시 0시라 하고, 이 점이 서쪽으로 15° 기운 순간을 1시라 한다. 즉
자전하는 지구에서 보면 모든 별자리는 동에서 서로 이동하는데, 그
이동 각도 15°를 1시간으로 하는 것이다. 그리고 지구의 1회 자전 360°
를 15°로 나누면 24인데 하루를 24시간으로 하는 것은 여기에 근거한다.
각도의 15분이 시간의 1분, 각도 15초가 시간의 1초이다. 시간의 분·초
를 60 단위로 한 것은 옛날부터 내려오는 60진법에 따른 것이다.

항성시가 고정된 항성에 의존하여 지구의 자전을 측정하는 시계(時
系)인 데 반해 태양시는 지구의 공전에 근거해서 태양의 운행을 측정하
는 시계이므로 태양에 의존한다. 이른바 해시계가 그 대표적 예이다. 태양의
이동 속도는 한 춘분점에서 다음 춘분점에 돌아올 때까지의 1년 365.242…
일이다. 그런데 태양의 황도상의 운동 속도는 지구의 공전 궤도가 타원
이기 때문에 일정하지가 않다. 여름에는 느리게, 겨울에는 빠르게 이동
한다. 그러므로 태양을 목표로 취하면 하루의 길이가 같지 않다. 그 위에
태양이 황도 위를 등속으로 달린다 하더라도 추분점 근방에서는 황도는
적도에 대해 기울어지기 때문에 황도상의 일정 간격을 적도상에 투영하
면 그 속도가 짧아진다. 하지점과 동지점 근방에서는 두 길이 병행하기
때문에 거의 같은 간격이 된다.[13] 이런 속도의 차이를 평균한 것이 평균

태양시인데 서양에서는 14세기 후반 이후 이 평균 태양시가 일반적으로 이용되곤 하였다.

평균 태양시와 평균 항성시 사이에는 약간의 단수가 있다. 즉 평균 태양시의 1일과 평균 항성시의 1일의 길이는 같지 않다. 평균 태양시의 1일은 항성시로 재면 24.3565554시이고, 거꾸로 평균 항성시의 1일은 평균 태양시로는 23.5640905시이다. 전자를 1이라고 할 때 후자의 비는 0.9972695664이다. 1항성시는 평균시의 59분 50초 17에 해당한다. 이런 비와 단수의 차이는 지구의 자전 속도가 변해도 바뀌지 않는다.[14]

2. 역표시

앞에서 언급한 바와 같이, 평균 태양시는 태양의 자식들이 거기에 맞추어서 사는 데는 편리하지만 태양의 운동을 재는 지구의 자전운동이 변동하므로 평균 태양시도 바뀔 수밖에 없다. 어제의 1초의 길이는 오늘이나 내일 또는 1년 뒤의 오늘의 1초와 반드시 같다고 보장할 수 없다. 정확한 시간 단위를 보여주는 시계를 만들 필요가 있고 이를 위해 만들어진 것이 역표시(曆表時, ephemeris time)이다.

평균 태양시가 지구의 자전에 근거하는 데 반해, 역표시는 태양운동이 절대 불변적으로 일양(一樣)하다고 생각하는, 태양의 운동에 근거하는 시계이다. 이것은 지구의 자전과는 아무런 관계도 없다. 하늘의 항성이 시계의 문자판이고, 태양이 시계의 바늘이라고 한다면, 이 바늘은 지

---

13 이상 虎尾正久, 『時とはなにか』, 88쪽 이하 참조.
14 같은 책, 90쪽.

구의 자전 속도가 어떻게 변하든 불변의 등속도로 돈다. 이것이 역표시의 원리이다.

지구의 공전운동은 지구가 태양을 1년에 한 바퀴 도는 운동인데 이것을 태양 쪽에서 보면 태양이 서에서 동으로 돌면서 황도를 춘분·하지·추분·동지를 거쳐 가는 운동이다. 태양의 평균 속도는 1년에 1회전하는 $360°$를 365.2421…로 나누면 1일당 약 $0.98°$가 된다.

달의 운동은 달이 지구를 도는 운동을 지구에서 바라본 것이다. 달은 백도(白道)라고 하는 경로를 따라 동쪽으로 하루에 약 $13.2°$의 속도로 움직인다. 이것은 태양 속도의 13배에 해당한다. 태양과 달의 운동에는 이 두 천체에 가해지는 여러 가지 외적 요인, 예컨대 조석(潮汐) 등이 있을 것이다. 이 모든 것을 종합하여 두 운동이 같아지도록 계산해서 불변의 관계가 되게 해야 한다. 이것은 1956년 이래 천문학과 전자학 분야에서 채용하고 있는 계시법이다.

3. 시간의 절대성과 상대성

물리학적으로 말하면 시간의 속도를 측정하는 데에는 기본적으로 시간, 공간, 운동의 세 개념이 필요하다. 시간의 속도를 재는 데 시간 개념이 필요하다는 것은 패러독스처럼 보인다. 그러나 얼른 말하면 시간의 길이 즉 지속량은 공간 내의 운동의 크기(운동량)로 측정되고, 공간의 크기는 일정 시간 내의 운동의 크기로 환원되며, 운동은 공간 내의 시간의 지속량으로 측정된다. 이 세 개념 중의 하나는 다른 두 개념으로 규정된다. 이렇게 시간과 공간과 운동은 각기 다른 두 개념의 관계에 의해 측정된다. 그런데 이 세 개념 중 어떤 하나를 고정시켜서 그것을 기준치로 하지 않으면 측정 자체가 불가능하다. 가령 별까지의 거리(공간)는 빛이 1년 간(시간) 달리는 거리인 광년(운동량)으로 잰다. 이와 같이 시간, 공간, 운동은 각각 다른 두 개념과의 관계에 의해서 그 존재가 규정된다.

역(曆)과 시간 측정에 관한 모든 논의는 시간의 등속성과 끊임없는 연속성을 전제하고서 하는 이야기이다. 즉 시간을 불변의 항으로 놓고 운동량을 재는 것이다. 지구와 달의 자전이나 공전의 궤도에 그리고 해와 별들의 운동 궤도에 해마다 약간의 차이가 있을 수는 있다. 그러나 시간의 속도가 빠르거나 느리거나 하지는 않아야 한다. 그뿐더러 언제는 시간이 지속되었다가 언제는 중단되거나 해서도 안 된다. 이런 시간의 불변의 지속성과 등속성을 흔히 시간의 절대성이라 한다. 뉴턴은 이런 입장에서 천체의 운행 속도를 측정한 것이다.

1) 뉴턴과 로크의 절대시간

아이사크 배로(Isaa Barrow, 1630~77)는 케임브리지 대학의 뉴턴 경 (*Sir* Isaac Newton, 1643~1727)의 은사이자 선임 교수인데 그는 거의 만능의 지식인이었다. 그는 성직자로서 신학자요, 고전학자요, 물리학자이다. 뉴턴이 그로부터 교수직을 인수받을 때 그는 수학자였다. 뉴턴은 그로부터 많은 영향을 받은 것으로 알려져 있다. 그는 『기하학 강의』 (*Lectiones Geometricae*, 1670)에서 다음과 같이 언급하고 있다.

거리를 나타내는 데 공간이 필요한 것처럼, 존재의 지속을 나타내는 데는 어떤 능력, 즉 가능성을 표시하는 시간이라는 개념이 필요하다. 시간의 절대적이고 고유한 성질에서 보면 시간은 운동을 함축하지도 않고, 동시에 정지를 함축하지도 않는다. 물질의 운동과 정지에도 불구하고 또 우리의 수면과 각성에도 불구하고 시간은 일정하게 그 길을 간다. 그러나 시간은 측정 가능하도록 운동을 포함하고 있다. 우리는 운동 없이는 시간을 지각할 수 없다. 우리는 시간을 한결같이 흘러가는 것으로 간주하지 않으면 안 된다. 따라서 우리는 해와 달을 비롯한 별들의 한결같은 운동을 시간과 비교하지 않으면 안 된다.[15]

이 명제는 뉴턴의 『자연철학의 수학적 원리』(*Philosophiae Naturalis Pincipia Mathematica*, 1687)의 앞머리에서 "절대적이고 참된 수학적 시간은 그 자체의 본성상 외계의 어떤 것과도 관계하지 않고 균일하게 흐른다"는 명제에서 거의 같은 의미로 반복되고 있다. 이것이 이른바 뉴턴의 절대시간이라고 하는 것이다. 그것은 다시 말하면 시간은 시작도 끝도 없고 그 안에서 일어나는 사건과도 상관없이 등속적으로 연속해서 무한하게 흘러가는 것임을 가리킨다.

이것을 위트로우는 뉴턴과 거의 동시대에 활동한 철학자 로크의 말을 빌려서 부연한다. 그는 로크의 『인간 오성론』(*An Essay concerning human Understanding*, 1690)에서 다음의 명제를 인용하고 있다.

지속에는 다양성도 변화도 모양도 없다. 그것은 마치 직선을 '무한히' 확장한 길이와 같은 것이다. 그러면서 그것은 모든 존재에 언제 어디서나 하나의 공통된 규준으로서 존재한다. 모든 것은 그것이

---

15 G. J. Whitrow, *The Nature of Time*, p. 83에서 재인용. 이 책과 Emile Borel, *L'espace et le temps*, 矢野健太郎 역 『空間と時間』(1940)은 나에게 많은 것을 시사하였다.

현존하는 한 그 규준을 하나같이 공유하고 있다. 왜냐하면 이 순간은
현재 존재하는 모든 사물에 공통적이며 (…) 따라서 모든 존재 사물
은 실제로 동일한 순간에 존재한다고 말할 수 있다.[16]

뉴턴은 또 앞의 『프린키피아』(*Principia*)에서 "어떤 공간 안에서 운동
하고 있는 물체 상호간의 관계는, 그 공간이 정지해 있든 한결같이 직선
적으로 움직이고 있든 변하지 않는다"고 적고 있다.[17] 이 명제는 역학적
실험으로는 지상에 고정된 실험실에서 행하든 한 방향으로 일정한 속도
로 전진하는 선상(船上)에서 행하든 물체 상호간의 관계는 같은 결과를
가져온다는 것이다.

뉴턴의 절대시간은 이 세상에서 일어나는 모든 사건과 관계없이 등
속적으로 무한히 흘러가는 시간이다. 뉴턴의 절대시간이라는 관념은 18,
19세기를 통해, 특히 많은 사람들이 시계에 맞추어서 생활하는 산업 사
회 속에서 큰 저항 없이 받아들여지고 있다. 그것은 약속을 통해 이루어
지는 우리의 사회 생활을 매우 편리하게 해주기 때문이다.

2) 아인슈타인의 상대적 시간

20세기 초에 에테르 개념이 등장하자 사태는 일변하였다. 19세기까
지 빛은 음파나 물결 같은 파장으로 간주되었다. 따라서 빛도 이 파장을
통해 전달되는 것이라고 믿어왔다. 그러나 가령 벨이 울리고 있는 자명
종을 유리병 속에 넣고 유리병 속에 있는 공기를 빼내면 공기가 희박해
짐에 따라 소리는 점점 사라진다. 그러나 자명종에 쓰여 있는 시계는 볼

---

16 *The Nature of Time*, p. 85에서 재인용.
17 같은 책, 88쪽.

수 있다. 그것은 시계로부터 반사되는 빛이 진공 속을 거쳐 눈에 닿는다는 것을 의미한다. 즉 빛의 전달에는 공기는 아무런 영향도 주지 않는다. 그러면 무엇이 빛을 전달하는가? 그것을 당시의 물리학자들은 전 우주에 편만해 있는 에테르라고 믿었다.

1887년 미국의 물리학자인 엘버트 A. 마이켈슨과 에드워드 W. 몰레이는 빛의 진행에 미치는 에테르의 영향에 대한 실험을 하였다. 그러나 예상했던 결과가 나오지 않아 그 실험은 실패로 끝나고 말았다. 그 결과 에테르는 존재하지 않는다는 것, 빛의 속도는 광원이나 관찰자가 상대적으로 움직이든 움직이지 않든 그것과 관계없이 언제나 똑같다는 것을 알게 되었다. 광속이라는 개념으로 보면 정지 상태와 운동 상태에서의 물체 상호간의 관계는 불변이 아니라는 것이다.

아인슈타인의 경우 시간 측정의 문제는 시계의 진행이 빠르냐 느리냐의 문제이다. 그것은 '동시성'의 문제이다.[18] 즉 시간에 관한 우리의 판단은 언제나 '동시에 발생한 사건'(event)에 대한 판단인 것이다. 다시 말하면, 관측자 가까이에서 일어난 사건에 대해서는—그 사건과 시계바늘을 일치시키면—동시성은 명확한 의미를 갖는다. 그러나 관측자로부터 멀리 떨어진 곳에서 일어나는 사건에 대해서는 앞의 경우와 같은 동시성을 인정하기 어렵다는 것이다. 1905에 발표된 그의 논문에는 다음과 같은 명제가 있다.

시간이 관계되는 우리의 모든 판단은 언제나 '동시에 일어나는 사건'에 관한 판단이다. 가령 내가 '저 기차는 7시에 여기에 도착한

---

18 동시성의 문제에 관해서는 이 책의 436쪽 이하를 참조할 것.

다'고 말할 때, 그것은 '나의 시계바늘이 7시를 가리키는 것과 저 기차가 도착하는 것과는 동시에 일어나는 사건이다'를 의미한다. '시간'의 정의에 대한 모든 어려움은 '시간' 대신에 그것을 '내 시계의 바늘의 위치'로 바꿔놓으면 해결된다고 생각할는지 모른다. 사실 이런 정의는 시계의 어떤 장소에 대해서만은 옳다. 그러나 떨어진 두 장소에서 일어나는 시간의 다른 두 사건에 관련시키고자 할 때는 옳지 않다. 즉 이 정의는 다른 장소에서 서로서로 다른 시간에 일어나는 일련의 사건에 관련시키고자 할 때는 옳지 않다. 다음과 같이 말해도 같은 결론이 된다. 한 시계로부터 떨어진 여러 장소에서 일어나는 여러 사건의 시간을 측정하려고 할 때 이 정의는 성립되지 않는다.[19]

마이켈슨과 몰레이의 에테르에 관한 실험은 우주 안에 에테르라는 것이 편만해 있어서 이것이 빛을 전달하는 매체라면, 지구가 태양을 공전하는 방향(순방향)으로 빛이 진행할 때와 그 반대 방향(역방향)으로 빛이 진행할 때는 각기 그 속도가 다를 것이라는 것을 확인하는 실험이었다. 그러나 결과는 그렇지 않고, 두 빛의 속도는 같다는 것이 확인된 셈이다. 따라서 에테르는 존재하지 않고, 빛의 속도는 일정하다는 것이다. 이것을 아인슈타인의 상대성 원리에 적용시키면 이렇다. 즉 시간의 빠름과 느림은 광속에 미치는 에테르의 영향이 아니라, 움직이는 운동체와 그것에 대한 관측자의 입장의 차이에서 연유한다.

A, B를 각각 한결같이 상대운동을 하고 있는, 각기 다른 계(系)의 관

---

19 *The Nature of Time*, 89쪽에서 재인용.

측자라고 하자. 관측자 A에서 보면 B의 시계가 느린 것처럼 보이고, 관측자 B에서 보면 A의 시계가 느린 것처럼 보인다. 그런데 외부의 힘이 작용하여 A, B의 운동 상태에 변동이 생겼다고 하자. 즉 어떤 시각에 운동 상태에 있는 A와 B가 동일 위치에 있는데 일정 시간이 경과한 뒤 B에 갑자기 외부의 힘이 작용하여 B의 운동이 역행하다가 오래지 않아 처음과 똑같은 속도로 움직이고 있는 A에 되돌아왔다고 하면, 다시 말해 B가 A를 떠났다가 다시 A에 일치했다고 하면, 그때까지의 시간은 A의 시계로 잰 시간보다 B의 시계로 잰 시간이 짧을 것이다.

다른 예를 들어보자. 두 대의 우주선이 동일한 속도로 나란히 우주기지 옆을 통과한다고 하자. 통과하는 순간에 A우주선에서 B우주선을 향해 빛을 발사했다고 하자. 빛을 받는 B우주선 안의 관측자가 보면 광선은 곧장 직선으로 보내진 것처럼 보인다. 그러나 우주기지 안에 있는 관측자가 보면 빛은 대각선(사선)으로 진행된 것으로 보인다. 따라서 이편의 시간이 저편의 시간보다 느리게 보인다.

이것을 시간의 상대성이라 하거니와 이런 상대속도가 광속에 가까워지면 두 시계의 차이는 더욱 커진다. 이것을 그는 1911년에 아래와 같이 서술하고 있다.

상자 속에 넣은 생물을 긴 우주 여행 끝에 거의 변하지 않은 상태로 먼저 장소로 도로 가져올 수 있다고 하자. 그런데 같은 장소에 남아 있던 동종의 다른 생물은 훨씬 이전에 이미 새 세대로 교체되어 있었다. 우주 여행을 한 생물이 거의 광속으로 운동했다고 한다면, 이 생물에게는 이 긴 여행도 한순간에 지나지 않은 것이 될 것이다.[20]

뉴턴 식으로 말하면 운동을 측정하는 절대적 좌표는 시간이다. 그래서 그것을 절대시간이라고 한 것이다. 그러나 절대적 좌표란 있을 수 없다는 것이 아인슈타인의 생각이다. "만일 두 개의 시계가 서로 움직이고 있다고 하면, 그것들은 각각 상이한 시각을 나타내며, 어느 쪽이 옳다고 결정할 수는 없는 것이다. 만일 〔두〕 관측자가 시계와 함께 〔같은 속도로〕 움직이고 있다면, 서로 상대방 시계가 느리다고 생각할 것이다."[21]

여기서 유의할 것은 관측자의 고유 시간(관측자가 가지고 있는 시계로 잰 시간)으로 잰 사건 관측의 시각, 관측자와 사건 사이의 거리, 그리고 관측자와 사건을 연결하는 신호(빛이나 전파 등 전자적 신호) 등이다. 이런 것들만 알고 있으면 이 관측자가 지정할 수 있는, 먼 곳에서 일어난 사건의 '좌표시'는 알 수 있다. 그런데 사건이 관측자의 가까이에서 일어날 때는 관측자의 고유시와 좌표시는 일치한다. 그러나 관측자와 멀리 떨어진 곳에서 일어난 사건과 관측자의 시간은 반드시 일치하지 않는다.

뉴턴에 따르면 시간은 우주와 독립된 존재이다. 이에 반해 아인슈타인의 이론으로 말하면 시간은 우주와 관측자와의 상호 관계이다.

---

20 같은 책, 93쪽에서 재인용.
21 『시간의 측정』, 150쪽.

D. 시계의 발달

　시간의 측정과 그 측정 기구인 시계의 제작 기술은 불가분의 관계에 있다. 시계란, 아주 거칠게 말하면, 천체의 운행 주기에 삶의 주기를 맞추기 위해, 전자를 정확하게 관측하여 그것을 기계적(자동적)으로 반영하도록 한 것이다. 천체의 운행을 기준으로 한다는 점에서는 역법(曆法)의 문제와 시계의 문제는 같은 문제에 속한다. 전자가 거시적이라면 후자는 미시적이다. 천체의 운행의 문제는 장구한 세월을 두고 관찰하고 기록하는 것이 필수적이다. 관찰과 기록은 인류 문명을 여는 최초의 열쇠인 것이다.

　역의 정밀화, 즉 천체의 운행을 관측하여 과학적으로 정치하게 규정하는 일은 일찍부터 이루어져왔고, 그 성과도 매우 컸다. 천체의 운행과 관련해서 지구상에서 시간을 정한다는 것은 지구의 자전과 공전은 말할 것도 없고, 달과 태양의 이동 그리고 항성의 미세한 움직임, 별들간의 인력에 의해 생기는 세차(歲差)운동[22]과 그 작은 진동인 장동(章動), 춘분점

---

[22] 지구의 자전운동을 측정함에 있어 먼저 고려할 것은 세차운동(procession)이다. 예를 들면 팽이가 회전할 때, 그 축(軸)도 함께 회전하는데 그 축의 회전운동에 동요가 생긴다. 팽이의 회전운동이 빠르면 세차운동은 작지만 회전운동이 느려져서 팽이가

(春分点)과 추분점(秋分点), 황도(黃道), 적도(赤道, 그리고 적경(赤經)과 적위(赤緯)) 등을 모두 고려하는 고도의 학술적 연구를 필요로 한다. 이 분야에 대한 연구는 고대에 이미 상당히 진척되어 있었다. 그럼에도 거기에 기초해서 우리가 수시로 이용할 수 있는 기구인 시계를 정밀하게 제작하는 일은 그다지 쉽지 않았던 것이다. 말하자면 옛날에는 과학적 구명과 기술적 제작 사이에는 상당한 시차가 있었던 것이다. 후자가 전자에 따라가지 못했던 것이다. 증기기관의 발명 이후 그 관계는 뒤바뀌었지만.

1. 해시계와 기계 시계

인류가 해시계를 이용하게 된 것이 언제부터인지는 정확하게 알려져 있지 않다. 짐작으로는 기원전 2000년경 티그리스-유프라테스 강 언덕에 문명을 개시한 카르디아인과 바빌로니아인에 의해서일 것이라고 하지만 그보다 훨씬 앞서 기원전 5000년경일 것이라는 견해도 있다. 아니, 언제부터라고 말할 수 없을 정도로 그 사용 시기는 훨씬 더 멀리까지, 호모 사피엔스 시대로까지 올라갈 수도 있을 것이다.

넘어질 지경이면 세차운동은 커진다. 다시 말하면 지구로 하여금 자전운동을 하도록 하는 축, 즉 지구의 한가운데(地心)와 황도의 극(북극)을 잇는 직선의 축이 있다고 할 때, 그 축이 그 자체로 회전하면서 동요한다는 것이다. 이것이 세차운동인데 간단히 세차(歲差)라 한다. 그 원인으로는 태양이나 달의 인력을 들 수 있다. 기원전 150년경에 그리스의 천문학자 히파르코스에 의해 발견되었다고 한다. 세차운동은 벌벌 떨면서 움직인다. 즉 세차운동은 미세한 진동을 하는데 이것을 장동(章動, nutation)이라 한다.

우리는 흔히 이집트·그리스·로마 등 고대국가의 도시 한가운데 광장에 오벨리스크라는 커다란 돌기둥이 세워져 있는 것을 보는데 이것이 다름 아닌 해시계이다. 해시계는 처음에는 그림자를 이용했겠지만 뒷날에는 지평선에 평행하게 분도기를 놓고 태양과의 각도를 가지고 시간을 쟀을 것이다.

북반구에서 태양은 날마다 동쪽에서 솟아올라 서쪽으로 지는 것처럼 보인다. 태양이 천정(天頂)에 있으면 곧 태양이 자오선(子午線) 위에 있는 것이며, 경도상으로는 0°이다. 이것이 정오(meridiem)이다. 그리니치에서 0°일 때는 황경도 0°이다. 이 정오를 기준으로 오전(ante meridiem)과 오후(post meridiem)가 나누어진다. AM, PM이라는 표시는 여기에서 기인한다.[23] 오전·오후라는 시간 구분은 1380년 무렵 영국에서부터 시행되었다.

해시계는 밤이나 날씨가 궂은 날에는 사용할 수 없으므로 다음에 등장한 것이 물시계와 모래시계 등이다. 모래시계는 장기적 측정이 불가능하다. 자동적 시간 기록 기구로서의 물시계는 수차(水車)와 톱니바퀴를 이용해서 물의 유출을 자동적으로 측정한다는 점에서 기계 시계의 원리와 다르지 않다. 기원전 3세기 이집트에서는 여기에 긴 바늘과 작은 바늘을 달아서 시간을 표시한 것으로 알려져 있다. 아리스토파네스, 플라톤 등 그리스의 철학자들은 물시계를 자작해서 사용했다고 전한다. 그러나 그때는 아직 역표시(曆表時)가 발명되지 않았기 때문에 계절에 따라 물의 유출량(流出量)을 조절해야 했다.

경주에 있는 첨성대를 보면 우리 나라에서도 이미 신라시대에 천체

---

23 『시간 박물관』, 104쪽 참조.

를 관측했던 것 같다. 세종 19년(1437)에는 해시계를 만들었다. 17세기 후반에 다시 해시계(仰釜日晷)가 만들어졌는데 이것은 보물 제854호로 지정되어 지금 창경궁 안에 있다. 이 해시계는 반구형으로 오목하게 되어 있으며 거기에는 방향과 오행의 표시와 간지가 새겨져서 정남을 향해 설치되어 있다.

그러나 이 모든 시계는 개인이 가질 수 없었으므로 공공 장소에 설치하여 많은 사람이 보게 하거나 관청, 교회 등 특정한 장소에 설치하여 종을 쳐서 시간을 알렸을 것이다.

시계 제작의 발달에는 상인들과 교회의 시간 관리가 많은 공헌을 하였다. 상거래에 정확한 시간을 정해야 함은 물론이다. 교회에서는 정확한 기도 시간을 알릴 필요가 있었다. 특히 신참 수도사들이 새벽 기도 시간에 맞추어서 고참 수도사를 깨울 수 있는 장치가 절실하게 필요하였다. 정오(noon)의 어원인 라틴어 none는 정오의 기도 시간이다. "1322년에 노리치 대성당은 자동인형이 장착된 대형 천문시계를 주문했고, 센트울번 수도원의 유명한 시계는 월링퍼드의 리처드가 1327~36년에 만든 것이다. (…) 타종 방식의 차이로 시간을 구별할 수 있는 시계[1시에는 종을 한 번 치고, 2시에는 종을 두 번 치는 시계]가 1336년에 밀라노의 산고타르도 성당에 설치되었다."[24]

12세기 말에는 물시계를 만드는 제작자 동맹이 쾰른에서 결성되었고, 1220년까지 그들은 전문적 시계 상점가(Urlogengasse)를 형성하는 데까지 나아갔다.

---

24 같은 책, 130쪽. 이 책과 『시간의 측정』에는 많은 시계의 모양과 종류가 발달 순서대로 컬러 사진으로 수록되어 있다. 특히 후자에는 제작 기술까지 자세하게 소개되어 있어 시계의 발달을 일목요연하게 보여준다.

　　유럽에 기계 시계가 처음 등장한 것은 아마 13, 4세기라고 추측된다. 물시계가 물의 연속적 유출에 의존하는 데 반해 기계적 장치에 의해 자동적으로 움직이는 기계 시계는 기계적 운동의 연속적 반복에 의존한다. 기계 시계의 처음 형태는 벽시계(clock)인데 1352년 슈트라스부르크에 설치한 것이 유명하였다. 1400년대부터는 극소수의 귀족들이 가정용으로 소유했던 것 같다. 하루를 24등분한 역사적 흔적은 이미 아우구스티누스에게서 발견되지만[25] 그것을 기계 시계로 만들어 계양한 것은 1335년 밀라노의 공중시계이다.

　　하루를 24등분했다는 것은 커다란 의의를 갖는다. 그 이전까지 하루는 '낮'과 '밤'으로 이루어진 것으로, 따라서 질적으로 구분되는 두 부분을 갖는 것으로 여겨졌다. 가령 2일(48시간) 간 운행하는 항해는 '사흘 낮 이틀 밤의 항해'였던 것이다. 하루를 24등분했다는 것은 질적으로 다른 두 영역(낮과 밤)을 양적으로 일원화해서 추상화한 것이다. 여기서 시간의 양적 일양화(一樣化) 즉 추상화가 시작된 것이다. 질적으로 구분하지 않고 양적으로 일원화했다는 것이다.

　　1631년에는 런던에서 시계 제조공 조합이 결성되었다. 이때는 이미 회중시계의 제작이 거의 일반화되어 있었다.

2. 진자시계에서 원자시계로

　　갈릴레오는 진자운동의 기간 길이가 추와 끈의 길이에 의존한다는

---

25 St. Augustinus, *Confessiones*, Bk., XI, Ch. XV.

것을 발견하여(1583) 이것을 시계에 응용하려고 하였다. 그는 교회의 천장에 매달린 램프가 흔들릴 때 왕복운동의 주기가 늘 일정하다는 것을 발견했다고 한다. 그는 진동의 주기는 흔들이(진자)의 길이만으로 정해지고, 진폭에도 추의 중량에도 관계가 없다는 것을 알아낸 것이다. 그는 진자운동이 중단되지 않도록 동력을 붙여서 그 운동의 등시성(等時性)을 얻어 이것을 톱니바퀴에 전달하여 시계의 바늘을 움직이게 하는 탈진기(脫進機)를 이용해서 시계 측정의 정확성을 얻으려고 하였다. 갈리레오의 사후 14년이 지나 네덜란드의 천문학자 크리스찬 호이겐스는 이 방법을 이용해서 1656년 마침내 진자(振子)시계를 발명했다. 이것은 시계의 고도 정밀화의 첫걸음이다. 처음에는 시계바늘(지침)이 하나였다. 자판도 지금처럼 1분 간격으로 표시하지 못하고 15분 간격으로 표시했다. 그러나 1690년대에는 시, 분, 초를 가리키는 시계가 파리의 귀족 가정에 걸리게 되었다.

18세기에는 영국의 항해사들의 요구에 의해 시계의 정밀화가 급속도로 발달하였다. 그 발달 과정에 관해서『시간의 측정』은 자세하게 기술하고 있다.

1800년까지는 서민들도 대부분 회중시계를 가지고 있었다. 회중시계는 한때 소유자의 부와 명예를 과시하는 장식용으로도 이용되었다. 우리의 경우 그것은 1950년대까지 사용되었는데 일제시대에는 월삼(月三)이라는 회중시계가 특히 귀하게 여겨졌다.

자동화와 정밀화로 방향이 정해지자 새로운 개선과 개발은 급속도로 진전되어 오늘날에는 진자 대신 톱니바퀴로 움직이는 수정시계, 더 나아가서는 톱니바퀴도 없는 전자시계, 원자시계로 발전하게 되었다.

전지로 제어되는 수정시계는 전기시계를 몰락시켰고 값이 저렴하게 된 것은 1970년대부터이다. 그 10년 뒤에는 액정 디지털 수정시계가 시중에 범람하게 되어 전기시계는 고물이 되고 말았다.

이와 함께 정밀도도 최고도로 강화되어 지금부터 10여 년 전 영국의 물리학자 L. 엣센 박사가 원자의 발광 기구(發光機構)를 이용해서 개발한 세시움 원자시계는 30조(兆)분의 2 정도까지 조절 가능하기 때문에 거기에 대응하는 시간의 오차는 실로 '15만 년에 1초'밖에 내지 않는 놀라운 정확도를 보인다.

원자시계의 시간 결정법은 천문학적인 시간 결정법과는 달라서 그 정밀도도 한층 강화되었다. 그 결과 종래의 천문학적 시간 정의 대신 1967년에는 초(秒)에 대한 새로운 정의가 내려졌다. 즉 자연의 원자 주기에 따라 1초는 세시움 133의 방사전파의 9,192,631,770주기라고 정의되었다.

1880년에는 그리니치 표준시(GMT, Greenwich Mean Time : 그리니치 평균 태양시)가 영국의 법정 표준이 되었다. 1884년 10월 워싱턴 DC에 모인 41명의 25개국 대표들은 그리니치 자오선을 경도 0°로 선언함으로써—그때까지는 각국이 자기네의 수도, 즉 독일은 베를린, 프랑스는 파리, 미국은 워싱턴을 자오선으로 하였다—그리니치 평균 태양시(GMT)가 세계의 표준시로 성립된 것이다. 그것은 정오를 0시로 하기 때문에 1925년 1월 1일부터는 정오보다 12시간 앞서는 야반을 하루가 시작되는 0시로 하고 정오는 낮 12시로 하였다. 여기에 근거해서 지구를 각 시간대로 나누고 일부 변경선도 정했다. 이것이 세계시(UT)이다.

3. 시간 측정의 두 방향

시계가 정확, 정밀해짐으로써 현대인은 통일된 시간 개념과 통일된 시계를 가지고 세계인으로서 생활하게 되었다. 동시에 시계의 정확성과 정밀성을 바탕으로 예컨대 번개, 비행기 프로펠라의 속도, 탄환의 속도 등 육안으로는 접근할 수 없는 현상을 측정할 수 있게 되었다. "날이라는 시간의 단위가 시간으로 세분되고, 그것이 분, 초가 되고, 초는 다시 밀리 초, 마이크로 초, 나노 초, 피코 초로 작게 분할되었다."[26]

가령 단거리 선수들의 골인 시차는 단순한 스톱 워치로는 측정할 수 없다. 또 신경이 전달되는 속도도 시계만으로는 측정할 수 없다. 그러나 이런 것들은 플래시를 이용한 고속(섬광) 촬영을 통해 그래프로 옮겨서 보면 1초의 몇백 분의 1 또는 그 이상의 미세한 시간 간격도 판독할 수 있다. 100만 분의 1초의 시간을 찍을 수 있는 촬영기로 찍은 결과 화약이 폭발하는 시간은 100만 분의 24초 걸린다는 것을 알게 되었다. 현대의 계시의 발달은 이런 초고속의 시간 측정에까지 미치고 있다.

그런가 하면 반면에 현대의 과학기술은 이미 지나가서 없어져버린 과거, 그것도 거대 과거에 대해서도 관심을 돌리게 되었다. 고고학과 지구과학, 해양학과 천체 물리학 등에서는 시간의 단위로서 몇만 년, 몇백만 년, 몇백 광년이라는 개념을 도입하고 있다. 암석의 층, 화석, 방사선 원소, 지구로부터 멀어지는 별의 희미한 반짝임은 몇백만 년, 몇십억 년, 몇백 광년이나 되는 시간의 경과를 보여주고 있다.

이런 거대 시간을 측정하는 방법으로는 예컨대 나무의 연령테, 탄소

---

26 『시간의 측정』, 123쪽.

14에 의한 측정, 대협곡의 지층 구조와 거기에 남아 있는 동물 뼈나 해조류의 화석 조사 등이 있다. 그 결과 지구의 나이가 상향 조정되었음은 말할 것도 없고, 인간의 선사 시대와 역사 시대가 예상보다 훨씬 먼 과거로 소급되었다.

이와 같이 미시 현상과 거시 현상이 현대의 과학기술 앞에 제 모습을 속속 들어내고 있다. 현대는 시간 연구에 있어 숨겨진 것이라곤 거의 없는 시대라고 해도 지나친 말은 아닐 것이다.

나는 대학생이 되어서야 비로소 시계를 가질 수 있었다. 그 전에는 대전의 교외를 달리는 호남선 열차의 상행과 하행에 맞추어서 아침 식사를 하고 학교에 갔다. 낮 시간은 대전 시청에서 울리는 사이렌 소리로 정오임을 알았고, 해질 무렵은 대개 천주교 성당(지금의 목원대학 자리에 있던, 그때 말로 뾰쪽집)에서 울리는 종소리로 시간을 알아차리곤 하였다. 밤이 얼마나 깊었는가는 별자리(북두칠성)로 짐작하고, 새벽은 닭 울음소리로 가늠했다.

우리 마을이 유별나게 근대화되지 못한 탓도 있겠지만 1940~50년대 한국의 시골 사정은 여기에서 크게 벗어나지 않았다. 그러니 거기에서 100년을 거슬러 올라가보라. 그때는 기차도 뾰쪽집도 없었다. 시간은 낮에는 해 그림자의 이동으로 짐작했을 것이고, 밤이면 별자리의 이동으로 알 도리밖에 없다. 비가 내리거나 구름이 끼면 그나마도 불가능하다. 사람의 생활리듬도 느슨해서 하루를 자시(子時), 축시(丑時) 등으로 12등분 하였다. 아침 먹고 한참 있다가 시장하면 저녁때로 짐작했을 것이니 매우 생체 중심적이었다고 할 수 있다. 시간 지각은 생체 시간에 의존했던 것이다. 해시계니 물시계니 하는 것도 서민들에게는 낯선 것이었다.

그런데 1967년 2월 1일 오전 9시를 기해 일제히 시계의 초침을 0.1초 늦추라고 법석을 떨었으니 저때와 비교하면 실로 격세의 감이 없을 수 없다.

우리 나라에서도 전자시계는 이미 어린이들도 거들떠보지 않을 정도로 흔하고 값싼 것이 되었으니 불과 3, 40년 사이에 이렇게까지 세상은 발전한 것이다.

E. 결론

    제2부에서 나는 우리의 일상 생활과 가장 밀접하게 관련되는 시간, 즉 달력과 시간 측정 및 시계의 발달을 고찰하였다. 역의 발달에서는 고대의 역 개념으로부터 현대 역에 이르기까지의 변천 과정을 점검하고, 그 중간에 동양의 24절기와 간지에 대해 간단히 언급하였다.

    계시법과 그것의 연장선상에서 시간의 측정에 대해 검토하는 과정에서는 뉴턴의 절대시간과 아인슈타인의 상대론적 시간에 관해서도 언급하였다. 이 양자 사이에 견해의 차이를 보이는 것은 한마디로 말하면 시간 측정상의 문제이다. 더 자세하게는 '동시성'의 문제이다. 시간의 측정에는 시간과 공간과 운동이라는 세 개념이 불가결한데 뉴턴은 시간을 절대적 기준으로 놓고 다른 두 가지를 측정한 것이다.

    전 우주에 편만해 있으리라고 예상했던 에테르라는 것은 없다는 것이 실험적으로 확인되었다. 그러므로 시간은 오직 빛으로만 측정된다. 아인슈타인의 상대성 이론은 측정자의 위치와 측정 대상물과의 거리에 따라, 측정자가 정지 상태에 있는가 운동 상태에 있는가에 따라 시간의 길이가 다를 수 있다는 것이다. 상대성 이론의 시간 개념에 대해서는 철학적 시간을 논의하는 대목에서 재론할 것이다.

시계의 발달에서는 원시적 해시계로부터 현대의 원자시계에 이르는 과정을 주마간산격으로 살펴보았는데 그것은 철학의 문제라기보다는 기술의 문제이다. 그리고 현대에 이르러서는 시간의 측정이 미시화로 치닫기도 하지만 그것에 못지 않게 거시적 방면으로도 발전하고 있음을 보았다. 이런 시간 측정을 기반으로 해서 현대 과학은 그 인식의 한계를 무한히 확대하고 있다.

동양의 시간 개념을 소개하는 자리에서 '역'(易)에 관해 언급하지 않은 것을 아쉬워할 독자도 있을 것이다. '역'은 변화요 변화는 곧 시간을 함축하기 때문이다. 그러나 '易'은 시간 속에서의 존재의 변화이다. 다만 그 변화가 시간의 순서에 따른 인과론적 변화는 아니라는 것이다. 따라서 '역'은 시간론으로서가 아니라 '존재론'으로서 연구되어야 마땅하다고 나는 생각한다.

제3부 | 태양의 자식들과 삶의 시간

태양계 안의 모든 생명체는 그것이 식물이든 곤충이든 하늘을 나는 조류이든 예외 없이 태양의 자식들이다. 그러므로 그 모든 생물은 태양의 운행 특히 빛과 어둠의 교체와 삶의 리듬을 함께할 수밖에 없다(그러나 깊은 해양 속에 사는 냉혈동물인 어류는 태양보다 오히려 달의 영향을 받고 있다).

생명체의 시간을 논할 때 우리는 흔히 생리적 차원과 심리적 차원을 구분하거니와, 생체 시간은 전자에 속한다. 여기서 말하는 생체 시간이란 생물이 가지고 있는 '시간을 측정하는 천부적 내적 능력'이다. 이런 생물의 생활리듬을 또 바이오리듬(biorhythm)이라고도 한다. 이것은 생물로 하여금 천체의 주기적 운행에 대응하도록 하는 것이다.

인간도 생물인 이상 예외일 수 없다. 인간의 시간 지각은 심리적인 것 이전에 생리적으로 가지고 있는 생체 시간(body-time)에 근거한다. 이것을 신체 시간 또는 체내 시간이라고도 한다. 심리적 시간 체험은 생리적 체험에서 비약적으로 파생된 것이다. 실제로 인간이 시간을 지각하는 것은 생명의 리듬, 즉 생명 자체가 가지고 있는 주기성에서이다. 인간도 생명체로서 그 자체에 시간적 주기성을 본능적으로 가지고 있다.

체험 시간이란 인간에게 고유한 시간의식이다. 시간이 길게 느껴지기도 하고 짧게 느껴지기도 하는 체험적 시간을 우리는 심리적 시간이라고도 한다. 그것은 주관적 시간 개념이다. 그런 시간은 삶에 대한 자각이 전제되어야 비로소 체험할 수 있다.

우리는 먼저 동식물이 가지고 있는 생체 시간을 일별하고, 나아가서 인간의 심리적 시간 체험, 즉 체험 시간을 검토한다. 그리고 마지막으로 인간의 삶의 방식인 사회 구조의 변화에 따라 시간 관념이 달라지는 것, 예컨대 농촌 사회의 시간 관념과 산업 사회의 시간 관념의 차이를 살펴보고자 한다.

A. 생체 시간

생체시계란 생물이 적절한 시기 또는 시간대에 적당한 반응을 일으킬 수 있도록 생물에게 부여되어 있는 천부적 시계를 가리킨다. 더 정확하게 말하면 생체 시간이란 천체의 주기적 운행이 생물로 하여금 거기에 맞추어 살아가도록 하여, 그것이 본능처럼 되어버린 시간감각이다. 인간의 경우에는 그것을 두뇌 시간이라고도 한다. 두뇌 시간은 능동적 시간 지각이 없는, 가령 수면 상태나 몽유 상태에서도 마치 시간을 지각하고 있는 듯한 행동을 하도록 하는 시간 지각이다.

1. 식물의 시간 생활

식물이 낮에는 산소를 배출하고 밤에는 탄소를 내뿜으며 영양을 섭취하여 성장하고, 꽃을 피우고 열매 맺어 번식하면서 살아간다는 것은 누구나 다 아는 일이다. 이 모든 작용 과정은 반드시 시간에 맞추어서 행해지고 있다. 달맞이꽃은 저녁에는 꽃잎을 열고 아침에는 접는다. 반대로 나팔꽃은 아침에 꽃잎을 열고 밤에는 접는다.

꽃들은 꿀을 하루 종일 분비하지 않고 정해진 시간에만 분비한다. 벌과 나비는 각각의 꽃들이 꿀을 분비하는 시간을 잘 알고 있다. 대개의 식물들은 햇살이 활짝 퍼져야 활동을 시작한다. 농민들은 이것을 알고 있어야 한다. 그리하여 현명한 농민은 거름 줄 시기와 물을 줄 시간을 숙지하고 있다.

스웨덴의 유명한 식물학자 카알 린네(C. v. Linnaeus, 1707~78)는 식물의 일주기성(日周期性 즉 光周期性)을 이용해서 '꽃시계'를 만들었다. 그는 꽃들이 각기 피는 시간과 지는 시간을 조사해서 피는 시간과 지는 시간 사이에 1시간의 간격으로 여러 가지 꽃을, 마치 시계의 문자판처럼 배열해서 심었다. 꽃들이 일목요연하게 시간대에 따라 배열되었으므로, 그것만 보아도 얼른 시간을 알 수 있도록 한 것이다. 즉 지금은 어떤 꽃이 피어 있으므로 몇 시이고, 또 지금은 그 꽃이 지는 시간이므로 몇 시라는 것을 한눈으로 보고 알 수 있게 한 것이다. 이것은 식물의 시간 생활을 보여주는 한 예이다.

2. 곤충과 새의 실험적 관찰

제2차 세계대전 후 뮌헨대학의 카를 폰 프리슈(Karl von Frisch)와 그의 협력자들은 꿀벌에 관한 조직적 연구를 수행하였다. 그들은 꿀벌을 훈련시켜서 매일 일정한 시간에 먹이밭(꽃밭)에 꿀을 따러 오게 할 수는 있으나, 동일한 먹이밭에 다른 시간에 오게끔 훈련시킬 수는 없었다. 그러나 두 먹이밭에 각각 다른 시간대에 오게 하거나 여러 먹이밭에 각각 다른 시간대에 오게 할 수는 있었다.

프리슈에 의하면, 그것은 벌의 시간감각이 시간 간격의 학습에 따른 것이 아니고, 24시간의 주기를 갖는 생체시계에 따른 것이다. 꿀이 있는 곳에 관한 벌들의 정보 교환의 방법, 예컨대 꿀이 있는 곳의 위치, 그 방향, 여기서부터의 거리 등에 관한 정보의 교환을 연구한 보고에 따르면, 그런 정보는 벌들이 제공하는 정보라기보다는 오히려 그것을 해석하는 연구자들의 정보가 아닌가 의심할 정도로 정확하다. 연구자들은 벌이 꼬리를 흔드는 방식, 맴도는 원의 크기, 맴돎의 양식과 방향, 태양과의 각도, 시간 등을 세밀하게 분석하여 벌들의 정보 교환 방법을 면밀하게 검토하고 있다.

1955년, 그의 문하에 있던 M. 레너(M. Renner)는 손수 만든 '꿀벌 공간'(커다란 상자) 속에서 시각 지각을 훈련받은 꿀벌을 파리에서 뉴욕으로 수송하였다. 뉴욕에는 파리의 것과 똑같은 조건을 갖춘 '꿀벌 공간'이 마련되어 있었다. 당시에는 아직 Z비행기가 없었으므로 파리에서 뉴욕까지의 비행 시간은 16시간 45분이었다. 출입국 수속 및 비행 지연 등의 일로 인해 실제로 뉴욕의 박물관에 있는 '꿀벌 공간'에 벌을 수용하는 데까지 걸린 시간은 모두 21 내지 22시간. 파리와 뉴욕의 시차는 약 5시간. 파리 쪽이 빠르다. 27시간의 차이에도 불구하고 꿀벌은 뉴욕의 현지 시간에 아무런 영향을 받지 않고 파리에서 생활하던 그 시간에 맞추어 살고 있었다. 두 도시의 시간 차이가 27시간이지만, 벌들의 시간 생활의 차이는 실제로는 3시간밖에 안 되었다. 만 하루의 차이는 생체 시간에서는 문제가 되지 않는다. 이것은 벌의 생활이 전적으로 체내 시간에 의존함을 의미한다.

그는 이와 반대로 뉴욕에서 시간 훈련을 받은 벌을 파리로 옮겨서, 그것들이 생활하는 것을 관찰하였다. 결과는 위와 똑같았다. 대서양을 넘나든 이 실험의 결론은 이렇다. 꿀벌은 24시간의 시간 리듬을 알고 있다. 벌은 온도, 습도 등의 조건이 일정하면 외부의 시간 인자와 관계 없이 체내 시간으로 산다.

그러나 만일 밤과 낮이 완전히 바뀌는 시간대를 실험 무대로 삼았더라면, 즉 Z비행기를 이용하여 단시간 내에 한국에서 아르헨티나로 옮겨졌더라면 어떻게 되었을까? 아르헨티나의 한밤중은 한국의 한낮이다. 그러면 벌들은 생체 시간의 명령에 따라 밤중에 꿀을 따러 나서야 하지 않을까?

동물이 가진 시간 조절 기능은 세 측면에서 실험적으로 이야기되고 있다. 철새의 긴 여행에 대한 관찰적 연구, 생물의 일주기성에 관한 실험적 연구, 생물의 습성이나 행동에서 보이는 일주기(日周期)와 기타 주기적 리듬에 관한 연구. 대표적 실험 사례를 열거하면 아래와 같다.

1949년 구스타프 그라마는 호시무그 새를 실험하였다. 그는 어린 호시무그 새가 한 번도 날아가보지 않은, 즉 부모 새와 함께 날아가본 적이 없는, 먼 거리를 날아간다는 데 주목하였다. (실험을 위해) 새장에 갇힌 그 새는 이동할 계절이 되면 앉거나 날거나 늘 가야 할 방향으로 머리를 향한다. 해가 없는 궂은 날에 새는 그런 동작을 하지 않는다. 이것은 이동의 시기와 태양광선의 유무 등이 그 새의 행태에 영향을 준다는 것을 시사한다.

그는 자연의 빛을 차단하고 거울을 이용해서 태양광선의 입사(入射) 방향을 바꾸었다. 그러자 새는 거기에 맞추어 방향을 바꾸는 것이다. 그가 태양광선을 완전히 차단하고 고정된 인공 태양으로 계속 밝혀 명암의 교체를 없애자 새는 지구의 자전에 대응하는 일정한 비율로 하루 종일 계통적으로 그 방향을 바꾸는 것이다. 이것은 이 새가 태양의 위치, 지구의 자전·공전에 맞춘 생체시계를 가지고 있음을 보여준 것이다.

그는 또 대낮에 적당한 시간을 골라서 일정한 방향에 먹이를 놓아줌으로써 새가 거기로 먹이를 먹으러 오도록 훈련시켰다. 그 뒤 다른 시간에는 어떤 방향으로 먹이를 먹으러 가는지 관찰하였다. 그 결과 그 새는 훈련된 방향으로만 먹이를 먹으러 가는 것이 확인되었다. 그 새는 태양의 위치를 알고, 그 규칙적 이동을 고려해서 방위를 결정하는 것이다. 이렇게 훈련된 새를 이번에는 자연의 태양을 차단하고 평상적 밤낮 주기를 인위적으로 바꾸어 6시간을 차이지게 하였다. 즉 낮 시간을 6시간 늦게 저물도록 하였다. 그런 뒤에 자연의 태양 아래 풀어놓자 새는 실제의 방위와 90도쯤 차이나는 방향에서 먹이를 찾는 것이었다. 생체 시간은 훈련을 통해 조절될 수 있음을 확인한 것이다.

3. 일주기성과 개일성

일주기성 또는 광주기성(光周期性, circadian rhythm)에 대해서는 일찍부터 알려져 있다. 일주기성이란 예컨대 여름날 나팔꽃이 아침에 피었다가 저녁에 지는 것, 또는 모기가 아침 무렵 해 뜰 때와 저녁 무렵 해질 때 극성을 부리는 것 등을 가리킨다. 말하자면 바이오리듬으로서의 생체 시간을 가리킨다.

식물이 싹트고 꽃피고 열매 맺는 시기, 철새가 이동하는 시기, 짝짓고 알 낳고 부화하는 시기, 일부 동물의 동면과 하면의 시기 등으로, 모든 생물은 계절, 즉 태양의 위치(밤낮)와 날씨(기온)에 따른 생의 주기성을 가지고 있다.

여름 태풍이 몰아쳐서 바닷물을 한번 뒤집어놓지 않으면 해수면의 온도가 상승하여 적조(赤潮) 현상이 생긴다. 연못에는 녹조(綠潮) 현상이 생긴다. 전자는 고니아우라쿠스라는 직경 60미크론의 단세포 생명체의 대량 발생이 그 원인이고, 후자는 우산 모양의 김(笞)인 녹충(綠虫)이라는 단세포 생명체가 광범하게 발생한 결과이다. 여기서 중요한 것은 그런 단세포 생명체도 일주기성을 가지고 있다는 것이 실험적으로 관찰되었다는 것이다.

오키아시시키라는 새는 가을에는 파타고니아로 옮겨갔다가 봄에는 캐나다로 돌아와서 번식기를 맞이하는데, 그 비행 거리가 왕복 1만 6천 마일이나 되지만 알의 부화는 정확하게 5월 26~29일 사이에 행한다. 그만큼 생체 시간이 정확하다.

캐나다의 동물학자 윌리엄 로완은 1920년경 14년 동안 이 새를 조사하였다. 그에 따르면, 표준 시계처럼 규칙적인 유일한 자연 현상은 낮의 길이 변화뿐이다. 그는 보통 캐나다에서 겨울을 보내는 다른 종류의 새를 실험하였다. 그리고 인공적으로 일조(日照) 시간을 길게 연장한 상태에서 오키아시시키라는 새를 관찰하였다. 늦봄이 되기 전, 자연 상태에서라면 아직 번식기에 들어가지 않을 시기인데도 일조 시간을 연장한 2, 3주 뒤에는 번식을 시작하였다. 겨울에 번식하는 새는 전혀 관찰되지 않았다. 그리고 오키아시시키가 비번식기에서 번식기로 옮겨가는 시기에 이동한다는 것도 관찰되었다. 이것은 일주기성이 동물(새)의 생식 과정에 결정적 요인이 된다는 것을 확인해주었다. 네 계절의 구분이 분명한 아열대 지방에서 식물이 갖는 일주기성은 동물의 경우보다 훨씬 더 확실하다. 그리고 일주기성은 대개 하루를 단위로 하기도 하지만 어떤 것은,

가령 곰의 동면, 사슴의 뿔갈이처럼, 해를 단위로 하기도 한다. 전자를 개일성(槪日性)이라 하고 후자를 개년성(槪年性)이라고 한다.

개일성은 햇빛의 주기성인 밤낮을 단위로 해서 영위되는 생물의 삶의 주기적 교체 방식을 가리킨다. 14세기까지만 해도 불과 몇몇 첨단적 전문 학자들만이 밤낮을 합하여 24등분한 시간 시스템을 사용하였고 대개는 밤과 낮의 시간 길이를 달리 배분하였다. 즉 낮의 한 시간은 밤의 한 시간보다 길게 잡았다. 낮 동안의 활동을 중요시한 것이다. 그만큼 인간의 생활도 빛에 대해 민감하다.

생체 시간을 이야기하는 과정에서 독자들은 태양광선의 빛(밝음) 못지 않게 그 볕(온도)도 마찬가지로 작용하리라고 기대하였을 것이다. 그러나 연구자들에 따르면 생체에 미치는 태양열의 영향은 매우 소극적이다. 생체에 온도를 높여주면 신진대사를 빨리 하긴 하나 그 결과는 생체 시간에 영향을 미치는 게 아니라 보다 빠른 노화 현상을 초래한다.

생체 시간은 생명체가 자각적으로 지각하는 시간이 아니다. 그것은 생물이 그 기나긴 세월을 살아오는 동안 모르는 사이에 본능처럼 되어버린 삶의 리듬일 뿐이다. 생물이 활동하고 잠자는 것, 먹고 배설하는 것, 짝짓고 번식하는 것, 새끼를 기르는 것 등이 모두 시간과 관계되는—시간에 맞춘—일이기는 하지만, 엄격하게 말하면 자각적으로 '시간에 맞춘' 일이라기보다는 본능적인 삶의 리듬이라고 해야 할 것이다.

태양에 의존하는 생명 현상을 소개했지만, 생명 현상이 반드시 태양에만 의존하는 것은 아니다. 달은 바다를 지배한다. 그리하여 바닷속 생물인 어류는 냉혈동물로서 태양의 빛이 거의 침투하지 않는 북극의 바닷속에서도 산다. 말하자면 어류는 거의 태양의 빛이나 그 열기에 의존하지 않는다. 달은 달대로 바닷속의 물고기들을 기르고 번식시킨다. 어류들은 보름달을 기다려 화려하게 윤무하면서 짝짓고 번식한다. 그 장관은 태양 아래 지상의 경이를 능가한다. 다만 우리는 인간 중심적이기 때문에 지상의 생물만을 담론의 대상으로 삼고 있는 것이다.

4. 동물과 인간

지금부터 약 120년 전 세 살 먹은 오랑우탄 암컷을 자바에서 독일 함부르크로 가는 범선으로 수송한 기록이 있다. 고향 자바에서 오랑우탄은 아침 6시에 일어나서 오후 6시에 잠들곤 했다. 수면 시간은 12시간이다. 배는 날마다 서쪽으로 이동한다. 오랑우탄의 생체 시간과 날마다 서쪽으로 이동하는 배의 현지 시간 사이에 그 간격이 커져갔다. 아프리카 남단 희망봉을 지날 무렵에 오랑우탄은 현지 시각 새벽 2시에 일어나서 오후 2시에 잠들곤 했다. 수면 시간은 변함없이 12시간이었다. 고향 시간과 희망봉의 현재 시간 사이에는 4시간의 차이가 있다. 오랑우탄은 고향 시간과 현지 시간이 점점 차이짐에도 불구하고 계속해서 고향 시간으로 자고 일어난 것이다.

이 오랑우탄은 럼주를 먹인 탓에 결국 죽고 말았으므로 그 뒤의 기록은 없지만, 여기서 우리가 확인할 수 있는 것은 이 동물에게도 생체시계가 있어서 장소가 이동되더라도 이 생체 시간은 좀처럼 바뀌지 않는다는 것이다. 그것은 짧은 시간 내에 장거리 여행을 하는 사람이 시차 극복으로 고생하는 것을 보아도 알 수 있다. 시차로 인한 고생은 인간에게 생체 시간이 있다는 것을 전제하는 것이다. 인간의 생체 시간에 대한 실험적 예는 많다.

1936년 인간의 시간 지각에 관한 실험이 행해졌다. 피실험자 두 명이 각기 48시간과 86시간 동안 방음실(防音室)에 들어갔다. 그들이 추정한 시간은 실지 시간과 비교해서 1퍼센트의 오차밖에 없었다. 이것은 생체 시간의 정확성을 보인 예이다.

1968년~69년 사이 같은 실험을 하기 위해 두 사람을, 전혀 시간을 알 수 없는 상태 즉 격리된 지하 동굴에 5개월 동안 가두었다. 그들은 2주일 뒤에는 날짜를 상당히 길게 추정하였다. 즉 하루를 24시간이 아닌 48시간이라고 추정한 것이다. 다시 말하면, 그들이 하루라고 추정한 시간은 실지 시간으로는 24시간이 아니라 48시간이었다. 그 결과 긴 시간의 추정에는 생리적 요인 이외에 심리적 요인이 더 중요하게 작용한다고 판정하였다.

독일의 아쇼프 교수는 뮌헨 대학 의학부에서 깊은 땅 속에 들어간 인간이 어떻게 시간 생활을 하는지를 관찰하였다. 피실험자는 19세에서 48세까지의 남자 5명과 여자 3명이었다.

그들은 시계 없이 깊은 지하에 마련된 21평방미터의 공간 속에 갇혔다. 실내에는 냉장고, 식탁, 전열기 등 생활하는 데 필요한 모든 것이 갖추어져 있었고, 온도는 일정하였으며, 천장 등과 책상 스탠드가 마련되어 있었다. 취침 시간과 기상 시간은 옆방에서 전기를 켜고 끄는 것으로 조절하였고, 모든 필요 사항과 보고는 글로 써서 옆방으로 건네게 했다. 체온은 스스로 체크했으며, 식사와 화장실 이용 등 필요한 것은 피실험자가 버튼만 누르면 즉시 조달하도록 했다. 그들은 저녁때에 이곳에 들어가서 규칙적으로 생활하되 사람에 따라 짧게는 8일간 길게는 19일간 살도록 했다.

그들은 처음에는 저녁에 잠드는 시간이 평상시보다 약간 늦고 아침에는 약간 일찍 일어났다. 날짜가 지남에 따라 잠드는 시간이 조금씩 늦어졌으나 평균해보면 평소와 큰 차이가 없다. 실험 후반기에 천장 등과 스탠드의 밝기를 5배쯤 높여보았는데 이때는 자고 깨는 주기가 짧아지는 경향을 보였다. 체온도 소변을 보는 주기도 변함이 없었다. 각자가 적은 일기에 따르면 처음 2, 3일간은 시계가 없어서 시간을 잊어버린 듯한 불안감이 없지 않았으나, 그 뒤로는 시계가 없는 것에 불편해하지 않았으며 24시간 주기로 살고 있다는 자각은 없으나 생활은 매우 평정하였다. 즉 인간은 체외의 일주기와 관계 없이 생체시계를 가지고 고유한 24시간 주기로 살고 있다는 것이다.

극지의 사람들, 즉 여름에 하루 종일 밝은 날이 계속되는 백야(白夜) 지대에 사는 사람들이나 반대로 겨울에 하루 종일 밤이 계속되는 환경에 사는 사람들도 시계 없이 거의 생체 시간에 맞춰 자고 활동하면서 24시간을 산다는 것이 확인되었다.

이것으로 보면 인간은 동물과 마찬가지로 생체 시간을 가지고 살고 있다. 다만 시계를 가지고 있어서 지금은 밤 12시이니까 자야 한다고 자기를 규제하는 것이 다를 뿐이다. 시계는 오히려 인간에게 자기 규제를 강요하고 있는 것이다.

B. 체험 시간 [1]

　체험 시간은 지금까지 논의한 객관적 시간과는 크게 다른 주관적 시간이다. 종래 시간에 관한 논의는 크게 두 방면으로 갈라져서 진행되어 왔다. 하나는 객관적 시간에 대한 것이고 다른 하나는 주관적 시간에 관한 것이다. 전자에 대해서는 제1부에서 고찰한 바 있다. 이 제3부 생명과 시간 특히 B. 체험 시간 이하는 후자에 대한 고찰이고, 이것은 또 철학적 시간론으로 이행하는 데 안내자 구실을 할 것이다.

　생물에게는 생리적인 것 이외에 심리적인 것도 있다. 심리라는 말은 인간 중심적 표현이고 넓게 보면 이것은 영혼(ψυχή, anima)과도 이어진다. 영혼은 달리 말하면 생명 원리이다. 나무에게도 영적인 것이 있어서 햇빛을 받고 영양과 수분을 섭취하여 성장하고 번식한다. 이것을 수령(樹靈, Pflanzseele)이라 한다.

　동물에게는 식물에게 없는 감각이라는 영혼이 새로 추가되어 있어 눈으로 보고 코로 냄새 맡으며 귀로 듣는다. 혀로는 맛을 보고 피부로는 온도와 딱딱함, 보드라움 등 외부의 상태를 감지한다. 자기 몸을 스스로 움직일 수 있는 능력도 동물에게는 있다.

---

1 철학적 체험 시간에 관해서는 이 책의 397쪽 이하 참조.

인간은 운동 능력과 감각 이외에 감각을 초월하는 이성이라는 것을 가지고 있어서 이것으로 사유하고 계산하고 판단하고 반성하고 자기를 규제한다. 이성은 인간이 동물계를 벗어나게 하는, 인간만의 고유한 특성이자 능력이다. 이성이 있음으로 해서 인간은 신적인 경지로 초월할 수도 있다. 인간을 만물의 영장이라고 하는 것은 바로 인간이 이 이성을 가지고 있음을 두고 하는 말이다.

이상의 이야기는 예로부터 내려오는 서양의 계층 존재론을 형성한다. 그 맨 밑층에는 무생물층이 있다. 여기에서는 문자 그대로 생명 현상은 찾아볼 수 없다. 그러나 그 몸이 견고하여 쉽게 부서지지 않는다. 그 위에 식물의 층이 형성된다. 무생물층에 없던 생명(즉 영혼)으로서의 식물은 무생물을 영양으로 흡수하며 사는데 그 몸은 무생물에 비해 약하다. 동물의 층에서는 자유 운동과 감각이 새로 추가되어 식물보다 훨씬 유능하게 외계에 적응하지만 그 몸은 식물보다 약하다. 동물층의 맨 위에 있는 인간은 이성 덕택으로 자유를 향유할 수 있다. 그에게는 또 역사를 창조하면서 사는 능력, 자기를 스스로 규제하는 능력, 신의 세계를 향해 초월할 수 있는 가능성도 보장되어 있다. 몸이 동물보다 약한 것은 말할 것도 없다. 생명체는 자기보다 아래에 있는 층이나 자기와 같은 층에 있는 약자를 영양으로 섭취하면서 산다.

이것을 삼각형으로 표시할 수 있다. 아래로 내려올수록 몸은 튼튼해진다. 그러나 반대로 영혼(생명 원리)의 면에서는 위로 올라갈수록 새롭게 그 능력이 추가됨을 볼 수 있다. 이때 추가라는 표현에는 두 가지가 있을 수 있다. 하나는 아래층에 있던 능력이 현저하게 강화 내지 발달하는 경우, 예컨대 인간의 인지 능력이 동물의 그것보다 탁월한 경우가 그 것이다. 다른 하나는 아래층에는 없던 능력이 그 위층에서 새로 생기는 경우이다. 가령 식물에게는 없던 운동의 자유가 동물에게 보장되어 있다든가 동물에게는 없던 이성이 인간에게는 주어져 있다는 것 따위가 그것이다.

1. 동식물의 시간 지각

식물이 과연 얼마만큼 심리적 인지 능력을 가지고 있는지는 알려진 바 없으나 밭에서 자라는 농작물이 주인의 발자국 소리를 들으며 자란다는 말은 식물에게도 어떤 인지 능력이 있음을 시사한다. 많은 실험이 식물에게도 인지 능력이 있다는 것을 보여준다. 아름다운 음악을 들려주면 포도나무가 많은 열매를 맺는다는 실험 보고도 있다.

진정한 의미의 심리 현상으로서의 체험은 심리적 즐거움이나 고민으로 인해 자기의 생명을 증진시키거나 쇠퇴시키는 것을 의미한다. 단순한 지각이 밖을 향한 것이라면 체험은 내면화의 계기를 갖는다. 다시 말하면 엄밀한 의미의 심리 현상이란 자기의 체험을 통해 타자의 내면을 이해하는 능력인 것이다. 예컨대 자기가 체험한 자기의 내적 고민을 통해 타자의 처지를 공감적으로 이해하는 것이 심리 현상의 특징이다. 그러므로 체험에는 반드시 내면성이 있어야 한다. 그런 점에서 본다면 식물에게서 심리 현상을 인정하기는 어려울 것이다.

그러나 가령 소가 도살장에 끌려갈 때, 개가 백정을 만났을 때, 눈물을 흘린다는 말을 듣는데 그렇다면 동물에게는 죽음에 대한 두려움이라는 심리 현상이 있다고 해야 할 것이다. 시장한 새는 모이를 주는 사람의 표정을 보고 그가 자기를 해칠 사람인지 그냥 모이를 주는 사람인지를 알아차린다고 한다. 개를 가두어놓고 기르면 괴로워서 몸부림치고 몸이 쇠약해져서 마침내 죽는 것을 본다. 이것은 동물에게 자유에 대한 본능적 갈망이 있다는 것, 즉 현저한 심리 현상이 있다는 것을 상식적으로 보여준다.

이런 동물에게서부터 본능이 아닌 심리 현상으로서의 시간 지각을 우리는 어떻게 읽어내야 할까? 그 예를 우리는 어디에서 찾을 수 있는가? 체험이란 가장 내적인 것이어서 체험자 스스로 표명하기 전에는 알 수 없는 것이다. 이 말은 설사 동물이 시간에 대한 (생리적이 아닌) 심리적 인지 능력을 가지고 있다 하더라도 그것을 동물 스스로 표명하지 않으면 우리가 알 수 없다는 뜻이다.

내적 체험을 표명하기 위해서는 언어가 필요하다. 물론 동물들도 저희들끼리 알아들을 수 있는 언어를 가지고 있을 터이지만 그 언어를 우리가 알아들을 수 없는데 어떻게 그들의 심리적 시간 지각을 우리가 알 수 있겠는가? 체험이란 실제로는 인간의 차원에서만 논의될 수 있고, 그리하여 체험적 시간도 인간만이 가질 수 있는 것이다.

2. 인간의 체험 시간

우리는 역 대합실에서 사람을 기다려본 경험이 있다. 사랑하는 사람을 만나기 위해 초조하게 기다리던 체험도 있다. 부도를 막기 위해 동분서주하며 은행 문이 닫힐까 봐 노심초사한 일을 경험한 사람도 있을 것이다. 앞의 경우는 시간이 너무 더디게 가는 것이 안타까웠고, 뒤의 경우에는 반대로 시간이 너무 빨리 지나가는 것이 두려웠다. 죽음에 직면한 사람의 한 시간은 어떨까? 천당의 한 시간과 연옥의 한 시간은 그 길이가 같은 한 시간일까?

시간에 대해서 우리는 여러 가지 이미지를 가지고 있다. 젊은이에게 미래는 장밋빛으로 채색되어 있을 것이며, 노인에게는 과거가 아름다웠던 시절로 회상되거나 후회로 점철될 것이다. 성공적인 생활을 사는 사람의 하루와 무직자의 하루가 같은 길이일 수 없다. 왜 어느 날은 길한 날이고 어느 날은 흉한 날인가? 시간 자체가 인간의 길흉을 결정하는가?

1) 시간의 길이

인간에게 시간의 장단과 농담(濃淡)은 거의 심리적으로 결정된다고 해도 과언이 아니다. 심리적 시간이란 주관적 체험 시간(Erlebniszeit)이다.

사람이 환각 상태에 빠지면 시간이 객관적 실재 시간에서 분리되어 훨씬 밀도가 높아지고 수축된 듯한 느낌을 갖는다. 중독 상태에서는 시간은 물결처럼 출렁거릴 뿐 아니라 훨씬 길게 늘어진 것처럼 느껴진다고 한다. 샤먼(巫俗人)이 엑스터시 상태에 들어가면 현실적 시간은 거의 없어지고 무시간 상태에 들어가게 된다. 시간의 길이, 즉 시간의 지속량도 체험 시간에서는 인간의 심리 상태 여하에서 결정된다.

체험 시간의 입장에서 말하면, 진정한 시간은 손목에 차고 다니는 시계가 가리키는 그런 것—그것은 약속할 때나 필요한 시간일 뿐이다—이 아니라, 삶의 시간이다. 이 시간은 각자의 인생 체험에 따라 달라지는 질적·상대적 시간이다. 체험 시간에서는 모든 사람에게 균일한 절대적 시간이란 있을 수 없고, 각자의 체험 내용과 각자의 인생 행로가 있는 각자의 시간이 있을 뿐이다. 몇 년부터 몇 년까지 살았으니 긴 생애를 살았다든가, 애석하게도 너무 짧은 인생을 살았다고 말하는 것은 여기에

서는 의미가 없다. 극단적으로 말하면, 젊어서 죽는 사람도 그 당사자로
서는 충분히 늙어서 죽는 것이다. 삶의 길이가 문제가 아니라 삶의 내용
이 문제이다. 인생은 각자의 삶이기 때문이다.

우리는 시간의 세 양상으로서 과거·현재·미래를 구별한다. 그러나
그것도 엄밀하게 말하면 이 체험 시간을 전제하고서, 그리고 체험 시간
에서만 가능한 것이다. 객관적 시간에서는 오직 비연장적 '지금'이 있을
뿐 과거와 미래란 있을 수 없기 때문이다. 다시 말하면 과거와 미래란
지금에는 없고 우리의 의식인 기억과 기대를 통해서만 있게 되는 것이
다. 시간에 대한 인간의 의식이 없다면 시간 자체가 애당초 있을 수 없
다. 그러므로 체험 시간은 객관 시간의 근원인 것이다. 그리스 이후 서구
의 철학자들 특히 아우구스티누스와 후설과 베르그송과 하이데거가 시
간의 근원을 이 시간에 대한 의식, 즉 의식 시간(체험 시간)에서 찾는 이
유가 여기 있다.

2) 시간에 대한 원시 감정

시간에 대한 원시 감정을 표현한 예술 작품은 많다. 그림의 예를 보
자. 동양의 경우, 시간은 곱게 늙었으나 어린이의 표정을 지닌 도인(道
人)으로 표상된다. 그 도인은 예컨대 호랑이 같은 영험한 동물과 정겹게
어울려 있다. 도인은 시간 속에 있으면서 그 시간을 자연 속으로 초극하
여 늙었으되 어린 사람으로 묘사되어 있다.

반면 서양에서는 대개 형편없이 일그러진 늙은이나 해골의 형상으로 시
간이 그려진다. 「시간의 승리」(이탈리아 유물), 「큐피드의 날개를 붙잡고 있
는 시간 영감」(프랑수아 페리에) 등이 그렇다. 「분별의 알레고리」(티치아노
베셀리오)는 한 몸뚱이에 세 얼굴 즉 흉측하게 늙은 얼굴, 평범한 현재의 얼

굴, 그리고 미래의 젊은 얼굴을 보여주고 있다.[2]

동양인은 서양인보다 늙음에 대해 초연하여, 그것을 저항 없이 운명으로 받아들이고 있는 것 같다. 이에 반해 서양인이 보여주는 시간에 대한 원시 감정은 '변화' 특히 흉측한 노화이다.

우리의 시가(詩歌) 속에 있는 시간에 관련된 노래는 거의 구슬픈 체념으로 되어 있다. 허망한 인생, 덧없는 삶을 무정한 시간 탓으로 여긴 것이다. 시간은 무정한 것—젊음을 앗아가고는 영원히 돌려주지 않는 그런 것으로 간주되었다. 인생무상은 우리가 늘 듣는 타령조 탄식이지만 그 내막에는 짧은 인생과 시간의 불가역성에 대한 한이 숨어 있다. 시간이 만일 가역적이라면 인생을 되풀이해서 살 수 있을 것인즉 인생무상을 원망할 것도 없을 것이다.

종교는 이 인생무상, 즉 죽음에 대한 체념과 공포를 나름대로 해결해보려는 비원에서 생겨난 것이며, 철학적 사유도 궁극적으로는 이 죽음의 문제에 부딪히지 않을 수 없고, 모든 문학 작품도 이 문제를 떠나서는 공허한 것이 되고 말 것이다. 시간에 대한 원시 감정은 죽음에 대한 공포에 다름 아니다.

3) 사라지는 시간, 되살아나는 과거

우리는 10년 전에 있었던 일을 바로 어제의 일인 양 생생하게 기억할 수 있으며, 어떤 때는 어제의 일보다 10년 전의 일을 더 선명하게 떠올릴 때도 있다. 시간 자체는 절대로 돌이킬 수 없지만 그 시간과 함께 발생했던 사건에 대한 우리의 기억, 즉 사건 내용은 반복해서 다시 회생시킬 수 있다. 일반적으로는 체험이 깊을수록 의식 속에 각인되는 인상도 깊

---

2 『시간 박물관』에는 이런 그림이 다수 수록되어 있다.

고 따라서 기억도 그 선명도를 더한다고 말할 수 있다.

기억 속의 시간과 사건—그 사건이 발생했던 그 시간, 즉 과거 시간은 이미 지금 속에는 없다. 시간 자체에 대한 기억은 아주 희미해져서 가령 세 살 때인지 네 살 때인지 어렴풋이 기억되지만, 사건에 대한 기억은 의식 속에 생생하게 살아남아 있다. 다시 말하면 시간과 사건이 분리되어 전자는 온데간데없이 사라지고, 후자만 인상의 깊이로 인해, 즉 체험의 강도로 인해 우리의 기억 속에 각인되어 남아 있다.

그러나 당장에는 별로 주의하지 않고 지나친 일인데도 나중에는 선명하게 회상거리가 되는 수도 얼마든지 있다. 기억은 사건의 현장에서 기억해야지 혹은 말아야지 해서 그대로 이루어지는 것이 아니다. 기억이 반드시 메모나 일기의 기록을 통해 비로소 형성되는 것은 아니라는 것이다. 즉 무의지적 기억도 있다. 학생들이 먼 뒷날 선생을 회상하는 것이 제각각인 것은 이런 무의지적 기억 때문이다.

우리는 세수하는 어느 순간, 비누 냄새와 함께 느닷없이 젖 먹던 어린 시절의 어머니의 젖비린내를 회상할 수도 있다. 실제로 젖 냄새가 나기도 한다. 전혀 의도하지 않은 기억이 이 젖비린내와 함께 순간적으로 되살아나는 것이다. 어느 화단을 보다가 어린 시절 고향 집 장독대 옆에 있던 앵두나무가 생각나는 수도 있다. 나물을 무치다가 옛날 어머니가 해주시던 반찬 냄새가 되살아나기도 한다. 스케이트 타는 장면을 보면서 어린 시절 얼음밭이 된 논 위에서 썰매를 타던 장면을 기억해내기도 한다. 이런 일들은 우리의 감각이 연결고리가 되어 과거의 일을 되살리는 것이다. 이것을 연상의 법칙에 넣어서 생각하는 사람들도 있다.

길을 걷다가 갑자기 이 길과 길 걷는 이 행위, 이 풍경이 틀림없이 예전에 있었던 그대로 재현되고 있다는 느낌에 사로잡힐 때가 있다. 누구와 환담을 나누다가 과거에도 이와 똑같은 화제를 가지고 바로 이 사람과 이 같은 환담을 나눈 적이 있었다고 생각하는 경우도 더러 있다. 단순한 착각일까? 프루스트는 이런 예화를 가지고 '잃어버린 시간'을 찾아간다. 그리고 그는 그 과거 속에서 진정한 실재성을 찾고 있다. 그에게 있어서 실재적인 것은 과거이지 현재가 아니다.

내가 의도하지 않았는데도 의식 위로 옛날의 일이 떠오르는 것을 종종 경험할 수 있다. 지금은 초등학생 시절의 그 담임 선생님의 얼굴이 떠오르다가 갑자기 그것과는 아무 상관없는, 3년 전에 미국으로 이민 간 여인이 남긴 말이 상기되기도 한다. 또 거기에 이어서 다음 순간에는 어머니의 기일이 생각나기도 한다. 심리학적으로는 이런 현상은 잡념이나 환상에 불과할 것이요, 집중력이 떨어지는 요인으로 치부되기도 한다. IQ가 낮은 학생들의 대부분은 이런 잡념에 사로잡혀서 논의되고 있는 문제에 정신을 집중하지 못하는 사람들이라고 한다.

여기서 우리가 주목하는 것은 우리의 지각은 처음에는 존재, 즉 발생한 사건에 묶여 있다가 시간이 과거화함에 따라 지각은 기억으로 변양하는데 이렇게 시간이 과거화하고 지각이 기억으로 변양하면서 시간과 발생 사건은 분리된다는 것이다. 다시 말하면 처음에는 지각과 사건과 시간이 한자리에 묶여 있다. 그러나 시간은 과거화와 함께 사라져버리고, 지각은 기억으로 변양되며, 사건은 기억 내용으로 남아서 이것이 상기를 통해 재생된다. 즉 과거의 사건을 회상하여 현재 속에 재생시킬 때, 재생되는 것은 일차적으로 사건이지 시간이 아니라는 것이다. 시간의 기억은 이차적이다. 기억 속에 있는 시간은 사건에 묻어 있는 막연한 것이다. 과거의 사건은 상기를 통해 반복해서 되살릴 수 있지만 시간은 사건과 함께 영원히 사라져서 절대로 재생되지 않는다. 상기되는 사건도 상기를 거듭함에 따라 본디의 그것으로 있지 않고 변형된다.

우리는 기억 속에 있는 사건을 매개로 해서 과거와 현재를 연결시킬 수 있다. 기억은 과거와 현재를 맺어주는 연결고리인 것이다. 앞에서도 말한 바와 같이, 기억이 아니면 과거와 현재의 연속을 보장해주지 못한다.[3] 시간 양상은 의식의 변양에 다름 아니다.

여기서 우리는 재미있는 현상과 만난다. 획기적 사건에 대한 집단적 기억이나 비밀스런 기억은 애당초 발생했던 사건 그대로 각인되지 않고, 시간이 지남에 따라 그리고 그 사건에 관한 담론이 빈번하게 반복됨에 따라 사건 내용이 부풀려지고 다른 사건을 거기에 첨가해서 처음의 것보다 훨씬 큰 것으로 변화시킨다. 이것을 신화화라 한다. 드라마틱한 사건이나 비극적 사건은 이런 신화화의 과정을 통해 역사 속에서 전승된다. 신화화하지 않는 역사적 사건은 전승되지 않고 그냥 기록으로만 남아 있을 뿐이다. 그 예를 우리는 사라미스 해전인 마라톤 전투와 955년 오토 대제의 레히 강 전투에서 볼 수 있다. 역사 드라마는 이런 기록을 통해 원래의 신화화 과정을 되살리는 작업이다.

실재성을 갖지 않는 관념적인 것도 기억 속에 담을 수 있다. 그것은 학습에 의한 것이다. 학습에 의한 기억은 시간을 갖지 않으므로 엄격한 의미에서 회상되는 것이 아니라, 그냥 지식으로만 축적되어 있는 것이다.

4) 주름잡혀지는 시간, 미래

삶은 언제나 미래의 자기를 향하고 있다. 특히 인간은 미래 지향적 존재자이다.

그러나 엄격하게 말하면 미래란 참으로 막연한 것이다. 과거는 어쨌

---

3 이 책의 425쪽 이하 참조.

든 있었으며 또 일단 고정되어서 움직일 수 없고, 현재는 지금 있는 그대로 있지만, 미래는 순수 가능성으로만 있기 때문에 그 존재를 확신하기 어렵다. 있어봐야 있는 것이다. 여기에 미래에 대한 두 가지 태도가 나온다. 운명론적 태도와 도전적 태도가 그것이다.

인간이 가장 궁금하게 여기는 것은 다름 아닌 내일의 자기 삶의 모습이다. 나는 내일 어떻게 될까? 이것이냐 저것이냐 하는 양자택일의 인생의 갈림길에서, 자기의 운명을 선택함에 있어 인간은 누구나 무엇이라도 의지거리를 찾으려고 한다. 현대인이라고 해서 다를 게 없다. 내일의 자기를 노력해서 선취하려는 도전적인 사람은 그렇지 않겠지만, 대개의 보통 사람은 용한 점술가가 있다면 자기 운명에 대해 한번 물어보고 싶은 호기심을 갖는다.

(1) 사람의 운명을 어떻게 점치는가

그리하여 옛날부터 점이라는 미래 예언이 흥행하고 있다. 특히 세상이 어지럽고 세월이 뒤숭숭하면 점은 더욱 기승을 부린다. 점성술을 맨처음 개발한 것은 고대 메소포타미아 문명을 일으킨 카르디아인이라고 하지만 그 점성술의 내용에 대해서는 알려진 바가 없다. 인도와 중국에서도 일찍부터 별을 가지고 인간사를 점치는 일이 있었던 것 같다. 동양에서는 음양오행 사상이 점서(占筮)로 널리 이용되었다. 현대에는 관상과 수상, 골상 등이 운명과 성격을 알아맞히는 점서법으로 개발되었다. 무당의 굿점도 그에 못지 않게 한몫을 하고 있다.

고대인들은 자기가 하늘의 특정한 별과 상관 관계를 갖고 태어났다고 믿었던 것 같다. 고대 이집트인은 피라미드를 만들 때 그 속에 묻힌 왕의 이마에 하늘의 특정 별이 내리비치도록 설계했다고 한다. 그것은 그 왕과 별이 일치함을 보이는 예이다. 예수 그리스도가 태어나던 밤 동방박사들은 별을 따라 마구간으로 찾아왔다. 즉 예수의 탄생을 알고 동방박사들이 찾아간 것은 별이 그곳을 향해 커다란 서광을 내리비췄기 때문이다.

별은 사람의 운명을 결정하고 예시한다고 믿어졌다. 점성술은 사람이 태어난 시각의 항성(恒星)과 행성(行星)의 상대적 위치를 보아 그 사람의 운명과 성격을 알아맞히는 것이다. 고대인들은 12궁과 인간의 운명은 깊은 관련이 있어서 12궁(별자리) 중 어느 한 궁에 태어난 사람은 그 별자리의 동물의 성격을 닮는다고 믿었던 것이다. 동양에서는 간지에 동물을 배정하여 그 동물의 해에 태어난 사람과 그 동물 사이에 어떤 유사성이 있다고 생각하였다.

점을 봄에 있어 가장 중요하게 취급되는 것은 인간이 각자 자기만 가지고 있는 불변의 근본 자료, 즉 생년월일시이다. 사주는 사람이 태어난 해와 달과 날과 시—이 네 기둥(四柱)인데 그것은 각기 간지로 표시된다. 생년월일시를 간지로 표시하려면 모두 여덟 글자가 필요하다. 이것을 팔자(八字)라 한다. 사주와 팔자는 생년월일시와 그것의 간지적 표현인데, 그것이 가리키는 운명은 그 사람에게는 불변적이라는 것이다. 사주 중에서도 특히 생일(日)은 태양(日)의 위치와 관계되므로 가장 중요하게 취급된다.

중국에서는 예로부터 음양오행 사상이라는 점복술이 전해지고 있다. 애당초 음양 사상과 오행 사상은 발생과 창시자라고 일컬어지는 인물이 서로 다른 것이었으나, 점복이라는 점에서 합치하므로 통칭 음양오행이라고 불리어 내려오고 있다.

역(易), 특히 주대(周代)의 역인 주역(周易)은 유가경전 중에서도 으뜸가는 것으로 여겨지고 있다. 역의 기본 범주는 음양(陰陽)이다. 음양 즉 양의(兩儀)의 분리 이전의 근원으로는 태극을 상정한다. 역은 만유가 가지고 있는 음과 양을 가지고 천지인 삼재(三才)의 생성의 도를 설명한다. 계사상전(繫辭上傳)에 "역에 태극이 있어 이것이 음양(兩儀)를 낳고, 양의가 사상(四象)〔노양·소음·소양·노음〕을 낳으며 사상은 팔괘(八卦, 건·태·리·진·손·감·간·곤)를 낳는다"는 명제가 있다. 여기서 낳는다(生)는 것은 발생론적인 것이 아니라 논리적인 것이니, 다시 말하면 팔괘의 근원이 사상에 있고, 사상의 근원은 양의에 있으며, 양의의 근원은 태극에 있다는 것이다. 그리하여 하나로 수렴하면 태극이고, 만상으로 펼치면 음양으로 볼 때 양의이고, 그 상으로 보면 사상이며, 괘(卦)로는 곧 팔괘(八卦)라는 것이다. 팔괘는 그 자승 64괘로 전개되고 이것을 효(爻)로 펼쳐서 384효라 한다.

음양을 강유(剛柔), 동정(動靜) 등에 배정하고, 또 팔괘를 자연 현상과 그 성정에 또는 가족 구성원이나 방위 등에 배정하기도 한다. 역은 천도(天道)로부터 출발해서 인사(人事)에 이르는 "점서의 서(書)이면서 우주의 철리서(哲理書)이다."[4]

그러나 송대(宋代) 이후로는 역은 점서의 서(書)로 이용되기보다는 주로 의리학(義理學)의 방면으로 해석되었다. 역을 복서(卜筮)의 서로 이용하는 것은 유교의 합리정신에 적합하지 않다고 판단되었는지 모른다. 의리서로 해석하는 대표적인 것은 이기론(理氣論)을 주로 다루는 성리학이다.

오행 사상은 다섯에 대한 고대 중국 특유의 관념이다. 다섯 가지는

---

4 高田眞治·後藤基已 譯, 『易經』, 28쪽.

예컨대 화, 수, 목, 금, 토의 다섯 행성, 5방위(동서남북과 중앙 : 청용·백호·주작·현무·황용), 5곡(기장, 고량, 피, 차조, 벼 : 나라에 따라 다르다), 5미(신맛, 쓴맛, 단맛, 매운맛, 짠맛), 5색(청, 적, 황, 백, 흑), 5성(궁, 상, 각, 치, 우), 5욕(식욕, 성욕, 재욕, 명예욕, 수면욕), 5장(쓸개, 소장, 위장, 대장, 방광), 5형(苔, 杖, 徒, 流, 死) 등이다. 이 다섯은 모든 변화를 설명하는 기본 범주가 된다. 모든 것을 5행(화, 수, 목, 금, 토)에 맞추어 배정하고, 다시 이것들을 서로 돕는 관계(五行相生)와 서로 해치는 관계(五行相剋)로 나누어 배합하면 사람의 운명이 결정된다. 복술가는 앞에서 말한 인간 각자의 불변적 요소를 가지고 그 사람의 운명과 성격 따위를 알아맞히는 것이다.

음양 사상(易)과 오행 사상은 음양오행이라는 이름으로 중국의 점서(占筮)로서 집대성되어 우리 나라에서도 옛날부터 가장 확실한 예언서로 존중받고 있다.

골상법, 수상법 등은 그 모양새를 통계적으로 일반화해서 사람의 성격과 운명을 예견하는 것이다. 그리고 무당의 굿점은 죽은 사람의 혼백이 무당에게 실려서 무당으로 하여금 생시의 한을 독백하고 남아 있는 가족들에 대해 언급하게 하는 것이다. 여기에서도 생년월일시와 성명 등은 기본 자료로서 이용되고 있다.

이와 같이 이 모든 점복과 예언에는 시간, 즉 사람이 태어난 연월일시가 그의 운명을 결정짓는 근본적 요소로 작용한다는 것이 전제되어 있다. 그러나 우리의 주제인 시간 자체에 관해서는 직접적으로 성찰하고 있는 것 같지 않다. 점복에서 전제하는 시간은 역법으로 이미 정해진 시간, 즉 우리가 항상 사용하고 있는 그런 객관적 시간이다. 단지 그것을 동양에서는 간지로 표현하고 있을 뿐이다.

그러나 오늘날 개명한 시대에 그런 점을 믿고 살 사람은 많지 않을 것이다. 사주(四柱)는 태양력에 입각해서 정해진다. 시는 현대의 시간으로 치면 2시간 간격이다. 사주가 같을 수 있는 시간대가 너무 넓다. 게다가 어느 곳, 어느 나라 국민, 누구의 자식으로 태어나느냐에 따라 그리고 아들로 태어나느냐 딸로 태어나느냐에 따라 운명이 달라질 터인데 사주만을 가지고 그 모든 것을 알아맞힌다는 것은 사주는 같지만 운명은 각기 다르게 마련인 다른 사람과 구별하여 그 사람만의 운명을 변별해낼 자료로는 너무도 소박하다. 그러기에 점은 잘 보아야 본전이고 대개는 틀리게 마련이라고 한다.

그럼에도 현대인 또한 점을 보고 자기의 행위를 결정하거나 참고하는 일이 비일비재하다. 그것은 점에 믿을 만한 무엇이 있기 때문일까— 앞일은 몰라도 지나간 일은 기막히게 맞춘다는 말은 흔히 듣는다—아니면 미래가 너무 막연해서 무엇이라도 믿어보려는 안타까운 심정의 발로일까? 나는 그것에 대해 그 이상 이야기할 입장에 있지 않다.

(2) 현재는 미래를 기획하고 미래는 현재를 규정한다

현대인은 그런 점을 믿기보다는 차라리 자기 자신에 의해 치밀하게 계산된 계획을 믿고 미래를 개척할 것이다. 우리는 대개 미래를 과거의 투영으로 보거나 현재의 연장으로 또는 순수 가능성으로 본다. 그러나 순수 가능성으로 미래를 보는 것은 매 순간 다양한 국면과 마주하는 사람의 삶을 고려하지 않고 논리적으로만 보는 것이다.

우리는 내일을 기획하고 나의 삶을 거기에 투입하면서 산다. 미래는 쟁취해야 할 나의 삶의 실현장이다. 점을 본다는 것, 즉 미래의 자기 운명에 대해 관심을 갖는 것도 알고 보면 미래에 대한 기획과 도전의 한 방식이다. 이와 같이 인간은 미래 중심적으로 산다. 죽은 물고기는 흐르는 물에 실려서 떠내려가지만 살아 있는 물고기는 강한 물살을 가르며 상류로 거슬러 올라가면서 산다. 마찬가지로 인간도 미래를 쟁취하면서 산다. 미래는 현재의 어려움을 극복하고 더 나은 나를 실현할 수 있는 희망의 영역이기 때문이다. 그리스 신화에 나오는 판도라의 상자 이야기는 시사하는 바 많다.

한때 어제 · 오늘 · 모래 등의 고유한 우리말은 있으나 오늘 다음에 올 날에 대한 말은 한자를 빌어다가 올 날, 즉 내일(來日)로 표시한 만큼 우리 민족은 미래 의식이 희박하고, 따라서 미래에 대한 도전이 강하지 못하고 오히려 과거 지향적 민중인 듯이 시사한 이가 있었다. 이에 대해 한 원로 국어학자는 오늘은 '올 날'의 준말이니, 이때의 '올'은 예컨대 조생종 벼를 '올벼'라 하고, 아이가 제 연령보다 일찍 지각이 나면 '올되다'고 표현하는 것처럼 우리는 오히려 미래를 앞당겨 사는 민중이요, 그만큼 미래 의식이 강하다고 반박하였다.

그러나 내가 보기에는 이 두 주장은 옳은 것 같지 않다. 첫째 내일(來日)을 주장하는 사람은 한자 표기의 '내일'은 적어도 동양 문화권에서는 다같이 명일(明日)이라고 표시하지 來日이라고는 하지 않는다는 것을 모르고 있다. 내일을 來日이라고 표시하는 것은 한자에 대한 모화 사상이 지나쳐서 예컨대 '생각'을 生覺이라고 표시하는 것과 같다. 실제로 그런 현학적 사고가 유행하여 대관절(大關節) 따위의 표기도 있었다.

그리고 '올 날'의 준말이라고 주장하는 측은 내일이 순수한 우리말이라는 것을 알지 못했다. 옛 문헌에는 지금의 내일을 'ᄂᆞ실'로 표기하고 그 발음을 '奈日'이라 적었다. 'ᄂᆞ실'이 '내실'로 변하고 이것이 지금의 '내일'이 된 것이다. 만일 내일이 '來日'이라면 '래일'로 표시해야 옳을 것이다. ‘내일’은 고유한 우리말이니, 그냥 ‘올 날’＝내일(來日)이 아니라, 나의 삶이 실현될 것으로 예정된 밝아오는 명일(明日)이다. 그냥 오는 시간이 아니라, 내가 쟁취해서 오게 하는 날이다. 그리고 내년(來年)의 우리말은 ‘올해’이다.

미래는 내가 어떻게 구상하고 기획하느냐에 따라 나를 펼쳐볼 수 있는 광활한 처녀지이다. 이와 같이 내일은 주름잡아서 얼마든지 늘릴 수도 있고 줄일 수도 있다. 그 속을 무엇으로 어떻게 채우느냐 하는 것은 사람의 기획과 노력에 따라 다를 것이다.

현대 사회는 특히 미래를 어떻게 관리하느냐에 따라 윤택하고 살기 좋은 사회가 될 수도 있고 그렇지 못한 사회를 만들기도 한다. 경제에 있어서 몇 개년 계획이라는 것은 그 좋은 예이다. 이 경우 미래는 이미 현재 속에 들어와서 현재를 미래 쪽으로 규정하고 있다. 현재는 미래에 의해 규정되기도 한다.

3. 역사 형성의 원점, 현재

시간만 가지고 말한다면 과거는 이미 없고 미래는 아직 없다. 있는 것은 오직 현재, 지금뿐이다. 무엇이 현재를 있다고 말하게 하는가? 그것은 다름 아닌 ‘나’이다. ‘나’ 없이는, 즉 의식의 주체가 빠진 객관적 시간은 체험 시간에서 아무런 의미가 없다. 그래서 체험 시간을 또 인간적 시간이라고도 하는 것이다. 이 ‘나’가 있음으로 해서 비로소 현재는 있는 것이다.

현재는 과거로부터 이어져 온 현재 즉 과거와 연속된 현재이고, 미래로 연속될 현재이다. 이렇게 과거와 미래를 연결시켜줄 현재는 동시에 과거를 있게 하는 현재이고 미래를 있게 하는 현재이다. 현재는 스스로 있으면서 동시에 이미 없는 과거와 아직 없는 미래를 존재로 전환하고 그 존재를 서로 연결한다. 그 중심에 살아 있는 (즉 깨어 있는 의식인) '나'가 있다. 나는 시간의 주체이다.

현재는 나의 삶의 현장이다. 그 현장이 현실이다. 현실은 나의 과거와 미래가 규정하는 현실이고 과거와 미래를 규정하는 현실이다. 현실을 통해 과거와 미래가 새롭게 규정되는 것이다. 과거가 그냥 지나가버린 시간이 아니라, 내가 살았던 과거—나는 그 과거의 나의 삶을 근거로 하여 미래를 기획하면서 오늘을 산다. 미래는 그냥 막연히 다가올 시간이 아니라 나의 과거와 현재를 근거로 해서 창조적으로 규정될 시간이다. 아니 미래를 통해 현재가 새롭게 규정되는 것이다. 현재는 이와 같이, 과거와 미래가 규정하는 현재이다. 거꾸로 말하면 현재는 미래를 기획하고 과거를 새롭게 만든다. 그 현재야말로 역사 형성의 원점인 것이다.

C. 사회 구조와 시간 관념

앞에서 우리는 인간의 시간, 즉 체험 시간을 검토하고 그 시간이 다름 아닌 역사적 시간—현실임을 확인하였다. 이제 우리는 우리의 삶의 현장으로 돌아와야 한다. 그 현장의 성격은 삶의 방식이 결정한다. 달리 말하면, 우리의 삶의 방식이 역사적 현실의 존재 양상을 규정한다. 삶의 현장, 즉 사회의 구조가 유목 사회인가, 농경 사회인가, 원시 사회인가, 산업 사회인가에 따라 시간에 대한 관념이 다른 것이다.

우리 세대, 1900~50년대에 출생한 세대가 자라던 농촌에는 아직 고대 원시 생활의 잔영이 남아 있어서 우리는 그 여운 속에서 호흡하며 살았다. 나의 청소년기만 해도 전래의 가치 규범과 생활 방식이 지배하고 있었기에 우리는 그것에 익숙해 있었고 그로 인해 우리 다음에 오는 세대와 가치관의 차이로 갈등을 빚기도 했다. 우리는 또 그 농촌 사회의 몰락과 근대화의 급격한 물결 속에서 허우적거렸으며, 오늘날 고도 문명을 자랑하는 후기 산업 사회에 적응하려고 몸부림치며 살고 있다. 우리는 어쩌면 이 세 생활 양식을 체험한 세대로서 그 생활 양식을 증언할 마지막 세대인 듯도 하다.

1. 원시 사회의 시간 관념

내가 어렸을 때만 해도 시골에서는 부시를 이용해서 불을 일으켰다. 집안의 불씨는 며느리가 관리하게 되어 있었는데 그 불씨를 꺼뜨리면 게으르다고 꾸지람을 들었다.

내가 살던 시골에서는 겨울에 솜을 넣은 버선과 나무를 파서 만든 나막신을 신고 다녔다. 이 나막신 밑에 눈이 붙어서 얼기라도 하면 뒤뚱거려서 넘어지기가 일쑤이다. 어쩌다가 눈을 털어내려고 돌부리에 부딪히기라도 하면 나막신이 쪼개져버리고 말았다. 내의라는 것이 아직 없던 시절이어서 바지저고리에 솜을 넣어서 입고 토시를 저고리 소매에 끼고 다녔다. 한복 저고리 소매에는 찬바람이 들락거리기 때문이다.

여름에 비오는 날에는 도롱이를 등에 걸치고 다녔다. 풀을 엮어서 만든 우장이다. 홀태는 벼를 훑는 철기 문화 초기의 원시적 농기구였다. 웬만한 살림 기구는 짚으로 만들어서 사용하였다. 성황당에는 돌을 얹어놓고 지나가야 산신령이 해치지 않는 것으로 알고 살았다.

이런 것들은 가령 역사상 최초의 문명이라고 하는 메소포타미아 문명에 견주어보면 기원전 7세기경의 원시 사회의 삶의 방식이고 생활 풍물들이다. 보기에 따라서는 원시 사회는 먼 옛날에만 있던 사회가 아니다. 현대 사회 속에도 그런 조형적(祖型的) 생활 방식은 많이 있다. 물활론적 사고와 그 생활 방식이 그런 것이다.

1) 두렵고 거룩한 시간[5]

그런 생활 속의 시간 관념은 어떠했을까? 원시 사회란 다른 말로 표

---

5 이 책의 93쪽 이하 참조.

현하면 신화와 종교를 탄생시키는 사회, 정확하게 말하면 신화와 종교가 지배하는 사회를 가리킨다. 나는 원시인들의 최초의 시간감각을 두려움이라고 진단하였다. 여러 차례 언급했지만 엘리아데는 원시 사회의 심성 속에는 '거룩한 공간'과 함께 '거룩한 시간'이 각인되어 있다고 말한다. 거룩함은 두려움에서 나오는 심성이다.

인간의 최초의 원시 사상은 물활론이다. 그것은 모든 동식물이 인간과 마찬가지로 감정을 가지고 사유하며, 자기에게 잘못하는 자에게는 해를 가할 수 있다고 생각하는 사고방식이다. 원시 사회란 그런 물활론에 입각해서 인간이 동식물에 대해 두려운 마음을 가지고 있는 사회 즉 성스러움이 살아 있는 사회이기도 하다. 그 사회의 시간은 동질적이고 양화된 시간이 아니라 질적인 시간이다. 다시 말하면 특정한 시간에는 종교적 심성이 묻어 있는 그런 시간이다.

역(曆) 자체의 입장에서 보면 어제와 오늘은 하나도 다를 것이 없다. 어제와 마찬가지로 오늘도 24시간은 흘러갈 것이고, 태양은 동쪽에서 솟아올라서 서쪽으로 질 것이다. 그러나 원시인들이 본 태양은 우리가 보는 에너지원으로서의 태양이 아니라, 거룩한 신으로서의 태양이며, 모든 인간사를 주관하는 절대적 존재자로서의 태양인 것이다. 그런 신이 시간을 결정한다.

우리네 인간은 어제와 오늘 사이에 가느다란 금을 그어놓고 어제는 섣달 그믐이고 오늘은 설날 즉 새해라고 한다. 그리하여 섣달 그믐은 한 해 동안 묵혀온 생활 찌꺼기를 청산하는 날이고, 설날은 새해의 삶을 새롭게 시작하는 거룩한 날이라고 한다.

현대의 비그리스도교 세계에서는 일요일은 단지 공휴일에 불과하지만, 그리스도교도들에게 일요일 즉 주일(主日)은 신의 축복을 입는 거룩한 날임에 틀림없다. 이 성스런 시간은 낡고 세속적인 역사적 시간을 발무하는 조형적 시간(archaic time)이다. 그러므로 그런 조형적 시간은 단순한 기념일이나 명절이 아니라, 명실공히 축제일인 것이다. 거룩한 시간은 비역사적 시간이며 반복되는 시간이다.

2) 축제일[6]

어느 문화권, 어느 민족을 가릴 것 없이 새봄을 맞이하는 설날은 최대의 축제일이다. 겨우내 움츠렸던 음산한 생활을 털고 일어나 새 힘과 새 생명으로 충일하는 봄을 맞이한다는 것은 모든 생명체에게 더할 나위 없는 축복이다. 모든 동물이 짝짓고 새끼 낳는 것은 바로 이 새봄이다.

축제일에는 세 계기가 있다. 한편으로는 불행과 잘못으로 때묻은 지나온 시간—원시인들은 이것을 죄와 악의 축적이라고도 한다—을 청산하는 계기가 있고, 다른 편으로는 새로운 삶을 창조하는 계기가 있다. 전자는 대개 파괴와 무질서, 즉 카오스의 계기이고, 후자는 그 카오스를 넘어서 삶을 갱신하여 새롭게 태어나는 시간이다. 그리고 이 두 계기에는 반드시 제삼의 계기인 삶의 환희가 따른다.

그 대표적 예를 우리는 원시 켈트족 게르만 문화권의 부활절맞이 대사육제인 라인 페스티벌(봄이 시작되는 2월 초·중순경에 라인 강을 중심으로 전국의 도시와 마을에서 행해지는 민속적 축제)에서 본다. 파싱(Fasching)이라는 행사는 악신을 몰아내는 제의이다. 이날은 모든 계급과 계층, 빈부가 철폐된다. 가면을 쓰거나 얼굴에 온갖 색칠을 하는 등 중세의 복장, 마귀를 상징하는 파격적 옷차림 등 제멋대로 차려입고 행렬을 지어 마시고 노래부르며 놀아대는 가두행렬, 그리고 그 행렬을 향해 풍

---

6 이 책의 93쪽 이하 참조.

요의 상징으로 사탕을 마구 뿌리면서 함께 환호하는 군중들, 그날은 온 도시가 카오스 그 자체이다. 이 축제 기간에는 점잔 빼는 신사에 대해서는 그의 목에 맨 넥타이를 자르는 등 위선을 벗으라고 경고를 주기도 한다. 특히 이날은 여성의 흥분이 극에 달하여 자기가 좋아하는 사람이면 누구와도 사랑을 나눌 수 있다. 이 광란의 사육제 기간이 끝나면 온 국민은 경건한 마음으로 부활절을 맞이한다.

창조의 계기에는 신중함과 경건함 즉 거룩함이 있어야 한다. 그 예를 우리의 설에서도 찾아볼 수 있다. 설날은 삼가는 날(愼日)이라 한다. 송구영신(送舊迎新)—지난해의 불행과 잘못은 몽땅 섣달 그믐날 밤의 화톳불과 함께 저 영겁의 망각 속으로 날려 보내고, 설날은 새로운 삶을 시작하는 창조의 날인 만큼 목욕 재개하고 새 옷으로 단정하게 갈아입고 새 음식으로 조상님께 차례를 올린다. 지방에 따라서는 성묘를 하기도 한다. 또 집안 어른이나 마을의 장로들에게 세배로 인사드리며 새해의 새 삶을 다짐한다. 이것은 새 생활을 설계하고 이웃과의 관계를 재정비하는 것이다.

그러나 거룩함을 좇아 긴장 속에서만 생활할 수는 없다. 이 거룩함에는 즐거움이 따르지 않을 수 없다. 이것이 축제 놀이이다. 우리의 설날은 한편으로 거룩하면서 동시에 또 한편으로는 즐거운 날이다. 만일에 그 축제일에 이 즐거움의 계기가 빠졌다고 가정해보라. 그날은 얼마나 경색되고 지겨운 날이겠는가?

축제일은 거룩한 시간이다. 그런 거룩한 시간 이외의 시간은 세속적·역사적 시간이다. 후자는 불행과 죄악과 잘못으로 점철되어 악을 쌓는 시간이므로 거룩한 시간에 의해 발무되고 갱신되지 않으면 안 된다. 거룩한 시간은 영원히 회귀하면서 모든 생명체를 새롭게 소생시킨다. 거룩한 시간은 새 삶을 위한 힘의 원천이기도 하다. 세속적 · 역사적 삶은 그 거룩한 시간을 경유해옴으로써 새로운 삶으로 갱신되는 것이다.

이와 같이 축제일은 한편으로는 그 동안 쌓였던 묵은 불행과 악과 잘못—이런 것들을 마귀라 한다—을 씻어내는 혼돈의 날이면서 또 다른 한편으로는 거룩한 제의의 날이요 동시에 환희의 날인 것이다. 그런 축제일은 따라서 '거룩한 시간'이다. 그것은 양적 · 연속적 시간을 끊는 질적 시간이다. 거룩한 시간과 세속적 시간은 서로 단절하면서 연속하는 시간의 양극이라고 말할 수 있을 것이다.

2. 농경 사회의 세시풍속과 축제

순환하는 자연의 변화에 따르는 인간의 생활 양식의 변화는 인간의 자연에의 순응 방식이지만, 그것은 또한 사회적 생활 양식으로서 문화이기도 하다. 자연 조건에 따라, 민족의 신체적 · 심성적 개성에 따라, 그 민족의 전승에 따라, 자연에 적응하는 양식에 차이가 있을 터이지만, 우리의 조상들은 농경 민족으로서 그 생활리듬을 태음태양력인 24절기에 맞춰서 살았다. 우리는 긴 농경 생활 과정에서 유교 전통을 이으면서 집성촌을 이루어 씨족 중심의 역사적 삶을 살아왔다. 그런 까닭으로 조상 숭배는 우리의 고유한 미덕으로 축적되었다.

그런 농경 사회의 생활을 우리는 먼 옛날로부터 한국전쟁을 치른 뒤 60년대에 이르기까지 살았다. 50년대의 한국전쟁은 유사 이래 최대의 민족 이동을 가져왔다. 전 민족의 대혼유를 겪음으로써 종전의 생활 양식과 문화 형태, 생산 구조는 철저하게 변화하였다. 60년대는 우리 나라가 전통적 농경 생활을 청산하고 근대 산업 사회로 이행하기 시작한 시대이다. 이로 인해 농촌은 피폐되기 시작했고, 그 후로 우리의 농촌 사회는 붕괴되고 말았다. 이제 먹을거리도 거의 외국의 농산물에 의존하게 되었다. 농촌은 이제 향수 속에서만 존재한다.

1) 땅에 얽매인 일생

농경 사회란 사람이 땅에 얽매여 일생을 사는 사회를 일컫는다. 땅을 많이 가지고 있으면 지주로서 부유하고 편안한 일생을 누릴 수 있고, 자기 땅을 갖고 자급 자족할 수 있는 자작농은 그런 대로 아쉽지 않게 살 수 있으나 자기 땅을 갖지 못하면 소작농이나 농노로서 평생을 고생스럽게 살아야 하는 그런 사회가 농경 사회이다.

일반 서민이란 자작농을 가리킨다. 그들은 고난한 농사일 속에서도 생활을 즐길 수 있는 계층으로 기층 문화의 담당자였다. 그러나 남의 집에 얽매여 사는 농노들은 계급 상승의 기회를 갖지 못한 채 가난이라는 질곡을 숙명으로 알고 살아야 했다.

인간의 생활이란 묘한 것이어서 고난의 질곡 속에서도 오히려 그 질곡을 노래로 흥얼거리며 피로와 슬픔을 떨쳐버리는데 그것이 민요와 민담의 근원이다. 「농가월령가」는 우리의 기층 문화를 담당했던 서민들의 생활과 세시풍속을 노래한 것이다.

2) 「농가월령가」 속의 5월

「농가월령가」가 가르치는 농사의 교범은 우리에게만 고유한 것은 아니다. 농경 사회에서 농사와 연관해서 그달 그달에 해야 할 일거리를 표시해두는 것은 매우 요긴하고 슬기로운 일이다. 프랑스의 아리앙 대성당의 벽에 붙어 있는 부조(浮彫)에는 농가의 월령(月令)이 표현되어 있다. 즉 3월에는 포도밭을 손질하고, 4월에는 수렵을 하며, 5월에는 꽃 밑에서 쉰다. 6월에는 풀베기, 7월에는 밀베기, 8월에는 밀 타작, 9월에는 과일을 따고, 10월에는 포도주를 담근다. 11월에는 씨 뿌리고, 12월에는 월동을 위해 돼지를 잡는 것으로 되어 있다. 달력은 그달에 해야 할 농사일로 표시되어 있다. 그런 것은 비단 프랑스에 국한되는 것이 아니다. 독일 지방에서는 중세 말부터 『백년역』(Hundert Jahr Calender)이라는 민간역(民間曆)이 있어 백성들의 일반 생활과 산업을 지도하고 있다.[7] 므비티(John S. Mbiti)가 전하는 바에 따르면 아프리카에서도 달력은 그달에 해야 할 일거리로 표시되어 있다. 그것을 그는 아래와 같이 요약하고 있다.[8]

10월은 '태양'의 달답게 태양이 내리쪼이고 덥다.

12월은 '백·숙부에게 물을 먹이자'는 달답게 물이 귀하고 갈증이 난다.

2월은 '모두 파도록 한다'는 달. 바야흐로 비가 내리기 시작하여

---

7 독일 중부 밤베르크의 랑그하임 수도원장인 마르시우스 구나우어는 풍부한 수확을 장려할 목적으로 『백년역』을 만들었다. 그는 밤베르크 지방의 날씨와 그에 따른 작물 현황, 병충해, 계절병 등을 7년 동안(1652~58) 면밀하게 조사하여 그 주기적 반복을 관찰하였다. 또한 토성·목성·화성·태양·금성·수성·달의 일곱 별이 그 순서대로 춘분을 경계로 해서 그해의 기후 등 변화를 지배하는 것으로 인식하였다. 이것을 기초로 해서 그는 '만년 가정역'을 만들었는데, 1701년 에어푸르트의 의사인 헤르비크가 이를 인쇄하여 유포시켰다. 이 달력은 곧 전 독일, 보헤미아, 오스트리아, 헝가리, 러시아에까지 보급되어 가정마다 성서와 함께 구비하기에 이르렀다. 그러는 사이에 명칭도 『백년역』으로 바뀌었다. 이것은 오늘날도 민간의 달력으로서 이용되고 있다.

8 John S. Mbiti, *African Religions & Philosophy*, Ch. 3, 1.

파종을 위해 밭을 갈기에 바쁘다.

5월은 '곡식이 벼로 익는' 달로서 곡식이 익기 시작한다.

6월은 '더러운 입'의 달. 새로 걷어드린 곡식을 아이들이 먹어서 입이 더러워진다.

7월은 '마른 풀'의 달. 비는 멎고, 대지는 건조해지며 풀은 말라간다.

8월은 '맛있는 곡식'의 달. 맛있는 곡식을 거두어들여서 맛볼 수 있다.

9월은 '소시지의 나무'의 달로 소시지와 비슷한 나무의 과일이 익는다.

새싹 나서 자라고 열매 맺고 잎 떨어지는 사계절의 변화가 분명한 우리 나라에서 이런 자연의 변화에 우리의 생활리듬을 맞추는 것은 자연스럽고 당연한 일이다. 「농가월령가」는 조선 헌종 때 정약용의 아들 정학유가 지은 1,032구의 월령체 가사로 달마다 우리가 해야 할 일과 거기 얽힌 우리의 정서를 담아 부르게 한 전래의 농사 교범이었다.

이것은 24절기에 맞추어져 있기 때문에 한 달에 두 절후가 들어가 있다. 노래의 앞부분에서는 절후의 특성을 열거하고 그 절후를 예찬한다. 그리고 이어서 뒷부분에서는 그 절기에 해야 할 농사일과 삶의 표현인 문화 행사를 노래로 가르쳐주고 있다. 「농가월령가」를 보면 달에 따라 그 길이에 차이가 있는데 그달에 해야 할 일거리가 많거나 그 절기의 특성과 예찬할 것이 많으면 자연히 길어지고 그렇지 않으면 짧다. 5월의 월령가는 10월 다음으로 길다. 10월은 농사의 결실을 거두어 한 해를 마무리하고 겨울을 준비하기에 분주하고 계절 또한 가장 청명한데다 노래하고 예찬할 것이 많아서 그렇게 길어진 것이다.

5월령은 이렇게 되어 있다.

5월이라 중하(仲夏)되니 망종(芒種) 하지(夏至) 절기로다.
남풍은 때맞추어 맥추(麥秋)를 재촉하니
보리밭 누른빛이 밤사이 나겠구나
문 앞에 터를 닦고 타맥장(打麥場) 하오리라.
드는 낫 베어다가 단단이 헤쳐 놓고
도리깨 마주서서 짓내어 두드리니
불고 쓴 듯하던 집안 졸연히 흥성하다.
담석(儋石)에 남은 곡식 하마 거의 진(盡)하리니,
중간에 이 곡식이 신구상계(新舊相繼) 하겠구나.
이 곡식 아니려면 여름 농사 어찌 할꼬.
천심을 생각하니 은혜도 망극하다.
목동은 놀지 말고 농우(農牛)를 보살펴라.
뜬물에 꼴 먹이고 이슬풀 자로 뜯겨
그루갈이 모 심기 제 힘을 빌리로다.
보리짚 말리고 솔가지 많이 쌓아
장마나무 준비하여 임시 걱정 없이 하세.

잠농을 마칠 때에 사나이 힘을 빌어
누에섶도 하려니와 고치나무 장만하소.
고치를 따오리라 청명한 날 가리어서
발 위에 엷게 널고 폭양에 말리니
쌀고치 무리고치 누른 고치 흰 고치를

색색이 분별하여 일이분 씨를 두고

그 나머지 켜오리라. 자애를 차려놓고

왕채에 올려내니 빙설 같은 실오리라.

사랑홉다 자애 소리 금슬을 고르는 듯.

부녀들 적공 들여 이 재미 보는구나.

오월 오일 단오날에 물색이 생신하다.

오이밭에 첫물 따니 이슬에 젖었으며

앵두 익어 붉은빛이 아침 볕에 눈부시다.

목맺힌 영계 소리 익힘벌로 자로 운다.

향촌의 아녀들아 추천은 말려니와,

청홍상 창포비녀 가절을 허송마라.

노는 틈에 하올 일이 약쑥이나 베어두소.

상천이 지인하사 유연히 작운하니

때맞춰 오는 비를 뉘 능히 막을소냐.

처음에 부슬부슬 먼지를 적신 후에,

밤 들어 오는 소리 패연히 드리운다.

관솔불 둘러앉아 내일 일 마련할 제,

뒷논은 뉘 심으고 앞밭은 뉘가 갈꼬.

도롱이 접사리며 삿갓은 몇 벌인고.

모찌기는 자네 하소 논 삶기는 내가 함세.

들깨 모 담배 모는 머슴 아이 맡아 내고

가짓모 고추모는 아기딸이 하려니와

맨드라미 봉선화는 네 사전(私錢) 너무 마라.

아기 어멈 방아 찧어 들바라지 점심하소.

보리밥 찬국에 고추장 상추쌈을

식구를 헤아리되 넉넉히 능을 두소.

샐 때에 문에 나니 개울에 물 넘는다.

메아리 화답하니 격양가 아니런가.

「농가월령가」를 소개하는 이유는 농경 사회의 계절에 따른 일거리와 특히 거기에 따르는 농민의 시절 감각을 보여주기 위해서이다. 보다시피 5월의 일거리는 여간 많지 않다. 보리 타작, 소 먹이기, 나무 장만하기, 누에치기와 누에실 뽑기, 약쑥 베기, 모 심기, 밭 갈기, 깨·담배·가지·고추, 기타 밭 잡물 심기, 방아 찧어 들참 내기 등 논일, 밭일로 눈코 뜰 새가 없다. 여기에서 언급하지 않은 일 또한 수두룩하다. 논일이든 밭일이든 심기만 하면 되는 것이 아니다. 농사는 실제로는 땡볕 아래 잡초와의 싸움이다.

이 계절의 일을 소홀히 하거나 시기를 놓치면 한 해의 농사는 망치고 삶은 그만큼 고달퍼진다. 「농가월령가」는 달리 말하면 그 고달픔을 달래기 위한 한 방편으로 불렸을 수도 있다. 고달프고 스트레스가 쌓이면 이를 해결하기 위해 반드시 명절을 마련했다. 그 바쁜 중에도 계절 따라 명절이 매달 한두 개씩 있다. 그것이 바쁘고 고단한 농사일을 느긋하고 여유 있게 해준다. 바쁘기는 하지만 각박하지는 않다. 여유가 있는 고달 픔이요, 느긋한 시간감각이다. 시간에 쫓기면서 숨차게 사는 것이 아니라 으젓하고 한가하게 시절 단위로 세월을 사는 것이다. 말하자면 인생다운 삶을 산다.

5월에는 4대 명절의 하나인 단오가 있어 전국적으로 풍성한 놀이가 행해진다. 여자들은 창포 삶은 물에 머리 감고 창포 뿌리로 비녀를 만들어 치장한다. 수리취로 만든 수리떡을 먹고 익모초를 뜯어서 말렸다가 약으로 쓰곤 한다. 그네뛰기는 거의 전국적으로 행해지고 있다. 남자들은 씨름대회를 열어 힘을 겨룬다. 이 씨름은 70년대 이후 민족 문화 부활과 함께 전통 민속의 하나로 활성화되어 거의 국기처럼 되었다.

지금은 볼 수 없는 현상이지만 옛날에는 이날에 불길한 것을 막기 위해 붉은 글씨로 벽사문(辟邪文)을 써서 문 위에 가로댄 나무(橫木)에 붙였다. 이것을 천중적부(天中赤符) 또는 단오부(端午符)라고 한다. 관상감(觀象監)에서는 이 행사를 매우 성대하게 거행했다고 전한다.

농가에서는 대추나무 시집보내기라 하여 대추나무의 가지 사이에 작은 돌을 끼워 넣어서 그해의 대추 풍년을 기원한다. 성황신제(城隍神祭)와 가면 무도 등은 여러 지방에서 행해지고 있었다. 그리고 지방에 따라 여러 가지 축제가 행해졌는데 예를 들면 강원도 삼척 지방의 오금잠제(烏金簪祭), 강릉의 대령산 신제(大嶺山 神祭), 경상북도 군위 지방의 삼장군제(三將軍祭), 함경남도 안변군 지방의 선위대왕제(宣威大王祭) 등이 그것이다.

단오 놀이는 민간 차원의 것으로 끝나지 않고 궁중에서도 행해졌다고 한다. 공조(工曹)에서는 부채를 만들어 왕에게 바치고, 지방 장관들은 그 지방의 고유한 부채를 중앙 정부에 보냈다. 왕은 이것을 중신(重臣)이나 근시자(近侍者)에게 하사하는데 이 부채를 절선(節扇)이라 한다. 어쨌든 대개 이날부터 부채를 부친다.[9]

우리의 전통적 세시풍속을 보면 이루 헤아릴 수 없을 정도로 '이름

---

9 金星元 편, 『新編 韓國의 歲時風俗』, 88~89쪽 및 『東國歲時記』, 「5월조」 참조.

붙는 날'이 많다. 이것은 무엇을 의미하는가? 우리 민족이 술 먹고 춤추고 놀기를 좋아해서 그렇게 많은 축제일을 두었을까? 그보다는 농사일이 힘들고 고달플수록 이런 명절날을 두어서 쌓인 피로와 스트레스를 풀려고 한 것이 아닌가 생각된다.

3) 추석 명절

명절은 단순한 기념일이 아니다. 기념일은 문자 그대로 잊지 않고 기억해두어야 할 날이다. 삼일절 기념일, 결혼 기념일, 부모의 제삿날, 결혼·출생 기념일 등등. 그날은 행사로써 이를 상기시킨다.

그러나 명절은 축제성을 띤 민속의 날이요, 그 내용도 삶의 향유인 것이다. 우리의 농경 생활 속에서는 한 달에 대개 한두 번의 명절을 두어 농사일의 수고로움과 피로를 위로하였다. 그 중에서도 가장 큰 명절은 단연코 추석이다.

우리의 추석은 햅쌀로 송편 빚고 햇곡식으로 음식을 차려서 조상님께 차례를 지내고 성묘하는 추수감사절이다. 그러나 추석은 단순한 추수감사절만이 아니다. 추석은 우리의 오랜 농경 생활의 전통 속에서 태어나 거기에 유교적 조상 숭배 이념과 민속과 축제가 어우러진 명절이다. 그러나 오늘날의 추석은 도시민이 농촌의 고향을 찾아가는 날로 인식되고 있다. 고향은 나의 요람이자 근원이다. 나의 어린 시절과 그 추억이 서려 있는 곳, 그런 의미에서 고향은 '거룩한 공간', 나의 인생의 근원이자 원초적 세계이다. 고향으로 돌아가는 것은 근원에의 귀환이다.

그런데 지금 그 모든 것이 경제 성장이라는 명분하에 급속하게 파괴되고 있다. 고향이 파괴된다는 것은 나의 근원이자 뿌리가 뽑혀 나가는 것, 내가 고향 상실자, 실향민이 되는 것이다. 영원한 에뜨랑제—현대의 도시인은 바로 그 에뜨랑제요 뜨내기이다. 현대인은 그 파괴된 근원, 농촌과 농촌 생활에 대한 연민과 향수 때문에 목숨을 걸고 고향을 찾아가는 것이 아닐까? 그러나 지금 고향에서 자손들이 오기를 기다리는 6, 70대 이상의 노인들, 그리고 그들을 찾아오는 4, 50대의 장년들, 이들이 세상을 떠난 뒤에도 고향으로 치닫는 행렬의 교통 정체가 있을까? 그 이후의 세대들은 아예 도시에서 핵가족의 자녀로 태어나 형제 자매 없이 자란 탓으로 처음부터 고향도 친척이라는 개념도 갖고 있지 않다.

4) 농경 사회의 시간감각

민속학자도 아니고 세시풍속에 대한 조예가 깊지도 않으면서도 지루할 수도 있는 농촌 생활과 「농가월령가」, 그리고 축제일과 명절들을 장황하게 들먹이는 이유는 내가 그 시절의 시간감각에 주목하고 있기 때문이다.

농촌 사회의 삶은 자연의 순환 질서에 일치하는 것이다. 가난한 삶이라도 그 삶의 리듬은 전적으로 자연의 질서인 절기에 맞추어져 있다. 자연의 시간은 흐르는 물과 같은 것으로 표상되고 있다. 흐르는 물에 대한 일반적 표상은 완급 없이 유유히 그리고 무심히 그냥 흘러가는 것이다. 그 흐름 위에 인생이 실려 간다. 사람이 사는 시간 즉 세월이 "유수(流水)와 같다"는 말 속에 우리 농경 사회의 보편적이고 일관된 시간감각과 인생관이 녹아 있다. 시간과 그 위에 실려 가는 인생은 서둔다고 빨리 가는 것도 아니고 미적거린다고 더디 가는 것도 아니다. 우리의 삶은 다만 주어진 농사에 부지런히 충실하면 된다. 「농가월령가」는 "인력이 극진하면 천재를 면하나니, 제각기 권면하여 게을리 굴지 마라"고 격려한다. 더욱이 "일년지계 재춘하니 범사를 미리 하라. 봄에 만일 실시(失時)

하면 종년(終年) 일이 낭패되네”라고 경고하고 있다. 이것이 농경 민족이 새봄을 맞이하면서 보인 삶의 기본 태도이다. 「농가월령가」의 어디에도 죽음의 그림자가 없다. 삶의 애환, 그것이 「농가월령가」의 본질이다.

그런 삶의 태도는 차안의 인생에 대해 매우 긍정적이다. 아무리 고달 퍼도 이승은 좋은 곳이다. 한국인의 심성 속에는 이승을 긍정하는 낙천주의가 뿌리 깊게 자리잡고 있다. 어느 민족, 어느 누가 이 세상을 떠나기를 즐거워하랴마는 우리 민족만큼 현세적인 민족도 흔치 않을 것이다.

그리스도교는 죽음에 대한 대비가 가장 큰 종교이지만 그 그리스도교마저도 죽었다가 천국에서 다시 태어나 고통 없이 영원히 사는 영생을 가장 큰 소원으로 염원하고 있다. 그만큼 현세는 버리고 가기 서러운 곳이다. 그러나 한국인의 심성 속에는 죽었다가 다시 살아나기를 갈망하는 대목은 보이지 않는다. 한국인은 일회한의 인생을 오래오래 살고 싶은 것이다. 같은 현세주의로되 윤회적이고 회귀적인 현세주의—그리스도교의 부활론은 일종의 윤회 사상이다—와 다르다. 한국의 현세주의는 본질적으로 윤회적 인도 환생 사상이 아니다. 여기에서도 “세월이 유수 같다”는 시간 표상은 변함이 없다.

이 점에서 농경 사회의 시간 표상은 한편으로는 사람들이 계절의 순환에 따라 살기 때문에 순환성을 가지고 있으면서 또 다른 편으로는 한번 흘러가면 다시 돌아오지 않는 일회한의 세월 즉 인생을 사는 직선적 시간 표상을 가지고 있다. 이 두 시간 표상 중 한국인은 전자에 더 우선적으로 의존하는 것 같다. 한국인은 죽음까지도 자연이 결정해주면 저항하지 않고 받아들이는 자연 순응적인 심성을 가지고 있다.

이 대목을 현대 산업 사회의 일회적 · 직선적 시간 표상과 비교해보라. 그러면 전자의 여유 있는 시간감각과 각박하지 않은 인생관을 엿볼 수 있을 것이다.

이런 시간감각에서는 뚜렷한 '역사의식'은 나오기 어렵다. 역사의식은 객관적 정세에 대담하게 도전하는 주관이 확고하게 수립되어 있는 신념에서 나오는 것이기 때문이다. 한국인은 의지적이라기보다는 다분히 감정적·정서적이요, 그래서 예로부터 한국인들은 음주가무를 즐기고 젊어서 놀기를 그렇게 희구하였는가 보다.

3. 산업 사회의 일그러진 시간

한국전쟁은 실제로 우리 민족을 유사 이래 처음으로 가장 광범하게 뒤섞어놓았다. 그리고 1960년대 이후 산업화 과정을 통해 농촌 인구는 대거 도시민으로 전환되었다. 이로 인해 핵가족 현상도 생겨났다. 21세기를 사는 오늘도 우리는 심한 가치 혼란을 겪고 있는데, 그 원인은 한국전쟁과 산업화, 핵가족화에 따른 가치 전도에 있다. 민족의 대이동과 급격한 도시화·핵가족화 과정 속에서, 즉 전통적 가치관의 전면적 붕괴와 새로운 가치 체계의 미비 사이에서 우리는 역사상 가장 힘든 가치 체계 부재의 고통을 겪고 있다.

한국전쟁으로 인한 가치 혼란은 주로 이데올로기적인 것이었다. 한국전쟁은 한마디로 좌우 이데올로기의 싸움이었다. 그러나 전쟁의 여파로 우리의 전승적 생활 방식과 가치 의식을 지배해온 유교 이데올로기도 심한 타격을 입었다.

60년대 이후의 산업화·핵가족화는 씨족 중심적 농경 사회를 떠받쳐오던 유교적 생활 규범을 결정적으로 해체했다. 우리의 고통은 그러나 아직 산업 사회에 알맞은 가치 규범과 생활 방식, 즉 우리 체질에 맞는 자본주의 윤리를 분명하게 개발하여 갖지 못한 데 있다.

산업 사회는 어떤 사회인가? 산업화는 단순히 전통적 가치 규범을 타파하는 것으로 그치지 않고 도시민을 서구화하도록 강요하였다. 산업 사회는 서구적 생활 패턴인 주 단위의 생활리듬과 급료 생활을 예외 없이 무조건 받아들이도록 강요하고 있다. 주 단위 생활리듬이란 엿새 일하고 하루 쉬는 생활 방식이다. 이런 생활이 평생 계속된다. 산업 사회에서는 한 사람도 이런 리듬에서 벗어날 수 없다. 이런 의미에서 산업 사회의 생활은 천편일률적이고 일차원적이며 몰개성적이다.

산업 사회는 다른 말로 하면 고도 자본주의 사회이다. 돈을 최고의 가치로 여기며 오직 돈 버는 데 필요한 '작업 능률'만이 덕이자 능력으로 평가된다. 그리하여 산업 사회는 기계화와 관리화를 통해 사람과 자연과 시간을 콘트롤하는 사회요, 거기에서는 사람은 기계 부품과 마찬가지로 관리 대상으로 전락한다. 사람들은 일찍이 고상하고 교양 있는 인격을 존중하기도 했고, 의리 있는 상무(尙武) 정신을 높은 가치로 간주하기도 하였으며, 깊은 신앙심을 고귀하다고 칭송하기도 하였다. 그래서 성인도 나오고, 위대한 의인도 탄생하였으며, 순교자도 배출되었다. 그러나 자본주의라는 토양에서는 성인도 의인도 순교자도 탄생되기가 참으로 어렵다. 왜냐하면 그런 사람들은 반시대적 · 반자본주의적으로 일관해야 하는데, 그런 삶은 살아남기조차 불가능하기 때문이다.

산업 사회는 공장의 대량 생산에서 출발한다. 거기에는 자연이 없다. 계절에 따라 변화하는 자연은 이제 어디에도 없다. 농작물은 비닐 하우스에서 인공 태양에 의해 사계절 아무 때나 재배된다. 씨를 떨어뜨리기만 하면 싹을 틔워주던 대지도 필요 없게 되었다. 땅의 신비가 없어진 것이다. 가축도 물고기도 닫혀진 가두리 속에서 거대 영양 공급원으로서 인공적으로 더 빨리, 더 크게 기를 수도 있고, 애완용으로 더 작게 더 앙증스럽게 기를 수도 있다. 모든 생물은 복제품으로 만들어질 수 있다.

산업 사회에서는 미래에 대해 기획(planning)이라는 것으로 도전한다. 기획은 미래를 선취하는 것이다. 다시 말하면 미래는 현재가 밀려가서 되는 시간이 아니라, 현재에서 기투하여 현재로 끌어오는 시간이다. 그러나 그 기획이 반드시 성공하리라는 보증은 아무 데도 없다. 사회 변동이 급격하기 때문에 한번 실패하면 재기는 거의 불가능하다. 거기에 미래에 대한 긴장과 불안이 따른다.

산업화가 고도화할수록 변화는 급속해지고 사람들은 그 변화에 따라가기가 숨차다. 계절과 달(month)을 기본 단위로 삼던 농경 사회의 여유란 아무 데도 없다. 현대인의 생활은 천편일률적으로 마치 다람쥐 쳇바퀴 돌듯, 일·월·화·수…로 순환하는 삶을 기계적으로 반복한다. 하루의 생활도 정확하게 계획된 시각에 맞추어져야 한다. 우리는 지금 고도 산업 사회에서 계량화된 시간인 시계 속에 갇혀서 그 자반(字盤) 위에 그려진 행동 계획에 따라 정신 차릴 겨를도 없이 살고 있다. 시계의 자반 위를 끝없이 회전하며 달려가는, 시간에 허기진 인생이 되어버린 것이다. 현대인은 일차원적 세계에 단순하게 반복하는 일차원적 삶을 살고 있다. 산업화되면 될수록 정신 질환이 많아지는 이유도 여기에 있다.

산업 사회에서는 먼저 낮과 밤의 구분이 철폐된다. 밤도 대낮처럼 휘황찬란하게 밝힐 수 있다. 도시의 고층 건물 위에 솟아 있는 보름달은 참으로 어색하고 멍청해 보인다. 달은 사막이나 농촌에서 보아야 제격인데 고층 건물 위에 떠 있으면 차라리 거리의 가로등만도 못하다. 말하자면 달이 달답지 않은 사회, 아니 달이 없어지고 밤이 없어진 사회, 그것이 산업 사회이다.

그런 산업 사회에서는 축제일이라고 하는 것은 본디부터 있을 수 없다. 성스러움이 죽어버렸기 때문이다. 시간은 계량화·규격화·추상화되어버렸다. 시간의 거룩함이 소실되고 속화·중립화된 것이다. 다시 말하면 특정한 날을 축제일이나 명절로 정하여 전 시민이 축제와 놀이를 통해 삶의 고달픔을 풀고 일체화되는 그런 계기가 산업 사회에서는 있을 수 없다. 세계적으로 유명한 축제가 없는 것은 아니지만 그것도 상업화된 세속적인 볼거리 행사에 불과하다.

사실 엄격하게 말하면 기독교의 제7안식일과 산업 사회와는 아무런 관계가 없다. 산업 사회의 일을 수행함에 있어 주(週) 단위의 생활이 생산성 제고에 가장 효과적이라는 것뿐이다. 그리스도교적 생활 주기와 산업 사회의 노동의 효율성이 맞아떨어진 것이다.

시계는 생활을 합리적으로 하기 위해 인간이 만들어낸 도구임에도 불구하고 오늘날에 와서는 도리어 전 인류를 일차원적으로 규제하는 괴물이 되었다. 계획에 따르는 스케줄화, 이것이 현대 산업 사회에서의 인간의 생활이다. 그것은 시계에 의한 시간의 물신화에 다름 아니다. 현대인은 시간의 노예가 되어 있다. 이런 경우 시간은 직선으로 표상된다. 인간은 이 목표도 종점도 없는 무한한 직선 레이스를 맹목적으로 달리는 정서 결핍적 생명체가 되었다.

스페인의 초현실주의 화가 살바도르 달리는 아무렇게나 마구 주물러서 만든 것 같은 흐늘거리는 시계 그림을 연작으로 그렸다. 그 중에서도 「부드러운 시계의 폭발」(1954)은 현대인의 생활이 시계에 맞추어 갈팡질팡 달려가다 보니 엉망진창으로 되었다는 것을 상징적으로 보여주고 있다. 아니 시간(시계) 자체가 망가지고 만 것이다. 이것은 달리의 그림에 대한 시간론자인 나의 해석이다.

그러나 힘든 노동을 로봇이 대신할 날도 머지않다. 그것은 인간을 노동의 질곡으로부터 해방시키는 것일 수도 있다. 그 결과 생활은 기능적으로 되고 편리해진다. 고도로 발달된 기술과 기능이 인간의 생활을 무한히 편리하게 하고 있다. 시간과 공간은 한없이 단축되면서 사회적 관리의 대상이 되고 만다. 그때는 인간은 명령에 따라 움직이는 일벌이 아니라 관리 체제하에 있는 놀이벌이 될 것이다. 시간은 지루한 것이 되지 않을까?

이제 바야흐로 인간은 종래의 시간 개념과 공간 개념이 지배하는 이 지구를 버리고 다른 별로 이주하는 시대를 맞이할 것이다. 이미 우주 관광이 시작되었다. 다른 천체의 시간은 지구의 시간과 분명히 다를 것이다. 지구를 떠나서 다른 별로 이주한 그 인간들은 어떤 시간 개념과 공간 개념을 가지고 살겠는지, 이런 것을 물어보는 것조차 그때의 우주인들에게는 부질없는 짓이 될지도 모른다. 그때의 우주인이 보면 참으로 어처구니없이 유치하고 불필요한 물음을 2000년대 사람들은 묻고 있었구나 하고 생각할지도 모른다.

D. 결론

태양계 안의 모든 생물은 예외 없이 태양의 주기적 운행에 맞추어서 살고 있다. 우리는 그 태양의 자식들이 사는 형태를 살펴보았다. 이것을 나는 세 부분으로 나누어서 고찰하였다. 1) 시간 적합적으로 되어버린 생물의 생체 시간, 2) 인간의 체험 시간, 3) 사회 구조와 시간 관념이 그것이다.

'생체 시간'에서는 모든 생물이 본능처럼 생체시계를 가지고 살고 있다는 것을 많은 관찰 예를 통해서 보여준다. 인간도 예외일 수 없다. 전자가 생활 세계의 시간이라면 후자는 체험 시간이다.

객관적으로는 긴 시간도 짧게 인지되고, 짧은 시간도 길게 여겨지는 것은 모두 시간에 대한 체험의 차이에서 생기는 현상이다. 이 체험 시간은 각자에 따라 다를 수 있으므로 매우 주관적이다. 그러나 각자 자기로서는 가장 절실하고 진정한 시간 인식이다. 그것은 또 역사적 시간이기도 하다. 나는 이 체험 시간을 과거 · 현재 · 미래로 나누어서 고찰하였다.

체험 시간은 인간만이 고유하게 인식할 수 있는 시간이다. 체험은 내재화의 계기를 거치는 의식인 만큼 자기 고백이 있어야 그 내용을 알 수 있는데, 동식물에게서는 이 자기 고백을 들을 수 없다. 우리가 알아들을 수 있는 언어가 동식물에게는 없기 때문이다.

인간이 사는 모듬살이(사회 생활)의 형식인 사회 구조가 달라짐에 따라 시간의 관념이 달라진다. 즉 원시 공동체, 농경 사회, 현대 산업 사회로 이행함에 따라 인간의 시간 관념이 바뀔 수밖에 없다. 우리는 그것을 시절 감각에 따라 또 사회 구조의 양식의 변화에 따라 인간의 삶의 양식도 달라지는 것을 우리의 처지적 경험을 통해 고찰하였다. 그리하여 우리는 전통적 생활 방식인 농경 생활을 설날, 추석 명절과 「농가월령가」를 통해 자세하게 서술하였다. 그것은 자연에 일치하는 생활이며, 이로 인해 우리의 시간감각도 자연 합일적임을 보여준다. 그것은 "세월이 유수와 같다"는 말로 요약된다. 그 중간에 시간의 제의적 성격에 대해서도 잠정적으로 언급하였다.

반면에 산업 사회의 생활이 너무 시계에 얽매여 분초를 다투는 삶이고 보니 시간은 비인간화되었다. 그리하여 산업 사회에서는 생산성 제고를 최고의 목표로 삼기 때문에, 시간에는 성스러움도 축제성도 없으며, 시간은 목표도 종말도 없는 무한한 1차원적 직선으로 표상된다. 모든 인간은, 마치 개미나 일벌처럼, 어디에서나 동일한 시계의 규제하에 있다. 이것이 현대인의 시간감각이고 삶의 방식이다. 달리의 일그러지고 흐늘거리는 시계 그림은 그것을 상징적으로 보여준다.

산업 사회 이후 기술의 고도화로 인해 인간이 노동으로부터 해방되어 일벌이 아닌 놀이벌로 되는 미래 사회와 인간이 다른 별로 이주한 뒤의 시간은 어떻게 표상될까? 한 번쯤은 생각해봄직하다.

철학적 시간론(1)

— 시간론의 기초

시간에 관한 담론은 이상으로 다하지 않았는가? 시간에 관해 더 이상 할말이 무엇이 있겠는가?

그럼에도 역대의 철학자들은 통일성도 없고 유사성도 없는 것처럼 보이는 시간에 관한 담론을 숱하게 늘어놓았다. 그리고 그 담론들 사이에는 각자 자신의 이야기를 멋대로 늘어놓고 간 것 같은 인상을 남기고 있다. 그것은 없어도 좋을, 아니 차라리 없는 편이 훨씬 성가시지 않을, 그런 현학적 사변은 아닌가? 말하자면 식자우환은 아닌가?

플라톤 시대에는 물시계밖에 없었다. 현대와 같은 시간 생활의 정확성과 정밀성으로 말한다면 플라톤은 거의 약속을 지키지 못하고 살았을지도 모른다. 그는 세상 사람들에게는 관심도 없는 것을 가지고 제자들과 현학적인 이야기를 주고받았을지 모른다. 그러나 그의 주제는 세인들로부터 당장은 환영받지 못했겠지만 인간에게는 어쩌지 못할 가장 기초적인 것이고, 그의 논의 방식은 현학적인 듯이 보이지만 가장 기본적이고 전범적인 것이다.

시간에 대한 철학자들의 물음은 단순히 시간 현상에 국한된 것이 아니고, 시간의 근원에 대한 물음이며, 인간의 삶의 의의와 관련된 물음이다. 플라톤뿐 아니라 모든 철학자들의 물음과 논의는 가장 근본적이고 근원적인 것이고, 따라서 거기로부터 여타의 물음과 해답이 가능한 그런 것이다. 시간의 본질, 시간의 근원, 시간의 인식, 시간과 영원, 시간 양상, 시간의 기능 등이 그들의 주된 관심거리였다.

그런 것들에 대해 철학자들마다 각기 자기 주장을 펴는 이유는 주제의 성질과 보는 각도에 따라, 또는 각자의 철학적 사유와 체계에 따라 논의가 여러 가지로 갈라지기 때문이다. 시간의 문제에 있어서도 철학사상 많은 담론이 있었고 아직도 그 담론이 그치지 않고 있는 것은 이런 까닭이다. 이제 우리는 철학자들의 시간에 대한 끈질긴 사색의 발자취를 더듬어가면서 그것들을 일관된 문제의식으로 꿰어보고자 한다.

제1부 │ 철학적 시간론의 기초

철학적 시간론은 시간의 근원, 즉 시간 성립의 근거와 시간의 본성, 시간의 인식 등에 대한 성찰이다. 그런 사유의 맹아를 우리는 그리스 철학에서 발견한다. 그들은 시간은 어떻게 만들어졌으며, 영원은 무엇인가, 시간과 천체의 운행은 어떻게 관련되는가, 우리의 영혼은 어떻게 시간을 지각하며 우리는 어떻게 시간을 측정할 수 있는가, 우리 인간은 어떻게 영원에 도달할 수 있는가 등을 묻는다.

그 최초의 사유는 신화에서 발견된다. 어쩌면 이 신화 속에는 후대의 철학적 사유의 원형이 담겨져 있는지도 모른다. 신화학의 입장에서 말한다면 마땅히 후대의 문제와 해답들이 이미 신화 속에 함축되어 있다.

그러나 우리는 시간에 대한 철학적 사유를 플라톤에게서 시작한다. 그는 시간은 어떻게 만들어졌는가, 시간과 영원은 어떤 관계에 있는가, 시간의 본성은 무엇인가 하고 묻는다. 그 뒤로 시간 문제는 점점 심화되고 첨예화되면서 아리스토텔레스, 플로티노스에게서 재론된다. 아리스토텔레스는 시간을 자연 즉 천체의 운행과 관련시켜서 자연 내재적으로 성찰한다. 시간이 헤아려진 운동의 수라는 전통적 정의는 그에게서 유래한다. 여기에서 시간과 자연의 운동의 문제, 시간과 시간을 헤아리는 인간의 영혼의 문제, 시간의 최소 단위인 '지금'의 문제 등이 제기된다.

플로티노스에 이르면 아리스토텔레스가 잠시 신학의 문제로 접어놓은 영원의 문제가 다시 주제로 등장한다. 그는 시간을 곧 영혼으로 보고, 인간의 예지가 어떻게 상향의 길을 따라 영원한 신의 세계에 도달할 수 있는가를 묻는다. 이 영혼과 시간, 영원의 문제는 후대에서 두고두고 다루어질 문제로 남겨진다.

A. 시간에 관한 신화적 담론들

고대 그리스의 신화에 '크로노스'의 이야기가 있다. 하늘의 신 우라노스와 대지의 여신 가이아가 교합하여 여섯 아들과 여섯 딸을 낳는데 이 12남매가 티탄(Titan)족, 즉 거대한 신들의 족속이다.

아버지인 우라노스가 크로노스의 형인 큰아들을 감금하였다. 어머니 가이아는 크로노스에게 낫을 주어 아버지의 남근을 잘라 바다에 버리고 형을 구하도록 사주하였다. 크로노스는 아버지를 추방하고 자기 손으로 형을 다시 감금하였다. 이렇게 해서 우라노스의 시대는 끝나고 크로노스의 시대가 시작된 것이다. 크로노스(Chronos)는 올림포스 제전 이전에 우주를 통치하던 신이다.

그때는 아직 쇠(鐵)의 신이 나타나기 이전이었기에 무기를 만들 줄 몰랐고 따라서 전쟁과 약탈이 없었다. 자연이 일방적으로 주는 열매만으로도 인간은 충분히 살 수 있었다. 크로노스가 통치하던 시대는 쇠붙이도 법도 아직 없던 평화의 시대요, 인류의 황금기였다.

크로노스는 제 누이 레아와 결혼해서 헤스티아, 레메테르, 헤라, 하데스, 포세이돈 등 여러 자녀를 낳았다. 그러나 거세당하고 추방당한 아버지와 어머니의 저주로 자기도 아버지와 같은 신세, 즉 자식에 의해 추방당한다는 운명을 지니고 있었다. 이를 두려워한 나머지 그는 자식들을 낳는 대로 집어삼키곤 하였다. 아내 레아의 입장에서는 기막힌 일이다. 여섯 번째 아이를 잉태한 레아는 그림자 없는 곳에 가서 제우스를 낳았다. 레아는 제우스를 자기 어머니 가이아에게 숨기고 크로노스에게는 아기만한 돌덩이를 내놓았다. 크로노스는 레아가 낳은 아기인 줄 알고 그 돌덩이을 집어삼켰다. 그러나 배가 아파 견딜 수가 없어 마구 뒹굴다가 기왕에 삼킨 자녀들까지 전부 토해내고 말았다. 추방당할 것이라는 운명의 선고대로 크로노스는 자식들에 의해 추방되었고, 제우스가 왕위를 계승하였다.

그때부터 우주는 세 부분으로 통치 영역이 분할되었다. 즉 제우스는 하늘을 통치하게 되었고, 하데스는 지하 세계(지옥)를, 그리고 포세이돈은 바다를 다스렸다.

이것이 크로노스 신화의 내용이다. 이것을 우리는 어떻게 해석해야 하는가? 그리스적 사유가 아비를 죽일 정도로 패륜적이어서 저런 신화가 만들어졌다고 해야 할 것인가? 권력이란 부모 자식 사이에서도 이런 극단적 방법에 의하지 않고서는 획득할 수 없는 것이라고 해석해야 하는가? 성자필멸(盛者必滅)의 교훈으로 받아들여야 하는가?

그러나 그리스어 크로노스(χρόνος)는 보통명사로서 '시간'을 가리킨다. 대개의 경우 신화는 의인성과 상징성을 갖게 마련인데 이 신화에서 아비 살해는 시간이 한순간도 머물러 있지 않고 흘러 본질적으로 앞엣것이 뒤엣것에 의해 밀려나는 것을 상징한 것이다. 앞엣것이 뒤엣것에 의해 필연적으로 밀려나는 것을 그리스인들은 그들답게 비극적으로 표현한 것이 아닐까?

또한 그림자 없는 곳에서 '아기를 낳았다'고 하는데 그것은 무엇을 가리키는가? '그림자 없는 곳'은 무엇에 의해 가리워지지 않음, 즉 현전성을 의미한다. 그것은 '현재'의 창조성을 가리킨다. 현재는 일체를 일체처(一切處)에서 현전시키는 계기, 존재의 원점(原點)이요 파루시아(φαρό υσια)이다. 일체가 드러나는 원점이 다름 아닌 현재이고, 그런 현재야말로 창조의 원점인 것이다. 시간은 소멸(파괴)의 계기이면서 동시에 생성(창조)의 계기이기도 하다는 것을 신화는 보여주고 있다. 특히 그들은 창조의 면에 초점을 맞춘 것이 아닐까?

마지막으로 통치 영역의 분할은 다신교에게는 불가피한 통치권의 분할이라고 할 수도 있을 것이고, 시대적·사회적 변화의 반영이라고 볼 수도 있을 것이며, 시간이 개별화의 원리임을 소박하게 표현한 것일 수도 있다. 서양 중세의 존재론에서는 시간을 개별화의 원리(principium individuationis)로 해석했던 것이다.

인도의 시간(카아라) 신화도 근본 취지에 있어서는 그리스 신화와 다르지 않다. 인도의 최고신은 브라마, 비슈누, 시바 등 셋이다. 브라마는 우주를 창조하고, 비슈누는 우주를 유지하며, 시바는 그것을 파괴한다. 그런데 시간은 시바와 동일시되고 있다. 시간의 본성을 파괴(소멸) 쪽에서 본 것이다. 다시 말하면, 이 이야기는 특히 시간을 그 파괴와 소멸의 면에 초점을 맞추어 본 것이다. 그것은 현세를 덧없는 것으로 소극적으로 보는 태도—제행무상(諸行無常)—가 지배적임을 반영한다. 그러나 그것은 한편으로 영원에 대한 강한 동경을 수반한다. 종교의 바탕은 바로 여기, 즉 현세를 영원으로 가는 과도기로 보는 태도에 있다.

독일의 민담에 '백년 동안 잠자는 공주' 이야기가 있다. 잔치에 초대받지 못한 마녀의 저주로 인해 마법에 걸려 죽게 된 공주가 그 마법으로부터 풀려나는 것을 백년 동안 잠자는 것으로 대신 치르게 되는데, 백년

이 되는 때에 이방의 왕자가 무성하게 자란 수풀을 헤치고 나타나서 그 공주의 긴 잠을 깨운다는 것이다. 내가 주목하는 것은 백년 동안 잠자는 것은 공주이고 그것을 깨우는 것은 왕자라는 대목이다.

시간에는 두 계기가 있다. 하나는 지속의 계기이고, 또 하나는 단절의 계기이다. 나는 언젠가 시간의 이 두 계기를 여성적 시간과 남성적 시간으로 말한 적이 있다. 즉 지속은 여성적이고 단절은 남성적이라는 것이다. 성별이야 어찌 되었든 시간에는 서로 모순으로 대립되는 두 계기가 동시에 속해 있다.

그 하나는 연속성(succession)이다. 시간을 부단한 흐름이라고 하는 것은 이 연속성을 상징하는 표현이다. 시간에는 중단이 있어서는 안 된다. 만일에 시간이 중단된다면 그것은 이미 시간이 아니요, 그런 상황이 되면 우주는 파멸하고 만다. 연속하는 시간에서 일정한 길이를 잘라서 말할 때 지속(duration)이라고 한다. 지속에는 지속하는 어떤 것(지속체)이 있어야 하고, 언제부터 언제까지라는 기간(지속량)이 있어야 한다. 우리가 시계를 가지고 측정하는 것은 이 지속량이다.

시간에 본질적으로 속하는 또 하나의 계기는 단절이다. 어제는 오늘이 아니고 내년은 작년이 아니다. 시간 양상 즉 과거 · 현재 · 미래를 구분해서 말하는 것이나, 먼저 혹은 나중이라고 시간의 선후를 말하는 것, 또는 역사의 진행을 구분하는 지표로서 어느 해를 말하는 것 따위는 모두 이 단절을 전제하고서 비로소 가능한 것이다. 무엇이 시간의 연속성을 끊는가?

앞의 신화와 민담들 속에서 시간의 본성은 상징적으로 드러난 셈이다. 아래의 모든 논의는 어쩌면 그 범위 안에서 시간을 철학적 개념으로 설명하는 것에 불과할는지도 모른다.

B. 플라톤의 초월적 시간론

플라톤의 사상은 오늘날까지도 서양 철학을 일관해서 지배해온 철학과 과학과 신화의 원천이다. 더러 그의 사상과 어긋나는 주장이 등장하더라도 그것은 그의 사상을 검토하고 거기에 대한 비판적 변형으로서 모습을 드러낸 것이다. 그에게 찬성하는 사상은 말할 것도 없고 반대하는 사상까지도 그의 그늘이 있었기에 성장 가능한 것이다. 극단적으로 말하면 그에게 반대하는 사상도 그의 사상에 대한 비판적 대안에 불과하다는 것이다.

그의 철학은 형이상학과 존재론, 중세의 신학, 자연(과)학과 우주론 등은 말할 것도 없고, 특히 정치철학 즉 법률과 국가의 모든 제도 및 그 운영에 관한 이론, 사람의 삶의 방식인 풍습과 그 전승, 예술과 교육에 관한 이론에 이르기까지 거의 모든 분야에 체계적 기초를 제공하였다. 우리의 주제인 시간론도 예외가 아니다. 그의 시간론은 철학적 시간론의 효시로서 『티마이오스』 37 c ~ 39 e에 신화의 형태로 개진되어 있다.

1. 『티마이오스』의 구성

『티마이오스』(*Timaios*)는 『필레보스』(*Philebos*), 『크라티아스』(*Kratias*)와 함께 그의 최후의 대화편 중의 하나로 알려져 있다. 소크라테스, 티마이오스,[1] 크리티아스(Kritias), 헤르모크라테스(Hermokrates)[2]가 등장하는 이 대화편은 크게 세 부분으로 구성되어 있다.

첫째 맨 앞부분은 소크라테스의 담론이다. 그것은 그가 전날 향연에서 말한 것을 상기시키는 형식으로 『국가론』 제1권에서 5권까지를 요약한 것이다(19 b ~ 20 c). 그 끝부분에서 그는 정태적 이상 국가가 아니라 움직이는 현실적 국가를 보고 싶다고 말한다.

둘째 부분(20 c ~ 26 d)은 거기에 이어 크리티아스가 소개하는, 아테네가 아틀란티스를 무찌른 이야기이다. 이 이야기는 일곱 현인(賢人) 중의 하나인 솔론이 나일 강 하구 사이스를 여행할 때 그곳의 사제(司祭)로부터 들은 것을 솔론이 자기의 친구인 드로피데스(Dropides)[3]에게 전했고, 도로피데스 집안은 이것을 계속 자손들에게 전하여 어린 시절의 크리티아스에게까지 전승된 것이라고 한다.

사제의 말에 따르면, 인류는 여러 번의 대재난을 겪었으나 사이스만은 재난을 면할 수 있었고, 그래서 그곳의 사원에는 많은 옛 기록들이 남아 있는데 그 기록에 적혀 있는 이야기는 다음과 같다.

솔론의 시대로부터 9천 년 전에 이미 그리스는 이집트와 비슷한 문

---

1 피타고라스학파의 수학, 엠페도클레스의 생물학과 의학에 조예가 깊을 뿐 아니라 재력 있는 가문 출신으로 국가의 공직에도 취임한 인물이었다고도 전하는데 역사학자 티마이오스와는 다른 인물이다.

2 시라쿠사 사람으로 범 그리스 회의에 참석했다.

3 크리티아스의 증조부.

명을 일으켜서 법률, 의술, 점성술 등 고도의 지식을 갖추었다. 당시 '헤라클레스의 기둥'(지브롤터 해협) 밖에 아틀란티스라는 (리비아와 아시아를 합친 것보다 더 큰) 섬이 있었는데 그곳에 강력한 주권국가가 일어나서 이탈리아에 이르기까지의 전 유럽과 이집트에 이르는 전 아프리카를 석권하고 아테네를 위협하였다. 처음에는 아테네는 전 헬라인을 연합해서 이에 대항했다. 그러나 나중에는 모두 연합군에서 탈퇴하고 아테네만 남아 악전고투를 겪지만 마침내 승리했다. 그 뒤 대홍수와 지진으로 인해 아틀란티스도 아테네의 용사들도 바닷속에 침몰하고 말았다.

이 신화적 이야기는 이집트의 사제가 사이스의 사원에 보관되어 있는 옛 기록에 의거해서 솔론에게 한 이야기라고는 하나 신빙성이 없을 뿐 아니라, 첫번째 부분과 마찬가지로, 『티마이오스』의 주제와는 관련이 없다. 두 부분 모두 이 대화편의 도입부로는 적절하지 않다.

셋째 부분은, 천문학에 정통하고 우주의 성질에 관해 조예가 깊은 티마이오스의 담화를 들어보자는 크리티아스의 제안에 따라, 티마이오스 혼자 우주 형성 신화와 천문학에서부터 인체(人體)의 생리학, 병리학, 영양학에 이르기까지 방대하게 펼쳐놓은 우주론 내지 자연학설(27 b∼92 c)로서 『티마이오스』편의 본론이다.[4]

---

4 티마이오스가 우주 형성을 신화적으로 설명한다는 것은 그것을 실증적으로 논할 수는 없고 기껏해야 개연적 진리에 불과한 견해의 표명임을 시사한다. 그리고 우주 형성에서 천문학을 거쳐 인체의 생리학·병리학·영양학에까지 논의가 미쳤다는 것은 사태를 부분적으로 보지 않고 전체적으로 즉 전체와의 연관 속에서 본다는 철학 정신의 피력이다. 그것은 플라톤의 『국가론』의 경우도 마찬가지이다.

2. 『티마이오스』의 우주론

티마이오스의 담론은 이렇게 시작한다.

언제나 존재하여 결코 생성하지 않는 것은 무엇이며, 늘 생성하여 결코 존재하지 않는 것은 무엇인지를 구분하는 것으로부터 시작하지 않으면 안 된다는 것이 내 의견이다. 전자는 이성을 통해 사유로 파악되므로 자기 동일적인 것이고, 이에 반해 후자는 이성 없이 감각적 지각과 억견으로 표상되는 것이므로 생성, 소멸하여 결코 참으로 존재하지 않는 것이다. 생성하는 모든 것은 반드시 어떤 원인에 의해 생성되지 않으면 안 된다. 원인 없이 생성한다는 것은 불가능하기 때문이다.[5]

여기에 세 가지가 언급되고 있다. 첫째는 이성적 인식의 대상인 영원한 존재이고, 둘째는 지각과 억견의 대상인 생성자이며, 셋째는 필연적 원인이다.

이 대화편의 주제인 시간은 생성의 기저이다. 생성을 가능하게 하는 자는 신적 능력을 가지고 우주를 형성하는 데미우르고스(δημιουργός)이다. 이 형성자는 첫째 것 즉 영원하여 언제나 자기 동일적인 존재를 '전범'(典範, παράδειγμα)으로 둘째 것 즉 생성, 소멸하는 현실적 우주를 만든다. 첫째 것이 형상인(形相因)으로서 원상(原像, Urbild)이라면 둘째 것은 형상을 닮은 것으로서 모상(Abbild)이다. 데미우르고스는 '무질

---

5 *Timaios*, 27 d~28 a.

서한 운동 가운데 있는 일체의 가시적인 것에 질서(τάξις)와 조화를 부여해서 원상에 닮아 선하고 아름다운 것이 되게 하기 위해[6] 지수화(地水火) 및 공기(空氣)의 4원소(질료)를 가지고 중심에서 등거리인 구형(球形) 즉 우주를 만들었다.

그는 이 만들어진 것에 영혼을 부여해서 생명과 질서를 가지고 운동하는 거대한 생명체가 되게 하였다. 이 영혼을 우주령(宇宙靈, Welt-Seele)이라 한다. 보이지 않는 우주령의 운동이 가시적 형태로 나타난 것이 천체의 운행이다. 이데아를 닮아 영속적으로 진행하는 우주의 운행이 시간이다. 그리고 우주를 생명체라고 하면, 우주령은 생명 원리이며 4원소는 그 신체를 이룬다.

우주령은 '존재'(ουσία)와 '같음'(ταύτον)과 '다름'(θατέον)의 세 가지로 구성된다. '같음'은 '분리되지 않는 것'이고 '다름'은 '분리된 것'이라고도 한다. 데미우르고스는 시간을 만든 뒤에 네 가지 생물 즉 하늘의 종족인 별들(항성, 행성, 지구)과 날개를 가지고 하늘을 나는 새들과 물속에 사는 어류들과 발을 가진 육상동물, 그리고 마지막으로 인간을 만들었다(그 뒤의 서술은 인간의 생리 병리 영양에 대한 것이다. 그리고 이런 모든 서술의 중간 중간에 우주의 구조와 천체 및 지구상의 여러 원리에 관해 자세하게 언급하고 있다).

시간을 만든 것은 세계를 영원한 원상(原像)인 이데아에 혹사(酷似)하게 하기 위한 것이다.[7] 따라서 시간은 영원과 대립하는 것이 아니라, 덧없이 생성, 소멸하는 현상계로 하여금 이데아를 지향하도록 한 것이다.

---

6 같은 책, 30 a.
7 같은 책, 37 c.

3. 시간의 형성

티마이오스에 따르면, 시간은 데미우르고스가 영원한 일자(一者)인 이데아를 전범으로 해서 우주를 형성할 때 그것과 함께 만들어졌다. 우주 형성 이전에는 밤도 낮도 연월도, 즉 시간이 없었다.[8] 시간론상으로는 이데아를 생성의 세계 속에 그대로 옮겨놓은 것은 무의미하고 불가능하다. 그리하여 데미우르고스는 불변하는 일자인 이데아의 영원성에 닮아서 '수에 따라 전진하는 것'(κατ᾽ ἀριϑμὸν ἰοῦσαν)을 만들고 거기에 시간(χρόνος)이라는 이름을 부여하였다.[9] 시간은 '영원의 움직이는 모상'[10]이다. 시간은 영원을 전범으로 해서 만든, '수에 따라 진행하는 천체의 운동'[11]이다.

영원과 시간과의 관계는 1과 정수(整數, ἀριϑμοί)의 수열(數列)과의 관계와 같다. '수에 따른다'는 것은 시간과 수가 그 본성을 같이 하는 것을 의미한다. 수의 일반적 특성은 '헤아리고 헤아려진다'는 데 있다. 즉 수는 의식 관련적이다. 그리고 수는 단절과 연속을 동시에 가지고 있다. 단절 즉 비약이 없으면 전진할 수가 없고, 연속성이 없으면 헤아림의 기본인 서열이 서지 않는다. 수의 본질은 비연속적 연속성이다. 시간이 헤아려지려면 수와 마찬가지로 단절되면서 동시에 연속되어야 한다. 그것이 밤과 낮, 연월일이다. 수와 시간은 그 본질을 같이 한다.

---

8 같은 책, 37 e.

9 같은 책, 37 d.

10 같은 곳.

11 같은 곳. 시간의 원형이 영원이라면 왜 시간에 시작이 있느냐고 아리스토텔레스는 비판하고 있다. *Physica*, VIII, b, 17 : *De Caelo*, I, 280 a 30 ; *Metaphysica* (Λ) 1072 a 1 참조.

영원인 이데아는 존재 자체이다. 그것은 '영원한 지금'이다. 그러나 생성, 소멸하는 세계의 시간에서 일체는 '일찍이 있었지만 지금은 없거나, 지금은 있지만 곧 없어질 것이거나, 지금은 없지만 곧 있게 될' 그런 것이다. 지금 있는 것도 머지않아 스러질 것이다. 만일 시간 속에 있는 것으로서 영원에 닮아 '존재하는 것'을 찾는다면 그것은 천체일 수밖에 없다. 그것은 과거에도 있었고, 지금도 있으며, 미래에도 있을 것이기 때문이다. 데미우르고스는 천체, 즉 해와 달과 다섯 개의 행성(화성, 수성, 목성, 금성, 토성)을 만들어 이것들을 각기 일정한 궤도를 따라 순환운동을 하도록 하였다. 큰 원운동은 느릴 것이고, 작은 원운동은 빠를 것이다.

이 운동에 그는 두 점에서 교차하면서 서로 반대 방향으로 진행하는 두 개의 원환운동을 설치하였다. 하나는 외부 궤도 즉 적도를 따라 도는 순환운동이고, 다른 하나는 내부 궤도 즉 황도상의 순환운동이다. 전자를 '같음'의 (항성)궤도라 하고, 후자를 '다름'의 궤도라고도 한다. '같음'의 운행은 가로(橫)로 시계 방향으로 돌고, '다름'의 운행은 비스듬히 (대각선적으로) 왼쪽으로 돈다. 두 순환운동이 서로 만나는 두 점은 춘분과 추분이다.[12]

그리고 모든 순환운동은 예지적으로 수에 따라, 즉 규칙적으로 진행한다. 이리하여 낮과 밤, 해(year)와 달(month)과 날(day)이 시간의 부분으로서 분할된다. 따라서 시간의 전범인 영원은 '있음' 자체로서 변화하지 않는 '오늘'이지만 그것을 닮은 시간은 '있었다', '있다', '있을 것이다'로 분할되면서 진행하는 것이다.

---

12 플라톤 당시에는 궤도는 천체가 거기에 따라 운행하는 길 같은 것으로 생각되지 않고 궤도 자체가 천체를 싣고 운행하는 것으로 간주되었다.

4. 수에 따라 진행하는 천체의 운동과 시간의 측정

천체의 운행은 규칙적이고 예지적인 순환운동으로서 수(ἀριϑμός)에 따라 진행한다. 그러므로 그것은 측정 가능하다. 측정을 가능하게 하는 것은 규칙적으로 순환하는 것, 즉 낮과 밤, 달(month)과 해(year)이다. 천체의 이런 운행이 또한 시간 지각을 가능하게 한다. 수에 따르는 천체의 규칙적 순환운동으로서의 시간은 따라서 측정되는 지속(mesured duration)이다. 플라톤의 시간은 가시적인 천체운동을 통해 지각될 수 있는 시간이지 결코 추상적인 시간이 아니다. 지구가 태양을 공전하면서 스스로 한 바퀴 돌면, 즉 낮과 밤이 한 번씩 교체하면 하루이고, 달이 지구를 한 바퀴 공전하면 한 달이다. 그리고 태양이 떠났던 위치(가령 춘분)로 다시 돌아오면 한 해가 된다. 기타 별들도 규칙적으로 순환운동을 한다. 천체의 규칙적 순환운동은 시간을 재는 도구이다.

플라톤이 천체의 운동을 예지적 · 규칙적이라고 한 것은, 시간이 수에 따라 진행한다고 한 것과 마찬가지로 시간 지각이 이성적 인식에 의한 것이지 감각적인 것이 아님을 함축하고 있다. 시간 자체인 천체의 운행, 가령 태양의 운행은 가시적 경험을 가능하게 하지만, 그 운행 자체가 감각적으로 경험될 수 있는 것은 아니다. 수를 가지고 우리가 무엇을 헤아릴 수는 있으나 수 자체가 경험의 대상은 아니다. 시간도 마찬가지이다. 수와 마찬가지로, 단절과 연속이라는 두 모순된 계기로 구성되는 시간 그 자체는 경험적으로 지각되는 것이 아니다. 플라톤의 시간 인식은 이성적인 것이다. 즉 시간은 합리적으로 헤아려지고 인식되는 것이다.[13]

---

13 같은 책, 38 a, 39 b, c 참조.

C. 아리스토텔레스, 과학적 시간론의 기초를 세우다

앞에서 살펴본 바와 같이, 플라톤은 시간을 부동(不動)의 영원과 관련해 고찰하였다. 이에 반해 아리스토텔레스는 시간을 자연의 운동과 연관시켜서 관찰하고 있다. "시간을 이해하고 정의하기 위해서는 영원과 연결지을 필요가 없다."[14] 아리스토텔레스는 시간을 자연 속으로 끌어내린 것이다.

그는 시간과 영원 사이의 플라톤의 형이상학적 관점을 단념하고 우주론적 동기를 최소한으로 제한하여 시간과 운동 일반의 관계만을 확립하려고 하였다. 영원은 그의 시간론의 주제가 아니다.

그럼에도 양자 사이에 전혀 같은 점이 없느냐 하면 반드시 그렇지는 않다. 플라톤은 시간을 수에 따라 진행하는 운동이라 하고, 아리스토텔레스는, 후술하는 바와 같이, 시간을 이전과 이후에 관련해서 헤아려지는 운동의 수로 보았다. 운동 및 수를 가지고 시간을 성찰하려고 한 점은 플라톤과 공통적이다. 양자 사이에 공통하는 것은 수의 원리가 시간과 운동 사이의 관계를 결정한다는 확신이다.

---

14 F. Solmsen, *Aristotle's System of the Physical World*, 1960, Cornell Univ. Press, p. 144.

1. 아리스토텔레스의 출발점

아리스토텔레스는 자기 이전의 철학자들의 견해에 대한 비판에서부터 출발한다. 그의 비판은 그럴듯하기는 하지만 진리일 수는 없는 것, 즉 신화를 모조리 제거하는 데 향해 있다. 그 제일의 표적은 따라서 플라톤일 수밖에 없다. 시간론도 물론 예외가 아니다.

플라톤을 겨냥하고 있는 그의 비판의 요지는 두 가지이다.

첫째, 어떤 사람들은 시간이 전 우주의 운동이라고 주장하고, 또 어떤 사람들은 천구(天球, sphere) 자체가 시간이라고 주장한다. 그러나 1) ① 순환운동(revolution)의 부분이 시간이기는 하지만, 시간이 곧 순환운동은 아니다. 왜냐하면 〔시간으로부터〕 떨어진 부분〔예컨대 낮과 밤〕은 순환운동의 어느 부분이기는 하지만 순환운동 자체는 아니기 때문이다. ② 만일 천구〔우주〕 자체가 하나보다 많다고 한다면, 〔시간을 전 천체의 운행이라고 하는 한〕 이 천체들의 운행은 시간과 같을 수 없고, 따라서 다수의 시간이 동시에 있게 된다. 2) 전 천구(天球)〔우주〕가 곧 시간이라고 말한 사람들이 그렇게 생각하는 이유는, 만물이 시간 속에 있을 뿐 아니라 또한 전 천구 속에 있기 때문이다.[15]

둘째, 시간이 운동의 수이든가 혹은 그 자체로 일종의 운동이라고 한다면, 시간이 항상 있으려면 운동도 영원하지 않으면 안 된다. 그런데 어쨌든 한 사람〔플라톤〕을 빼고는 모든 사람들이 같은 생각

---

15 *Physica*, 218 b 1 ~ b 10.

을 가지고 있다. 그들은 시간은 생성하지 않는 것이라고 말한다. (…)
플라톤만은 예외여서 시간을 생성한[만든] 것이라고 생각한다. 즉
시간은 천체와 동시에 있고, 천체는 생성했다고 그는 말한다.[16]

첫 번째 비판에 대하여　첫째 인용문에서 '시간을 천체의 운동'이라고
말했다고 지목받고 있는 사람은 물론 플라톤이다. 아리스토텔레스는 시
간과 천체의 순환을 동일시하는 것을 거부한다.

그러나 이 비판의 과녁은 잘못 맞추어져 있다. 플라톤은 데미우르고
스로 하여금 영원을 모방해서 하나의 시간을 만들도록 했지 아리스토텔
레스가 지적하는 것처럼 다수의 시간을 만들도록 한 것은 아니다. 다수
의 시간을 만들려면 여러 개의 복사판이나 유사물을 만들어야 하는데
『티마이오스』의 어디에도 그런 흔적은 없다. 시간의 보편성 내지 제일성
(齊一性)을 부정하는 것은 플라톤 사상과 어울릴 수 없다.

두 번째 비판에 대하여　둘째 인용문에서 플라톤이 시간에 시작이 있다
고 한 것은 잘못이라고 아리스토텔레스는 비판한다.

그러나 우주 및 시간의 기원에 대한 견해는, 아리스토텔레스처럼 아
예 관심을 갖지 않았다면 모르되, 거기에 대해 큰 관심을 가진 플라톤으
로서는 어쩔 수 없는 선택이었을 것이다. 그리고 이것은 오늘날도 마찬
가지이다. 현대의 천체 물리학에서 빅뱅을 말하는가 하면 진화론에서도
우주의 최초의 생성과 진화를 묻고 있다. 단지 플라톤은 과학적·실증적
으로 증거를 제시하는 데까지 나아가지 못하였기에 신화적 표현 방식을
취했을 뿐이다. 그것은 당시의 한계이기도 하였다. 그럼에도 이『티마이

---

16 같은 책, 251 Γ 10.

오스』의 우주 형성론은 뒷날 기독교 신학의 우주 창조론에 간접적으로 이바지하였다.

아리스토텔레스의 시간론은 『자연학』 제4권 10~14장, 즉 217 b 30~224 b 15에서 논의되고 있다. 이것은 시간이 '자연' 속에서 보여짐을 함축한다.

소크라테스 이전 즉 자연철학 시대에 있어서의 자연(φύσιφ)은, 마치 꽃이 저 스스로 피어나듯이, 그렇게 만유가 생성하는 것을 의미하였다. 그러나 소크라테스 이후에 자연은 우선 노모스에 대립하는 개념으로 한정되어 우리에 대해(für uns) 존재하지 않고 '스스로 존재하는 사물'을 의미하게 되었다.

아리스토텔레스는 이를 더 한정하여 자연은 테크네(기술)와 대립하는 개념으로 파악한다. 『자연학』 제2권의 서두에서 그는 자연에 대해 서술하고 있다. '자연에 따라 존재하는 것' 즉 자연물은 동물, 식물, 단순 물체(4원소 즉 흙·불·물·공기), 무생물을 가리킨다. 그것들은 운동과 정지의 원리를 자기 안에—기술이 그 원리를 자기 밖에 즉 인공적 힘에 가지고 있는 것과 반대로—가지고 있다. 그것은 다름아닌 실체(實体)이다. 자연은 생성하는 실체이다.

생성은 운동(변화)의 일종이다. 자연은 생성하고 운동하는 실체를 가리키므로 운동(변화)을 원리로 해서 보여지는 실체, 즉 천체이다. 아리스토텔레스의 『자연학』은 운동·변화를 핵심적 주제로 삼고 있으며, 그 기반 위에서 그는 무한, 장소, 공허, 시간 등을 다루고 있다. 그 중에서도 시간론에서 다루어지는 자연은 운동하는 실체로서의 천체이다. 아리스토텔레스는 시간을 실체의 운동과의 관련 속에서 고찰하고 있다.

2. 아리스토텔레스의 문제 제기

『자연학』 제4권 10장 시간에 대한 문제 제기에서 아리스토텔레스는 다음과 같이 묻고 있다.

> A. 시간은 존재하는 것의 부류에 속하는가 아니면 존재하지 않는 것의 부류에 속하는가?
>
> B. 시간의 본성은 무엇인가?

A는 시간의 소재 및 양식에 관한 물음이고, B는 시간의 본질에 관한 물음이다. A는 간단하게 취급되어 그 자세한 것은 10장의 마지막(14, 223 a 16∼224 a 17)에서 다루어지고 있다. 논문의 나머지 대부분은 B에 관한 것이다. 이 두 물음을 한마디로 요약하면 시간의 존재 양식과 본질에 관한 물음이다.

첫 번째 물음을 그는 '시간은 존재하는가 아니면 가까스로 또는 의심스럽게 존재하는가' 하는 물음으로 고쳐놓고, 이것을 다시 아래와 같이 분절하여 부연하고 있다.

1) 시간은 '지금'과 함께 (또는 지금으로서) 있지만, 다른 한편으로는 '일찍이 있었으나 지금은 이미 없는 과거'와 '지금은 아직 없지만 곧 있게 될 미래'라는, 즉 '있기도 하고 있지 않기도 한 것'으로 구성되어 있다. 과거와 미래는 비존재적 성격을 가지고 있다. 시간은 말하자면 두 팔을 가지고 있는데 각각의 팔은 비존재 속으로 뻗어 있다. 존재하는 것은 오직 지금뿐이다. 지금은 그러나 자기 동일적으로 일자로서 있지 않고 늘 다른 것으로 있다. 지금은 언제나 타자화하는 다양으로 있다. 시간은

비존재라는 외관을 보인다.

2) '있기도 하고 있지 않기도 한 것으로 합성된 것(즉 시간)은 온전한 실재성(實在性)을 가질 수 없다. 이 점에서 시간은 운동과 같다. 존재하는 것은 그 자체 전체로서 있거나 부분으로서 있지 않으면 안 된다. 그런데 '지금'은 (존재와 비존재로 합성된 것이긴 하나) 그 자체로는 전체이며, 전체는 부분으로 분할될 수 있다. 다시 말하면, 부분은 전체를 분할할 수 있고, 전체를 (분할해서) 측정할 수 있다. 그러나 (이미 없는) 과거와 (아직 없는) 미래로 합성된 '시간'은 비존재가 침투한 것이므로 전체도 아니며, 전체를 분할 측정할 수 있는 것도 아니다.

3) '지금'은 과거와 미래를 결합하기도 하지만, 과거와 미래로 분할되기도 한다. 그런 지금은 언제나 '같은' 것인가, 항상 '다른' 것인가, 즉 '지금'은 '같음'(同)인가, '다름'(異)인가? 만일 전자라면, 그 지금은 다름 아닌 불변의 영원일 뿐 아니라, 1만 년 전의 과거의 지금과 1만 년 후의 미래의 지금이 오늘의 지금과 (같음이므로) 함께 있을 터인즉 시간이라는 것 자체가 성립되지 않는다. 만일 후자라면, 그 지금은 항상 비존재 속에 편입되고 말 것인즉, 그렇게 되면 '시간'이라는 것 자체가 있을 수 없게 될 것이다. 지금은 어느 의미에서는 '같음'이면서 동시에 어느 의미에서는 '다름'이다. 요컨대 시간은 일자(一者)이면서 동시에 타자(他者)이다.

시간의 본성을 묻는 두 번째 문제를 정리하면 거기에는 다음과 같은 것들이 포함되어 있다.

어떤 사람들은 1) 시간을 '전 우주의 운동'이라 하고, 2) 다른 사람들은 '천구(天球) 자체'가 시간이라고 한다. 그리고 3) 가장 일반적 견해는 '시간은 운동'이고 일종의 변화라는 것이다.

그러나 1)에도 패러독스가 있다. ① 우주의 회전운동(revolution)의 부분(예 : 낮과 밤, 연, 월)이 시간인 것은 사실이지만 시간이 곧 우주의 회전운동은 아니다. 바꿔 말하면 시간으로서의 낮과 밤이 우주의 회전운동의 부분이기는 하지만 회전운동 자체는 아니다. ② 만일 천구(heaven)가 다수라면, 그리고 (첫째의 주장에 따라) 시간을 그 천구의 운동이라고 한다면, 다수의 시간이 있게 된다.

2) '천구 자체'가 시간이라고 주장하는 것은 만유가 시간 속에 있고 우주 속에 있다는 것인데, 그것은 너무 소박하다.

3) ① 사물의 (변화를 포함한) 운동은 오직 운동하는 사물 안에만 있든가, 운동하는 사물이 있는 경우에는 어디든지 있든가이다. 그런데 시간은 운동뿐 아니라 정지와도 함께 현전한다. ② 운동에는 빠르고 느림이 있다. 느린 것은 동일한 시간 안에 움직인 양이 적은 것이고, 빠른 것은 그 운동량이 많은 것이다. 그러나 시간은 시간에 의해 그 빠르고 느림이 결정되지 않는다. 요컨대 시간은 운동의 빠름과 느림을 측정하는 기준일 수는 있으나 시간이 곧 운동은 아니다. 시간은 동시에 정지와 지속량을 재는 기준이기도 하다.

아리스토텔레스의 시간에 관한 물음과 논의를 주제화하면 1) 운동과 시간, 2) 지금의 문제, 3) 시간과 수의 관계, 4) 시간의 인식으로 나누어볼 수 있다. 우리는 그 순서대로 이 주제들에 대해 서술할 것이다.

이것들에 대해 아리스토텔레스는 주로 『자연학』 제4권 11~14장에서, 그리고 더러는 『천체론』(*De Caelo*) 및 『영혼론』(*De Anima*)에서 산발적으로 논의하고 있다.

3. 운동과 시간

『자연학』 제4권 11장은 주로 운동과 시간과의 관계에 대한 논의에 할애되어 있다. 여기서 말하는 운동 개념은 매우 광범해서, 장소의 이동은 물론이고 생성, 소멸과 생장쇠퇴(生長衰退) 등 질적 변화, 나아가서 마음의 변화까지 포함하고 있다. 대상의 변화가 없으면 우리는 시간을 지각할 수 없거니와, 가령 마취 상태나 뇌사 상태처럼 마음이 살아 있지 않으면 시간은 지각되지 않는다. 그러므로 여기서 시간과 관련해서 말하는 운동은 아무렇게나 움직이는 운동이 아니라, 변화 더 정확하게 말하면 전이(轉移)로서의 운동이다.

운동에는 여러 가지 특성이 있다. 전이(轉移)로서의 운동은 A 상태에서 B 상태로의 이행이다. 이행은 언제나 연속성을 갖는다. 연속성에는 이전과 이후가 있다. 이것은 연속이 이전과 이후로 분할된다는 것을 함축한다. 그것은 시간의 경우도 마찬가지이다. "시간은 운동은 아니지만 운동을 떠나서 발생하지도 않는다."[17] 따라서 "시간은 변화는 아니지만 변화 없이 있는 것도 아니다."[18] 아리스토텔레스는 "시간은 운동과 관련된 어떤 것"[19]이라고 말한다.

운동을 떼어놓고 시간을 생각할 수는 없지만 운동이 곧 시간은 아니다. 운동의 경우 이전과 이후를 연결하는 것은 어떤 점적(點的)인 것이라고 말할 수 있다. 시간의 경우 그것은 '지금'(νῦν)이다. 지금은 시간의 연속을 이전과 이후로 분할하기도 하지만 동시에 이 양자를 결합시켜서 부

---

17 Paul F. Conen, *Die Zeittheorie des Aristoteles*, 1964, München, S. 31.

18 *Oxford Physics*, A New Translation by Robin Waterfield, p. 105.

19 *Physica*, 218 b 9∼219 a 10.

단한 연속이 되게 한다.

운동의 특성 가운데 하나인 전후는 시간에 있어서는 이전과 이후이다. 이전과 이후는 '지금'과의 관계에서 과거와 미래를 가리킨다. 앞(이전)과 뒤(이후) 사이의 연속은 크기(magnitude, μέγεθος)로서 발견된다. 이것은 생성과 소멸 사이(즉 연속)의 간극이다. 본디 이 말은 공간에 있어서의 장소적 변화를 의미한다. 어느 경우이든 크기는 수로 측정된다. 시간의 연속성은 수의 연속성과 일치하고, 간극의 크기는 수로 측정 가능하다. 이런 여러 성격을 고려해서 아리스토텔레스는 시간을 정의하여 "선후와 관련된 〔이전과 이후의 관점에서 본〕 운동의 수", 다시 말하면 "이전과 이후의 지평에서 만나는 운동에서 헤아려진 것"[20]이라고 한다. 여기에서 한두 가지 짚고 넘어갈 것이 있다.

변화로서의 운동은 물론 시간을 지각하게 한다. 다시 말하면, 변화는 이전의 '지금'과 이후의 '지금' 사이의 시간의 변이를 보여준다. 변화가 없다면 시간에 대한 지각은 일어나지 않는다. 변화 즉 운동은 시간의 인식 근거(ratio cognoscendi)이다. 반면 시간의 변이가 없다면 변화 즉 운동은 있을 수 없다. 부연하면, 시간의 변이를 근거로 해서 비로소 이전과 이후 사이의 변화(운동)가 있을 수 있다. 시간은 운동의 존재 근거(ratio essendi)이다. 그러나 아리스토텔레스는 시간을 곧 운동(κίνησις)이라고 하지 않고, '운동에 있어서의 어떤 것'(κινήσεώς τι)이라고 한다. 그 어떤 것이란 운동에서 헤아려지는 것을 가리킨다.

운동과 시간 중 어떤 것이 더 근원적이냐 하면 시간이 더 근원적이라야 한다. 왜냐하면 시간은 운동의 반대인 정지까지 포괄할 수 있으나, 운

---

20 같은 책, 219 b 1~2.

동은 시간을 포괄할 수 없기 때문이다.[21] 시간은 운동과 정지를 모두 측
정하는 기준이 되어야 한다. 12장에서 논의되는 바와 같이, 시간 자체에
는 빠르고 느림이 없다. 수에 빠르고 느림이 없는 것도 이와 같다.

동일한 시간은 어디에서나 일양(一樣)하게 동시에 있다. 이것은 시간
의 편재성(遍在性)을 가리킨다. "시간이 모든 사물 속에, 즉 땅에도 바다
에도 천체에도 존재한다고 생각되는 것은 (…) 시간이 운동의 어떤 양상
또는 상태이며 또 이들 사물〔땅, 바다, 천체〕은 모두 운동하는 것이고,
더욱이 시간과 운동은 가능태에 있어서든 현실태에 있어서든 함께 있기
때문이다."[22] 존재하는 것은 모두 시간 안에 있다. 생성, 소멸도 시간 안
에서 행해진다.[23] 시간은 모든 변화의 절대적 기준으로서 작용하는 동질
적이고 유일한 것이다.

운동 중에서 가장 이상적이고 완전한 것은 천체의 순환운동이다. 대
개의 운동에는 시작과 끝이 있는 데 반해 천체의 순환운동에는 시작과
끝이 없기 때문이다. 천체는 존재할 뿐 생성, 소멸하지 않으므로 영원불
멸하고 신적이다.[24] 이 천체의 운동은 연속적이고 규칙적이며 항상 불변
이고 또한 그 수가 가지적(可知的)이다. 시간을 측정하는 운동이란 다름
아닌 천체의 순환운동이다. 순환하는 원운동은 규칙적이기 때문에 시간
은 곧 천체의 운동이고, 모든 운동과 시간까지도 천체의 운동으로 측정
된다. 따라서 시간 자체도 순환운동을 한다. 이것은 시간의 기초를 천체
의 순환운동에 두고 있음을 의미한다.

---

21 같은 책, 제4권 12장(221 b) 참조.
22 같은 책, 223 a 30.
23 같은 책, 221 b.
24 같은 책, 제8권, 9장 및 10장 참조.

플라톤은 그 완전성을 강조하기 위해 시간이 영원을 모방해서 만들어졌다고 신화적으로 말한 것이다. 즉 플라톤이 데미우르고스로 하여금 시간을 만들도록 한 것은 현상계를 그 원상인 영원한 이데아에 혹사(酷似)하게 하기 위한 것이다. 따라서 그에게는 시간은 영원과 대립하는 것이 아니라 덧없이 생성, 소멸하는 현상계로 하여금 이데아를 지향하도록 한 것이요, 다시 말하면 현상계 구원(救援)으로 구상된 것이다.

그러나 이제 신화를 걷어낸 아리스토텔레스에게 있어 천체는 무시무종(無始無終)하게 그냥 있는 것일 수밖에 없다. 엄격하게 말하면 그에게는 '영원'은 없고 '영속'(sempiternitas, perpetuity)이 있을 뿐이다. 영원은 초시간, 무시간이요 따라서 그 안에 변화가 있을 수 없는 것인 데 반하여, 영속은 시간 속에서의 무한한 연속이다. 예컨대 올 가을에 핀 '이 국화'의 생명은 올해로 끝나지만, 종(種)으로서의 국화는 내년에도 내후년에도 우리가 상상할 수 없을 만큼 오래오래 계속해서 핀다. 그것이 영속이다. 아리스토텔레스에게는 현실적으로 있는 그대로의 천체에서 출발해야지 그것을 넘어서 플라톤처럼 시간과 우주의 근원에 대해 묻는다든가 영원을 문제삼는 것은 불가능한 물음이다. 그리하여 플라톤이 말하는 시간이 우주 초월적이라면, 아리스토텔레스의 시간은 우주(자연) 내재적이다. 그러나 그 시대의 일반 관념으로는 우주는 주로 육안으로 볼 수 있는 우주, 더 좁혀서 말하면 태양계 중심의 우주였다. 더 엄격하게 말하면, 그때는 프톨레마이오스(Ptolemaios)의 '지구 중심 사상'(천동설)이 신봉되던 시대였으므로 인간의 생활을 중심에 놓고 천체를 생각하던 시대이고, 시간(즉 해과 달의 이동)을 그림자의 이동이나 물의 규칙적 유출로 측정하던 시대였다. 우주 시대에 사는 현대인이 생각하는 그런 우주가 아니라 도시국가의 시민이 생각하던 우주인 것이다.

4. 지금의 성격

시간을 자연 안에서 운동의 이전(πρότεον) · 이후(ὕστερον)와 관련해서 생각하게 되면 그 운동의 이전과 이후를 연결하는 계기인 지금(νῦν)에 사유의 초점이 모아지지 않을 수 없다.

상식적으로는 과거가 필연성의 계기이고 미래가 가능성의 계기라면 현재는 현실성의 계기라 말할 수 있다. 흔히 현재를 지금과 동일시하거나 혹은 지금이 현재를 구성하는 최소 단위라고 생각하여 지금을 순간과 동일시하기도 한다. 그러나 현재와 지금은 다르다. 현재는 신장성(차원)을 가진 것으로서 우리의 구체적 삶(의식)과 관련되지만 지금에는 그런 신장성이 없다. 차원이 없다는 점에서는 지금은 순간과 비슷하지만, 순간은 우리의 시각 작용(瞬)과 관련해서 생각해야 할 개념이므로 지금과 같다고 말할 수 없다. 아리스토텔레스도 순간을 카이로스(καιρός)라 하여 지금(νῦν)과 구별하고 있다.[25] 다만 그 구별을 철저하게 천착하지 않았을 뿐이다.

'지금'에서 보면 이전은 이미 없고, 이후는 아직 없으며, 있는 것은 오직 지금뿐이다. 그리하여 시간의 '존재'를 보증하는 것은 지금이다. 그러나 그것은 연장을 가지고 있지 않다. 아리스토텔레스는 이 지금을 연속(결합)과 분할이라는 점에서 고찰하고 있다.

저 앞(2. 아리스토텔레스의 문제 제기)에서 아리스토텔레스는 '지금'의 성격을 잠정적으로 규정한 바 있다. 그것을 다시 요약하면 다음과 같다. 1) 시간은 존재와 비존재로 구성되지만, 지금은 그 자체로 실재성을

---

25 『니코마코스 윤리학』, 제4권.

가진 존재이며 전체이다. 그런데 전체는 부분으로 분할된다. 2) 지금은 이전과 이후를 결합시키기도 하고 시간을 이전과 이후로 분리하기도 하는데 그런 지금은 같음(同)으로서의 일자(一者)인가 다름(異)으로서의 타자인가라고 물은 바 있다.

1) 지금은 끊임없이 천이(遷移)하는 지금, 즉 지금·지금·지금…으로 무한히 계속된다. 만일 지금이 하나뿐이라면, 그것으로 시간이 성립될 수 없다. 시간이 존재와 비존재로 구성되는 것은 자명하다. 여기에서 말하는 비존재는 말할 것도 없이 이전과 이후이다. 그리고 존재는 다름 아닌 '지금'이다. 지금은 그 자체로 최고의 실재성을 가진 충만한 존재일 뿐 아니라, 일체 만유를 한꺼번에 존재케 하는 원점이기도 하다. 그러나 그런 지금은 잠시도 그 자체로 머물러 있지 않고, 다음의 지금, 그 다음의 지금, 그 다음 다음의 지금…으로 천이한다. 방금 있었던 지금은 그 다음의 지금에서 보면 이미 지나가서 이제는 없는 지금이다. 지금이 그 자체로는 전체이면서 동시에 분할된다고 하는 것은, 지금이 다른 지금에 의해 천이당하면서 자기가 자기 아닌 다른 자기로 된다는 것이다.

아리스토텔레스가 말하는 '전체로서의 지금의 분할'이 지금의 무한 분할을 의미한다면, 그 지금은 수와 마찬가지로 비약을 내포한 연속을 가리킬 터인데, 그런 지금은 충만한 실재성을 가진 지금일 수 없다. 지금은 이런 천이, 즉 자기가 자기 아닌 다른 자기로 이행함으로써 비로소 시간의 연속을 가능하게 한다. 시간의 연속은 단절, 즉 지금의 천이를 자기 안에 가지고 있는 연속이다. 여기에서 주의해야 할 것은 지금의 천이와 시간의 연속이다.

2) 지금 자체는 이전과 이후의 지평에서 이해될 수 있다. 지금은 '이미 없는' 이전과 '아직 없는' 이후를 연속(결합)시키면서 동시에 이전의

끝이자 이후의 시작, 즉 '한계'로서 이전과 이후를 분할한다. "지금이 한계라 함은 어떤 시간의 시작이면서 다른 시간의 끝"임을 의미한다.[26] 지금은 지나간 것과 다가올 것에 대한 한계이다. "시간이 연속인 것은 실은 지금에 의해서이고, 시간이 분할되는 것도 지금에 있어서이다."[27] 지금은 그 자체로 시간은 아니지만 시간을 분할하는 한계이면서 시간을 연속으로서 결합시키는 한계이다. 시간의 연속성(continum, succession)은 지금이 이전과 이후를 연속시킨 결과이다. 지금과의 연관 속에서만 우리는 이전과 이후를 파악할 수 있다. 이 점에서 보면 지금이 시간을 형성하기도 한다. 중요한 것은 지금은 이행하는 지금이라는 것이다. 이행이 없다면 시간 자체도 성립하지 않는다.

지금은 결합에서 보면 언제나 동일(same)이지만 분할에서 보면 항상 다르다(different). 이것을 천이의 측면에서 말하면 이렇다. 지금은 다음의 지금으로 천이하는 지금인 만큼 늘 자기로서 있지 않고, 즉 자기 동일적으로 있지 않고, 자기 아닌 다름으로서의 타자로 있다. 바로 이 점이 지금으로 하여금 시간의 구성 요소이게 한다. 만일 지금이 늘 자기 동일적으로만 있다면 시간 즉 천이와 연속이 불가능할 것이다.

지금이 같음이면서 다름임을 달리 말하면 이렇다. 지금은 언제나 같은 모양을 가진 지금이므로 언제나 동일한 지금이다. 지금은 그때 그때 이미 있었던 것과 관련해서 보면, 즉 모든 지금에서 보면 언제나 동일한 지금이다. 그러나 어제의 지금은 오늘의 지금이 아니므로 언제나 다른 지금이다. 지금은 그 본질(essentia)에서 보면 동일(ταὐτό)한 지금이고, 그 존재(existentia)에서 보면 언제나 다른(ἕτερον) 지금이다. 이와 같이

---

26 *Physica*, 222 a 10.
27 같은 책, 220 a.

지금은 같은 지금(같음)이면서 동시에 다른 지금(다름)이다. 이것은 개념적으로 본 지금의 모순된 모습이다.

그러나 지금이 같음이면서 다름이라는 것을 지적하는 것만으로 끝나서는 안 된다. 그 중에서 특히 후자 즉 다름의 면에 주목할 때, 다시 말하면 지금이 이제의 지금, 다음의 지금, 그 다음 다음의 지금…으로 이행할 때 비로소 연속성으로서의 시간이 성립하는 것이다. 이 점에서 보면 시간은 지금의 이행 과정이기도 하다.

3) 이런 지금의 성격에 덧붙여서 아리스토텔레스는 지금이 시간적 거리(즉 시간의 원근)를 측정하는 기준이 됨을 말하고 있다. 지금으로부터 멀리 떨어져 있으면 그만큼 먼 이전(또는 이후)이 될 것이고, 가까이 있으면 에데(ἤδη), 즉 (이전을 향해서는) '방금'이라 하고 (이후를 향해서는) '이제 곧'이라고 말할 것이다. 비교적 가까운 이전에 대해서는 '일찍이', '진작에'(ἄρτι)라 할 것이며, 먼 이전을 가리킬 때는 '옛적에'(πάλαι)라고 말할 것이다.[28]

4) 아리스토텔레스의 지금이론은 순간이론이지 현재론은 아니다. 현재론이 되려면 '지평'(Horizont)개념을 도입해야 한다. 지평을 갖는 개념을 위해서는 prae esse → presense, present 개념을 검토해야 한다. 지평의 넓이를 얼마로 하느냐 하는 것은 별도의 고찰을 요한다.

5. 시간과 수의 관계

수에는 헤아리는 수와 헤아려지는 수가 있다. 시간의 정의에서 말하

---

28 같은 책, 222 b 참조.

는 수는 헤아려지는 수, 다시 말하면 헤아려진 것의 수를 가리킨다. 아리스토텔레스는 수라는 말 대신 '계량'(μέτρησις)이라는 말을 쓰기도 한다. 이것은 셈해지는 것을 의미한다. 아리스토텔레스가 시간을 수와 연관시켜서 파악하는 것은 무엇을 의미하는가?

시간으로 운동이 헤아려지고 운동으로 시간이 헤아려지기도 한다. 시간에 있어서의 수는 움직이는 것을 그 움직임에 있어서 헤아리는 것이다. 그것은 '이미 없음'과 '아직 없음' 사이의 지금의 차원에서 지금의 이행을 세는 것이다. 지금의 이행적 성격은 이 차원을 근거로 해서 이해된다.

여기에 문제가 있다. 차원이라는 개념에 시간의 신장성(伸長性)을 인정하게 되면 그것은 곧 현재가 될 것이다. 그리하여 지금과 현재는 같은 것이 된다. 그러나 이때의 차원 개념에 이 신장성을 인정하지 않으면 지금은 찰나적인 것이 되고 만다. 말하자면 연속성을 갖지 않게 되므로 셈을 통해 선후를 연결시킬 근거가 없어진다. 아리스토텔레스가 개념을 분명하게 구분하여 사용하지 못한 감은 없지 않으나 우리에게는 아무래도 전자 즉 '지금'을 '현재'와 같은 개념으로 사용한 것이 아닌가 하고 여겨진다.

동일한 시간에 운동량이 많으면 (이동 거리가 길면) 빨리 움직이는 것이 되고, 같은 시간에 운동량이 적으면 (이동 거리가 짧으면) 느리게 움직이는 것이 된다. 즉 운동의 빠르고 느림은 시간에 의해 측정된다. 반면, 동일한 속도로 이동함에 있어 이동 거리가 크면 긴 시간이 걸리고, 이동 거리가 작으면 짧은 시간이 걸린다. 이것은 시간의 균등성을 전제로 해서 가능하다. 시간은 일양하게 진행한다는 것이다.

이와 같이 시간과 운동이 서로가 서로를 측정하는 것은 일방(一方)이 타방(他方)을 한정하기 때문이다. 바꿔 말하면, 시간은 운동의 수이므로 운동을 한정하고, 운동은 또 수로서 시간을 한정한다. 그러나 이 양자 중에서 시간이 운동의 척도가 되어야 한다.

6. 시간의 인식

시간을 식별하고 인식하는 것은 인간의 의식(영혼)이다. 만일 인간의 영혼이 없다면 운동에 있어서의 이전과 이후도 수도 의식할 수 없다. "영혼이 없으면 시간이 있을 수 없다."[29] 운동의 이전과 이후를 지각하여 양자 사이의 차이, 즉 앞의 A는 뒤의 A가 아니라는 것을 판별한다면 그것이 다름 아닌 경과로서의 시간에 대한 인식이다. 시간의 실재성은 인간의 영혼에 의존한다.

앞에서 우리는 시간을 이전과 이후에 관련되는 운동의 수라고 말했고 그 수는 헤아려지는 수라고 하였다. 헤아리는 수이든 헤아려지는 수이든 수는 인간의 합리적 사고(ratio), 즉 영혼의 활동을 전제하지 않고서는 생각할 수 없다. 셈하는 것은 합리적 사고의 작용이기 때문이다. 시간과 영혼과의 관계에 있어서 영혼이 없으면 시간은 불가능하다. 아니, 셈할 수 없으므로 수 존재조차도 불가능하다.[30]

시간에 대한 가장 극명한 인지는 지금에 대한 지각이다. 지금이야말로 가장 충만한 실재성을 가지고 우리와 직접적으로 만나고 있기 때문이다. 지금은 나와 함께, 즉 나와 구별되지 않은 채로 함께 있다.

---

29 같은 책, 223 a 21.
30 같은 책, 223 a 20 참조.

이와 같이, 이전과 이후에 대한 지각, 수에 대한 의식 및 셈하는 작용으로서의 합리적 사고, 지금에 대한 현전적 인지(現前的 認知) 등은 인간의 의식이 없으면 시간은 있을 수 없다는 것을 확인해주고 있다.

반면 아리스토텔레스가 파악하는 시간은 '지금'을 중심으로 하는 시간이다. 그것은 시간을 자연과학적으로 파악할 때 가장 분명하게 드러난다. 현대인이 사용하는 시계는 시간을 '지금'으로서 파악하는 대표적 예이다. 그리하여 아리스토텔레스의 시간관은 전통적이고 통상적·과학적 시간관이라고 할 수 있다. 특히 시간을 운동 및 수와 관련시켜서 파악함으로써 측정의 길을 열었다는 점에서 더욱 그렇다.

시간을 지금 중심적으로 파악한다는 것은 달리 말하면 시간을 자연의 차원에서 파악한다는 것이다. 거기에서는 과거·현재·미래라는 시간 양상이 주제화되지 않는다. 시간 양상은 시간을 의식의 차원에서 파악할 때 그 의식의 양상으로서 드러나는 것이다.

D. 영원에 대한 사모 : 플로티노스의 영원과 시간

　페리클레스 시대를 정점으로 찬란했던 그리스의 문화와 학술은 알렉산더 대왕과 아리스토텔레스가 죽은 뒤 갑자기 창조성을 잃고 말았다. 소크라테스, 플라톤, 아리스토텔레스를 이으면서 융성했던 철학적 사유의 독창성은 사라지고, 후계자들은 학파를 형성하여 선철들의 교설을 전승하고 생활화하는 데 열중하였다.

　그것은 그 시대의 제반 정세의 반영이기도 하였다. 알렉산더 대왕은 공전(空前)의 대제국을 건설하였으나, 그 제국은 갑작스런 그의 죽음과 함께 하루아침에 삼분(三分)되었다. 명맥은 약 백년 동안 이어졌으나 지중해 연안 지대는 문화적으로나 정치적으로 구심점을 찾지 못하고 흐르는 세월 속에 표류하고 있었다. 구심점이 없는 무풍의 시대는 어찌 보면 평화스러운 것 같지만 그 내면에는 불안과 허탈이 쌓여가는 시대이기도 하다. 그 반영으로 철학은 종교와 윤리 쪽으로 기울어져 있었다.

　로마는 이미 촌스런 도시국가를 벗어나 지중해 연안에 강대한 제국을 건설하였고 그 자체로 세계(mundus)이기도 하였다. 시대는 기원전의 세월을 지나 기원후(A.D.)의 연대로 이어지고 있었다. 동방의 작은 마을 나사렛의 마구간에서 성령으로 태어난 예수의 생애는 장차 종교적 대변혁의

씨를 뿌렸으며, 사도 바울은 그리스도교의 세계화를 통해 서양 문화의 기초를 놓았다.

그리스 문화의 변형적 계승이라는 점에서는 이 시대를 (헬레닉 시대와 구별해서) 헬레니즘 시대라고 하지만, 종교적으로 보면 그리스도교의 호교적 통일을 기다리던 '종교적 혼란기'라고 말할 수 있을 것이다. 이런 헬레니즘과 종교적 혼란의 세월이 아리스토텔레스 이후 오백여 년 동안 지속되었다.

플로티노스(Plotinos, 205~270)는 신비주의의 온상인 알렉산드리아에서 기초 교육을 받았다. 그리고 로마에 정착하기 전 그는 지혜를 닦기 위해 페르시아 원정에 출정하여 신비의 페르시아와 명상의 인도를 경험하였다. 그의 신비주의는 영원에 대한 갈망으로 표출된다.

1. 플로티노스의 '영원과 시간'의 문제 상황

플로티노스의 『에네아데스』(*Enneades*) 제III권 제7장의 제목은 '영원과 시간에 관하여'(Περὶ αἰῶνος καὶ χρόνου, On Eternity and Time)로 되어 있다. 플로티노스에 따르면, 시간은 정초된 것, 생성 속에서 드러나는 것이며, 자연에 속하는 영혼의 삶이고, 영원은 불변으로 존재하는 근거이다. 시간은 이 불변하는 근거에 의거해서 존재하므로 이 근거로 환원되어야 비로소 이해된다.

시간을 존재론적으로 영원으로 환원하는 플로티노스의 영원과 시간의 사상은 철학사(哲學史)상 두 방면에서 성찰된다. 1) 하나는 그의 영원관과 시간관이 후대와 연관해서 고찰되는 것이다. 그것은 먼저 아우구스티누스 및 보에시우스(Boetius, 480~524)와 관련해서 성찰된다. 아우구스티누스에 의해서는, 그의 시간관으로 인해, 시간을 의식으로 환원시키는 큰 계기가 이루어지고, 보에시우스에 의해서는 그의 영원과 시간의 구분, 특히 영원관이 그대로 수용되어 그 뒤 중세의 영원관에 크게 영향을 미쳤다. 영원에 도달하려는 그의 신비주의적 노력은 에카르트와 뵈메 등 독일 신비 사상에 이어지고 있다.

그러나 근세 철학과의 관련 속에서 보면, 영원은 시간과의 관계에서 볼 때 시간의 근거가 아니라 무시간성으로 간주된다. 다시 말하면, 설사 근세 철학에서 더러 일자(一者)나 영원에 대한 담론이 있다고 하더라도, 영원은 시간의 존재 근거로 환원되지 않고, 기하학적 필연성으로 사유되거나 유한하고 역사적인 주관 안에서 신앙의 대상이 되고 있다. 근대인들의 의식 속에서는 영원에 대한 갈망이 희미해진 것이다. 이와 함께 플로티노스 철학도 점차 어둠 속으로 사라지고 만다.

2) 다른 또 하나는 플로티노스를 그 이전, 즉 아리스토텔레스 및 플라톤과의 관련선상에서 고찰하는 것이다. 플로티노스는 아리스토텔레스와 마찬가지로 플라톤으로부터 출발한다. 그러나 아리스토텔레스가 반플라톤으로 나아간 것과는 달리 플로티노스는 플라톤을 옹호하면서 아리스토텔레스에 대해서는 비판적 태도를 취한다. 그래서 그의 사상을 가리켜 신플라톤주의라 한다. 그의 영원관은 플라톤의 『티마이오스』를 답습하여 영원을 시간의 근원이라 하고, 그 영원에 도달하려고 노력하였다. 그는 아리스토텔레스의 자연(우주) 내재적 시간관에 대해 비판적이지만 특히 그 비판은 주로 '시간과 운동'의 관계에 모아지고 있다.

플로티노스의 영원과 시간에 관한 논의는 『에네아데스』 제III권 제7장의 1~13에 서술되어 있다. 플로티노스의 이 논문은 크게 세 부분으로 구성되어 있다. 첫째 부분(1~6)은 영원에 대한 논의이고, 둘째 부분(7~10)은 자기의 독자적 시간을 진술하기 위한 예비 단계로서 특히 시간과 운동에 관한 선인들의 논의에 대한 비판이다. 나머지 부분(11~13)은 자기의 독자적 시간관의 개진이다.

그리하여 그의 서술은 먼저 자기의 영원관을 피력하고 거기에서 시간으로 내려오는데, 그 중간에 선인들의 견해를 음미하고, 이어서 자기의 시간관을 전개하는 순서를 취하고 있다. 선인들의 시간에 대한 견해를 비판하는 마당에서 그가 강조하는 것은, 그들은 '시간이 무엇으로 나타나는가?'(시간 현상)에 대답하지만 자기는 '시간이 무엇인가?'(시간의 본질)에 대해 대답한다는 것이다.

플로티노스에 따르면 '영원과 시간'에 접근하는 데는 두 길이 있다. 하나의 길은 원형인 영원을 인식하고 거기에서부터 그것의 모상(模像)인 시간의 인식으로 나아가는 하향의 길이고, 다른 또 하나의 길은 영원의 모상(image)인 시간으로부터 출발해서 그것의 원상인 영원을 상기해 올라가는 상향의 길이다.[31] 플로티노스는 전자의 길을 택한다.

영원과 시간에 관한 그의 담론을 고찰하기 위해 우리는 먼저 그것을 논할 수 있는 터전으로서 정신(νοῦς, Geist, intellect)과 영혼(ψυσιχή, Seele, soul)에 대해 언급해두어야 할 것이다.

---

31 *Enneades*, III 7, 1 및 7 참조.

2. 정신과 영혼의 구조

플로티노스는 원상인 영원을 먼저 인식해야 그것의 모상인 시간에 대한 인식이 분명해질 것이라고 한다.[32] 영원은 그러나 직접적으로 파악되는 것이 아니다. 영원이 거기서 살고 있는 영원의 근거, 즉 정신(예지)을 매개해서 비로소 영원은 이해되는 것이다. 그에 따르면 원상과 모상의 관계는 정신과 영혼의 관계 즉 일자(一者, das Eine)와 다(多, die Vielheit)의 관계와 같다. 따라서 정신의 근원을 밝히면 영원의 근거와 근원도 밝혀질 수 있다. 정신의 근원에 대한 물음은 형이상학적으로 존재자의 위계적 체계(位階的 體系)에 기초를 부여하는 물음이다.

플로티노스의 존재 물음은 이렇다. '어떻게 일자(一者)로부터 다(多)가 나올 수 있는가?', '도대체 왜 다(多)가 있는가?', '왜 일자는 그 자체로 즉자적으로 머물러 있지 않고 다로 되는가?', '왜 일자는 자기 밖에 다(多)를 있게 하는가?', 요컨대 '왜 일반적으로 정신·영혼·감각적 세계의 방식으로 다(多)의 존재자가 있는가?' 줄여서 말하면 현상적 존재자는 어떤 근원에서 나오는가 하는 것이다.

플로티노스는 이 일자에 많은 완전한 속성을 부여해둔다. 일자는 초존재(超存在, Über-sein)로서 언제나 근거를 부여하는 근거(gründender Grund)이다. 그것은 그 자체로는 무근거(grundlos), 즉 다른 것에 의한 정초를 필요로 하지 않는 근거로서 전제되어 있다. 이런 의미에서 일자는 기체(ὑπόστασις)이자 신이다. 일자는 일체 만유의 원천이다. 원천은 자기 안에 머물러 있어서, 설사 그 힘이 넘쳐 흐르더라도 자기로부터 발원

---

[32] 같은 책, III 7, 1 참조.

해 나간 것(was ihr entsprint) 속으로 해체되지 않는다.[33] 그 원천은 거기로부터 만유가 흘러 넘치더라도 결코 고갈되는 일 없는 유출의 원천이다. 그것은 태양으로부터 빛이 방출하건만 이로 인해 그 태양 빛이 소모되지 않는 것과 같다. 일자는 따라서 유출의 근원, 즉 '넘침'(Über-fülle)이다.[34] 이렇게 흘러 넘쳐서, 비유컨대 분할되지 않은 씨(種子)로부터 다양한 현상이 전개되어 나오듯이, 타자(他者)인 다(多)가 현출(現出)한다.[35] 일자는 도처에 있으면서 그러나 아무 데도 없다. 즉 일자는 특정한 장소에 있지 않기 때문에 도처에 있으며(一者 즉 萬有), 도처에 있기 때문에 일체의 만유가 곧 일자의 자기 표현인 것이다. 이것을 존재의 면에서 보면 일자로부터의 다의 유출이다.

특히 일자는 '정신의 원천'(πηγή νοῦ)이다.[36] 다양한 현상 속으로 유출된 일자는 자기로 되돌아감으로써 자기 자신을 되비치게 되는데 그 반조(返照)가 다름 아닌 정신이다. 다시 말하면 정신은 다(多) 속에서 자기 자신을 반조하는 일자 자신, 즉 타자 속에서의 일자의 자기 반조(自己返照)이다. 이 점에서 일자는 곧 '사유되는 것'(νοητόν, Gedachtes oder Zu-Denkendes)이다. 일자가 원상이라면 정신은 그 모상이다. 정신의 일자성(一者性, Einheit)은 따라서 모든 다양성을 포괄하여 하나로 통일하는 일자성이다.[37]

이것을 부연하면 다음과 같다. 정신은 일자로부터 나와서 자기 아닌

---

33 같은 책, I 5 sqq.

34 같은 책, V 2, 1, 8 sq.

35 같은 책, IV 8, 6, 8~16 참조.

36 같은 책, VI 9, 9, 1.

37 Werner Beierwaltes übersetzt, einleitet und kommentiert *Plotin, Über Ewigkeit und Zeit,* 1967, Vittorio Klostermann, S. 11~20 참조.

타자(他者), 즉 다(多)로 나아간다. 동시에 타자를 거쳐 다시 자기 자신으로 돌아온다. 그러나 이때의 돌아옴은 그냥 돌아오는 것이 아니라 자기를 비추면서 돌아오는 것이다. 다시 말하면, 정신은 타자인 다(多)로 나아갔다가 자기를 돌이켜 사유(返照)하면서 일자에로 귀환한다. 정신은 본질적으로 일자로부터 나와서 다로 나아감과 동시에 다를 거쳐서 다시 자기 자신으로 귀환하는, 즉 나아감과 돌아옴의 통일이다. 정신은 영혼과 감각을 통해 현상적 다를 사유하지만 동시에 자기 자신을 사유하면서 자기 자신으로 돌아온다.

그러나 이렇게 나아가고 돌아오는 것은 두 과정이 아니라, 두 측면에서 보여진 존재의 초월론적 사태이다. 정신은 자기를 사유하기 때문에 자기의 근원, 즉 일자를 또한 사유한다. 정신으로서의 일자는 존재이자 곧 사유이다. 정신에 있어서 존재와 사유는 통일되어 있다. 정신의 존재는 동시에 사유로서 힘(dynamis)인데 플로티노스는 이것을 정신의 삶이라 한다.[38]

영원과 시간의 관계는 정신과 영혼의 관계와 같다고 했거니와, 시간이 영원의 모상이듯, 영혼은 정신의 모상이다. 비유건대 언표된 낱말이 사유의 모상이듯, 영혼은 정신의 표출된 사유이다. 영혼은 정신적 차원과 감각적 차원의 중간, 즉 일자와 만유를 중개하는 중간 존재(Mitte-Sein)이다.

바이어발테스(W. Beierwaltes)에 따르면, 정신이 영혼 안에서 지배력을 행사하는 것은 영혼이 매개적 로고스이기 때문이다. 영혼이 정신의 모상이라는 것을 그는 다음과 같이 세 가지로 요약하고 있다.

---

38 *Enneades*, IV 7, 9, 23~25 ; V 4, 2, 42 sq. VI 9, 2, 24 sq.

1) 영혼의 존재론적 근거는, 설사 영혼이 그것을 의식하지 못하더라도, 언제나 원상인 정신이다. 2) 영혼은, 그 원상인 정신이 그런 것과 마찬가지로, 자기 자신을 사유하고 인식한다. 그러나 영혼의 사유와 인식의 방식은 마치 거울에 비치는 것처럼 모상의 방식으로 한다. 3) 따라서 영혼의 사유방식은 존재와 사유의 역동적 상속(相屬, Ineinander)에 의해 일관되게 규정되지 않고, 최초에 다(多)에 의해, 즉 그 사유 내용의 분리(Auseinander)에 의해 규정된다. 영혼은 만유를 한꺼번에 직관하지 못하고 과정을 거쳐서 즉 논증적(discoursive)으로 사유한다.[39]

영혼의 매개 역할은 두 측면에서 이루어진다. 두 측면이란, 존재하는 중간으로서의 영혼의 측면과 작용하는 중간으로서의 영혼의 측면이다. 존재하는 중간으로서 영혼은 정신으로부터 그 존재를 받아들이는 측면이며, 작용하는 힘으로서 영혼은 감각적인 것을 자기로부터 발원시키고 그것을 인식하는 측면이다. 영혼은 근원에 묶여 있으면서도 감각적인 것을 저 근원처에 매개한다. 영혼의 매개운동은 한편으로는 일자로 하여금 만유를 향해 나오게 하면서 동시에 만유로부터 일자로 수렴해가는 이중 운동을 하고 있다.[40]

영혼의 본질은 만유의 합리적 형식이니, 정신 및 정신적 영역 안에 있는 것의 최하의 합리적 형식이자 모든 감각적 존재자의 최초의 합리적 형식이다. 그리하여 영혼은 두 방면의 관계를 맺는다. 정신으로부터 영혼은 구원과 새로운 생명을 가져오지만, 감각적인 것으로부터 영혼은 그〔정신과의〕유사성으로 인해 허위를 가져온다. 말하

---

39 W. Beierwaltes의 같은 책, 54쪽.

40 *Enneades*, VI 2, 11, 25 sq. W. Bleierwaltes의 같은 책, 52쪽 참조.

자면 하강(下降)을 향해 마법을 거는 것이다.[41]

영혼은 두 차원의 인식을 가능하게 한다. 영혼이 정신을 사유하는 것은 한편으로는 영혼이 정신의 모형이기 때문에, 즉 자기의 근원에 대한 복귀로서 (즉 영원에 대한 상기로서) 가능하며, 감각적인 것을 사유하는 것은 영혼이 그것을 인식 가능한 형태로 형성하기 때문이다. 전자는 수용이고 후자는 구성이다.

정신은 언제나 존재와 사유의 통일이므로 그 본질은 자기의 존재를 자기 자신으로서 사유하고 인식하는 것이다. 이에 반해 영혼은 이 자기 인식을 무엇보다도 먼저 완수하지 않으면 안 된다. 이 본질 완수를 수행할 수 있는 가능성은 이중적이다. 즉 영혼이 사유의 본성을 인식하는 것과 영혼이 정신으로 되는 것이다.[42] 특히 후자는 인간을 신적 근거로 돌려놓는다. 정신은 예지계인 영원과 짝하고, 이에 반해 영혼은 정신의 모상으로서 자기 자신을 형성하면서 세계 영혼(Welt-Seele)이 되고, 자기 자신의 모상으로서 물리적 세계를 형성한다.

이런 영혼의 삶이 곧 시간이다. 시간의 문맥에서 보면, 영혼은 영원의 모상으로서 자기 자신의 삶을 형성하고, 그렇게 시간화된 자기 자신의 모상으로서 시간 안에 있는 물리적 세계를 형성한다.

정신(νοῦς)과 감각(αἴσθησις)의 두 요소 즉 영혼을 갖추고 있는 존재자는 인간이다. 인간은 정신과 영혼에서 연원하기 때문에 한편으로는 정신적 삶을 살도록 요구받는가 하면, 또 한편으로는 감각적 삶을 살도록 강요받고 있다.[43]

---

41 *Enneades*, IV 6, 3, 5~10 ; VI 4, 16, 18 sqq. IV 8, 7, 5 sqq. etc.

42 같은 책, V 3, 4, 8 sqq.

3. 영원이란 무엇인가

영원에 대한 플로티노스의 논의는 두 단계로 나누어져 있다. 첫 번째 단계는 영원이 무엇과 같고 다른가 하는 것이고(VII 2), 그 두 번째 단계는 영원에 대한 정의(VII 3)이다.

플로티노스는 언제나 영원(aion, eternity)과 정신을 쌍개념처럼 함께 놓는다. 이 양자는 구체적으로 어떤 관계에 있는가? 여기가 플로티노스의 영원 개념을 해명할 수 있는 첫 번째 매듭이다. 그는 『에네아데스』 제III권 제7장에서 영원과 정신의 같음과 다름을 성찰한다. 그는 먼저 영원을 시간과 대립시켜놓고, 그 한계 안에서 영원과 정신의 이동(異同)을 다음과 같이 논한다.

1) 영원과 정신의 관계

시간을 '전 천체' 또는 '우주적 질서'라고 한다면, 그것과 대립되는 영원은 '정신적(예지적) 본질'이라고 해야 한다.[44] 여기에서 영원과 정신

---

[43] "인간은 신들과 동물들의 중간에 서 있다. 그는 한편으로는 전자에 기울기도 하고, 다른 편으로는 후자에 경도하기도 한다." *Enneades*, III 2, 8, 9 ~ 11 ; W. Beierwaltes 의 같은 책, 53쪽 참조. Beierwaltes는 이 인간 실존의 중간성이 아우구스티누스에 의해 원죄인으로 수용, 변형되었다고 각주에서 적고 있다.

[44] 시간은 감각으로 만날 수 있지만 영원은 감각의 대상이 아니라 예지적인 것이다. 여기에 시간 — 감각, 영원—예지(사유 즉 정신)의 관계가 성립한다. A. Smith는 시간을 우주적 실체와 동일시하는 것은 피타고라스주의자들에게서 그 기원을 찾을 수 있고, 영원을 예지적 실체와 동일시하는 것은 지금은 전해지지 않는 신피타고라스주의자들의 이론이었을 것이라 한다. 그의 논문 "Etenity and Time", in *The Cambridge Campanion to PLOTINUS* ed. by L. P. Gerson, 1996, Cambridge Uni. Press, p. 199 참조.

(예지적 실체)은 같은가 다른가 하는 문제가 생긴다.

1) 양자는 '장엄하다'는 술어를 공유하지만 동일하다고 할 만한 충분한 근거가 없다. 한 쪽의 '장엄함'은 다른 쪽에서 이끌어내기 때문이다. 즉 정신의 장엄함은 영원이 정신 안에 있으면서 정신을 정초하기 때문이며, 영원의 장엄함은 정신이 영원 안에 있으면서 영원을 정초하기 때문이다. 양자는 상호 정초 관계 내지 참여 관계에 있으므로 엄밀한 의미에서 동일하지 않다.

2) 양자는 같은 것을 포함하고 있는데, 만일 영원과 정신(예지)적인 것의 내용이 같은 것이라면, 양자는 동일해야 한다. 그러나 이에 대해 플로티노스는 첫째, '영원 안에 있다'(being in eternity)는 개념은 '영원이 영원 안에 있는' 것과 다른 것을 함축할 것이므로 영원과 예지적인 것, 이 양자는 같을 수 없고, 둘째, '예지적인 것은 영원하다'고 말할 때 술어(영원하다)는 그 술어의 주어(예지적인 것)와 같을 수 없다는 원리에 따라 양자는 같을 수 없다는 것이다.[45]

그리하여 스미스에 따르면, 첫째, 영원이 곧 예지적인 것은 아니라 하더라도, 우리는 여전히 영원은 예지적인 것과 관계를 갖는(peri) 어떤 것이라거나, 영원은 예지적인 것에 현전한다(para)라고 말할 수 있으며, 둘째, 예지적인 것과 영원이 포함하는 것은 서로 다르니, 예지적인 것은 마치 전체가 그 부분을 포함하듯이 모든 것을 포함하지만, 영원은 전체

---

45 하나의 판단 S is P에서 술어 P는 주어 S보다 보편적이라야 한다. 즉 외연이 더 넓어야 한다. 포섭 관계로 말하면 술어가 주어를 포섭해야 한다. 그런데 플로티노스가 드는 예에서는 '예지적인 것'과 '영원하다'가 같다는 것이다. 양자가 같다고 하면 포섭 관계가 성립되지 않는다. 그러므로 양자는 동일할 수 없다는 것이다. 같은 예로 '영원이 영원하다'(Eternity is eternal)의 경우도 마찬가지이다. 요컨대 일반적으로 주어가 술어에 참여(participate)해야지 그 역(逆)일 수는 없다는 것이다.

를 부분으로서가 아니라 전체로서 동시에 한꺼번에 포함한다.[46] 그러므로 영원과 예지적인 것은 다르다.

2) 영원과 정지의 관계

시간이 운동과 상응해서 이해된다면, 영원은 '정지'와 상응해서 이해되어야 할 것이다. 여기에서 플로티노스는 영원이 1) '정지'와 같은 것인지, 2) '존재에 속하는 정지'(존재의 정지)와 같은 것인지를 묻는다.

1) 영원이 정지와 같은 것이라면, ① 정지를 영원하다고 할 수 없다. 그것은 영원을 '영원하다'고 말할 수 없는 것과 같다. 왜냐하면 우리는 영원에 참여(teilhaben, participate)하는 것만을 '영원하다'라고 말하기 때문이다. 다시 말하면, 영원이 영원하다고 하면 영원은 자기 자신에 참여하게 될 것이기 때문이다.

② 그러면 운동이 영원한가? 만일 정지가 영원과 같다면, 운동은 영원할 수 없다. 그러나 천체의 주기적 순환운동에서 보듯이, 운동은 영원하다. 그러므로 만일 영원이 정지이고 운동이 영원하다면, 운동은 동시에 정지(부동)라야 한다는 모순이 생긴다. 이 '정지'는 운동에 대해 배제적으로 대립하는 정지이다. 그것을 정지이도록 하는 것은 생명 없이 굳어버린 실체이다. 이때의 영원은 모든 운동을 배제하면서 시간과 대립되는 것이다.

2) "만일 영원이 단지 존재의 정지와 같은 것이라면, 우리는 영원 밖에 다른 종류의 존재를 생각하게 된다"[47]라고 하는 대목은 매우 어려운

---

46 A. Smith의 같은 논문, 199쪽 참조.

47 *Enneades*, VII 2.

서술이다. 여기에서 우리는 스미스의 해석을 따라가보기로 한다.[48]

스미스는 '영원 밖에 다른 종류의 존재'를 '예지적인 것'이라고 해석하여, '영원이 단지 존재의 정지와 같은 것이라면'을 '영원이 예지적인 것의 정지라면'으로 받아들인다. 따라서 이 명제는 '만일 영원이 예지적인 것의 정지라면, 우리는 예지적인 것을 생각하게 된다'로 바꿔놓을 수 있다. 그리하여 영원을 플라톤의 다섯 최고 유개념(genera 즉 존재·운동·정지·같음·다름) 중 정지하고만 같다면, 나머지 네 유개념은 배제된다(즉 네 유개념은 영원과 같지 않다)고 말한다.

플라톤에 따르면, 정지는 일자성을 포함하고 있어야 하며, 영원은 시간과 구별되기 위해 연장(지속)을 갖지 않아야 한다. 따라서 '영원 밖에 있는 다른 종류의 존재'란 연장성(지속성)을 갖지 않는 존재이면서 동시에 정지하는 존재라야 한다. 정지는 그 자체로는 연장성을 포함하지 않는다. 플라톤에 따르면, '일자성 속에 머물러 있다'는 것은 영원의 술어이다. 그러므로 영원은 정지에 참여하는 것이지 정지 자체는 아니다. 그것은 현재적 존재(gegenwärtige Existenz)라는 의미의 존재요, 그 정지는 부동·불변·무시간적 영속을 가리킨다. 한마디로 말하면, 그것은 '무시간적 현재' 속에 있다는 의미의 상재(常在, Immer-Sein)이다.[49]

이상 1)과 2)의 논지를 요약하면, 영원과 정신은 역동적 동일성을 가지고 있으며, 영원은 정지 자체가 아니라 정지에 참여하고 있다는 것이다.

---

48 A. Smith의 같은 논문, 200쪽 참조.
49 W. Beierwaltes의 앞의 책, 38쪽.

3) 영원, 정신의 삶

거슨(L.P. Gerson)은 영원과 시간을 구분하여, 전자는 '어떤 시간적 술어도 적용될 수 없는 것'으로서 '전체 시간 밖'에 있는 것인 데 반해, 후자는 시간적 술어가 적용되는 것이라고 한다.[50]

플로티노스는 『에네아데스』 제VII권 3장에서 영원에 대한 정의를 시도한다. 얼른 눈에 띄는 것은 그가 영원을 '삶'(Leben)으로서 파악한다는 것이다. 즉 영원은 '현존하고, 존재 안에 있는 것에 속하는 삶'이다.[51] 바로 이 점에서 현대인은 그의 영원 개념에 쉽게 접근할 수 없다. 현대적 감각으로는 영원은 '시간 속에 있지 않다.' 영원은 시간에 의해 측정되지도 않고 파괴되지도 않으며, 시간에 둘러싸이지도 않고 시간에 의해 침범되지도 않는 것이다. 거기에는 시간적 술어를 붙일 수 없다. 영원은 시간을 완전히 벗어나는 것이다. 이를 일러 초시간이라 하는데 그것은 시간과는 어떤 방식으로도 관계를 맺지 않는다. 그런 영원은 죽음 이후의 영역이다. 그러나 플로티노스는 영원을 '삶'이라고 한다.

삶으로서의 영원을 플로티노스는 예지적인 것의 전체, 만유의 근원으로서의 일자 및 기체(基體)와 결부시킨다. "영원에 관해 우리는 그것이 일자 안에 머무르고 있다고 말한다."[52]

우리는 앞에서 플라톤의 다섯 유개념(genera)에 대해 언급하였다. 그런데 이제 영원을 유개념과 관련시켜서 고찰하면, "영원이 '존재'임은 말할 것도 없고, 삶이라는 점에서 '운동'이며, 변하지 않는다는 점에서는 '정지'라 부르고, 일자성으로서 이 모두를 포함하는 한에서는 그 본성을

---

50 Lloyd P. Gerson, *Plotinus*, 1994, London and New York, p. 116.

51 *Enneades*, III 7, 3.

52 같은 책, VII 2.

‘다름’이자 ‘같음’이라 부른다.”[53] 플로티노스는 이것을 삶과 관련시켜서 좀더 자세하게 언급하고 있다.

이 경우 ‘같음’이란 결코 다른 방식으로 존재할 수는 없다고 하는, 즉 절대로 어느 하나로부터 다른 하나에로 변화하는 사고와 삶일 수 없다고 하는 의미에서의 ‘같음’이다. (…) 〔삶이란〕 언제나 동일하게 존재하며 또 언제나 전체를 현재적으로 소유하는 삶, 즉 그때 그때의 것이 아니라 동시에 전체인 것, 그러니까 언제는 이렇고 언제는 저런 것을 좇는 것이 아니라, 마치 모든 선들이 그 속으로 수렴되어 들어와서 발산되지 않고 한 점(點) 속에 회집(會集)되어 있는 것처럼, 부분을 지니지 않는 전체로서 존재하는 삶, (…) 예지계는 같음 속에서 자기 안에 머물러 있으며 결코 변하는 일 없이 언제나 현재 속에 있다. 그 세계에서는 지나가거나 다가올 것이 아무것도 없다.[54]

여기서 말하는 삶이란 예지(Intellect)의 삶이요 완전한 생명이다. 그것은 모든 곳에 무제한하게 편만해 있고 소모되는 일이 없이 한꺼번에 있기 때문에 영원이라고 말하는 것이다.[55]

이 모든 것은 예지적 일자에서 통일되어 있다. 그러나 스미스에 의하면 ‘동일한 것 안에 거주하는 삶’으로서의 영원은 예지적인 것과 일치하는 것이 아니라, 예지적인 것 속에서 ‘보여지는’(seen) 어떤 것이며, 예지

---

53 같은 책, III 7, 3.

54 같은 책, VII 3.

55 *Select Works of Plotinus*, Thomas Taylor's translation, ed. with preface and bibliography by G.R.S. Mead, 1914, London, p. 122 참조.

적인 것의 나타남(manifestation)이다.[56] "영원은 기체가 아니라, 말하자면 기체 자체로부터 나오는 빛줄기와 같은 것이다."[57] "과거에도 없었고 장래에도 없을 것이지만 지금 단적으로 있는 그것, (…) 이런 단적인 존재를 항상적인 것으로서 포함하는 그것, 그것이 바로 영원이다."[58] "존재에 속하여 충만하고 연장이나 시간적 간격이 없는 완전한 생명이 우리가 찾고 있는 영원이다."[59]

영원은 시작도 끝도 없어야 한다. 무시무종이란 '있었다'(war)로도 '있을 것이다'(wird sein)로도 연속되지 않음을 의미한다. 시작이 있으면 끝이 있어야 하기 때문이다. 그렇다고 무라고 할 수도 없는 까닭은 지금 속에서는, 지나간 것은 이미 없고 다가올 것은 아직 없지만, 그러면서 일체가 있기 때문이다. 영원은 '절대적 지금'(absolutes Jetzt)이다. 그것은 변전하는 일이 없으니 그냥 자기 동일적 '있음 자체'(schlechthin Sein selbst, 'Ist' selbst)라고나 할까? "영원은 적든 많든 연장[지속]을 갖지 않은, '여기 이것', 즉 비-연장[비-지속] 비-시간이다."[60] 달리 말하면 이것은 '정지하는 지금'(nunc stans)이다. 무(無)가 아니므로 죽은 것이라고도 할 수 없으니 삶이라고 할 수밖에 없다. 그것이 영원이다. 그리하여 플로티노스는 '존재 속의 삶, 일체를 포괄하고 충만되어 있고 단적으로 비연장성(非延長性)을 드러내는 것'을 영원이라고 한다.[61]

이것을 또 '영원한 지금'이라고도 한다. 왜냐하면 지금은 가장 극명

---

56 A. Smith의 같은 논문, 201쪽 참조.

57 *Enneades*, VII 7, 3.

58 같은 곳.

59 같은 책, III 7, 3.

60 같은 책, I 5, 7.

61 같은 책, III 7, 3.

하게 '존재'를 현시하는 계기이기 때문이다. 지금은 '무시간적-현재적 존재'와 같다. "지금은 '있었다'나 '있을 것이다'에 의해서도, '먼저'나 '나중'에 의해서도 그리고 '선'과 '후'에 의해서도 규정되지 않으므로 오직 '존재인 것' 속에, 즉 〔절대적〕 '있음'(IST) 속에 머물러 있다."[62] 영원은 (절대적) '있음'이다. 이 있음은 일체의 시간적 술어를 거부한 채 지금일 뿐이다. '무시간적 현재의 존재'로서의 영원은 달리 말하면 '(자기 자신을) 사유하면서-현전하는-존재'요 이것이 다름 아닌 '정신의 삶'이다.

영원을 그는 또 '같음'이라고도 하고 기체(Hypostasis)라고도 한다. 이것은 불변성에서 본 영원이다. 그것은 절대로 분열되지 않으므로 비연장성 또는 전체라고 한다. 일반적으로 말해서 우리의 현실적 삶이 시간 속에서 천이하는 현재와 함께 움직이면서 지속하는 생명인 데 반하여, 예지의 삶은 가장 완전한 일자로서 영원 자체이다. 이를 일러 신적 예지라 한다. 신적이므로 예지적 삶은 영원하고, 영원은 장엄하다. "따라서 영원은 장엄하며, 우리는 이 영원을 신과 동일한 것으로 생각한다. 실제로 우리는 다음과 같이 적절하게 말할 수 있다. 영원은 곧 신이며, 신은 자신의 본성상 자기 자신을 존재로서 현시한다. 즉 영원으로서의 신은 확고부동하고, 자기 자신과 동일하여 불변하며, 자기의 생명 형식 속에 토대를 두고 있는 존재로서 자기를 현시한다."[63]

예지적인 것의 특징은 무시무종이므로 시간으로부터 해방되어 언제나 자기 자신에 머무르면서 자기를 사유하는 것, 즉 영원이라고 했다. 영원은 사유가 자기 자신의 존재 속에 절대적으로 머물러 있음(absolutes Beisichsein des Denkens im Sein seiner selbst)이요, 순수한 현재이고, 지복

---

62 W. Beierwaltes의 같은 책, 42쪽.
63 *Enneades*, III 7, 5.

(至福)의 자족(自足)이다.[64] "참된 행복은 시간에 의해서 얻어지지 않고 영원에 의해 얻어진다."[65]

플로티노스를 가리켜서 신에 취한 철학자라고 한다. 그것은 그가 평생토록 영원에 대한 열망으로 일관했기 때문이다. 그는 평생에 네 번 신적인 영원의 경지에 도달했다고 포르피리오스(Porphyrios, B.C. 233~B.C. 304)는 자기 스승의 전기를 통해 전하고 있다. 인간은 과연 영원의 세계에 도달할 수 있는가?

4. 시간은 운동의 수 또는 척도라는 견해에 대한 비판

앞에서 언급한 바와 같이, 플로티노스에 따르면 시간과 운동의 관계를 논하는 그리스 철학자들의 입장은 '시간이 무엇인가?'를 묻는 것이 아니라, '시간이 어떻게 나타나는가?'라는 물음에 대한 대답으로서 제시된 담론들이다. 시간에 대한 그들의 견해란 주로 초기 아카데미아학파의 생각, 즉 '시간은 천체의 운동'이라는 주장과 아리스토텔레스의 주장, 즉 '시간은 운동의 수이고 그 척도'라는 견해와 밀접하게 연관되어 있다.

그들에 대한 플로티노스의 비판은 주로 '시간은 운동'이라고 하는 주장을 겨냥하고 있다. 이때 그는 운동을 세 가지로 구분한다. 1) 시간과 동일시되는 운동, 2) 움직여지는 것(운동체 즉 천체)으로서의 운동, 3) 시간에 속하는 어떤 것으로서의 운동.[66] 1)에 속하는 사람들은 운동을 전체

---

64 W. Beierwaltes의 같은 책, 45쪽 참조.

65 *Enneades*, I 5, 7.

66 *Enneades*, III 7, 7. 여기서 말하는 운동이란 아리스토텔레스의 경우에서 보다시피 천

의 운동으로 보려는 사람과 단지 우주의 운동으로 보려는 사람이 있음을 구분하고, 2)에 속하는 사람들은 운동을 우주의 범위(천체의 운행)로 보려 하고, 3)에서는 시간을 운동의 거리 또는 척도, 혹은 그 결과로 보려고 한다.[67] 이것들에 대한 그의 비판적 논증을 요약하면 아래와 같다.

1)에 대하여 : 시간과 운동은 동일시될 수 없으니, 그 이유는, ① 운동은 시간 안에 있고, ② 운동은 중단되거나 정지할 수 있으나 시간은 그렇지 않고 부단하며, ③ 운동에는 한결같은 속도가 없다. ④ 그리고 시간이 운동과 같다면, 많은 시간이 있어야 한다는 것이다.[68] 여기서 말하는 운동이란 자연의 운동, 그것도 중단될 수 있는 유한한 운동을 의미

체의 운동을 가리킨다. 현대인은 뉴턴 이후의 절대 시간관에 익숙해 있어서 시간을 절대적 기준으로 놓고 그것으로 운동을 측정하는 것을 상식으로 삼고 있으나 고대인들은 천체의 순환적 운행이라는 운동으로 시간을 측정한다. 즉 지구의 자전이든 천체의 공전이든 태양이 동쪽에서 떠올랐다가 서쪽으로 져서 다음날 다시 떠오르면 하루라는 시간이 지나간 것으로 알았다. 하루를 24등분한 시계 생활을 지양(止揚)하면 현대인들도 마찬가지이다. 한 달은 달이 지구를 한 바퀴 도는 기간이고, 1년은 해가 적도(赤道)에서 출발하여 다시 그 자리로 한 바퀴 돌아오는 것으로 알았다. 그러므로 천체의 규칙적 순환운동 또는 그것의 연장(延長, 크기)을 시간 경과를 재는 '척도' 또는 '간격', '구간'이라고 한다 해서 전혀 틀린 것은 아니다.

67 *Enneades*의 그리스 원문–영어 대역자인 암스트롱(A.H. Armstrong)이 이 부분을 번역하면서 붙인 각주에 의하면 1) 중에서 운동을 전체의 운동으로 보는 이들은 스토아학파 인사들이고, 2)를 주장하는 사람들은 스토아학파 인사들 중 제논과 크리쉬포스이며, 3)에서는 아리스토텔레스의 *Physica*, Δ 10ff.를 언급하고 있다. 그리고 거슨은 그가 편집한 *The Cambridge Companion to Plotinus*, 1996, Cambridge Uni. Press, p. 206에서 1)과 2)를 가지고는 아리스토텔레스가 '시간은 운동의 수'라고 한 것을 지목하고 있다. 플로티노스가 여기에서 꼭 누구를 지목하고 비판하느냐 하는 것은 그다지 중요하지 않다. 중요한 것은 이런 비판을 통해 그가 자기의 견해로서 무엇을 제시하느냐 하는 것이다.

68 *Enneades*, III 7, 8. 운동 개념이 영속적 천체운동과 중단 가능한 일반적 운동 개념으로 분명하게 구분되어 있지 않다.

한다.

2)에 대하여 : "천구(天球)의 운동이 시간이 아니라고 한다면, 그 운동 때문에 시간으로 간주될 수 있었던 천구 자체가 시간이기 어려울 것이다"라고 언급함으로써[69] 플로티노스는 천체의 순환적 운행은 시간과 무관하지 않다고 말한다. 그러나 플로티노스는 천체의 운동이 곧 시간은 아니라고 한다.

3)에 대하여 : a. (시간이 운동에 속하는 어떤 것이라면) ① 그때의 시간은 '운동의 간격'은 아니다. 왜냐하면 간격에는 일양성이 없기 때문이다. 시간이 운동의 간격이라면 거기에는 많은 시간이 있게 된다. ② 간격은 공간적 표현이지 시간적 표현이 아니다. 운동이 연속성을 가지고 있다는 이유에서 운동이 간격을 가지고 있다고 하더라도, 그것은 시간 자체 안에서 생산되는 양(量)적인 운동의 차원을 보여줄 뿐이다. ③ 운동과 그 간격은 시간 안에 있고, 따라서 그것들은 시간과 동일하지 않다.[70]

b. '시간은 앞과 뒤에 따르는 운동의 수이고 척도이다'(아리스토텔레스의 정의)에 대하여 : ① 운동에는 빠르고 느림과 불균등이 있으므로 측정의 수나 척도가 될 수 없다. ② 척도의 원리는 무엇인가? 그것은 측정되는 대상에서 독립된 수라야 한다. 그 원리로는 시간이 적합하다. 시간의 천이(흐름)에는 일양성이 있기 때문이다. ③ 무엇을 측정할 때에 가령 '한 자 길이'라고 하듯이, 측정하는 데는 어떤 양 즉 길이로서의 양이 있어야 한다. 측정하는 시간은 일종의 양이다. ④ 시간은 운동을 따라가는 선과 같은 것이다. 그것은 측정되는 운동(대상) 밖에 있어서도 안 되고 운동에 내재해서도 안 된다. 시간이 운동 밖에 있으면 측정의 기준이

---

69 같은 곳.

70 같은 곳. 또 W.R. Inge, *The Philosophy of Plotinus*, 1929, London, p. 170f. 참조.

되기 어렵고, 운동에 내재하면 운동이 중단될 때 시간도 중단되어야 하기 때문이다. ⑤ 운동과 시간의 관계에 있어서 측정하는 것은 시간이고 측정되는 것은 운동이다.[71]

c. '시간은 운동의 수반 현상'이라는 견해(에피쿠로스)에 대하여 : 이 주장은 수반하는 것이 무엇인지를 설명해주지 않으며, 시간과의 관계에 있어서도 여러 형태의 수반 현상이 가능하겠지만 그 모두가 '시간 안에서의 현상'일 뿐이라고만 서술되어 있다.

5. 시간, 영혼의 삶

이상과 같은 비판을 통해 플로티노스가 제시하고자 한 독자적 시간관은 어떤 것인가? 앞에서 본 바와 같이, 영원은 초월적 · 예지적 일자의 삶으로서 불변 · 부동(정지) · 같음 등의 존재 양식을 가지고 있다. 그것은 예지적이기 때문에 보편적 정신을 통해 자기를 현시한다. 이에 반해 시간은 일자에서 유출한 가시적 우주(可視的 宇宙)인 자연계의 운동과 관련되므로, 마찬가지로 정신에서 유출된 영혼의 움직이는 삶이라고 할 수 있다. 플라톤에 따르면 시간은 데미우르고스에 의해 만들어진 '영원의 움직이는 모상'이다. '데미우르고스에 의해 만들어졌다'는 것을 제외하면, 플로티노스의 영원관은 플라톤의 영원관을 그대로 계승하고 있다. 즉 그가 말하는 영원은 시간의 원상이요 근거이다.

그러나 시간에 대해서는 플로티노스는 플라톤과 견해를 달리한다.

---

71 같은 책, III 7, 9.

시간은 그에게는 '영원의 움직이는 모상'이 아니라 '영혼의 삶'인 것이다. 그는 시간을 의식으로 환원한 전통을 선명하게 열었다.

1) 영혼의 발생

플로티노스에 따르면 당초에 영혼은 시간 아닌 것으로서 즉 이전이나 이후 등 시간적 술어를 갖지 않은 기체로서 영원 안에 수렴되어 있었다. 그러나 그 영혼은 본성상 가만히 있지 못하고 영원 속에 회집(會集)되어 있던 고요를 깨고 나와서, 마치 씨앗이 발아하여 줄기·이파리·열매로 자기를 현시하듯이, '다음과 이후'를 향해 자기를 넘어서 운동하기 시작한 것이다. 다시 말하면 예지적 정신의 하강이 시작된 것이다. 이 운동은 우리를 항상 장래의 것, 이후의 것, 동일하지 않고 언제나 다른 것을 향해 이끌어갔다. 이 운동과 함께 시간 역시 움직이기 시작한 것이다. 이리하여 영혼 자신이 시간화한 것이다.[72]

영혼은 영원을 원상으로 하는 모상으로서, 자신을 시간으로서 형성하였다. "영혼은 우선 스스로를 시간화하였을 뿐 아니라, 영원을 대리하도록 시간을 창조한 것이다. 영혼은 이렇게 생겨난 우주를 시간에 종속시켰다."[73] 다시 말하면, 영혼은 예지계를 원상으로 해서 그 모상으로 가시적 우주를 형성한 것이다. 시간이 영속성(perpetuity)을 갖는 것은 그 원상인 영원을 닮았기 때문이다. 시간은 영혼의 삶에 다름 아니다. 플로티노스는 "시간은 영혼의, 즉 하나의 삶의 형식으로부터 다른 형식에로 넘어가는 운동 가운데 있는 영혼의 삶"[74]이라고 정의한다.

---

72 같은 책, III 7, 11. 영혼의 자기 시간화는 따라서 정신의 시간화요, 달리 말하면 영혼 속으로의 정신(영원)의 자기 소외이기도 하다.

73 같은 곳.

시간은 따라서 예지적 정신이 영혼을 통해 자기를 가시적 우주로 전개한 것에 불과하다. 이것은 달리 말하면, 일자가 다(多)로 자기 분화한 것이다. "영원은 정지·같음·불변 및 완전한 무한 속에 존재하는 삶이지만, 시간은 저 예지계에 대한 우주의 관계에 따라 한갓 영원의 모상에 불과하다고 한다면, 우리는 저 예지계에서의 삶 대신에 영혼의 (…) 삶이 있다고 말해야만 한다."[75] 영원의 삶이 고정·불변·같음의 삶, 나누어지지 않는 단일성의 삶, 충족된 무한성과 전체성의 삶이라고 한다면, 영혼의 삶은 동일한 상태에 안주하지 않고 끊임없이 새로운 작용을 수행하는 삶, 연속성을 지닌 단일성의 모상으로서의 삶, 무한에로 부단히 일보 일보 전진하는 삶, 언제나 장래에 있어서만 전체성이 될 삶[76]이라고 할 것이다.

"영혼을 떠나서 시간을 정초할 수는 없다. 그것은 예지계의 영원도 존재를 떠나서는 생각할 수 없는 것과 같다. 시간은 (영원과 마찬가지로) 〔운동의〕 수반 현상이 아니며 〔운동에〕 뒤따르는 어떤 것도 아니다. 시간은 영혼 안에서 발견되고 그 속에 포함되어 있는 것이다."[77] "시간은 영혼의 삶의 끊임없는 연장이다."[78] 시간은 한 단계에서 다른 단계로 옮겨가는 영혼의 삶이다.

플로티노스는 시간이 영혼의 산물임을 증명해 보이기 위한 또 하나의 논증을 『에네아데스』 제III권 제7장의 12에서 제시한다. 그는 만일 영

---

74 같은 곳.
75 같은 곳.
76 같은 곳 참조.
77 같은 곳.
78 같은 책, III 7, 12.

혼을 그 원상인 일자, 즉 예지계에 환원시켜서 (즉 영원한 일자가 되어) 영혼이 작용하지 않게 해보라고 말한다. 그러면 일체의 변화, 이전과 이후가 없어질 것은 말할 것도 없고, 시간 자체가 없어질 터이므로 시간보다 뒤에 생긴 천체도 없어지고 말 것이며, 천체의 운행도 중지할 것이다. 그리고 만일 영혼이 없으면, 자연계 안의 운동이 이전과 이후라는 양상을 가지고 있다는 것조차 인지할 수 없을 것이다. 이런 반증을 통해 보더라도 "시간은 (…) 영혼의 삶이 시작됨으로써 산출된 것이라는 점이 명백해진다."[79]

영혼은 먼저 자기 자신의 원상인 영원의 모상으로서 자신을 시간화하고, 다음에는 자기 자신을 원상으로 해서 창조된 현상적·가시적·물리적 자연계로 하여금 그 시간 질서에 따르도록 한다. 여기에서 비로소 이전과 이후라는 시간적 술어가 자연계의 변화에 대해 적용될 수 있게 되는 것이다. 그러므로 영혼이 시간 안에 있는 게 아니라, 시간이 영혼 안에 있는 것이다. 영혼의 삶이 곧 시간인데 물리적 세계는 시간 안에 있기 때문이다.[80] 자연계는 시간(과 공간)을 통해 감각적 지각에 나타난다. 그리하여 시간은 두 단계에서 존재하는 셈이다. 첫째는 영혼의 삶으로서, 즉 그 자체 시간화된 영혼으로서, 그리고 둘째는 물리적 세계의 사물들이 그 안에 존재하는 그런 시간으로서. 이 후자의 시간을 칸트는 아프리오리한 형식이라고 한 것이다. 그리고 뉴턴의 절대시간의 세례를 입은 대부분의 현대인들도 그렇게 생각한다.

자연계 안의 모든 운동은 시간에 의해 측정될 수 있다. 운동이 시간을 측정하는 게 아니라 시간이 운동을 측정하는 것이다. 그리고 천체의

---

[79] 같은 곳.

[80] A. Smith, 앞의 논문, 210쪽 참조.

부단한 주기적 운행은 시간을 고지하는 단위로서 역할을 할 뿐이다.

2) 영혼의 시간 인식

이상의 서술에서 살펴본 바와 같이, 영혼에는 여러 단계가 있다. 첫 번째 단계는 영원한 일자 속에 있는 기체로서의 영혼이고, 둘째 단계는 거기서 유출되어 스스로 시간화한 영혼, 즉 세계 영혼(world soul)이며, 마지막 단계는 개개의 사람에 내재하는 개별적 영혼(individual soul)이다. 영혼 특히 개별적 영혼의 활동은 시간 안에서 행해진다. 예지적 정신은 일체를 한꺼번에 직관하지만, 영혼은 과정을 거쳐서 인식하는, 즉 추론적·과정적으로 사유한다는 것이다. 영혼의 특색은 그것이 추론적이라는 데 있다. 영혼은 다음과 같은 시간 성격을 인식한다.

시간적 거리(즉 시점 간의 상호 분리)와 계기(연속)는 양적으로 파악되지만, 동시에 질적인 것이기도 하다. 질적으로 말하면, 시간 거리상 지금으로부터 멀리 떨어진 것은 이미 없는 이전이거나 아직 없는 이후이다. 이런 시간의 차원에서는 지금만이 현전의 계기이고, 이전과 이후는 부재(不在) 또는 비존재(非存在)의 계기이다. 이런 시간 차원의 질적 의미는 시간과 관련된 인간의 사유 속에서 드러난다. 즉 반성 이전적 사유에서 이전은 불가피하게 그렇게 있었던 것(必然的 旣在)이고, 지금의 것은 현실적인 것이며, 이후의 것은 가능적인 것이다. 이후는 지금을 향해 다가왔다가 이전 속으로 사라진다. 즉 가능한 것은 현실적인 것으로 되었다가 필연적인 것으로 화석화된다. 이 점에서는 시간은 사라져가는 것으로서 소멸의 원인이기도 하다. 시간의 계기에서 보면 '먼저 것'은 '지금 것'이 아니며, 지금 것은 '나중 것'이 아니다.

시간의 분리와 연속을 결정하는 계기는 '지금'(νῦν)이다. 지금은 아리스토텔레스가 지적한 바와 같이, 한편으로는 이전과 이후라는 비존재의 한계이면서 동시에 이전과 이후를 연속으로 결합시키는 연장 없는 점적인 것이다. 지금은 또 이전에서 지금을 거쳐 이후를 향해 무한히 흘러간다. 이 흐름의 점에서 시간의 불가역성(不可逆性)이 성립한다. 점적(點的) 성격에서 지금은 시간을 단절하여 이전과 이후로 분리하지만 흐름이라는 성격 때문에 지금은 시간을 연속시킨다. 그리하여 우리는 어제는 이미 지나가서 없고, 내일은 아직 없는 것으로 알면서, 동시에 시간 속에 있는 것을 '이전'과 '지금'과 '이후' 속에서 자기 동일적으로 존속한다고 생각한다.

이와 같이 시간 차원의 분리와 연속을 만들어내는 것은 다름 아닌 영혼이다. 즉 영혼은 시간의 분리와 연속의 성립 근거이다. 그리하여 플로티노스는 시간을 "삶의 한 국면에서 다른 국면으로 이행하면서 움직이는 영혼의 삶"[81]이라고 규정한다.

플로티노스는 시간을 영혼의 삶이라고 규정함으로써 시간을 공간적이고 외적인 것, 또는 양으로 처리할 수 있다는 견해를 극복할 수 있었다. 영혼의 자기 시간화를 통하여 감각적 세계가 시간 아래 놓이게 되고, 그리하여 세계는 시간으로서의 영혼 아래 놓이게 되었다. 시간은 영혼이 사는 방식일 따름이다. 여기에서 시간과 영혼의 보편성이 동시에 보장된 것이다.

---

[81] *Enneades*, III 7, 11.

6. 시간의 초극

저 앞에서 우리는 플로티노스에 따라 '영원과 시간'에 접근하는 길에
는 영원에서 시간으로 하향하는 길과 그와 반대로 시간에서 영원으로 상
향하는 길이 있다고 언급하였다. 플로티노스는 원상인 영원을 인식하면
그 모상인 시간에 대해 알기가 쉽다는 그 나름의 이유로 하향의 길을 좇
아서 영원과 시간을 고찰하였다.

그러나 철학은 그런 인식의 사실을 서술하는 것만으로 다하는 학문
이 아니다. 더구나 형이상학은 이론적 인식으로 끝나지 않고 진리로서
인식한 것을 체현하려는 강력한 욕구를 가지고 있다. 플로티노스 자신
영원의 일자에 평생 네 번 도달하였다고 그 제자인 포르피리오스가 전하
고 있는 터이다. 우리가 여기서 문제삼는 것은 상향의 길을 통해 어떻게
변전무상한 시간을 초극하여 영원에 도달할 수 있는가 하는 것이다.

앞에서 말한 바와 같이, 시간이란 예지적 정신 속에 무시간적으로 있
는 영혼이 자기를 시간화한 것이다. 시간은 영혼의 삶이다. 시간은 영원
의 모상이니, 예컨대 시간의 영속성은 영원의 불변적 자기 동일성, 즉 일
자성의 모상이다. 그러나 모상은 언제나 본디의 자기가 되기 위해 원상
으로 되돌아가려는 존재론적 성향을 가지고 있다. 시간의 지배하에 있는
추론적 사유인 영혼은 자기의 본향인 무시간적 · 예지적 정신의 사유로
회귀한다. 이것은 영혼의 자기 본향으로의 귀환인 동시에 탈시간화(脫時
間化)이다. 그것은 달리 말하면, 영혼이 예지적인 것을 향해 감각적인 것
으로부터 자기를 해방하는 것이기도 하다.

그러나 그것이 어떻게 가능한가? 무엇에 의존해서 그것이 가능한가?
그것을 가능하도록 동기지우는 힘은 에로스이다. 에로스는 자기의 부족

한 부분을 메워서 보다 높은 차원으로 자기를 고양시키는 역할을 한다. 에로스는 동기 부여이며, 추진력이며 또한 매개 작용이기도 하다. 그것은 에로스 속에는 이미 그것이 지향하는 바의 선과 완전성이 선행적으로 내재함을 함축한다. 따라서 에로스는 중간 존재(Mitte-Sein)인 영혼을 일자와 정신을 향해 고양시키는 매개자이다.

영혼은 자기 자신의 내면(근원)에 집중하고 보다 높은 일자를 향해 자기를 열어제침으로써 감각적 다(多)의 세계로부터 벗어나 마침내 '영혼은 정신이 될 것이다.'[82] 위를 향해 달리는 영혼이 가는 길은 "다른 것으로 가지 않고, 자기 자신 안으로 간다"고 하고, "자기 자신을 아는 자는 자기의 유래에 대해서도 안다"[83]고 하거니와, 여기서 말하는 '자기 자신'이란 영혼 앞에 있는 정신, 즉 영혼이 거기에서 유래하고 거기로 돌아가려는 그 본향을 가리킨다. 그리하여 영혼이 거기로 돌아가는 거기 즉 정신과 관련해서 플로티노스는 "〔영혼은〕 자기 자신〔정신〕으로 귀환하면서 자신의 근원을 향해 되돌아간다"[84]고 말한다.

영혼이 제 본향인 정신으로 귀환하기 위해서는 감각적 세계를 여의고, 무상한 시간의 흐름을 단절해야 한다. 그것은 그런 감각적 세계 속에 사는 우리의 일상적 (주객 대립적) 사고를 지양할 뿐 아니라, 그 세계 자체와 그 속에 사는 우리들 자신까지도 무화(無化)해야 한다는 뜻이다.

그것은 평상인으로서는 거의 불가능한 일이다. 왜냐하면 분할로부터 출발하는 일상적 사고(로고스)를 폐기할 뿐 아니라 세계 자체와 우리 자

---

82 영혼이 정신으로 고양되는 것에 대해서는 *Enneades*, IV 4, 7, 8 ; V 3 ; VI 7, 8, 9 등 참조.
83 두 명제는 모두 같은 책, VI 9에서 인용한 것임.
84 같은 책, VI 9.

신까지 무화한다는 것은, 단순히 사고의 차원이 아닌 체현의 차원에서나 가능한 일이기 때문이다.

영혼은 무의 심연을 건너 변화가 없는 지경에 이르러서 비로소 정신에 도달할 수 있다. 영혼과 정신이 합일하는 순간은 이미 시간이 아니라 일자의 영원이 거기에 조응(照應)하는 순간이다. 거기는 사유되는 것이 아니라 '보여지는' 것이다. 이 봄을 우리는 체관(諦觀)이라 한다. 그리고 이 무시간적 순간이 상향도(上向道)가 도달하는 마지막 단계이다.

E. 고대적 시간관의 철학적 의의와 후대의 과제

시간을 연구함에 있어 유의해야 할 것으로 크게 두 가지가 있다. 첫째는 '영원'이다. 영원은 시간의 외적 대조항으로서 시간을 밖에서 제약한다. 즉 시간을 연구할 때에는 언제나 그것을 영원과 대비하지 않을 수 없다. 시간은 영원의 반대 개념이기 때문이다.

둘째는 시간을 파악함에 있어 시간을 내부적으로 운동과 관련해서 볼 것인가 아니면 의식과 연관해서 성찰할 것인가 하는 것이다. 전자는 운동량을 통해 시간의 측정을 보장하고 후자는 시간의 인식을 보증한다.

첫째 것이 시간 문제의 외부적 측면이라면, 둘째 것은 그 내부적 측면의 문제라고 할 것이다.

우리는 신화적 담론에서 시작하여 플라톤과 아리스토텔레스를 거쳐 플로티노스에 이르기까지의 시간과 영원에 관한 사상을 조감하고, 동시에 시간 내부적 사항으로서 시간과 관련된 운동 및 의식을 고찰하였다. 이제 그것을 정리함으로써 그리스적 시간 파악을 요약하고 나아가서 그 이후 시대의 과제를 제시하고자 한다.

1) 영원과, 시간의 창시 : 플라톤에 있어서 영원과, 시간의 창시라는 문제가 제기되었다. 그는 실재 인물인 천문학자 티마이오스의 견해라 하

여 전능한 제작자 데미우르고스가 영구불변하는 이데아인 영원을 모방
해서 무한히 진행하는 시간을 만들었다는 신화를 제시하였다. 그 이후
그리스 철학에 있어서 시간은 영원을 모상으로 해서 영속적으로 운행하
는 천체의 규칙적 순환으로 간주되었다. 아리스토텔레스는 영원의 문제
를『제일철학』중 신학의 문제로 잠시 비껴 놓았으나 영원의 문제는 플
로티노스에게서 재론된다.

플로티노스에 있어서 영원의 문제는 만유의 초월적 근거이지만 또한
정신의 집중을 통해 인간이 거기에 도달할 수 있는 것으로 사유되었다.
이런 종교적 체관은 비록 이교적(異敎的)인 것이기는 하지만 그리스도교
의 영원 사상 즉 영원은 그냥 초월적인 신의 세계에 그치지 않고 역사적
세계에 임재할 수 있다는 사상과 일맥상통한다. 그의 영원 사상은 보에
시우스에 의해 계승된다.

2) 시간과 수의 문제 : 이미 플라톤에게서 시간은 수와 관련지어지고
있다. 수는 비약적 연속성이라는 점에서 시간과 그 본질을 같이 한다. 그
리고 수는 헤아려지는 것이다. 동시에 수는 헤아린다는 정신 작용의 점
에서 시간의 의식 관련성 즉 시간 인식의 기초가 되고 있다. 아리스토텔
레스는 시간을 '선후의 관점에서 헤아려진 운동의 수'라고 정의함으로써
과학적 시간관의 전형을 형성하였다.

3) 운동과 의식 : 아리스토텔레스는 시간을『자연학』에서 자연 즉 천
체의 내면을 순환하는 무한한 주기적 운동으로 파악한다. 그가 말하는
헤아려지는 운동이란 다름 아닌 그 천체의 규칙적 운행을 가리킨다. 그
는 한편으로는 시간을 자연의 운동과 관련시킴으로써 뒷날 과학적 시간
연구의 선구를 이루고 또 한편으로는 헤아려지는 수와 연관시킴으로써
시간의 의식 관련성을 도외시하지 않았다. 즉 시간 인식의 기초를 놓치

지 않은 것이다.

4) '지금'의 문제 : 과학적 시간 연구의 점에서 간과할 수 없는 것은 자연에서는 시간은 늘 '지금'뿐이라는 것이다. 거기에는 과거도 없고 미래도 없다. 오직 관념적 한계로서의 지금—지금은 현재가 아니다—이 있을 뿐이다. 아리스토텔레스가 지금을 문제 삼는 이유는 여기에 있다. 시간에 대한 이런 과학적 연구의 맥은 뉴턴에 이어지고 우리의 상식적 시간 개념이 되고 있다. 그러나 플로티노스의 '지금'은 아리스토텔레스적 의미의 '지금'이 아니라 현대적 개념으로 말한다면 '현재'이다.

앞에서 우리는 시간과 수의 본질적 유사성을 보았거니와 이때의 수는 헤아려지는 수이면서 동시에 헤아리는 의식 작용을 가리킨다. 의식은 시간 인식의 주체가 된다. 플로티노스가 시간을 인간의 영혼으로부터 파악한 것이나 이것을 계승하여 아우구스티누스가 시간을 곧 마음(anima)의 변양이라고 한 것은 시간 인식의 명증성을 획득하기 위한 것이기도 하지만 이 차원에서 비로소 시간 양상이 논의될 수 있다.

5) 시간 양상의 문제 : 그러나 그리스 철학에서는 아직 시간 양상의 문제는 전면에 등장하지 않는다. 이것은 아우구스티누스에 의한 시간의 의식 내재화를 기다리지 않으면 안 된다.

시간은 운동과 관련되지 않으면 지각될 수도 없다. 그러나 반면 인간의 의식이 없으면 시간이 운동의 수로서 헤아려질 수도 없다. 이후의 모든 시간론은 운동을 아르케로 삼느냐 의식을 근원으로 하느냐에 따라 자연과학적 시간론이 되느냐, 철학적 시간론으로 가느냐로 갈라진다. 철학적 시간론의 주류는 시간 곧 의식이라는 것도 간과할 수 없다.

헬레니즘 시대는 독창적 철학을 창출하지 못했다는 점에서 철학적으로 불모의 시대이기도 하다. 그리스의 위대한 철학 정신은 플로티노스로 대표되는 신플라톤주의와 스토아학파가 명맥을 이어가고 있었다. 한편 로마에 상륙한 그리스도교는 박해의 시련을 극복하고 폭발적 기세로 확장되어 마침내 콘스탄티누스 대제에 의한 공인(313)에 이어 데오도시우스 황제에 의해 로마의 국교로 선포(391~392)되는 데까지 나아가고 있었다. 그 세월에 아우구스티누스(Aurelius Augustinus, 354~430)는 그리스의 철학적 시간론과 그리스도교의 시간 사상의 통합을 모색하였다.

그는 종교적 방황 끝에 그리스도교로 전향하여 사교(司敎)로 임명받은 뒤 여러 차례의 종교회의에 참여하여 바울의 그리스도교 정신을 체계화하고 그리스도교를 반석 위에 올려놓는 데 공헌하였다. 그는 유럽의 진정한 아버지이다.

아우구스티누스는 플로티노스를 계승하여 시간을 의식 속으로 내재화시킨다. 아우구스티누스 이후 철학적 시간론은 시간을 의식과 관련해서 논의하는 전통을 선명하게 열었다. 그것은 시간의 명증성의 확보이다.

그는 그리스도교의 교의를 수립하는 과정에서 「창세기」의 해석을 통해 시간이 신에 의해 창조되었음을 확실하게 정초한다. 영원에 관해서는 그러나 그는 플로티노스와 견해를 달리한다. 플로티노스가 상향도(上向道)를 통해 영원에 도달할 수 있다고 하는 데 반해, 아우구스티누스는 전지전능하고 절대적인 초월자 하느님에게 귀의함으로써 그 무한한 은총을 통해서만 인간은 구원받을 수 있다고 믿었다. 말하자면 사랑이신 하느님의 하향의 길에서만 우리는 영원과 만날 수 있고 구제받을 수 있다는 것이다.

서론 : 시간 문제의 제기

아우구스티누스는 「창세기」 1장 "태초에 하느님이 천지를 창조하시니라"에 대해 '옛 관습에 젖어 있는 사람'(마니교도)이 제기하는 시간에 관한 물음에 대답하는 형식으로 시간의 담론을 시작한다. 그 물음은 이렇다.

> 신은 천지 창조 이전에는 무엇을 하였습니까? (…) 천지는 신의 지혜와 의지로부터 창조되었는데, 그렇다면 신의 의지는 천지 창조 이전의 것이요, 왜냐하면 창조주의 의지 없이는 아무것도 창조될 수 없기 때문입니다. 신의 의지는 신의 실체에 속합니다. 그러므로 만일 신의 의지 가운데 이전에 없었던 어떤 것이 일어났다고 한다면, 그 실체는 참된 의미에서 영원하다고 말할 수 없습니다. 만일 피조물을 존재하게 하는 신의 의지가 영원하다면, 왜 피조물도 영원으로부터 존재하지 않았습니까?[1]

　그의 대표적 저작 중의 하나로서 만인이 애독하는『고백록』은 그의 사상과 인생의 편력기이자 신에 대한 찬미이면서 동시에「창세기」의 해석이기도 하다. 전 13권으로 되어 있으나 고백 내지 참회는 9권, 즉 사제로 서품받아 고향으로 돌아가기 위해 오스티아 티베리나 항구에서 배를 기다리는 동안 어머니 모니카의 죽음을 맞이하는 것으로 끝난다.

　11권에서 13권까지는「창세기」에 대한 해석이다. 특히 11권은 시간론이다. 그리고 10권은 이를 위한 예비적 서술로서 내용은 인간의 '기억론'이다. 기억은 의식, 즉 영혼의 일종이다. 시간을 의식으로 환원시킨 것은 이미 플로티노스에게서 선명하게 본 바 있다. 특히 기억을 위해 그는 한 권을 할애하여 상론하고 있는데 그것은 기억이 그만큼 앞으로의 담론에 중요한 몫을 할 것이기 때문이다. 그의 시간론은「창세기」의 모두(冒頭)를 해석하는 '마니교에 대립되는 창세기론'(De Genesei Contra Manichaeos, 388~390)과『신국론』(De Civitate Dei) 11~12권 및『시편 강해』(Enarrationes in Psalmos)에서도 논의되고 있다.『신국론』은 시간이 우리의 삶에 객관적 틀로서 적용되는 면을 다루고 있다. 그러나 가장 집중적으로 논의되고 있는 곳은 역시『고백록』이다.

　아우구스티누스는「창세기」의 해석을 통해 플라톤의 창조이론을 수용하고, 플로티노스를 이어 시간을 영혼 즉 의식으로 환원하였다. 그리고 그 핵심에는 그리스도교의 신앙과 사상이 자리잡고 있다. 말하자면 그리스도교 속에 그리스 철학을 흡수하여 종합한 것이다.

　앞에서 인용한 물음은 두 가지로 나누어볼 수 있다. 1) 창조가 신의 의지에 의한 것이고, 이 의지가 신의 실체에 속한다면, 천지 창조를 위해 신에게 새 의지가 생겼어야 한다. 새 의지가 생겼다면 신에게 변화가 생

---

1 *Confessiones*., Bk. 11, Ch. 10.

졌다는 말이다. 변화는 신의 불변의 영원성에 어긋난다. 신은 영원하지 않다고 해야 하는가? 만일 신이 영원하다면 신의 의지로부터 나왔어야 할 피조물도 신처럼 영원해야 하지 않는가, 즉 시간이 유한한 근거가 무엇인가?

2) 피조물은 신이 존재한 연후에 있게 된 것인데 그 창조 이전에 신은 무엇을 하였는가? 그 '창조 이전'의 시간 양상은 어떠하였는가? 1)은 유한한 시간의 존재 근거에 대한 물음이고, 2)는 창조 이전의 상태와 이전이라는 시간 양상 및 이와 함께 신의 영원성에 대한 반문이다.

그러나 2)에 대한 그의 대답은 간단히 끝난다.

당신이 시간을 앞선다는 것은 시간에 있어서가 아닙니다. 당신은 과거와 미래의 모든 것을 앞서고 넘어섭니다. 시간조차도 당신이 만드셨으므로 천지 창조 이전의 '그때'가 있었던 것이 아닙니다. 시간이 존재하지 않았을 적에 '그때'란 있을 수 없습니다.[2]

시간은 천지 창조와 더불어 있는데, 신은 바로 그 천지 창조와 함께 시간을 창조하였다. 그리고 그때부터 이전·이후라는 시간 양상이 있게 된 것이다. 다시 말하면, 천지 창조 '이전'에 신은 무엇을 하였느냐고 묻는 것은 무의미하다. 왜냐하면 시간은 신에 의한 천지 창조와 함께 창조되었으므로 그 '이전'이란 없기 때문이다. 아우구스티누스는 천지 창조 이전의 신의 존재에 대한 물음을 비껴간 것이다. 그리하여 남은 문제는 유한한 시간의 존재 근거이다.

---

2 같은 책, 11권 13장.

과연 시간이란 무엇인가? 우리는 이 물음의 정형을 아우구스티누스의 물음 방식에서 본다. 모든 물음은 완전한 모름과 온전한 앎 사이에서 생기는 것이다. 아주 모르면 물어볼 수도 없고 모두 다 알면 물어볼 필요가 없다. 우리는 이에 대한 아우구스티누스의 고백을 들어보는 것으로 본론을 시작하고자 한다.

그러나 대화 가운데 시간보다 더 예사롭고 알려진 것이 무엇이겠습니까? 우리가 시간에 대해 말할 때 우리는 그것을 알고, 다른 사람이 말할 때도 우리는 압니다. 그러면 시간은 도대체 무엇입니까? 아무도 나에게 묻는 이가 없으면 나는 그것을 압니다. 그러나 묻는 이가 있어 이를 설명하려고 하면 나는 알지 못합니다. 하지만 내가 아는 것을 대담하게 말한다면 이렇습니다. 지나가는 것이 아무것도 없다면 과거 시간이 없을 것이며, 다가오는 것이 아무것도 없다면 미래 시간은 없을 것이고, 아무것도 없다면 현재 시간이 없을 것입니다.[3]

---

3 같은 책, 11권 14장(17).

A. 시간의 존재

시간에 대한 최초의 지각이 변화에 있음은 말할 필요조차 없다. 그러나 그것으로 곧 시간이 인식되는 것은 아니리라. 시간은 천지 창조와 더불어 있는 것이지만 그 본성은 도대체 무엇인가? 이 물음에 대답하는 것이 아우구스티누스의 시간론의 최초의 과제이다.

1. 신의 천지 창조와 존재 구조

아우구스티누스의 시간론은 「창세기」에 대한 해석에서 시작한다고 했거니와, 시간도 신에 의해 천지 창조와 함께 창조된 것이다. 신은 어떻게 만유를 창조하였는가?

당신의 실체로부터 생긴 지혜로 당신은 무엇인가를 무(無)로부터 만드셨습니다. (…) 당신은 하늘과 땅을 무로부터 만드셨습니다. (…) 당신은 존재하셨고 나머지는 허무였습니다.

그 허무로부터 당신은 하늘과 땅의 두 가지를 만드셨습니다. 일방(一方)은 당신에게 가깝고 타방(他方)은 무에 가깝습니다. 보다 높은 것인 바 일방은 당신에게만 있고, 보다 낮은 타방은 허무뿐입니다.

무릇 존재하는 모든 것은 존재하는 한 당신에 의해서 존재합니다. 그러나 당신에게 닮은 정도가 적을수록 그만큼 당신으로부터 멀어집니다.[4]

무(無)로부터의 창조―이것은 그리스도교 사상이 몰고 온 커다란 사유 혁명이다. 이 사상은 일찍이 그리스 철학에는 물론이고 메소포타미아 문명이나 이집트 문명에서도 찾아볼 수 없는 것이었다. 무엇보다도 신에 대한 관념에 있어서 그리스 철학은 전지전능한 유일신을 갖지 못했을 뿐 아니라, 더구나 그 신의 기능이 일체의 존재자를 '무로부터 창조한다'는 데까지는 도저히 상상도 하지 못했다.

그리스 철학은 고작 존재 사물이 '무엇'으로 만들어졌고 '어떻게' 만들어졌느냐고 물었고, 그에 대한 대답으로서 '순수 질료'니 '운동인'이니 하는 것을 거론했다. 그러나 질료는 '무규정적'이지 무는 아니다. 그것은 규정되기 이전의 상태로 있는 어떤 것이다. 플라톤이 말하는 가장 탁월한 건축가 데미우르고스도 이미 있는 어떤 것을 가지고 우주를 만든 것이다. 그리스 철학에서는 그리스도교에서 말하는 무, 즉 신에 의한 천지 창조 이전의 상태라는 의미에 있어서의 무의 개념은 찾아볼 수 없다. 그리스 철학에서의 무란 존재자의 운동을 가능하게 하는 영역으로서의 허공(spatium)이거나 상재(相在)의 모순에 불과하고, 존재에 대한 절대적 타자로서의 무(nihil)는 아니다.

---

4 같은 책, 제12권 7장(7).

아우구스티누스 당시 위세를 떨치던 그노시스파에서도 창조를 교설하지만 그것은 악신에 의한 물체계와 육체의 창조일 뿐이다. 인간의 영혼은 악신이 아닌 대신(大神, great God)의 도움으로 육체로부터 해방됨으로써 구제된다고 한다. 그리하여 창조란 악신에 의한 물체계와 육체의 창조일 뿐이다. 대신은 악신을 초월하여 있으나 세계를 창조하지도 않고, 세계에 대해 간여하지도 책임지지도 않으며, 다만 악신의 지배하에 있는, 즉 시간 속에서 신음하는 인간을 시간 밖으로 구제하는 역할을 할 뿐이다.[5] 이런 신관(神觀)에서는 창조 이전의 상태에 대한 아무런 언급도 메시지도 찾아볼 수 없다.

신의 창조는 무(無)를 유(有)로 전환하는 것이다. 아우구스티누스가 「창세기」 1장 1과 6을 해석하는 바에 따르면, 신의 창조의 첫날은 하늘의 하늘과 무형 질료(materia informa)를 만들었고,[6] 둘째 날에는 무형 질료에다 형상을 불어넣어 가시적 천지를 만들었으며, 셋째 날은 바다와 육지를 만들었다.

대개 첫날의 창조를 제1창조라 하고, 둘째 날과 셋째 날의 창조를 제2창조라 하는데 아우구스티누스에 따르면 제1창조는 가지적(可知的)인 것의 창조이고 제2창조는 가시적(可視的)인 것의 창조이다.

우리는 여기에서 신·하늘의 하늘·하늘과 땅·땅 등의 존재계위(存在階位)를 찾아볼 수 있다.

먼저 신에 대해 아우구스티누스는,

---

5 Henri-Charles Puech, "Gnosis and Time" in *Man and Time*(The Eranos Yearbook vol. 3) 1957, 38ff. 참조.
6 *Conf.*, Bk. 12, Ch. 12(15).

　　당신의 세월은 가지도 않고 오지도 않지만, 우리의 그것은 가고 또 오므로 모든 것이 오게 됩니다.[7]

　　당신은 영원이시며, 당신만이 불사(不死)를 가지고 계십니다. 당신은 어떠한 형상 내지 운동에 있어서도 변하지 않고, 그 의지는 시간적으로 변하는 일이 없습니다. 당신은 〔나를〕 명시(明示) 속에서 취하는 일 없이(eribus) 제 정신으로 깨어 있으면서(soribus) 당신의 날개 위에 머물러 있게 하소서.[8]

라고 한다. 신의 영원은 불변이다. 그에 반하여 시간은 변화를 최대의 특징으로 한다. 운명적 인생을 사는 우리가 당장 알고자 하는 것은 이 시간이지 영원이 아니다.

　　일반적으로 아우구스티누스의 사상은 그리스 철학과 그리스도교 사상의 종합이라고 한다. 특히 플로티노스를 비롯한 신플라톤주의의 영향이 크다.[9] 그렇게 본다면 신은 광명이요, 생성계를 존재케 하는 규정자요, 그러므로 그는 취하는 일 없이 깨어 있다.

　　그리고 신은 제1창조로 하늘의 하늘(coelum coeli)을 만들었다. 그는 「시편」 115장 16에 "하늘의 하늘은 주의 것, 그러나 사람의 자식에게는 땅을 주셨다"를 인용하면서,

---

7 같은 책, 11권 13장.

8 같은 책, 12권 11장.

9 Gilles Quispel, "Time and History in Patristic Christianity" in *Man and Time*, p. 104 참조. Roland J. Teske는 특히 아우구스티누스가 플로티노스로부터 크게 영향받은 것을 강조하고(*Paradox of Time in Saint Augustine*), Henry Chadwick는 아우구스티누스의 『고백록』 XI권의 문장의 도처에 각주를 붙여서 그 문장이 플로티노스의 문장에서 인용된 것임을 밝히고 있다(*A new translation Saint Augustine, Confessiones*).

하늘의 하늘에 비하면 우리의 하늘은 오히려 땅이다.[10]

라고 한다. 따라서 '하늘의 하늘'은 땅에 대립되는 하늘까지 포함하는 전체이다. 천지의 하늘은 어디에 있어서나 전체로서 있지 않은, 어디까지나 부분인 데 반하여 '하늘의 하늘'은 전체로서 있는 것이다. 그러나 신이 영원이라면 '하늘의 하늘'은 영원은 아니다.

> 지성적(知性的) 피조물, 당신과 영원성을 같이 하지는 않으나 당신의 영원성을 분유(分有)하는 존재는 (…) 모든 변전하는 시간적 변이를 초월합니다.[11]
>
> 오직 당신만을 열락(悅樂)으로 삼고 변하지 않는 정절(貞節)을 가지고 당신을 마시며, 변화의 가능성을 가지면서도 언제 어디서나 변하는 일 없이 언제나 당신 앞에서 전력을 다하여 당신을 모시고 기대할 미래도 기억할 과거도 없고 변천을 입는 일도 시간 가운데 연장되어 퍼지는 일도 없는 피조물, 그것일지라도 당신과 같이 영원하지는 않습니다.[12]

'하늘의 하늘'은 일종의 영원성, 즉 준영원을 갖기 때문에 시간을 초월하긴 하지만 신의 영원 자체는 아니다. 그것을 우리는 유구(悠久, aevum)라고 한다. '하늘의 하늘'은 유구의 세계요, '천사의 세계'이며 '신의 집'[13]인 것이다. 그리고 "천사는 시간적 변전을 받지 않는다."[14]

---

10 *Conf.*, Bk. 12, Ch. 2(2).
11 같은 책, 12권 9장(9).
12 같은 책, 12권 11장(11).

신이 거기로부터 천지를 창조한 그 무를 아우구스티누스는 땅(terra)
이라고도 한다. '하늘의 하늘'이 천지를 초월하는 천사의 세계라고 한다
면, 이 땅은 말하자면 천지의 땅 이하의 것, 즉 '하늘의 하늘'에 대비되는
것으로서 '땅의 땅'(terra terrae)이라고 부를 수 있고 또 불러 마땅하다.

땅은 볼 수 없고 형상도 없으며, 깊은 연못과 같은 것, 그 위에는
빛이 없습니다. 그것은 아무런 형태도 가지고 있지 않습니다. 그러므
로 당신은 '어둠이 연못 위에 깔렸었다'라고 〔모세로 하여금〕 적도록
하였습니다. 어둠은 곧 빛의 부재에 불과합니다. 당신이 이 무형의
질료에 형상을 부여하여 구별하기 이전에는 아무것도 없었습니다.
즉 색깔도 형태도 물체도 영혼도 없었다는 것을 가르쳐주신 것은 당
신이 아닙니까? 그러나 완전한 허무도 아니었습니다. 어떤 형상도 아
직 갖지 않은 무엇인가 무형의 것이었습니다.[15]

땅은 곧 무형 질료(materia informa)로서 시간적 세계 형성의 전제 또
는 이전 상태(질서 내지 기원상의 이전 상태)를 말한다. 그러나 허무는
아니다. 왜냐하면 비록 형상 부여 이전의 무형의 상태일망정 신의 소조
물이기 때문이다. 그것은 가지적(可知的) 형상은 물론이요, 가시적(可視
的) 형상도 아직 갖추지 못한 '눈에 보이지 않는 최저의 단계'요, 그리하
여 '거의 무(無)에 가까운 것', 그러나 '형상을 받을 가능성을 가지고 있
는 것'이다. 따라서 이것은 무시간적[16]이다. 우리는 이것을 '무적인 것'이

---

13 같은 책, 12권 15장(20).
14 같은 책, 12권 19장(28).
15 같은 책, 12권 3장(3).

라고 개념화한다.

그리고 셋째 날 신에 의해 창조된 것이 우리가 살고 있는 천지이다. 이는 빛의 창조 후 2일 만에 물과 물 사이에서 '되라!'고 하여 무형의 질료로부터 만들어진 것으로 물체적인 것이며, 비록 하늘이라 하더라도 '하늘의 하늘'에 비하면 오히려 '땅'이요, '땅과 바다의 하늘'이다. 이것은 가시적 하늘, 부분적 하늘, 시간의 지배하에 있는 세계를 말한다.

이상의 존재 구조를 도식으로 표시하면 아래와 같다.

존재 계위(階位)	존재 영역	시간 양상	지속의 양상	창조 순위
신	전지전능한 신	영원 (aeternitas)	무시무종	
하늘의 하늘	천사 (전체적 가지적)	유구 (aevum)	유시무종	제1창조
천지	인간 및 생물·무생물의 세계 (부분적 가시적 세계)	시간 (tempus)	유시유종	제2창조
땅	무형 질료	무시간 (zeitlos)		제1창조

2. 시간의 성립

앞에서 본 바와 같이 아우구스티누스에게서 시간은 신의 천지 창조와 함께 존재한다.[17] 그러나 피조물의 세계라 하더라도 '하늘의 하늘'이

---

16 같은 책, 12권 12장(15) 및 19장(28).

나 땅(땅의 땅)에 시간은 없다. '하늘의 하늘'은 신에 가까워서 신과 닮은 시간, 즉 천사의 시간으로서 '유구'하지만 이것은 불변의 것이요, 땅 자체는 본디 무형 질료이기 때문에 무시간적이다. 시간은 가시적 천지와 함께 있다. 즉 시간의 소재지는 인간이 사는 천지인 것이다. 천지는 생성 변화를 그 본질로 하는데 시간은 바로 거기에 존재하는 것이다.

> 변화와 운동 없이 시간은 절대로 있을 수 없고, 형상이 없는 데서는 변화가 있을 수 없습니다.[18]

변화와 형상이 없는 데—그것은 영원이다—에 시간이 있을 수 없다는 것은 자명하다. 그러나 형상이 없는 데에는 변화가 있을 수 없다는 것은 무엇을 의미하는가? 아우구스티누스는 '땅'을 형상이 없는 것이라 하는데, 이것은 달리 말하면 '무규정성'(apeiron)이다. 무규정성은 무(無) 자체는 아니지만 무성(無性)을 가진 것으로서 무(無)에 가까운 것, 따라서 거기에서는 변화를 찾아보기 어렵다. 시간은 이 무규정성—순수 연속이라고 해도 좋다—을 단절하고, 거기에 이데아적인 것이 규정해 들어오는 데서 성립한다. 시간은 영원인 바 순수 이데아에서도 성립하지

---

17 그리하여 "천지 창조 이전에는 신은 무엇을 하였는가" 하는 물음은 무의미하게 되었다. 왜냐하면 시간 자체가 도대체 신의 천지 창조와 함께 있게 된 것이라면 시간의 존재 이전에 시간적 이전·이후를 따질 수 없기 때문이다. 그렇게 따지는 것 자체가 자기 모순이다. 피조물인 시간의 '언제'를 가지고 창조주의 시간적 위치를 따질 수는 없다. "당신은 시간에 앞서지만 시간 안에서 시간에 앞선다는 것은 있을 수 없습니다."(같은 책, 11권 13장) 시간의 창조 이전에 시간이 없었던 때가 있었다고 해도 안 된다.

18 같은 책, 12권 11장(14).

않고 순수 연속으로서의 무규정성에서도 성립하지 않으며, 양자가 결합되는 데서, 즉 연속적이면서 동시에 단절적인 데서 성립된다. 시간은 본디 모순으로 성립한다.

시간은 신이 무적(無的)인 연속성 즉 무형 질료를 존재로 전환함으로써 성립되는 것이다. 시간은 신의 입장에서 보면 무규정적 질료로의 하강에서, 반대로 무규정적 질료로서 보면 신을 향한 상승에서 성립한다. 즉 시간은 '천지'에서 성립한다.

플라톤이 시간을 '영원의 모상'이라고 한 것과 비교하면, 그리스도교적 시간은 '영원으로부터의 하강'임이 극명하게 대조된다. 이것을 종교적으로 표상하면 '낙원으로부터의 추방'에서 인간 역사가 시작되는 것으로 이해될 수 있다. 달리 말하면 시간을 통해서라야 인간의 초월(구원)도 가능하다고 해석될 수도 있다.

그것은 어찌 되었든 시간은 영원과 무규정적 순수 지속이 각기 부분적으로 자기를 포기하는 데서, 즉 천지에서 성립한다. 영원에 의한 질료의 규정(존재화) 즉 단절로서 보면, 시간은 비약으로서 불연속성이며, 질료로서 보면 (불연속성을 수용한) 연속성의 자기 보전이다. 시간은 신에 의해 창조된 한에 있어서 신에 닮아서 '영원한 하루'를 가지며, '땅'으로부터 만들어졌기 때문에 신과의 불유사성 즉 무규정성을 갖는다.

흘러가는 무엇이 없을 때 과거 시간이 있지 않고, 흘러오는 무엇이 없을 때 미래 시간이 있지 아니할 것이며, 아무것도 없을 때 현재 시간도 있지 않을 것입니다.

그런데 이 두 개의 시간, 과거와 미래란 어떻게 있습니까? 과거는 '이미 없고' 미래는 '아직 없는' 데도 현재가 언제나 있어서 과거로 이행하지 않는다면, 이미 시간이 아니라 영원일 것입니다. 그러므로 만일 현재가 시간인 까닭을 과거로 이행하기 때문이라고 한다면, '현재가 있다'는 것은 어떻게 말할 수 있습니까? 현재가 '있다'고 말할 수 있는 까닭은 그것이 '없게 될' 터이기 때문입니다. 즉 내가 참된 의미에서 '시간이 있다'고 말할 수 있는 것은 그것이 바로 '없는 방향으로 향하고 있기' 때문입니다.[19]

시간의 존재는 시간이 '존재하지 않는 방향으로 향해 있다'는 것이다. 시간의 존재 근거는 무로 향해 흘러가고 무로부터 흘러온다는 데 있다. 여기서 시간 존재의 근거는 무라고 하는 패러독스가 성립한다. 앞에서 설명한 논리로 말한다면 무규정적인 '천지'에서라야 비로소 시간이 성립하는 것이다.

3. 시간은 천체의 운동이 아니다

인간이 사는 천지는 주기적으로 운동하는 천체적 우주이다. 그러나 아우구스티누스는 플로티노스의 사상을 좇아서 그 천체의 운동은 시간이 아니라고 한다. "어느 학자가 '천체의 운동이 그 자체로 시간을 구성한다'고 말하는 것을 들었습니다만 나는 그 말에 동의할 수 없습니다."[20] 그 이유는 천체의 규칙적 순환운동은 시간을 측정하는 가장 유용한 단위는 될 수 있으나 그것이 그 자체로 시간이 될 수는 없다는 데 있다.

---

19 같은 책, 11권 14장(17).
20 같은 책, 11권 23장(29). 어느 학자는 아리스토텔레스를 암시하는 것 같다.

그는 플로티노스가 든 동일한 예를 들고 있다.[21] 즉 '하루'는 태양이 동쪽에서 솟아올라서 다시 동쪽으로 돌아오는 것을 말하는데, 이때 하루라는 것이 운동 자체인지, 운동이 완성되는 기간인지, 이 양자 모두인지를 그는 묻는다. 첫째 것이라면 태양이 겨우 한 시간만 움직였더라도 '하루'라고 해야 할 것이며, 둘째 것이라면 해뜨기로부터 다음 해뜨기까지의 기간을 '한 시간'이라고 잡을 때 '하루'를 채우기 위해 태양이 24번 돌아야 한다. 그리고 양자 모두라고 한다면, 첫째와 둘째의 경우처럼 될 것이다. 그것은 이치에 맞지 않는다. 그러므로 태양의 회전은 시간 안에서 진행되는 운동일 수는 있으나 운동 자체가 시간일 수는 없다. 천체의 규칙적 순환운동은 시간의 길이를 측정하는 훌륭한 규준이 될 수 있을 뿐이다.

4. 시간의 본성

과거 시간과 미래 시간이 있다면 그것들이 어디 있는지 알고 싶습니다. (…) 과거와 미래가 어디 있든 내가 알 수 있는 것은 다음과 같은 것, 즉 과거와 미래가 어디 있든, 거기에 있어서 그것은 미래도 아니고 과거도 아닌 현재라는 것입니다. 사실 거기에서도 미래라고 한다면 그것은 거기에 아직 없고, 또 만일 거기에서도 과거라고 한다면 그것은 거기에는 이미 없기 때문입니다. 그러므로 어디에 있든 무릇 있는 것은 오직 현재로서만 있습니다.[22]

---

21 Plotinos, *Enneades*, III, 7, 9 참조.
22 *Conf.*, Bk., 11, Ch. 18(23).

과거는 이미 지나갔기 때문에 지금에 없고, 미래는 아직 도래하지 않아서 역시 지금에 없으며, 있는 것은 오직 현재뿐이다. 이것은 존재론적으로 본 시간 양상의 실상이다. 그러나 오직 현재만 있다고 하면 그것은 그 자체로 영원이지 시간은 아니다. 그뿐 아니라 현재만 있고 과거와 미래는 원천적으로 없다고 단정할 수는 없으니, 아우구스티누스에 따르면 과거와 미래의 존재 근거는, 의식에 있기 때문이다.

> 과거의 사실이 이야기될 때 그것은 기억으로부터 이끌어내집니다. 기억은 지나가 없어진 과거의 사실 자체를 낳는 것이 아니라, 사실들이 감각을 거쳐가면서 흔적으로 마음에다 찍어놓은 그 영상들에게서 얻어진 낱말들을 낳습니다. 나의 소년 시절은 지금에는 이미 존재하지 않는 과거의 사실이지만 그것을 회상하면서 이야기할 때 나는 현재 시간에서 그 영상을 보면서 이야기합니다. 그것은 아직도 기억 속에 있기 때문입니다.[23]

우리가 여기서 먼저 주목하는 것은 시간의 중심(重心)이 존재론적으로는 현재에 있다는 것이다. 시간의 발생적 존재 근거는 신의 천지 창조에 있지만 피조물의 시간은 다른 한편으로는 땅의 무규정성, 즉 무성(無性)을 가지고 있기 때문에 (즉 시간의 존재 근거는 그것이 무를 향하는 데 있기 때문에) 과거와 미래로 연속되지 않는다. 그리하여 존재하는 것은 오직 현재뿐이다.

그 이유를 우리는 몇 가지로 짚어볼 수 있다. 첫째, 어원학적으로

---

present는 prae-esse[24]에서 유래한다. '앞에 있다', '현전해 있다'는 것은 존재 현전을 의미하지만 그리스도교의 신앙적 표상으로는 '신 앞에 있다', '신이 현전해 있다'는 뜻이다. 현재는 신의 광명이 현전할 뿐 무성(無性)이 전혀 없는 것, 오직 신의 현전뿐인 것이다. 현재는 신의 임시(臨時)-현전(現前)이다. 지상에서의 이런 현재를 신이 현전하는 시간, 즉 카이로스(kairos)라고 한다.

철학적으로 표상해서 신을 순수 존재(ousia)라고 한다면 현재는 임시현전(par-ousia),[25] 즉 시간의 차원에 현전하는 존재이다. 현재는 카이로스이면서 동시에 임시-현전이다. 이런 점에서 현재는 무의 존재화이므로 언제나 창조적이다. 일체 세계는 현재에서 일시에 현성하고 현전한다. 과거와 미래가 무의 계기를 내포하고 있다면, 현재는 무를 일체처(一切處)에서 일시에 존재로 전환하는 만큼 위대한 창조성이라고 할 것이다.

둘째, 아우구스티누스가 존재의 무게를 현재에 두는 이유는 지각의 명증성이다.

엄밀한 의미에서는 과거·현재·미래라는 세 시간이 있는 게 아닙니다. 엄밀하게 세 개의 시간은 과거의 것에 대한 현재, 현재의 것에 대한 현재, 미래의 것에 대한 현재인 것입니다. 사실 이 세 가지는 마

---

24 prae-esse는 (1) Being befor, in view, or at hand ; being in a certain place and not elswhere. (2) Now existing, or in process를 의미한다. 현재는 시간성을 갖는 어떤 존재의 현현(顯現, present)이다. To-day 역시 마찬가지이다. Today는 Anglo-saxon의 Tōdæge로서 "For where the day neither commences with the end of yersterday, nor is ended by the commencement of the morrow, it is ever To-day" 즉 영원이다(*Saint Augustine, Confessions*, transl. by E. B. Pusey, p. 262 footnote).

25 이때 임시(臨時)라는 말은 임시 직원처럼 '잠깐 대신해서'라든가 '임시 변통'의 임시 따위를 가리키지 않고 '때에 임하여', '시간의 차원에서'를 의미한다.

음(anima) 속에 있으며 마음 이외에서는 찾아볼 수 없습니다. 과거의 것에 대한 현재는 기억이며, 현재의 것에 대한 현재는 직관이며, 미래의 것에 대한 현재는 기대인 것입니다. (…) 세 개의 시간이 있습니다.[26]

이 명제는 아우구스티누스의 유명한 시간의 본질 규정이다. 세 시간 양상은 단순히 과거·현재·미래가 아니라, 과거의 현재·현재의 현재·미래의 현재인 것이다. 여기에서 우리는 두 가지를 주목하게 된다. 첫째, 시간의 소재가 의식이라는 것, 그리고 시간 존재의 현주소는 전적으로 현재의 의식에 집중되어 있다는 것이다. 둘째, 그것은 동시에 지각의 명증성을 의미한다. 현재의 존재가 가장 명증적으로 지각되기 때문이다. 과거와 미래의 것은 상기나 기대 등 변양된 의식을 통해 지각된다. 달리 말하면 과거와 미래에는 무규정적인 것이 침투해 있기 때문에 명증적이지 못하다. 과거·현재·미래라는 세 시간 양상을 존재의 면에서는 과거의 것에 대한 현재, 현재의 것에 대한 현재, 미래의 것에 대한 현재라 하고, 의식의 면에서는 기억·직관·기대라고 한 것이다.

그러나 현재는 연장을 갖지 않는다.[27] 왜냐하면 현재는 과거와 미래라는 무성(無性)에 의해 단절되어 있기 때문이다. 그것은 현재가 존재로서 무로 연장될 수 없음을 의미한다. 현재가 연장(지속)을 갖지 않는다면 그 현재는 시간의 생명이라고 할 연속성 내지 지속성으로부터 완전히 배제되어야 한다. 과연 그런 현재가 가능한가?

시간의 측정이라든가 일상 생활의 영위, 역사 서술 등이 가능하기 위

---

26 같은 책, 11권 20장(26).
27 같은 책, 11권 21장(27).

해서도 현재는 과거 및 미래와 연속되어야 하고, 그러기 위해서는 과거
와 미래도 현재와 마찬가지로 존재해야 한다.

5. 과거와 미래의 존재 근거

앞의 인용문에서 보다시피 과거와 미래는 그 자체로는 없다. 있는 것
은 오직 연장 없는 현재 즉 지금뿐이다. 그러나 과거와 미래는 기억과
기대라는 의식 속에 있다. 아우구스티누스는 세 시간 양상을 의식으로
환원해서 비로소 그 존재 근거를 확보한 것이다. 그리하여 과거를 '기억
으로서의 현재', 미래를 '기대로서의 현재', 현재를 '지각으로서의 현재'
라고 한 것이다. 즉 과거의 사실 자체는 이미 없지만 그것들이 (시간과 함께
지나가면서) 의식 속에 새겨놓은 흔적이 기억 속에는 있다. 미래의 사실
도 마찬가지로 지금에는 없으나 장차 있을 것이라는 기대 속에는 있다.

> 과거를 말하는 사람들은 만일 마음속에 그것을 의식하고 있지 않
> 다면 절대로 진실을 말할 수 없을 것이며, 미래를 예언하는 사람들은
> 미래가 아직 없다면 어디에서 미래의 것을 보았단 말인가? 없는 것은
> 볼 수도 없을 터인데.[28]
> 그러므로 미래의 것이 보여진다 할 경우 보여지고 있는 것은 아
> 직 없는, 즉 미래 자체가 아니라 오히려 그것의 원인 내지 징후이며,
> 이것들은 이미 있는 것입니다. (…) 그 현재의 것〔원인 또는 징후〕으

---

[28] 같은 책, 11권 17장.

로부터 정신 속에 미래의 것을 파악하여 예언합니다. 또 정신 가운데 파악된 미래의 것에 관한 심상(futura praedicantur animo concepta)은 이미 있습니다. 자기 안에 현존하는 것들의 심상을 바라보면서 미래를 예언합니다.[29]

가령 여명을 바라보면서 '곧 해가 떠오를 것이다'라고 미래를 예상한다면 (아직은 떠오르지 않았지만) '곧 떠오를 해'를 바라보는 것은 현재요, 그 현재에서 예상되는 것은 '곧 떠오를 미래의 태양'이다. 그것은 원인이나 징후로서 현재 속에 들어와 있다. 그렇다면 과거와 미래도 결과나 징후(또는 원인)로서 존재로 전환되지 않으면 안 된다. 앞에서 인용한 바와 같이, 그것은 시간을 의식으로 전환함으로써 가능하다. 왜냐하면 무는 기억될 수도 예견될 수도 심지어 직관될 수도 없지만, 기억과 예견이 가능하기 위해서는 기억되는 사실과 예견되는 사실이 있었던 (또는 있을) 그 본거지로서의 과거와 미래가 존재해야 하기 때문이다. 다시 말하면 존재론적으로는 무적(無的)인 과거와 미래가 의식을 매개로 해서 존재로 전환되는 것이다. 그리하여 의식은 과거와 미래의 존재 근거이다. 아우구스티누스는 이렇게 말한다.

과거가 무에 불과하다면 그것은 전혀 인식될 수 없을 것입니다. 그러므로 과거와 미래도 역시 존재합니다.[30]

그러나 과거와 미래가 어디 있는가? 물론 기억과 기대라는 의식 안에

---

29 같은 책, 11권 18장(24).
30 같은 책, 11권 17장. 18장(23, 24)도 참조.

있다. 의식 내재적인 것으로만 있는가?

내가 안다고 확신을 가지고 말할 수 있는 것이 있습니다. 그것은
만일 아무것도 지나가버리는 것이 없다면 과거시(過去時)는 없을 것
입니다. 아무것도 도래하는 것이 없다면 미래시(未來時)는 없을 것입
니다. 아무것도 없다면 현재시(現在時)는 없을 것입니다.[31]

아우구스티누스는 구체적 행위나 사건의 변화와 함께 과거와 미래가
존재함을 확신하고 있다. 이것은 의식의 명증성에서 확보된 내재적 시간
의 객관적 시간으로의 전환의 계기이다.

6. 시간의 방향

시간의 본질은 정지를 거부하는 데 있다. 시간은 단 한순간도 머무는
일 없이 한 방향으로 흘러가고 있다. 그 흐름의 방향은 관점에 따라 과거
→현재→미래로 표상되기도 하고, 그 반대 방향으로 표상되기도 한다.
전자를 우리는 과거 연원적이라 할 수 있고 후자 즉 미래→현재→과거
를 미래 연원적이라고 부를 수 있다.

과거 연원적이라 함은 시간의 발생적 근원을 과거에 두는 태도를 가
리킨다. 그 관점은 대체로 종교의식을 포함한 문화적 전통과 생활 방식
의 차이에서 연유한다. 그리스적 사유 전통에서 시간은 과거에서 연원하

---

[31] 같은 책, 11권 17장.

여 현재를 거쳐 미래로 흘러가는 것으로, 즉 과거 연원적으로 표상한다.

그러나 그리스도교의 미래대망 사상에서 시간은, 미래(최후의 심판) 가 규정적 역할을 담당하므로, 미래 연원적이다. 그리하여 시간은 미래 에 의거해서 현재를 규정한다고 본다.

> 미래에서 과거로 흐르는 움직임이 너무 빨라서….[32]
>
> 미래에서 현재로 될 경우 어느 그윽한 곳에서 나오고, 현재에서 과거로 될 경우 어느 그윽한 데로 흘러….[33]
>
> 미래인 어디로부터 현재인 어디로 해서 과거인 어디로 흐르며 (…) 현재는 어디로부터 와서 어디를 통하여 지나가는가? 물론 미래 로부터.[34]

아우구스티누스의 인용문에서 보듯이, 시간은 미래에서 발원하여 현 재를 거쳐 과거로 흐르는 것으로 표상되어 있다. 즉 그의 시간관은 미래 연원적이다. 과거 연원적 시간의식은 대체로 보수적이고 미래 연원적 시 간의식은 목적론적이고 종말론적이다. 어떤 이는 이 양자의 차이를 삶의 방식의 차이 즉 농경 생활과 유목 생활의 차이에서 찾기도 한다.

어쨌든 미래대망 사상은 종말론의 다른 표현이다. 언젠가 인류 역사 는 끝이 날 것이고 시간은 그때까지만 진행할 것이다. 앞으로 지속될 시 간은 양적으로 한정되어 있다. 그러므로 아우구스티누스에게 시간이 흐 른다는 것은 미래 시간의 감소와 과거 시간의 증가를 의미한다.

---

32 같은 책, 11권 16장(21).
33 같은 책, 11권 17장(22).
34 같은 책, 11권 21장(27).

가령 어떤 일정량의 가사(歌詞)로 된 노래를 부른다고 하자. 처음에는 앞으로 부를 부분이 많이 남아 있으나, 노래를 불러감에 따라 이미 부른 부분이 증가하고 부를 부분은 감소한다. 마찬가지로 전체로서의 인류 역사는 이미 정해져 있으므로 역사가 진행함에 따라 미래의 부분은 감소한다. 그리고 더 이상 감소할 부분이 남아 있지 않으면 마침내 최후의 종말이 온다. 이것은 아우구스티누스가 예로 든 것이다. 인류 역사에 종말을 예견하고 역사의 방향을 존재론적으로 미래 지향적으로 보는 데에 그리스도교적 시간관의 본질적 특성이 있다.

우리는 앞에서 신의 천지 창조 이전의 상태를 무(無)라 했고, 세계를 형성한 근본 질료를 무적(無的)이라고 했다. 그리고 과거와 미래도 무에 의해 한정되어 있다고 했다. 최후의 심판 이후의 천지의 상태는 어떠할 것인가? 앞의 서술로 미루어보면 존재론적으로는 무라고 할 수밖에 없다. 물론 신은 영원하므로 항존(恒存)하겠지만 적어도 피조물의 세계는 무로 돌아갈 것이다. 천지는 무를 본향으로 삼고 있기 때문에 시작과 끝이 무에 의해 한정되어 있는 것이다. 존재하는 세계의 역사는 무를 목표(telos)로 삼고 진행하다가 마침내 무로 돌아간다. 그것은 본질적인 의미에서 니힐리즘이다. 그리스도교에는 본질적으로 니힐리즘이 숨어 들어가 있다. 본질적 니힐리즘은 역사에 있어서 오직 한 번만 있는 새로운 것(novum)을 찾아 진취적으로 행위하도록 한다. 역사는 언제나 위기(crisis)이기 때문이다. 이 점이 그리스도교로 하여금 역사적 현실에 적극적으로 참여하여 개혁하도록 하는 원동력이 되고 있는 것이다.

시간론의 입장에서 보면 그리스도교는 가장 시간의식이 강한 종교이다. 종말론은 시간론의 극한이거니와, 그런 시간의식은 다른 종교에서는 찾아보기 어렵다.

7. 시간의 측정

현재는 연장(지속)을 갖지 않기 때문에 길이가 있을 수 없고, 과거와 미래는 무(無)이기 때문에 측정할 수가 없다. 비록 과거와 미래가 존재한다 하더라도 의식 내재적 존재이기 때문에 양화할 수 없다.

> 그러나 존재하지 않는 것이 어떻게 길거나 짧을 수 있습니까? 과거는 이미 존재하지 않고 미래는 아직 존재하지 않는데 말입니다.[35]

아우구스티누스처럼 시간에 관한 의식의 명증성을 확보하기 위해 시간을 의식 내재적 영역으로 환원하는 사람들에게 시간 측정의 문제는 목에 걸린 가시와 같은 것이다. 아리스토텔레스는 시간을『자연학』의 대상 즉 천체의 운동으로 보고 시간을 '선후에 따른 운동의 수'라고 하여 처음부터 시간의 측정 가능성을 확보하였다.

그러나 아우구스티누스처럼 시간을 의식 속에 내재화시키면 즉 양화를 지양하면 양적 측정이 불가능하다.

일반적으로 시간은 물체의 운동을 측정하는 잣대, 즉 규준이다. "시간을 가지고 물체의 운동을 측정합니다. 그 역은 아닙니다."[36] 그러나 측정이 가능하기 위해서는 시간의 연장이 전제되어야 하는데 아우구스티누스는 그것을 처음부터 인정하지 않는다. "시간은 미래에서 과거로 너무도 빨리 흘러가기 때문에 짧은 순간도 펼쳐지지 않는다."[37] 그러면 무

---

35 같은 책, 11권 15장.
36 같은 책, 11권 26장(33).
37 같은 곳.

엇으로 운동을 측정하는가? 시간을 의식으로 전환시켰으므로 측정도 의식으로 하는 수밖에 없다. 그러나 의식은 길이를 갖지 않는다. 따라서 측정은 양(量)을 지양하고 질화(質化)할 수밖에 없다.

아우구스티누스는 시간의 연장을 '마음의 분산'(distentio animae)[38]이라고 한다. distentio는 dis-(분산)와 tendere(향하다)의 합성어로 그 반대를 그는 '마음의 집중'(extendo animae)이라 한다. 시간은 과거 · 현재 · 미래라는 세 방향으로 분산하여 퍼지는 (연장하는) 마음[39]이다. 예컨대 어떤 노래를 부른다고 하자. 1) 부르기 전에 마음은 노래 전체에 tendere(향)한다. 2) 부르기 시작하면 이미 부른 부분에 대해서는 기억이 향한다. 3) 아직 부르지 않은 부분에 대해서는 기대가 향한다. 그리하여 2)와 3)의 '향함'(tendere)은 마음이 분산(dis-)되어 향하는 dis-tendere이다. 현재는 직관(attendere)으로 tendere함으로 결국 마음은 세 방향으로 dis-tendere(분산)한다. 아우구스티누스에 따르면 '시간은 마음의 분산'이다.[40]

시간이란 연장입니다. 그 밖에 아무것도 아닙니다. 무엇의 연장인가? 마음 자신의 연장이 아니라면 이상합니다.[41]

그러므로 과거와 미래의 존재 근거가 의식에서 확보되듯이, 시간의 측정도 의식에서 비로소 가능하다. 의식에서 어떻게 길이를 측정하는가?

---

38 같은 책, 11권 29장(39).
39 같은 책, 11권 26장(33).
40 같은 책, 11권 29장(39).
41 같은 책, 11권 26장(33).

그럼에도 불구하고, 주여, 우리는 시간의 간격(intervalla)을 지각하고 서로 비교하여 이것이 저것보다 길다든가 짧다고 말합니다. (…) 그러나 우리는 지나가고 있는 시간을 측정하는 것이며, 그때 시간을 지각하면서 측정합니다.[42]

시간의 측정은 지각에서만 가능하다. 지각은 무엇을 측정하는가?

나는 지나가버린 뒤에 남는 인상, 그 현존하는 인상을 측정하는 것이지 인상을 낳게 하면서 지나가는 것〔사실〕 자체를 측정하는 게 아닙니다.[43]

아우구스티누스가 측정하려고 하는 것은 시간 속에서 경과하는 어떤 것(사실)이 아니라, 그것이 우리의 의식에 남겨놓은 지각이다. 그런데 직각적 지각은 연장 없는 현재에 구속되어 있고, 따라서 그 지각을 측정한다는 것은 불가능하다. 그리하여 시간의 측정은 '시간 내용'이 '지나가는' 현재에 새겨놓은 인상의 깊이, 즉 지나가는 현재에서 직관되거나 회상되거나 또는 기대되는 마음의 깊이가 질적으로 측정되는 것이다.

마음에는 세 가지 활동이 있습니다. 즉 마음은 기대하고 직관하고 기억합니다. 마음이 기대하는 것은 직관을 통과하여 기억으로 이행합니다. 미래가 '아직 없음'을 누가 모르겠습니까? 그럼에도 미래에 대한 기대는 마음 가운데 역시 있는 것입니다. 과거가 '이미 없음'

---

42 같은 책, 11권 16장(21).
43 같은 책, 11권 28장(37).

을 누가 부인하랴만 과거의 기억은 마음 가운데 역시 있는 것입니다. 그러므로 현재시에 길이가 없음을 아무도 부정 못 하지만―그것은 한 점에 불과하므로―그럼에도 불구하고 직관은 지속합니다. 이 직관을 통하여 '이제 곧 여기에 있을 터인 것'은 '여기 없는 것'으로 이행합니다. 그러므로 긴 것은 미래시가 아니라―그것은 없습니다― 미래에 대한 '긴 기대'에 불과합니다. 긴 것은 과거시가 아니라 과거에 대한 '긴 기억'인 것입니다.[44]

시간의 측정은 지각을 양적 길이로서 측정하는 것이 아니라, 지각을 질로서 측정한다는 뜻이다. 시간의 기억은 어떻게 성립하는가? 전술한 바와 같이, 어떤 사건이나 사실이 현재를 통과하는 동안 지각을 통해, 비유하자면 걸어가면서 뒤에 남기는 발자취와 같이, 마음에 새겨지는 것이다. 그것은 지각의 잔영으로서 있다. 가령 나의 소년 시절에 일어났던 일 자체는 이미 그때의 현재가 없어질 때 함께 없어졌으나, 그때 마음에 새겨진 잔영만은 남아 있다. 그 잔영으로서 새겨진 심상을 불러일으키는 것이 상기(회상)요, 그 내용이 기억이다. 그것은 아직도 마음속에 남아 있다. 없어진 사건 자체를 정재(定在, Dasein)라고 한다면 그 잔영은 상재(相在, Sosein)이다. 그러므로 기억은 언제나 상재로서만 존재한다. 미래의 경우도 마찬가지이다. 그리고 측정은 이 상재인 기억과 기대의 깊이의 측정인 것이다.

---

44 같은 책, 11권 28장(37).

B. 시간과 영원의 인식

시간을 의식 속으로 환원하여 의식에서 시간의 존재 근거를 확보하고 시간 양상을 의식의 양상이라고 한다면, 사실 시간의 인식 문제도 자명하게 의식의 자기 인식에서 가능하게 된다.

영원에 대해서는 이미 언급한 바 있으나 영원의 인식에 대해서는 검토되지 않았다. 영원의 인식은 어떻게 가능한가?

1. 영혼의 제 단계와 영원의 인식

인식이 가능하기 위해서는 우리의 인식 작용과 인식되어야 할 것 사이의 존재 관계가 먼저 전제되어야 한다. 아우구스티누스는 인간의 영혼에 세 단계를 구별한다. 동물적 영혼, 감각적 영혼 및 기억이 그것이다.

1) 동물적 영혼 : 동물의 생명력이라고도 할 수 있는 "이 힘으로 신은 발견되지 않는다. 만일 발견될 수 있다면 지성을 갖지 않은 노새도 신을 발견할 것이므로."[45] 이 영혼은 다만 육신을 살게 할 수 있을

---

[45] 같은 책, 10권 7장(11).

뿐이다.

2) 감각적 영혼 : 이것 역시 말이나 노새도 가지고 있는 능력이다. 그것은 외계와 접촉하는 신체의 문으로서 신체의 사자 구실을 하는 오관을 가리킨다. 오관은 제각기 고유한 기능을 가지고 있으나 외부적인 것을 내부로 보고하는 역할에 있어서는 같다. 내부란 오관(五官)이라는 사자가 보고한 것을 통제하고 이에 관해 판단하는 정신을 말한다. 그러나 감각적 영혼에는 정신이 없다. "작은 동물이든 큰 동물이든 온 세계의 아름다움을 보지만 그것을 물어보지 못한다. 동물에게는 제 감각을 통솔하고 그것에 관하여 판단하는 이성이 없다."[46]

3) 기억(memoria) : 아우구스티누스는 기억을 감각적 기억과 지성적 기억으로 나눈다. 전자에는 심상(imago), 감각, 기대 등이 속하고, 후자에는 비감각적 기억, 근원적 기억이 있다.

심상은 감각을 통해 마음속에 받아들인 물체의 상(像)을 말한다. 감각은 현재에 얽매이게 되는데 그 현재에서 감각된 것은 시간이 지남에 따라 기억 속에 상으로서 보존된다. 이것도 심상이다. 심상은 반드시 외부로부터 받아들인 것만이 아니다. 외부로부터 받아들인 것을 분해·변양해서 새로운 상을 만들기도 한다. 예컨대 뱀의 상과 맹수의 상을 복합해서 용의 심상을 만들기도 하는데 이런 작용을 모두 심상이라 한다. 여기에서 감각은 상기되기 위해 기억 속에 보존되어 있는 감각 내용을 말한다.[47]

기대는 과거의 심상 또는 감각 내용에 기초해서 미래의 행위, 사건 등을 마치 현재의 것인 양 생각하는 것을 말한다. 비감각적 기억은 관념

---

46 같은 책, 10권 6장(10).
47 이상 감각적 기억에 대해서는 같은 책, 10권 8장(14) 참조.

이라고도 한다. 수학적 제 관념 등 초경험적 관념을 가리킨다.

근원적 기억은 외부로부터 받아들인 심상의 누적이 아니라, 그보다 훨씬 깊은 곳에 있는 기억, 즉 무의식의 기억, 비경험적 기억 등이다. 근원적 기억은 의식적 판단이 행해지는 밝은 기억의 배후에 있으면서, 판단의 기준이 되는 선천적 개념을 가지고 있는 어두운 기억의 들판이다. 신은 여기에서 찾아진다고 아우구스티누스는 말한다.[48]

이 밖에 그는 기억의 기억, 감정의 기억, 망각의 기억, 희망의 기억을 거론하고 있으나 이제 신이 발견될 수 있는 영혼으로서의 근원적 기억을 찾은 이상 우리는 신과 기억과의 관계, 다시 말하면 영원에 대한 인식을 살펴볼 계제에 와 있다.

기억이라면 새나 짐승도 가지고 있습니다. 그렇지 않으면 저들의 동굴이나 둥우리로 돌아올 수 없을 것입니다. (…) 기억에 의하지 않고서는 저들은 아무것도 습관화할 수 없을 것입니다.

그러므로 나는 나를 네발짐승과 구별하고, 하늘을 나는 새보다도 지혜로운 존재로 만들어주신 분에게 도달하기 위해 기억을 초월할 것입니다. (…) 그러나 어디에서 나는 당신을 발견하겠습니까? 만일 내가 당신을 기억하지 않는다면.[49]

인용문 상단 부분은 감각적 기억을 말한다. 그러나 거기에서 신은 발견되지 않는다. 신을 발견하기 위해서는 감각적 기억을 초월해야 한다. 그럼에도 아우구스티누스는 신이 기억 속에 없다면 신은 어디에서 발견

---

48 같은 책, 10권 10장(17 및 19) 참조.
49 같은 책, 10권 17장(26).

되겠느냐고 묻는다. 감각적 기억을 초월한 근원적 기억, 거기에서 신은 발견된다고 그는 말한다.

당신은 나의 기억 안에 계시지만 그 어떤 부분에 계시는지 생각해보고자 합니다. 당신을 상기할 때 나는 짐승도 가지고 있는 그런 기억의 부분을 초월했습니다. 거기 물체적 사물의 심상 속에서는 당신을 찾지 못했기 때문입니다. 다음에 마음의 감정을 위탁받고 있는 부분에 이르렀습니다만 거기에서도 찾을 수가 없었습니다.

거기에서 다시 기억 가운데서도 마음이 점하고 있는 바로 그 자리—마음은 마음 자신까지도 기억합니다— 에까지 왔습니다만 거기에도 당신은 계시지 않았습니다. 당신은 물체적인 것의 심상이 아닙니다. 기쁨과 슬픔, 욕망과 공포, 기억과 망각 따위의 마음을 갖는 감정도 아닌 것과 마찬가지로 마음 자체도 아닙니다.

당신은 마음의 주신(主神)이어서 위와 같은 모든 마음을 움직이면서 자기는 만물을 초월하여 불변하게 있으나 내가 당신을 알고 난 뒤부터는 나의 기억 속에 살고 계십니다. (…)

그러면 당신을 알기 위해 어디에서 당신을 찾았겠습니까? 당신을 알게 되기 전에 이미 나의 기억 안에 있었을 리는 만무합니다. (…) '나를 넘어서 당신에 있어서'가 아니겠습니까? 그러나 결코 장소는 없습니다.[50]

신을 알고 나서부터 신은 기억 속에 있다. 신을 안다는 것은 그러나

---

50 같은 책, 10권 26장(37).

경험에 의한 물질적 지각이나 반성적 지각으로서가 아니다. 근원적 기억, 즉 '기억을 넘어서 당신에 있어서' 아는 것이다. 그런 앎을 종교적 체험이라고 말할 뿐 철학은 별반 할말이 없다. 신은 철학적 인식의 한계 밖에 있다. 영원은 인간 세계를 너무 멀리 초월해 있기 때문에 인간은 그것에 대해 '불변'이니 '무시무종'이라고 소극적으로밖에 말할 수 없다. 인간의 유한한 인식 능력은 영원에 대해 그 이상 인식할 수가 없다.

그러나 유구(aevum), 예컨대 종(種)으로서의 생명의 무한 지속인 영속(sempiternitas, everlasting duration)은 한편으로는 시간을 초월하지만 실재 시간의 무한성을 전제하므로 정신을 통해 인식 가능하다. 그것은 감각의 한계를 넘어선다. 왜냐하면 감각은 현재적인 것, 개별적인 것에 구속되는 마음의 분산이기 때문이다.

2. 마음의 분산과 집중

시간은 의식 속으로 내재화되고, 그리하여 시간은 '마음의 분산'이라고 정의된다. 마음의 분산 양상으로서의 시간 양상은 기억으로서의 분산, 기대로서의 분산, 직관으로서의 분산이라고도 했다. 분산은 존재론적으로는 다화(多化)이다. 시간의 양상에 따라 의식도 다(多)로 분열되는 것이다.

영원은 이런 시간의 분열적 양상을 갖지 않는다. 그것은 언제나 현재로만 있는 '단적인 존재'('Ist' schlechthin)이므로, 정재(定在)와 상재(相在)의 분할 이전이며, 일자(一者) 자체이다. 영원에의 길은 따라서 '분산'과 반대되는 길, 즉 마음의 '집중'(extentio, extentus)[51]이라야 한다. 시간

에로의 길은 무적(無的)인 것의 방향으로 향하는 마음의 분산이며, 영원
에의 길은 일자(一者)에로의 마음의 집중이다. 이 마음의 집중을 통해 영
원의 인식을 다시 살펴볼 필요가 있다.

이러한 마음의 집중은 어떻게 가능한가? 아우구스티누스의 체험적
담론은 이렇게 서술되어 있다.

어머님이 세상을 하직할 날이 가까워졌습니다. 그날을 우리는 알
지 못하지만 당신은 알고 계십니다. 그것은 비밀의 방법으로 당신이
배려해주었다고 우리는 믿고 있습니다만. 어머님과 나는 단둘이서
어떤 창가에 기대 서 있었습니다. 거기로부터 우리가 머물고 있는 집
의 뜰이 보였습니다. 그곳은 티베르 강구(江口)의 오스티아였습니다.
거기에서 우리는, 긴 여로에 지친 뒤라 사람들의 소음을 떠나 다음의
항해를 위해 원기를 회복하고 있었습니다.

우리는 단둘이서 이야기를 주고받았습니다. 과거의 일들은 잊고
미래의 일들에 열중하면서, 진리이신 당신의 어전(御前)에서, 당신은
누구이시며, 성자들이 미래에 받을 영원의 생명이란 어떤 것일까 하
고 서로 물어보고 있었습니다. 그것은 눈으로 보지 못하고 귀로 듣지
못하며 사람의 마음에는 떠오르지 않는 것이었습니다. 그렇지만 우

---

51 낱말의 뜻으로만 본다면, extentio는 distentio와 동의어로서 streching out, extention
을 의미한다. 또 집중을 의미하는 낱말로는 in-tentio가 있다. 그럼에도 아우구스티
누스가 사전적 의미를 무시하면서 '집중'이라는 뜻으로 extentio를 쓰는 이유는 무
엇인가? 그 이유는 현재의 성격에 있다. 그에게 있어서 현재는 단순히 시간 양상의
하나가 아니라, 영원이 수직적으로 임현(臨現)하는 곳이다. 따라서 영원인 바 현재
에 이르는 것은 (과거 미래는 물론이요) 시간 양상의 하나로서의 현재 밖으로 나아
가서(ex-) 즉 초월해서 영원한 현재(현재의 영원성)에 향하는 것이다. 그리하여 우리
는 distentio와 대비해서 사용한 extentio를 '집중'이라고 번역하는 것이다.

리는 당신께 있는 생명의 샘, 그 샘물의 천상(天上)의 흐름을 향하여 입을 힘껏 크게 벌리고 몇 방울만이라도 받아서 가냘프게나마 당신의 높으신 비밀을 생각해보고자 했습니다.

그리하여 우리의 대화가 육체의 감각적 쾌락은 아무리 크고 물체적 광채에 빛날지라도 저 영원한 생명의 기쁨에 비하면 비교도 안 될 뿐 아니라 말로 이야기할 가치조차 없다는 결론에 이르렀을 때, 우리는 한결 열렬한 감정을 가지고 '항상 같으신 분'을 향하여 올라가 단계적으로 모든 물체적인 것을 통과하고 다시 거기로부터 해와 달과 별들이 지상으로 빛을 보내는 저 하늘까지도 지나쳤습니다.

우리는 당신의 성업(聖業)을 마음속으로 생각하고 말하고 찬탄하면서 오르기만 하다가 우리 정신에 이르러서는 그것까지도 넘어서 당신께서 진리의 꼴(秣)로 항상 이스라엘을 먹이시는 저 다함없이 풍부한 곳에까지 다다르고자 했습니다.

거기서는 생명이 지혜이며, 이미 있었던 것도 장차 있을 것도 모두 이 지혜에 의해서 생기지만, 지혜 그 자체는 생멸하는 일 없이, 이미 있었던 바와 마찬가지로, 지금도 있고 언제까지나 있을 것입니다. 아니, 지혜에 있어서는 '있었다'도 '있을 것이다'도 없이 오로지 '있음'만이 있습니다. 왜냐하면 그것은 영원이기 때문입니다. 이에 반하여 '있었다'나 '있을 것이다'는 영원이 아닙니다.

우리는 그 자체에 관하여 이야기하고 지혜를 열망하는 동안에, 마음의 있는 힘을 다하여 가까스로 그 지혜에 부딪히게 되었습니다. 그리고 깊은 한숨을 내쉬고는 '정신의 첫 열매'를 거기에 남겨두고, 시작과 끝이 있는 말로 시끄러운 인간의 입으로 돌아왔습니다. 그러나 늙지 않으신 채 항상 스스로 계시면서 모든 것을 새롭게 해주시는 우리 주의 말씀에 비긴다면 그게 무엇이겠습니까?[52]

이것으로 보면 그가 정신의 집중이라고 하는 것은 인간적 사유의 단념으로서 신을 향한 열렬한 기구이다. 신이라는 한 초점에 온 정신을 모아 기구하는 이 신앙을 통해 어느 순간 인간 정신은 무(無)인 과거와 미래를 여의고 존재 자체인 신의 나라, ‘영원한 지혜’에 부딪힐 수 있다. 그러나 그 순간은 지속하지 않는다. 그 순간에 그러나 신의 영원은 피조물의 세계에 빛을 던져줄 수 있다. 이것이 지상에 있어서의 신의 임시현전(臨時現前)인 본질적 현재가 아닐까? 다시 말하면 인간의 열렬한 기구에서 만나는 신의 임시현전, 그 순간적 현재는 절대로 지속하지 않는다. 인간은 영원에 도달할 수 있다. 그러나 그것은 기구를 통한 찰나에 불과하다. 여기에 인간 정신의 한계가 있다.

---

52 같은 책, 9권 10장(24).

C. 아우구스티누스의 위상

아우구스티누스에 있어서 시간은 비존재(非存在, 無)를 근거로 해서 비로소 존재한다. 현재도 아직 존재하지 않는 미래에서 다가와 이미 존재하지 않는 과거로 사라짐으로써 존재하는 것이다. 다시 말하면 시간으로서 '있기' 위해서는 '있지 않게' 되어야 한다. 이 패러독스는 그러나 신의 천지 창조, 즉 무로부터의 창조로 설명될 수 있다.

두 번째 패러독스는 시간의 측정과 관련된 것이다. 아우구스티누스는 시간을 의식으로 환원함으로써 시간 측정의 문제에 중대한 차질을 초래하였다. 도대체 현재가 연장을 갖지 않기 때문에 길이로서 측정될 수도 없으려니와, 설사 '지나가는 현재'를 측정한다 하더라도 그것을 양화(量化)할 수 없다. 하물며 의식 내재적인 것을 어떻게 양으로 측정할 수 있겠는가? 그럼에도 우리는 길다거나 짧다고 시간의 '길이'를 말한다.

아우구스티누스는 이것을 의식으로 환원하여 '긴 미래'란 '긴 기대'이고 '긴 과거'란 '긴 기억'이며, '긴 현재'란 '긴 직관'이라고 말한다. 여기서 말하는 '길다', '짧다'가 깊음과 얕음을 의미한다면, 즉 질적으로 인상의 강도가 강하거나 약한 것을 가리킨다면, 이것은 시간의 길이가 아니라 지각의 강도를 가리킨다. 그렇다면 실지 사건의 시간상의 위치는 의식 내에서는 그 선후가 뒤집힐 수 있다. 다시 말하면, 시간적으로는 더 먼 사건이 의식의 면에서는 더 강하고 선명할 수 있다. 그것은 극단적으로 말하면 시간의 철저한 주관화이다.

이 시간의 주관화와 함께 세 번째 패러독스가 성립한다. 시간의 주관화는 동시에 사람마다 각자의 시간이 있게 되는, 즉 보편적 시간을 부정하는 결과가 되지 않을 수 없다. 특히 두 번째 패러독스와 이 세 번째 패러독스는 후대의 시간 논의에 두고두고 중대한 걸림돌로 작용한다.

시간을 무로부터 창조했다고 하는 것은 그리스도교의 교의에서 자연스럽게 도출되는 결과이다. 그러나 두 번째 패러독스, 즉 시간 길이의 측정 문제는 아리스토텔레스 비판에서 연유한 것이지만 아우구스티누스의 입장에서는 시간의 내재화로 얻은 명증성 확보의 대가로서는 결코 작은 희생이 아니다. 아리스토텔레스의 시간의 자연화―시간은 객관적이고 계량할 수 있다고 하는 측면은 근세 이후 자연과학의 몫으로 돌아갔다. 뉴턴의 절대시간 개념이 그 대표적인 것이다.

마지막 패러독스, 시간의 주관화는 현대 철학과 관련시켜서 본다면 커다란 선구자적 의의를 갖는다고 해야 할 것이다. 시간은 인간의 의식의 삶과 연관되지 않으면 안 되기 때문이다. 그것은 그러나 소위 우리의 상식이 말하는 시간이 아니라 그런 시간의 근원으로서의 시간성이다.

시간을 의식으로 환원함으로써 비로소 시간 양상이 주제화될 수 있다. 아우구스티누스 이전의 철학자들에게서는 지금을 중심으로 '이전'과 '이후'가 비존재적 계기로서 논의되기는 하였으나 그것을 곧 의식의 변양인 기억과 기대의 대상 영역으로서 즉 과거와 미래로서 문제 삼지는 않았다. 이와 더불어 '지금'도 관념적 한계라는 옹색함을 벗고 '현재'라는 지평을 가진 시간 양상으로 바뀌게 된다.

제3부 | 영원의 행방

동북 아시아의 반도에 살면서 근대 이후 서쪽에서 넘어오는 문화적 영향을 받아온 우리로서는 알기 어려운 개념 중에 하나가 '영원'이다. 사실 유교나 도교에는 말할 것도 없고 불교에도 영원 개념이 그렇게 뚜렷한 것 같지 않다. 유교가 현세적·현실적이라는 것은 말할 것도 없거니와, 도교에서 신선과 도인의 불로장생을 희구하긴 하지만 그것은 이 세상에 오래오래 살고 싶다는 염원의 표현일 뿐 사후의 영혼불사의 추구는 아니다.

불교에서도 마찬가지이다. 윤회전생(輪廻轉生)은 이 세상을 살아가면서 죄악을 짓지 말라는, 대중을 위한 한 방편적 가르침이지 불교 고유의 이념은 아닌 것이다. 제행무상(諸行無常) 제법무아(諸法無我)를 설하는 마당에 사후의 영혼이 영원히 자성적(自性的)으로 있다고 생각하는 것은 그 자체로 망집이다. 겁(劫)은 긴 시간에 대한 과장된 표현에 불과하다. 민속 신앙에서 사후 세계를 가리키는 경우에도 저승이라든가 저 세상이라고 하여 영혼이 거기서 일정 기간 살다가 사라지는 것으로 상상할망정 거기서 '영생'한다고는 하지 않는다. 그만큼 우리는 영원 개념에 익숙해 있지 않다.

영원, 유구, 영속이라는 개념도 αἰών(aeternitas)과 aevum과 ἀίδιο (sempiternitas)를 구분하여 번역하는 데 필요한 개념이지 우리에게 고유하게 있는 개념은 아닌 것 같다. 우리에게는 차라리 '끝없이', '무한' 따위가 낯익다.

이에 반해 고대 메소포타미아, 이집트, 이스라엘의 여러 문명권에서는 일찍부터 강한 종교의식으로 무장된 영원 사상이 뿌리박고 있어서 그 맥을 계승한 이스라엘 민족에게는 영원은 익숙한 개념이다. 만일 이 영원이나 영생 개념을 그리스도교에서 제거한다면 그 신앙 자체가 성립되지 않을 것이다. 유대교와 그리스도교의 영원한 삶에 대한 신앙은 현세의 온갖 고통을 능히 초극하고도 남는다. 그리스도교의 세례를 받은 서구인들이 영원에 대해 강한 의식을 가지고 있음은 부인하기 어려울 것이다.

서양의 중세 천년은 그리스도교의 밀레니움(millenium)이었다. 그때는 철학에서도 형이상학이 앞장서서 영원을 주제화하였다. 서양 중세의 관심사는 영원과 영생에 모아진다. 스콜라 철학의 중심적 위치에 있는 토마스 아퀴나스에게 영원에 관한 논의가 없는 바 아니지만 그런 좁은 의미의 영원론 이전에 그의 철학 전체가 다름 아닌 사태를 개념(이성) 속에 수렴해서 보는 영원 사상이라고 해도 과언이 아니다.

영원의 상하(相下)에서는 역사 속에서 변전하는 시간은 가변적이고 덧없고 유한하고 가치가 낮은 것으로 간주된다. 아우구스티누스 이후 서양 중세에 괄목할 만한 시간론이 눈에 띄지 않는 이유가 여기에 있다.

1. 아우구스티누스와 보에시우스의 영원관

우리는 이미 플라톤과 플로티노스에게서 영원 개념과 만난 바 있다. 플라톤은 영원을 수에 따라 무한히 전진하는 시간의 원상, 불변하는 일자(一者)인 이데아 즉 존재 자체로서 파악하였고, 플로티노스 또한 영원을 만유의 근원으로서 초시간적 일자, 존재 자체, 절대적 존재라고 했다. 후자가 그것을 예지적 정신이라고 하여 정신의 집중을 통해 그 경지에 도달하려고 했다는 것을 제외하면 양자 사이에 개념상의 차이가 없다. 영원은 시간의 원상(또는 근원)으로서 불변하는 자기 동일적 일자요, 존재 자체, 정지하는 지금이라는 것이다. 그러나 이것은 이교적(異敎的) 개념이다. 그럼에도 우리는 이들의 영원 개념이 그리스도교의 영원 개념에게도 영향을 미친다고 시사한 바 있다.

우리가 여기서 묻는 것은 그리스도교적 영원 개념, 즉 아우구스티누스와 보에시우스(Anicius Manlius Severius Boetius, 480~534)의 영원 개념이다. 전자는 그리스도교의 교의를 그리스적 개념으로 해석함으로써 양 사상의 종합을 기도하였고, 후자 또한 그리스 철학(특히 아리스토텔레스)을 연구하고 그리스도교의 삼위일체를 논하는 등 두 사상을 경험함으로써 '최초의 스콜라 철학자'라고 일컬어진다. 토마스는 자신의 영원 개념을 그로부터 이끌어내고 있으므로 그를 통해 그리스도교의 영원 개념을 살펴보는 것도 무리한 일은 아닐 것이다.

1) 아우구스티누스의 '영원한 하루'

아우구스티누스는 직접 영원에 대해 언급하는 일이 많지 않은 대신 그리스도교의 신에게 자기를 고백하고 그를 찬미하여 영생을 기원한다.

플로티노스의 신은 영원의 초월성과 완전성을 대신 일컫는 개념 즉 일자 자체이고, 영원은 그 일자의 존재 양상이다. 그러나 아우구스티누스의 하느님은 그 하느님을 지렛대로 해서 인생을 온전하게 전향(convert)하는 신앙의 대상이다. 전자의 신이 이론적 명상에서 만나는 데 반하여 후자의 신은 실천적이고 헌신적 귀의에서 만난다. 신이 가장 완전하고 초월적이고 절대적이고 불변하고, 지고지선하며, 가장 아름답고, 가장 진실하고, 일체를 한순간에 한꺼번에 안다는 점에서는 양자의 신 개념 사이에는 차이가 없다. 그러나 그리스도교에서는 특히 신은 전지전능하여 만유를 창조하고 인류를 사랑으로 구원하고 최후의 날에 생령(生靈)이든 사령(死靈)이든 전 인류를 심판하는 신이다. 아우구스티누스의 영원은 신의 존재 양상이다.

영원에 있어서 변이하는 것은 아무것도 없이 모두가 현재 (…), 영원은 과거도 미래도 없이 정지해 있으면서, 과거 시간과 미래 시간을 지시한다.[1]

'당신은 언제나 같으시고, 당신의 세월은 다함이 없으시다.'(「시편」, 101장 28) 당신의 세월은 가지도 오지도 않는다. (…) '당신의 세월은 단 하루'이니 나날이 아니요 오직 오늘(To-day)이다. 당신의 오늘은 영원이다.[2] 그 오늘은 내일로 옮겨지지도 않고 어제로 이어지지도 않는다.[3]

---

1 Augustinus, *Confessions*, Bk., XI, Ch. X.

2 E.B. Pusey는 자기가 번역한 *Saint Augustine Confessions*, p. 262에서 Aug. Enchir. 49를 인용하여 "어제의 끝으로 시작하지도 않고 내일의 시작과 함께 끝나지도 않는 거기가 To-day이다"라고 하여, 오늘과 영원의 관계를 설명하고 있다. To-day는 어제 및 내일과 구별되는 오늘이 아니라 '영원한 오늘'을 의미한다.

그 오늘은 어제와 내일로 연속되는 오늘이 아니다. 시간의 본질이 변이인 데 반해 영원은 불변이요, 따라서 과거와 미래 없이 언제까지나 현재로만 있는 것이다.

플라톤 이래 그리스적 시간 표상에서 영원은 늘 무시간이었고, 시간은 언제나 그것의 모상이었다. 영원과 시간은 질적으로 구분되어 있어서 양자 사이에는 원상과 모상이라는 관계 이외에는 아무것도 없다. 플로티노스의 경우도 예외가 아니다.

그러나 유대교를 포함한 그리스도교의 시간 및 영원의 표상에서 영원은 시간과 전혀 관계를 맺지 않는 무시간이 아니다. 영원한 신은 물론 '처음에 있고, 지금에 있고, 일체의 미래에 있을'[4] 것이다. 영원은 신에게만 있는, 신의 속성이다. 그러나 시간은 그 영원의 모상이 아니라, 신에 의해 한정되고 또 다른 영원들(αἰῶνιϱ)이 예수의 부활이나 최후의 심판 등으로 표출되는 거기, 즉 카이로스이거나 카이로스의 준비 기간이다. 구제사적으로 보면 신의 구제와 무관한 시간은 아무데도 없다. 지상의 시간은 전적으로 신의 지배하에 있다. 시간은 신의 구체적 지배의 표현이다.

2) 보에시우스의 영원 : '끝없는 생명의 전체적 · 완전한 소유'

보에시우스는 이성의 철학적 방향을 그리스도교의 영원한 신의 섭리에 의한 구제대망에 설정하고, 시간 속에서 흩어지고 고립되고 정명(定命)된 것을 질서지어서 구제하는 것으로 보았다. 이것은 중세의 신비주의자 에카르트(Johannes Eckhart, 1260~1327경)의 명제인 '시간은 변화

---

3 Augustinus, 같은 책, Bk., XI, Ch. XIII.
4 「요한계시록」, 1장 4.

하고 다양화하는 것이고, 연원은 자재(自在)한다'는 명제에 이어진다.

영원의 시간 지배는 보에시우스의 '섭리와 운명'에 구체적으로 나타
난다. 보에시우스에 따르면, 섭리란 만물의 최고 통치자인 "신 안에서 만
물을 지배하시는 신적 이성"이고, 운명은 만물을 자기 지배하에 두는 섭
리의 지령하에 "움직이는 사물에 내속하는 배정 상태(dispositio)"이다.[5]
다시 말하면, 섭리는 일체 만유를 포괄하지만 운명은 제각기의 사물을
장소와 형상과 시간 안에 주어진 운동으로서 규정한다. 그리하여 시간적
질서의 전개가 신적 정신의 관념과 합치하는 것을 섭리라 하고, 또 이
합치가 시간 안에 배치되고 전개되는 것을 운명이라 한다. 이 둘은 각기
다른 것이지만, 하나가 다른 것에 속하는 것으로서, 운명의 질서는 섭리
의 단순성에서 유래한다. 이것은 마치 예술가가 자기가 제작할 사물의
형상(작품)을 먼저 자기 정신 안에서 만들고 난 후에야 작품 제작에 착수
하는 것과 같고, 또 단순하게 그리고 현재적으로 파악한 것을 시간과 질
서를 통하여 실현해나감과 같다.

이와 같이 "신은 이루어질 일체의 사물들을 당신의 섭리로써 단일적
이고 불변적으로 규정하며, 운명으로써는 그 규정한 바를 여러 가지 모
양으로 시간 안에서 실천한다."[6] "운명은 신의 단순성이 규정한 것들의
가변적 결합이며 시간적 질서이고, 그래서 운명에 속하는 일체의 것들은
섭리에 속하고 운명 자체도 섭리에 예속되는 것이다."[7] 이것은 신의 구제
의 예정과 그 결정 시기인 카이로이(καιρόι)와의 관계, 즉 영원과 시간

---

5 A.M. Sev. Boetius, *De Consolatione Philosophiae*, 鄭義采 역,『哲學의 慰安』, 1964, 성
  바오로출판사, 228쪽.

6 같은 책, 229쪽.

7 같은 책, 230쪽.

의 관계와 같다.

신의 섭리에서 보면 일체의 변화는, 그것이 자연적인 것이든 인위적인 것이든 운명의 테두리를 벗어날 수 없다. 그리하여 우연이란 애당초 있을 수 없고 모든 것은 섭리에 의해 필연적으로 결정된다. 우연이란 인간의 인식 능력의 부족에서 오는 착각이다. "운명 질서는 인간의 행동과 운(運)을 인과의 끊을 수 없는 연쇄로 묶는다. 그런데 이 원인이나 결과나 다 불변적 섭리에서 유래하는 것인즉 그것들도 필연적으로 불변하는 것이라야 한다."[8]

이상은 신의 구제 원리에 입각해서 영원과 시간의 관계를 섭리와 운명으로 구체화해서 본 보에시우스의 영원 사상의 일단이다. 그가 본격적으로 제시하는 영원 개념은 어떤 것인가?

보에시우스는 당시 해박한 고전적 식견을 갖춘 가장 탁월한 철학자이며 정치가였지만 정치적으로 모함을 입고 옥에 갇힌 채 처형의 날을 앞두고 『철학의 위안』(*De Consolatione Philosophiae*)을 썼다. 위안을 주는 여인은 '철학'이다. 이 책의 마지막 몇 페이지는 '영원'에 대한 이야기로 채워져 있다. 죽음을 앞둔 그의 마지막 관심은 비할 데 없이 냉정한 이성적 태도로 관찰한 신의 영원이었던 것이다.

그는 먼저 "신이 영원하다는 것은 이성을 가진 모든 존재에 공통하는 판단"임을 전제하고, 신의 영원성이란 "끝없는 생명의 전체적이고 동시에 완전한 소유를 말한다"[9]고 정의한다. 시간적 생명은 과거·현재·미래로 연장해가며 살기 때문에 동시적이라고 할 수 없고, 특히 현재 속에 갇혀서 사는 존재자이므로 전체적 생명이라 할 수 없으며, 더구나 완

---

8 같은 책, 231쪽.
9 같은 책, 287쪽.

전하다고는 말할 수 없다. 영속적 생명을 사는 것도 영원한 생명이라고
할 수 없으니, 왜냐하면 '생명 전체를 동시적으로' 살지는 못하기 때문이
다. 달리 말하면, 영원이란 "끝없는 생명의 온전한 충만성을 동시에 내포
하고 소유하며, 미래에 이루어질 것이란 아무것도 없고 과거로 흘러 사
라지는 것 또한 아무것도 없는 것을 가리킨다."[10] 영원은 과거 · 현재 · 미
래라는 시간 양상을 전혀 갖지 않고 오직 현재로서 있는 것을 말한다.
그 현재 속에서 신은 미래의 일을 그 필연성에서 보는 것이다.

2. 토마스 아퀴나스의 영원 개념

보에시우스는 영원(신)과 시간의 관계를 섭리와 운명의 관계로 바꿔
놓고 보았다. 거기서 강조되는 것은 운명에는 결코 우연이란 있을 수 없
고 모든 운명은 신의 섭리에 의해 필연적으로 배정된다는 것이다. 영원
은 필연성과 짝하게 된 것이다. 이것이 토마스(Thomas Aquinas, 1225
년~1274년경)와 스피노자에 계승되는 영원 사상의 기본 맥이다.

토마스의 영원 사상은 『신학대전』(神學大全, *Summa Theologiae*) 제
1부 제10문제(전 6절) '신의 영원성에 대하여'에 상세하게 서술되어 있
다.[11] 제10문제에서 그가 제기하는 여섯 가지 문제란, 1) 영원성이란 무엇
인가 2) 신은 영원한가 3) 영원하다는 것은 신에게만 고유한가 4) 영원성

---

10 같은 곳.

11 서양 중세 철학에 대한 연구가 일천한 우리 나라 철학계에서 정의채 신부가 번역한
　　『神學大全』(1985)과 김규영 교수의 『時間論』(1987)의 제V장 'Thomas Aqinas에 있
　　어서의 영원과 시간의 개념'은 토마스의 영원 사상 연구에 큰 도움이 되고 있다.

은 시간과 다른가 5) 유구(aevum)와 시간(tempus)의 차이에 대하여 6) 하나의 시간(unum tempus)과 하나의 영원(una aeternitas)이 있는 것과 같이 하나의 유구(unum aevum)가 있는가 하는 것이다.

그의 논술 방식은 먼저 각 절에서 논의되어야 할 명제를 제시하고, 거기에 대해 예상되는 반론을 보여준다. 이어서 그 명제에 대한 일반적 견해를 소개하고 마지막으로 앞에 든 반론을 이 일반적 견해 또는 자기의 견해에 맞추어 반박 내지 수정한다. 제1절의 문제 '영원성이란 무엇인가'에 대한 논의는 다음과 같이 진행된다.

그는 제1절에서 보에시우스의 영원에 대한 정의, 즉 "영원성이란 '끝없는 생명의, 동시에 전체적이며, 완전한 소유'이다"가 적절한지 어떤지를 검토한다. 그는 먼저 ① 이 정의에 쓰여진 낱말들에 대해 있음직한 반박을 제시하고, 다음에 문제의 핵심을 제시하여 자기의 견해를 밝히고, ② (보에시우스를 옹호하면서) ①에서 제기된 반박의 순서를 따라 일대일의 대응으로 자기의 견해를 피력한다. 이 과정은 아래와 같이 정리된다.

①의 요지

1) '끝없는'(무한한) : 이 결여적 표현은 결함 있는 것에 쓰여지는 말인데, 영원에게는 해당되지 않는다.

2) '생명' : 영원은 일종의 지속을 표시한다. 그런 영원은 생명에게보다는 존재에 해당된다. 즉 생명이라고 하기보다는 존재라고 해야 한다.

3) '전체적' : '전체적'이라는 말은 부분을 갖는 것에나 해당되므로 단순성을 갖는 영원에는 적합하지 않다.

4) '동시에' : 영원성은 전체가 동시에 있는 것이 아니다.

5) '완전한' : 영원성이 전체적이라고 하면서 완전하다고 덧붙이는

것은 불필요한 짓이다.

6) '소유' : 영원성은 어떤 지속이다. 소유는 지속에 속하지 않는다. 따라서 영원성은 소유가 아니다.

우리는 복합된 것에서부터 단순한 것으로 나아가야 한다. 마찬가지로 시간에서 출발하여 영원으로 나아가야 한다. 시간은 아리스토텔레스의 말과 같이, 선후에 따른 운동의 수이다. 운동의 선후를 셈하는 데서 시간은 인식된다. 영원은 운동 밖에 있는 제일성(齊一性, uniformativa : 일양성)이므로 선후를 갖지 않으며, 또 운동처럼 시작과 끝도 갖지 않는다. 영원성 자체는 지속을 갖지 않기 때문에 동시적으로 전체로서 존재한다. 그리하여 앞의 반박에 대해 다음과 같이 말해야 한다.

②의 요지(아래의 숫자는 앞의 ①의 숫자에 대응하는 것이다)

1) 가장 단순한 것은 부정을 통해 말하지 않을 수 없다. 예컨대 '점은 연장을 갖지 않는다'고 한다. 그것은 점의 본질이 그렇기 때문이 아니라, 우리의 지성은 복합적인 것을 먼저 파악하므로 단순한 것에 도달하기 위해서는 복합된 것을 배제(부정)하지 않으면 안 되기 때문이다.

2) 참으로 영원한 것은 그냥 존재(ens)하기만 하지 않고 살아(vivens) 있어야 한다. 살아 있는 것은 작용을 내포하고, 지속도 생명을 따라 진행한다.

3) 영원성이 전체적이라고 하는 것은 부분을 갖기 때문이 아니라, 영원에는 결여된 것이라곤 아무것도 없기 때문에 하는 말이다.

4) 이것은 비유적 표현인데, 영원성은 동시적으로 있으면서 계속적인 시간적 명칭으로 불리는 것이다.

5) 시간에 있어서는 두 가지가 고찰되어야 한다.

(i) 시간 자체(ipsum tempus) 즉 연속적(successivum)인 것.

(ii) 시각적 지금(nunc temporis) 즉 시시각각으로 달라져서 지속을 갖지 못하므로 불완전한 것.

그러므로 '동시에 전체적'이란 영원이 (i)을 배제하기 위한 것이고 '완전한(perfecta) 것'이란 (ii)를 배제하기 위한 것이다.

6) 견고하고 고요하게 보유된 것만이 소유되는 것이다. 그러므로 우리는 영원성의 불변성과 완전성을 표시하기 위해 소유라는 말을 한 것이다.

이런 논의 절차를 거쳐 토마스는 앞에서 본 바 있는 보에시우스의 영원 개념에 전적으로 동의한다. 우리는 여기에서 그가 제10문제의 2), 3), 4), 5), 6)에서 피력하고 있는 그의 주장을 정리하고자 한다.

1) 신의 영원성

토마스의 논증이 대개 그렇듯이 신의 영원성도 삼단논법(三段論法)으로 되어 있다. 신의 영원성에 대한 논증은 두 개의 서로 다른 삼단논법으로 되어 있다. 그 내용을 정리하면 아래와 같다.[12]

1) (시간 개념이 운동을 따르는 것처럼) 영원 개념은 불변성을 따른다.

신은 불변적이다.

그러므로 신은 영원하다("신은 영원할 뿐 아니라 영원 자체이다").

2) 신 이외의 모든 것들은 (피조물이므로) 자신의 존재도 자신의 지속도 아니다.

---

12 토마스 아퀴나스, 정의채 역, 『神學大全』, 1권 159~162쪽 참조.

오직 신은 제일의적으로 자신의 존재이고 자신의 지속이며 (…)
자신의 본질이다.
그러므로 신은 영원하다("신과 영원은 하나이다").

두 번째 논증은 약간 헷갈린다. 여기에서 영원에 대해 '지속' 개념이
사용되고 있는데 그것은 오해를 초래하기 쉽다. 지속은 오히려 시간의
본질을 형성하고 영원은 불변성에서 성립되기 때문에, 영원에게 지속 개
념은 해당되지 않는다. 존재, 지속, 본질 등의 개념이 섞여서 사용되고
있는 것도 혼란스럽다.
앞의 논증을 분명하게 하려면 다음과 같이 해야 그 논증이 한결 명료
해질 수 있다.

대전제 : 신 이외의 모든 피조물은 자기의 존재와 본질을 스스로
만들지 않았기 때문에 (양자가 분리되어 있으므로) 유한하다.
소전제 : 그러나 신은 자기의 존재와 본질이 그 자체로 하나이므
로 무한하다.
결론 : 그러므로 신은 무한(영원)하다.

토마스에 따르면 신은 다른 존재자에게 자기의 불변성을 분유해주는
근원적 일자(一者)이다. 그는 불변자이기 때문이다. 그리고 사물들이 존
재를 그만두지 않고 불변적으로 영원한 것은 신의 불변성과 영원성에 분
유(참여)하기 때문이다. 신은 모든 세대와 주어진 지속을 넘어서 통치하
는 통치자이다. 그 통치는 전체적이고 동시적이다.
토마스의 영원 개념 중에서 유의해야 할 것은 영원성을 필연성과 같

이 본다는 것이다. 제3절 '영원하다는 것은 신에게 고유한가?'를 논증하는 과정 가운데 이를 긍정하는 마지막 대목에서 그는 "필연은 진리의 한 양상이다. 그런데 진리는 아리스토텔레스의『형이상학』제6권에 의하면 지성 안에 있다. 그러므로 진실로 필연적인 것들은 영원한 것이다. 그것은 이런 것들이 영원한 지성, 즉 신적 지성에만 있기 때문이다. 그러므로 신 이외의 어떤 것이 영원하다는 귀결은 있을 수 없다"[13]고 말한다. 아리스토텔레스가 말하는 지성이 신적 지성인지, 또 신만이 필연적인지는 좀더 생각해볼 여지가 있으나, '필연성이 곧 영원성'이라는 명제는 유의할 만하다.

2) 영원과 시간

영원과 시간이 다르다는 것은 상식에 속한다. 그러나 그 상이의 근거에 대해서는 분명하게 인식되어 있지 않다. 흔히 영원은 무한히 긴 시간으로 알고 있다. 즉 양자의 개념이 길이의 장단으로만 구분되어 있을 뿐 확실한 근거를 가지고 구별되어 있지 않기 때문에, 그 상이점이 애매한 것도 사실이다. 여기에서도 토마스는 보에시우스의 구분을 도입하여 "영원은 그 전체가 동시적(tota simul)이다. 그런데 시간에는 선후가 있다. 그러므로 시간과 영원은 같은 것이 아니다"[14]라고 한다.

이것을 그는 몇 가지로 나누어서 부연한다. 첫째, 영원은 시작도 끝도 없는 데 반하여 시간은 시작이 있고 끝이 있다는 의견이 있으나, 토마스는 예컨대 시간을 천체의 항구적 운행이라고 주장하는 사람들의 견해에 따라 시간도 무시무종하다는 것을 거론한다. 그러므로 앞

---

13 같은 책, 164쪽.
14 같은 책, 165쪽.

의 구분은 영원과 시간 그 자체에서 나온 것이 아니라 우유적(偶有的) 구분일 뿐이다.

둘째, 보에시우스의 견해에 따르면 '영원성은 그 전체가 동시적'이다. 그러나 이것은 시간에는 적합하지 않다는 것이다. 영원은 불변적 존재의 척도인 데 반해 시간은 운동의 척도이기 때문이다. 영원은 불변적이므로 시간 경과상의 선후가 없고 그 전체가 동시적이다. 그러나 엄격하게 말하면 '영원은 불변적 존재의 척도'라는 것도 어색하다. 왜냐하면 '척도' 란 재어지는 것을 전제하고 쓰여지는 말인데 영원은 그 자체로 불변이므로 잴 수 있는 것이 아니기 때문이다. 시간도 가령 천체의 항구적 운행이라고 한다면, 즉 무시무종이라고 한다면 잴 수 없는 것이다. 우리는 편의상 (자연적 변화의 어떤 특징이나 특정한 인간사를 기준으로 하여) 시간에 금을 그어서 언제부터 언제까지라고 '시간 지속의 일정한 길이를 잘라서' 측정한다. 그러므로 정확하게 말하자면 '시간은 운동의 척도가 될 수 있지만 영원은 그 자체로 불변적일 뿐 아니라 전체가 동시적이기 때문에 (지속의) 척도가 될 수 없다'고 해야 한다. 요컨대 측정 가능성을 기준으로 시간과 영원을 구별한다는 것이 토마스의 견해이다.

3) 유구(悠久, aevum)의 문제

김규영 교수는 유구 개념을 설명하기 위해 "앞으로 언젠가 인류의 누구도 원하지 않는 핵전쟁이 사람(homo sapiens)의 멸종을 초래한다고 가정할 때, 이 지구라는 별(유성) 위에서 인류가 사라졌다고 해서 저 일월성신(日月星辰), 뭇 별들이 그 운행을 정지하겠는가? '참으로 유유하고나 천지(天地), 요요(蓼蓼)하고나 고금(古今).' 아마도 천체는 고요히 제 궤도대로 유연히 그 운행을 계속할 것이다. 참으로 유구함이로다"[15]라고 장탄조로 말하고 있다. 여기에서 유구란 지구상의 인류가 완전히 없어지더라도 끊임없이 계속될 천체의 운행을 가리키고 있다. 그러면 영원(aeternitas)과 천체의 변함없는 운행으로서의 시간(tempus)과 앞에서 인용한 유구(aevum)의 삼자는 어떻게 서로 다른가 하는 것이 토마스가 제기하는 문제이다.

토마스에 따르면 영원과 시간과 유구는 각기 다르다. 유구는 영원과 시간의 중간에 있는 것이다. 영원은 무시무종(無始無終)하고, 유구는 유시무종(有始無終)하며, 시간은 유시유종(有始有終)하다는 것이다. 그러나 이런 구분은 우유적(偶有的)인 것이다.

또 하나의 차이는 영원성은 (전체로서 동시적이므로) 선과 후를 갖지 않고, 시간은 선후를 가질 뿐 아니라 새로워짐(新化)과 낡아짐(老化)[16]을 갖는다. 그러나 유구는 예컨대 천체의 운행처럼 선후를 갖지 않고 오히려 선후가 이 유구에 의해 헤아려지니 새로워짐도 낡아짐도 갖지 않는다[17]고 한다. 시작은 있으되 끝이 없다는 것은 그러나 개념상으로만 가능한 것으로 영속(sempiternitas)과 같은 것이다. 그러나 이것은 그리스도교의 종말론과는 합치하지 않는다.

---

15 김규영, 『時間論』, 396쪽.

16 시간이 현재의 차원을 지나 과거화하면 다음의 새로운 미래가 다가오는데 '새로워짐'은 이제 막 다가오는 미래 시간을 가리키고 '낡아짐'은 과거화하는 시간을 가리킨다.

17 토마스 아퀴나스, 정의채 역, 『神學大全』, 169쪽.

3. 스피노자의 '영원의 상하(相下)' : 기하학적 필연성

우리는 보에시우스와 토마스를 거치면서 영원 개념 속에 필연성 개념이 핵심 개념으로 각인됨을 보았다. 지상의 세계는 어찌 보면 우연투성이이고 그래서 인간은 늘 운명을 한탄하는지 모른다. 그러나 신의 섭리는 티끌만큼의 우연도 허용하지 않는 절대적 필연성 자체이다. 그 섭리의 필연성을 인간의 유한한 인식으로는 알지 못한다. 인간은 그 섭리를 알지 못하는 채 운명에 이끌려갈 뿐이다. 우리가 영원한 신의 세계에 도달하는 것은 죽은 뒤에나 비로소 가능한 것으로 알고 있다. 다시 말하면 영원한 세계는 사후의 세계이다.

그러나 영원의 핵심 개념을 필연성으로 놓는다면, 그것은 우리의 사유 공간 속에서 논리적 사유를 통해 도달할 수 있지 않을까? 스피노자(Baruch de Spinoza, 1632~77)는 논리적 사유 공간 중에서도 특히 기하학적 필연성에서 즉 '영원의 상하'(sub specie aeternitatis)에서 만유를 본다. 그는 영원을 천상에서 지상으로 불러 내린 것이다.

스피노자의 영원 사상을 밝히기 위해 우리는 많은 텍스트를 섭렵할 필요가 없다. 그의 주저 『기하학적 질서로 증명된 윤리학』(*Ethica ordine Geometrico demonstrata*, 1675) 중에서도 제1부 '신에 관하여'만으로 족하다. 왜냐하면 영원은 바로 신의 사항이기 때문이다.

1) 논리적 사유 공간에서의 영원 : 필연성

스피노자는 유크리드의 『수학원론』을 도입하여 그 기하학적 방법, 즉 공리적 방법으로 상기한 윤리학 즉 『에티카』(*Ethica*)를 서술하였다. 그는 가장 기본적인 개념의 정리(theorem)와 가장 기본적인 명제(공리,

axiom)를 기초에 놓고, 이들 정리와 공리만으로 모든 명제를 기하학적 증명 방법으로 도출함으로써 자기의 철학 체계를 형성한 것이다.

여기서 말하는 '가장 기본적 개념'이란 거기로부터 모든 개념이 규정되는 그런 개념을 가리키고, '가장 기본적 명제(공리)'란 그 이외의 모든 명제를 도출하는 기초가 되는 명제, 즉 모든 논증의 전제가 되는 명제를 가리킨다. '가장 기본적'이라 함은 '가장 근원적'이라는 뜻이다. 즉 어떤 개념이나 명제가 다른 개념이나 명제로부터 도출되지 않고, 그 자체로 직관적으로 인식 가능한 것을 말한다. "삼각형의 내각의 합은 2직각과 같다"는 기하학적 정리는 평행선의 공리를 기초로 해서 도출된 것이다. 동시에 이 정리를 통해서 추상적인 평행선의 공리가 삼각형의 구체적 성질로 드러난다. 이와 함께 공리는 (직관적으로 인식 가능하긴 하지만) 정리의 지하로 숨어서 표면에 나타나지 않는다.

이런 방법은 종래의 모든 인간 중심적 목적론적 사유를 지양하고, 그 대신 기계론적 사고를 필요로 한다. 동시에 시간적 관계(인과 관계)는 사유 공간 속으로 흡수되어 논리적·필연적 관계(근거와 귀결)로 환원된다. 개연적 인과율 대신 근거율이 들어선 것이다. 이 필연성이 곧 영원성이다. 그리고 논리적 필연성에서 만유의 근거와 귀결의 필연적 연관을 보는 것이 다름 아닌 '영원의 상하'(sub specie aeternitatis)에서 보는 것이다. 이것은 감성적 지각을 완전히 배제한 이성적 사유이다.

2) 존재론적 영원

스피노자의 기하학적 방법은 단순히 논리적이기만 한 것이 아니라, 동시에 존재론적이다. 실체에 대한 그의 사유가 이를 단적으로 보여주거니와, "참된 관념은 그 대상과 일치하지 않으면 안 된다"는 공리 6이 또

한 이를 뒷받침하고 있다. "실체는 자기 원인(causa sui)으로서 그 본질이 존재를 포함한다."(정의 1) 다시 말하면 "실체란 그 자신에 있어서 존재하고, 그 자신에 의해 사유되는 것으로서 그 개념을 형성하기 위해 다른 것의 개념을 필요로 하지 않는 것이다."(정의 3) 그것은 다름 아닌 신이다. "신이란 절대 무한한 존재자, 즉 그 하나하나가 영원 무한한 본질을 표현하는 무한히 많은 속성으로부터 성립하는 실체를 가리킨다."(정의 6) 신이 영원하다는 것은 더 말할 나위가 없다.

이 영원에 대해 그는 "영원이란 존재 그 자체이다. 이때 존재란 영원한 것의 정의만으로도 필연적으로 나온다고 생각되는 존재이다"(정의 8)라고 말한다. 그것은 신 이외의 다른 것이 아니다. 신이란 그 본질이 곧 존재인 실체, 즉 그것이 존재하기 위해 다른 어떤 것도 필요로 하지 않는 자기 원인＝실체를 의미한다.

여기서 말하는 실체의 본질이란 당시의 언어로 말하면 속성이다. 데카르트의 경우 속성은 유한 실체(정신과 물체)에 속하는 사유와 연장을 가리킨다. 그리고 양태는 사유의 경우 인식·감정·의지·욕망 등을 지칭하고, 연장의 경우에는 형상·위치·운동 등을 가리킨다. 그러나 스피노자에 있어서는 실체의 속성이 곧 실체의 본질이다. 실체에 있어서는 본질이 곧 존재이므로 속성은 실체와 동일시된다. 그 속성은 무수히 있으나 우리가 인식할 수 있는 것은 오직 사유와 연장뿐이다.

양태는 속성의 변양이다. 사유라는 속성의 양태는 정신이고 거기에는 관념·욕망·의지·감정 등이 속한다. 연장이라는 속성의 양태는 물체이다. 이렇게 보면 존재하는 모든 것은 궁극적으로는 실체(신)에 속하는 셈이다. 다만 그것들은 신의 부분으로서 신에 속하는 것이 아니라 신의 변양태로서 신에 속하는 것이다. 이때 신과 그 변양태와의 관계는 물과 파도와의 관계와 같다고 말할 수 있다. 그리하여 만유는 곧 신의 양태에 다름 아니다. 이것을 범신론(pan-theism)이라 한다.

신의 존재에 대해 그는 다음과 같이 확신하고 있다. "신, 즉 그 하나하나가 영원 무한한 본질을 표현하는 무한히 많은 속성으로 성립하는 실체는 필연적으로 존재한다."(정리 2) 신은 영원 무한하고 그런 신의 본질은 무한히 많은 속성이 제각기 표현하고 있다. 그리고 실체는 그렇게 무한히 많은 속성으로 성립된다. 그러나 우리가 아는 속성은 오직 사유와 연장뿐이다. 그런 신(= 실체)은 존재한다. 이것을 스피노자는 몇 가지로 증명한다. 그 중 두 가지만 소개하면 다음과 같다.

첫째, 스피노자는 이미 천명한 바 있는 공리 7 "존재하지 않는다고 생각되는 것은 그 본질이 존재를 포함하지 않는다"는 명제, 즉 '비존재(非存在)의 본질은 존재를 포함하지 않는다'를 거론하면서, 만일 신이 존재하지 않는다고 생각한다면 신의 본질에는 존재가 포함되지 않게 되는데 그것은 정리 7 "실체의 본성은 존재하는 것이다"에 어긋난다고 말한다. 그러므로 신은 필연적으로 존재한다.

둘째, '존재하는 것은 존재하는 이유를, 존재하지 않는 것은 존재하지 않는 이유를 가지고 있어야 한다'는 것을 존재 이유율(근거율)로 삼을 수 있다. 그리하여 존재하지 않는 것에는 그것으로 하여금 존재하지 않게 하는 이유가 있어야 한다. 이유는 자기 내부(즉 본성)에 있을 수도 있고, 자기 밖에 있을 수도 있다. 가령 '사각(四角)의 원'이 존재하지 않는 것은 그것이 원의 본성에 모순되기 때문에 존재하지 않는다. 또 원이나 삼각형이 존재하는 이유는 원이나 삼각형의 본성에서 연원하지 않고 물체적 자연의 보편적 질서에서 귀결된다. 왜냐하면 지금 삼각형이 필연적으로 존재하거나 존재할 수 없다고 하는 것은 (삼각형의 본성에서 귀결되지 않고) 자연의 보편적 질서에서 귀결되기 때문이다. 따라서 존재를 방해하는 이유가 없는 것은 필연적으로 존재한다.

신의 존재를 방해하는 것은 신의 본성 안에 있거나 신 밖에 (즉 다른 본성을 가진 다른 실체 안에) 있어야 한다. 그러나 절대 무한하고 가장 완전한 존재자가 존재하지 않는다는 모순을 신이 자체 안에 가질 까닭이 없다. 신적인 다른 본성을 가진 실체는 신과 공통하는 것을 아무것도 갖지 않으므로 (정리 2 "상이한 속성을 가진 두 개의 실체는 서로 공통하는 것을 갖지 않는다"에 따라) 자기의 존재를 정립하거나 제거할 수 없다. 따라서 신적 존재를 제거할 이유는 신적 본성의 외부에는 없다. 신이 존재한다면 그 존재 이유는 필연적으로 신의 본성 안에 있어야 한다. 따라서 신의 존재를 제거할 이유는 신의 외부에도 신의 본성 안에도 없다. 그러므로 신은 필연적으로 존재한다.

이런 신 존재에 입각하여 그는 "존재하는 것은 모두 신 안에 있다. 신 없이는 어떤 것도 존재할 수 없고 생각할 수도 없다(정리 15)", "신은 모든 것의 내적 원인이요, 초월적 원인이 아니다(정리 18)", "신의 존재와 본질은 동일하다(정리 20)" 등의 범신론적 명제를 천명한다.

신(＝실체)의 영원성, 무한성 및 단일성에 대해 그는 "모든 실체는 필연적으로 무한하다(정리 8)", "절대 무한한 실체는 분할되지 않는다(정리 13)", "신 또는 신의 모든 속성은 영원하다(정리 19)", "신의 어떤 속성의 절대적 본성에서 생기는 것은 모두 항구적이고 무한한 것으로서 존재하지 않으면 안 된다. 또는 그 속성상 영원 무한해야 한다(정리 21)" 등으로 천명하고 있다. 그 중에서 신의 영원성에 관한 그의 증명, 즉 정리 19만을 살펴보면, 신(＝실체)의 존재와 본질의 영원성은 이미 정리 8과 정리 7에 의해 영원하다고 확인된다.

4. 결론

영원의 문제는 시간의 문제에 외부적 규정 요인으로서 반드시 따라
붙는 문제이다. 우리는 그것을 플라톤과 신플라톤주의의 플로티노스에
게서 시간의 이데아로서의 원상(原像) 또는 근원으로 성찰되는 것을 보
았다. 특히 후자에 있어서 영원은 예지적 세계이므로 우리의 정신을 통
해 도달할 수 있는 것으로 간주되었다. 그 영원에 도달하는 상향의 길이
종교적인 것이기는 하지만 그것은 이교적인 것이지 그리스도교적인 것
은 아니다.

비록 영원 개념이 초시간적이고 불변하는 일자로서 존재 자체라고
하더라도 그 존재 양상을 '영원'으로 하는 그리스도교의 신의 절대적 권
능이 만유를 창조하고 심판하며, 때로는 구원하고 파멸하기도 하는 까닭
에 '영원'의 존재 방식은 그리스 철학과 그리스도교 사이에 다를 수밖에
없다.

그리스도교의 영원은 물론 신의 존재 양상이지만, 그 신은 이 역사적
세계에 대해 초월적이기만 하지 않고, 신을 절실하게 앙망하는 자에게
힘을 주기도 하고, 신을 거역하는 자에게 벌을 주기도 하는, 즉 인간사에
직접 관여하는 살아 있는 절대적 존재이므로 영원도 시간에 개입할 수
있는 것이다. 그 개입의 때를 우리는 카이로스라고 한 것이다.

아우구스티누스에 있어서 영원은 가지도 않고 오지도 않는 하느님의
단 하루인 오늘이지만, 그는 열열한 기구를 통해 한순간 그 영원에 입맞
출 수 있었다.

보에시우스에 이르러 영원은 '끝없는 생명의 전체적이고 동시에 완
전한 소유'라고 정의되었다. 그에 따르면 신의 섭리는 필연적이다. 보에

시우스에 이르러 신 개념의 핵심에 섭리의 필연성이 들어오게 되었다.

토마스는 보에시우스의 영원 개념을 특히 '필연성'의 측면에서 계승하여 논리적 차원에서 영원에 대한 정의를 시도한다. 그의 견해를 우리는 그가 애호하는 삼단논법의 형식을 빌려 다음과 같이 정리하였다.

신 이외의 모든 피조물은 자기의 존재와 본질을 스스로 만들지 않기 때문에 유한하다.

그러나 신은 자기의 존재와 본질이 그 자체로 하나이므로 무한하다.

그러므로 신은 영원하다.

보에시우스와 이를 계승한 토마스의 영원 개념에는 신의 필연성 개념이 도입되고 있다.

스피노자는 바로 이 점에서, 즉 기하학적 필연성에 따른 사유 공간 속에서 신의 필연성을 본 것이다. '영원의 상하'에서의 사유란 필연성에 따르는 사유에 다름 아니다. 우리는 이것을 논리적 측면과 존재론적 측면에서 검토하였다. 논리적 측면에서는 특히 근거율에 입각해서 필연성으로서의 영원을 검토하였고, 존재론의 측면에서는 실체로서의 신의 존재를 증명함으로써 그 영원성을 확보하였다. 그리하여 스피노자에 이르러 영원 개념은 인간의 사유 속으로 내재화하였다.

우리는 제I편의 제1부와 제II편의 제2부와 제3부에서 '영원'에 관한 여러 표현을 경험하였다. 우리는 αἰών, aeternitas를 '영원'이라 하였고, aevum을 '유구'라 하였으며, sempiternitas를 '영속'이라고 하였다. 그리고 '영원'을 '무시무종'(신의 세계)이라 하고, '유구'와 '영속'을 유시무종이라고 했다.

그리고 '유구'를 천사의 시간이라고도 했으며, '영속'의 예를 종으로서의 국화의 생명의 무한 지속으로 제시하였다.

이 여러 개념들이 특히 그리스도교측에서 빈번하게 사용되고 있는데, 그리스도교의 근본 교의인 종말론과 이 '유구', '영속'은 도대체 어떻게 어울릴 수 있는지 궁금하다. 종말론에 입각하면 역사와 시간에는 반드시 최후가 있어야 한다. 그런데 '시작은 있으되 끝이 없다'니 그런 시간 즉 유구와 영속을 그리스도교는 어떻게 수용하고 있는가?

철학적 시간론(2)

— 시간에 대한 근·현대적 표상과 그 역할

시간론에서 영원의 문제는 곁다리 주제에 불과하다고 말할 수 있다. 영원은 종교적 주제는 될 수 있으나 그 자체로 시간론의 주제는 아니기 때문이다. 생사의 운명을 비롯하여 인간의 구체적 삶과 모든 변화의 기저로서 우리에게 절실하고 긴박하게 문제시되는 것은 시간이지 추상적이고 잘 알려져 있지 않은 영원이 아니기 때문이다. 영원은 이념으로만 있다. 그러나 시간은 그 자체로 강력한 힘을 가지고 있을 뿐 아니라 존재론적으로 실재성(Realität)과 이념성(Idealität)을 구분하는 기본적 범주이자 규준이기도 하다.

중세 천년 시간론의 불임기를 지나 시간이 다시 논의의 전면에 등장하게 된 것은 자연과학의 발흥과 관련된다. 그리스도교가 진리를 계시와 이성에 의존하는 데 반하여 과학은 사실의 자기 현시, 즉 실증성에 의존한다. 자연을 연구하기 위해서는 자연의 자기 현시를 받아들일 수 있는 기본 범주를 설정하지 않으면 안 된다. 실체 · 공간 · 시간 · 운동 · 수 · 연장 · 질량 등이 그것이다. 그 중에서도 시간은 경험될 수는 없지만 모든 변화의 기저로서 시인되어야 하는 것이다. 천체 중심 사상(소위 지동설)과 물체의 낙하 실험, 수학적 자연과학, 동력학(mechanics) 등은 시간에 대한 관심을 고조시킨다.

플로티노스에서 아우구스티누스로 이어져온 시간론에서는 시간은 의식 내재적인 데 그 본질이 있었다. 시간은 주관적인 것으로 간주되어 왔다. 그런 시간을 가지고는 그러나 자연을 연구할 수는 없다.

이제 아리스토텔레스가『자연학』의 입장에서 본 시간론을 다시 주목하지 않으면 안 된다. 시간은 한 방향으로 동일한 속도로 부단히 진행하는 것으로서 모든 사람에게 동일하게 인식되어야 한다. 다시 말하면 시간은 보편적 · 동질적 · 객관적으로 운동(변화)을 측정할 수 있는 기준이 되어야 한다. 그런 시간을 전제하지 않으면 모든 자연과학적 탐구는 불가능하다. 그것이 뉴턴의 절대시간이다. "절대적이고 진정한 수학적 시간은, 그 자체로, 즉 그 자신의 본성상, 어떤〔지속하는〕외적인 것과 관계 없이 균일하게 흐른다."[1] 시간은 절대적이고 무한하고 모든 대상에 논리적으로 선행하는 아프리오리한 것이다.

근세 이후 많은 시간론이 대두한다. 더러는 종래의 사상을 계승하기도 하고 더러는 새로운 이념을 제기하기도 한다. 설사 종래의 사상을 계승하는 경우에도 옛것을 그대로 답습하는 것이 아님은 물론이다. 우리는 근세 이후 많은 시간관을 보게 될 것이지만 그 각각은 나름대로 인식의 기초 이론(학문론)으로서 또는 삶과의 관계 속에서 중대한 역할을 수행하고 있다.

---

1 Jonathan Westphal & Carl Levenson ed. & introd., *Time*, p. 37.

제1부 │ 직관 형식과 계기로 표상되는 칸트의 시간관

뉴턴의 수학적 자연과학을 학문의 전범으로 보고, 거기에 합당한 학의 확립을 철학적으로 정초하고자 한 칸트가 뉴턴적 시간 관념에 경도되는 것은 자연스런 일이다. 칸트가 시간에 대해 기울인 관심은 주지하는 바와 같이 수학적 자연과학을 위한 인식 체계를 확립함에 있어 시간이 어떤 역할을 담당해야 하는가 하는 것이다. 다시 말하면 그의 시간론은 시간 자체에 대한 관심에서가 아니라—그것은 이차적이다—인식을 위한 시간의 기여에 대한 관심에서 나온 것이다.

여기에 그의 시간론이 일의적이지 않음을 본다. 시간은 내감(內感)의 직관 형식이다. 이것이 단적으로 칸트의 시간에 대한 기본 개념, 즉 시간이 인식에서 담당해야 할 역할이다.

그러나 다른 면에서는 시간은 부단한 흐름으로 표상되고 있다. 시간은 칸트에게서는 오직 계기(繼起, sucession) 즉 연속성으로 인식되고 있다. 그에게는 시간의 근원이나 영원에 대한 관심이 없음은 물론이거니와 심지어 시간 양상에 대한 관심도 없다. 여기에서 우리는 인식론의 차원에서 그가 시간에게 배정한 시간의 역할에 대해 고찰하고, 나아가서 시간 자체에 대한 그의 견해를 검토하고자 한다.

1. 뉴턴의 절대시간과 칸트의 대응

뉴턴에 의해 수립된 수학과 자연과학(특히 천체 물리학)을 수용하여 그것을 학문의 전범으로 삼고자 한 칸트(Immanuel Kant, 1724~1804)는 시간에 있어서도 뉴턴의 체취가 묻어나는 발언을 하고 있다. 그는 "우리는 현상들이 없는 시간은 능히 생각할 수 있지만 (…) 시간 자체를 제거할 수는 없다"[2]느니, "근원적 표상인 시간은 따라서 무한정적으로 주어져야 한다"[3]고 말한다. 뉴턴은 시간과 공간을 인간의 지각이나 개별적 사물로부터 독립된, 그리하여 절대적으로 객관적인 빈 용기와 같은 것으로 보았다. 이 점은 시간에 대한 견해에 있어 뉴턴과 대립 관계에 있던 라이프니츠도 마찬가지이다. 즉 그들은 (공간과 마찬가지로) 시간도 지각자로부터 독립된 것이라고 믿었다.

칸트 이전에 라이프니츠와 클라크 사이에 시간과 공간 문제를 둘러싼 논쟁이 있었다. 클라크는 뉴턴의 입장에 서서 시간과 공간을 절대적 실체로 보는 데 반해 라이프니츠는 시간과 공간을 '사물의 질서'로 보았다.[4] 이 두 노선 사이에서 칸트는 뉴턴적 시공 개념을 '수학적 자연 연구자의 이론'이라 하여 그 보편성은 받아들이되, 인간의 지각으로부터 독립된 별개의 실체라는 주장은 공허한 객관성이라 하여 배제하며, 시공을 인간의 경험으로부터 추상된 사물의 질서라는 관계 개념으로 보는 라이프니츠의 견해는 학문의 확실성을 위협한다 하여 거부한다. 칸트는 시간

---

2 *Kritik der reinen Vernunft*, A 31 / B 46.

3 같은 책, A 32 / B 48.

4 라이프니츠에 따르면 시간은 단순히 사물을 분류하고 정리하는 일종의 추상 개념에 불과하다. 그는 시간은 실체가 아니라 사건의 발생 순서라고 정의한다. 아무것도 존재하지 않는 때에도 시간은 있을 수 있다는 것은 불합리하다는 것이다.

은 우리의 의식으로부터 독립된 것이 아니라, '우리 안에' 있는 감성의 형식이라고 보기 때문이다.

뉴턴의 절대시간이라는 이념에 대해 칸트는 시간의 선험성(apriority)으로 이를 수용한다. 즉 공간과 시간은 유일하고 무한하며 경험에 선행한다. 그렇다고 시간을 인간의 의식으로부터 완전히 독립시킬 수는 없다. 의식으로부터 완전히 독립된 것이라면 그것은 이미 시간이라고 말할 수도 없는 것이다.

애당초 칸트의 주제는 시간이 아니라 보편적 인식의 성립 가능성이다. 칸트가 모델로 삼은 당시의 학적 인식이란, 수학이 보여주는 인식의 필연성(아프리오리)과 자연과학이 보여주는 인식의 증대(종합 명제)를 보증하는 그런 것이다. 이를 칸트적 명제로 표현하면, '아프리오리한 종합 판단이 어떻게 가능한가?' 하는 것이고, 당시의 학문적 표현으로 말하면 수학적 자연과학을 어떻게 철학적으로 정초하느냐 하는 것이다. 수학의 아프리오리티(선험성) 즉 필연성과 자연과학의 실증적 종합성을 보장하는 인식—이것이 칸트의 주제이다.

이런 인식을 그는 현상계에 국한시킨다. 그에 따르면 인식은 '경험과 더불어' 시작한다. 경험 가능한 현상계는 공간과 시간의 제약하에 있다. 그리하여 시간 문제는 칸트에게는 일차적 주제가 아니라 2차적 주제이다. 그러면서도 시간은 칸트의 인식 이론에는 처음부터 일관되게 인식의 가능 근거로서 따라다니는 주제이다.

이와는 달리 우리의 주제는 시간 자체이다. 그리하여 우리의 논의는 '칸트의 인식 이론을 위해 시간은 어떤 구성적 역할을 하는가?' 하는 것과, 시간에 대한 그의 논의를 통해 그가 가지고 있는 시간 자체에 대한 그의 견해를 엿보고자 한다.

2. 칸트에 있어서 인식의 구성과 시간의 위상

칸트는 인간의 인식을 해부학적으로 펼쳐놓고 그것을 다시 체계적·논리적으로 근거를 찾아가며 재구성해서 보여준다. 그것이 『순수이성비판』이다. 그 본론을 시작하는 '초월론적 감성론'의 첫 부분(§1)에서 그는 다음과 같이 말하고 있다.

인식이 대상과 관계하는 방식과 수단이 어떠하든, 인식이 대상에 직접 관계하고 또 모든 사유가 그 수단으로서 구하고 있는 것은 직관이다. 직관은 대상이 우리에게 주어지는 한에서만 성립한다. 그러나 대상이 주어진다는 것은 적어도 우리 인간에게는 대상이 어떤 방식으로 심성(Gemüt)을 촉발함으로써만 가능하다.[5]

우리는 직관을 통해 대상을 받아들인다. 그런데 우리가 대상에 의해 촉발됨으로써 우리의 표상 능력에 생기는 것은 감각이다. 이 감각을 그 속에 넣어서 질서 있게 하는 형식은 감성 자체 속에 구비되어 있다. 우리가 직관에 주어지는 것으로 생각하고 있는 대상이란, 실은 이와 같이 이미 우리의 주관적 감성의 아프리오리한 형식에 의하여 제약된 것이다. 직관에게 주어지는 대상은 감성의 아프리오리한 주관적 형식에 의해 성립되는 것이다.

현상 속에서 감각과 대응하는 것은 잡다한 현상의 질료이다. "현상의 다양이 일정한 관계에 의해 정돈되도록 하는 것을 현상의 형식이라 한

---

5 같은 책, B 33.

다."[6] 여기서 말하는 형식이란 질료를 규정하는 틀인 공간과 시간, 즉 직관 형식 이외의 다른 것이 아니다. 이 직관 형식은 경험에 선행하므로 자체 속에 경험에 속하는 어떤 것도 포함하고 있지 않다는 점에서 순수 직관(reine Anschauung)이라고도 부른다.

칸트에 따르면, 아프리오리한 종합 판단이 가능하기 위해서는 감성 가운데 아프리오리한 직관 형식이 있어야 할 뿐 아니라, 오성 가운데 범주라고 일컬어지는 아프리오리한 사유의 형식 또한 있지 않으면 안 된다.

우리의 인식은 심성의 두 원천에서 나온다. 그 첫 번째 원천은 표상을 받아들이는 능력(인상의 수용성)이고, 두 번째 원천은 이 표상들을 통해 대상을 인식하는 능력(개념의 자발성)이다. 전자를 통해 대상이 우리에게 주어지고, 후자를 통해 대상이 저 표상과의 관계 속에서 (심성의 단순한 규정으로서) 사유된다. 그러므로 직관과 개념은 우리의 모든 인식의 원천을 구성한다. 그래서 어떤 방식으로든 거기에 상응하는 직관을 갖지 않은 개념도 개념을 갖지 않은 직관도 인식이 될 수 없다.[7]

앞에서 인용한 명제를 중심으로 칸트의 인식의 구조를 부연하면 이렇다. 인식을 위해서는 먼저 다양한 현상이 감관에 주어지지 않으면 안 된다. 감관은 그것들을 일정한 관계 즉 상호 병렬적(공간적 전후 좌우 상하) 계기적(시간적 선후)으로 정리한다. 그것이 직관의 개관 작용(Synopsis)이다. 개관 작용은 오성의 종합 작용을 위한 예비 작업이라고

---

6 같은 책, A 20 / B 34.
7 같은 책, A 50 / B 74.

말할 수 있다.

개념은 판단을 구성하는 필수적 요소로서 판단을 가능하게 한다. 오성은 개념을 통해 사유한다. 판단은 감성 능력에 의한 대상의 수용과 개념에 의한 능동적 구성을 갖지 않으면 안 된다. 즉 판단은 감성과 오성의 결합에 의해 가능하다. 그 판단의 형식으로서 칸트는 12범주를 제시한다.

그는 '범주의 형이상학적 연역'에서 판단표로부터 범주를 도출함으로써 오성 가운데 아프리오리한 개념이 있음을 천명하고 범주의 초월론적 연역을 개진한다. 그것은 "개념이 경험과 경험에 대한 반성에 의해 얻어지는 방식의 설명"인 사실 문제와 구별되는 권리 문제로서 "아프리오리한 개념이 대상에 관계할 수 있는 방식의 설명"[8]이다. 그 과제를 그는 다음과 같이 열거한다.

감관은 그 직관 속에 다양을 포함하고 있기 때문에, 그 감관에 개관 작용이 따라 붙는다. 개관 작용에는 언제나 종합 작용이 대응한다. 그리하여 **수용성**은 자발성과 결합해서만 인식을 가능하게 할 수 있다. 그런데 이 자발성은 모든 인식에 반드시 나타나는 삼중(三重)의 종합의 기초이다. 즉 '직관에서의 표상들의 **각지(覺知)**의 종합', '**구상(構想)** 작용에서의 표상들의 **재생(再生)**의 종합' 및 '개념에서의 표상들의 **재인(再認)**의 종합'이 그것이다.[9]

이것이 연역론(演繹論)에서 말하는 삼중의 종합이다. 여기에서 우리

---

8 같은 책, A 85 / B 117.
9 같은 책, A 97.

는 인식에서 차지하는 시간의 기능을 볼 수 있을 것이다.[10]

　그런가 하면 원칙론에서 개진되는 다음과 같은 것도 간과할 수 없다. 인식이란 대상에 대한 인식이다. 더욱이 주어 개념 속에 있는 규정을 술어로서 이끌어내는 분석 판단이 아니라 주어 개념 속에 없는 새로운 규정을 술어 개념으로서 부가하는 종합 판단에 있어서 주어 개념과 술어 개념을 결합시켜주는 것이 '대상'이라고 할 때, 이 대상이 주어져야 하는 것은 너무 당연하다. 인식이란 "객관적 실재성을 갖지 않으면 안 된다. 즉 대상과 관계하고 대상에 있어서 의의를 갖지 않으면 안 된다."[11] 그 대상은 직관을 통해 수용된다.

　칸트에 따르면 종합 판단의 매개자로서의 제3자는 "우리의 모든 표상을 포함하고 있는 하나의 총괄 즉 내감이며, 그 아프리오리한 형식은 시간이다."[12] 그는 이어서,

　　표상들의 종합은 구상력에 의존하고, 〔판단에 필요한〕 표상들의 종합적 통일은 통각의 통일에 의존한다. 그러므로 종합 판단의 가능성은 그곳〔내감으로서의 시간과 구상력과 통각〕에서 구해져야 한다. 그리고 이 세 가지가 모든 아프리오리한 표상의 원천을 포함하기 때문에 순수 종합 판단의 가능성도 거기에서 추구되어야 한다. 그뿐 아니라 표상들의 종합이 단적으로 의거하는 대상들에 관한 인식이 성립해야 한다면, 순수한 종합 판단은 이 세 근거에서 나오지 않을 수 없을 것이다.[13]

---

10 이 책의 348쪽 이하 참조.

11 같은 책, A 155 / B 194.

12 같은 책, A 155 / B 194.

라고 말한다. 요컨대 시간이라는 직관 형식에 근거해서 구상력과 통각의 종합 통일이 성립하고, 이 세 원천에 의해 아프리오리한 종합 판단의 성립이 가능하다. 따라서 이 세 원천의 종합 통일에 의해 모든 종합 판단이 가능하다.

칸트가 모든 종합 판단 즉 아프리오리한 종합 판단과 경험적 종합 판단을 위한 최고 원리로서 "모든 대상은 가능적 경험에 있어서 직관의 다양의 종합적 통일의 필연적 제약에 종속한다"[14]고 말할 때 '가능적 경험에 있어서 직관의 다양의 종합적 통일'이란 시간과 구상력과 통각의 아프리오리한 규칙에 따른 종합 통일을 의미한다.

시간과 구상력과 통각의 종합 통일은 경험 일반을 가능하게 하는 제약이다. 칸트에 있어서 시간은 이와 같이 인식을 위한 제일의 요건이다. 그리하여 칸트는 원칙론(原則論)에서 시간을 개개 범주의 질서에 구체적으로 적용하고 있다.[15]

이제 감성론, 연역론 및 원칙론에서 인식을 위해 시간이 어떤 역할을 하는지 그리고 그 시간 개념은 어떤 것인지를 그 순서에 따라 살펴보자.

3. 아프리오리한 직관 형식으로서의 시간(감성론)

초월론적 감성론(感性論)에서 개진하는 공간과 시간에 대한 '형이상학적 설명'의 내용을 요약하면 아래와 같다.

---

13 같은 곳.

14 같은 책, A 158 / B 197.

15 이 책의 354쪽 이하 참조.

1) 공간과 시간은 경험적 인식의 근저에 놓여 있으면서 현상을 받아들여서 대상으로 규정하는 필연적이고 아프리오리한 표상이다.

2) 양자는 개념이 아니라 감성의 직관 형식인데 경험에 선행하기 때문에 순수하다. 즉 공간과 시간은 감성의 순수한 직관 형식이다.

3) 공간은 현상을 외적 질서(전후 · 좌우 · 상하)에 따라 규정하고 시간은 내적 (계기적 · 동시적) 질서에 따라 규정한다.

4) 양자는 유일하고 무한하다.

칸트는 공간과 시간을 '근원적 표상'이라고 한다. 그것은 공간과 시간이 대상을 창조하는 원초적 직관(intuitus originarius)은 아닐지라도 감각에 미리 주어진 것을 처음으로 만나는 파생적 직관(intuitus derivativus)과는 다른, 즉 '주어진 것을 먼저 만나게 하는' 직관임을 가리킨다. 그리하여 공간과 시간은 경험 이전에 경험을 가능하게 하는 감성 능력이므로 아프리오리하지 않으면 안 되고, 질료를 규정하는 형식으로서 경험 이전적이므로 순수해야 한다. 이와 같이 공간과 시간은 '감성적 직관의 순수 형식'이라는 점에서는 일치한다.

그러나 공간과 시간 사이에는 본질적 차이가 있다. 전자는 외감의 형식이고 후자는 내감의 형식(Form des inneren Sinnes)이다.

칸트도 일차적으로는 "시간은 우리의 내적 상태 안에서의 표상들의 관계를 규정한다"[16]하고, "시간은 외적 현상의 규정일 수 없다. 그것은 형태에도 위치에도 속하지 않는다"[17]고 하여, 시간을 외감의 직관 형식에서 제외한다. 그러나 우리는 천체의 운행이나 자연의 변화 등에서 직접적으로 시간을 지각한다.[18] 시간은 내감의 형식만이 아니라 동시에 운동

---

16 같은 책, A 33 / B 50.
17 같은 책, A 33 / B 49.

을 지각하는 외감의 형식이어야 하는 것이다. 칸트는 초월론적 감성론 §7의 c)에서,

시간은 모든 현상의 아프리오리한 형식적 제약이다. (…) 모든 표상은 그것이 외적 사물을 대상으로 갖든 안 갖든 그 자신 심정의 규정으로서 내적 상태에 속하고, 이 내적 상태는 그러나 내적 직관의 형식적 조건에 속하며 따라서 시간에 속한다. 그리하여 시간은 모든 현상 일반의 아프리오리한 조건이고, 더욱이 내적 현상(우리의 심성)의 직접적 조건이며, 이로 인해 간접적으로는 외적 현상의 조건이다.[19]

라고 말한다. 이 대목을 하이데거는 다음과 같이 해설한다.

그러나 시간이 모든 현상의 아프리오리한 형식적 제약이어야 한다고 하는 한, 칸트는 단적으로 외적 현상에 시간 규정을 거절한 것은 아니다. (…) 모든 표상은 표상 작용의 상태로서 직접적으로 시간에 속하기 때문에 표상 작용에 있어서 표상되는 것 자체도 시간에 속한다. 표상 작용이 직접적 시간 내부성을 통과하는 우회로상에서 표상되는 것, 즉 외감을 통해서 규정되는 '표상'의 간접적 시간 내부성이 생긴다.[20]

---

18 그래서 천체의 운행이 곧 시간이라는 견해가 옛날부터 있어온 것이다.
19 같은 책, A 34 / B 50.
20 *Kant und das Problem der Metaphysik*, S. 51 이하 *KuPM*으로 약함.

부연하면 표상에는 표상 작용과 작용에 의해 규정되는 것(표상체)이 있는데, 작용이 시간 내부적 존재임은 말할 것도 없지만 작용에 의해 규정되는 것도 간접적으로는 시간 내부적 존재라는 것이요, 그러니 양자가 다같이 시간 내부성을 갖는다는 것이다. 그리하여 "시간은 모든 현상 일반의 아프리오리한 형식적 제약이다"[21]라는 명제가 성립한다. 시간은 따라서 보편적 직관 형식으로서 초월론적으로 인식을 주도하고 지탱하는 본질 요소가 되고, 이 점에서 공간에 대해 우위를 점한다.

일반적으로 말하면, 순수 직관으로서의 시간의 보편성의 정초는, 비록 공간과 시간이 다같이 순수 직관으로서 '주관'에 속한다 하더라도, 시간이 공간보다 한층 더 근원적으로 주관에 내속되어 있다는 것을 통해서만 가능하다.[22]

'시간은 모든 현상의 아프리오리한 형식적 제약'으로서 '내적 현상의 직접적 조건이며, 이로 인해 간접적으로는 외적 현상의 조건'[23]이다. 나아가서 시간은 현상계를 비로소 만나게 하는 주관의 직관 형식으로서 초월론적 관념성을 갖지만, 현상의 형식으로서는 현상을 그 안에 수용하므로, 즉 경험과 연관해서는, 경험적 실재성을 갖는다.

여기서 초월론적이라 함은 시간이 우리의 인식으로부터 완전히 독립하여 그 자체로서 실재하는 것이 아니라, 우리 감성의 직관 형식으로서 우리의 주관에 속하는 조건이라는 뜻이고, 관념성이란 시간이 우리가 미

---

21 *KdrV.*, A 34 / B 50.

22 M. Heidegger, *KuPM.*, S. 51f.

23 ' '는 필자에 의한 것이다.

칠 수 없는 이념임을 함축한다. 감성적 직관 형식이 현상을 수용해서 인식 활동을 하는 초월론적 종합 작용을 수행하면 경험과 관련해서 실재성을 갖지만 그런 구체적 활동을 떠나면 관념적이라는 것이다.

　이상의 논의를 정리하면 다음과 같다. 초월론적 감성론에서 기술하는 시간은 1) 감성 능력으로서 현상을 (내적 · 외적으로) 수용하는 보편적 직관 형식이긴 하지만, 2) 그 시간은 심성 안에서 현상을 구성하는 객관적 선후 계열로서 1차원적이다. 공간이 대상을 전후 · 좌우 · 상하의 외적 질서에 따라 규정하는 데 반하여, 시간은 계기적 · 동시적 질서에 따라 규정한다는 데 우리는 주목하지 않으면 안 된다. 바로 이 점에서 시간의 본질에 대한 칸트의 견해가 엿보이기 때문이다.

4. 직선으로 표상되는 시간(연역론)

　순수 직관으로서의 공간이 기하학의 기초가 될 수 있다면, 마찬가지로 직관으로서의 시간은 동력학[24]의 기초가 되어야 할 것이다. 그런데 칸트는,

---

24 칸트는 역학(力學, Mechanik)과 동력학(動力學, Dynamik)을 구별한다. "물질의 종적(種的) 차이성(差異性)을 기계로서의 물질의 최소 부분의 성상(性狀)과 합성으로 설명하는 것은 역학적 자연철학이다. 그러나 물질로부터이긴 하지만 기계 즉 외적 운동력의 단순한 도구로서가 아니라, 물질에 근원적으로 고유한 견인과 반발의 운동력으로부터 물질의 종적(種的) 차이성(差異性)을 도출하는 것은 동역학적 자연철학이라고 부른다."(*Kants gesammelt Schriften*, Akademie Ausgabe Bd. IV, S. 532) "따라서 모든 역학적 법칙은 동력학적 법칙을 전제한다."(*ibid* S. 537)

우리는 (…) 시간 계기를 무한으로 전진하는 하나의 선으로 표상한다. 이 선에서는 다양은 1차원만을 갖는 하나의 계열을 형성한다. 그리고 우리는 이 선의 여러 성질로부터 시간의 모든 성질을 추론하는 것이다.[25]

라고 말한다. 내감에서 이렇게 표상되는 선은, 가령 '삼각형의 짧은 두 변의 길이의 합은 다른 하나의 긴 변의 길이보다 길다'고 직관되듯이, 그렇게 직관되는 게 아니다. 의식 내재적 선으로 표상되는 선은 반성적으로 사유되는 것이지 직관되는 것이 아니다. 설사 그것이 직관된다고 표현하더라도 그것은 반성적으로 직관되는 것, 즉 의식 내재적 반성을 통해 경험되는 것이다. 그리고 그 선은 심성 속에 주어져 있는, 다시 말하면 노에마로서의 선, 반성적으로 직관되는 선이요, 인식의 대상으로서의 선, 즉 시간 계열이다.

연역론(演繹論)의 '예비적 주의'에 따르면 모든 인식의 과정을 일관되게 지배하고 있는 것은 시간이다.

우리들의 모든 표상은 심성의 변양으로서 내감에 속한다. 그리고 우리의 모든 인식은 심성의 변양으로서 결국 내감의 형식적 제약, 즉 시간에 종속되며, 시간 속에 배치되고 결합되고 상호 관계 맺지 않으면 안 된다.[26]

모든 종합은 시간의 종합 이외에 다른 것이 아니다. 칸트에 따르면,

---

25 *KdrV* A 33 / B 50.
26 같은 책, A 99.

우리의 모든 표상은 외적인 것이든 내적인 것이든, 아프리오리한 것이든 아포스테리오리한 것이든 모두 내관에 속한다. 그리고 시간은 바로 이 내관의 형식적 제약인 것이다. 그러므로 모든 인식이 직관의 수용성에서 출발하는 한, 그 이후의 모든 인식 과정에는 어쩔 수 없이 이 시간이 원천적으로 작용하지 않을 수 없다. 더욱이 직관에서의 표상들의 각지(覺知), 구상 작용에서의 표상들의 재생(再生) 및 개념에서의 표상들의 재인(再認) 등이 각기 독립된 것이 아니고, 종합의 근거를 찾아가는 과정, 즉 근거를 찾아 점차적으로 심화해가는 과정이라고 한다면, 다시 말해 직관에서의 표상들의 각지(覺知)의 근거가 구상력에서의 표상들의 재생(再生)이고, 이것의 근거는 다시 개념에서의 표상들의 재인(再認)이라고 한다면, 시간의 역할은 이 모든 과정의 심화 과정으로 일관되게 작용하지 않을 수 없다.

1) 직관에서의 각지(覺知, Apprehension)의 종합

직관에 다양이 주어진다. 그러나 그 다양이 하나의 순간적 인상이 아님은 말할 것도 없다. 그것은 계기적 다양이다. 따라서 그것은 우리의 심성 속에서 계기하는 것으로서 통일되지 않으면 안 된다. 즉 그 종합은 시간적 계기의 질서를 따르지 않을 수 없다. 이 각지의 종합은 어떻게 성립하는가?

2) 구상 작용에서의 재생(Reproducktion)의 종합

각지의 종합은 다양한 계기적 인상을 우리의 마음속에서 계기하는 것으로 결합하는 것이라고 했다. 그러나 그 인상들은 부단히 이행하여 결국 소멸하고 만다. 그럼에도 각지의 종합이 가능하기 위해서는 그 인상들이 우리 마음속에 보존되었다가 재생되지 않으면 안 된다. 이 재생 작용을 하는 것은 구상력이다. 구상력이란 "현존하지 않은 대상을 직관에 있어서 표상하는 능력"[27]이다. 구상 작용에 의한 재생의 종합은 각지의 종합의 가능 근거이다. 구상력은 감성에 의한 현상의 수용과 오성의 개념적 사유가 통일되는 자리이므로 하이데거는 거기를 유한한 인간적 시간의 근원으로 보고 있다.

3) 개념에서의 재인(再認, Rekognition)의 종합

구상 작용에 의한 재현의 종합이 가능하기 위해서는 다시 개념에 의한 재인의 종합이 불가피하게 필요하다. 칸트가 제시하는 예를 보면 재인의 종합을 쉽게 알 수 있다.

가령 수를 헤아리는 경우 지금 내 머리에 떠오르는 단위들을 내가 순차적으로 보탠다는 것을 내가 잊어버린다면, 단위들을 하나씩 계기적으로 보탬으로써 양이 생긴다는 것을 인식하지 못할 것이요, 따라서 수도 인식할 수 없을 것이다. 왜냐하면 수의 개념은 종합의 이러한 통일의식에서만 성립하기 때문이다.[28]

재생의 종합이 가능하기 위해서는 재생된 표상이 앞의 표상과 동일하다는 것을 재인하는 의식 작용이 있지 않으면 안 된다. 이 재인 작용에 의해, 재생된 것이 현재의 표상과 결합되어 하나의 직관적 표상과 통일되는 것이다.

---

27 같은 책, B 151.
28 같은 책, A 103.

재인의 종합이 성립하기 위해서는 의식의 동일성이 전제되지 않으면 안 된다. 모든 종합에 선행해서 근원적 초월론적 제약 역할을 하는 이 의식의 동일성을 칸트는 '초월론적 통각'(transzendentale Apperzeption) 또는 '순수 통각'(純粹統覺, reine Apperzeption)이라 한다. "이 의식의 통일 없이는 어떤 인식도 인식 상호간의 결합과 통일도 우리 안에 성립할 수 없다. 이 의식의 통일은 직관의 모든 소여에 선행하고 또 그 의식의 통일성과 관계해서만 대상의 모든 표상이 가능하다. 이 순수하고 근원적이고 불변적인 의식을 나는 초월론적 통각이라 부른다."[29]

앞에서 우리는 연역론에서의 삼중의 종합을 일별하였다. 그런데 이 연역론에서 말하는 시간은 어떤 것인가?

내가 사고 가운데에서 한 줄의 선을 긋는다든가, 어느 날의 정오로부터 다음날의 정오까지의 시간을 생각한다든가, 또는 단순히 일정한 수를 표상하려고 하는 경우라 하더라도, 나는 먼저 필연적으로 이런 다양한 표상들의 하나하나를 순차적으로 사고 속에서 파악해야 하는 것은 분명하다.[30]

우리는 사고 속에서 실제로 선을 긋지 않고는 어떤 선도 사유할 수 없고, 원을 그리지 않고는 어떤 원도 사유할 수 없으며, (…) 시간조차도, 우리가 (시간의 외적 도형 표상인) 직선을 그음으로써 내감을 계기적으로 규정하게 되는 '다양을 종합하는 행위'를 주시하지 않고는, 표상할 수 없다.[31]

---

[29] 같은 책, A 107.
[30] 같은 책, A 102.
[31] 같은 책, B 154.

앞의 인용문에서 보면 연역론에서의 시간은 직선을 긋는 것으로 표상되고 있다. 그것은 첫째, 시간이 오성에 속하며 능동적 결합 작용을 하고 있다는 것을 함축한다. 하나의 선을 인식하기 위해서는 "우리는 실제로 선을 그어보지 않으면 안 된다. 즉 주어진 다양의 일정한 결합을 종합적으로 성립시키지 않으면 안 된다."[32]

직관 내용을 개관하기 위해서는 오성의 활동이 요구된다. 직선을 긋는다는 것은 그러므로 감성만의 일도 아니고 오성만의 일도 아니며 양자를 매개하는 일이고, 나아가서 외적 구성과 내적 구성을 종합함으로써 가능한 일이다.

그리하여 둘째, 시간은 외적 직관과 내적 직관의 종합, 즉 보편적 종합 기능을 수행하고 있다. 여기에서 우리는 감성론에서의 시간 개념과 다른 또 하나의 시간 개념을 보게 된다. 즉 시간은 의식의 내·외를 결합하는 기능을 하는 직선과 같은 것으로 여겨지고 있다. 그리고 종합이란 의식의 자기 동일성을 근거로 해서 다양한 표상들을 계기적(시간적)으로 통일하는 것이다.

요컨대 표상의 각지(覺知), 표상의 재생(再生), 표상의 재인(再認)은 모두 우리 의식의 활동이다. 의식은 어쩔 수 없이 시간적 계기를 따라 진행한다. 그러므로 그 각각의 의식의 종합 작용 또한 시간을 따르지 않을 수 없음을 칸트는 보여주고 있다.

우리가 주목할 것은 여기에서 말하는 시간은 감성론(感性論)에서 말하는 직관 형식과는 달리 직선으로 표상된다는 것이다. 시간 개념은 훨씬 구상화되어 있다. 즉 시간은 단순한 형식이 아니라 수학적 선으로 표

---

32 같은 책, B 138.

상되고 있다. 그것은 시간을 주제화하는 데 한결 가까이 왔다는 것이다.

5. 운동을 측정하는 척도로서의 객관적 시간(원칙론)

원칙론(原則論)에서의 시간론에 들어가기 전에 칸트는 도식론(圖式論)에서도 시간에 관해 언급하고 있다.[33] 그러나 도식론에서 말하는 시간 개념은 단지 '계기'와 '동시 존재'뿐이다. 칸트는 1) 분량 범주에 시간 계열(Zeitreihe)의 도식을 배정하고 있으나 이때의 시간이란 양을 헤아릴 때의 시간적 계기이고, 2) 성질 범주의 도식에서 말하는 시간 내용(Zeitinhalt)도 감각의 강도의 충만과 공허의 계기적 변이 이외에 다름 아니다. 즉 우리의 감각에는 강도(내용)가 있는데 그 강도의 정도에는 거기에 따르는 변이가 있다는 것이다. 이 감각 내용의 변이를 칸트는 시간 내용이라고 한다. 3) 관계 범주의 도식에서 말하는 시간 순서(Zeitordnung)는 시간 속에서의 실체의 지속성(실체와 우유성)과 규칙에 따른 후속(인과성과 의존성) 및 공존(상호성)이다.

이상 세 가지를 검토하면 다음과 같이 요약된다.

그 첫째(실체와 우유성), 지속성이란 어떤 존재자의 시간 내의 자기

---

[33] 도식론은 "순수 오성 개념이 현상 일반에 어떻게 적용될 수 있는가?"를 다룬다. 이것은 "한편에서는 범주와 동종적이고 다른 편에서는 현상과 동종적이어서 전자를 후자에 적용할 수 있도록 하는 제삼자", 즉 일면으로는 지성적이고 타면에서는 감성적인 것이 있어야 한다. 그런데 그것이 다름 아닌 시간이라는 것이다. 시간은 "일면으로는 보편적이고 아프리오리한 원칙에 의거하는 한 범주와 동종이고, 타면으로는 다양의 모든 경험적 표상에 포함되어 있는 한 현상과 동종"이기 때문에 도식론에서 시간을 다룰 수 있는 것이다. 같은 책, A 138 / B 177f. 참조.

유지를 가리키는 것으로 시간 자체의 입장에서 말한다면 계기이다. 둘째 (인과성과 의존성), 규칙에 따른 후속도 마찬가지로 한 시간적 존재자가 다른 시간적 존재자에 시간상 뒤따르는 것이니, 시간 자체의 입장에서 말하면 계기를 전제한 것이다. 셋째(상호성), 시간 내 존재자들의 공존, 즉 상호성은 시간의 동시성을 가리킨다.

4) 양상 범주의 도식에서 말하는 시간 총괄(Zeitinbegriff)은 시간 내 존재자의 존재 방식과 관련되는 것이므로 시간의 계기를 전제해야 비로소 논의될 수 있는 것이다. 이렇게 보면 도식론에서의 시간 개념은 전적으로 계기성과 동시성뿐이다.

이것은 다시 그 다음에 오는 원칙론에서 더 자세하게 언급될 수 있다. 즉 시간 계열은 직관의 공리(Axiome der Anschauung)라는 원칙으로 재론되고, 시간 내용은 지각의 예료(Antizipationen der Wahrnehmung)라는 원칙으로 재론되며, 시간 순서는 경험의 유추(Analogien der Erfahrung)라는 원칙으로 재론된다. 그리고 시간 총괄(時間總括)은 경험적 사유 일반의 요청(Postulate des empirischen Denkens überhaupt)의 원칙으로 재론되고 있다.

그런데 주목되는 것은 분량과 성질의 범주에 의해 성립되는 원칙, 즉 직관의 공리와 지각의 예료(豫料)는 수학적 원칙(mathemarische Grundsätze)이라 부르고, 관계의 범주와 양상의 범주로 성립되는 원칙, 즉 경험의 유추와 경험적 사유 일반의 요청은 동력학적 원칙(動力學的原則, dynamysche Grundsätze)이라고 부른다는 것이다. '수학적 원칙'이란 그러나 "수학 고유의 원칙을 의미하지 않으며", '일반 (물리학적) 동력학적 원칙' 또한 "동력학 고유의 원칙을 의미하지 않고", 수학과 동력학의 원칙을 가능하게 하는 기초인 내감과 그것에 상관적인 순수 오성의 원칙이라는 것이다.[34] 이 두 원칙 사이의 구별에 관해 칸트는 이렇게 말하고 있다.

순수 오성 개념을 가능적 경험에 적용함에 있어 그 종합적 사용은 수학적이거나 동력학적이다. 왜냐하면 종합은 어떤 때는 단순히 직관에 관계하고 어떤 때는 현상 일반의 현존(Dasein)에 관계하기 때문이다. 그러나 직관의 아프리오리한 제약은 가능적 경험에 관해서는 시종일관 필연적이지만 가능한 경험적 직관의 대상의 현존의 제약은 그 자신 우연적일 뿐이다. 그러므로 수학적 사용의 원칙은 무조건 필연적이다. 즉 절대적 확실성을 갖고 있다. 그러나 동력학적 사용의 원칙도 과연 아프리오리한 필연성의 성격을 가지고는 있으나 그것은 경험에서 경험적 사유의 제약하에서만 그렇다. 따라서 동력학적 원칙은 간접적으로만 필연성을 가질 뿐 수학적 원칙이 갖는 직접적 명증성을 갖지는 않는다.[35]

그는 범주표를 설명할 때에도[36] 범주를 수학적인 것과 동력학적인 것으로 구분하여, 전자는 직관의 대상에 관계하고 후자는 대상의 실재성(Existenz)에 관계한다고 보았다. 수학적 원칙은 단순히 직관에만 관계하기 때문에 대상의 존재에 대해 결정하는 바가 없으므로 시종일관 필연성을 갖지만, 대상의 존재에 관한 원칙으로서의 동력학적 원칙은 경험적 대상의 실재성에 대해 아프리오리하게 필연적일 수 없고 단지 간접적으

---

34 같은 책, A 162 / B 202.
35 같은 책, A 160 / B 199f.
36 같은 책, A 71 / B 96ff.

로만 필연적이라고 보았다.

우리가 여기서 주목하는 것은 수학적 원칙에는 '직관의 공리'와 '지각의 예료'가 속한다는 것과 그것에다가 각각 시간 계열과 시간 내용을 배정했다는 것, 그리고 동력학적 원칙에는 '경험의 세 유추'와 '경험적 사유 일반의 요청'이 속하고, 거기에 각각 시간 순서와 시간 총괄을 배속시키고 있다는 것이다. 이 원칙론에서 시간의 역할은 무엇이며, 시간은 그 자체로 어떻게 보여지고 있는가?

1) 직관의 공리(公理)

그 원리—모든 직관은 외연량이다.(B)

외연량이란 "부분의 표상이 전체의 표상을 가능하게 하는, 즉 부분의 표상이 전체의 표상에 필연적으로 선행하는 양"[37]이다. 수학에서 말하는 양은 일정한 양을 부가함으로써 그 양이 증대한다. 그래서 이 원칙을 수학적 원칙에 귀속시키는 것이다.

아무리 작은 선이라 하더라도, 사유 속에서 그 선을 그어보지 않고서는, 즉 한 점에서 차례차례로 모든 부분을 산출하고, 그렇게 해서 비로소 직관을 그려내지 않고서는, 나는 어떤 선도 표상할 수 없다. 또 아무리 짧은 시간 표상이라 하더라도 사정은 마찬가지이다. 나는 그때 단지 한순간에서 다른 순간에로의 계기적 진행을 생각한다. 그리하여 모든 시간 부분과 그 첨가로 인해 일정한 시간량이 산출된다. 모든 현상에 있어서 직관은 공간이거나 시간이기 때문에, 모든 현상은 각지(覺知)에 있어서 (부분에서 부분으로) 계기적 종합에

---

37 같은 책, A 162 / B 203.

의해서만 인식되는 것인 한, 직관으로서 외연량이다.[38]

모든 직관의 대상은 공간적이거나 시간적인데 공간적 표상과 시간적 표상은 동종적(同種的)인 것의 점차적 부가(附加)에 의해, 즉 계기적(繼起的) 부가에 의해 증가한다는 것이다. 우리의 주제와 관련시켜보면, 여기에서의 시간은 계기로서 표상되고 있다.

2) 지각의 예료(豫料)

그 원리—모든 현상에 있어서 감각의 대상인 실재적인 것은 내포량 즉 도(度, Grad)를 갖는다.(B)

지각이란 "경험적 의식 즉 그 안에 동시에 감각 작용이 있는 의식"[39] 이고, 예료란 "그것으로 인해 내가 경험적 인식에 속하는 것을 아프리오리하게 인식할 수 있고 규정할 수 있는 모든 인식"[40]을 가리킨다. 그리하여 '지각의 예료'란 달리 말하면 경험적 의식도 경험에 앞서서 아프리오리하게 경험의 대상에 관해 그 성격을 알 수 있다는 것이다.

그리고 내포량(內包量) 즉 정도(程度)란 가령 색깔(무게, 열 등의 성질)의 경우를 보면 아주 진한 데서부터 색깔이 전혀 없는 (무색의) 단계에 이르기까지 감각에는 무수히 많은 단계가 있다는 것이다. 이것은 양이 아니다. 따라서 외연적으로 셈할 수는 없다. 양이 아닌 성질이기 때문에 내포(정도)라 하는 것이고, 양은 아니지만 그 정도를 수학적으로 표시할 수는 있기 때문에 내포의 양이라 하는 것이다. 내포량이란 "오직 단

---

38 같은 책, A 162 / B 203f.
39 같은 책, A 166 / B 207.
40 같은 책, A 166 / B 208.

일성으로서 각지되어, 수다성이 부정성=영(零)에 접근함으로써만 표상될 수 있는 양을 나는 내포량이라 한다."[41] 그리하여 감각을 소재로 해서 만들어지는 지각도 내포량을 갖는 것이고, 감각의 대상인 실재적인 것도 내포량을 갖는 것이다.

칸트는 이 지각의 예료에다 시간 내용을 배정한다. 시간은 직관의 형식일 뿐이기 때문에 거기에는 내용이 해당되지 않는다. 그럼에도 칸트는 시간의 ‘내용’을 말한다. 그러나 이때의 ‘내용’이란 내포를 표시하기 위해 택한 용어일 뿐 실제로는 지각 및 그 대상인 실재적인 것에 있는 정도의 등급, 즉 시간의 계기성 이외에 다른 것이 아니다.

칸트의 시간 개념을 당시의 동력학(자연과학)과 관련해서 ‘운동을 측정하는 척도’로서의 객관적 시간으로서 가장 극명하게 보여주는 대목은 아래에서 소개하는 경험의 유추에서이다.

3) 경험의 유추(類推)

그 원리―경험은 지각의 필연적 결합이라는 표상에 의해서만 가능하다.

유추란 기지(旣知)의 사례로 미루어 미지의 사례를 인식하는 것이다. 경험의 유추의 원칙이 관련되는 범주는 ‘실체와 우유성(偶有性)’, ‘인과성과 의존성’ 및 ‘상호성’이다. 그리고 이것은 양이라는 같은 종류의 종합을 다루는 수학적 원칙과 달리 동력학적 원칙이라 한다.

동력학적 원칙이란 “서로 같지 않은 종류 사이이긴 하지만 상호 필연적으로 결합되어 있는 것의 종합"[42]이다. 이것은 자연과학의 대상들이

---

41 같은 책, A 168 / B 210.
42 같은 책, B. 201, Anmerkung.

실체와 우유의 관계에서, 인과 관계에서 그리고 상호 관계에서 어떤 필연성을 갖고 있음을 가리킨다. 자연 현상들은 물론 시간 속에 있다. 칸트는 그 범주들에 시간 순서라는 도식을 놓고, 다시 시간에 지속성과 계기성과 동시 존재라는 양상을 배정한 것이다. 그리고 그것들을 각기 제1유추, 제2유추, 제3유추로 나누어서 각론하고 있다.

그러나 엄격하게 말하면 칸트가 말하는 시간의 세 양상은 시간의 양상이 아니라 시간 내의 존재자의 존재 방식이다. 칸트도 이것을 모르는 바 아니다.

지속성은 일반적으로 현상의 모든 현존, 모든 변화 및 모든 동시 존재의 항구적 상관자로서 시간을 표현한다. 왜냐하면 변화는 시간 자체에 관여하지 않고 시간 내의 현상에 관여하기 때문이다(이와 마찬가지로 동시 존재는 시간 자체의 양상이 아니다. 시간 자체에 있어서는 어떤 부분도 동시적이 아니고 모든 부분이 선후적이다). (…) 지속하는 것은 시간 자체의 경험적 표상의 기체이며, 이 기체에 근거해서만 모든 시간 규정이 가능하다. (…) 그러므로 모든 현상에 있어서 지속하는 것은 대상 자체 즉 실체(현상적 실체)이다.[43]

그러나 그는 시간 내 존재자의 지속을 곧 시간 자체의 지속으로 이해하고자 하고, 시간 내의 존재자의 계기성과 동시 존재를 가지고 곧 시간 자체의 계기성과 동시성으로 이해하려고 한 것이다. 왜냐하면 "시간은 그 자체로는 지각되지 않기 때문이다. 따라서 지각의 대상 즉 현상 속에

---

43 같은 책, A 183-4. / B 226-7.

는 시간 일반을 표상하는 기체가 있어야 한다. 이 기체가 일반적으로 시간을 표상하고, 모든 변화 또는 동시 존재는 이 기체에 의거해서, 이 기체에 대한 현상의 관계를 통해서 각지하는 중에 지각될 수 있기"[44] 때문이다. 말하자면 시간 자체에서는 지속성과 계기성과 동시 존재가 인식되지 않으므로 이것을 시간 내의 실체의 지속성과 계기성과 동시 존재로 환원해서 인식하겠다는 것이다.

아래에서 우리는 각각의 유추를 차례로 검토함으로써 시간의 양상을 살펴보고자 한다.

1) 제1유추 : 실체의 지속성

만유의 실재적 세계는 한순간도 정지하지 않고 변이한다. 그럼에도 그 변이를 관통해서 변하지 않는 것이 있다. 이것이 변화를 알리는 기준이 되는 것이니 그것을 우리는 실체라고 부른다.

실체는 변화의 기저로서 그 변화를 알려주고 측정하는 기체로서 그 자신 시간을 통과하면서도 불변적으로 있다. 다시 말하면 실체는 시간 속에 있으면서 그 시간을 통해 불변하는 지속체이다. '불변적'이라 함은 중단이 없다는 뜻이다. 여기에서 주목되는 것은 두 가지이다. 하나는 "지속체가 없으면 시간 관계도 존재하지 않는 것"이니, 앞에서도 언급한 바와 같이, 이 지속체의 지속을 곧 시간의 지속으로 바꾸어놓을 수 있다는 것이다. 다른 또 하나는 중단이 없는 즉 불변적으로 존속하는 실체는 자연과학적으로 말하면 운동을 측정하는 기준이 된다는 것이다.

지속하는 시간은 변화의 기저로서 운동 측정을 가능하게 하는 객관적 시간이다. 객관적 시간이란 현상들 사이에 성립하는 선후 관계를 운

---

44 같은 책, B 225.

동을 측정하는 객관적 선후 관계로서 규정함으로써 성립한다. 따라서 운동의 측정을 가능하게 하는 시간은 실체의 함수로서 표현된다. 이리하여 '내감의 형식'으로서의 시간은 '외감의 형식'으로서의 시간으로 바뀐다. 시간은 앞에서도 말한 바와 같이 내감·외감의 형식이다.

운동체의 자기 유지, 즉 물체의 지속에 의거하지 않고서는 시간 자체가 인식되지 않는다. 또 시간이 객관적 세계에 질서를 부여하는 지속으로서 역할하는 것도 객관적 현상이 존재하는 한에서 가능한 것이다. 시간은 객관적 현상을 통해 인식 가능하고, 객관적 현상은 시간을 통해 질서지어질 수 있는 것이다.

2) 제2유추 : 인과 관계에 따르는 시간 계기(Zeitfolge)

우리는 현재의 현상을 이전의 상태나 이후의 상태와 연결해서 생각해볼 수 있다. "A의 상태가 B의 상태에 선행하거나 혹은 A의 상태가 B의 상태 뒤에 오는 식으로 결합할 수 있다."[45] 그것을 우리는 단순한 경험적 지각을 넘어 오성 개념을 가지고 시간의 선후에 따르는 인과법칙으로서 규정할 수 있다. 현상들 사이의 이런 선후는 말할 것도 없이 시간의 계기를 전제해야 비로소 가능하다. 그리고 이런 시간은 인과성에 따르는 물체의 운동의 척도이다. 그러므로 인과의 법칙에서 우리가 확인할 수 있는 것은 시간의 계기성이 운동의 측정 기준으로서 변화의 기저에 놓여 있다는 것이다. 가령 A가 동력학적으로 B의 원인이라는 것은 A가 객관 시간상 B에 선행하는 위치에 있다는 것이다. 칸트는 이것을 배의 예를 가지고 설명하고 있다.

---

45 같은 책, B 233.

하류에 있는 배의 지각은 상류에 있는 배의 위치의 지각에 뒤따른다. 이런 현상의 각지에 있어서 배가 먼저 그 강의 하류에서 지각되고, 그런 뒤에 상류에서 지각되는 것은 불가능하다. 그러므로 배의 각지에 있어서 지각들이 뒤따르는 순서는 일정하고, 이 순서에 각지는 결부되어 있다.[46]

3) 제3유추 : 상호 작용 또는 상호성에 따르는 동시 존재(Zugleichsein)

"동시 존재란 동일한 시간 중에서 다양이 실재하는 것이다."[47] 시간은 천이를 본질로 하기 때문에 거기에는 동시성이라는 것이 없다. 다만 시간 속에 존재자가 함께 동시적으로 있을 뿐이다. 그리하여 동시성은 애당초 시간의 양상이 아니라 다수의 존재자의 존재 양식인 것이요, 그래서 칸트도 '동시 존재'라고 한 것이다. 그리하여 칸트 자신이,

> 물체들은 그것들이 동일한 시간에 실제로 존재하는 한 동시적이다. 그러나 우리는 무엇에 의거해서 그것들이 동일한 시간에 존재한다는 것을 인식하는가?[48]

라고 묻는다. '무엇에 의거해서 동시 존재가 성립하는가?' 하는 것이 칸트의 물음이다. 이에 대해 그는 표제에 있는 대로 동시 존재의 근거를 '상호 작용 또는 상호성'이라고 대답한다. 여기까지는 옳다.

그러나 그가 제시하는 '상호 작용 또는 상호성'의 예는 적절하지 않다.

---

46 같은 책, B 237.
47 같은 책, B 257.
48 같은 책, A 211 / B 258.

가령 나의 지각이 처음에 달에서 시작하여 다음에 지구에게로, 혹은 또 그 반대로 처음에 지구에서 시작해서 그 다음에 달에게로 미칠 수 있는데, 이런 대상들이 상호적으로 생길 수 있기 때문에 그들은 동시적으로 존재한다고 말할 수 있다.[49]

다양의 각지의 종합에 있어서의 순서가 문제되지 않을 때, 즉 A에서 B, C, D를 거쳐 E에 이를 수도 있고, 역으로 E에서 A에 이를 수도 있을 때,[50]

그때 동시성 내지 상호성이 성립한다는 것이다. 첫 번째 문장에서는 계기성은 있을는지 모르나 동시성은 없으며, 상호성의 예로서도 적절하지 않다. 두 번째 문장에서 '순서가 문제되지 않을 때'라는 단서는 생각하기 어렵다. 만일 칸트가 동시 존재의 예를 지각의 차원에서 찾지 않고 사물의 차원에서 찾았더라면 훨씬 설득력이 있었을 것이다. 가령 '원심력과 구심력의 동시적 작용' 등등. 그리고 그것이 동력학적 원칙으로서도 타당할 것이다.

4) 경험적 사유 일반의 요청

이 주제하에 서술되고 있는 것은 세 가지이다. 1) 이 원칙하에 다루어지는 것은 양상의 범주, 즉 가능성-불가능성, 현존성-비존재성 및 필연성-우연성이다. 이것을 칸트는 도식상 시간 총괄이라 하고, 그 각각을 '표상들간의 종합을 시간 조건들과 합치시킴', '일정한 시간 중의 현존' 및 '모든 시간 중의 현존'이라는 도식으로 표현한다. 2) '관념론 논박'—

---

49 같은 책, B 257.
50 같은 책, A 211 / B 258.

이것은 A판에서는 '제4 오류추리' 속에 들어 있던 것인데 B판에서는 '경험적 사유 일반의 요청'이라는 원칙 중 '현실성'에 이은 논술의 말미로 옮겨진 것이다. 3) '원칙들의 체계에 대한 일반적 주의'이다. 이 1) 2) 3)에 대해 간단히 설명하면 아래와 같다.

1) 지금까지 살펴본 여러 원칙들은 모두 인식의 객관에 대한 규정들이었다. 그러나 여기서 다루어지는 원칙들은 객관에 대한 규정이 아니라, 객관에 대한 개념의 인식 능력에 관계되는 것이다. 즉 "양상의 범주들은 그것들이 술어로서 부가되는 개념을 객관의 규정으로서는 조금도 증대하지 않고, 그 개념의 인식 능력과의 관계만을 표현한다는 특성을 갖는다."[51] 양상의 범주는 주어 개념이 가능적인가-불가능적인가, 현실적인가-비현실적인가, 필연적인가-우연적인가 하는 것뿐이다.

2) 그러나 우리의 주제와 관련해서 그 중 가장 문제되는 것은 '현실성'이고, 이것과 연관해서 2)의 '관념론 논박'이다. 관념론 논박의 주제는 전통적 관념론과 자기의 초월론적 관념론을 선명하게 구별하는 것이다. 이것이 우리에게 문제되는 것은 거기에서 특히 '현실성'과 관련해서 시간이 어떤 역할을 하는가 하는 것이다. 칸트에 따르면,

관념론자란 반드시 감관의 외적 대상이라는 현상의 존재를 부정하는 사람이라고 생각되지 않고, 단지 감관의 외적 대상의 현존이 직접적 지각으로 인식된다는 것을 인정하지 않는 사람, 그리하여 어떤 가능한 경험에 의해서도 결코 그 현실성을 완전히 확신할 수 없다고 추론하는 사람.[52]

---

51 같은 책, A 219 / B 266.
52 같은 책, A 368f.

이다. 그리고 그는 종래의 그 관념론에 두 가지가 있다고 지적한다.

관념론(나는 여기서 질료적 관념론을 가리킨다)은 우리 밖 공간
속에 있는 대상들의 현존을 의심스럽고 증명할 수 없다고 설명하거
나 아니면 허위적이고 불가능하다고 설명하는 이론이다. 전자는 데
카르트의 개연적 관념론이다. 이것은 오직 하나의 경험적 주장 즉 나
는 존재한다는 것만은 의심할 수 없는 것이라고 설명한다. 후자는 버
클리의 독단적 관념론인데, 이것은 만물에 불가분적 조건으로서 결
부되어 있는 공간을 그 자체로 불가능하며 따라서 공간 중의 사물도
단순한 공상이라고 설명한다.[53]

이 인용문에 따르면 데카르트의 개연적 관념론은 그의『성찰』2에서
보듯이 공간 속에 있는 객관적 사물은 정신만큼 명증적으로 인식될 수
없으니 그 존재를 확신할 수 없다는 것이고, 버클리의 독단적 관념론은
지각되는 것만이 존재한다고 주장한 결과 역시 객관적 사물이 존재한다
고 믿을 수 없다는 것이다.

그러나 이것들은 칸트의 인식론과는 정면으로 배치된다. 왜냐하면
칸트의 인식은 일차적으로 자연과학의 대상인 객관적 사물에 대한 인식
이요, 따라서 그것의 존재를 전제하지 않으면 안 되기 때문이다. 이 '관
념론 논박'에서 칸트가 주장하는 것은 객관적 존재의 현실성은 말할 것
도 없고, 그와 마찬가지로, 자아도 현실적으로 존재한다는 것이다.

그런데 그 객관이 존재한다는 것은, 칸트에 따르면, 객관적 시간 즉

---

[53] 같은 책, A 226 / B 274.

계기를 본질로 하는 시간 속에 존재함을 의미한다. 객관적 시간은 운동하는 물체를 동력학적으로 측정하는 척도로서 구성된다. 이런 객관적 시간은 단순히 외적 대상의 존재를 규정하는 것으로 그치지 않고 나아가서 자아까지도 규정한다. 즉 자아는 객관적 시간에서 외적 세계가 구성되는 것을 통해 구체적으로 구성된다는 것이다. 다시 말하면 자아 존재는 이 객관적 시간에 의해 외적 세계가 구성됨으로 인해 내적 세계로서 구성된다는 것이다.

여기에 종래의 관념론이, 의식의 자기 확실성에서 출발하든 감각적 지각에서 출발하든, 외적 대상의 존재를 의심스럽게 여기던 것과는 반대로, 초월론적 관념론이 외적 세계를 먼저 구성하고 거기에 의거해서 내적 세계인 자아를 구성하는, 그 차순에 있어 종래의 관념론과 반대되는 면모를 보이고 있다. 그리고 객관적 시간은 이 양자를 구성하는 보편적 규준으로서 역할하고 있다. 이것이 '경험적 사유 일반의 유추'에서 보이는 시간의 역할, 즉 시간 총괄이다.

3) '원칙들의 체계에 대한 일반적 주석'에 대해서는 시간과 관련해서 언급할 말이 없다.

6. 결론

이상 논의한 칸트의 시간론을 요약하여 결론으로 정리하면 아래와 같다.

첫째, 감성론에서 시간을 공간과 함께 감성의 아프리오리한 직관 형식이라고 한 것은 공간과 시간이 대상 수용을 아프리오리하게 규정하는 역할을 한다는 것이고, 이런 점에서 시간을 특히 초월론적 관념성이라고 한다. 그러나 공간이 대상을 전후·좌우·상하로 수용하는 질서로서 기능하는 데 반해 시간은 계기적으로 수용하는 질서로서 역할한다. 시간은 공간과 함께 외적 수용 능력이면서 동시에 공간과 달리 내적 수용 능력으로서의 직관 형식이다. 이 점이 시간으로 하여금 사유 관련적이게 한다. 그러나 시간이 대상을 계기적으로 수용한다는 것은 시간 자체의 양상으로 말하면 시간은 계기로서만 있다는 것이다. 그리하여 시간은 주관에 속하면서 모든 인식을 가능케 하는 초월론적 관념성이지만 동시에 경험적 실제성이기도 하다.

둘째, 이 경험적 실재성으로서의 시간은 연역론에서는 선으로 표상된다. 선으로 표상된다는 것은 시간의 계기성의 비유적·상징적 표현에 다름 아니다.

시간이 외적·내적 직관 형식으로서 사유 관련적이라는 것과 머릿속에서 선을 그어본다는 것은 단순한 감성적 직관 형식만으로는 안 되고, 오성의 작용이 참여하지 않으면 안 된다. 이것은 시간이 구상력 및 통각과 함께 인식의 근원으로서 기능하고 있음을 의미한다. 시간이 사유 관련적이라 함은 달리 말하면 사유가 시간의 계기 질서를 벗어나서 진행될 수 없다는 말과 같다.

셋째, 원칙론에서는 시간은 객관적 시간으로서 특히 동력학의 기초가 되어 운동을 측정하는 기준 역할을 한다. 칸트적 의미의 객관적 시간이란 달리 말하면 물리적 시간이다. 물리적 시간이란 측정의 도구로서만 기능하는 시간이요, 따라서 의식에 의해 구성되는 시간이 아니다. 다시 말하면 기억과 기대를 통해 과거와 미래가 구성되는 그런 시간이 아니라 오직 지금으로서만 존재하는, 그리하여 지금·지금·지금…의 계속으로서 무한히 계기(Nacheinanderfolge)하는 시간, 즉 절대로 끊기는 일 없고 빠르거나 느린 일이 없이 앞으로만 진행하는 시간이다.

칸트적 시간은 넓은 의미의 과학적 시간이어서 오직 인식과 관련해서 당시의 수학적 자연과학 특히 동력학의 기초 제공을 위해서만 논의된 것이지, 시간을 독립된 주제로 연구한 것은 아니다. 그러므로 거기에는 시간의 기본 양상인 과거나 미래의 구성은 물론이고, 이전과 이후 등의 시간 양상에 대한 논의도 있을 수 없다. 칸트적 시간의 양상은 오직 계기일 뿐이다. 그것은 그가 시간을 인식을 위한 대상 수용 형식으로만 본 결과인 것이다.

칸트에게 시간은 처음으로 인식 성립의 기초가 되는 학문론적 차원에서 다루어진다. 시간은 직관 형식으로서 내외의 대상을 수용하여 사유로 인도하는 역할을 담당한다. 그러나 시간 자체는 오직 계기(연속성)로서만 표상된다. 인식론상의 기능의 중요성에 비해 시간의 독자적 실상은 소박하게 인식되고 있다.

헤겔은 시간을 정신의 역사와 관련해서 다루고 있다. 역사란 정신의 역사이면서 동시에 시간 속에서 경과한다. 그의 말대로 하면 역사란 정신이 시간 속으로 떨어지는 것이다. 그것은 어떻게 가능한가? 말할 것도 없이 헤겔의 시간론은 시간의 변증법이다.

헤겔 이전의 시간 연구와 헤겔의 시간 연구를 견주어 보면 헤겔에게서 두 가지 특징을 발견할 수 있다. 시간과 공간은 대상을 규정(수용)하는 용기 또는 창구와 같은 것으로 간주되지만, 그 본질은 전혀 다른 것으로 여겨졌다. 뉴턴 식으로 말하면 공간은 정지된 3차원이고 시간은 흐르는 1차원이다. 그러나 헤겔은 공간과 시간을 칼로 자르듯이 그렇게 둘로 나누어 보지 않고 시간과 공간을 하나의 체계적 사유의 발전으로 본다. 즉 시간은 공간의 진리라는 것이다. 다시 말하면 공간이 자기 전개한 형태가 시간이라고 한다. 둘째, 이제까지 영원은 시간과 대립하면서 시간을 외부에서 규정하는 것으로 보여졌다. 그러나 헤겔에 있어서는 자연의 시간이 전개된 형태가 시간의 개념 즉 개념 시간이요, 이것이 절대적 현재로서의 영원으로 간주되고 있다. 이것은 어떻게 가능한가?

위대한 철학자의 이론이라고 해서 모두 진리인 것은 아니다. 그가 생전에 강조하지 않았던 것이 후세에 크게 주목받는 일이 있는가 하면 반대로 그가 애썼던 주제가 뒷날에는 거의 무의미하게 여겨지는 경우도 허다하다. 당자의 문제의식과 후세의 문제의식이 다르기 때문이다. 이러한 이유로 해서 이미 죽었던 이론이 다시 살아나는 경우도 있다.

모든 지식을 하나의 체계 속에 수렴하려는 야망을 가졌던 헤겔은 자연과학까지도 하나의 사유 체계 속에 집어 넣어서 변증법적으로 설명하려고 하였다. 그러나 변증법은 정신의 발전 과정을 설명하는 방법이지 자연 현상까지 설명할 수 있는 만능의 도구는 아니다. 자연에 대한 실증적 연구를 정신의 자기 전개의 한 과정으로 설명하려는 그의 지적 고민과 노력은 대단했을 터이지만 이 부분은 헤겔 철학이 후대에 남긴 유산으로서 얼마만큼 의의 있을 것인지 자못 의심스럽다.

1. 시간 논의의 소재

헤겔의 시간론은 바로 자연과학론을 전개하는 곳에서 다루어지고 있다. 즉 시간은 『철학적 제 과학의 엔치클로패디』의 제II부 자연철학의 1장 역학(力學), A. '공간과 시간'에서 논의되고 있다.

이런 사정과 관련하여 하이데거는 헤겔의 시간 개념을 다루고 있는

데, 거기에는 두 가지 주목할 만한 대목이 있다. 첫째, 하이데거는 헤겔의 시간에 대한 문제의식이 "정신이 어떻게 시간 속으로 떨어지는가?"하는 데 있다고 하고,[1] 둘째, 시간에 대한 헤겔의 개념이 "통속적 시간 이해의 가장 극단적·개념적 형성을 표현하고 있다"[2]고 하면서, 헤겔의 시간론이 베르그송의 시간론과 함께 아리스토텔레스의 시간론을 그대로 답습한 것이라고 한다.[3]

자연과학과 시간과 공간을 변증법적으로 다룬다는 것은 그 자체로도 미덥지 않지만 그럼에도 불구하고 내가 여기에서 헤겔의 시간론을 다루는 이유는, 하이데거의 저 지적과는 별도로, 즉 그가 아리스토텔레스의 시간론을 답습했든 안 했든 그의 시간론이 통속적인 것이든 아니든 그런 것과 상관없이, 그가 시간과 공간을 따로 떼어서 다루지 않고 하나의 통일 속에서 변증법적으로 다루고 있는데 그것이 어떻게 가능한가를 알아보고자 하는 데 있다. 이와 함께 나는 앞에서 지적한 바와 같이, 시간이 스스로 전개되어 그 유한성을 초극하고 영원이 된다는 헤겔의 시간론을 검토하고자 한다. 그의 시간 사상은 출발은 아리스토텔레스를 답습하였으나 결과에 있어서는 아리스토텔레스의 견해와는 전혀 다른 충분한 독자성을 가지고 있기 때문이다.

---

1 하이데거의 말을 그대로 인용하면 이렇다. "역사는 본질적으로 정신의 역사이면서 동시에 시간 속에서 경과한다. 그러므로 역사의 발전은 〔정신이〕 시간 속으로 떨어지는 것이다. 그러나 헤겔은 정신의 시간 내부성을 하나의 사실로서 내세우는 데 만족하지 않고, 정신이 전적으로 추상적이면서 감성적인 시간 속으로 떨어질 가능성을 이해하려고 시도한다."(*Sein und Zeit*, S. 428) 헤겔에 따르면 역사는 정신의 역사이고 그것은 발전하는 것이다. 그런데 역사는 시간 속에서 경과하므로 초시간적 정신이 시간 속으로 떨어져야 한다는 것이다.

2 *Sein und Zeit*, S. 428.

3 같은 책, 432쪽 각주 참조.

일반적으로는 공간과 시간은 본질적으로 서로 다른 직관 형식(칸트)이거나 연장과 지속이라고 알려져 있다. 즉 우리는 공간을 가지고 있지만 마찬가지로 시간도(auch) 가지고 있어서 표상적으로는 공간과 시간은 서로 떨어져서 병치(倂置)되어 있는 것으로 알고 있다. 그러나 헤겔은 '공간 자신이 시간으로 이행'하므로 시간이 곧 '공간의 진리'라고 본다. 헤겔의 표현을 빌리면 "공간의 진리가 시간이다. 그리하여 공간이 시간으로 된다. 우리가 주관적으로 시간으로 이행하는 것이 아니라, 공간 자신이 시간으로 이행한다. 철학은 이 '도'(auch)〔시간과 공간의 병치〕를 극복하는 것이다."[4] 다시 말하면 시간 그리고 공간이라는 도식을 불식해야 한다는 것이다. 헤겔은 시간론의 단초를 공간에서 보되 양자를 각기 떨어져서 정태적으로 병치된 것으로 보지 않고 하나의 체계 속에서 변증법적으로 전개되는 것으로 파악하고 있다. 그것은 공간의 정태성을 시간의 동태성으로 지양하는 것이다.

2. 공간의 진리로서의 시간

헤겔이 그의 공간-시간론(§ 254~261 ; 41~60쪽)에서 다루고 있는 주제는 크게 다섯 가지이다. 첫째는 시간론 일반을 다룬 것으로서 '공간이 어떻게 시간으로 되는가?' 하는 것이고, 둘째는 자기의 독자적 시간론으로서 시간을 '직관된 생성'으로 보는 견해이며, 셋째는 '시간의 차원' 즉 시간 양상에 대한 논의이다. 넷째는 하이데거가 가장 통속적 시간론

---

4 *Enzyklopädie der philosophischen Wissenschaften* II, § 257 Zusatz(G.W.F. Hegel · Werke in zwanzig Bänden, S. 48).

이라고 지적하는 '지금'(Jetzt)에 대한 논의이며, 마지막으로 다섯째는 자연 시간의 지양으로서의 개념 시간 즉 영원론이다. 그리하여 우리의 논의는 그 순서에 좇아서 공간에서부터 시작하고자 한다.

공간이란 무엇인가? 헤겔이 자기의 독자적 공간 개념을 제시하기 전에 (비판을 위해) 거론하는 공간 개념은 세 가지이다.[5]

1) 공간은 실재적(real)이라는 견해 : 사람들은 어떤 실체적인 것을 상정하고 공간은 그것을 담는 그릇처럼 표상한다. 즉 그 안에 아무것도 들어 있지 않더라도 빈 공간은 있으리라는 견해가 그것인데, 공간을 무한한 연속으로 간주하는 (뉴턴적) 절대공간이 그 예이다. 그러나 우리는 사물에 의해 '채워진 공간'(erfüllter Raum)을 표상한다.

2) 공간을 사물의 성질 또는 질서라고 하는 견해(라이프니츠) : 사물의 질서 관계가 공간이라면 사물을 제거하면 공간도 없어져야 할 것이다. 그러나 사물의 존재 관계란 개별적 사물을 제거해야 비로소 남는 관계가 아닌가? "공간적 관계는 사물과 상관없이 있다."[6]

3) 공간을 주관의 감성적 직관 형식이라고 하는 견해(칸트)[7] : 여기에 대해 헤겔은 공간을 단순한 '형식'이라고 하는 것은 추상이며, 따라서 '직접적 외면성이라는 추상'(Abstraktion der unmittelbaren Äusserlichkeit)이라고 해야 올바른 정의가 된다고 말한다.

이리하여 공간은 실재적이지도 않고 단순한 그릇과 같은 것도 아닐 뿐더러, 사물의 질서도 아니며, 직관의 수용적 형식도 아니다. 헤겔의 공

---

5 같은 책, §254 Zusatz, 43쪽.

6 같은 책, §254 Zusatz, 43쪽. 사물과 상관없이 있는 공간이란 '빈 공간'을 연상시킨다. 그것은 사물을 담는 빈 그릇과 같은 것이다. 다시 말하면 1)의 주장으로 되돌아간 감이 없지 않다. 헤겔의 서술에 논리적 구분이 철저하지 않아 보인다.

7 같은 책, §254, 42쪽.

간론은 다음과 같이 시작한다.

자연의 최초의 직접적 규정은 자기외존재(自己外存在, Außersichsein)
의 추상적 보편성이다 ─그 무매개적 무차별성이 공간이다. 공간은
자기외존재이기 때문에 전적으로 관념적 상호 병재(相互倂在, ideelle
Nebeneinander)이며, 이 상호 외재(相互外在, Außereinander)는 아직 전
적으로 **추상적**이고 또 어떤 규정적 차이도 자기 안에 가지고 있지 않
기 때문에 공간은 단적으로 연속적(kontinuierlich)이다.[8]

이 명제를 분석하면 1) 공간은 다양한 사물이 상호 외적 · 무매개적
으로 존재하는 전후 · 좌우 · 상하의 차원일 뿐 질적 차이를 갖지 않은
‘자연의 자기외존재의 무매개적 무차별성’이므로 자기외존재로서 관념
적 상호 병재이며, 2) 이 상호 외재가 아무런 (질적) 규정도 갖지 않기
때문에, 즉 추상적이기 때문에 연속적이라는 것이다. 3) ‘추상적’이라고
한 것은 공간이 단순한 ‘형식’으로서 아무런 규정도 갖고 있지 않음을 가
리킨다. 그리고 4) ‘상호 병재’란 공간이, 그 안에 사물이 나란히 있는,
무규정적 3차원으로서 무한히 연속되어 있음을 의미한다. 즉 공간은 무
규정적 연속성이다. 다시 말하면 양이다. 공간은 관념적 · 추상적 보편성
이다.

여기서 ‘관념적’이라고 한 것은 칸트가 공간과 시간을 감각적 직관의
형식이라 한 것, 나아가서 공간을 (공허한) 객관성이라 하고 시간을 추상
적 주관성이라고 한 것을 암시한다.

공간의 3차원성의 시원(Anfang)은 점(點)이다. 공간은 자기 안에서 서

---

8 같은 책, §254, 41쪽.

로 구별될 수 있는 무수한 점을 가지고 있다. 공간은 무규정적—질적으로 무차별적인—점으로 채워져 있다. 점은 사물에 의해 점유된 공간의 한 점이요, '여기'(hier)의 이 점이다. '여기'의 이 점은 그러나 모든 다른 점에 대해 '거드름을 핀다'(aufspreizen). 거드름을 피움으로써 이 점은 저 점과 배제적으로 구별된다.

즉 이 '여기'는 저 '여기'와 구별된다. 그러면서 양자는 서로 무차별적이다. 이 '여기의 점'은 '거드름을 핀다'는 점에서는 다른 점과 구별되지만 그러면서도 이 점과 저 점은 서로 무차별적이므로 구별되지 않은 채 연속되어 있다. 즉 공간은 분별(Diskretion)과 무차별적 연속성(Kontinuität)을 동시에 가지고 있다.[9] 달리 말하면 "공간은 자기 안에서 구별될 수 있는 점들의 추상적 다수성이다."[10]

그런데 점[11]이 공간 안에서 (이 점이 저 점과 구별된다는 의미에서) 어떤 것을 구별한다면 그것은 무매개적 무차별성인 '공간의 부정'이다. 점은 공간의 부정이면서 어디까지나 공간 안에 있다. 점의 입장에서 보면 공간은 이 점들의 다양성의 구별 없는 상호 외재이다. 공간이란 점(공간의 부정)으로서, 즉 자기 부정으로서 점성(點性, Punktualität)[12]이다. 그러나 이 점성은 '무적이고 완전한 연속성'[13]이다. 사물에 의해 점유된 공간은 이 점성(공간의 부정)의 부정으로서 (즉 부정의 부정으로서) 사유되

---

9 같은 책, 43쪽.

10 M. Heidegger, *Sein und Zeit*, S. 429.

11 헤겔의 '점' 개념은 '위치만 있고 연장은 없는' 그런 점이 아니라 높이와 길이와 폭을 가진 즉 구별태를 가진 것으로 표상되고 있다. 그러므로 점은 무규정적 연속성의 부정이다.

12 Hegel, 앞의 책, § 254 Zusatz, 43쪽.

13 같은 책, 같은 곳.

지 않으면 안 된다. 그리하여 개념적으로 파악된 공간은 '공간의 부정으로서의 점성의 부정'이다. "시간은 감성적인 것 안에 있는 부정적인 것"[14]이며, '자기 자신에 관계하는 부정' 즉 '부정의 부정'이다.[15]

이 부정의 부정(점성의 부정)을 통해 공간은 비로소 사유된다. 즉 공간이 그 존재에 있어서 파악된다. 이때 점은 대자적(für sich)으로 정립되고, 그렇게 해서 존립의 무차별성에서 탈출한다. 다시 말하면 점은 대자적으로 정립된 점으로서 이 점 저 점과 구별된다. 즉 이 점도 아니고 저 점도 아니다. 그것은 이미 정태적으로 있는 점이 아니라 동태적인 어떤 것, 즉 '지금'인 것이다. "이 여기는 마찬가지로 시간이고, 현재이다. 그것은 직접 자기를 지양한 (…) 지금이다. 여기는 동시에 지금이다. 왜냐하면 그것은 지속의 점이기 때문이다."[16] 공간에서의 여기(즉 점)는 시간의 '지금'이다. 그리하여 헤겔은 이것을 곧 시간이라고 한다. 헤겔이 시간을 '공간의 진리'라느니 '공간이 시간으로 된다'느니 하는 것은 바로 이 상황을 가리킨다.

3. '직관된 생성'으로서의 시간

헤겔이 시간을 공간과 대비해서 다루고 있는 것은 세 대목이다. 첫 번째 대목은 시간이 공간과 마찬가지로, '감성 또는 직관의 순수 형식'이라는 것이다.[17] 두 번째 대목은 시간이 공간과 마찬가지로, "추상적으로

---

14 *Philosophie der Geschichte*, S. 103.

15 *Enzyklopädie der philosophischen Wissenschaften* II, § 257 Zusatz, S. 78.

16 같은 책, § 260, 56쪽.

자기에 관계하는 부정성이기 때문에 연속적"이고, "이런 추상에 있어서는 아직 어떤 실제적 구별도 없다"[18]는 것이다. 추상적이고 실제적 구별이 없다는 점에서 시간은 연속적이다. "시간은 단적으로 추상적인 것, 관념적인 것이다."[19] 그리고 마지막 세 번째 대목은, 마치 공간이 빈 그릇처럼 표상되듯이, 시간이 그 안에서 일체의 것이 발생하고 소멸하는 빈 시간으로, 즉 외면성의 추상으로 정립되고 표상된다는 것이다.

그러나 시간 속에서 일체가 생성 소멸하는 것이 아니라, 시간 자체가 발생과 소멸인 생성이다. 시간은 일체를 잉태하고 그 탄생을 파괴하는 크로노스이다.[20] 그리하여 헤겔은 시간에 관해 다음과 같이 말한다.

시간은 자기외존재의 부정적 통일로서 동시에 단적으로 추상적인 것, 관념적인 것이다.— 시간은 있으면서 있지 않고, 있지 않으면서 있는 존재, 즉 〔존재와 비존재를 통일한〕 직관된 생성이다. 다시 말하면 시간은 단적으로 순간적이고, 직접적으로 자기를 지양하는 제 구별이 외면적인, 그러나 자기 자신에 대해 외면적인 구별로서 규정되어 있다.[21]

---

17 같은 책, § 258, 48쪽.

18 같은 책, § 258, 49쪽.

19 같은 책, § 258, 48쪽.

20 같은 책, 49쪽. 헤겔은 시간이, 흐름 속에 있는 모든 것이 그곳으로 흘러들어오고 거기로부터 흘러나가는 그런 저수지와 같거나 빈 그릇과 같은 것이 아님을 누차 강조하고 있다. "시간은 소모의 추상일 뿐이다. 사물이 유한하기 때문에 사물은 시간 가운데 있다. 사물이 시간 가운데 있기 때문에 그 사물이 몰락하는 게 아니라, 사물 자신이 시간적인 것이다. 그렇게 존재하는 것이 사물의 객관적 규정이다. 그러므로 현실적 사물 자체의 과정이 시간을 만든다." § 258 Zusatz, 50쪽.

21 같은 책, § 258, 48쪽.

‘직관된 생성’이란 도대체 무슨 말인가? 헤겔에 따르면 생성이란 존재에서 무로 또는 무에서 존재로 이행하는 것이다. 생성은 발생이기도 하고 소멸이기도 하다. 그것은 시간의 관점에서 보면 ‘지금’(Jetzt)이다. 지금은 ‘이미 없거나 아직 없으면서 있다.’ 그것은 ‘있으면서 이미 없음에로 이행하고, 아직 없으면서 있음에로 이행한다.’ 이 점에서 보면 지금은 생성인 것이다. 그런 이행으로서의 지금은 사유되는 것이 아니라 ‘직관’되는 것이다. 즉 지금은 지금 · 지금 · 지금…의 연속 속에서 그때 그때 단적으로 나타난다. 직관되는 생성이란 지금을 중심으로 해서 본 시간의 본질을 가리킨다.

4. 시간의 차원

일반적으로는 시간 양상(Zeitmodus)이라고 부르는 것, 즉 과거 · 현재 · 미래를 헤겔은 시간의 차원(Dimension der Zeit)이라 부르고, 그것은 “외면성 자체의 생성이며, 존재가 무 속으로 이행하는 것과 무가 존재 속으로 이행하는 것과의 구별 속으로 생성을 해소하는 것”이라 한다.[22] 다시 말하면 과거란 존재하는 현재가 무로 이행한 것이고, 미래란 무가 존재인 현재로 이행하는 것이며, 현재란 존재가 무로 이행하는 것이다. 그리하여 외면성 자체의 생성이며, 나아가서 이 생성을 해소하는 것이다. “이 구별이 개별성 속으로 직접 소멸하는 것은 현재가 지금으로 되는 것이다. 그 지금은 개별성으로서 배제적이면서 동시에 단적으로 다른 순간

---

22 같은 책, §259, 51쪽.

에로의 연속이다."[23] 이 점에서 보면 헤겔에 있어서는 지금과 현재에는 구별이 없다. 엄격하게는 그러나 지금은 자연 속에서 무와 무 사이에 낀 관념적 한계에 불과하고, 현재란 지평을 갖는 것으로서 시간의 양상에서 보여지는 것이다. 그러나 그에게는 그런 엄격한 구분이 있는 것 같지 않다.

헤겔에 따르면 자연 속에서 시간은 오직 지금만이기 때문에, 거기에서는 시간의 차원(시간 양상)의 구별이 존립하지 않는다. "시간의 차원〔시간의 양상〕은 필연적으로 오직 주관적 표상에만, 즉 기억과 두려움 또는 희망에서만 있다. 자연 속에 존재하는 시간의 과거와 미래란 공간이다. 왜냐하면 공간은 부정된 시간이기 때문이다. 그리하여 지양된 공간이 곧 점이고 그것이 대자적으로 발전하면 시간이다."[24]

이것은 지금으로서의 시간이다. 자연 속에서 시간 양상은 없으며 있는 것은 오직 시간 폭을 갖지 않은 순간으로서의 지금이다. 여기서 말하는 '자연적 시간'이란 '관념적인 것으로서의 시간'이다. 따라서 시간은 지금 이외의 다른 것이 아니다.

시간 양상으로서의 과거와 미래는 오직 의식에서만 성립하고, 자연 속에는 없다는 것이 헤겔의 강한 주장이다. 그것은 옳다. 시간 차원의 근거지는 '자연'이 아니라 의식이기 때문이다.

〔과거와 미래의〕 구별은 생성과 소멸에서만 있을 수 있다. 한편으로 과거(전승)에서는 존재가 〔모든 것이〕 거기서부터 시작하는 기초이다. 과거는 현실적으로 세계 역사, 자연의 사건으로서 있지만 그

---

23 같은 책, 같은 곳.
24 같은 책, 같은 곳.

것은 거기에 부가하는 비존재의 규정하에 정립되어 있는 것이다. 다른 또 한편으로는 그 역이다. 즉 미래에 있어서는 비존재가 첫 번째 규정이고 존재는, 설사 시간상의 순서는 아니라 하더라도, 뒤에 오는 규정이다. 중간은 양자의 무차별적 통일이어서, 존재가 규정하는 것을 형성하지도 않고 비존재가 그것을 형성하지도 않는다. 현재는 과거가 아니라는 것으로 있지만, 지금의 존재는 역으로 존재가 아니라는 규정을 가지고 있다. 미래는 지금의 존재가 비존재라는 것이다. 현재는 이 부정적 통일이다. 지금이 들어섰던 그 자리, 즉 존재의 비존재는 과거이다. 현재 속에 함유되어 있던 비존재의 존재는 미래이다. 그리하여 적극적 의미로 사람들은 다음과 같이 시간을 말할 수 있다. 오직 현재만 있고, 이전과 이후는 없다 ; 그러나 구체적 현재는 과거의 결과인데 그것은 미래에 의해 잉태된다. 참된 현재는 그러므로 영원이다.[25]

인용이 장황하지만 요약하면 다음과 같다. 과거는 존재가 무화되는 것이므로 존재가 기초이고, 미래는 무가 존재로 이행하는 것이므로 무가 우선적이다. 그 중간이 현재인데 그것은 이 양자의 무차별적 · 부정적 통일이다.

현재는 과거(무)가 아니라는 의미에서 존재이고, 미래(무)가 아니라는 의미에서 또한 존재이다. 그리고 그 현재는 이전도 이후도 갖지 않는다. 즉 무로 이행하지도 않고 무에 의해 침범되지도 않으므로 가장 완전한 존재요, 이런 의미에서 영원이다. 이전과 이후를 갖지 않는다는 의미에

---

25 같은 책, § 259 Zusatz, 54쪽 이하.

서는 또한 '지금'이기도 하다. 영원한 지금은 뒤에 말하는 영원한 현재로 전개된다.

　주목할 만한 것은 시간 양상이 자연 시간에서는 성립하지 않고 인간의 의식에서 비로소 성립한다고 주장하는 헤겔이 인용문에서는 과거와 미래를 '존재와 무'로, 즉 존재론적으로 설명하고 있다는 것이다. 시간 양상이 의식의 차원에서 성립한다는 저 앞(381쪽)에서의 주장은 옳다. 우리의 일상적 표상으로는 자연 시간에서는 과거와 미래라는 시간 양상이 성립되지 않고 오직 의식의 차원에서라야 과거와 미래가 성립한다고 한 저 앞에서의 헤겔의 명제는 설득력이 있다. 자연 속에는 오직 '지금'이 있을 뿐이기 때문이다. 그리하여 아우구스티누스도 시간 양상을 지각과 기억과 기대로 환원해서 논하고, 후술하는 바와 같이 베르그송은 과거와 현재의 연속을 기억이 보증하는 것으로 간주하며, 후설 또한 시간 양상을 의식의 변양으로 보는 것이다. 현존재의 존재, 즉 마음씀(Sorge)의 의미를 시간성으로 보는 하이데거의 입장도 마찬가지이다. 아리스토텔레스는 시간을 '선과 후의 관점에서 헤아려진 운동의 수'라 하거니와, 이때 의식의 요소는 헤아린다는 의미의 수 개념 속에 있다. 그리고 시간 양상을 선후라고 표현한 것이다. 그러므로 아리스토텔레스도 시간 양상을 의식의 차원에서 본 것이다.

　그런데 앞의 인용문에서는 헤겔은 시간 양상(시간의 차원)을 존재의 무로의 이행 또는 그 역으로 보고 있다. 시간 양상을 존재론적으로 설명하고 있다는 것이다. 즉 시간 양상을 존재의 차원에서 본다는 것은 시간 양상 자체를 부정하는 것에 다름 아니다. 과거와 미래는 존재론적으로는 무이기 때문이다. 시간 양상에 대한 이런 존재론적 해석을 강행하려면 의식(Bewußtsein)을 의식된 존재(Bewußt-sein)라고 강변해야 할 것이다.

그럼에도 불구하고 헤겔은 시간 양상의 존재론적 해석을 고수한다. 이것은 무엇을 의미하는가? 다름 아닌 시간 양상의 변증법이다. 먼저 미래와 현재를 보기로 한다. 헤겔에 따르면, 미래는 현재의 부정으로서 현재 속에 현전적이다. 미래는 현재의 '진리'이다. 미래는, 순수한 생성의 무와 같이, 현재 다음에 오는 것이 아니다. 미래가 현재와 그렇게 분리되어 있다면 미래는 나중의 (뒤에 올) 현재로 표상될 것이다. 미래는 오히려 현재 속에 현재의 미래로서 내재적이며, 현재는 현재대로 미래의 현재로서 사유되어야 한다. 다가옴(Zu-kunft)으로서의 미래는 현재의 내재적 부정이고, 현재는 부단한 미래의 다가옴이다. 왜냐하면 현재는 부정의 부정으로서 미래의 미래이기 때문이다. 존재에서 무로 또는 무에서 존재로의 이행으로서의 '직관된 생성'은 현재와 미래의 모순적 통일이다. 현재는 이미 없기 때문에 있으며, 미래는 있기 때문에 이미 없다.

과거는 어떤가? "미래가 목표가 아니라 과거가 목표라는 것이 시간의 진리이다."[26] 과거는 시간의 진리이며 동시에 시간 자체의 부정이다. 과거가 시간의 목표라 함은 시간이 사라지는 것(vergehen)을 목표로 한다는 것, 즉 과거화하는 것(Vergangenheit)을 가리킨다. 과거란 시간이라는 노동의 완성된 작품이자 결과인 것이다.[27] "헤겔은 현재를 무에로의 존재의 직관된 이행으로서 규정하고, 미래는 맨 처음에 부정된 것으로의 부정의 복귀로서 규정하며, 과거는 종합적 통일로서, 즉 미래와 현재 사이의 해소된 모순으로서 규정한다."[28]

---

26 *Enzyklopädie*, §261, Zusatz 참조.
27 이상 Brauer, *Dialektik der Zeit*, 138쪽 이하 참조.
28 같은 책, 139쪽.

5. 거대한 힘을 가진 지금

우리는 앞에서 공간의 시원이 점이라고 했다. 그리고 그 점이 대자적으로 정립되면 이 점이 저 점과 구별되면서 이미 이 점도 아니고 아직 저 점도 아니므로, 그것은 시간의 시원인 지금과 같다고 했다. 그것은 '지금-여기'이다. 점이 다른 모든 점에 대해 '거드름을 피듯이', 지금도 다른 모든 지금에 대해 거드름을 핀다. 거드름을 핀다는 것은 배제한다는 뜻이다. "지금은 거대한 힘(ein ungeheures Recht)을 가지고 있다―그것은 개별적 지금 이외에 아무것도 아니다. 〔즉 그것은 개별적 지금으로 존재한다.〕 그러나 이렇게 거드름을 피면서 〔다른 지금을〕 배제하는 것도 내가 그것을 언표하면 해소되고 용해되고 무산되고 만다."[29] 내가 그것을 말하면 곧 그 지금은 이미 다음 지금으로 이행하고 말기 때문에 그 위력이 사그러진다는 것이다.

지금이 '거대한 힘'을 가지고 있다는 것 그리고 그 힘이 '가장 강력한 것'(das Mächtigste)이란 무슨 의미인가? 헤겔은 "시간이 늘 지금인 자연에서는 시간 차원〔시간 양상〕에 의해 성립하는 구분이 나타나지 않는다"하고, "그리하여 적극적 의미로 사람들이 시간을 말하길 오직 현재〔지금〕가 있을 뿐, 이전과 이후는 없다"[30]고 말한다. 이것은 자연 속에서 본 시간의 모습이다. 전술한 바와 같이, 자연 속에서는 오직 지금 · 지금 · 지금…의 연속이 있을 뿐이다.

이것과 관련해서 주목되는 것은 하이데거가, 앞에서 말한 바와 같이,

---

29 *Enzyklopädie*, § 258 Zusatz, 50쪽.

30 같은 책, § 259 및 그 Zusatz. 여기서 '현재'라고 한 것은 정확하게는 '지금'이라고 해야 옳다. 바로 이런 부정확성 때문에 헤겔의 문장은 난해하다는 인상을 남긴다.

헤겔의 시간론이 지금 중심적이라고 지적하면서 그것은 아리스토텔레스의 시간론을 그대로 답습한 "통속적 시간 이해의 가장 극단적" 형태라고 비판한 대목이다.[31] 첫째, 하이데거가 헤겔의 시간론을 아리스토텔레스와 함께 '지금 중심적'으로 파악했다는 것은 그가 『존재와 시간』의 432쪽의 각주에서 자세히 밝히고 있는 바와 같다. 다시 말하면 그들은 시간을 자연적 시간, 즉 지금 중심의 시간으로 보았다는 것이다.[32]

둘째, 아리스토텔레스의 시간론과 헤겔의 그것이 지금 중심인 것은 사실이지만 그것이 왜 '통속적 시간 이해'인가 하는 것이다. 자연에 있어서 시간은 늘 지금·지금의 연속으로 수평화된 채 무한히 경과한다.[33] 이 무한한 경과는 흔히 끝없이 수평화된 '시간의 흐름'으로 표상된다. 수평화란 하이데거 식으로 말하면 전재적(前在的, vorhanden)이라는 것 이외의 다른 것이 아니다. 사물을 전재적으로 파악하는 태도를 그는 '통속적'이라고 한다. 그리하여 '통속적 시간'이라 함은 시간을 지금 중심(자연적 시간)으로, 평탄해진(전재적), 부단한 흐름으로 본다는 것이다. 따라서 그에 따르면 종래의 모든 존재론은 통속적이요 나아가서 존재 망각적이다. 아리스토텔레스는 그런 전통을 처음으로 연 철학자이고 헤겔은 그 전통의 완성자라는 것이다. 그러나 이 하이데거의 비판은 하이데거의 철학에서 본 비판일 뿐, 그것이 전적으로 타당한지 않은지는 다시 검토해야 할 문제이다.

만일 헤겔이 지금을 단순히 자연 시간으로 평탄해진 지금이 아니라

---

31 통속적이라 함은 저급이라는 의미가 아니라, 일상적·상식적·과학적이라는 의미이다.

32 이 점에 관해서는 하이데거의 항을 참조할 것.

33 이것을 헤겔 식으로 표현하면 '소모의 추상'이다.

일체 존재자가 현전하는 위대한 창조적 현재로 파악했다면 하이데거도 그렇게 헤겔의 시간관을 '통속적'이라고 비판하지는 않았을 것이다. 과연 헤겔은 시간을 자연 시간으로서의 지금으로 파악하는 데 그치지 않고, 좀더 넓은 시야에서 지금을 영원한 현재로 파악하고 있다.

6. 영원한 현재

헤겔의 시간론은 거대한 힘을 가졌으되 자연 시간으로 평탄해진 지금을 논하는 것으로 다하지 않는다. 그의 시간론의 진면목은 오히려 그런 지금을 지양하여 영원을 천명하는 데 있다고 할 것이다.

절대적 무시간성은 지속과 구별된다. 그것은 자연적 시간이 아닌 영원이다. 그러나 시간 자체는 그 개념에 있어서는 영원하다. 왜냐하면 그것은 임의의 시간이나 지금이 아니라, 시간으로서의 시간이요 그 개념이기 때문이다. 이 개념은 모든 개념 일반과 마찬가지로 영원한 것이고, 그러므로 또한 절대적 현재이다. 영원은 있게 될(sein werden) 것도 있었던(war) 것도 아니고 존재이다. 그리하여 단지 시간의 상대적 지양이라는 의미의 지속과 영원은 구별된다. 그러나 영원은 무한하다. 즉 상대적〔지속〕이 아니고 자기 안에서 반성된 지속이다. 시간 안에 있지 않은 것은 경과하지 않는다.[34]

---

34 같은 책, § 258 Zusatz, 50쪽.

이 문장에서 얼른 우리의 눈에 띄는 것은, 자연 시간과 구별되는 개념에 있어서의 시간(개념 시간), 즉 '시간으로서의 시간'은 절대적 현재로서 '존재'이며 영원하다는 것, 그것은 '있을 것'도 '있었던 것'도 아니고 따라서 지속하지도 않으며 (굳이 지속이라는 말을 사용한다면) '자기 안에서 반성된 지속'이라는 것이다. 한마디로 말하면 지금 연속으로서의 자연 시간과 영원으로서의 개념 시간은 구별된다는 것, 그리고 후자는 과거와 미래로 지속하지 않고, 오직 '존재'인 현재 자체로서 절대적 현재라는 것이다. 여기서 말하는 개념이란 정신, 이념을 가리킨다. 헤겔에 있어 정신이나 이념이 영원하다는 것은 두말할 것도 없다. 과거와 미래로 지속하는 것을 '악무한'(惡無限)이라고 한다면 '반성된 지속'이란 '진무한'(眞無限)을 의미할 것이다.

그러나 우리가 여기서 알고자 하는 것은, 시간이 그렇게 두 가지로 구분된다는 사실보다는 어떻게 헤겔은 자연 시간을 개념 시간으로 지양시키는가, 그리고 그 근거는 무엇인가 하는 것이다. 이를 역으로 표현해서 하이데거 식으로 묻는다면 "정신이 어떻게 시간 속으로 떨어지는가?", 즉 영원이 어떻게 시간 속으로 떨어지는가 하는 것이다.

정신은 개별적 감각의 단계로부터 최고의 불변적·보편적 이념의 단계에 이르기까지 자기를 전개한다. 그 전개 과정에서 보면, 자연 시간은 정신이 아직 차이와 유한성, 불완전성과 타자성을 벗고 자기 자신으로 모아지지 않은 초기 단계에서 보여진 시간의 모습이다. 그리하여 헤겔에 따르면 "시간은 정재하는(da ist) 개념 자체이고 공허한 직관으로서 의식에 표상되어 있다. 그러므로 정신은 필연적으로 시간 속에 나타난다. 〔다시 말하면〕 정신은 스스로 순수한 개념으로서 파악되지 않는 한, 즉 시간을 말살하지(tilgen) 않는 한, 필연적으로 시간 속에 나타난다."[35] 정신이 부정의 부정을 통해 자기 자신으로 도달하지 않는 한, 즉 시간을 말살하지 않는 한, 그 정신은 시간 속에 나타날 수밖에 없다. 이 사정을 거꾸로 말하면 "시간은, 자기 자신에 있어서 완성되지 않은 정신의 운명이자 필연성으로서 나타난다."[36] 말살한다는 말은 초극한다, 초월한다는 뜻이고, 정신이 자기 자신에 있어서 완성되는 단계에 이르지 않는 한 정신은 시간 속에서 자기 전개를 계속한다는 것이다. 따라서 영원이란 정신이 자기 자신을 완성하고 동시에 시간을 초극하는 단계에 도달한다는 것이다.

영원이란 종교적 믿음이라는 의미의 추상물도 아니고, 시간과 역사의 피안도 아니며, 더욱이 죽은 존재나 화석화된 고요도 아니다. 그것은 시간-역사적인 것의 부정으로서 구체적인 것이다.[37] 영원한 것은 이념이고 로고스 자체이며 "본질적으로 과정" 혹은 "절대적 부정성이고 따라서 변증법적이다."[38]

정신은 "즉자적으로 인식의 운동이며, ―즉자태가 대자태로, 실체가 주체로, 의식의 대상이 자기 의식의 대상으로, 마찬가지로 지양된 대상 혹은 개념으로 변화하는 것이다. 그 변화는 자기로 되돌아가는 원환(圓還), 자기의 시원(始原)을 전제하고 그 시원을 오직 종말에 이르러서 도달하는 원환이다."[39]

이런 정신의 자기 전개에서 본다면, 정신의 초기 단계에서 '직관된

---

35 *Phänomenologie des Geistes*, Suhrkamp, S. 584.

36 같은 책, 584~585쪽.

37 B. Lakebrink, *Studien zur Metaphysik Hegels*, Rombach, 1969, S. 141 참조.

38 *Enzyklopädie* I, § 215, S. 372.

39 *Phänomenologie des Geistes*, S. 585.

생성'으로서의 시간은 정신의 마지막 단계에 이르러서는 다름 아닌 '개념으로서의 시간', '개념의 시간'으로 나타나지 않을 수 없을 것이다. 그것이 영원이다. 영원을 헤겔은 또 영원한 현재라고도 한다. 헤겔의 시간의 형이상학은 종래 시간과 영원으로 분리되었던 것을 변증법적으로 극복하는 것이다.

자연 시간과 개념 시간은 절대정신의 자기 전개의 단계에서 나타나는 시간 양상이다. 그것은 구체적으로는 역사 속에서, 즉 인간의 의식 속에서 드러난다. 즉 시간 안에 있지 않은 것은 경과하지 않는다. 그것이 시간 속에 정재(定在)하는 개념으로서의 시간이다. 그러므로 '정신이 시간 속으로 떨어진다'는 것은 정신이 자기 전개의 과정, 즉 역사 진행 속에서 드러나는 방식을 표현한 것이다. 자연 시간과 개념 시간은 알파-오메가로 서로 맞물려서 현재가 곧 순간이 아닌 영원한 현재이니, 다만 그 현재는 자연 시간의 최소 단위로서의 지금이 아니라 절대정신, 즉 이념이 실현된 현재인 것이다.

하이데거는 헤겔의 시간 개념이 통속적이라고 규정하면서도 '정신이 시간 속으로 떨어지는' 이유를 묻는 대목에서는 다음과 같이 헤겔의 입장을 긍정하고 있다. "자기를 자기의 개념으로 가져오는 정신 발전의 불안정은 부정의 부정이기 때문에, 자기를 실현시키면서 직접적 '부정의 부정'으로서의 '시간 속에' 떨어지는 것은 정신에게는 적합한 일이다. 왜냐하면 시간은 정재(定在)하고 따라서 공허한 직관으로서 의식에 표상되는 개념 자신이기 때문이다. 그러므로 정신은 필연적으로 시간 속에서 나타나고, 또 정신이 자기의 순수 개념을 포기하지 않는 동안은, 즉 시간을 말살하지 않는 동안은, 시간 속에서 나타난다."[40]

---

40 *Sein und Zeit*, S. 434(GA Bd. 2, S. 573).

7. 대안적 비판과 결론

헤겔의 시간론에 대한 하이데거의 비판은 한마디로 헤겔이 아리스토텔레스의 시간론을 그대로 답습했다는 것이다. 그 근거로서 하이데거는 헤겔이 아리스토텔레스와 마찬가지로 시간을 '자연철학'에서 '지금 중심적'으로 보고 있다는 것, 그 시간 개념은 통속적이라는 것이다. 통속적 시간 개념에서는 시간을 무한히 흐르는 영속성으로 표상한다. 그것은 또 사물을 전재적(前在的)으로 보는 입장의 시간관이기도 하다.

아리스토텔레스가 시간의 본질을 '지금'으로 파악한 것과 마찬가지로 헤겔도 '지금'을 시간의 시원으로 보았다. 아리스토텔레스는 '지금'을 이미 없는 이전과 아직 없는 이후를 연속시키는 한계로서 그리고 헤아려질 수 있는 시간의 기본 단위로서 파악하였다. 반면 헤겔은 '지금'을 공간의 시원인 점(點)에 대비해서 보았다. 그는 지금을 시간론 전개를 위한 최초의 출발점(시원)으로 본 것이다. 그런 그에게 있어서 '지금'은 외적 추상(äußerliche Abstraktion)이다. 그리하여 양자 사이에는 시간에 대한 퍼스펙티브가 다르다.[41] 말하자면 헤겔이 비록 논의의 출발점은 아리스토텔레스와 같이 했을망정 그 전개는 다른 것이다.

그뿐 아니라 '영원한 현재'에서 보다시피 헤겔은 단순히 자연철학의 범위에만 머무르지 않을 뿐 아니라, 더 나아가서는 도리어 세계 역사를 '정신의 시간'(die Zeit des Geistes)으로 보고 있다. 이 점을 고려한다면 그가 아리스토텔레스를 계승한 것은 사실이지만 단순히 묵수적으로 답습한 것은 아니다. 즉 헤겔 시간론의 출발점은 '자연철학'이지만 그가 도

---

41 O.D. Brauer, *Dialektik der Zeit*, 135쪽 참조.

달한 지점은 정신이 자기 실현을 위해 스스로 역사적 시간 속에 떨어졌다가 다시 본디의 자기로 회귀하는, 말하자면 자연 시간과 개념 시간의 통일이라는 역사철학이다. 그리고 영원 개념도 종전처럼 시간의 외부에 정지해 있는 단순한 대조항이 아니라, 역사 진행의 원동력인 정신 자체이다.

이 점에 주목해서 하이데거도 헤겔의 시간론의 최초 단계가 비록 아리스토텔레스를 답습하여 '지금 중심적'으로 시간을 파악함으로써 전통적·통속적 시간론에 빠졌다고 하면서도, 위와 같이 세계 역사를 '정신의 시간'(영원인 정신의 자기 전개 과정)으로 보는 대목을 적극적으로 평가하면서 정신이 시간 속에 떨어지는 것은 적합한 일이라고 수용하고 있다. 우리는 이 점을 놓쳐서는 안 될 것이다.

헤겔의 시간론을 마치 밤에 보는 검은 소처럼 분간하기 어렵게 하고 혼란스럽게 하는 것은 개념의 혼란이다. 특히 시간론과 관련해서는 '지금'과 '현재'를 거의 분간 없이 혼동하고 있다.

현재·미래·과거라는 시간의 차원은 외면성(Äußerlichkeit) 자체의 생성이요, 그 생성을 무 속으로 이행하는 존재와 존재 속으로 이행하는 무 사이의 구분으로 해소하는 것이다. 개별성 속으로 이 구분이 무한히 소멸하는 것은 지금으로서의 현재이다. 이 지금은 개별성으로서는 배제적이고 동시에 다른 계기로의 〔이행으로서는〕 단적으로 연속적이다.[42]

---

[42] *Enzyklopädie*, II §259.

여기에서는 '현재'와 '지금'은 같은 의미로 사용되고 있다. 그러나 앞에서 인용한 바 있는 명제 즉,

시간이 **지금**인 자연에 있어서는 저 차원〔양상〕은 성립하지 않는다. 〔시간의 차원은〕 필연적으로 주관적 표상, **기억** 그리고 두려움과 **희망** 안에서만 있다. 시간의 과거와 미래는 자연 안에 있는 것으로서는 공간이다. 왜냐하면 공간은 부정된 시간이기 때문이다. 마찬가지로 지양된 공간은 우선은 점이며 대자적으로는 시간으로 발전한다.[43]

라는 데에서는 지금과 시간 양상을 구별하고 있다. 그는 자연에서는 시간 양상은 구분되지 않고 '지금'으로만 있다고 말한다. 즉 자연에 있어서는 현재(과거·미래)라는 시간 양상은 없고 모든 시간은 단지—배제적이고 연속적인 양으로서의—'지금'일 뿐이라는 것이다. 자연의 시간은 본래적 차원이 없는 시간, 즉 과거·현재·미래로 구체화되지 않은 채 '지금'의 무한한 반복적 연속일 뿐이다. 시간은 단순히 연속하는 '지금'으로서 파악되고 있다. 시간의 존재는 '지금'이고, 시간 차원(시간 양상)은 의식 안에만 있다고 한다. 즉 시간 양상은 시간 의식에서 성립한다. 이런 견해는 전적으로 옳다. 옳을 뿐 아니라 이런 지적은 철학사상 처음 있는 자연 시간과 의식 시간의 분명한 구별이다.

그런가 하면 '지금'을 ('영원한 현재'와 구별되는) '유한한 현재'[44]라고도 한다. '지금'은 생성의 변증법의 최초 단계로서 '직관된 생성'이기도 하다. 그리고 그 마지막 단계에는 전체적 시간인 '영원한 현재'가 있

---

43 같은 책, § 259.
44 같은 곳.

다. 이와 같이 그는 '지금'(Jetzt)과 '현재'(Gegenwart)를 정확하게 구분하지 않고 있다. '지금'은 자연 시간의 차원에서, 그리고 '현재'는 시간 양상의 차원에서 논의되는 것이 헤겔의 논법임에도 불구하고, 때로는 '지금'을 '유한한 현재'(endliche Gegenwart)라고도 하고, '영원'을 '절대적 현재', '앞과 뒤가 없는 지금'이라고 정의하기도 한다.[45] 이것들은 개념 혼란의 예를 보인 것들이다.

요약해서 말하면, 지금은 자연 시간의 '거대한 힘을 가진' 절대적 단위이고, 현재는 시간 양상의 하나이다. 그리고 시간 양상은 존재론적 차원에서가 아니라 의식의 차원에서 보여질 수 있는 것이다. 그럼에도 헤겔은 이것을 혼동함으로써 시간론상의 혼란을 자초하고 있다. 그 혼란을 비난하는 측에서 본다면 '시간으로서의 시간'이 시간의 개념이고 더욱이 그것이 '영원'이라고 하는 것은 논리적으로나 사실적으로 받아들이기 어려운 것이다.

그러나 시간을 주제로 해서 보면 헤겔의 "'논리학'은, 시간은 개념의 정재(定在)이고 개념은 시간의 이론이라는 구조로 본, 순수한 시간 형식의 기술 이외에 다른 것이 아니다. 변증법적 논리는 시간의 논리이고, 존재의 논리는 유한성의 이행의 이론이며, 반성의 논리는 본질의 현상 형식의 분석이다. 개념의 논리는 사유의 발전 형식의 서술이다."[46] 이 명제는 난해하기로 악명 높은 헤겔의 『논리학』을 존재론으로만 이해하려고 애쓰지 말고 시간론으로 해석하라고, 매우 생산성 있게 지적해주고 있다. 그리고 나는 그 지적이 음미해볼 만한 것이라고 생각한다. 우리는 그의

---

45 "영원은 시간 이전도 이후도 아니며, 세계의 창조 이전도 세계가 몰락한 이후도 아니다. 영원은 절대적 현재이며 선후가 없는 지금이다." *Enzyklopädie*, II, § 247 Zusatz.

46 O.D. Brauer, *Dialektik der Zeit*, S. 147.

『논리학』을 시간론의 입장에서 재음미할 필요를 느낀다. 헤겔에 있어서 '직관된 생성'인 지금은 '정신의 시간'으로서의 세계 역사로 전개되고, 나아가서 마침내 '사유된 생성'으로서의 개념 시간, 즉 '영원한 현재'로 까지 고양된 것이다.

현대 철학에서는 시간 문제가 철학의 핵심적 주제로 등장한다. 그것은 인간의 삶에 대한 관심이 그만큼 높아졌다는 증거이다. 베르그송(Henri Bergson, 1859~1941)은 시간을 자기의 가장 큰 철학적 주제로 삼은 철학자이다. 그러나 그가 태어난 해에는 또 하나의 철학적 거장 후설(Edmund Husserl, 1859~1938)이 출생했다. 헤겔이 죽은 뒤 20여 년 만에 태어난 이들은 20세기의 프랑스 철학과 독일 철학을 원천적으로 규정하고 있다. 20세기 철학이 이 두 철학자에게 신세지고 있는 것은 아무리 강조해도 지나치지 않을 것이요, 이 철학자들이 아니었더라면 현대 철학의 모습은 많이 달라졌을 것이다. 그들은 다 같이 '의식'을 주제로 하면서도 사유의 방향과 방식은 매우 달랐다.

헤겔이 시간과 공간을 함께 고려하면서 이 양자를 하나의 단위로 연계해서 고려하는 데 반하여 베르그송은 양자를 양극으로 대립시켜서 다루고 있다. 시간과 공간을 함께 언급하되 헤겔과 베르그송은 그 입장이 정반대이다.

우리는 헤겔에 이어 베르그송을 순서상 후설보다 먼저 다루고자 하는데 그 이유는 시간에 대한 주제의식과 저술이 베르그송이 후설보다 먼저라는 것, 후설의 시간론이 의식 현상학을 정초하는 과정에서 의식의 "가장 근저적(根底的)인 지적 작용"[1]을 다룬 것인 데 반해 베르그송은 시간 문제를 처음부터 자기 철학의 본질적 주제로 삼았다는 것, 그리고 우리의 입장에서 후설의 시간 사상은 현상학이라는 큰 테두리 안에서 하이데거의 시간론과 연속해서 다루는 것이 좋겠다고 판단했기 때문이다.

주지하는 바와 같이, 베르그송의 시간 사상은 생의 비약 내지 순수 직관과 연관되어 있다. 그의 시간 개념은 우리의 개념으로 말하면 체험 시간이다. 베르그송의 시간 개념은 저 제I편 제3부에서 검토한 체험 시간을 철학적으로 정초하는 것이기도 하다. 다시 말하면 우리는 체험 시간의 철학적 기초를 베르그송에게서 발견하는 것이다.

서론 : 베르그송 철학의 주변

그의 주저는 하나가 아니라 특이하게도 네 개이다. 그것은 그가 개별적 실증과학에서 출발하여 형이상학(철학)으로 나아가는데 그 출발점인 실증과학이 매번 각기 다른 네 가지이기 때문이다. 이 점에서 그의 철학을 흔히 경험 위에 형이상학을 세운 형이상학적 실증주의(le positivisme métaphysique) 또는 실증적 형이상학이라 한다.

그가 출발점으로 삼은 실증과학과 거기에 기반을 둔 그의 주저를 열거하면 다음과 같다.

제1 주저는 그의 심리학설로서 『의식의 직접적 여건에 관한 시론(試

---

1 *Vorlesungen zur Phänomenologie des inneren Zeitbewußtseins*에 붙인 편자 하이데거의 발문.

論)』(*Essai sur les données immédiates de la conscience*, 1889)이고, 제2 주저는 생리학설로서『물질과 기억』(*Matière et mémoire*, 1896)이며, 제3 주저는 생물학설로서『창조적 진화』(*L'évolution créatrice*, 1907)이다. 그리고 마지막 제4 주저는 사회학설로서『도덕과 종교의 두 원천』(*Les deux sources de la morale et de la religion*, 1932)이다.

그러나 우리의 주제인 시간과 관련해서 중요한 그의 저술은 1, 2의 주저와 부록적인 논문, 즉 아인슈타인의 상대성 이론에 대한 그의 견해를 밝힌『지속과 동시성』(*Durée et simultanéité*, 1922)이다. 그 밖에 우리가 유의할 것으로는『정신적 에너지』(*L'énergie spirituelle*, 1919),『사유와 운동』(*La pensée et le mouvant*, 1934) 등이 있다.

그에게 있어 '시간'은 흘러가는 실재 시간이다. "실재 시간의 본질은 흘러간다는 데 있으며, 그것의 어떤 부분도 다른 부분이 나타날 때에는 이미 거기에 있지 않다."[2] 앞에 열거한 그의 주저들은 각기 시간이 흘러간다는 사실에 대한 확증 작업이며, 각기 다른 문제 지평에서 그것을 재확인하고 심화한 것이다.

그런 실재 시간은 수학적 취급 방식에는 적합하지 않다. 실재 시간은 과학적으로 측정 가능한 동질적이고 무한하게 연속하는 시간, 소위 시계가 보여주는 그런 시간이 아니다. 과학은 시간의 본성을 무시하고 시간을 측정의 대상 또는 측정의 기준으로 삼을 뿐이다. 과학적 시간은 등속적으로 전진하는—아니 엄밀하게 말하면 점적인 순간으로만 있는 그런—시간이다. 그러나 설사 우리가 편의상 그런 시간을 가지고 사회 생

---

2 Henri Bergson, *Oeuvres*, p. 1254. 이하 쪽수의 표시는 별도의 책 이름을 들지 않는 한 1970년에 간행된 전집(*Oeuvres*)의 쪽수를 가리킨다. 별도의 책이란 이 전집에 수록되지 않은 것이다.

활을 한다 하더라도 우리의 실질적 삶의 시간은 그런 과학적 시간으로 다하지 않는다. 우리는 공간화된 과학적 시간을 살지 않고 창조적으로 비약하는 삶 즉 '지속의 상하'에 살고 있는 것이다. 우리가 앞으로 다루어야 할 베르그송의 시간은 삶의 시간, 체험적 시간이다.

베르그송이 철학적으로 처음에 부딪힌 문제는 데카르트 이래 프랑스 철학이 안고 있는 심신(mind-body) 문제였다. 이것은 달리 말하면 정신과 물질의 문제, 지속과 연장의 문제라고도 말할 수 있다. 의식에는 그 특성으로서 지속이 속하고, 물질 계열에는 공간(연장)과 크기의 측정(측정을 위한 전제로서의 동시성)이 속한다. 지속은 달리 말하면 시간이다. 그리고 시간은 인간의 내면에 흐르고 있기 때문에 양화할 수 없는 질적인 것이고, 물질은 의식 밖에 있는 것으로서 양화가 가능하다. "우리 바깥에는 연속이 없는 상호 외재성(extériorité réciproque)이 있고, 우리 안에는 상호 외재성이 없는 연속이 있다."[3]

근대 이후의 실증과학은 양화의 입장을 주류로 삼고 있다. 그러나 철학은 그것과는 달리 내면의 질적인 면을 대상으로 삼지 않으면 안 된다. 인간의 의식은 계량화할 수 없으며 논리적 · 지성적으로 접근할 수 있는 것이 아니다. 오직 직관(intuition)을 통해서만 알려질 수 있는 세계이다.

전 철학사를 통하여 철학적 사색은 대개 논증적 사유로 행해졌다. 그리고 그 핵심에는 논리가 도사리고 있다. 그러나 베르그송은 그런 일반적 경향에 의존하지 않고 직관을 유일한 철학적 방법으로 택한다. 직관은 과학적(지성적) 사유, 즉 논리적 · 분석적 · 정태적인 개념적 사유와 대립된다.

---

3 같은 책, 149쪽.

『사유와 운동』에 실려 있는 「철학 입문」의 첫 문장은 이렇게 시작된다.

철학의 정의와 절대의 개념을 각각 비교해보면 철학자들 사이에 일견 서로 어긋나는 점이 있을 것이로되 그럼에도 사물을 아는 데 근본적으로 다른 두 방법이 구별된다는 점에서는 일치한다는 것이 눈에 띈다. 첫 번째 방법은 사물의 주위를 도는 것이고, 두 번째 방법은 그 사물 속으로 파고들어가는 것이다. 전자는 사람이 서 있는 관점과 표현할 때의 부호에 의존한다. 후자는 관점과 상관없고 부호에도 의존하지 않는다. 첫 번째 인식은 상대적인 데 그치고, 두 번째 인식은 그것이 가능할 때는 절대에 도달한다고 말한다.[4]

인용문 중 첫 번째 인식 방법을 그는 과학적 또는 지성적 방법이라 하여 기회 있을 때마다 여기에 대해 비판을 가하고 있다. 그리고 그 비판의 종점에서 그는 두 번째 인식 방법인 직관으로 나아간다. 그가 보는 과학적 방법이란 어떤 것인가, 그리고 왜 그것으로는 진정한 철학적 사유가 불가능한가?

---

4 같은 책, 1392f.

A. 지속으로서의 시간

특히 시간을 주제적으로 다룸에 있어 베르그송에게는 과학적 사고가 아무 도움이 되지 못하는 것으로 여겨지고 있다. 왜냐하면 과학적 사고는 모든 것을 동시성 위에서 동질적·분석적으로 보는 데 반해 시간은 본질적으로 이질적 지속이기 때문이다. 그의 시간은 한마디로 말하면 물질적·객관적 시간이 아니라 내재적 의식의 흐름 바로 그것이다.

1. 과학적 인식의 한계와 직관

내재적 의식의 흐름으로서의 시간, 즉 양화할 수 없는 삶의 시간을 논함에 있어 원천적으로 계산 가능한 양화에 의존하는 과학이란 처음부터 도움이 되지 못한다. 시간은 끝없이 흘러가는 데 반하여 과학은 모든 것을 정태적으로 관찰하고 분석하여 물질 언어로 즉 계량화해서 표시하기 때문이다.

그러나 그런 과학적 사고의 근거와 직관이 필요한 이유는 밝히고 나가야 할 것이다.

1) 과학적 인식

제야의 종소리는 1년을 무사히 산 것에 대한 감사의 마음을 불러일으킬 수도 있고, 다가오는 새해에 대한 기대와 희망을 약속하는 상징일 수도 있으며, 견디기 어려운 참회의 채찍을 든 신의 목소리일 수도 있다. 이와 같이 그것은 내적 정서와 만난다.

과학적 탐구는 나의 밖에 있는 물질을 대상으로 한다. 나의 심리를 대상으로 하는 경우에도 과학은 그것을 대상화하여 분석하고 물질 언어로 표현한다. 과학적으로는 제야의 종소리는 쇳덩어리가 내는 동질적 음 현상일 뿐이다. 피아노 조율사가 듣는 음은 멜로디가 아니라 단지 정해진 음정에 맞거나 맞지 않는 음 현상이다. 그것은 나의 감정이나 정서와는 무관하게 주어진 기준에 적합하기만 하면 그만이다. 우리는 그것의 고저와 장단을 측정하고, 그 수를 세기도 한다. 헤아린다는 것은 동질적 공간 안에서 상호 외재적인 것, 동질적인 것을 병치(並置)하는 것이다.

우리 밖에 있는 이 세계는 상호 외재적인 부분들로 이루어져 있다. 인간의 내면 세계인 의식도 양적으로 측정 가능해야 비로소 과학의 대상이 될 수 있다. 자연과학자의 세계상은 사물과 사물 사이의 양적 관계를 나타내는 방정식의 집합이며, 감각은 관찰이나 실험을 위한 검증의 수단에 불과하다.

(1) 분석적 · 부분적 인식

그런 과학적 인식 방법을 베르그송은 저 앞의 인용문에서 '첫번째 방법'인 부호에 의한 인식 방법이라고 한 것이다. 그것은 동시에 분석적 인식이다.

분석이라는 조작은 대상을 기지(既知)의 요소로, 즉 그 대상과 다른 사물과 공통되는 요소로 환원하는 것이다. 분석이란 한 사물을 그 사물이 아닌 것에 조회해서 함수관계로 표현하는 것이다. 그리하여 분석은 번역, 부호에 의한 설명, 차례로 관점을 바꾸면서 하는 표현(표상)이어서, 그 관점들로부터 지금 연구되고 있는 새로운 대상과 기지의 다른 대상과의 접촉을 기술하는 것이다. 분석은 그 대상의 주위를 도는 일밖에는 달리 도리가 없거니와, 그 대상을 포용하려는 영원히 채워질 수 없는 욕구를 가지고 있으면서 언제까지나 불충분한 표현을 완전하게 하기 위해 여러 가지 부호를 사용하고 있다. 이리하여 분석은 무한히 계속된다.[5]

과학적 인식은 한마디로 부호(symbole)에 의한 인식이다. 그에 따르면 과학은 무엇보다도 부호를 사용해서 분석적으로 작업한다. 앞의 인용문에 이어서 베르그송은 실증과학이 분석을 관용적 수단으로 삼고 있음을 지적하고 있다. 가장 구체적인 생명과학까지도 생물과 그 기관, 그 해부학적 요소 등 눈에 보이는 형태를 조사하는 데 그치고 있다. 그 형태들을 서로 비교하고 복잡한 형태를 단순한 형태로 환원하며, 마지막으로 생명의 기능을 연구한다 하더라도 그 결과들을 시각적 부호로 표현해야 하는 데 실증과학으로서의 생명과학의 특성과 제한성이 있다. 즉 과학적 인식은 상대적임을 면할 수 없다.

그는 이런 실증과학의 사정을 개념(부호)적 사고의 일반적 성격에 맞추어서 비판하고 있다. 개념적 사고란, 앞에서 인용한 바와 같이, 한 대

---

5 같은 책, 1395f.

상과 다른 대상 사이에 공통되는 것을 추출해서 비교하는 것이다. "비교
는 유사성을 지적하는 것이고, 유사성은 대상의 성질이며, 성질은 아무
리 보아도 그것을 가지고 있는 대상의 부분이므로, 우리는 개념에 개념
을 병치해서 부분을 가지고 대상 전체를 고쳐 만들어서, 말하자면 대
상의 지성적 등치물을 얻을 수 있게 된다는 것을 쉽게 납득할 수 있
다."[6] 개념적 사고는 부호로 대상의 성질을 추출해서 이것을 일반화하는
것이지만 추출되는 성질은 대상의 한 부분에 불과하므로 아무리 일반화
해도 부분적이고 분석적인 데 그친다는 것이다.

과학적 인식이란 그에 따르면 지성적인 것이다. 그러나 이 지성적 사
고에 대해 그는 매우 비판적이다. 그것은 사태를 지속의 상하에서 보지
못하고 고정화해서 보기 때문이다. 그에 따르면 실증과학은 감각적 관찰
에 호소하고 있다. 즉 실증과학은 그 결과를 추상하고 일반화하는 능력
인 지성에 의존한다.

(2) 개념이라는 부호에 의한 인식

개념은 부단히 변화하는 사물을 언어 속에 고정시킨다. 사물 자체는
부단히 변화하지만 개념 속에 들어온 사물은 영원히 변하지 않는다. 그
것을 베르그송은 '죽은 영원'이라 한다.

베르그송은 이런 개념적 사고의 실제적 예를 심리학에서 발견한
다. 그에 따르면 심리학은 직관 속에 주어진 나(자아)를 여러 감정, 감
각, 표상 등으로 분해해서 그것들을 심리적 사실로 바꿔놓는다.[7] 그것
은 마치 한 화가가 파리의 거리에서 노트르담 사원을 스케치하는 것

---

6 같은 책, 1400쪽.
7 같은 책, 1405쪽 참조.

과 같다.[8] 화가는 그 건물의 실루엣을 스케치할 목적으로 그 점에만 초점을 맞추겠지만 사실 그 건물은 한편으로는 그 옆에 센 강이 흐르고 그 강 건너에는 바스티유가 있는 등 파리 전체에 속해 있으면서 다른 한편 노트르담 사원은 그 안에서 신부의 축성과 성가 등 성스런 기도 행위가 베풀어지는 것은 말할 것도 없고, 역사 과정을 통해 인간의 삶과 구체적으로 연결되어 있다. 그뿐 아니라 건물로서도 그 사원은 예술가의 심미안과 건축가의 정교한 설계와 많은 노동자들의 노력 및 건축 자재 등이 통합되어서 이루어진 것이다. 그러나 화가의 데생은 그 대상에 대한 화가의 느낌과 그 느낌을 표현하는 관점에만 상응하고 있다. 그런데도 화가는 그 그림에다 '파리'라는 화제를 부칠는지 모른다. 심리학도 이와 비슷하다. 이것은 분석적 사고로는 결코 전체에 도달할 수 없다는 것을 보여주는 예이다.

베르그송은 특히 근대의 연합 심리학에 대해 비판적인데 비판의 요지는 강도(intensité)에 관한 것이다. 근대의 연합 심리학과 칸트의 잘못은 의식의 생의 시간을 무비판적으로 양적·물리학적 시간과 동일시한 데 있다. 그들은 의식을 물리적 현상으로 보고, 질인 의식 즉 내적 강도를 내포량이라는 개념으로 바꾸어 계산 가능한 것으로 보는 오류를 범한 것이다. 즉 그들은 그것을 '정도'(Grad)로 환원하여 측정하려고 한 것이다. 힘도 더 강하고 덜 강한 것으로 구분하여 양화한다. 색도 마찬가지이다. 예컨대 붉다는 감각은 일정한 붉음으로서 주어진다. 과학적 조작은 이 붉은색을 점점 희석해서 무색 또는 흰색으로까지 저하시키고 다시 원래의 붉은색으로 환원시키면서 붉음의 정도를 측정한다. 그렇게 되면 인간

---

8 같은 책, 1403쪽 참조.

의 의식의 제 요인에도 강도를 배정하여 의식의 움직임이나 의지의 결단을 여러 강도를 가진 제 요인 사이의 힘 관계로 환원해서 이해하기에 이른다.

이것은 질적 차이를 양적 차이로 환원하는 것이다. 그렇게 되면 의지의 자발성이나 자유 따위는 단지 주관적·자의적인 것에 지나지 않게 되고 만다. 내가 A라는 결정을 하게 된 것은 그런 결정의 요인이 그것을 부정하는 요인보다 강했기 때문이든가 또는 요인의 수가 더 많았기 때문이라는 결론에 이르게 된다.

과학은 순수한 수학에서 출발하였으나 역학을 거쳐 물리학 및 화학을 통과하여 뒷날 생물학에 이르렀다. 그 대상 영역은 처음부터 오늘에 이르기까지 관성적 물질의 영역이다. 생물학은 생명 현상에 있어서도 물리 화학적인 데 집착한다. 정신 현상을 연구함에 있어서도, 전술한 바와 같이, 정신을 계산 가능한 것으로 환원해서 물질 언어를 가지고 계산적 방법으로 다룬다. 그렇게 하는 것은 지성이다. 지성은 도구를 만들고 주변의 물질에 미치는 행동을 지도하는 데 그 역할이 있다. 그리하여 지성은 감각의 연장이고 행동의 수단이다.[9] 과학적 인식이 상대적인 이유는 여기에 있다.

그러나 인간은 그렇게 추상적인 세계에 살지 않을 뿐 아니라 그 삶을 그렇게 분석적이고 논리적으로 해체할 수 있는 것도 아니다. 가령 슬픔이란, 단지 개관하고 객관화해서 수로 처리할 수 있는 마음의 어떤 상태가 아니라 전 세계를 캄캄하게 먹칠해서 보는 그런 정서이며, 기쁨은 세상을 밝고 평화로운 낙원의 동산으로 만들어 볼 수도 있는 그런 심리 현

---

9 같은 책, 1278쪽 참조.

상인 것이다. 그것은 결코 양화될 수 없는 내적이고 질적인 것이다.

2) 직관이란

과학이 지성에 의존해서 물질을 다루는 데 반해 철학은 정신을 자신의 고유한 대상으로 삼는다. 그러므로 정신에 접근하는 방법은 자기 밖으로 향하는 지성적 방법과 같을 수 없다. 정신은 자기의 내면으로 향하는 길에서 만난다. '정신이 정신 자신을 인식한다'는 말은 곧바로 데카르트의 『성찰』 2 즉 '정신을 인식하는 것은 물질을 인식하는 것보다 쉽다'는 명제를 연상시키거니와, 그 방법을 베르그송은 직관(intuition)이라고 한다. "정신을 통해 정신을 직접 보는 것이 우리가 의미하는 직관의 중요한 기능이다."[10]

> 그렇지만 우리는 지속 속으로 침투한다. 그것은 직관에 의한 것이다. 이런 의미에서 나 자신에 의한 나의 지속의 내적·절대적 인식이 가능하다. 철학이 직관을 요구하고 또 이때 직관을 획득할 수 있다고 하더라도 과학은 역시 분석을 필요로 한다.[11]

반성적·분석적 사고와 직관 사이는 연속적이 아니다. 양자 사이에는 비약이 있다. "즉 분석은 움직이지 않는 것을 대상으로 해서 일하고, 직관은 움직이는 것 속에 또는 결국 같은 말이지만 지속 속에 몸을 두는 것을 말한다. 여기에 직관과 분석의 확실한 경계선이 있다. (…) 직관에서 분석으로 나아갈 수는 있으나 분석에서 직관으로 나아갈 수는

---

10 같은 책, p. 1285.
11 같은 책, p. 1402f.

없다.”[12]

만일 대상이 고정 불변한 것이라면 구태여 직관이 필요하지 않을 것이다. 직관이 요구되는 이유는 대상이 부단히 움직이고 있기 때문이다. 따라서 직관은 대상의 변화에 함께 승화(乘化)해야 한다. “직관의 본성을 이해하고 어디서 직관이 끝나며 어디서 분석이 시작하는가를 엄밀하게 규정하기 위해서는 (…) 지속의 유동에 관해”[13] 고찰하지 않으면 안 된다.

종래 직관을 지성과 대립하는 철학적 방법으로 제시한 철학자는 많았다. 그러나 베르그송에 따르면 그들의 직관은 영원한 것을 직접적으로 탐구하기 위한 직관이다. 다시 말하면, 그런 직관은 지속 자체 속에 파고 들어가서 사태를 파악하는 직관이 아니라 지속의 밖에 나와서 바라보는 지성적 직관이다.

그러나 그 철학자들은 지성이 시간 속에서 활동하고 있다고 믿었기 때문에 지성을 초월하기 위해서는 시간 밖으로 나오면 된다고 결론지었다. 그러나 지성화된 시간은 공간이라는 것, 지성이 작용하는 것은 지속의 망령에 대해서이지 지속 자체에 대해서는 아니라는 것, 시간을 제거하는 것은 우리 지성의 습관적·정상적·일상적 행위라는 것, 정신에 대한 우리 인식의 상대성은 바로 거기에서 나온다는 것, 따라서 지성 작용에서 시간으로 또 상대에서 절대로 옮겨가기 위해서는 시간 밖으로 나와서는 안 된다는 것을 이들 철학자는 알지 못했다.[14]

---

12 같은 책, p. 1412f.
13 같은 책, p. 1411.

저들과는 달리 베르그송의 직관은 진정한 지속을 발견하기 위한 것
이다. 직관에 대한 베르그송의 정의는 이렇다. "내가 여기서 직관이라고
부르는 것은, 대상 내부에 파고들어가서 대상이 가지고 있는 유니크한
것 따라서 표현할 수 없는 것과 합일하는 공감(sympathie)이다."[15] 표현할
수 없다는 말은 언어적 부호로 표현할 수 없다는 뜻이다.

이 말을 이해하기 위해 우리는 베르그송이 드는 예를 음미할 필요가
있다. 여기에 한 사람의 소설가가 있다고 하자. 그는 작중인물의 특징에
대해 여러 가지로 기술할 수 있고, 그 특징의 수를 얼마든지 느릴 수도
줄일 수도 있다. 어떤 독자는 그 작중인물에 대해 많은 말로 나에게 이야
기할 수도 있다. 그는 많은 부호적 설명을 시도할 것이다. 그러나 그 소
설을 읽어가는 어느 순간 내가 그 작중인물과 일치한다면 나는 작가가
기술하는 그 많은 서술보다도 훨씬 더 풍부한 말과 행동을 스스로 보여
줄 수 있다. 나의 그런 말과 행동은 작품을 이해해서 비로소 얻어지는
것이 아니라 나 자신이 직접 (주인공으로서) 연출하는 것이므로 말과 행
동이 샘물처럼 솟아날 것이요, 따라서 가장 단순하면서도 전체적이며 절
대적인 것이다. 이렇게 대상과 일치하여 그 대상을 전체적으로 또 직접
적으로 파악하는 것이 직관이다.[16] 이런 점에서는 '직관은 단순한 행위'[17]
이다. '정신에 의한 정신의 내적 인식'이기 때문이다. "직관은 무엇보다
도 내적 지속에 향한다. 〔공간적〕 병치가 아닌 계기, 내부로부터의 성장,
미래로 침투한 현재 속으로 과거의 중단 없는 연장(prolongement)이다.

---

14 같은 책, 1271쪽.

15 같은 책, 1395쪽.

16 같은 책, 1394쪽 참조.

17 같은 책, 1396쪽.

그것은 정신으로 정신을 직접 보는 것이다. (…) 직관은 먼저 의식을 의미하지만 그 의식은 직접적 의식이며, 보여지는 대상과 구별되지 않는 시각이며, 접촉에 그치지 않고 합치하는 의식이다."[18]

사상(事象)은 한순간도 정지해 있지 않고 부단히 시간 속에서 지속한다. 따라서 직관도 사상과 함께 지속하지 않으면 안 된다. 더욱이 그 사상이 한순간도 정지해 있지 않고 비약하는 인간의 삶이라고 한다면 지속은 거기 따라서 함께 비약하지 않을 수 없다. 그 지속 속에서 직관은 무한한 계열을 밟는다. "직관적으로 사고한다는 것은 지속에 있어서 사고한다는 것이다."[19]

가령 여기에 고동색을 가진 어떤 것이 있다고 하자. 그것을 밖에서 지각하면 단순히 고동색을 가진 한 사물에 불과할 것이다. 그러나 직관의 노력을 통해 그 고동색의 내부에 파고들어가 그 고동색과 내적으로 공감(sympathiser intérieurement)하게 되면 자기가 적색과 황색 사이에 끼여들어가 있는 것을 느끼고 나아가서 "적색에서 황색으로 연속적으로 이행하는 스펙트럼 전체가 확장되어 있음을 예감하게 될 것이다. 이와 마찬가지로 우리의 지속의 직관은—순수한 분석이 우리를 허공 속에 떠돌게 하는 것과는 달리—우리를 여러 지속의 연속 전체와 접촉시킨다. 그리하여 우리는 이 지속의 연속을 따라 아래쪽으로 내려오기도 하고 위쪽으로 올라가기도 해야 한다."[20]

어느 방향으로 향하든 우리는 혼신의 노력으로 무한하게 자기를 확대한다. 특히 직관이라는 것이 대상과 내적으로 .일치하는 것, 다시 말하

---

18 같은 책, 1272쪽.
19 같은 책, 1275쪽.
20 같은 책, 1419쪽.

면 대상 자체에 승화(乘化)하여 내적으로 그것과 합치하는 것이요 그렇게 하여 자기를 초월하는 것인즉, 거기에는 온 힘을 다하는 노력이 있지 않을 수 없다. 직관은 '실재가 가지고 있는 가장 내적인 것과의 정신적 공감을 획득하는 것'[21]이기 때문이다. '직관은 괴로운 것'이다.[22]

그러므로 "직관적으로 사유한다는 것은 지속에서 사유하는 것이다."[23] "직관이란 정신 자체이며, 어느 의미에서는 생명 자체이다."[24] 엄격하게 말하면 내가 직관한다기보다는 생명 자체인 지속이 자기를 우리에게 보여주는 것이다. 그러나 그런 직관은 아무 때나 가능한 것이 아니라 어느 순간에 불현듯 가능한 것이다.

2. 동질적 시간

철학사적으로는 시간의 문제는 항상 공간 문제와 함께 또는 공간 문제를 통해서 제기된다. 게다가 베르그송은 시간을 논함에 있어 그것을 늘 공간과 관계짓고 있다. 우리와 비근하게 만나는 물질은 공간 속에 연장되어 있다. 그리하여 우리는 소극적 방법이긴 하지만 공간을 먼저 고

---

21 같은 책, 1432쪽.
22 같은 책, 1275쪽. 그러기에 직관은 아무 때나 가능한 것이 아니다. 그래서 베르그송의 철학에 신비주의적 요소가 있다고 지적되기도 한다. 직관이 절대적인 것이라고는 하나 주관적이라는 비판은 면하기 어려울 것이다. 그것은 예컨대 시나 음악의 세계에 침잠하는 것과 같은 것이기 때문이다. 산을 대하는 나의 태도 여하에 따라 그 산은 그 높이나 모양에 있어 얼마든지 달리 보이는 것이다. 우리가 가야 할 길의 길이도 나의 내면의 상태에 따라서 같지 않은 것도 같은 이유이다.
23 같은 책, 1281쪽.
24 같은 책, 722쪽.

찰하고자 한다. 베르그송에게서 공간 문제는 수 개념과 짝을 지어 제기된다.

1) 수 개념을 통해서 본 공간의 특성

베르그송의 정의에 따르면 "수란 단위들의 집합이고, 더 정확하게 말하면 일(一)과 다(多)의 종합이다."[25] 단위들의 집합 또는 일과 다의 종합이므로 그 수는 가분적(可分的)이고 헤아려질 수 있다. "(…) 세기 위해서는 공간 속에서 구별이 있는 장소를 점하는 동질의 단위, 따라서 이미 서로 침입할 수 없는 단위에 의해 그것들을 표상한다는 조건이 필요하다."[26] 물질의 불가입성이 전제되어야 셀 수 있는 것이다. 그 불가입성은 곧 공간상의 상이한 장소를 함축한다. 이것을 부연하면 다음과 같다.

헤아려지기 위해서는 첫째, 헤아려질 대상의 단위가 동일해야 하고, 둘째, 그것들의 공간 안에서의 위치가 서로 달라야 한다. 50마리의 양을 헤아린다고 하자. 그 양들은 각각이 가지고 있는 개별적 특성은 무시되고 동질적인 하나의 단위로 취급되어야 한다. 그러면서도 이 양과 저 양은 구분되어야 한다. 동일한 하나의 양을 놓고 수의 단위를 높일 수는 없기 때문이다. 무엇이 동질적인 양들을 구분하는가? 그것은 양들이 가진 질적 개별성이 아니라 공간 내의 위치의 상이(相異)이다. 이 양과 저 양은 서로 개별자로서 공간 안에서 떨어져 있어야 한다. 떨어져 있다는 것은 이 양과 저 양 사이가 비어 있다는 것이다. 즉 양들은 비어 있음을 통해 서로 구분되면서, 병렬적·동시적으로 있어야 비로소 헤아려질 수 있는 것이다.[27]

---

25 같은 책, 52쪽.
26 같은 책, 87쪽.

이와 같이, 수의 개념은 공간 개념을 내포하고 있으며, 공간과 수의 개념은 다같이 가분성 · 동질성 · 병렬성 · 불연속성 · 상호 외재성 · 양적 다양성 · 우리 바깥 · 셀 수 있는 물질적 대상 등을 공유하고 있다.

거기에다 양의 예를 보면 "우리는 단위를 연장으로 생각하게 된다."[28] 그것은 수의 단위가 공간에서 유래함을 시사한다. 즉 수의 가분성은 공간의 가분성에서 비롯된다. 따라서 "공간은 정신이 수를 구성하게 해주는 질료이며, 정신이 수를 놓는 환경이다."[29]

"그런데 공간이 동질적인 것이라고 정의될 수 있다면 거꾸로 모든 동질적이고 무규정의 환경은 공간이라고 생각된다. 왜냐하면 이때 동질성이란 모든 질이 없는 데서 성립하는 것이므로 동질적인 것의 두 형식이 어떻게 서로 구별되는지 모르게 되기 때문이다."[30] 공간의 본질은 동질성과 동시성이다. 공간의 본질이 동시성이라 함은 공간에는 지속 즉 과거의 축적이 없다는 뜻이다.

2) 헤아려질 수 있는 동질적 시간

베르그송은 지속에 두 가지를 구별한다. 하나는 의식의 지속 즉 순수 지속이고, 다른 또 하나는 공간 개념이 슬그머니(subrepticement) 개입한 혼합된 지속이다. 공간 개념이 개입한 혼합된 지속은 우리가 공간 관념에 익숙해 있어서 순수한 계기를 떠올릴 때, 의식하지 않고 공간(연속성)을 도입하기 때문에 생기는 것이다. 즉 우리는 의식의 제 상태를 그 상태

---

27 같은 책, 52f. 참조.

28 같은 책, 56쪽.

29 같은 책, 57쪽.

30 같은 책, 66쪽.

상호 속으로 침투하도록 세우지 않고 옆으로 곁에 세워서 동시에 지각될 수 있는 것으로 병치한다. "요컨대 공간 속에 시간을 투영하여, 지속을 연장으로 표현하기 때문에 우리에게 있어 계기란 각각의 부분들이 상호 침투하지 않고 서로 인접해 있기만 하는 연속된 선이나 사슬의 형태를 띤다."[31] 이런 이미지는 이미 계기적이 아니라 동시적 선후의 지각, 즉 공간적 이미지를 갖게 된다. 지속의 계기가 순수한 계기인가 아니면 공간 안에 전개되는 계기인가? 후자의 경우 이를 "한마디로 말하면, 계기들이 병치되어 그 속에 순서가 정해지면 계기가 동시성으로 되어 공간 안에 투영된다."[32] 공간에서는 모든 것이 전후좌우로 병치되어 동시적으로 있는 것이다.

이렇게 지속 속에 공간이 개입하면 시간은 동질적으로 된다. 이것을 그는 동질적 시간(temps homogéne) 또는 동시성(simultanèité)이라고 한다. 시간은 공간과 다른 것이지만 그것을 사람들은 또한 동시에 동질적인 무규정적 환경으로 본다. 이렇게 "동질적 환경이라는 형태로 생각된 시간은, 순수 의식의 영역에 공간 개념이 침투함으로써 생긴 사생아적 개념이다."[33] 이 동질적·양적 연속으로서의 시간은 획일적으로 헤아려질 수 있는 물리학적 시간이요, 사회적 공공의 시간이다.

시간이 헤아려질 수 있기 위해서는 먼저 연속성 속에 순서가 있어야 하고, 이것은 다시 헤아려질 대상들이 공간 내 위치의 상이로 인해 구별되어야 한다. 헤아려질 대상들은 또 공간 속에 동시적으로 있어야 한다. 요컨대 공간의 동시성과 위치의 상이(相異) 및 위치의 상이로 인한 개별

---

31 같은 책, 68쪽.
32 같은 곳.
33 같은 책, 66쪽.

자들의 구별이 전제되어야 비로소 헤아려질 수 있는 것이다. 베르그송의 말을 빌리면 "여러 개의 항들 사이에 순서를 수립하려면 우선 그것들을 구별해야 하고, 다음에 그것들이 점유하는 위치를 비교해야 할 것이다. 그리하여 사람들은 그것들이 다수이고 동시적이며 구별된다는 것을 알게 된다. 한마디로 사람들은 그것들을 병치한다. 즉 연속적인 것 가운데 순서를 설정하는 것은 연속성이 동시성으로 되어 공간 속에 투사되는 것이다."[34]

공간의 기본적 특성은 동질성과 동시성이다. 이런 공간이 지속으로서의 시간에 침투할 때 동질적 시간 즉 계산 가능한 물리학적 시간이 성립한다 함은 이미 말한 바 있다.

공간화된 동질적 시간을 우리는 공공의 사회적 시간이라고도 했다. 그것은 시계의 시간이다. 시계를 본다는 것은 지속을 측정하는 것이 아니라, 동시성을 세는 것이다. 시계에서 우리는 지속성을 읽을 수 없다. 시계의 바늘이 움직이는 경우, 바늘이 한 단계를 가리킬 때는 이미 앞 단계는 사라져 거기 없기 때문이다. 시계바늘이 가리키는 것은 순간뿐이다.

그럼에도 우리는 그것을 가지고 사회 생활을 위해 행동을 조절하고, 자연에 대해 공동으로 접근한다. 내적·독자적 시간은 본질적이긴 하지만 객관적 일반성이 없기 때문에 그것을 가지고는 타자와 공동 생활을 할 수가 없다. 말하자면 동질적·물리학적 시간 즉 사회적 시간은 이 내적 시간을 상호 주관적으로 일반화하여 생활의 편의를 도모하고자 하는 의도로 구상된, 의식에 외재적인 시간이다. 그것은 하이데거 식으로 표현하면 통속적 시간이다.

---

[34] 같은 책, 68쪽.

3. 순수 지속으로서의 진정한 시간

베르그송에게 있어 시간은 곧 지속이다. 앞에서 과학적 지성에 의해 계산 가능한 동질적 시간을 고찰한 바 있다. 그것은 그러나 공간화된 동질적 시간이지 진정한 지속으로서의 시간이 아니다. 진정한 시간은 공간 개념이 전혀 개입하지 않은 지속, 즉 이질적(hètèrogéne)이고 내적·심리적인 지속이다. 그것을 베르그송은 순수 지속(durée pure)이라 한다.

지속의 세계에 침투할 수 있기 위해서는 먼저 불변의 실체를 전제하는 실체론적 사유를 포기하지 않으면 안 된다. 그리고 변화 자체에 함께 승화해야 한다. 그 변화의 좋은 예가 멜로디이다.

베르그송에 따르면, 우리가 눈을 감고 듣는 멜로디는 우리의 내적 생의 유동성에 가장 흡사한 것이다. 멜로디는 많은 질과 많은 규정을 가지고 있으면서 가만히 듣고 있노라면 멜로디는 음 사이의 차이를 없애고, 음 자체의 구별된 여러 성격을 없앤다. 그것은 다음에 올 음 속에 선행하는 음을 연속시키고, 중단 없는 추이, 분할되지 않는 다양, 분리 없는 계속만을 가지고 있어서 거기에서 우리는 시간의 기본 개념을 얻는다. 이와 같이 멜로디는 끊임없이 지속하는 우리의 삶을 가장 잘 보여준다. 그것이 직접 지각되는 지속이다.[35]

그러므로 지속으로서의 시간은 측정 가능하지 않다. 다시 말하면 지속은 분할할 수 없다. 가령 우리가 지속을 표증하기 위해 직선을 긋는 경우에도 그 직선은 분할할 수 없는 무한 전진을 전제해야 비로소 가능하다. 더러 운동을 측정하는 일이 있지만 그것은 지속하는 운동 자체라

기보다는 운동체가 남겨놓은 궤적의 측정일 뿐이다.

의식은 내재성·불가분성·연속적 계기 등을 가지고 있다. 특히 베르그송 철학의 기본 개념인 지속은 시간에서 변화, 교체하는 계기를 통해 동일성을 유지하는 것으로 알려져 있다. 우리가 체험하는 시간의 흐름을 베르그송은 지속이라 한다. 지속은 의식이 체험하는 시간이다. 거기에는 연속적 과정이 있을 뿐이다.

우리는 앞에서 이미 지속에 관해 자세하게 고찰한 바 있다. "순수 지속이란, 자아〔의식〕가 살아가는 대로 몸을 맡겨서, 현재의 상태와 그것에 선행하는 상태들 사이에 경계를 짓지 않을 때 의식의 상태들이 취하는 형태이다. 그러기 위해서는 이행하는 감각이나 관념 속에 전면적으로 몰입할 필요가 없다. 왜냐하면 그럴 경우에는 반대로 자아는 지속하는 것을 멈출 수 있기 때문이다. 그러나 또 선행하는 상태들을 잊어버릴 필요도 없다."[36] 다시 말하면 의식의 생이 간단없이 흐르는 것, 그것이 순수 지속이다. 그러나 이것을 알기 위해 반성적 태도를 취하게 되면 이미 지속은 중단되고 만다. 순수 지속은 따라서 간접적으로 주어지는 것이 아니라, 반성 이전에 직접적으로 주어지는 의식 상태이다. 그리하여 나는 순수 지속을 비약하는 삶 자체에 승화하는 것이라고 말하는 것이다. 순수 지속은 의식에 직접 주어져 있는 참된 계기 즉 부단히 상호 침투하면서 유동하는 불가분의 질적 다양이다.

의식의 변화는 양화할 수 없는 질적 차이를 지닌다. 가령 슬픔이나 기쁨의 경우, 몇 배 더 슬프다거나 훨씬 작은 기쁨이라고는 말하지 않는다는 것은 이미 앞에서 말한 바 있거니와, 그 이유는 그런 내적 감정은

---

36 같은 책, 66쪽.

수치로 계산되는 것이 아니기 때문이다. 마찬가지로 동정심이 적다거나 많다고도 말할 수 없다. 그런 감각이나 정서는 양화되는 것이 아니라 질적인 것, 강도에 관계되는 것이다. 의식의 삶은 객관화되는 것이 아니기 때문에 의식 내재적 세계에는 수가 적용되지 않는다. "요컨대 순수 지속이란 질적 변화의 계기 이외의 것일 수 없고, 그들의 변화는 분명한 윤곽도 갖지 않으며, 서로 융합하고 서로 침투해 있다. 그것은 순수한 이질성일 것이다."[37]

"나의 내부에서는 의식의 제 사상(事象)의 유기화와 상호 침투의 과정이 전진하여 이것이 진정한 지속을 만든다. 그것은 내가 현재의 진동을 지각함과 동시에 진자의 지나간 진동이라고 부르는 것을 마음속에 표상할 때 내가 지속하고 있기 때문이다."[38] 그런데 얼마 뒤에 이 진동을 사념하는 나를 제거해보라. 그러면 남는 것은 오직 진자의 진동과 진자의 위치뿐이다. 말하자면 지속이라는 것은 전혀 없게 된다. 이번에는 반대로 진자와 그 진동을 제거해보라. 남는 것은 (상호 외재적인 순간도 없고 수와도 관계없는) 자아의 이질적인 지속뿐이다. 이렇게 해서 우리의 자아 속에는 두 가지가 있게 된다. 하나는 상호 외재성이 없는 계기(지속)이고, 다른 또 하나는 나의 바깥에 있는 '계기 없는 상호 외재성'이다.[39] 이와 같이 지속은 자아의 내부에 흐르는 계기이다.

지속으로서의 시간은 따라서 칸트가 말하는 내용 없는 형식이 아니라 기억이라는 질적 내용을 가지고 간단없이 흐르는 유기적 삶이다. 그 시간은 체험적 시간이다. 체험적 시간은 각자의 인간이 형성해가는 시간

---

37 같은 책, 70쪽.
38 같은 책, 72쪽.
39 같은 곳 참조.

이지 형성된 시간이 아니다. 진정한 시간은 각자가 형성해가는 각자의 시간, 각자의 삶의 내용 있는 지속이다.

이와 같이 지속은 나의 의식의 내부에 부단히 흐르는 계기, 다시 말하면 의식의 과거와의 연속성이다. 이런 연속성이 없으면 그것은 공간의 동시성 이외에 다른 것이 아니다. 공간과 시간의 차이는 공간이 과거와의 연속을 갖지 않는 데 반하여 시간은 의식의 지속으로서 과거와의 연속이라는 것이다. 의식이 과거와 연속을 갖는다는 말은 달리 말하면 기억으로 과거와 현재를 연결한다는 말이다.

앞에서 논의한 것을 정리하면 다음과 같다. 시간에는 두 측면이 있다. 하나는 내면의 의식, 즉 절대로 대상화되지 않고 따라서 분명하지는 않지만 질적이고 상호 침투하며 지속하는 의식, 후설의 표현을 빌려서 말하면 반성을 통해서는 보여지지 않는 작용 자체로서의 노에시스이고, 또 하나의 시간은 지속하는 의식 바깥에 고정되고 공간화되어 병재하고 양화된 시간이다. 이 시간은 공간을 통해 수적으로 개념적으로 알려지기 때문에, 눈에 보이는 것을 먼저 생각하는 우리에게는 전자보다 훨씬 쉽게 지각될 수 있다. 전자는 우리의 내적 의식으로서 후자의 근원이 되는 시간이고, 후자는 그것이 객관화된 시간이다. 그러나 전자는 객관화되지 않기 때문에 타자를 향해 표출되어 있지 않다. 따라서 그것을 가지고 타자와 교섭할 수 없다. 이 교섭 즉 사회 생활을 위해서는 전자를 후자로 전환할 필요가 있다. 그 제일의 단계가 동질성과 동시성으로서의 시간인 것이다.

B. 시간의 양상 : 현재 · 과거 및 양자의 관계

우리는 헤겔에 이르러 시간 양상이 의식에 의해 비로소 성립된다는 것을 보았다. 이제 베르그송이 말하는 의식의 지속으로서의 체험 시간을 통해 시간 양상과 의식의 여러 변양과의 관계 특히 후자가 전자의 존재 근거가 된다는 것을 확인할 수 있을 것이다. 앞에서 우리는 시간이 곧 지속이라는 것을 주로 제1 주저를 통해 검토하였다. 그러나 그것만으로는 아직 구체적 시간론에 미치지 못한다. 말하자면 그것은 시간론의 서설에 지나지 않는다. 제2 주저 『물질과 기억』에 이르서야 비로소 주제적 시간론에 들어오게 된다. 그것은 현재의 성격, 과거 및 미래와 현재와의 관계, 과거와 현재의 연속성 등에 관한 담론이다.

베르그송은 특히 『물질과 기억』에서 기억에 대해 면밀하게 검토하고 있다. 기억은 특히 과거와 현재를 연속시키는 기능을 맡고 있다. 따라서 이 저서에서 주로 다루어지는 것은 현재, 과거 및 이 양자의 관계이다. 그리고 시간의 세 양상 중 미래에 대한 담론은 제3 주저인 『창조적 진화』에서 목적론과 관련된 주요 과제로 생물학적 차원에서 다루어질 수 있을 것이다.

1. 현재의 성격

현재는 흔히 '지금'과 혼동하여 과거와 미래를 잇는, 그러나 연장을 갖지 않은 수학적인 점 또는 관념적 한계로 생각되거나 찰나로 여겨진다. 이런 현재(즉 지금)로부터는 그러나 시간의 흐름의 성격, 특히 삶의 지속적 성격을 읽을 수 없다. 의식의 삶의 현재는 지평(차원)을 가지고 있어야 한다.

베르그송의 시간은 체험 시간이라는 것을 간과해서는 안 된다. 체험은 의식 사항이다. 다시 말하면 그의 시간론은 시간의 존재를 의식의 차원으로 끌어올려서 다루는 담론이다.

시간의 특성은 경과한다는 데 있다. 이미 흘러간 시간은 과거이고, 흘러가고 있는 순간을 우리는 현재라 한다. 그러나 이 순간은 결코 수학적 점이 아니다. (…) 그러나 현실적·구체적으로 살아 있는 현재—우리가 현재의 지각에 대해 말할 때의 그 현재—그것은 필연적으로 지속을 점하고 있는 현재이다.[40]

현재가 지속하고 있다는 것은 나의 현재가 나의 과거와 미래 속으로 파고들어가 있다는 것이다. 베르그송에 따르면, 나의 현재가 나의 과거에 파고들어가 있다는 것은 '내가 말하고 있는 순간은 이미 나로부터 멀리 떨어져 있다'는 것이 증명하고, 그리고 미래로 파고들어와 있다는 것은 그렇게 말하면서 나는 미래로 기울어져 있다는 것이 증거한다. 의식

---

40 같은 책, 280쪽.

의 삶은 점적이고 관념적인 지금 속에 갇혀 있는 것이 아니다.

그러므로 '나의 현재'라는 심리적 상태는 직접적 과거의 지각이면서 동시에 직접적 미래의 결정이지 않으면 안 된다. 그런데 직접적 과거는 지각되는 한에서 (…) 감각이다. 왜냐하면 모든 감각은 요소적 진동의 매우 긴 계기를 나타내는 것이기 때문이다. 또 직접적 미래는, 스스로 한정하는, 행동 또는 운동이다. 따라서 나의 현재는 동시에 감각이기도 하고 운동이기도 하다. 그리고 나의 현재는 불가분적 전체를 형성하므로 이 운동은 이 감각에 접속하고 감각을 행동으로 연장하지 않으면 안 된다. 그러므로 나는 나의 현재는 감각과 운동이 연합한 전체라고 결론짓는다. 나의 현재는 본질적으로 감각적·운동적인 것이다.[41]

현재란 본질적으로 감각적·운동적이다. 나의 현재는 나의 신체와 결부되어 있다. 그런데 신체는 공간 속에 연장되어 있고, 감각을 가지고 물체와 접촉하며 또한 움직인다. 신체는 과거와 미래가 접촉하는 원점이고, 영향을 미치는 대상과 영향을 받는 대상 사이에 있는 장소이며, 이미 수행된 행동과 새로 시작하는 행동이 교차하는 지점이다. 신체는 한편으로는 물질 세계와 연계되고 또 한편으로는 동시에 과거와 미래를 연속시키는, 즉 시간의 지속성을 보증하는 매듭이다. 우리 신체의 현재 상태가 바로 우리의 현재적 현실성이다. 거기에서 우리는 과거와 미래의 연속성을 보는 것이다.

---

41 같은 곳.

현재는 과거로 연결되면서 또한 미래로도 연결되지 않을 수 없다. 그리하여 베르그송은 이렇게 말한다. "나의 현재라고 하는 것은 직접적 미래에 대한 나의 태도이고, 절박한 나의 행동이다. 그러므로 나의 현재는 감각적 · 운동적인 것이다."[42]

현재는 물질에 가하는 행동을 통해 과거와 미래를 이어주는 연속의 매듭이며, 달리 말하면 과거를 향해서는 기억을 그리고 미래를 향해서는 기대를 지각으로 매개해서 행동으로 재생시키는 계기이다. 모든 생명체는 미래를 향해 자기의 삶을 정향한다. 특히 체험 시간에서 시간의 중심이 미래에 놓여 있다는 것은 여러 번 언급한 바 있다.

현재는 존재가 아니라 지속하는 생성이다. 나의 현재라고 하는 심리 상태는 직전의 과거의 지속이면서 동시에 미래의 결정이다. 직전의 과거라 함은 직전에 지각되어 기억 속에 축적된 의식이며, 절박한 미래란 지각에 의해 결정되는 한에서의 행위나 운동이다.

현재는 행동의 원점이다. 그 행동은 그러나 지각으로서의 습관적 기억이 수행한다. 행동은 깊은 과거의 의식 속에 거의 무의식적 · 잠재적으로 저장되어 있는 순수 기억을 선별적으로 불러내서 이것을 현실적으로 활동시키는 것이다. 행동은 기억을 물질화하고 감각을 관념화한다. 현재는 그런 행동이 행해지는 현장이다.

현재가 지금과 다른 점은 지금이 연장(넓이)을 갖지 않는 데 반하여 현재는 차원을 가지고 있다는 것이고, 순간과 구별되는 점은 순간이 점적인 한계라면 현재는 과거와 미래를 연속시키고 있다는 것이다. 그 연속의 구체적 실행이 현재에 있어서의 신체의 운동이다.

---

42 같은 책, 282쪽.

이상은 현재가 과거 및 미래와 연속하는 것을 주로 신체를 통해서 검
토한 것이다. 그러나 이 연속성을 보장하는 것은 신체보다는 오히려 지
속하는 의식 자체이다. 과거와의 연속성은 기억이 보증하고 미래와의 연
속성을 기대가 보장한다고 보는 것이 훨씬 용이할 것이다.

2. 기억 : 과거 및 과거와 현재의 연속

기억은 과거를 현재에 연속시킨다. 과거란 이미 현재 속에는 없고 현
재는 과거가 아닌 것으로 있다. 이 과거와 현재, 즉 무와 존재를 연속시
키는 것이 기억이다. 과거와 현재의 연속이라는 것은 자연과학적 객관
시간에서는 찾아볼 수 없고, 오직 체험 시간에서만 찾아질 수 있다. 사실
을 말하면 시간 양상이란 의식의 변양에 다름아니다. 그러므로 기억은
무인 과거를 존재하게 하는, 다시 말하면 과거의 존재 근거이다.

기억의 실제적 · 통상적 작용, 즉 현재의 행동을 위한 과거의 이용(재
인)은 두 가지 방식으로 행해진다. "현재에서의 대상의 재인이, 대상으로
부터 생길 때는 운동에 의해 행해지고, 주체로부터 나올 때는 표상에 의
해 행해진다."[43] 여기서 말하는 기억이란 실제로는 상기 또는 회상 즉 과
거를 현재 속에서 재인하는 의식 작용이다.

우리의 의식은 멜로디처럼 과거로부터 부단히 흐르면서 이어져
오고 있다. 의식은 기억의 연속이다. 베르그송에게 "의식은 기억을 의
미한다."[44] 과거와 연속되지 않은 의식은 있을 수 없으며, 달리 말하면

---

43 같은 책, 224쪽.
44 같은 책, 1397쪽.

기억이 현재 속에 침투함으로써 비로소 의식은 살아 있는 의식이 된다. "다음 순간은 언제나 앞 순간 위에 다시 그것이 남겨놓은 기억을 포함하고 있기 때문이다. 〔앞뒤 구분 없는〕 동일한 순간을 두 개 가지고 있는 의식은 기억 없는 의식이 되고 말 것이다."[45]

시간상의 선후, 즉 앞 순간과 뒷 순간을 연결시켜주는 것은 곧 기억이다. 만일에 기억이 없다면 시간의 연속성이 없을 것이요, 따라서 베르그송의 시간에는 연속성이 없는 '순간'은 없다. 의식은 기억이고 그 기억은 반드시 과거로부터 현재까지 연속된 것이다. 즉 기억은 곧 연속성이다.

그렇지만 아무리 단순한 기분이라도 순간마다 변하지 않는 것은 없다. 기억을 동반하지 않는 의식은 없으며, 현재의 감정에 과거 순간의 기억이 가해지지 않은 기분의 연속은 없다. 그것이 지속이다. 내적 지속은 기억의 연속적 생명이다. 그것은 현재가 끊임없이 커져 가는 과거의 이미지를 분명하게 포함하든, 혹은 현재가 그 연속적 성질을 변화시킴으로써 사람이 늙어감에 따라 한층 무거워지는 짐을 뒤에 끌고 가는 모습으로 보이든, 어쨌든 과거를 현재 속에 계속해 가는 것이다. 과거가 이렇게 현재 속에 살아 남지 않으면 지속이라는 것은 없고 오직 순간만 있을 뿐이다.[46]

인용문에서 '늙어감에 따라 무거워지는 짐'이라고 한 것을 베르그송은 '눈덩이'로 비유하기도 한다. 기억은 눈덩이처럼 불어나는 것이다. 의식은 유기체적 전체이기 때문이다. 매 순간 정지하지 않고 끊임없이 변

---

45 같은 책, 1398쪽.
46 같은 책, 1411쪽.

화하는, 그러나 눈덩이처럼 불어나는 기억이 현재 속에 침투하여 연속하는 그 의식을 그는 시간이라고 한다. 베르그송의 시간은 바로 그런 체험 시간이다. 체험 시간에 있어 시간의 연속성은 기억이 보장한다. 우리는 기억에 대해 좀더 자세하게 검토할 필요가 있다.

1) 두 가지 기억과 과거

베르그송에 따르면 기억에는 두 가지가 있다. 다시 말하면 "과거는 두 가지 다른 형태로 보존된다. 하나는 운동 기제의 형태 속에서이고, 또 하나는 독립적 회상 속에서이다."[47] 이것은 기억이 이루어지는 과정을 살펴보면 분명하게 알 수 있다.

가령 외국어를 학습하는 경우, 우리는 반복적으로 낭독해서 암기하여 그것을 습관화한다. 습관화한다는 것은 습득된 외국어가 언제든지 입을 통해 나올 수 있도록 기억 속에 기록하는 것, 즉 자동적으로 행위와 연결되게 하는 것이다. 습관화는 노력과 시간을 필요로 한다. 이것을 베르그송은 습관적 기억(mémoire habitude)이라 한다.

그런가 하면 그런 노력 없이 우리의 의식 속에 기록되는 기억이 있다. 예컨대 내가 원고를 쓰고 있는 중에 밖에 눈이 내리고 있었다든가 먼 곳에 있는 친구로부터 전화가 걸려왔었다든가 하는 상황은 암기하려는 노력 없이도 자발적으로 기억되는 것인데, 그런 기억은 행위로 직접 연결되지 않고 의식 속에 표상으로서 저장된다. 이것을 그는 순수 기억(mémoire pure)이라 한다.

습관적 기억은 신체 속에 기제화되어 언제든지 반복될 수 있지만, 순수 기억은 특정한 시간에 구속된 것, 즉 시간적 위치가 정해진 것이어서

---

47 같은 곳.

비가역적이다. 하지만 기회 있을 때마다 반복(재생)될 수는 있다. 양자의 관계를 지각의 발생에서 보면 더 선명하다. 가령 통증은 거기에 대처하는 행동을 즉각적으로 유발하면서 동시에 기억으로서 저장된다. 전자는 운동 메커니즘으로 연결되어 그것이 반복됨으로써 습관적 기억이 되고, 후자(순수 기억)는 기억의 창고 속에 저장되어 있다가 재인(再認)을 통해 현재 속에 되살아나서 습관화를 돕기도 한다. 양자는 동전의 앞뒤 면과 같다.

순수 기억은 과거를 형성한다. 과거 자체는 결코 되돌아올 수 없다. 그것은 시간의 영원한 화석이다. 그러나 그 과거와 함께 묻혀 있는 순수 기억은 이미지화하고 지각을 통해 행동으로 전환될 수 있으므로 엄격하게 말하면 현재 속에 소생될 수 있다. 이런 현재의 점에서 보면 과거와 현재는 동시성으로서 공존한다. 즉 현재 속에는 원본적 현재도 있고 그와 함께 재생되는 과거로서의 현재도 함께 있다. 그리하여 과거는 영원히 화석화된 과거와 현재 속에 재생되어 현재와 공존하는 과거가 있다.

2) 과거의 현재화 : 기억의 재생 기능

부연하면, 전자 즉 습관적 기억은 "유기체에 정착되어 있어서, 여러 가지 가능한 요구에 대해 적절한 반응을 확보하는 매우 교묘하게 구성된 기구의 전체로서의 기억이다. 우리는 이 기억으로 현재의 처지에 순응할 수 있다. (…) 이것은 기억이라기보다는 오히려 습관이다."[48] 후자(순수 기억)는 "진정한 기억이다. 이것은 의식과 그 범위를 같이하고, 우리의 모든 상태를 보유하고, 그것을 생긴 순서대로 배열하면서 각각의 사실에 그 장소를 부여하고 그 날짜를 확정하여, 제일의 기억〔습관적 기억〕처럼 언

---

48 같은 책, 292쪽.

제나 새로 시작하는 현재에 있어서가 아니라 실제로 과거에서 활동하는 기억이다."[49]

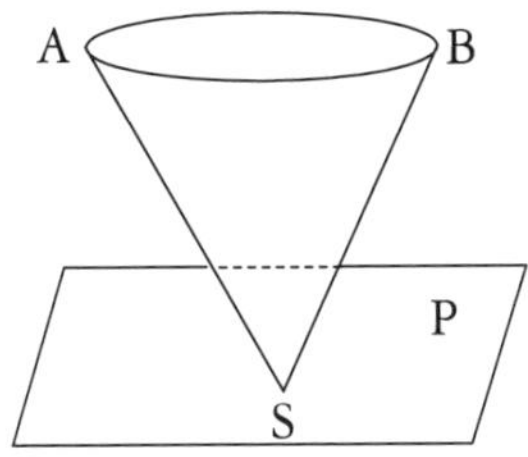

　베르그송은 이 대목을 원추형을 가지고 설명한다.[50] 원추형 SAB가 나의 기억 속에 축적된 기억의 전체를 나타낸다고 하자. 저변 AB는 과거에 위치하여 부동인 데 반하여 정점 S는 부단히 전진하여 우주에 관한 나의 현실적 표상인 운동면 P에 부단히 접촉한다. S에는 신체의 이미지가 집중한다. 그리고 이 이미지는 P의 일부를 형성하고 있으면서 평면을 구성하는 모든 이미지에서 나오는 작용을 받고 주고 한다. 이어서 그는 습관적 기억과 순수 기억이 행동에서 협동하는 것을 다음과 같이 설명한다.

　습관이 조직하는 감각-운동 계통의 총체로 이루어지는 신체적 기억[습관적 기억]은 거의 순간적 기억이지만 과거의 진정한 기억[순수 기억]을 기반으로 하고 있다. 양자는 각기 흩어진 두 기억이 아니다. 첫 번째 것은, 이미 말한 바와 같이, 경험이 움직이는 평면에 저촉하는 두 번째 기억의 바로 그 운동 첨단이요, 그 때문에 이 두 기능이 서로 돕는 것은 자연스런 일이다. 한 쪽에서는, 과거의 기억

---

49 같은 곳.
50 같은 책, 293쪽 참조.

은 감각-운동적 기제에 그 기제의 작용을 인도할 수 있는 모든 기억을 제공한다.— 과거의 기억은 또 운동적 반응을 경험의 교훈이 암시하는 방향에 향하도록 기억을 제공한다. (…) 그러나 다른 쪽에서, 감각-운동 기제는 무력한 즉 무의식적 기억〔순수 기억〕에 형태를 부여해서 이것을 물질화하고, 마침내 이것을 실현한다. 왜냐하면 기억이 의식에 재현하기 위해서는 순수 기억의 정상에서 행동이 행해지는 것을 보는 그 지점에까지 내려올 필요가 있기 때문이다. 달리 말하면 현재야말로 기억의 응답을 불러내는 출발점이고, 현재 행동의 감각-운동적 요소야말로 기억의 열기를 빌려서 활력을 부여하는 장소인 것이다.[51]

인용문을 요약하면 이렇다. 행동의 첨단, 즉 감각-운동 기제에서 움직이고 있는 습관적 기억은 (거의 무의식적) 순수 기억을 포함한 모든 기억을 과거로부터 불러내서 그것이 경험이 암시하는 방향으로 향하도록 하고 실현시킨다. 다시 말하면 습관적 기억에 의해 과거의 기억이 재인되고 실현된다. 그 실현의 장이 현재이다.

습관적 기억은 신체를 통해 행동으로 옮겨진다. 앞에서도 언급한 바 있거니와, 우리의 신체는 과거와 미래 사이에서 움직이고 있는 경계이며, 그것에 영향을 미치는 대상과 그것이 반응하는 대상 사이에 있는 전도체로서 과거(습관적 기억)가 행동으로 이행하는 바로 그 점에 자리잡고 있다. 그런데 신체를 통해 행동으로 옮겨지는 것은 습관적 기억이 순수 기억을 포함한 모든 기억을 현재 속에 불러내서 감각-운동 기제를 통해 실

---

51 같은 책, 295쪽.

현되도록 하는 것이다.

의식 속에 표상으로서 저장되어 있는 순수 기억은, 더러 갑자기―푸르스트의 『잃어버린 시간을 찾아서』에 등장하는, 어려서 먹던 과자 냄새를 통한 무의식적 과거 회상의 경우가 그 적절한 예가 될 수 있다―지각 속에 떠오르는 경우가 있기도 하지만, 대개는 습관적 기억의 감각-운동 기제에 의해 되살아난다. 이것이 재인이다.

표상적인 과거의 기억을 현재 속에 재생하는 것에는 행위를 목적으로 하는 지각에 의한 재인 작용이 수반되어야 한다. 이 지각의 재인 작용이 과거와 현재를 연결한다. 이 재인을 통해 순수 기억은 습관적 기억과 함께 행동화한다. 즉 현재의 선택적 행동을 위해서는 두 기억은 협조 관계에 있다. 그러나 이 현재의 행동의 면에서 보면 순수 기억의 행동화는 재인(재생)에 의한 간접적 행동이다. 그리고 습관적 기억에 의해 순수 기억이 살아나는 그 현장은, 앞에서 언급한 바와 같이, 현재이다.

순수 기억은 과거를 저장해 가지고 있고, 습관적 기억은 그것을 현재 속에서 재생하여 행동으로 옮긴다. 다시 말하면 현재는 습관적 기억에 의한 행동의 장이며, 과거는 순수 기억이 저장되어 있는 창고이다. 설사 그 기억이 재생되는 일이 없다 하더라도 그 저장물인 순수 기억은 결코 없어지는 일이 없다. 그것을 우리는 흔히 무의식이라고 부른다. 푸르스트가 말하는 '잃어버린 시간'이란 이것을 가리킨다.

나의 과거 속에서 이 행동에 협력하고, 이 태도에 도입되어, 요컨대 이용될 수 있는 것만이 심상(image)이 되고, 따라서 적어도 초발적 감각이 된다. 그러나 과거는 심상이 되자마자 순수 기억의 상태를 떠나 나의 현재의 어떤 부분과 융합한다. 따라서 심상으로 현실화된 기

억은 이 순수 기억과는 근본적으로 다르다.[52]

순수 기억은 우리가 살아온 과거 전체, 다시 말하면 자아의 진정한 실재를 이루거니와, 그 순수 기억 가운데 필요한 것만이 심상이 되고 초발적 감각이 된다. 그러나 과거(순수 기억)는 심상이 되자마자 순수 기억의 상태를 벗어나서 나의 현재의 어느 부분과 융합한다.

심상화된 기억은 순수 기억과는 근본적으로 다르다. 그것은 이미 감각이 되었기 때문이다. 심상은 나의 현재 상태이지만 기억에 의해서만 과거를 나누어 갖는다. 심상화되지 못한 순수 기억은 거의 무의식처럼 무력해져서 감각과 섞이지도 않고, 현재와 접촉하지도 않은 채 과거의 기억창고 속에 잠복해 있게 된다. 그러나 결코 망각되어 없어지지는 않고,[53] 단지 신경체계의 감각-운동 평형에 의해 억제되어 의식에 떠오르지 못할 뿐이다. 그것은 잠재태로 있다.

3. 현재 의식의 긴장과 이완 : 순수 지속으로의 길과 물질로의 길

앞에서 살펴본 바와 같이, 원추형 SAB를 축적된 기억의 전체라고 할 때, 저변 AB는 과거에 자리잡은 부동의 기억이고, S는 끊임없이 변하는 대상에 대한 나의 현실적 표상인 가변적 운동면 P에 저촉한다. 그리하여 S를 통해 과거의 기억 AB가 현실적 세계 P와 만난다. S는 신체가 현실과 접촉하는 점인 것이다. 따라서 S에는 신체의 이미지가 집중한다. 즉 S는

---

52 같은 책, 283쪽.

53 같은 곳 참조.

감각적 신체 운동의 메커니즘을 가리킨다. 그런데 "우리의 정신이 S에서 (〔가까운 과거의 기억〕 A″ B″와 〔먼 과거의 기억〕 A′ B′를 거쳐서) AB로 가면, 그 정신은 꿈을 꾸는 삶을 살아가려는 것을 반영하고, 그와 반대로 S로 집중하면 할수록 정신은 행동으로 나아간다."[54] 그리하여 "우리의 정신이 과거로 침잠하면 할수록, 우리의 정신은 현실과 행동을 상실하여 초연한 명상 속에 잠기게 되고, 그 반대로 우리의 정신이 현재나 미래로 관심을 쏟으면 쏟을수록, 그것은 행동으로 되고 마침내 충동으로 되기도 한다."[55]

베르그송에 따르면 순전히 현재 속에서만 살고, 자극에 대해 그 연장인 직접적 반작용으로 반응하는 것은 하등동물의 특성이다. 이렇게 대처하는 사람은 충동인이다. 그러나 그것 자체가 즐거워서 과거에 사는 사람, 현재의 삶에 아무 쓸모도 없는 기억을 분명한 의식에 떠올리는 사람도 마찬가지로 행동에 적합한 사람은 아니다. 그런 사람은 충동인이 아니라 몽상가이다.[56] 전자는 극단적으로 행동을 S에만 모으는 태도이고, 후자는 AB로 행동을 후퇴시키는 태도이다.

현재에 사는 충동적 방식과 과거에 사는 몽상적 방식을 우리는 현재적 의식의 두 존재 방식 즉 긴장과 이완으로 해석하여, 현재 시간의 두 존재 형태를 검토하고자 한다. 우리 의식의 삶의 긴장의 극한에 정신성이 있고, 반대로 이완의 극한에 물질성이 있다는 것은 베르그송 철학의 기본 구도이다.

긴장과 이완 사이, 다시 말하면 정신과 물질 사이의 지속을 직관한다

---

54 김형효, 『베르그송의 철학』, 59쪽.

55 같은 책, 58쪽.

56 H. Bergson, *Oeuvres*, p. 294 참조.

면 그 직관은 두 방향으로 전진할 것이다.

첫 번째의 경우[즉 아래로 향하는 경우]에는 지속이 점점 분산하여 그 고동이 우리의 고동보다 빨라서 우리의 단순 감각을 분할한다. 그리하여 질을 양으로 희석화한다. 그 극한에 있는 것은 순수한 동질적인 것, 순수한 반복(le pur homogène, la pure répétition)인데 그것을 우리는 물질성(matérialité)이라고 정의한다. 반대의 방향으로 나아가면 우리는 점점 더 긴장하고 수축하고 강렬해지는 지속으로 향하게 된다. 그 극한에 있는 것은 영원이다. 그것은 죽은 영원이라고 일컬어지는 개념적 영원이 아니라, 생명의 영원이다. 살아 움직이는 이 영원 속에서 우리의 지속은 원래대로 빛 속의 진동과 같은 것으로 나타난다. 물질이 모든 지속의 분산인 것과 마찬가지로 영원은 모든 지속의 응집이라고 할 수 있다. 직관은 이 두 극한 사이를 움직이는 것이지만, 그 운동이 철학이다.[57]

아래로 내려가면, 즉 의식의 이완 쪽으로 가면 우리는 점점 분산하는 지속의 방향으로 나아가서 질을 양으로 희석시킨다. 그 극한에 있는 것은 순전히 동질적인 것, 순수한 반복인데 그것을 우리는 물질이라고 정의한다. 즉 아래의 방향으로 내려가면 물질과 공간에 이른다. "행동하는 대신 꿈을 꿔보자. 그러면 그와 동시에 우리의 자아는 분산된다. 이제까지 불가분적 추진력 속에서 우리 자신에게 응축되었던 과거가 수천의 기억으로 해체되어 그 각자는 외재적인 것이 되어버린다. (⋯) 상호 침투되

기를 포기하고, 우리의 인격은 다시 공간의 방향으로 하강한다."[58]

위(의식의 긴장의 방향)로 올라가면 우리는 점점 긴장하고 응축되고 농후화해지는 지속의 방향으로 나아가게 된다. 생명체는 물질에 침투한 의식이다. 생명의 원리는 필연과 수동성이 지배하는 물질의 운동을 차단하고 자기 존재를 영속화시키려는 긴장된 노력의 과정이다. 생명의 비약과 자유를 말할 수 있는 대목은 바로 여기이다.

물질로의 방향은 지속의 분산이고, 정신 자체인 영원으로의 방향은 지속의 응집이다. 요컨대 우리의 직관은 위로 올라가면 순수 지속과 만나고, 아래로 내려가면 물질과 만난다. 이 양자 사이를 직관은 운동하고 있다.[59]

이것을 현재 시간에서 해석하면 현재에는 두 가지가 있는데, 하나는 물질과 접촉하는, 즉 행동의 첨단인 S에 모아지는 공간적 · 동시적 현재이고, 또 하나는 순수한 정신인 영원으로서의 현재이다. 다시 말하면 전자는 시계가 가리키는 순간적 현재로서 공간화된 시간(temps spatialisé)의 현재이고, 후자는 흐르는 시간(temps qui s'écoule)인 창조적이고 절대적인 현재이다. 특히 후자는 과거로부터 그냥 연속되어 오기만 하는 동시적 시간의 흐름을 단절하고, 전 과거를 등에 업고 미래로 진전하는 삶의 비약의 현재이다.

---

58 같은 책, 686쪽.

59 이 점은 곧 플로티노스의 상향도와 하향도, 아우구스티누스의 정신의 집중과 분산을 연상시킨다.

C. 상대성 이론에서의 시간

    베르그송의 시간론에는 하나의 군소리가 따른다. 이 군소리는 그의 주저가 아닌 부록적 성격의 논문에서 제기되고 있다. 그것은 그가 스스로 제기한, 아인슈타인의 상대성 이론의 시간 성격과 자기의 시간 개념 사이의 차이에 대한 것으로서 「지속과 동시성」(1922)에 수록되어 있다.

    「지속과 동시성」이 쓰여진 동기는 그의 철학적 태도에 있다. 그는 매양 실증과학을 기초에 놓고 사색한 철학자이다. 그런데 천체 물리학계에서 느닷없이 등장한 충격적 시간 개념, 즉 아인슈타인에 의해 제기된 상대성 이론의 시간 문제(특수 상대성 이론은 1905년에, 그리고 일반 상대성 이론은 1916년에 발표되었다)는 그에게는 그냥 지나칠 수 없는 문제였던 것이다.

    이 논문은 베르그송 자신이 표명하듯이 "나의 지속 개념이 시간에 관한 아인슈타인의 견해와 얼마만큼 양립할 수 있는가를 알아보기 위해" 쓰여진 것이다.[60] 우리의 입장에서 보면 이런 자세는 체험적 시간관과 과학적 시간관의 대비, 직관과 분석적 지성과의 대비, 자세히 말하면 베르

---

60 *Durée et simultanéité*의 서문.

그송이 평생 메고 다니는 '지속'과 아인슈타인의 시간의 상대성의 근거인 '동시성'[61]의 대비를 보여주는 것으로서 매우 흥미 있는 것이다. 이 논문에서 베르그송은 상대성 이론 중에서 시간에 관한 것만을 검토의 대상으로 삼고 있다.

여기에서 우리는 동시성의 문제를 검토하고자 한다. 왜냐하면 베르그송의 시간 개념과 아인슈타인의 시간 개념이 단적으로 구분되는 분기점은 '동시성'에 대한 양자의 견해의 차이에 있기 때문이다.

베르그송에 따르면 "상대성 이론의 이론가들은 단지 두 순간의 동시성에 관해서만 말한다. 그러나 그 〔과학자들이 말하는〕 동시성 이전에, 그 관념이 훨씬 자연스런 별도의 동시성이 있다. 그것은 두 흐름의 동시성이다."[62] 이렇게 그는 순간의 동시성(simultanéité de instants)과 흐름의 동시성(simultanéité de flux)을 구별하고 있다. 전자는 과학자들이 말하는 동시성이고, 후자는 자기가 주장하는 동시성이다.

흐름의 동시성을 설명하기 위해 베르그송은 물가에 앉아서 물끄럼이 바라보는 물의 흐름, 물 위를 미끌어지듯 흘러가는 배, (…) 우리의 깊은 생명의 끊임없는 속삭임 등을 예로 든다. 이 세 가지는 서로 다른 세 가지이기도 하고 하나이기도 하다. 우리는 이 세 가지 모두를 내면화해서 세 흐름을 혼합하여 하나의 지각에 통합하기도 하고, 앞의 두 가지는 밖에 (자연적 사상으로) 놓아둔 채 뒤의 것만 내재화함으로써 우리의 주의를 안과 밖으로 배분하기도 하며, 세 흐름을 결합시키면서 동시에 분리하기도 한다. 그것이 베르그송이 말하는 '최초의 동시성 관념'이다.

다시 말하면, 흐름의 성격을 가진 외적 사상(물의 흐름, 배의 미끄러

---

61 이 책의 131쪽 이하 참조.
62 *Durée et simultanéité*, p. 50.

짐 따위)이 우리 의식의 흐름인 지속 속으로 들어와서 지속을 함께 하는 경우—우리의 지속하는 의식과 함께 지속하면—그것들(물의 흐름과 배의 미끄러짐)은 동시적이라고 한다. "우리의 의식이 우리 자신만을 주목할 때 그 지속은 우리의 지속일 뿐이다. 그러나 우리의 주의가 세 가지의 흐름을 분할할 수 없는 하나의 작용 속에 포함할 때, 그것은 마찬가지로 세 가지의 지속이 된다."[63] 즉 세 지속은 동시성을 갖는다. 이리하여 동시성은 우리의 의식의 지속에 근거함을 알 수 있다. 요컨대 베르그송의 동시성은 의식에서 성립하는 것이다. 어떤 사상이 의식 속에 내재화해서 의식의 흐름과 함께 하면 그 사상과 의식은 동시적이다.

순간의 동시성을 설명하기 위해서는 순간 개념부터 검토할 필요가 있다. 순간은 지속하는 실재 시간에서는 있을 수 없다. 왜냐하면 순간은 선후가 단절되거나 둘 중의 하나만 있을 때, 즉 연속성이 끊겼을 때 성립되는데, 지속은 절대로 연속성을 끊을 수 없기 때문이다. 아니, 지속은 연속성을 근거로 해서 비로소 성립하는 것이다. 더구나 선후는 기억 즉 의식 없이는 있을 수 없다.

그럼에도 자연과학에서는 순간적 동시성을 전제하고서야 비로소 시간을 측정할 수 있다. 먼저 상대성 이론에서 순간은 어떻게 성립하는가? 또한 동시성은 어떻게 성립하는가?

"그러나 우리가 시간을 공간으로 바꾸는 습관을 갖자마자 우리는 순간의 관념과 동시적 순간의 관념을 자연스럽게 형성한다. (…) 선은 점으로 한정되기 때문이다."[64] 연장 없이 연속성만 가지고 있는 선은 마찬가지로 연장 없이 위치만 있는 점으로 구성된다. 순간은 그 점과 같은 것이

---

63 같은 책, 51쪽.
64 같은 곳.

다. 그런 순간은 공간에서 생긴다. 그러므로 순간은, 수학적 점과 마찬가지로, 실재적인 것이 아니라 가능적인 것이다.

순간의 동시성은 공간화된 시간상의 위치의 위상에서 성립한다. 즉 순간적 동시성은 시간의 공간화에서 비로소 성립한다. 의식의 지속에서 성립하는 흐름의 동시성과 공간에서 성립하는 순간의 동시성—여기가 두 이론의 차이점이다. 전자의 동시성은 의식의 흐름에서 성립하고, 후자의 그것은 공간에서 성립한다. 그리고 이 후자는 시간을 측정하기 위한 기초 개념이다.

순간의 동시성이란 서로 떨어진 두 사상(E)이 시계(H)의 어느 순간에 일치할 때를 가리킨다. 이때 두 사상은 동시적이라고 한다. 또 서로 떨어진 거리에 있는 두 시계(또는 광신호)의 지시가 일치할 때, 그것은 동시적이라 한다. 그리하여 시간의 측정을 문제삼는 한 상대성 이론은 이 순간의 동시성에 의존하고 있다. 상대성 이론은 순간의 동시성 즉 두 시계의 일치에 근거해서 빛의 이동 거리를 측정한다. 한마디로 말하면 순간의 동시성이란 시간을 헤아리기 위해 필요한 하나의 가정일 뿐이다.

그리하여 순간의 동시성은 흐름(지속)의 동시성과는 그 성격과 내용을 완전히 달리한다. 전자가 정지된 공간에서 성립하는 데 반해 후자는 흐름 속에서 성립하는 것이다.

아인슈타인의 시간 개념이 시계를 통한 시간 측정에 한정되어 있는 데 반해 베르그송의 시간 사상은 그런 측정 이전에 우리의 삶 자체에 근거하고 있음을 알 수 있다.

D. 결 론

이상으로 우리는 베르그송의 시간론을 소묘한 셈이다. 이를 요약하면 다음과 같다. 우리는 먼저 소극적 방법으로 베르그송이 그렇게도 거부하는 과학적·지성적 사고 방법을 검토하였다. 그것은 사상을 정태적으로 고찰하고 수로 헤아릴 수는 있으나, 그 내면 속으로 파고들어가서 사상 자체와 일치할 수는 없다. 과학적 사고는 공간을 매개로 해서 물질의 방향으로 나아간다.

그러나 우리의 내적 세계인 의식은 과학적 사고로 접근할 수 있는 것이 아니라 직관을 통해 사상 자체와 합일함으로써 비로소 파악될 수 있다.

의식은 지속하는 것이다. 이 지속이 다름 아닌 시간이다. 시간의 생명은 지속성에 있다. 무엇이 이 지속성을 보장하는가? 그것은 기억에 다름 아니다. 기억이 비로소 과거와 현재를 연속시키는 것이다. 그 기억에는 습관적 기억과 순수 기억 두 가지가 있다. 습관적 기억은 행동으로 직결되는 기억이고, 순수 기억은 과거라는 창고에 저장되어 있다가 상기를 통해 현재 속에 재생되어 전자와 함께 행동으로 나아갈 수 있는 표상으로서의 기억이다.

이리하여 우리는 시간을 과학적·동질적 시간과 의식의 흐름으로서의 진정한 시간으로 구분한다. 전자는 헤아려질 수 있는 시간이긴 하지만 흐름의 계기가 없는 '지금' 중심의 시간이다. 베르그송의 체험적 시간은 다름 아닌 의식의 부단한 지속 바로 그것이요, 따라서 직관과 기억이 그 핵심에 놓여질 수밖에 없다. 더 정확하게 말하면 시간 양상인 과거·현재·미래는 그 자체로서 있는 것이 아니라 의식의 변양태 즉 기억과 지각과 기대에 의해 비로소 있게 되는 것이다.

우리는 우리의 의식을 위로 긴장의 방향으로 향할 수도 있고, 아래로 이완의 방향으로 향할 수도 있다. 전자의 극한에서 우리는 순수 지속으로서의 시간과 만나고, 후자의 길에서는 공간 내지 물질과 만난다. 그리고 전자의 길 위에서 우리는 영원과 생명의 비약과 자유를 주제화할 수 있다.

20세기 초 아인슈타인에 의해 상대성 이론에 입각한 시간 문제가 등장하자 베르그송은 이에 대해 자기의 지속 개념과 아인슈타인의 상대론적 시간이 어떻게 다른가를 검토하지 않을 수 없었다. 그래서 「지속과 동시성」을 발표한 것이다.

아인슈타인을 포함한 과학자들에게는 시간은 측정의 도구이고, 측정을 위해 그들은 순간의 동시성을 가설로 설정하지 않으면 안 된다. 그것은 의식의 지속에서 구성되는 동시성과는 다른, 공간화된 동질적 시간에서 성립하는 동시성이다. 말하자면 아인슈타인의 시간은 공간화된 시간인 것이다.

헤겔로부터 시작하는 시간론의 전통에는 시간을 둘로 나누어서 성찰하는 것이 있다. 헤겔은 시간을 자연 시간과 개념 시간으로 구분하여 후자를 곧 영원이라고 하고, 베르그송은 공간적·동질적 시간과 지속으로서의 시간, 즉 질적으로 비약하는 생의 시간을 구분한다. 그것은 자연과학과 철학과의 차이의 반영이기도 하다. 이런 이분법은 그 뒤 후설과 하이데거에서도 반복된다.

모든 시간론은 시간의 본질과 인식에 관한 구명이다. 그러나 후설과 하이데거의 시간론은 시간의 근원에 대한 물음에서 출발한다. 우리의 상식과 실증과학이 가르쳐주는 시간은 근원적인 것이 아니다. 근원적 시간은 그것을 초극하는 데서 보여진다.

후설에게서 초극되어야 할 시간은 자연적 태도에서 보여지는 객관적 '세간적 시간'(mundane Zeit)이고, 하이데거의 경우 현상학적 파괴의 대상이 되는 시간은 '통속적 시간'(vulgäre Zeit)이다. 세간적 시간이라고 하든 통속적 시간이라고 하든 그것은 헤겔이 말하는 자연 시간이고, 베르그송의 동질적·공간적 시간이며, 하이데거의 말에 따르면 아리스토텔레스가 확립해놓고 그 이후 지배적 시간관으로서 전승되고 있는 상식적 시간 개념이다.

후설의 근원적 · 내재적 시간의식에 대한 천착은 역사의 구성을 위해서도 아니고 대상 측정을 위해서도 아니며, 초월론적 주관성의 최후의 근원—아르키메데스의 점—을 거기에서 확보하기 위한 것이다. 그리고 거기가 바로 객관적 · 세간적 시간의 근원인 것이다.

후설이 도달한 마지막 경위인 '살아 있는 현재'(lebendige Gegenwart)는 다름 아닌 '비-현재적 현재'의 형이상학적 영역이다. 후설이 시간의 근원을 의식 내재적 방면에서 찾아 들어간 마지막 경지가 바로 '살아 있는 현재'의 형이상학이라고 한다면, 그리고 그것이 '정지해 있는 지금'(nunc stans)이라고 한다면, 현대의 시간론 속에서 '영원' 개념이 아주 사라져버린 것은 아니다.

베르그송의 순수 지속으로서의 비약하는 질적 시간, 후설의 살아 있는 현재, 하이데거의 본래적 시간 등은 모두 진정한 시간, 근원적 시간이다. 다만 그들은 영원을 피안의 세계에서 찾는, 즉 그리스도교적 신앙으로 영원에 접근하는 것을 지양(止揚)한다. 그들은 진정한 시간을 역사적 현실 속에서 구현하려는 태도를 견지하고 있다. 그리고 역사적 현실 속의 이런 주체야말로 시간의 참된 주체라고 말할 수 있을 것이다.

A. 후설의 시간론의 의의

후설의 현상학은 자연적 태도에서는 사상(事象) 지각에 음영(陰影, Abschattung)이 생기므로 이를 의식 내재적 세계로 환원하여 사상의 형상(이데아)을 직관하고, 다시 이를 초월론적 영역으로 환원하여 그 초월론적 근거를 밝혀내는 것이다. 환원의 순서가 반드시 그렇게 형상적 환원이 먼저이고 그 다음이 초월론적 환원이라야 하는 것은 아니지만 시간론은 이 초월론적 환원을 통해 보여진다. 그것은 시간론이 의식의 가장 근저적 영역을 천착하는 현상학의 최후의 경위에서 논의된다는 것을 함축한다.

1. 후설 현상학에서의 시간론의 위치와 의의

후설의 시간론을 대표하는 저술은 『내재적 시간의식의 현상학 강의』 (*Vorlesung zur Phänomenologie des inneren Zeitbewußtseins*)[1]이다. 이 강의안 편

---

1 이 저술은 Vorlesungen zur Phämomenologie des inneren Zeitbewußtseins라는 제목으로 *Jahrbuch für Philosophie und Phänomenologie Forschung*, Bd. IX에 발표되었다가 같은 해

찬을 위임받은 하이데거는 편찬자로서 그 머리말을 다음과 같이 적고 있다.

제I부는 '형상학 및 인식론의 주요부'라는 제목하에 1904/5년의 겨울 학기 괴팅겐 대학에서 행한 주당 4시간 강의의 끝 부분을 수록하고 있다. 『논리학 연구』(*Logische Untersuchungen*)의 2권(1901)이 인식의 고차적 작용의 해석을 주제로 삼는 데 반하여 이 강의에서는 가장 근저적인 지적 작용 즉 지각·상상·심상 의식·기억·시간 직관이 연구되어야 했다. 제III부는 강의의 보유(補遺)와 1910년에 이르기까지의 새로운 보충적 연구로 이루어진다.

그 뒤 특히 개별화(個別化)의 문제와 관련해서 다시 행한 1917년 이후의 시간의식에 대한 제 연구는 뒷날 공간하겠기로 여기에서는 유보한다.

이 연구를 일관하는 주제는 순수 감각 여건(感覺與件)의 시간적 구성과 그 구성의 근저에 놓여 있는 현상학적 시간의 자기 구성이다. 거기에서 결정적으로 중요한 것은 시간의식의 지향적 성격을 밝히는 것과 그것으로부터 지향성 일반을 근본적으로 해명하는 것이다. 개별적 분석의 특수한 내용은 차치하더라도, 이미 그것만으로도 이하

(1928) 같은 이름으로 발췌되어 단행본으로 출판되었다. 내용상 크게 3부로 나누어진다. 제I부는 시간의식에 대한 정치한 정태적 분석이고, 제II부는 그 초월론적 의식류에서의 시간 구성에 대한 발생론적 파악이다. 그리고 제III부는 I부와 II부에 대한 보유이다. 시간을 주제로 한다면 제II부가 주요 부분이고 제I부는 이를 위한 예비적 고찰이 될 것이다. Husserl-Archiv에서는 이것을 *Husserliana* X에 *Zur Phänomenologie des inneren Zeitbewußtseins*(1883~1917)로 수록하고 있다. 거기에는 편자 뵘(R. Boehm)이 쓴 원본의 발표 경위과 초고에는 있었으나 원본에서는 탈락된 부분, 많은 분량의 수고(手稿)(Ergänzende Texte zur Dasrstellung der Problementwicklung), 그 밖에 상세한 각주, 교정 등이 실려 있다.

의 연구는『논리학 연구』에서 처음으로 기도되었던 지향성의 근본적 구명에 대한 불가결한 보완이 되고 있다.[2]

인용문을 요약하면, 1) 후설의 시간 연구는 이미 1904/5년에 강의 형식으로 발표되었고 그 뒤에도 (적어도 1910년까지) 계속 연구되었으며, 2)『논리학 연구』가 고차적 인식 작용을 주제로 삼는 데 반하여 이 논고에서는 가장 근저적인 지적 작용을 다루고 있으며, 3) 현상학적 시간이 감각 여건의 기저로서 자기 구성되고 있는데, 그것은 지향성 일반을 해명하는 열쇠가 되므로 이 논고는『논리학 연구』의 불가결한 보충이며, 4) 개별화의 문제는 특히 1917년 이후 시간 문제와 관련해서 연구되었으나 그 발표를 유보한다는 것이다.

이상은 후설의 프라이부르크 대학 정년 퇴임과 동시에 이 논저가 발간된 1928년에 하이데거가 지향성을 중심으로 해서 이 논저를 본 견해이다. 따라서 이 견해는 시간을 주제로 해서 본 견해도 아니고, 그 뒤에도 오히려 더 정력적으로 연구하고 발표한 후설의 전모를 통해서 본 견해도 아니다. 물론 1900/1년에 발표된『논리학 연구』와 관련짓는다면, 즉 '오늘날도 아직 해결의 말이 아니라 중심 문제임을 표시하는 명칭'인 지향성을 근본적 주제로 본다면, 비단 이 저술뿐 아니라 그 뒤에 발표된 초월론적 현상학에 대한 모든 연구까지도『논리학 연구』의 보완이라고 해야 할 것이다. 그러니 단연코『논리학 연구』만이 후설의 주저라고 할 것이다.

그러나 시간을 이 저술의 주제로 보는 입장을 취한다면,『논리학 연

---

2 *Husserliana* X, S. XXV.

구』와 이 저술 사이에는— 설사 전자 속에서 부분적으로 시간 문제에 대해 언급하고 있다고 하더라도—거의 연관이 없다. 하기야 후설의 현상학이 다름 아닌 의식의 현상학이요, 의식을 최근저적 심층으로까지 환원하면 거기에 그 이상 환원할 수 없는 절대적 흐름으로서의 절대적 주관성이 발견되고 객관 시간이나 모든 내재적 대상까지도 거기서 비로소 구성된다고 하면, 그것이 곧 시간성이자 지향성 분석이 도달한 마지막 경지이므로 양자 사이에는 구별이 없다고 하겠으며, 또 그렇게 본다면 후설에게서는 지향성 이외의 다른 철학적 주제가 없다고 해도 과언이 아닐 것이다.

아직도 현상학이 방법론이냐 형이상학이냐 하는 논의가 종식되지 않고 있는 마당에 현상학을 새로운 형이상학을 위한 기초로서 도입하고자 한다면, 특히 시간 문제는 현상학의 중심 과제라 아니할 수 없다. 그 이유는 다음과 같다.

먼저 시간에 대한 후설의 관심을 보면, 『후설리아나』(*Husserliana*, 후설 전집) X에는 시간에 관한 저술 즉『내재적 시간의식의 현상학 강의』와 1893년에서 1917년까지의 시간에 관한 그의 사색과 기록을 함께 싣고 있는데 이 기간은 소위 그의 주저라 할『이덴』(*Ideen*)을 중심으로 하는 형상적 현상학의 제 저술이 발표되던 시기이다. 그렇다면 시간 문제는 이미 이데아적 현상학의 주요 관심사였다고 할 것이다. 또 후설 자신에 있어서의 전개 과정을 보더라도 거기에는 여러 연구자들의 의견이 있다.

핑크(E. Fink)는 전(前) 현상학적 시기(『산술의 철학』, 『논리학 연구』), 인식론적 시기(『내재적 시간의식의 현상학 강의』, 『엄밀한 학(學)으로서의 현상학』, 『순수 현상학 및 현상학적 철학 고안』 통칭『이덴』) 및 최후의 제3기(『형식 논리학과 초월론적 논리학』, 『이덴 후기(後記)』,

『데카르트적 성찰』,『유럽 학문의 위기와 초월론적 현상학』)로 나눈다.[3] 한편 디이머(A. Diemer)는 크게 인식론적 시기(『이덴』 I · II · III,『논리학 연구』는 그 전 단계)와 형이상학적 시기(『데카르트적 성찰』,『형식 논리학과 초월론적 논리학』, 기타)로 나누고[4] 있는데 일반적으로 브렌타노의 영향하에 있던 전 현상학적 시기와『논리학 연구』를 중심으로 하는 이데아적 현상학의 시기, 그리고『엄밀한 학으로서의 현상학』 이후의 초월론적 현상학의 시기로 나누어 보는 것이 거의 상식으로 되어 있다.

그런데 시간 연구는『내재적 시간의식의 현상학 강의』로 끝나지 않고 1917년 이후에는 개별화의 문제와 함께 연구되었으며, 그의 생애 말기에는 소위 '생활 세계'(Lebenswelt), '살아 있는 현재' 등의 테마로 등장하여 후설 이후의 현상학자들 사이에 크게 논의되고 있는 바이다.

훅스(W.W. Fuchs)는 시간 문제는 현상학의 핵이라고 하면서, 시간에 대한 문제 제기는 이미 1904년부터라고 지적한다. 그는 이때 후설이『이덴』에서 현상학에 대한 방법론적 접근을 꾀했다 하더라도, 회고하건대 후설은 지향적 분석과 엄밀한 현상학적 기술을 통해 시간의 본질적 특성을 제시하고 있다고 말한다.[5] 이렇게 보면 시간 연구는 비단 이데아적 현상학의 시기뿐 아니라 초월론적 현상학의 시기까지 포함해서 후설의 전 생애에 걸친 현상학의 근본적 주제라 하지 않을 수 없다.

그렇게까지 확대하지 않더라도, 시간 문제의 단초는 후설에게는 초

---

3 Aus der Einleitung zu : *E. Husserl*, Entwurf einer Vorrede zu den 'Logische Untersuchungen'(1913) hrsg. von E Fink : *Tijdsschrift voor Philosophie*, Bd. 1/1~2, 1939.

4 A. Diemer, *Edmund Husserl*, 2 Aufl. 1965, S. 54.

5 W.W. Fuchs, *Phenomenology and the Metaphysics of Presence*, Hague, 1976, p. 61 참조

월론적 주관성을 겨냥하는 일반 현상학의 단초와 일치한다. 시간은 체험 및 전 의식의 구조를 모두 정초하는 것으로 규정된다.[6] 오르트(W.W. Orth)는 후설의 시간 파악은 시간의 문제에 국한된 것이 아니라 그의 초월론 철학 전체와 연관된 것이니, 이 점에서 그의 시간론은 하이데거의 시간에 대한 문제 의식과 유사하다고 적고 있다.[7]

과연 후설 자신이 "지향적 체험 자체가 발생하는 최후의 절대적 지반은 현상학적 시간의 영역이다. 지향성, 의식의 모든 종합을 가능케 하는 보편적 종합의 근본적 형식은 시간의 내재적 의식이다"[8]라고 언명하는 소이가 여기 있다.

그리하여 가다머는 후설의 현상학에 있어서 미해결의 문제는 "자아 자신의 층, 즉 시간성의 자기 구성의 층인 바 구성 문제의 층"이라 하고, 시간의 자기 구성에 있어서 문제의 핵심은 전적으로 현재의 근원적 발생인데 이에 대해서는 초월론적 자아와 모든 구성 수행의 최후의 근원인 의식류가 함께 논의되어야 한다고 말한다.[9]

2. 문제의 발단

시간은 정지를 거부하고 부단히 흘러가는 것이다. 따라서 그 차원에

---

6 A. Diemer의 같은 책, 116쪽 참조.

7 *Zeit und Zeitlichkeit bei Husserl und Heidegger*, Alber, 1983, hrg von W.W. Orth, S. 13~14. 편자의 서문 참조.

8 *Cartesianische Meditation*, Kapt. 18.

9 H-G. Gadamer, "Die Phänomenologische Bewegung", in *Philosophische Rundschau*, 77. 1963, S. 31ff.

서 보면 존재의 자기 동일성마저 붕괴되고 만다. '만물은 흐른다. 사람은 같은 강물을 두 번 건널 수 없다'고 한 헤라클레이토스의 유명한 명제는 시간의 상하(相下)에서 본 이런 실상을 간파한 것이다. 그러면 데카르트적 명증성을 가지고 지향성의 이데아를 추구하는 후설이 어떻게 그런 본질 추구와는 양립할 수 없다고 여겨지는 시간 문제를 제기하게 되었는가? 현상학적 환원에 의해서 데카르트적 초월론적 의식이 발견되지만 그것마저도 아직 최후의 궁극적인 것은 아니요, 지향적 체험 자체가 발생하는 최후의 절대적 지반은 현상학적 시간의 영역이라고 하지만, 과연 시간은 왜 또 어디에서 문제되는가?

주지하는 바와 같이, 초월론적 현상학은 형상적 환원에 의해 자연적 태도가 괄호 속에 넣어진 그 위에서 성립하기 때문에, 초월론적 현상학에서 다루어져야 할 존재는, 이미 형상적 환원에 의해 괄호 속에 묶여진 자연적 존재가 아님은 물론이고, 형상적 환원에 의해서 천착된 이데아적 존재도 아닌, 순수 존재로서의 사상(Sache)인 바 초월론적 의식이다. 이것은 절대적 존재로서 초월론적 체험의 영역이기도 하다. 초월론적 의식은 흐름의 성격을 갖는다. 유적(流的) 의식의 자기 발생적 구성 문제가 발생적 현상학의 과제라고 한다면, 시간의 문제는 의식 자체의 유적 성격과 함께 논의되지 않을 수 없다.

초월론적 체험은 개별적 체험이다. 그래서 초월론적 환원을 '자아론적 환원'(自我論的 還元, egologische Reducktion)이라고도 한다. 후설은 초월론적 환원의 특성으로서 반성의 가능성, 지향성, 현상학적 시간성을 들고 있으나 사실 이 세 가지는 동일한 사상(事象)의 각기 다른 세 측면이라고 말할 수 있다. 그 체험은 체험 자체를 성찰의 대상으로 삼고 있으니 이 점에서 반성이 성립하며, 또 그 체험은 반성의 가능성과 아울러 흐름의 성격을 가지고 있으므로 시간성을 또한 가지고 있기 때문이다. 그리고 반성의 시향(視向, Blickrichtung) 자체가 곧 지향성인 것이다. 반성이나 지향성은 궁극적으로는 유적(流的) 시간에 대해 취하는 시향(視向)에 따라 보여지는 성격이라고 할 것이다. 이러한 제 성격을 가진 절대적 의식을 후설은 자아(自我, ego)라 한다. 전술한 바와 같이, 이 자아는 순수 자아이다. 『논리학 연구』 이후 중심 개념으로 등장한 지향성이 노에시스-노에마(noesis-noema)의 상관 관계로 다루어짐에 있어서 코기토(cogito)를 수행하는 자로 자아극(Ichpol)이 명명되었는데, 현상학적 환원이 심화됨에 따라, 즉 초월론적 환원(절대적 순수 자아로의 환원)이 수행됨에 따라, 지향성은 코기토-코기타툼(cogito-cogitatum 즉 noesis-noema)이라는 이항(二項) 관계로부터 다시 에고-코기토-코기타툼 (ego-cogito-cogitatum)이라는 삼항(三項) 관계로 규정되기에 이른다. 이 자아야말로 코기토의 수행자로서의 순수 자아, 자아극(自我極), 절대적 자아로서 지향 작용의 원천이며, 현상학의 궁극적 최후 단계이기도 하다.

이 자아는 살아 있는 자아요, 유동하는 현재 속의 자아이다. 여기에 서로 모순되는 문제가 제기된다. 그것은 유적 시간성으로서의 자아는 언제나 자기 부정적 계기(自己 否定的 契機)를 가지고 있으면서 동시에 자기 동일성을 견지하고 있다는 것이다. 이 자기 부정적이면서 동시에 자기 동일적이라는 아포리아를 어떻게 해결해야 하는가? 이 문제의 해결을 위해서는 시간에 있어서의 지향성 즉 반성을 필연적으로 문제 삼지 않을 수 없고, 따라서 후설은, 전술한 바와 같이, 초월론적 현상학의 근본적 특성으로 반성의 가능성, 지향성, 현상학적 시간성을 동시적으로 같은 위치에 놓았던 것이다. 그러므로 시간의 문제는 그것만으로 독립된 문제가 아니라 지향성, 반성, 나아가서는 이들을 통한 자기 동일성의 문제와

긴밀하게 연결되어 있다.[10]

　순수 자아는 순수 의식 또는 초월론적 주관성이다. 그것은 유동하는 체험이기도 하다. 이 유동하는 체험의 분석을 통해서 비로소 '의식은 시간성을 갖는다'는 사실이 발견된다. 그러나 이것은 소위 객관적 시간이나 우주적 시간이 아니라 초월론적 의식 자체—그것이 곧 시간성인 것이다. 이것을 후설은 내재적 시간의식(inneres Zeitbewußtsein)이라고 한다. 그것은 반성의 측면에서 보아도 마찬가지이다. 자아는 지각하고 반성하는 자아(cogito)와 지각되고 반성되는 자아(cogitatum)로 구별된다. 그러나 이 양자는 사실 동일한 자아이다. 그런데 반성되는 자아는 '바로 전에' 반성하던 자아이다. 반성은 '지금'과 '바로 전'(soeben) 사이를 다리 놓는 간격(überbrückende Abstant)이요, '지금'과 '바로 전'의 가장 근원적 노현(露現)이며, 자아의 자기 분열이기도 하다. "그러므로 반성은 시간 또는 시간성의 가장 근원적 노현이다."[11]

　반성이 자아의 고유한 능력이라고 한다면, 자아는 반성에 있어서, 반성을 통해서, 반성으로서 시간적인 것이다. 반성은 바로 '있었다'(war)와 '있다'(ist)의 긴장을 간취(看取)하고 그것을 하나로 연결하는 시간성이기도 하다. 자아는 자기 자신과 구별된다는 것, 즉 반성하는 자아와 반성되는 자아가 구별된다는 것, 다시 말하면 자아의 자기 동일성이 지양되지 않을 수 없다는 것, 그것은 자아의 시간성 이외의 다른 것이 아니요, 따라서 반성은 자아를 가장 내적으로 가능케 하는 것으로서, 자아의 근원

---

10 이런 각도에서 본다면 앞에서 하이데거가 『내재적 시간의식의 현상학 강의』를 가리켜 "지향성 일반을 근본적으로 해명하는 것, (…) 지향성의 근본적 구명에 대한 불가결한 보완"이라고 말한 것은 매우 타당한 견해라고 할 것이다.

11 G. Brand, *Welt, Ich und Zeit*, S. 68.

적 존재(Ur-sein)를 시간적 존재(Zeitlich-sein)로서 드러내는 것이다. 이것은 먼저 자아가 있고 그 다음에 반성에 의해 비로소 자아가 시간적으로 된다는 뜻이 아니라, 반성이 곧 시간성이라는 것이다. 이러한 사정을 G. 브란트는 다음과 같이 말하고 있다.

> 반성에 있어서 자아는 자기 자신을 시간적 존재자(Zeitliches)로 파악하는데 이것은 자아의 자기 시간화(Selbst-Zeitlichung des Ich)이다. 시간화에 있어서 일반적으로 후설은 존재자가 시간적 양상에서 현출(現出)함을 이해한다. 자기 시간화는 시간적 존재자로서의 〔자아의〕 자기 발견의 활동성(Aktivität des Sich-entdeckens als Zeitliches)이다.[12]

이렇게 해서 시간의 문제와 반성의 문제, 나아가서 지향성의 문제는 서로 불가분의 관계에 있음을 알 수 있다. 그뿐 아니라 이것들은 초월론적 의식의 여러 양상이기도 한 것이다.

3. 객관적 시간의 배제와 작용 연속체설의 제기

현상학적 방법론이 그러하듯, 시간의 문제에 있어서도 천체의 운행에 그 기초를 둔 소위 자연적 시간이나 시간적 · 공간적 거리를 측정하는 도구로서 사용되는 객관적 시간은, 그것이 '실재하는 것에 관한 초월적 전제'이기 때문에 현상학적 연구로부터 배제된다. 그뿐 아니라 19세

---

12 같은 책, 71쪽.

기 말엽 일군의 독일 심리학자들 사이에 관심의 대상이 되었던 "시간을 구성하는 체험이 객관적 시간을 규정하는 일"이나, "시간의식의 내부에서 객관적 시간으로서 정립되는 시간이 현실적·객관적 시간과 어떤 관계에 있는가, 시간 간격의 (심리적) 평가는 객관적 시간 간격과 일치하는가 어떤가 하는 따위의 문제도 현상학의 과제가 아니다. 현실적 사물이나 현실적 세계가 현상학적 여건이 아닌 것과 마찬가지로 세계 시간, 실재 시간, 즉 자연과학적 및 자연과학으로서의 심리학의 의미로 말하는 자연 시간도 현상학적 여건이 아니다."[13]

1) 현상학적 여건으로서의 시간

현상학적 여건으로서 탐구되어야 할 현상학적 시간은 이러한 객관적 시간을 배제하고 난 뒤에 남는 현상학적 잔여, 즉 의식 내재적으로 "현출하는 시간, 현출하는 지속 자체"[14]이다. 그것은 존재하는 시간이기는 하지만 경험적 세계의 시간이 아니라 의식의 경과 속에 내재하는 시간이다. 내재적이므로 그것은 명증적이요 의심의 여지가 없는 것이며, 또한 초월론적이므로 절대적 여건이기도 하다.

그리하여 당면한 "현상학적 여건은 시간 통각(時間統覺, Zeitauffassung),[15]

---

13 *Husserliana*, X, S. 4.

14 같은 책, 5쪽.

15 Auffassung을 '통각'(統覺)이라고 번역해보았으나 칸트의 Apperzeption과는 다르다. "Die Auffassung ist <Beseelung> des Empfindungsdatums"(*Husserliana* X, S. 110)이라고 하지만 쉽게는 Auffassung은 bewusst-machen과 거의 같은 뜻을 갖는다. 그것은 작용 성격의 하나로서 의미 부여적(意味賦與的) 동일화 작용(同一化作用)이라고 할 수 있고 '해석'(Deutung)이라고도 할 수 있으며, 지향적 대상에 대한 관계에서는 표상이기도 하고, 작용에 내실적(內實的)으로 속하는 감각에 대한 관계에서는 '해석', '통각'이라고 할 수도 있다. 특히 감각 여건(感覺與件)을 생기 있게 하는

즉 객관적 의미에서의 시간적 존재자가 출현하는 체험이다. 또한 시간 통각 자체를 특별히 정초하는 체험 계기, 때로는 종별적(種別的, spezifisch)[16] 시간적 〔통각〕 내용(…)도 현상학적 여건이다.”[17] 현상학이 다루는 시간은 우리 사념의 시선을, 초월적으로 존재한다고 전제하는 객관적 시간으로부터 우리의 의식 내재적 현상(즉 현상학적 여건)으로 전향하는 데서 보여지는 시간 즉 의식 내재적 시간이요, 따라서 이것은 지향적 의식이 자기 자신을 의식(지향)하는 내적 체험 영역 속에서 현출하는 시간이다. 그러므로 현상학적 시간은 객관적 시간의 근원이다. 동시에 객관적 시간을 기초로 해서 본다면 그것은 시간이라기보다는 시간성이다. 후설의 시간론은 ‘시간의 근원’에 대한 탐구이다. 이 시간의 근원에 대한 물음은 곧 시간의 본질에 대한 물음이기도 하다. 후설은 현상학적 시간론이 연구해야 할 주제를 이렇게 약술한다.

우리가 관심을 갖는 것은 이러한 체험의 내부에서 ‘객관적으로 시간적인’ 여건이 사념되고 있다는 것이다. 바로 그 여러 작용이 이러저러한 ‘객관적 존재’를 사념하고 있다는 것을 기술하는 것, 더 정확하게 말한다면, 객관성의 제 구성적 계기에 속하는 아프리오리한 진리를 명시하는 것은 현상학의 본령이다. 우리는 시간의 아프리오

(beseelen) 점에서는 Auffassung은 ‘통각’과 같은 뜻이다.

16 Spezies는 종개념 또는 이것이 지시하는 이데아적 대상, 본질을 가리킨다. 예컨대 저 건너편 집의 빨간 지붕을 보면서 빨강 일반, 빨강의 이데아를 간취(看取)하게 되는데 이것이 Spezies이다. 따라서 Spezies는 여러 개물(個物)이 공유하는 공통적 일반자 즉 개물의 내적 (구성적) 규정성이요, 개물이 시간 내의 동일자인 데 반하여 Spezies는 시간으로부터 독립된 것이다(*Husserliana* X, S. 249f. Die Zeitspezies (a)—die Spezies der Zeitfülle (b) 참조).

17 같은 책, 6쪽.

리를 명석하게 하고자 하는 것이며, 그러기 위하여 우리는 시간의식을 철저하게 연구하고 그 본질적 구성을 밝히며 혹시는 시간 특유의 통각 내용(統覺內容)과 작용 성격―거기에는 아프리오리한 시간 성격[법칙]이 본질적으로 구유(具有)되어 있다―을 들춰내는 것이다.[18]

그러나 아우구스티누스에 의해서 시간이 인간의 의식 속으로 내재화된 이래 소위 체험 시간을 논함에 있어 몇 가지 난제(Aporia)가 수반되었다. 그 중의 하나는 시간의 지속량의 측정 문제이다.

2) 시간의 지속성에 대한 두 견해

시간적 존재자가 시간 속에서 지속하는 것은 물론이요 시간 자체나 의식도 지속하는 것으로 일반적으로 생각하고 있는데, 시간의 지속성 내지 계기성을 우리는 어떻게 의식하는가? 다시 말하면, 시간 객관의 지속과 계기를 우리는 어떻게 파악하는가? 순간적으로 파악하는가, 아니면 지속적 의식 작용으로 파악하는가? 이 문제를 둘러싸고 당시(19세기 말) 두 가지 견해가 대립하고 있었음을 후설은 소개하고, 나아가 자기의 견해를 제시하여 독자적 시간론의 출발점으로 삼고 있다.

후설에 따르면, 자기의 은사 브랜타노가 취한 입론은 헤르바르트(J. F. Herbart, 1776~1841)에게서 유래하고 로체(R.H. Lotze, 1817~81)가 계승한 순간파악(Momentanerfassung)설이며, 거기 대해서 반론을 제기한 것은 스턴(W. Stern, 1871~1938)의 지속적 작용(持續的 作用, dauernder Akt) 이론이다.

순간파악설은 가령 a-b의 계기의 표상이나 여러 요소 사이의 상호 관

계를 비교함으로써 비로소 파악이 가능한 도정(道程), 거리, 이행 등의 표상은 무시간적으로 총괄하는 어떤 지적 작용(zeitlos zusammenfassendes Wissen)의 산물이라는 이론이다.[19]

3) 스턴의 지속적 작용설

이에 반하여 스턴은 앞의 이론을 "의식 전체의 순간성의 도그마" 또는 "의식의 제분지(諸分肢)의 필연적 등시성(等時性, Isochronismus)의 도그마"라고 공박함으로써 소위 "지속적 작용"을 내세운다. 스턴은 "심적 작용이 그 위에 연장할 수 있는 시간의 넓이(Zeitstrecke)를 나는 작용의 현재시(Präsenzzeit)라 한다." 즉 "시간적으로 연장된 어떤 의식 내용에 근거해서 통일적 통각이 성립하고, 그 통각이 어떤 시간의 넓이(소위 현재시) 전체로 연장하는 수가 있다"[20]라고 한다.

---

19 후설이 로체와 스턴의 문장을 인용부호 없이 인용한 데에는 약간의 부정확한 곳이 있다. 한 예로 후설이 이 '시간적'(zeitlich)이라고 쓰고 있는 곳은 사실은 '무시간적'(zeitlos)으로 되어 있다. *Husserliana* X에는 편찬자 뵘에 의한 정확한 출처 고증과 인용문이 각주로 실려 있다. 그 부분을 소개하면 다음과 같다.

로체 : "〔계기의 선후에 있어서〕 후속하는 b의 표상이 사실 선행하는 a의 표상에만 따른다고 하면, 두 표상 사이의 변화가 현존할 것이다. 그러나 아직 이 변화의 표상은 없다. 거기에는 시간 경과는 있을 것이지만 아직 시간 경과의 외관은 아무에게도 없다. b가 보다 뒤의 것으로서 의식되는 이러한 비교가 생기기 위해서는 다시 다음의 것이 필요하다. 즉 두 표상 a, b는 이 양자를 유일하고 분할할 수 없는 하나의 작용 속에서 완전히 불가분할적으로 총괄하는 '관계지우는 지적 작용'(ein beziehende Wissen)의 철저하게 동시적인 대상들이다."(*Metaphysik. Drei Bücher der Ontologie, Kosmologie und Psychologie*, Leibzig, 1879, S. 294) "도정, 거리, 이행의 표상, 요컨대 몇 개의 표상은 무시간적으로 총괄하는 지적 작용의 산물로서만 생각된다. 만일 표상 자체가 전적으로 시간적 계속으로 화해버린다면 도정, 거리, 이행 등의 모든 표상은 불가능할 것이다."(a. a. O. S. 295) 이상 *Husserliana* X, 19~20쪽의 각주에서 재인용한 것임.

그가 예시하는 바에 의하면, 가령 네 개의 상속하는 음이 있다고 할 때, 그 음이 하나의 일정한 멜로디로서 나타나는 것은 네 개의 심적 과정이, 그 과정의 시간상의 차이에도 불구하고, 곧장 하나의 총괄 심상(總括心像)으로 통합되기 때문에 가능하다. 이 네 개의 분지(分肢)는 과연 의식 가운데, 더욱이 그 동일한 의식의 통각 작용의 내부에, 현재시의 내부에 병재(並在)하는 것이라고 한다. "우리는 네 개의 음을 한꺼번에 듣는 것이 아니다. 그렇다고 1, 2, 3의 음이 아직 지속하고 있는 가운데 제4의 음이 울리는 동안 그 조(組) 전체를 의식하고 있는 것도 아니다. 오히려 네 음이 하나의 공통의 작용, 즉 통각 형식을 갖는 계속적 통일체를 형성한다."[21] 다시 말하면, 지속에 대한 통각 작용은 반드시 객관적 지속을 그대로 따라가는 것은 아니지만 적어도 현재시라는 지평의 내부에서 하나의 의식 작용을 형성할 수 있다는 것이다. 그러므로 지속의 의식은 스턴에 따르면, '무시간적(순간적)으로 총괄하는 지적 작용'이 아니라, 현재시라는 시간적 지속 내지 시간 지평 안에서의 총괄 작용(Gesamtakt)이다.

그러나 지속의식이 순간적으로 총괄하는 지적 작용이 아님은 다음의 사실로도 명백하다. 초월적 시간 객관, 즉 일정 기간에 걸쳐 지속하고 더욱이 그 지속을 연속적 상등적(相等的)으로 충실(充實)하든가(변화하지 않는 경우가 그렇다) 또는 (예컨대 사물의 경과, 운동, 변화 등과 같이) 부단히 변동하면서 충실하는 초월적 시간 객관을 통각하는 경우를 보면, 이 객관은 내재적 여건과 통각의 다양성 속에서 구성되거니와, 그 여건이나 통각 자신도 선후해서 경과한다. 그런데 선후로 경과하는 이들의 재현적 여건(repräsentierende Daten)을 순간적으로 통일할 수는 없다. 만

---

20 *Husserliana* X, S. 20.

21 같은 책, 21쪽. Anmk.

일 그것이 가능하다면, "내재적 및 초월적 '시간 객관' 이외에 시간 자체, 객관의 지속과 계속이 어떻게 구성되는가 하는 새로운 문제"[22]가 생긴다.

요컨대 '순간적으로 총괄하는 지적 작용'에 있어서는 우리는 과거와 미래 사이에 단절된 분할점으로서의 지금만을 파악할 수 있을 뿐 시간의 지속은 파악할 수 없다는 것이다. "이렇게 되면 우리는 상상의 영역에서 시간 표상의 근원을 발견하게 된다."[23] 그러나 현재는 과거와 미래로부터 단절된 것이 아니라 양자 사이의 이행이며, 이 이행은 과거와 미래라는 지평을 갖는다. 다만 그 이행의 원본성(原本性)을 현재에 둘 뿐이다. 지각의식인 까닭이다.[24]

4) 후설의 작용 연속체설

후설은 이와 같이 지속의식에 있어서 '순간적으로 총괄하는 지적 작용'을 거부하고 지속의식이 지속적 의식 작용이라는 스턴의 견해에 입각해서, 그러나 스턴과는 달리 '작용 연속체설'(作用連續体說)을 제기한다. 그는 그 배경의 이유를 다음과 같이 설명하고 있다.

시간적 객관의 지각 자신이 시간성을 갖는다는 것, 지속의 지각 자신이 지각의 지속을 전제한다는 것, 임의의 시간 형태의 지각 자신이 자기의 시간 형태를 가지고 있다는 것은 물론 명증적이다. 그리하여 우리가 일체의 초월을 도외시하더라도 지각에는 모든 현상학적 구성 요소로 보아 지각의 필연적 본질에 속하는 현상학적 시간성이 남아 있다. 객관

---

22 같은 책, 22쪽.

23 같은 책, 11쪽.

24 A. Diemer, 같은 책, 121쪽 참조.

적 시간성은 매양 현상학적으로 구성되고 오직 이 구성에 의해서 우리에게 객관성 또는 객관성의 계기로서 나타나기 때문에, 현상학적 시간 분석은 시간 객관의 구성을 고려하지 않고서는 시간의 구성을 해명할 수 없다. 특별한 의미에서 시간 객관이라고 할 때 우리가 이해하는 객관은 시간 내의 통일체만이 아니라 시간 연장을 자기 안에 가지고 있는 객관까지도 포함한다. 한 음이 울린다고 할 때, 나의 객관화적(客觀化的) 통각(統覺)은, 지금 지속하고 울림이 멎는 그 음을 대상으로 삼는 것이요, 음의 지속이나 지속하고 있는 음을 대상으로 삼을 수는 없다. 지속하고 있는 음이 다름 아닌 시간 객관이다.[25]

가령 연속적으로 울리는 멜로디를 예로 들어보자. 첫 번째 음이 울리고 거기 이어서 제2, 제3의 음이 울린다고 하자. 제2의 음이 울릴 때는 이미 제1의 음은 지각되지 않는다. 그때 제1의 음이라는 단편을 대상으로 삼을 수 있는 근거는 무엇인가? 기억인가? 그리고 다음의 제3의 음을 대상화할 수 있는 근거는 선견적 예기(豫期)인가? 설사 그렇다고 하더라도 그것은 개개의 독립된 단편적 음에 대해서만 타당한 것이요, 시간적 연장을 갖는 멜로디 전체에 관해서나 또는 개별적 음이라 하더라도 그것이 시간적 연장을 가진 것이라고 할 때는 타당치 않다. "하나 하나의 음 자신이 시간적 연장을 가지며, 그것이 울릴 때 나는 그것을 지금으로서 듣는다. 그러나 그 음은 계속해서 울림으로써 다음 새로운 지금을 갖게 되고 그때마다 선행하는 지금은 과거 속으로 천이한다. 그러므로 나는 그때마다 그 음의 현재적 위상(aktuelle Phase)을 들을 뿐이며, 지

---

25 *Husserliana* X, S. 22f.

속하는 음 전체의 객관성은 작용 연속체(Aktkontinuum) 안에서 구성되는 것이다.

이 작용 연속체의 일부는 기억이며, 그 극미한 점적 부분은 지각이며, 그 밖의 부분은 상기이다."[26] 여기서 작용이라 함은 절대시위(絶對時位)를 규정하는 개별적 인상을 시발점으로 해서 인상(印象)—파지(把持)의 전-공재적(前-共在的, Vor-zugleich) 세로(縱)의 지향성에 의하여 지속적 통일을 구성하는 의식 연관을 가리킨다. 그러므로 세로의 지향성으로서의 계기를 구성하는 원리가 작용 연속체라고 할 것이다.

후설은 이것을 아래와 같은 그림으로 표시한다.[27]

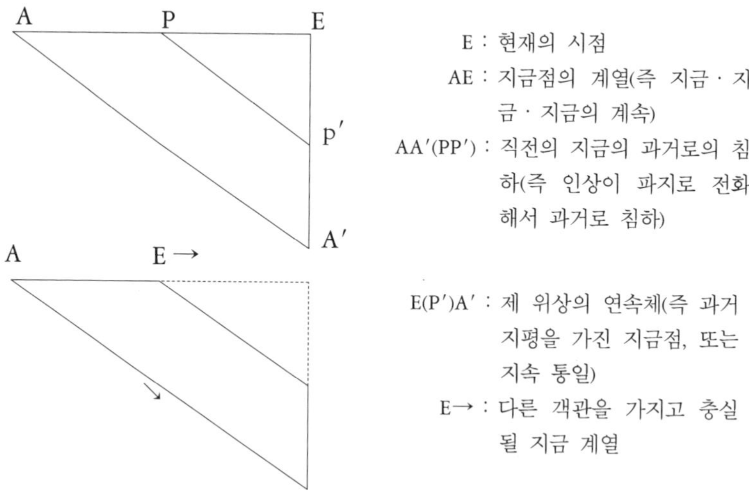

내용상 동일한 것이지만 아이글러(G. Eigler)의 다이어그램을 예시하면 다음과 같다.[28]

---

26 같은 책, 23쪽.

27 같은 책, 28쪽.

28 G. Eigler, *Metaphysische Voraussetzungen in Husserls Zeitanalysen*, 1961, S. 81.

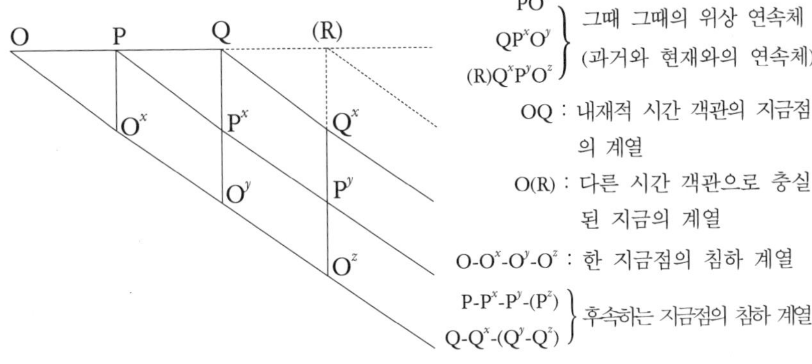

후설의 다이어그램이나 아이글러의 다이어그램은 과거에로의 지금의 침하를 중심으로 그려진 것이다. 그러나 자너(R. M. Zaner)는 과거와 함께 미래까지를 표시하는 그림을 그리고 있다.[29] 내용은 동일한 것이지만 앞의 두 그림보다 비교적 이해하기 쉬울 듯하여 이를 마저 소개하고 거기 대해서 약간의 해설을 적어둔다.

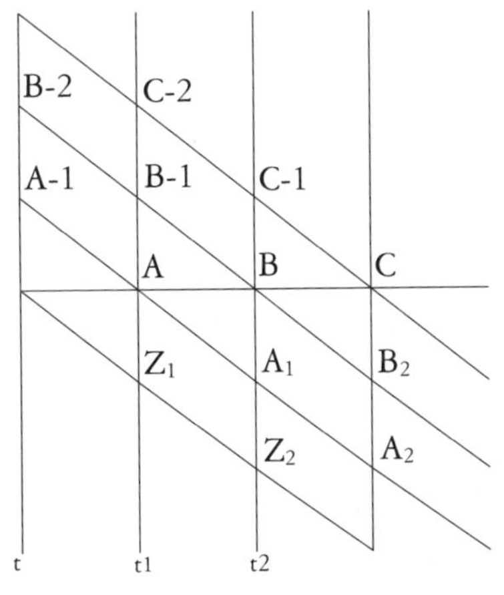

시위란 시간위상(Zeitphase)을 말하는 것으로 가령 t_2에 있어서의 현재 시위는 B이고, t_2에 있어서의 (과거) 파지된 A의 시위는 A_1이며, 똑같은 t_2에 있어서 (과거) (파지의 과거) 파지의 시위는 Z_2이다. 그 까닭은 t에 있어서 지금의 위상으로서 B를 생각해보면, 거기에는 t_1에 있어서의 '지금' A가 A_1으로서 파지되어 있고, 더욱이 그 A에는 t에 있어서 '지금'이었던 Z가 Z_1으로서 파지되어 있기 때문에, 결국 B에 있어서 파지되어 있는 Z_2는 (과거)파지 A_1의 (과거)파지임을 알 수 있기 때문이다. 이것은 (미래)예지의 경우도 같다. 그리고 BA_1Z_2는 지금이 반드시 과거와 연속되어 있는, 즉 지금과 과거와는 작용 연속체임을 표시한다.

---

29 R.M. Zaner, *The Problem of Embodiment*, 1964, p. 225.

B. 절대 의식류에서의 시간 구성[30]

후설에 있어서 시간은 초월론적 환원을 통해서 비로소 보여지는 영역이다. 이 초월론적 영역에서 보여지는 의식은 흐르는 의식이다. 시간은 이 흐르는 의식에서 구성된다. 아니, 흐름 자체가 스스로 시간으로서 구성된다고 해야 할 것이다. 우리는 이제 그 경위를 검토하고자 한다.

1. 시간 구성적 절대 의식류

그 흐르는 의식을 후설은 절대적 의식류라 한다. 사실은 이 의식류 자체가 곧 후설이 다루는 시간이다. 그러나 엄밀하게 말하면 시간이라기보다는 시간성이다. 그 흐름의 성격이 시간의 성격을 가지고 있기 때문이다. 시간성은 시간 자체가 아니라 시간적 성격을 가지고 있는 어떤 것이다. 후설의 경우 그것은 잠시도 쉬지 않고 흐르는 의식—그래서 이런 의식을 의시간적(擬時間的)이라고 한다—이고, 베르그송은 그것을 순수 지속이라고 한 것이다.

1) 구성된 통일체

화창한 봄날, 햇볕이 쏟아지는 정원을 가로질러 한 마리의 제비가 날아가고 있다. 제비는 순간마다 시간적 위상(zeitliche Lage)과 공간적 위치를 바꾸면서 날아간다. 제비는 하나의 초월적 객관이지만, 내재적 객관의 경우에 있어서도 사정은 마찬가지이다. 제비는 자기 동일성을 가지고 시간의 내부에서 연속적으로 존재한다. 시간적 연속성 속에서 제비가 날아가는 것은 하나의 과정이다.

시간 속에 있는 것은 시간 속에서 연속되어 있으며, 경과하는 때에도 지속적 존재자로서의 통일성을 간직하고 있는 과정의 통일이다. 한 음이

---

30 '구성'이라는 용어는 칸트와 신칸트학파에서 상용하는 Konstruktion의 번역이 아니라 Konstitution의 번역이다. 칸트의 Konstruktion은 주관에 의한 대상 산출의 의미가 강하나 후설의 Konsititution은 그것과는 전혀 다르다. 오해되기 쉬운 이 용어에 대하여 후설은 그의 제자 호킹에게 보낸 편지(1903년 1월 25일)에서 "어떤 작용에 의해서 대상이 구성된다고 하는, 빈번하게 사용되는 이 표현은 언제나 대상을 표상하는(vorstellig machen) 작용의 성질을 의미합니다. 그러므로 본래적 의미의 구성은 아닙니다"라고 한 바 있다. 여기에 의거해서 역시 제자인 비이멜(W. Biemel)은 "구성이란, 이 말의 엄밀한 의미에서의 구성이 아니라, 이미 현존하고 있는 것이 주관에 의해서 재확립되는 것—그러기 위해서는 어떤 능동적 작용이 필요하긴 하지만—이기 때문에, 그런 한에 있어서 구성이란 재확립(Restitution)이다"(W. Biemel, Die entscheidenden Phasen der Entfaltung von Husserls Philosophie, *Zts. f. Philos. Forsch.*, XIII, 1959, S. 200)고 말한다. 후설이 종종 대상이 '자기 구성한다'(sich konstituieren), '자기를 고지한다'(sich bekunden)는 용어를 사용하는데 이것은 그 대상이 주관의 산물이 아님을 표현하기 위한 것이다. 또 때로는 konstituieren의 뜻으로 erfassen, auffinden, vorfinden 등의 낱말이 사용되기도 하는데 그 사정은 마찬가지이다. 요컨대 구성이란 순수 주관이 초월론적 의식의 상관자인 지향적 대상에 의미를 부여하는 것이다. 브란트(G. Brand)는 이 용어를 근거가 은폐된 타당성을 밝혀서 개시하도록 하는 것이라고 해석하고 있으며(G. Brand, *Welt, Ich und Zeit*, 1969, S. 38), 헬트(K. Held)는 "자아는 세계 경험적 생의 중심이요, 그 생명성(Lebendigkeit)은 초월적 대상을 지향적으로 고지할 수 있는데 이 '할 수 있게 함'(Ermöglichung)을 후설은 구성이라고 한다"(*Lebendige Gegenwart*, 1966, S. 4)고 말한다.

흐르는 과정 속에는 그 과정이 진행하고 있는 동안 음의 지속적 통일이 포함되어 있다. 동시에 개체적 존재의 (초월적이든 내재적이든) 지속은 그 위상(位相, Phase)의 내부에 자기의 시위(時位)를 점유하고 있다. 날아가고 있는 제비는 매 순간 새로운 위치로 옮겨가지만, 그때마다 그 이전의 제 현출의 잔영(Nachhal)을 남기고 있다. 그리하여 각 위상은 시간의 꼬리로서 시간 속으로 침퇴(沈退)하면서 그 자신 사영(射影, abschatten)한다. 즉 그림자를 남기고 있다. 제비가 멀리 날아간 뒤에는 잔영의 각 위상은 점점 소멸하지만 거기에 뒤따르는 각 위상에서 우리는 일련의 위상의 계열을 보게 된다. 이러한 시간적 존재자로서의 객관의 연속성을 후설은 이렇게 말한다

> 제각기의 개별적 객관〔내재적이든 초월적이든 흐름 속에서 구성된 통일체〕은 지속하고 필연적으로 지속한다. 즉 그것은 시간의 내부에서 연속적으로 있으며, 연속적으로 존재하면서 동일성을 간직하고 있다. 그러므로 그것은 동시에 경과로서 보여질 수 있다. 거꾸로 말하면, 시간 안에 있는 것은 시간 안에 연속적으로 있는 것이며, 경과하는 경우에도 지속적 존재로서의 통일성을 잃는 일이 없는 과정의 통일이다. 음의 과정에는 과정이 진행하는 동안 지속하는 음의 통일이 있으며, 역으로 그 음의 통일은 충실된 지속 속에서의, 즉 과정 속에서의 통일인 것이다. 그러므로 어떤 것이 어느 시점 안에 있는 것으로서 규정된다면, 그것은 어떤 과정의 위상으로서만 생각될 수 있으며 또 그와 동시에 개별적 존재의 지속은 이 위상의 내부에 그 자신의 시점을 가지고 있는 것이다.[31]

---

31 *Husserliana* X, S. 73f.

그러나 이것은 의식류(意識流) 속에서 구성된 통일체이긴 하지만 아직 시간 구성적 절대적 의식류는 아니다.

2) 시간 구성적 절대 의식류

"음이 지속하고 있는 동안 또는 지속하는 한, 지속의 각 점에는 그때그때의 지금으로부터—점점 희미해져가는—과거에 이르기까지의 일련의 〔의식의〕 사영(射影)이 포함되어 있다. 그리하여 우리는 하나의 연속된 의식을 가지고 있는 것이며, 이 의식의 각 점은 각기 부단한 연속체인 것이다. 그 의식은 하나의 시간 계열이며 〔시간 계열을 구성하며〕 우리는 이 계열에 주의할 수 있다."[32] 앞에서 우리는 현상학적 환원이 궁극적으로 도달한 의식의 영역을 순수 의식이라고 했다. 이것은 다름 아닌 시간 구성적 의식류(Bewußtseinsfluß)이다. "현상학적 환원 뒤에는 모든 시간적 현출은 그러한 하나의 흐름으로 해소된다."[33]

우리는 우리의 의식의 시향(視向)을 자유롭게 전향할 수가 있다. 먼저 초월적 대상을 지향하던 의식의 시향을 의식 내재적 대상으로 전향할 수 있다. 다시 우리의 시향은 그 의식 내재적 현상 안에서 그 대상이 현출하는 경과 성격(Ablaufscharakter)으로 전향할 수도 있다. 내재적 대상이 현출하는 근원으로서의 경과 성격은 위상의 계열로서 흐름과 같은 것이다. 그래서 의식류라고 한다. 내재적 시간은 바로 이 의식류에서 구성되는 것이다.

어째서 그것은 '흐름'인가? 그것은 첫째, 바로 위('구성된 통일체')에서 본 바와 같이, 모든 위상은 연속적인 시간적 경과로서 반복하지 않고

---

32 같은 책, 115쪽.
33 같은 책, 111쪽.

흘러가기만 하는데, 그것의 구성적 통각인 의식이 항구적·고정적으로 있을 수 없다는 논리적 이유에서이며, 둘째, "현상학적 환원이 행해지면 일체의 시간적 현상은 흐름 속으로 해소된다"고 하는 바와 같이, 의식은 실제로 정지를 거부한다는 사실적 이유에서이다. 그러나 여기서 '흐름'이라고 한 것은 "구성된 것〔즉 시간류〕에 좇아서 그렇게 부른 것이지 시간적으로 객관적인 것은 아니다."[34]

"가령 우리는 멜로디의 어느 순간을 정지시킬 수 있다. 그때 우리는 거기에서 선행하는 음들의 기억사영(記憶射影)을 발견할 수 있다. (…) 그때 우리는 내재적 음의 지금과 내재적 음의 과거의 계열 즉 연속을 갖게 된다. 그뿐 아니라 우리는 지금의 지각과 과거의 기억이라는 연속을 갖게 되는데 이 연속 전체는 하나의 지금이어야 한다. 사실 나는 대상의식 가운데 살고 있으면서 과거를 지금점에서 되돌아보는〔회고하는〕 것이며, 반면 나는 그 대상의식의 전체를 하나의 지금으로서 포착하고 '지금'이라고 말할 수 있는 것이다."[35] 다시 말하면, 시간류는 의식의 '지금'에서 구성되는 것이다.

그러나 시간 구성적 의식은 사실은 흐름이 아니요, 다만 시간류에 좇아서 그렇게 명명한 것뿐이다. 그렇기 때문에 설사 과거로서의 '이전'(Vorher)을 구성하는 경우에도 '구성했다'고 해서는 안 되는 것이다. "그러므로 시간을 구성하는 이것들〔의식이라는 제 현상〕에 관하여 그것들은 지금 존재하며 이전에도 존재하였다든가, 그것들은 시간적으로 계기한다든가, 그것들은 동시에 병재(並在)해 있다고 말하는 것은 (…) 무의미하다. 그럼에도 어떤 현출의 연속(Erscheinungskontinuität) 즉 시간

---

34 같은 책, 75쪽.
35 같은 책, 112쪽.

구성적 흐름의 위상 따위의 현출의 연속은 하나의 지금, 즉 그 현출의 연속이 구성되어 있는 지금에 속하고, 또 그것이 이전을 구성하는 (구성했다고 해서는 안 된다) 현출의 연속인 이상 그것은 이전에 속한다고 말할 수 있고 또 말하지 않으면 안 된다."[36] 이러한 절대적 의식류를 후설은 절대적 주관성이라고도 한다. 모든 주관적 시간은 비객관적이고 절대적·무시간적 의식의 내부에서 구성된다. 모든 시간 양상은 지금이라는 "근원적 원천점과 일련의 잔영(殘影)의 제 계기를 현재성(顯在性)의 체험 (Aktualitätserlebnis) 속에"[37] 가지고 있는 것이다. 그러므로 시간이 거기에서 구성되는 절대적 의식류는 그 자체로서 시간이 아니라 시간성이라는 점에서 의시간적이며, 절대적 주관성이기 때문에 초월론적인 것이다.

3) 의식류에는 지속이 없다

엄격하게 말하면 시간 구성적 의식류 속에는 지속이란 존재하지 않고 다만 제 위상의 계열이 있을 뿐이다. 지속이란 예컨대 폭풍이라든가 유성(流星)의 흐름이라든가 어쨌든 시간 내적 존재자의 일정 시간 동안의 경과 형식이다. 후설에 따르면 "지속이란 지속하는 어떤 것의 형식, 지속하는 존재의 형식이며, 동일자의 지속으로서 기능하는 시간 계열 속에서의 동일자의 형식"[38]이다. 물론 의식류는 현상적으로는 흐름의 성격을 가지고 있다.

그러나 시간을 구성하는 절대적 주관성은 의시간적인 것일 뿐이요, 시간 내적 존재자처럼 시간의 흐름에 좇아서 천이하는 것이 아니다. 뿐

---

36 같은 책, 75쪽.
37 같은 책, 75쪽.
38 같은 책, 113쪽.

더러 "궁극적으로 구성하는 의식의 시간에 관해서는 더 이상 말할 수가 없기"[39] 때문에 그것은 의시간적 시간 질서로서의 시간성이라 했고, 시간의 근원이라고 한 것이다. 후설은 시간의 근원을 가장 근저적인 의식류 속에서 찾는다. 이러한 절대적 의식은 의식 자신에 의해서 객관화될 수 없다. 설사 객관화된다 하더라도 그때는 이미 그 의식은 일정한 시위를 점한 시간적 존재자로서 나타나게 되므로 구성적 의식이 아니라 구성되고 대상화된 의식인 것이다.[40]

4) 의식류의 이중적 지향성

후설에 따르면 지향성에는 두 가지가 있다. 그것은 종류상 두 가지가 아니라 겹쳐진 지향성이다.

우리의 의식류 속에는 이중의 지향성이 있다. 우리는 흐름의 형식을 가진 흐름의 내용〔즉 위상〕을 고찰하기도 하고, 우리의 시향(視向)을 지향적 통일체로 향하기도 한다. 전자의 경우에 우리는 지향적인 제 체험 계열(体驗系列)인 바 근원적 체험 계열 즉 …에 대한 의식을 고찰한다. 그리고 후자의 경우에는 〔우리의 시향은〕 흐름이 흘러갈 때 통일적인 것으로서 지향적으로 의식하게 하는 것으로 〔향한다〕. 이제 우리에게는 객관적 시간에 내재하는 객관성, 즉 체험류의 시간역(時間域, Zeitfeld)에 대립하는 본래적 시간역이 현존한다.[41]

---

39 같은 책, 78쪽.

40 이 책의 232쪽 이하 참조.

41 *Husserliana* X, 116쪽.

이것은 무엇을 의미하는가? 인용문의 문맥에서 보면 의식류에는 이중의 지향성이 있는데, 하나는 흐름의 형식을 가진 흐름의 내용을 볼 때 나타나는 지향성, 다시 말하면 지향적인 제 체험 계열인 바 근원적 체험 계열 즉 '…에 대한 의식'이요, 다른 하나는 지향적 통일체로 시향할 때 나타나는 지향성이다. 이 지향성은 의식류를 통일적인 것으로서 의식하게 한다. 그리고 이 지향성이 본래적 시간역이다.

다시 부연하면, 의식류의 지향성의 이중성이란, 음의 내재적·시간적 통일을 구성하는 의식류에 있어서 우리의 시향은 1) "끊임없이 천이하는 흐름 가운데에서 음의 지향성으로서 서로 '합치'하는 제 위상을 관통하여(d u r c h, 가로질러서) 향할 수도 있고", 2) "또 그 시향은 그 흐름으로(a u f den Fluß), 흐름의 어떤 연장으로, 음이 울리기 시작하는 데서부터 끝나는 데까지의 의식류의 이행으로 향할 수가 있음"[42]을 가리킨다. 가령 파지 의식(把持意識)이 갖는 사영(射影)은 모두 이 이중의 지향성을 가지고 있는데, 그 하나는 "음이라는 내재적 대상을 구성하는 데 유용한 지향성이다. 우리가 (이제 막 감각된) 음을 '1차적 기억'이라고 부르거나, 또는 더 명확하게 바로 음의 파지(把持, Retention)라고 부르는 지향성이 그것이다. 다른 또 하나의 지향성은 흐름 가운데 있는 이 1차적 기억의 통일을 구성하는 지향성이다. 다시 말하면, 파지란 그것이 아직도 존속한다는 의식(Noch-Bewußtsein) 즉 유보하고 있다는 의식이요, 바로 파지라는 것과 하나가 되어, 흘러가버린 음의 파지인 것이다. 따라서 흐름 속에서 부단히 사영하는 이 파지는 끊임없이 선행하는 제 위상의 연속적 파지이다."[43]

---

42 같은 책, 80쪽.

43 같은 책, 80쪽 이하.

이것은 의식의 사실에서 고찰될 수 있다. 그리하여 우리는 이 의식류의 세로의(縱的) 지향성을 시간 구성적 근원의식인 파지(파지는 지각의 특수한 변양이다)의 분석을 통해서 확인하고자 한다.

다시 묻거니와 파지에 있어서 지향의 이중성이란 어떤 것인가? 의식류가 하나의 통일체라 함은 이미 서술한 바와 같다. 그 부단히 흘러가는 의식류에 어떤 여건, 예컨대 내재적 음이라는 현상이 현출할 때 그 현상의 현출에 우리는 임의로 시향할 수가 있다. 다시 말하면, 음이라는 여건은 어느 한순간 또는 일정한 기간 동안 의식류 속에 자기를 나타내는 셈이며―그것은 바꿔 말하면 음의 위상이다―, 우리의 의식류로서 보면 음이라는 현상은 부단히 흘러가는 의식류에 있어서 순간적으로 또는 일정한 기간 동안 지향되는 것이다. 그리고 우리의 의식의 흐름과 함께 음 현상의 위상도 일치해서 변이한다.

이때 의식류와 함께 흘러가는 음 현상에 우리가 시향하는 지향성을 후설은 의식류의 '가로의(橫的) 지향성'(Querintentionalität)[44]이라 한다. 이 의식류의 가로의 지향성은 내재적 대상이 현출하는 바로 그 위상에 대한 지향성이요, 따라서 가로의 지향성에서 내재적 대상은 자기의 시간 위치(Zeitstelle : 시위)를 규정받고 현출하는 것이다. "절대적 시간류가 흘러감에 따라 지향적 제 위상도 전위(轉位)하지만, 그러나 이 제 위상은 상호 관련하면서 통일체를 구성하고, 흘러가는 제 현상 가운데서 사영하는 일자(一者)의 제 현상과 같이 서로서로 이행하거니와, 그 결과 우리는 양상적으로 규정된 대상(Gegenstand im Wie)을 더욱더 새로운 양상에 있어서 갖는 것이다."[45]

---

44 같은 책, 82쪽.

45 같은 책, 117쪽. '양상적으로 규정된 객관(또는 대상)'(Objekt im Wie)을 이해하기

　여기서 말하는 '양상적으로 규정된 대상'이 다름 아닌 '시위의 규정을 받고 현출한 대상'이다. 그리하여 후설은 "그 양상의 형식은 지금의 것, 이제 막 지나간 것, 장래의 것이라는 정위(定位, Orientierung)이다"[46]

위해서 약간의 해설이 필요하다. 후설은 이것을 '지속적·내재적 객관'(das dauernde, immanente Objekt)과 구별한다(Hua. X, S. 26). 후자는 부단히 천류하는 시간류 속에서 자기 동일성을 지닌 채, 즉 자기의 고유한 시위를 보지하면서 흘러가는 객관이고, 전자는 그것이 의식류 속에서 현재적(顯在的)으로 현존하는 것으로서 또는 지나가버린 것으로서 규정된 모습이다. "모든 시간적 존재는 어떤 변이하는 경과 양상에 있어서, 더욱이 연속적으로 변이하는 경과 양상에 있어서 '현출'(現出)하는 것이며, 따라서 '경과 양상 안에 있는 객관'은 이 변이 속에서 부단히 변화한다"(Hua. X, S. 26~27)고 한다. '양상적으로 규정된 객관'은 시간 양상을 규정받은 즉 경과 양상 속에 있는 객관이요, 그러므로 언제나 현재·과거 등의 시간 양상의 규정을 지닌 객관이다.

　이와는 달리 '지속적 내재적 객관'은 "의식류 속에서 부침하는 객관(지각 내용)"(고형곤,『선의 세계』, 124쪽), 즉 넓은 의미의 체험을 말한다. 아이글러는 "지향적 대상 자체가 그렇게 사념된 지향적 대상과 구별되듯이—그러나 다만 유비적(類比的)으로만 구별되듯이—내재적·지속적 객관 즉 체험과 '양상적으로 규정된 객관'은 구별된다"(Metaphysische Voraussetzungen Husserls Zeitanalysen, S. 79)고 하여 내재적·지속적 규정이 곧 체험이라고 말한다. "〔양상적으로 규정된 객관을〕 체험하는 위상의 부단한 변이 속에서 내재적·지속적 객관(즉 체험)이 나타난다. 체험, 예컨대 감각 체험으로서의 음은 언제나 동일한 것이지만, '어떻게' 현출하느냐에 따라서 규정된 음은 언제나 상이한 것이다"(같은 책, S. 80).

　여기에서 '내재적·지속적 객관'을 체험이라고 하든 지각 내용이라고 하든 혹은 의식 현상이라고 하든, 그것은 '현실적 객관'과는 다른 '지향적 체험'의 상관자인 지향적 대상을 가리키는 것이며, 따라서 그것은 "의식이라고는 부를 수 없는 '경과 양상에 있어서의 객관'인바 현출과는 엄연히 구별되는 것이다. 그러므로 의식 즉 체험은 현출을 매개해서 그 객관과 관계하는 것이며, 바로 이 현출 가운데 '양상적으로 규정된 객관'이 현존한다"(Hua. X, S. 27)고 한다.

　한마디로 말하면, 우리의 사념의 시향을 초월적 객관으로부터 의식 내재적 영역으로 전향할 때, 거기서 현출하는 객관이 체험으로서의 내재적·지속적 객관(자기 동일성을 지닌 채 의식류 속에서 부침하는)이고, 그것이 시간의 경과(경과 성격) 속에서 어떻게 현출(현상)하는가, 즉 현재적(顯在的) 현재(現在)로서 현출하는가 아니라고 말한다. 우리가 만일 의식류의 세로(縱)의 지향성을 현상의 지속 또는 '발전'에 대한 지향성이라고 부를 수 있다면, 가로의 지향성은 그 현상을 가로질러서 단면적으로 보는 지향성이라고 할 수 있다. 가로의 지향성에 의해서 자기의 시위를 규정받은 즉 양상적으로 규정된 대상은 그 시위와 함께 고정된다고 말할 수 있다. 물론 대상의 위상도 의식의 흐름과 일치해서 하나의 계열을 이루지만, 세로의 지향성이 흐름의 부단함을 가리키는 것과 구별해서 여기서 잠정적으로 고정이라고 말한 것이다. 이 고정화에 있어서 그 대상은 어떤 것의 현상으로서 파악된다. 즉 현상은 '표시하는 내용'(darstellende Inhalte)이 되는 것이다.

'가로의 지향성'과 구별되는 의식류의 '세로의 지향성'(Längsintentionaliät)이란 후설 자신이 '본래적 시간역(時間域)'(das eigentliche Zeitfeld)이라고 하는 것이요, "그 흐름 자신의 통일이 일차원적 의시간적 질서로서 구성된다"[47]고 하는 지향성이다. 뒤에서 자세히 밝히겠지만, 파지는 언제나 끊임없이 선행하는 제 위상의 연속적 파지이다. "우리가 의식류의 임의의 위상(음 지금과 음 지속의 어떤 연장이 이제 막 지나가버렸다는 양상으로 현출하는 위상)을 붙잡아본다면, 그 위상은 전-공재적(前-共在的)으로

면 지나가버린 것으로(혹은 장차 다가올 것으로서) 현출하는가 하는 시간 성격의 규정을 받은 것이 '양상적으로 규정된 객관'이다. 그리고 전자는 후자의 현출을 매개해서 자기의 대상과의 관계(즉 내재적·지속적 객관을 다시 지향적 대상으로 삼는 관계)가 성립되는 것이다. "그러므로 '지향성'이란 말은 이의적(二義的)으로 인식하지 않으면 안 된다. 즉 우리가 현출(Erscheinung)과 현출하는 것(Erscheinende)과의 관계에 주목하는가, 아니면 한편으로는 '양상적으로 규정되어서 현출하는 것'에 대해 주목하면서, 또 다른 한편으로는 현출하는 것 자체에 대한 의식의 관계에 주목하는가에 좇아서 이의적(二義的)으로 인식되어야 한다"(*Hua*. X. S. 27).

46 *Husserliana* X, S. 117.

47 같은 책, 82쪽.

통일된 파지들의 연속(eine im Vor-Zugleich einheitliche Kontinuität von Retentionen)을 포함하고 있으며 이 연속은 연속적으로 선행하는 흐름의 위상들의 순간적 연속 전체(die gesamte Momentankontinität)의 파지인 것이다."[48]

여기서 전-공재(Vor-Zugleich)라 함은 한순간 안에서의 이질적 감각 대상, 예컨대 음과 색의 공재(이것은 후술하는 동시성의 원리가 된다)가 아니라, 근원인상을 기점으로 이에 대한 파지, 또 그 파지의 파지…로 구성된 계열로서의 위상들의 계속체를 말한다. 즉 파지 변양(把持變樣) 계열(系列)의 종적 공재의 의식이다. 다시 말하면, 전-공재란 "하나의 근원 감각과 결합하고 그 각각의 이전의 지금의 파지적 의식〔이전의 지금의 근원적 기억〕인바 제 위상의 연속체"[49]이다.

근원인상은 과거로 침퇴하여 파지로 되지만 바로 그 파지에 있어서 '이제 막 지나간 의식'을 나는 직하에 지금에 있어서 붙잡는다. 그런 의미에서 지나간 것은 '전'의 것이지만 지금과 함께 있(共在)는 것이다. 이와 같이 파지에 있어서 지나간 위상과 지금의 위상은 겹쳐(합치해) 있다. 이것을 후설은 '전-공재'라고 한다.[50] 그리하여 '세로의 지향성'이란 하나의 근원인상을 제1항으로 하여 거기 대한 파지(제2항), 이 파지에 대한 파지(제3항), 다시 파지의 파지의 파지(제4항)…로 소급하여 이어지는 파

---

48 같은 책, 81쪽.

49 같은 책, 79쪽.

50 김규영은 세로의 지향성을 '전-공재적'이라고 할 수 있다면 '가로의 지향성'의 성격은 단적으로 '현-공재적'(Da-Zugleich)이라고 말하고 싶다고 제창한 바 있다(『시간론』, 1987. 211쪽). 이것은 두 지향성을 분간하는 데 매우 적절한 표현이다. '세로의 지향성'이 '전-공재적' 흐름의 계기라면 '가로의 지향성'은 그 흐름을 단면적으로 자른, 그리하여 세로와 가로가 교차하는 면으로 볼 수 있다.

지들의 전 계열―그 파지 계열은 '전-공재적' 통일적으로 연속된다. 그러나 그 파지 계열은 의식의 독특한 지향성인 파지들의 계열이므로 객관적 시간이 침투할 여지가 전혀 없는 순간의 연속이다―로서 일방향적 의식류의 흐름을 파악한 것이다. 그것은 시간의 흐름의 성격과 부합한다.

그러나 그것은 어디까지나 의시간적 질서이다. 그것은 "시간 구성적 흐름으로서의 절대적 주관성"[51]이다. 즉 의식 내재적으로 부침하는 현상으로서의 객관적 시간을 구성하는 그 저류로서의 절대 의식류요, 선-현상적 · 선-내재적 시간성(die präphänomenale, präimmanente Zeitlichkeit)이다. 그런 만큼 이것은 저 자신의 구성의 근거를 다른 어디에서 구할 수 없는, "의식류 그 자신의 통일까지도 스스로 구성하는 유일한 의식류"[52]이다.

유일한 의식류 속에는 마치 동일한 사상(事象)의 양면처럼 서로 뗄 수 없이 통일되어서 서로 다른 쪽을 요구하는 두 개의 지향성이 얽혀 있다고 하겠는데, "그 한쪽의 지향성〔가로의 지향성〕에 의해서 내재적 시간 즉 지속적 존재(시간 객관)의 지속과 변화가 있는 진정한 시간, 객관적 시간이 구성되고, 다른 지향성〔세로의 지향성〕에 있어서는 흐름의 제 위상의―흘러가는 '지금'점 즉 현재성의 위상과 일련의 선-현재적(先顯在的 : voraktuell) 및 후-현재적(後顯在的 : nachaktuell, 아직 현재적이 아닌) 제 위상을 언제나 필연적으로 갖고 있는 흐름의 제 위상―의시간적 배열이 구성된다."[53] 다시 부연하면, 전자에서는 동시성 및 시위의 객관화의 계기(契機)가 구성되고, 후자에서는 시간의 지속과 계기(繼起)의

---

51 *Husserliana*, X, S.74.
52 같은 책, 80쪽.
53 같은 책, 83쪽.

계기가 구성된다.

2. 근원인상과 의식의 변양에 의한 시위의 결정 : 시간 양상의 구성

우리는 앞에서 의식류에 이중의 지향성이 동시에 내재해 있음을 보았다. 하나는 세로의 지향성으로 시간의 지속성을 구성하고, 다른 하나는 가로의 지향성으로서 시간의 위치(시위)를 결정한다. 그러나 지향성은 여전히 의식의 성격이다. 우리는 의식인 근원인상에서 어떻게 시위가 결정되는가를 검토하고자 한다.

1) 지각의 의미

의식 내재적 대상이 거기에서 부침(浮沈)하는 경과 성격으로서의 근원적 의식(Urbewuβtsein)을 후설은 흐름이라고 불렀다. 이 의식류는 모든 시간 구성의 기저가 된다. 이를 밝히기 위해 우리는 먼저 지각의 의미를 살펴 볼 필요가 있다.

후설은 지각의 의미를 네 가지로 구별한다.

1) 기적의 지각, 즉 빽! 빽! 하는 소리의 지각.

2) 지속하는 음 내용 자체의 지각 및 지속하는 음 과정의 지각.

3) 음 지금(Ton-Jetzt)의 지각 및 동시에 그것과 결합된 '음의 직전의 기재(既在)'(Ton-Soeben-geween, 음이 방금 있었음)에로의 주의.

4) 지금에 있어서의 시간의식의 지각. 종합적으로 말하면, "나는 빽! 하는 소리가 지금 현출함을 주의하고 또 이러이러하게 과거 속으

로 번져가는 삑! 소리가 지금 현출함을 주의한다(이 지금 속에 지금 난 삑! 소리의 위상(eine Jetzt-Pfiff-Phase)과 사영(射影)의 연속이 나에게 현출한다).”[54]

이 지각의 네 가지 의미 속에서 우리는 몇 개의 중요한 사실을 분석해볼 수가 있다. 첫째, 지각은 감각을 기초로 하고 있다는 것이다. 물론 후설이 사용하는 지각 개념 속에는 넓게는 재생적 기억(즉 상기)과 같이 지나간 것을 현재에 있어서 현전화(現前化, Vergegenwärtigung)하는 작용까지 포함되어 있으나, 구체적이고 한정적으로는 시간 객관이 개별적으로 지금 속에 현출할 때 그것에 대한 의식만을 함축한다. 즉 본질적 의미의 지각은 시간 객관이 “원본적 자기 소여”[55](originär selbst gegeben)일 때의 의식이요, 따라서 “근원적 능여(能與) 작용”[56](ursprünglich gebender Akt)이다. 이때의 지각이란 “어떤 것을 그 자신으로서 목전에 제시하는 작용이요, 객관을 근원적으로 구성하는 작용이다.”[57]

둘째, 원본적으로 주어진 근원인상은 합법칙적 형식으로 지금을 구성한다. 지금의 구성의 원점은 근원인상(Urimpression)으로서의 지각이다.

셋째, 근원인상은 파지 변양함으로써 사영의 연속을 현출시킨다. 여기에서 시간의 연속성과 동시에 의식류의 연속성이 구성된다. “인상에는 파지의 꼬리와 예지의 지평이 결합되기”[58] 때문이다.

---

54 같은 책, 112쪽 이하.
55 같은 책, 38쪽.
56 같은 책, 45쪽.
57 같은 책, 41쪽.
58 같은 책, 112쪽.

넷째, 주의하는 의식이니, 이것은 의식의 지향성으로서 시간 구성 즉 절대적 시위 결정의 근원이 되는 것이다.

이것을 더 자세히 밝히기 위해서는 의식류의 원본적(原本的) 계기가 되는 근원인상(Urimpression)·파지(Retention)·예지(Protention)를 고찰하지 않을 수 없다.

2) 시간의식과 시간 양상

시간 양상이란 현재·과거·미래를 말한다. 존재에 유추해서 말한다면 현실성·필연성·가능성이라고도 할 수 있다. 후설은 때로 이 시간 양상을 '시간 성격'(Zeitcharakter)이라고도 한다. 그러나 그가 말하는 시간 성격이라는 개념 속에는 현재·과거·미래라는 세 양상뿐 아니라─이것들을 시간의 1차적 양상이라고 한다면─'이전', '이후' 등 2차적 양상까지도 포함된다. 시간 양상은 현상학적으로 어떻게 구성 내지 규정되는가?

현상학적으로 시간 양상은 시간 객관의 소여 방식에 따라 결정된다. 다시 말하면, 의식의 변양과 거기 따르는 내재적 대상이 나타나는 방식에 따라 시간 양상이 결정된다. 즉 시간 양상은 의식의 변양에 의거한다. 의식류의 변양과 시간의 경과와는 평행하고 전자가 주어지는 방식은 곧 시간 양상을 드러낸다. 변양하지 않는 근원인상에서는 시간 객관은 지금으로서 나타나고, 파지에 있어서는 '이제 막 지나간' 시위가 주어지며, 예지에는 '곧 다가올 지금'이 주어진다. 근원인상·파지·예지는 의식류로서 의시간적 질서이거니와, 거기에 기초해서 비로소 현재·과거·미래라는 시간 양상이 구성되는 것이다.

시간적 객관의 소여 방식에 상응해서 시간의식의 작용도 성립한다.

시간의식은 다음의 세 영역으로 구분된다.[59]

　　1) 현전화(Gegenwärtigung, Präsentation) 즉 근원인상·파지·예지. 이것은 1차적 시간 양상을 구성한다.

　　2) 상기 작용(Vergegenwärtigung, Repräsentation, 재현 작용) : 재현과 예기는 2차적 시간 양상 즉 '이전', '이후'·시간의 거리 등을 구성한다.

　　3) 상상의 현전화(Phantasie-Vergegenwärtigung) : 상상의식에 있어서의 시간 양상의 구성.

3) 근원인상과 지금의 구성

가령 지금 '땡!' 하고 한 음이 울렸다고 하자. 그 순간의 감각을 토대로 해서 만들어진 음 지각을 근원인상, 근원감각(Urempfindung) 또는 근원의식(Urbewußtsein)[60]이라 한다. 그러나 다음 순간에는 벌써 그 근원인상은 과거로 침퇴하여 의식의 변양(Modifikation)이 생긴다. 의식은 변양되지 않을 경우 감각 또는 인상이라고 하는데 후설은 그것을 특히 근원인상이라 한다. 근원인상이 과거로 침퇴하여 생기는 의식의 변양 즉 변양된 의식을 파지(Retention)라 한다. 근원인상은 파지로 변양되기 직전까지의 의식이다. 근원인상은 점적인 현재가 지금으로서 나타날 때의 의식이라고도 말할 수 있다.

---

59 같은 책, 108쪽 참조.

60 30년대의 시간론에서는 근원인상을 체험의 핵(Erlebniskern), 원천점(Quellpunkt), 원천적 지금(Quelljetz), 근원 현재(Urpräsenz), 본래적 현재의 핵(Kern eigentlicher Gegenwart)이라고도 한다(K. Held, *Lebendige Gegenwart*, S. 19 참조).

"근원인상은 절대로 변양되지 않는 것이며, 그 밖의 일체의 의식과 존재에 대한 원천이다. 근원인상은 지금이라는 말이 가장 엄밀한 의미로 해석될 때 그 말이 의미하는 것을 그 내용으로 삼고 있다. 새로운 지금은 모두 새로운 근원인상의 내용이다."[61] 근원인상은 이와 같이 지속하는 내재적 시간 객관의 산출이 시작되는 원점이기도 하다. "근원인상은 이〔변양에 의한 새로운 변양의〕 산출의 절대적 출발점이어서 그 외의 것은 모두 끊임없이 거기에서 산출된다. 그러나 근원인상 자체는 산출되지 않는다. 그것은 산출된 것으로서가 아니라, 자연 발생(genesis spontanea)에 의한 것이며, 근원적 생산(Urzeugung)이다. 근원인상은 무엇으로부터 성장된 것이 아니라(그것은 배종(胚種)을 갖지 않는다), 근원적 창조인 것이다."[62]

파지가 때때로 근원인상의 꼬리 즉 '혜성의 꼬리'(Kometenschweif)로 비유되지만 근원인상은 바로 그것의 '핵'에 해당한다. "이 의식〔근원인상〕은 항상적 변양 속에서 파악되며, 유체적(有體的) 음 지금(Ton-Jetzt)은 끊임없이 기재(ein Gewesen)로 변양하고, 다음 다음의 새로운 음 지금이 변양된 음 지금과 부단히 교체하고 있다."[63] 그리하여 근원인상은 모든 의식 변양이 시작되는 '원점'이요 '개시점'으로서, 대상화나 파악 작용을 전혀 포함하지 않고 직하(直下)에 단적(端的)으로 직관되는 의식이다.

후설의 시간론에서 이 근원인상은 '지금'을 구성한다. "지금이 〔근원〕인상에 의해서 구성되고, 이 인상에는 파지의 꼬리와 예지의 지평이

---

61 *Husserliana* X. S. 67.
62 같은 책, 100쪽.
63 같은 책, 29쪽.

결합되어 있다.”[64] 근원인상은 부단히 파지로 변양한다. 근원인상이 지금이 구성되는 원천이라면 파지는 과거가 구성되는 원천이다.

지금을 구성하는 지각을 근원인상이라 하거니와, 이때 시간 객관은 지금이라는 한 점의 위상에서만 현재적으로 현출한다. 그러나 사실은 시간 객관은 하나의 연속체가 아닌가? 이 물음에 대하여 후설은 다음과 같이 설명한다.

마치 붉은색의 종별(Spezies)의 연속체가 이데아적이고 순수한 붉은색으로 수렴되는 과정에 아무런 단절도 생각할 수 없듯이, 시간 객관에 있어서도 지금과 ‘이제 막 지나간 과거’ 사이에는 “관념적 한계에 향하는 상승의 연속체”(Steigerungskontinuum gegen eine ideale Grenze)[65]가 있다. ‘관념적 한계’를 기준으로 해서 현재와 과거를 어떤 방법으로든 단절시킨다면 지각은 지금을 구성하는 부분과 과거를 구성하는 부분으로 분할될 것이다. 그러므로 이때 지각이란 제 작용 성격(Aktcharaktere)의 연속을 결합하고 그리하여 저 관념적 한계〔즉 지금〕를 소유하는 것을 그 현저한 특징으로 삼는 작용 성격을 가리킨다. 이 관념적 한계를 갖지 않는 이 같은 연속성은 단순한 기억이다.

그러므로 “지각〔근원인상〕이란 순수한 지금을 구성하는 의식의 위상이며, 기억이란 그 밖의 연속성의 제 위상일 것이다.”[66] 따라서 “시간 객관을 지각하는 경우 (…) 지각〔근원인상〕은 언제나 ‘지금통각’(Jetztauffassung)에, 즉 〔시간 객관을〕 지금으로서 정위한다는 의미에서의 지각에 종착한다. 〔예컨대〕 운동이 지각될 때는 순간마다 차례로

---

64 같은 책. 114쪽.
65 같은 책, 40쪽.
66 같은 곳.

〔운동의 각 시점을〕지금으로서 파악하는 작용(Als-Jetzt-Erfassen)이 일어나고, 이로 인해서 〔그 가운데에〕 운동 자신의 지금의 현재적(顯在的) 위상(aktuelle Phase)이 연속적으로 구성된다. 그러나 이 지금통각은 말하자면 파지라는 '혜성의 꼬리'에 대한 그 핵에 해당하는 것이며, 운동의 그 이전의 제 지금점에 관계하는 것이다. 그러나 지각이 그 이상 일어나지 않게 되면 우리는 그 이상 운동을 알 수 없게 된다."[67] 이것은 근원인상 즉 지각이 지금통각으로서 지금을 구성하는 근원임을 말한다.

그러나 순수한 지금이란 문자 그대로 하나의 관념적 한계일 뿐이요 따라서 개념적 추상물에 불과하다. 이런 관념적 한계로서의 '지금'과 구별되는 현재는 과거 및 미래와 연속되는 지평을 갖는 것이다. '지금'에는 지평이 없다.

그렇다면 여기에 부득이 지각 개념의 확장을 말하지 않을 수 없다. 가령 멜로디 전체를 의식하는 경우를 생각해보자. 멜로디는 그것이 울리고 있는 동안은 그 멜로디 전체에 속한다. 그리고 그것이 통각 연관 속에서 사념(思念)되는 동안은 '현재적인 것'으로서 현출한다. 멜로디 전체로서 보면, 마지막 음이 끝나야 비로소 과거로 된다. 그렇다면 사념적 지향이 멜로디라는 이 객관 전체에 향하고 있을 때 우리는 그것에 대한 지각을 가지고 있는 셈이다. "그러므로 과거 자체는 지각된 것이라고 말한 것이다. 실제로 만일 우리가 지나가는 것을 지각하지 않는다고 한다면 상술한 경우 방금까지 있었다(Ebengewesensein)고 하는 것, 즉 '이제 막 지나갔다'(soeben vergangen)는 것을 그 자기 소여성에 있어서, 〔다시 말하면〕 그 자신이 주어져 있다(Selbstgegebensein)는 방식으로 직접적으

---

[67] 같은 책, 30쪽.

로 의식할 수는 없지 않은가?”[68] 이렇게 보면 “시간 객관 자신을 준다 (selbst zu geben)고 자부하는 작용은 반드시 그 자신 안에 ‘지금 통각’이 나 ‘과거 통각’(Vergangenheitsauffassung) 등을 포함하고 있어야 하며, 더 욱이 근원적으로 구성하는 방식으로 포함하고 있어야 한다.”[69]

이렇게 보면 점적인 지금을 구성하는 근원으로서의 지각은, 시간 객 관이 연속체로서 과거 및 미래에 연장되느니 만큼, 이 연속성의 구성을 위해서 마땅히 확장되어야 할 것이다. 그러나 사실적으로나 논리적으로 그것은 불가능하다. 왜냐하면 과거와 미래까지도 사실에 있어서 지금 위 상의 의식 즉 지각에서 구성된다고 하면, 현재·과거·미래라는 시간 양상은 무차별적으로 되어버리고 말 것이기 때문이다. 그러므로 과거 및 미래를 구성하는 의식은 지각 자체가 아니라 변양된 지각이라야 한 다. 과거를 구성하는 변양된 지각은 파지이고 미래의 그것은 예지이 다. 그리고 시간 객관의 연속성은 작용 연속체 즉 파지 변양의 계열로 서 구성된다.

4) 파지에 의한 과거의 구성

근원인상이 막 끝난 다음에도 우리는 아직 그 근원인상을 보유(in Griff behalten)하고 있는데, 이것을 파지라고 한다. 스칠라시(W. Szilasi)는 이 개념을 적절하게 설명하고 있다. “가령 내가 무슨 말을 할 때 나는 방금 말한 것을 아직 간직하고 있으며 곧 다음에 말할 것을 간직하고 있 다. 그렇지 않으면 사고의 연속성이 없게 된다. 이때 과거에 관계된 기능을 파지(Retention)라 하고, 미래에 관계된 기능을 예지(Protention)

---

[68] 같은 책, 39쪽.
[69] 같은 곳.

라 한다."[70]

　파지는 의식의 변양이긴 하나, 인상적 소여가 다만 형식만 바뀐 채 내실적으로 보지되어 있는 그런 변양이 아니라, '일종의 특수한 지향성'이다. "하나의 근원적 여건(Urdatum), 하나의 새로운 위상이 현출할지라도 그에 선행하는 위상은 〔그것에 밀려서〕 그냥 사라져버리는 것이 아니라, '의식 속에 보유되어 있다'(im Griff behalten od. im Begriff behalten) 〔즉 '파지된다'〕. 그리고 파지에 의해서 경과한 것에 대한 회고가 가능하다. 파지 자체는 경과한 위상을 대상으로 삼는 회고가 아니다. 나(의식)는 경과한 위상을 파지하면서 현재의 위상에 살고 있으면서, 이 현재적 위상을 ― 파지 덕분으로 ― 〔경과한 위상에〕 연결시킨다."[71] 그러나 "파지 자체는 '작용'〔즉 파지적 제 위상 계열 속에서 구성된 내재적 지속 통일〕이 아니라, 경과한 위상에 대한 순간적 의식이며 동시에 다음 위상의 파지적 의식에 대한 기반이다."[72]

　가령 비유적인 예로 기차를 타고 서울을 출발하여 부산으로 가는 승객이 있다고 하자. 차창 밖에는 전신주가 획획 지나가고 있다. 한 전신주가 다가와서는 곧장 사라지고 다음 전신주가 시야에 들어온다. 이제 막 뒤로 물러선 전신주 ― 전신주 자체는 사라져서 이미 시야 속에 없건만 ― 를 나는 아직 의식 속에 간직하고 있다. 이 아직 남아 있는 (전신주에 대한) 의식이 파지이다. 그리고 아직 시야 속에 들어오지는 않았으나 곧 들어오리라고 예상하는 의식이 예지이다. 그러나 이때 파지를 상기와 혼동해서는 안 된다. 파지는 근원인상이 의식 속에 남긴 잔영이요, 다시

---

70 W. Szilasi, *Einführung in die Phänomenologie Edmund Husserls*, S. 83.

71 *Husserliana* X, S. 118.

72 같은 책, 118쪽.

말하면 잔영 의식(殘影意識)이다. 이와는 달리 상기는 예컨대 부산역에 내려서 지나온 과정이나 노변 풍경, 옆자리에 앉았던 기품 있는 여인을 현재의 의식 속에서 재생시켜보는 것이다. 파지가 1차 기억이라면 상기는 2차 기억이다.

그러나 이때 파지를, 근원인상을 일으켰던 음이 남긴 여운 즉 약해진 음에 대한 감각과 혼동해서는 안 된다. 약해진 음은 파지적 의식에 내실적으로 존재하는 것이 아니다. "더구나 파지적 의식에 부속하는 음의 계기는 내실적으로 존재하는 별개의 음도 아니고 또 미약해진 동질의 음(즉 여운으로서의 음)도 아니다. (…) 여운이 존재한다는 것을 부정할 수는 없다. 그리고 여운을 인식하고 구별할 때 우리는 곧 그것이 결코 파지 자신에게는 속하지 않고 지각에 속한다는 것을 확인한다. 바이올린의 음의 여운은 비록 약해졌다 하더라도 바로 지금의 바이올린의 음이며, 바로 지금까지 존재하던 근원적 소여로서의 음 자체의 파지와는 다르다. 여운으로 남아 있다고 하는 것 자체는, 일반적으로 감각 여건의 뒤에 남은 잔영은, 파지의 본질과 아무런 관계가 없다."[73]

파지는 근원감각이 남긴 위상을 '아직도 붙잡고 있는' 순간적 의식인 동시에 바로 다음의 위상의 파지 의식의 토대를 이루는 것[74]이다. 그리하여 파지는 '이제 막 지나간' 선행 위상을 대상화하지 않고 직하에 직관하는 의식이므로 그것은 과거가 아니다. 오히려 "생생한 유적(流的) 현재가 과거의 지평으로 보지하면서(behaltend) 이행하는 것이다."[75] "파지는 지금의 '생생한 지평'(der lebendige Horizont)을 구성하고, 그 파지에 있어

---

73 같은 책, 31쪽 이하.
74 같은 책, 118쪽 참조.
75 G. Brand의 같은 책, 81쪽.

서 나는 '이제 막 지나갔다'는 것을 의식한다. 그러나 그때—가령 이제 막 들리고 있던 음을 파지하고 있는 경우—[파지에 의해서] 원본적으로 구성되는 것은 지금의 위상의 후퇴뿐이다."[76] 한마디로 말하면, 파지란 지나간 것에 대한 회고를 가능케 하는 의식이다. 근원인상이 과거로 침퇴함에 따라 그것을 '이제 막 지나간' 과거로서 직관하는 의식이 다름 아닌 파지이다. 그러므로 근원인상이 지금 직관인 것처럼, 파지는 과거 직관이다.

지속하는 시간적 존재의 '산출'이 시작되는 원점을 근원인상이라 하였거니와, 이 근원인상은 부단히 과거로 침퇴한다. 즉 유체적(有體的) 음이 울리는 지금점은 한순간도 머무르는 일 없이 곧바로 기재(ein Gewesen)로 천이한다. 그리고 거기에 곧 잇대서 새로운 음 지금이 뒤따른다. "그러나 음 지금의 의식 즉 근원인상이 파지로 이행하더라도, 이 파지 자신은 하나의 지금이며 현재적(顯在的)으로 현존한다. 파지 자신은 현재적이지만(현재적 음이 아니다), 그러나 그것은 기재적 음의 파지이다."[77] 다시 말하면, 음 자신은 이미 기재적인 것으로 이행하였건만 파지는 의연히 현재적이라는 것이다. 사념의 빛은 지금 즉 파지 자신에 향할 수 있으나, 그 빛은 파지적으로 의식된 것에로 즉 과거의 음에로 향할 수도 있다.

그러나 의식의 현재적 지금은 모두 변양의 법칙[78]에 따른다. 모든 지

---

76 *Husserliana* X, S. 43. '지금'에게 '지평' 개념을 부여한 것은 어색하다.

77 같은 책, 29쪽.

78 변양의 법칙(Gesetz der Modifikation) : 변화는 그 본질이 다른 것으로 됨을 의미하나 변양은 자신의 본질을 유지하면서 다른 관련 속에 들어감을 의미한다. 지속하는 시간적 존재에 대한 의식은 근원인상에서 출발한다. 그러나 이 근원인상은 한순간도 머무르는 일 없이 곧바로 과거로 침퇴한다. 그와 함께 거기 잇따라서 새로운 지금 의식이 산출된다. 이것도 다음 순간에는 이미 과거로 침하하고 만다. 이것이 의

금은 파지의 파지에로 천이한다— 항상적으로. 그 결과 파지의 끊임없는 연속체가 생기고, 거기에서 그 이전의 각 시점은 뒤의 각 시점에 대한 파지로 된다. 그러므로 모든 파지는 제각기 이미 연속체인 것이다. "왜냐하면 위상의 연속은 (…) 제 파지의 연속 이외의 다른 것이 아니기 때문이다."[79] "음이 울리기 시작하고 '그것'은 끊임없이 울리고 있다. 음의 지금은 음의 기재로 변이하고, 인상적 의식은 끊임없이 흘러가면서 다음 다음으로 새로운 파지적 의식으로 이행한다. 흐름에 좇아서, 흐름에 동행함으로써 우리는 기점(起點)에서 발생하는 일련의 부단한 파지를 소유한다."[80]

식의 변양이다. 따라서 모든 변양은 항상(stetig) 변양이다. 변양이라고 할 때 우리는 우선 근원인상이 차례로 천천히 소실(abklingen)되어 갈 때의 그 변화에 주목하게 된다. 그러나 모든 변양은 분명히 같은 의미로 그것에 선행하는 임의의 변양의 변양이라고 보여진다.

"시간적 변양은 모두 하나의 연속체 안의 비독립적 한계이다. 이 연속체는 '일방향적'으로만 즉 근원인상 쪽으로만 한계를 갖는 직접적(orthoid) 다양체의 성격을 가지고 있다. 이와 같은 다양체는 원시인상에서 시작하여, 변양으로서 한 방향으로 진행한다"(*Husserliana* X, S. 99).

후설이 비유적으로 해석하는 바에 따르면, 강도(強度)의 연속성의 경우 앞에서 말한 변양의 일방향적 연속성과 그 성격을 같이 한다. 즉 b가 a의 상승(上昇)이라고 한다면, c는 a에 대해서는 상승의 상승이다. 각 점은 상호의 연속성에 의하여 다만 그것에 선행하는 한 점과의 관계에 있어서만 상승인 것이 아니라, 상승의 상승의 상승이기도 하고, 이것은 무한히 그럴 수 있다는 것이다. 시간적 변양의 경우도 그와 마찬가지이다. "시간을 구성하는 연속체는 변양의 변양의 부단한 산출의 흐름이다. 반복이라는 의미에 있어서의 제 변양은 현재적 지금에서, 즉 그때 그때의 근원인상 U에서 출발하여 끊임없이 진행하는 것이다. (…) 이것이 연속적 산출의 특징이다. 변양은 끊임없이 다음 다음으로 새로운 변양을 산출한다. 근원인상은 이 산출의 절대적 출발점이며, 원천이며, 그 밖의 것은 모두 끊임없이 거기에서 산출된다" (같은 책, 100쪽).

79 같은 책, 30쪽.
80 같은 책, 29쪽.

파지는 항상적으로 변이한다. 즉 파지의 파지의 파지…가 가능하다. 이러한 파지 변양의 법칙에 좇아서 '시간 구성적 연속체'가 성립한다. 그리하여 파지는 한편으로는 과거 직관의 기초인 동시에 다른 한편으로는 시간을 구성하는 연속체가 성립하는 원천이 된다. 특히 후자의 경우에 결정적 역할을 하는 것은 근원인상이 남긴 사영으로서의 파지이다. 시간 구성적 연속체는 바로 이 사영의 연속성이다. 요컨대 파지는 과거 직관의 근원이긴 하나 '지금 막 지나간' 시간 객관에 대한 현재적(顯在的) 지금에 있어서의 의식이요, 그것이 근원인상과 다른 점은, 첫째, 근원인상에 있어서는 시간 객관이 현재적으로 내실적으로 있는 데 반하여 파지에 있어서는 그것이 비현재적(非顯在的)·내실적으로 있다는 것이요, 둘째, 근원인상이나 파지는 작용으로서는 다같이 지금에 있어서의 지향성이지만 근원인상이 점적인 것으로서 시간 객관의 산출의 원점이요 부단히 지금·지금·지금으로 천류하는 데 반하여 파지 의식은 근원인상의 꼬리로서 사영 의식이라는 것이다.

파지는 그 기능의 면에서는, 즉 '일종의 독특한 지향성'으로서 파지 변양의 계열(파지의 파지의 파지…)이라는 면에서는, 시간의 연속체를 구성하며 동시에 지금에 있어서의 과거 직관을 가능하게 하는 근거가 된다. 파지는 과거라는 시간 양상을 구성하는 근원인 것이다.

5) 예지에 의한 미래의 구성

상술한 바와 같이, 파지는 의식에 나타난 것에 '이제 막 지나갔다'는 것을 각인하는 것이지만, 그런 의식은 가까운 과거를 상기시키는 직관이다. "현재의 인상에 관해서, 파지가 과거에 있어서 점하는 위치를 미래에 있어서 점하는 것이 예지이다. 예지는 '와야 할 것' 자체를 공허하게 구성하고 붙잡아 충실(erfüllen)시킨다."[81] 따라서 그런 예지는 무규정적이어서 얼마든지 달리 변할 수도 있고 없어질 수도 있다.

그와 반대로 과거에 관계하는 상기의 내용은 규정되어서 움직일 수 없다. 즉 예지는 지금에서는 아직 충실되지 않고 도래할 것이 지금에 이르러서야 비로소 충실되는 것이므로 지금에서 볼 때는 '아직 없는 것'이면서 그러나 이 지금에 '앞서 있는 것'이다. "과거 지향〔파지〕은 제 관련이 개명(開明, Herausstellung)됨으로써 필연적으로 충실된다."[82] "이에 반하여 〔예지적〕 예기는 지각에 의해서 충실된다."[83]

디이머도 지적하고 있는 바와 같이,[84] 후설의 초기 이론에 의하면, 미래는 근본적으로 과거에서 규정된다. 이것은 형식적 관점에서도 실질적 관점에서도 타당하다. 형식적 관점에서 보면 "기대 직관은 거꾸로 된 상기 직관"[85]이요, "상기는 선-경험인 미래의 통각의 기초이다."[86] 실질적 관점에서는 "미지성은 언제나 기지성의 한 양상이다."[87] "경험 속에 새로 들어오는 모든 실재적인 것은 세계 지평 속에 있다"[88]는 것으로 보아, 새로 만나는 것은 사실은 이미 과거에 의해서 미리 윤곽이 잡혀진 즉 기지성의 유형의 지평 속에 있는 것이요, 이 지평에서 모든 미지적인 것도 파악된다.

---

81 같은 책, 52쪽.

82 같은 책, 56쪽.

83 같은 곳.

84 A. Diemer, 같은 책, 123쪽 이하.

85 *Husserliana* X, S. 55ff.

86 *Ms*, B III, 1. S. 21(A. Diemer, 같은 책, 같은 곳에서 재인용).

87 *Erfahrung und Urteil*, S. 34.

88 같은 책, 30쪽.

파지의 경우와 마찬가지로, 예지도 그 자체가 곧 미래는 아니다. "예지는 생생한 유적(流的) 현재의 미래적 존재요, 미래의 지평으로의 의식의 선행(先行)이다."[89] 제각기의 지각은 그 파지의 뜰(Hof)과 예지의 뜰을 가지고 있어서 이것이 현재의 지평(Horizont)을 형성한다. 따라서 예지는 미래라는 시간 양상을 구성한다. 그리고 현재의 지평은 지각을 중심으로 한 파지와 예지의 뜰이 형성한다.

3. 동시성 · 계기 · 지속의 구성

시간 자체는 단지 일차원적 흐름이기 때문에 거기에는 동시성, 계기 및 지속의 계기를 쉽게 말할 수 없다. 이러한 계기들은 일차적 시간 양상과 마찬가지로 먼저 시간성에서 발견되며 시간 자체와는 간접적으로만 관계한다. 왜냐하면 모든 시간적 존재는 다른 시간적 존재에 대해서 시간 관계를 갖는데, 그 시간 관계의 방식이 예컨대 지속이요, 계기요, 또는 동시성이기 때문이다. 이런 시간 관계에서 보면 시간적 존재는 횡적으로는 일단 동일한 시각에 있으며(동시성), 종적으로는 과거에서 미래로 이행하는 연속성 속에 있고(계기), 시간적 존립의 크기 즉 시작과 끝이라는 한계(지속)를 갖는다.

1) 동시성의 구성

일반 시간 이론에서 볼 때 동시성은, 예컨대 옆방의 피아노 음율과

---

89 G. Brand, 같은 책, 81쪽.

거리의 자동차 소음이 나에게 한꺼번에 들릴 때 성립된다. 이 두 사건은 공간적으로 서로 떨어져 있고 존재적으로도 아무런 관련이 없건만 나에게는 동시적이며 순간적으로 발생하고 지각된다. 시간의 동시성은 이와 같이 한 시간적 사건이 다른 시간적 사건에 대하여 갖는 시간 관계이다. 그 동시성은 점적인 것이다. 따라서 시간이 상속하는 일차원이라고 할 때 동시성의 특징은 지속을 갖지 않는 것이라고 말할 수 있다. 질적으로 완전히 상이한 진행들의 평행성(Parallelität), 서로 떨어진 사건들의 시간적 일치, 생의 경과에 있어서의 시간의 공유 등은 바로 동시성의 현상이다.

이런 동시성이 후설에게서는 어떻게 구성되는가? 가령 음 a가 일정한 위상의 시점에서 근원인상 α에 의하여 지속적으로 구성되고, 그 근원인상의 변양이 새로운 인상(새로운 지금 계기)의 근원적 발생과 결합되어 있고, 다른 한편으로 색 b가―거기에는 근원인상 β가 대응한다― 그와 동시적인 내재적 통일체로서 a의 음점과 '동시적'인 한 점에서 보였다고 하자.

	근원인상	변양태
음 a	α	$\alpha\,'$
색 b	β	$\beta\,'$

이것을 위와 같이 도식으로 표시하면 α, β는 지금에 있어서의 '동시'이고 $\alpha\,'$, $\beta\,'$는 '동시적 기재'(ein Gleichzeitig-gewesen)[90]라고 할 수 있다.

---

[90] *Husserliana* X, S. 115.

이것이 동시성을 구성하는 이유는 무엇인가? "내재적 의식의 층에는 다양한 근원인상, 근원적 판타스마(Phantasma) 등 요컨대 근원적 제 계기가 속할 수 있는데(이것들을 내적 의식의 근원 계기라고도 말할 수 있다), 이 하나의 층에 속하는 근원적 계기들은 모두 동일한 의식 성격을 가지고 있으며, 이 성격은 바로 그것의 '지금'을 본질적으로 구성한다. 이것은 모든 구성된 내용에 대해 비슷해서, 이 성격의 공통성이 동시성 즉 '같은 지금'(Gleich-Jetzigkeit)을 구성한다.[91]

동시성의 구성에 대해서는 의식류의 방향의 일양성과 시간의 등속성이 전제되어야 한다. 의식의 파지 변양에 있어 a의 근원적 계기의 변양과 b의 그것 사이에 차이가 있어서는 안 된다. 이것을 후설은 '동종적(同種的)·동일적 경과 형식'이라 한다. 이런 전제하에서 다수의 근원감각이 '일시에'(aufeinmal) 발생하고 일양하게 파지된다면 바로 거기에서 동시성이 성립된다는 것이다.

2) 계기의 구성

시간의 근본 계기는 상속(相續, Sukzession, Nacheinander, Zeitfolge, 즉 繼起)이라 할 수 있다. 왜냐하면 계기는 시간적 이재(離在, Auseinander)를 결합시켜서 시간적 선후 사이에 동일성을 보장하는 것이기 때문이다.

시간적 선후를 연결하는 계기는 지금이다. 지금은 과거와 미래를 단절시키면서 한편으로는 양자를 결합시킨다. 계기는 후자 즉 결합을 근거로 해서 성립된다. 그러므로 계기는 선(先)에서 후(後)로의 불가역적·일방향적 연속성(Kontinuum)을 의미한다.

---

[91] 같은 책, 11쪽.

계기는 동시성과 불가분의 관계에 있다. 동시성이 의식류를 가로로 잘라서 본 시간 양상이라고 한다면, 계기는 의식류를 수직적으로 상속하는 측면에서 본 시간 양상이다. 전자는 "다수의 근원감각 상호의 '병재'(並在, Zusammen) 즉 전적으로 동일 형식의 제 양상의 병재요", 후자는 "여러 경과 양상의 연속 내부에 한 점을 끌어낼 수가 있는데 이때 이 시점 속에 있는 등형식(等形式)의 여러 경과 양상의 공재(共在, Zugleich), 아니 오히려 동일한 경과 양상"[92]이다. 단적으로 말해서 전자의 병재는 수많은 의식류의 계기가 '일시에'(한꺼번에) 있는 병재이며, 후자의 그것은 '전-공재'이다. 그러나 이 양자는 사실은 일방은 타방의 성립의 기초가 된다고 말할 수 있다. 그러므로 후설도 "시간적 계기 없이는 동시성도 있을 수 없고 동시성 없이는 시간적 계기도 있을 수 없기 때문에, 동시성과 시간적 계기는 상관적이오 불가분적으로 구성되어야 한다"[93]고 말한다.

이 시간의 계기가 후설에 있어서는 어떻게 구성되는가? 앞의 '전-공재'로도 짐작할 수 있듯이, 계기는 파지 계열 또는 (시간 객관의 면에서 보아) 새로운 지금의 계속적인 현출에서 구성된다. 파지의 계열은 이미 여러 번 설명하였으므로 재론하지 않거니와, 새로운 지금의 현출이란 언제나 새로운 지금(ein immer neues Jetzt), 즉 지금은 '지금 · 지금 · 지금…'이다. 이 언제나 새로운 지금의 현출은 파지 변양의 계열인 바 '전-공재'를 시간 객관의 현출 방식에서 본 것이다. 그러므로 양자 사이에는 본질적 차이가 없다. 새로운 지금은 전-공재의 원점이기도 하다. 이 지금을 기점으로 해서 계기의 부단한 계열이 서는 것이다.

---

92 같은 책, 7쪽.
93 같은 곳.

3) 지속의 구성

지속(duratio, Dauer)은 시간 객관의 일정 기간 동안의 자기 동일성의
유지, 즉 시간 객관의 시간적 존립을 의미한다. 그리하여 지속의 경우에
는 흔히 시간적 존립의 크기인 바 지속량을 말하게 된다. 예컨대 폭풍우
의 지속, 생명의 지속 따위가 그것이다. 이 지속은 어떻게 구성되는가?

전술한 바와 같이,[94] 후설에 있어서 지속이란 지속하는 어떤 것의 형
식, 시간 계열 속에서의 자기 동일자의 형식이다. 다시 말하면 의식류 자
체의 형식이 아니라, 초월적으로 자기 동일성을 유지하고 있는 시간 객
관이 의식류 속에서 존속하는 형식이다. 후설은 "모든 개별적 객관(내재
적이든 초월적이든 흐름 가운데서 구성된 모든 통일체)은 지속하고 또
필연적으로 지속한다. 즉 그것은 계속해서 시간 내부에 존재하며, 이 계
속적으로 존재하면서 자기 동일적인 것으로 있다"[95]고 한다. 이와 같이
시간류 속에 있는 시간 질료(時間質料, Zeitmaterie)의 자기 동일성을 통
해서 지속이 구성된다.

이를 좀더 상론하면 다음과 같다. 하나의 대상의 현출은 시간적 생기
로서 경과 현상의 연속이요 이것은 흐름 속에서 파악된다. 이 내실적 생
기에 반해서 통각 의미(Auffassungssinn)는 자기 동일적인 것으로서 보존
된다. 이 경우 시간 질료의 합치 종합은 필연적으로 파지 특히 재생을
요구한다. 파지에 있어서 '의미'는 자기 동일적인 것, 즉 잠재적 주제로
서 보지된다. 이 잠재성의 현재화를 통해 의미 특히 시간 질료는 비로소
자기 동일적인 것으로 구성되며, 그것은 또 필연적으로 재생을 요구한다.
재생을 통해 저 의미는 현재적(顯在的) 기억이 되는데 이와 함께 그것은

---

94 이 책의 469쪽 참조.

95 *Husserliana* X, S. 73f.

아직도 현재적인 의미와 합치된다. 이 경우 계속 유지되어온 의미에 있어서 구성된 것이 다름 아닌 지속이다. 왜냐하면, 지속이란 시간 위치의 변이에도 불구하고 자기 동일적인 것으로서의 계속적인 자기 유지이기 때문이다.[96]

그러면 시간 지속에 대한 의식은 어떻게 구성되는가? 아우구스티누스의 경우와 마찬가지로, 이 문제는 시간을 내재적 현상으로서 파악하는 시간론에서는 매우 어려운 대목이기도 하다. 왜냐하면 이 문제는 동시에 시간 측정의 문제를 수반하기 때문이다. 아우구스티누스의 시간론에서는 시간 지속의 문제는 시간 측정의 문제로 환원되어, 그것을 '정신 자체의 지속' 즉 현재에 있어서의 과거(또는 미래)의 인상의 길이(깊이)로서 처리되었다. 즉 지속량이 질화된 것이다. 후설의 경우도 여기에서 크게 벗어나지 않는다. 그는 지속을 과거화된 〔그때의〕 지금점과 현재적 지금점과의 거리로 보고, 이 의식이 구성되는 이유를 이렇게 말한다. "시간적 후퇴의 흐름 즉 의식 변양의 흐름과는 역방향으로 후퇴하면서 현출하는 객관이, 더욱이 지금의 시점에서 '이것'으로서 정립되는 객관이, 바로 그 절대적 동일성을 간직한 채로 통각되어 있기 때문이다."[97]

---

96 A. Diemer, 같은 책, 125쪽 참조.
97 *Husserliana* X, S. 65.

C. 살아 있는 현재

　　'살아 있는 현재'(lebendige Gegenwart)는 후설 시간론의 최후의 경지이다. 그리고 그것은 후설의 현상학을 단순한 방법론의 영역을 넘어서 존재론(형이상학)이 되게 하는 대목이기도 하다. 왜냐하면 '살아 있는 현재'란 다름 아닌 '정지한 지금'(nunc stans)으로서 옛날의 개념으로 말하면 영원한 하루와 같은 것이기 때문이다. 그것은 현대의 영원론으로 해석해도 무방하다.

　　우리는 여기를 근거로 해서 존재론적 기초를 획득하고자 하는 것이다. 보기에 따라서는 나의 이 저작은 '시간론'이지 '존재론'은 아니라고 말할 수도 있을 것이다. 그러나 시간론과 존재론은 상호 의존적이다. 다시 말하면 시간관은 존재관을 결정하고, 반대로 존재 사상은 시간론을 규정한다. 그리하여 설사 후설이 자타가 공인하는 존재론자는 아니라 하더라도, 후설의 시간론에 입각해서 그의 존재 사상의 일단을 살펴보는 것은 의미 있는 일이다. 그것은 현상학의 존재론적 기반을 성찰하는 것이기 때문이다. 이 책의 말미에 몇 가지 존재론적 결실을 적기하는 데는 이런 의도가 숨어 있다.

1. 후설의 후기 시간론

후설의 전기 시간론은 의식류의 지향성 분석을 통해 그 의식류 자신의 구조로서 구명되었다. 여기서 검토하고자 하는 후기의 시간론은 『이덴』(*Ideen I*)에 있어서만 하더라도 아직 '순수 자아'니 '자아극'이라고만 명명되는 데 그쳤던 자아에 대한 철저한 분석을 통해 획득된다. 의식의 지향성은 『이덴』 시기에는 노에시스-노에마(noesis-noema)의 상관 관계에서 탐구되었다. 그러나 지향성에는 이 두 관계항과 함께, 지향적 작용의 원천이라고 할 수 있는, 코기토(cogito)의 수행자로서의 순수 자아인 에고(ego)가 속해 있음을 보았다. 후설은 만년에 이르러 이 에고(ego)를 순수 자아(자아극), 절대적 자아로서 주제화한다.

하나의 본질 영역을 천착하기 위해 후설은 매양 환원이라는 전가보도(傳家寶刀)의 방법을 활용하거니와, 이 절대적 자아를 획득하기 위해서도 환원이 요청됨은 말할 것도 없다. 주지하는 바와 같이, 형상적 환원을 통해서는 체험의 본질이 획득되고, 초월론적 환원을 통해서는 객관적 시간의 유보와 함께 절대 의식류의 시간성이 노현된다.

그러나 그것만으로는 아직 저 절대적 자아극을 주제화하는 데까지 미치지 못한다. 그리하여 다시 요구된 것이 (전기 두 환원을 '최초의 환원'이라 하고) 이 "판단 중지(Epoché)의 최초의 상정(想定)에 대한 원리적 수정"[98]이다. 부연하면, 위와 같은 최초의 현상학적 환원은 초월론적 제 작용과 능작(能作, Leistung)의 기능을 수행하는 자아, 즉 작용의 궁극적 담당자인 에고에까지 미치기에는 너무 소박하다는 것이요, 따라서 모든 구성

---

[98] *Husserliana* VI, S. 190.

의 궁극적이고 유일한 작용 중추로서의 절대적 자아에 도달하기 위해서는 에포케(Epoché)의 최초의 상정(想定)에 대한 제2의 자각적 변형이 가해지지 않으면 안 된다는 것이다. 후설은 이 절대적 자아에로의 환원을 '제2의 에포케', '에포케의 자각적 변형',[99] 또는 '철저한 반성'(radikalisierte Reflexion)이라고 한다. 제2의 에포케란 초월론적 자아의 생 자체로의 환원 즉 자아의 초월론적 작용 자체로의 환원을 의미하겠는데, 이 자아야말로 모든 의식 활동이 거기에서 발원하는 원천이요, '절대적으로 오직 하나의 최종적으로 기능하는 자아'(letztfungierendes Ich)인 것이다.

환원이란 본디 초월적 세계의 유보를 통한 내재화의 과정이므로 그것은 반성이라 하지 않을 수 없다. '철저한 반성'은 더 이상 환원될 수 없는 최후의 반성이므로, 세계 정립적 의식 활동이 판단 중지되더라도 이 판단 중지를 수행하는 자아 기능(Ich fungiere)으로서 있는 반성이요, 현상학적 반성 자체가 거기에서 이 자아 기능에 의해 비로소 수행되는 것이다. 헬트(K. Held)는 후설의 말을 빌려 이를 '최후의 참된 절대자'[100]라 한다.

전술한 바와 같이,[101] 반성적 자아에는 양면이 있다. 하나는 반성하는 자아이고, 다른 하나는 반성되는 자아이다. 전자는 비-반성적 근원으로서 생동하는 자아, 비-소여적 자아이고, 후자는 반성되는 자아, 소여된 자아이다. 반성 작용에 있어서 반성하는 자아와 반성되는 자아 사이에는 어떤 간격이 생기므로 반성은 시간 및 시간성을 가장 근원적으로 현시하는 원천이다. 비단 원천일 뿐 아니라 반성 자체가 곧 시간성이자 이 시간

---

99 같은 곳.

100 K. Held, *Lebendige Gegenwart*, S. 70.

101 이 책의 450쪽 참조.

성을 현시하는 가장 고유한 능력이기도 하다. 시간성이란 반성을 통한 자아의 괴리성을 드러낸 것이다. 따라서 반성은 자아의 근원적 존재가 자기 분열함으로써 시간적 존재로 되는 것을 현시하는 가장 내적인 가능성이기도 하다.

그러나 반성이 시간을 가져오는 것은 아니다. 반성은 현실적 · 가능적으로 시간성이다. 반성과 시간성은 별개의 것이 아니라 동일한 것이다. 그런 까닭에 반성에 있어서, 반성으로서 발견되는 시간성은 사실은 자아의 자기 시간화(Selbstzeitigung)이다. 자기 시간화란 자아 스스로가 시간적 존재로서 구성됨을 의미한다.

'살아 있는 현재'란, '철저한 반성'인 제2의 에포케를 통해 발견되는 저 절대적 자아의 존재 방식, 즉 반성되는 자아까지 에포케 하고 난 뒤에 남아 있는 반성하는 자아, 항상적으로 기능하는 자아의 존재 양상을 가리킨다. 후설은 때때로 이것을 '근원적 현재' 또는 '흐르는 현재'(strömende Gegenwart)라고도 한다. 헬트에 의하면, "후설은 자기 생애의 후기에 있어서 모든 초월론적 대상 구성을 시간화로서, 즉 의식 안에 있는 여러 단계의 시간적 존재자의 지향적 고지(告知)를 가능하게 하는 것으로 이해하였다. 이 시간화의 근원양상은 '현전화'(Gegenwärtigung)이며, 존재를 '현재'의 양상에서 만나게 하는 것이다. 시간화의 근원 단계는 초월론적 자아의 자기 현전화, 자기 시간화이거니와, 이 과정의 장소가 '살아 있는 현재'이다."[102]

---

102 K. Held, 같은 책, S. VIII~IX.

2. 살아 있는 현재의 획득

상술한 바에 의하면, '살아 있는 현재'는 철저한 반성을 통해서 발견되는 항상적으로 기능하는 자아의 존재 양상으로서 자아 자체의 시간적 자기 구성에 의해 획득된다. "우리가 이 초월론적 생 자체, 이 초월론적 에고(ego)를 고찰하면, 부연하건대 내가 어떻게 나의 모든 선입견이나 나에 대해서 존재하는 모든 것에 앞서서 다름 아닌 이런 것들의 존재 의미에 대한 근원적 조건으로서 선행해야 하는가 하고 나를 고찰하면, 나는 나를 흐르는 현재로서 발견하게 된다."[103]

궁극적으로 기능하는 자아는 결코 반성의 대상이 될 수 없으므로, 엄격하게 말하면 그 자아는 반성을 통해서 이미 지나가버린 자아로서 발견되는 것이 아니다. 그러므로 반성의 대상의 존재 양상인 과거는 이 살아 있는 현재에서는 이미 판단 중지되어 있지 않으면 안 된다. 반성되는 자아 즉 과거 쪽으로 밀려난 자아를 판단 중지하고 나면 과거 · 미래로 연속되는 시간위상이 동시에 판단 중지될 것이고, 남는 것은 오직 순수한 기능자아밖에 없다. 이 기능자아를 최종적으로 기능하는 자아라고 하는 것은 상술한 바와 같다. 그 자아는 생생하게 살아 있는 의식의 생 자체이며, 아직 한 발짝도 과거로 변양하지 않고 항상 현재로만 있는 자아요 그 기능 자체이다. 이를 선-반성적(präreflexiv)이라 할 수 있겠는데 반성을 통해 알려질 수 없다는 점에서는 익명적(匿名的, anonym)이라 할 것이다. 이 익명적인 기능자아를 가리켜 후설은 '침묵의 구체태(具體態)'(stumme Konkretion)[104]라고도 한다.

---

103 같은 책. 67쪽.

104 *Husserliana* VI, S. 191.

의식의 본질은 천류하는 데 있다. 천류한다는 점에서는 기능하는 자아도 예외가 아니다. 그러나 기능자아의 현재는 결코 과거화하지 않고 항상 현재로만 있다. 말하자면, 그 현재는 항상적으로 흐르면서 정지해 있는 현재(ständig strömende und stehende Gegenwart)인 것이다. 과거화하지 않는다는 점에서 또 시간 내적 존재자가 아니라는 점에서 그 현재는 지속을 가지고 있지 않다. 그것은 비-시간적이다. "자아는 비-시간적이다. 따라서 자아를 시간적인 것으로서 고찰하는 것은 무의미하다. 자아는 초시간적이요, 시간적 존재에 대해 자아가 태도를 취하는 방식의 극(極)이요, 시간적 존재에 대해 태도를 취하는 주체이다. 더 정확하게 말하면, 자아는 가장 근원적인 근원성에 있어서는 시간 속에 있지 않다."[105]

이런 의미에서 기능자아는 선-시간적(시간 이전적)이다. 살아 있는 현재란 아직 시간이라고 말할 수 있기 이전의, 모든 시간화의 원천점이요 반성이 거기에서 비로소 시작되는 근본 현상이다. 그리하여 후설은 "근원적 변화〔근원적 의식 변양〕는, 절대적으로 말한다면 시간 속에서 일어나는 것이 아니라, 애당초 시간이 저것에서 발생한다"[106]고 말한다. 다시 말하면, 살아 있는 현재의 '기능자아는 모든 구성의 근원 장소'이고, 단적으로 말해서 근원적 사실이다.

자아 기능으로서의 반성 작용 자체는 선-반성적이므로 반성을 통해

---

105 K. Held, 같은 책, S. 117. 이 인용문은 헬트가 *Ms.* E III 2, S. 50(1920 또는 1921) 및 *Ms.* C 10, S. 21(1921)에서 인용한 것을 재인용한 것이다. 여기서 '초시간적'(überzeitlich)이라고 했다 해서 이를 형이상학적 개념으로 속단해서는 안 된다. 다만 기능자아가 시간-내-존재자가 아니라는 데 유의해서 사용된 개념일 뿐이다. 그러나 그 자아를 시류를 초월한 주체로 보는 해석은 가능할 것이다.

106 K. Held, 같은 책, S. 148.

서는 알려지지 않지만, 그러나 엄연히 반성의 원천으로서 존재하므로 반성
작용을 하는 바로 그 자리에 절대적으로 기능하는 순수한 있음(定在 ;
'reines Da' meines Fungierens)이다. 그러므로 살아 있는 현재 즉 자아 기능
은 나의 현전 자신이 상주하여 머물러 있는 정재(das bleibende, verharrende
'Da')로서, "나의 현전태 자체가 서 있는 현전"(die stehende Präsenz meines
Präsentierens selbst)[107]이라고밖에 말할 수 없다. 따라서 기능자아는 작용
수행에 절대적으로 수반하면서 현전(Präsenz)하는 그런 방식으로밖에는
달리 자기 자신을 현시할 길이 없다. 즉 살아 있는 현재의 현시 방식은
작용 자체이다.

3. 살아 있는 현재의 지평

앞에서 밝힌 바와 같이, 후설은 지각 개념을 네 가지로 구별하는데,[108]
그 중 첫째 것은 '지금'(Jetzt)을 구성하고, 셋째 것 즉 '음의 지금'의 지
각 및 그것과 결합된 한 '음의 직전의 기재'의 지각은 '현재'를 구성한다.
후설은 '지금'과 '현재'를 혼동하기도 한다.

---

107 같은 책, 63쪽.
　　Präsenz와 Gegenwart는 동의어이다. 다만 Präsenz는 외래어로서 사용되고 있을 뿐
　　이다. 그러나 현재의 지평을 말할 때 Präsenzfeld라 하고 Gegenwartfeld라고는 하지
　　않으며, 또 Gegenwärtigung을 Präsenzierung이라고는 하지 않는 것을 본다. 여기에
　　서는 잠정적으로 Präsenz를 현전, Gegenwärtigung을 현전화라고 번역한다.
108 이 책의 477쪽.

1) 지금과 현재는 다르다

그러나 엄밀하게 구분하면 '지금'은 시간 계열에 있어서의 순간적 위상이어서 그것만을 떼어서 보면 추상적 관념적 한계이다. 그것은 근원인상에 의하여 구성된다. 그러므로 엄격하게 말하면, 지금 및 지금을 구성하는 근원인상에서는 1차적 기억인 파지가 제외됨은 물론이다. "관념적 의미로는 지각(인상)이란 순수한 지금을 구성하는 의식의 위상이다."[109] "시간 객관을 지각하는 경우 (…) 지각은 언제나 지금통각(Jetztauffassung)에, 즉 〔시간 객관을〕 지금으로서 정립한다는 의미에서의 지각에 종착한다."[110]

그러나 통일적 구체태로서의 현재는 저런 추상적 관념적 한계와는 다르다. 가령 한 멜로디 전체를 지각하는 경우를 보면, 멜로디 전체는 그것이 들리고 있는 동안은 그 멜로디에 속하고, 하나의 파악 관련(把握關聯) 속에서 사념되고 있는 여러 음이 울리고 있는 동안은 현재적인 것으로서 현출한다. 멜로디 전체로서 보면, 마지막 음이 끝나야 비로소 과거로 되는 것이다. 그렇다면 사념적 지향이 멜로디라는 객관 전체에 향하고 있을 때 우리는 그것에 대한 지각을 가지고 있는 셈이다.[111] 이때의 지각이란 존재자를 그 자신으로서 눈앞에 현전시키는 작용이요—헬트의 말과 같이 지각은 현전화 작용(Gegenwärtigung)이라고 특징지을 수 있다[112]—객관을 근원적으로 구성하는 작용일 뿐 아니라, 파지와 예지를 그 지평으로서 가지고 있는 것이다. 현재는 이런 지각 작용에서 구성되

---

109 *Husserliana* X, S. 40.
110 같은 책, 391쪽.
111 같은 책, 39쪽 및 이 책의 480쪽 참조.
112 K. Held, 같은 책, S. 8 참조.

는 영역을 가리킨다.

그러므로 후설은 1928년에 출간한 『내재적 시간의식의 현상학 강의』에서도 파지와 예지를 과거·미래의 구성의 근원이라고 말할 뿐 그것이 곧 과거와 미래라고는 말하지 않는다. 파지와 예지는 현재의 지평을 형성한다. 단적으로 말하면 '지금'은 지평을 갖지 않는 점적(點的)인 관념적 한계이고, '현재'는 구체적으로 지평을 가진 시간의 양상이다.

2) 살아 있는 현재의 지평

감성적 지각에서의 근원인상을 『내재적 시간의식의 현상학 강의』에서는 혜성의 꼬리(파지)에 대한 핵(Kern)이라 한다. 이와 관련하여 유고(遺稿)에서 이를 근원현전(Urpräsenz), 원천점(Quellpunkt), 중심적 체험핵(zentraler Erlebniskern)이라 한다. 의식은 본질적으로 흐르는 것이다. 이 의식류를 시간적으로 파악하면 '곧'·'지금'·'이제 방금'이라는 위상이 되겠는데, 이것들은 예지·근원인상·파지에서 구성된다.

그런데 살아 있는 현재는 근원인상을 중추적 핵으로 삼는 통일적 직관역(直觀域) 즉 현전(現前)으로서 부단히 흐르고 있다. 즉 현전은 지금을 원천점으로 해서 '이제 방금' 현재적이었던 것과 '곧 도래할 것'을 포괄하는 통일적 구체태(具體態)이다. 그리고 그것은 위상의 유동적 통일이기도 하다. 살아 있는 (흐르는) 현재의 각 위상은 흐름에 있어서 구체적으로 통일되어 있다. 가령 연주회에서 듣는 멜로디를 지각하는 경우를 보자. 음 계열은 지나가지만 우리는 이 지나가는 음을 파지적으로 의식한다. 그러나 처음부터 끝까지의 모든 음을 다 파지하는 것은 아니다. 아직 의식 가운데 현재해 있는 것(Noch-Gegenwärtig-haben)을 파지하는 것이다.

그리고 아직 현전해 있는 것은 어떤 한계를 가지고 있는데 그 한계 저편이 과거이다. 다시 말하면 파지 변양이 증가할수록 의식의 명증도는 흐려지고 마침내 더 이상 파지할 수 없는 어떤 한계를 만나게 되는데, 그 한계 밖이 과거이다.

그리고 그 한계 안의 영역을 우리는 현전역(現前域)이라 한다. 그러므로 현전역은 연속적으로 유동하는 예지·근원인상·파지로 이루어진다. 이렇게 볼 때 지각은 단순히 순간적인 것이 아니라 구체적으로는 시간 지평 안에서의 현전태이다. 이 현재의 지평의 한계(周域)를 이루는 것은 '이제 막 지나간 음을 아직도 현전적으로 가지고 있는' 파지와 '다가올 어떤 음을 현전하는 것으로 의식하는' 예지이다. 따라서 살아 있는 현재는 근원인상을 핵으로 해서 파지와 예지에까지 미치는 지평권 안을 가리킨다.

3) 현재의 지평의 넓이

이 지평권 안을 현재의 넓이(Breite)라 하는데 이것이 현전역(現前域)이다. "지금과 기재성(既在性)의 연속, 즉 보지의 지평과 도래의 지평이 현재로서 동시에(zugleich, 공재적으로) 의식된다. 살아 있는 현재로서의 이 공재(Zugleich)는 유동하는 공재이다. 그러므로 흐름의 근원 현상에는, 우리가 지금 있음, 방금 있었음, 곧 다가오고 있음(Jetzt, Soeben-gewesen, Soeben-kommend)이라고 구별할 수 있는 〔세 계기가〕 속하거니와, 이 세 가지는 하나의 지평 속에서 함께 있으면서(공재하면서) 하나의 통일체로서 공-존재 및 현재의 흐름을 형성한다."[113] 바꿔 말하면, 살아 있는, 즉

---

113 G. Brand, *Welt, Ich und Zeit*, S. 78. 후설은 이미 『내재적 시간의식의 현상학 강의』에서 "파지가 지금의 살아 있는 지평(lebendiger Horizont)을 구성하고 있음"을 지

흐르는 현재는 구체적·현실적으로 어떤 넓이를 갖는 지평으로 되어 있다. 이 지평이라는 점에서 볼 때 후설의 시간론은 스턴(W. Stern)의 현전시간(現前時間, Präsenzzeit)과도 일치한다. 그리고 만일 지평을 인정하지 않는다면 현재는 무한히 미분된 순간(지금)밖에 되지 않는다.

그러면 생동적으로 흐르는 현재의 넓이 즉 현전역(現前域)을 규정하는 것은 무엇인가? 위와 같이 볼 때, 그 현재는 다름 아닌 현재성(顯在性, Aktualiät)이라 할 것이다. 본디 현재성은 의식 작용, 그 중에서도 특히 현재적 의식 작용을 가리킨다. "현재적 체험은 비현재적(非顯在的) 체험의 영역(Hof)에 의해 둘러 싸여 있다."[114]

이 현재적 체험이란 파지와 예지를 포함한 지각 작용을 의미한다. 현재성은, 다시 말하면 '지금 현전하고 있음'(jetzt gegenwärtig), '지금도 아직 우리의 관심거리로 되어 있음'(jetzt-noch-für-uns interessant)을 말한다. 그러므로 현재의 넓이는 아직도 우리가 현실적으로 관심을 갖는 그 범위에까지 미친다. "현전역의 넓이는 예컨대 멜로디를 듣는 자의 주의의 강도에 따라, 멜로디 현전태(Präsenten)에 일치하는 데 따라 달라진다."[115] 요약해서 말하면, 대상성에의 자아의 지향적 관계 내지 현실적 관심이 현재의 지평의 넓이를 규정한다. 후설은 현재는 "아직도 우리에게 '현재적' 현실이라고 말하는 그 정도에까지 미친다"[116]고 한다.

그렇다면 살아 있는 자아는 '거기 대해 관여하고 있음'(Dabeisein)이요, 궁극적으로는 생동성으로서의 자아성[117]이란 '자기 자신을 위해 있

적하고 있다(*Hua.* X, S. 43). 파지·예지는 현재의 주역(周域, Umgebung)이요 지평이다.

114 *Husserliana* III, S. 79.
115 K. Held, 같은 책, S. 27.
116 G. Brand, 같은 책, S. 90f.

음'(Sein um seiner selbst willen)이라는 데 귀착된다. 왜냐하면 세계 경험적 생이란 궁극적으로는 자기 자신에 대해 관심을 가지고 있는 것이기 때문이다.

4. 이중의 지금[118]

현전역의 주역(周域, Präsenzfeldumgebung) 즉 현재 지평 없이 그 자체로서 존립하는 근원인상의 위상이 있을 수 없는 것과 마찬가지로, 세계 경험적 삶에 있어서도 고립된 현전역이 있을 수 없으며, 따라서 그 자체만으로 추상화된 현재태도 있을 수 없다. 현상학적 반성이 실제로 현시하는 것은 오히려 서로서로 잇달아서 계속 다가오고 밀려가는 생동하는 지각 현재의 부단한 과정이다. 부단한 과정이라는 점에서 지각 현재는 하나의 통일체를 형성하고 있다.

이 통일체로서의 살아 있는 현재를 다시 성찰하면, 거기에 두 가지의 지금이 포함되어 있음을 발견하게 된다. 먼저 지각의 면에서 보면, 하나는 시간 구성의 원천인바 근원인상의 지금이요, 다른 하나는 파지 변양되어 나아가는 측면의 지금이다. 전자는 현전역의 중핵을 이루는 부분으로서 가장 명료하고 필증적(apodiktisch)인 지각이고, 후자는 현전역의 한계 쪽으로 밀려가는, 전자에 비해 덜 명료한 부분이다.

이를 시간의 면에서 보면, 전자는 흐르는 순간적 지금의 발원점이 되

---

117 K. Held는 "생동성과 자아성은 동일한 것"이라고 한다(같은 책, S. 28).

118 이하 G. Eigler, *Metaphysische Voraussetgungen in Husserls Zeitanalysen*, S. 91ff. 및 K. Held, 같은 책, S. 29ff. 참조.

는 부분이고, 후자는 파지 변양되면서 점차 과거의 방향으로 밀려나는 부분이다. 다시 말하면, 전자는 언제나 현재적인 근원인상으로서 시간 발생의 원천으로만 있는 지금이고, 후자는 자기의 고유한 시위(時位)를 갖는 지금이다. 전자는 항구적으로 흐르는 익명적으로 있는 지금 형식 (ständige Jetzform)이고, 후자는 시위에 고정된 지금 즉 시간 위치적 지금 (Zeitstellen-jetzt)이다.

양자는 다같이 살아 있는 현재 속에서 생동하고 있다. 그러나 전자는 현재적이므로 브란트(G. Brand)는 이를 특히 깨어 있는(wach) 생동성이라 하고 이와 구별해서 후자는 잠든(schlaf) 생동성이라 한다.[119]

지금 형식의 지금도 의식류와 함께 부단히 흘러간다. 그리고 살아 있는 현재는 현전역의 주역(周域)과 함께 의식된다. 앞의 구별은 이 흘러가는, 동일한 현전역 안에서의 구별일 뿐이요, 사실은 동일한 지각 현재에 속하는 것이다. 그러므로 일방(一方)은 타방(他方) 없이는 있을 수 없으니, 현전역의 주역 없는 핵심적 위상도 없고, 스스로 (의식류와 함께) 변이하는 현재태의 원천 (즉 핵 위상) 없이는 저 현전역도 있을 수 없다.[120] 그러기에 후설은 앞의 두 계기를 포함하고 있는 살아 있는 현재를 한마디로 '정지해 있으면서 흘러가는 현재'(stehend-strömende Gegenwart)라고 한다.

살아 있는 현재에 포함되어 있는 두 계기 즉 항구적 지금 형식과 시간 위치적 지금은 어떤 관계에 있는가? 엄격하게 말해서 양자는 모두 지금의 성격을 가지고 있는 것(Jetzthaft)이지 지금 자체는 아니다. 그런 의미에서 지금성이라 할 것이다. 그런데 '지금 형식'은 현재적 현전성

---

119 G. Brand, 같은 책, S. 96, 102 참조.
120 K. Held., 같은 책, S. 30 참조.

(Anwesenheit)의 형식이요, 무한히 흘러가고 다가오는 현재가 거기를 거쳐야 하는, 모든 변양하는 의식들이 의식류상의 제 위치를 결정받는 항속(恒續)하는 형식이며, 따라서 고유한 시위를 결정받은 시간 위치의 지금과 구별해서 익명적이라 한 것이다. 그것은 항구적으로 지금이라는 점에서, 또 이들 시간 위치의 지금과 구별해서, 점점 어두워져가는 주역의 중심으로서 정지해 있는 지금이라고 할 것이다. 그리하여 후설은 이 항구적 '지금 형식'을 '정지해 있는 지금'(nunc stans)이라고도 한다.

이 원천인 지금 형식에서 발원하는 시간 위치의 지금은 흘러가면서 즉 의식류상의 어느 자리에 위치해서 파지로 변양되어간다. 그러나 아직은 살아 있는 지각 현재의 지평 안에 있으므로 과거화되지 않고 있다. 그렇건만 지금·지금·지금…으로 자꾸자꾸 변양되어가고 있기 때문에 복수적 지금(위상의 다양성)이라 할 것이다. 말하자면 의식류가 저 정지해 있는 지금 형식에 의해 스탬프 찍히면서 흘러간다고 할 때, 그 스탬프 찍혀진 지금이 시간 위치적 지금이다. 그리고 정지해 있는 지금은 시간 위치적 지금의 발원 장소이기도 하다. 정지해 있는 지금의 계기는 사실은 선-시간성이라 할 수 있다.

여기에서 우리는 귀중한 존재론적 수확을 거둘 수 있다. 이에 대해서는 뒤에 상술하겠지만, 시간 위치의 지금은 지각 및 그 대상의 개별성을 성립시키는 원리가 될 수 있고, 지금 형식의 항구성에 의해서는 현전역으로서의 현재태의 흘러가는 제 위상의 종합적 통일이 보증되고, 그리하여 지각 대상의 동일성이 원본적으로 구성된다.

5. 시간의 주체의 익명성

작용 수행자로서의 절대적 자아극(自我極)은 아무리 반성을 거듭하더라도 반성의 대상으로부터 몸을 빼기 때문에 결코 반성의 대상으로 되는 일이 없다. 그것은 무한히 후퇴할 뿐 현상학적 소여로서 구성되지 않는다. 그럼에도 모든 구성의 원천이 되고 있다. 모든 반성은 근원적 현재에서 행해지는 데 궁극적으로 기능하는 자아는 그 반성의 작용 현재로서 있다. 그러므로 이 자아는 본원적이긴 하지만 반성을 통해 대상으로서 파악되지 않고, 시간적으로 말하더라도 선-현재적(vor-gegenwärtig)이라고 할 수밖에 없다.

앞에서 이것을 항구적 지금 형식이라 했다. 그것은 기능자아(機能自我)이며, 그때의 기능은—이 기능이 세계를 향한 지향적 기능이 아님은 물론이다—반성의 주제를 형성하긴 하지만 자기 자신은 결코 주제화되지 않는다. 그리하여 헬트는 살아 있는 현재의 이런 성격, 즉 철저한 반성이 이미 반성되지 않는다는 것은 수수께끼(Rätsel)라 하고,[121] 란트그레베(L. Landgrebe)는 "시간을 구성하는 근원적 시간의식은 창조적 의식이라는 성격을 가질 뿐더러 절대적 주관성으로서 뭐라고 이름지을 수 없는 의식"[122]이라 한다. 그것은 분명히 현상학의 마지막 경위(境位)에서 부딪치는 아포리아라 하지 않을 수 없다. 이 아포리아를 해결하기 위해 후설은 반복적 반성 대신에—아무리 반성을 거듭해도 기능자아라는 자아 존재의 근원양상은 포착되지 않으므로—일종의 고차적 반성을 시도하고 있다. 그러나 우리가 할 수 있는 것은 주제적 대상화는 이미 아니고, 다

---

121 K. Held, 같은 책, S. 118ff.

122 L. Landgrebe, *Der Weg der Phänomenologie*, S. 24.

만 후퇴적 추정일 뿐이다. 엄밀하게 말하면 그것은 비-현상학적 세계라고도 말할 수 있는 영역이요, 다만 자아의 활동적 존재(Aktiv-Sein)라고밖에 말할 수 없다. 이미 밝혔듯이 후설은 그것이 주제적으로 인식되지 않는다는 점에서 이 자아의 기능을 익명성(匿名性, Anonymität)이라 부른다. 익명성이란 후설에 의하면 비-대상적 자기 망각성(忘却性) 즉 초월론적 주관이 자기 자신을 대상화해서 알지 못하는—그런 점에서 자기 망각적이고 자기 은폐적이다—그런 존재 양상이다. 이 자기 망각은 초월론적 의식이 반성 작용을 통해 자기를 반성의 대상으로 외화(外化, 자기 객관적)할 때, 그 작용의 주체로서만 있는 것을 가리킨다.

하지만 〔자아에〕 대향(對向, gegenüber)해 있는 모든 것〔즉 반성의 대상이 되는 모든 것〕에 대해 〔기능적〕 자아는 '익명적'이니, 왜냐하면 이것〔기능적 자아〕은 자아에 '대향에 있는 것이 아니기 때문'이다.[123] 집이 나에게 대향하는 것이지 내가 집에 대향하는 것은 아니다. 그러나 물론 나는 나 자신을 시향(視向)할 수 있다. 그러나 그때는 다시 〔새로운〕 자아와 그 자아의 대향자(對向者, Gegenüber)— 즉 자아에 대향해 있던 것과 함께 자아가 등장하는 대향(對向), 다시 말하면 대향자에 대향해서 등장하는 자아와 그〔자아〕의 대향자—가 분열한다. 이 새로운 대향자의 주체인 나는 그때 '익명적'이다.

그러나 그게 그렇다는 것을 바로 이 동일한 반성을 통해 보거니와, 그 반성의 수행을 통해 동시에 나는 나에 대향하는, 직전까지는 익명적이었던 자아와 그 대향자를 발견한다. 그와 같이, 반성하면서,

---

123 '대향해 있다' 함은 대상화된다는 뜻이다. 그러나 기능적 자아는 결코 대상화되지 않는다. 대상화되는 자아는 이미 기능적 자아가 아니다.

언제나 다시 반성하면서, 나는 언제나 다시 대향하는 존재자와 자아를 발견하고 이 제 반성에 있어서 동일한 자아를 발견하며 반성 및 반성 가능 자체의 무한 반복을, 그 대향자가 언제나 대향적으로 정립되어 있고 또 그때 익명적 자아로 반성될 수 있다 하더라도, 〔언제나〕 동일한 자아의 대향자로서 발견한다. 나는 이 자기가 부단히 자기 분열하고 또다시 〔자기〕 동일화하는 속에서, 근원극(Urpol), 근원적으로 기능하는 자아라고 부르는 근원적 자아(Ur-Ich)를 발견한다. 이 근원적 자아는 그 대향자 즉 존재하게 된 자아 및 후자에 대해서 〔즉 비아(非我, Nicht-Ich)로서의, 익명적 자아로서의 나에 대해서〕 정재하는(定在 ; da ist) 것의 주위를 자기 안에 가지고 있다.[124]

이 긴 인용문은 브란트가 후설의 유고(*Ms.* C 2 1, S. 2~3)에서 끄집어낸 것으로서 난삽하기 그지없는 문장이지만, 그 내용을 요약하면 다음과 같다. 근원적으로 기능하는 자아는 동시에 자기에 대한 대향자가 될 수 없고, 대향자가 된 때는 이미 기능자아(지금 형식)가 아니라 시간 위치를 갖게 된(lokalisiert) 자아이다.

익명성이란 기능자아 자신의 순수한 활동성이며, 따라서 결코 자기 자신의 반성의 대상이 될 수 없고, 다만 작용의 원천으로서 거기에 있기(Dabeisein)만 하는 자아의 존재 성격을 가리킨다. "행위에 있어서 본래적 행위란 나에게 익명적인 것"[125]이다. 기능이 활동하는 한 기능은 자기 자신을 은폐한다. 이것을 후설은 다른 자리에서 이미 말했듯이 '침묵의 구체태'라고 한 것이다.

---

124 G. Brand, 같은 책, S. 64f에서 재인용.
125 같은 책, S. 64. Anmk.

자아 기능은 '대향 관계의 불가 전환성'(不可轉換性, Nicht-Umkehrbarkeit der Beziehung des Gegenüber)[126]이므로 그것은 자기 자신을 대상화할 수 없는 비-대상적 자기 내 존재요, 따라서 반성적 경험을 통해서 대상적으로 알 수는 없으나 반성에 절대적으로 수반하여 반성을 가능하게 하는 작용의 원천으로서 현전하는 방식으로 자기를 현시한다. 익명성은 특히 이 근원적 자아를 주제적·대상적으로 알 수 없음을 의미한다. "나는 반성 작용에서 반성하는 자아로서만 기능하고 있다— 이전의 '작용'은 이전의 자아와 함께 의식되는 것, 대상적인 것, 즉 나의 기능이 겨냥하는 목표(das, woraufhin ich fungiere)이다."[127] 그러므로 "기능하는 극은 그 근원적 기능 작용에 있어서 결코 시간역 속에 있지 않다."[128] 반성 작용에 있어서 반성되는 극은 궁극적으로 기능하는 극이 아니다. 그러나 이것도 일찍이는 반성 작용에 있어서 익명적 기능적 현재로서 현출했던 것이다.

여기에서 근원적으로 생동하는 작용에 있어서 근원적으로 생동하는 극(존재하면서 즉 기능하면서 하나의 현재를 스스로 창조하기만 할 뿐 결코 그 자체가 기능하는 현재에 대향하는 지금을 의미하지 않는 극)과 대향자가 되어 이미 생동하는 극이 아닌 것, 즉 근원적으로 생동하는 새로운 극과 그것에 대향하는 극과를 구별하지 않으면 안 된다. 새로새로 용출하는 극은 생동하는 작용에 있어서 절대적으로 자기 동일적인 극이다. 이것은 반성이 불가능하다. 그러나 이것에 대향하는 극은 시간 위치를 가진 극으로서 언제나 과거로 침하하며 언젠가는 상기 작용을 통해 현전화될 수 있는, 자기의 시위에 고정된 극이다.

---

126 같은 책, S. 64. Anmk.

127 K. Held, 같은 책, S. 121.

128 같은 곳.

여러 번 말한 바와 같이, 기능자아는 근원 현재(Ur-gegenwart)라 할 수 있다. 엄격하게 말하면 그것은 언제나 후퇴적으로 반복될 수 있기 때문에, 또한 언제나 선-현재라는 성격을 갖는다. 그것은 항구적으로 정지해 있는 지금(nunc stants)이라고 말한 바 있으나 후설은 이것을 또 편현전성(遍現前性, Allgegenwärtigkeit)이라고 한다.

이리하여 '유일하게 자기 고유한' 기능의 극은 반성적 경험에 대해서는 본질적으로 인식되지 않는다. 여기에 패러독스가 있다. 그것은 위와 같은 선-시간적 현재는 오직 반성에 있어서, 반성을 통해서 비로소 노정될 수 있건만, 그러나 바로 그 까닭으로 또한 언제나 그 고유한 본질과 '핵'은 은폐된다는 것이다. 이것을 헬트는 살아 있는 현재의 수수께끼의 하나로 지적하고 있는 바이지만, 필자는 이것을 시간의 주체로서 이해하고자 한다. 의식류 자체가 '절대적 주관성'이기도 하지만, 더욱이 기능자아는 결코 대상화될 수 없는, 가장 궁극적 자아인 것이다. 참된 주체란 바로 이런 것이라야 한다고 나는 생각한다.[129]

6. 작용 현재의 편시간성(遍時間性)

앞에서 말한 익명성이란, 자아는 그 작용의 현재적 지금에 있어서 어떤 시간 위치상의 대상으로서 현출하지 않고, 따라서 대상적으로 인식되지 않음을 의미한다. 익명성은 자아 기능이 시간 위치 특히 계기상의 위치에 대해 확정되는 일이 없다는 점을 가리키는 개념이다. 그러나 자아

---

[129] 이 책의 538쪽 이하 참조.

기능의 익명성이야말로 현상학의 커다란 아포리아가 아닐 수 없다. 이 아포리아를 해결하기 위한 방편으로서 후설은 생동하는 시간의 편시간성(遍時間性, Allzeitlichkeit)을 모색한다.

기능자아의 존재 방식은 반성 작용의 수행에 필연적으로 수반되는 의식의 정재(定在, Dabeisein)요, 그 작용 현재는 항구적으로 정지해 있는 지금이다. 이 점에서 작용 현재는 비-실재적 대상 즉 문화 대상이나 본질 대상의 시간 성격과 같다고 할 수 있다.

비-실재적 대상의 시간이란 무시간적 항상성, 시간 위치 불확정성을 이른다. 다시 말하면, 모든 개별적 대상은 일정한 시위와 일정한 지속에 구속되어 있으나, 비-실재적 대상은 전 시간에 걸쳐서 언제나 있는 것이요, 따라서 일정한 시위나 지속에 구속됨이 없다.[130] 이러한 비-실재적 대상성의 시간성을 후설은 편시간성이라고 하나, 정확하게 말하면 편현재성(遍現在性) 또는 범현재성(汎現在性, Pan-gegenwärtigkeit)이라고 해야 할 것이다.

후설에 따르면 편시간성은 '도처에 그러나 아무데도 없는'(überal und nirgends) 즉 도처－무도처의 시간이다. '도처에 있음'이란 무시간적 항상성(恒常性, zeitlose Ständigkeit)을 의미하고, '아무데도 없음'은 실재적으로나 내실적으로 시간 위치가 정해져 있지 않음을 가리킨다. 특히 후자가 익명성이다. 이 양자는 새로운 대상성을 보완한다. 자아는 시간화된 존속자, 시위에 실려가는 그때 그때의 존재자일 뿐 아니라, 비-실재적 '정지해 있는 지금'이기도 하다는 것이다.[131]

---

130 *Erfahrung und Urteil*, S. 311 참조. 비실재적(非實在的)이라고만 했을 뿐 이념적이라고는 하지 않았다. 그러나 비실재적이면서 비이념적(非理念的)인 것은 없다.

131 K. Held, 같은 책, S. 123ff 참조.

D. 실재 시간의 문제

이상이 아우구스티누스의 전통을 이은 후설의 의식에 근거한 시간 이론의 요지이다. 아래에서 우리는 시간 이론에 따른 몇 가지 문제를 검토하고자 한다.

시간 자체는 물론 단일한 것이지만 그것을 다루는 방식과 입장에 따라 일반적으로 자연적 · 과학적 시간, 공간-시간(Raum-Zeit), 삶의 시간(Lebenszeit), 의식 시간, 역사적 시간 등으로 구분한다는 것, 그리고 또 일반적으로 자연 시간과 공간-시간 등 천체의 운행에 그 기초를 둔 시간을 객관적 시간이라 부르고, 의식 시간, 역사적 시간, 삶의 시간 등 주로 삶의 내용과 관련되는 시간을 주관적 시간 또는 체험 시간이라 부른다는 것은 이미 이 책의 제I편에서 말한 바 있다.

아우구스티누스와 후설이 말하는 시간은 '단일적 · 객관적 시간'이지만 이 '객관적'이라는 말을 어떻게 이해하느냐 하는 것이 문제될 수 있다. 아우구스티누스-후설적 시간이 의식 또는 의식의 체험류에서 보여지는 것이라고 한다면, 앞의 구분으로 볼 때, 이는 분명히 주관적 시간이요, 따라서 그가 '객관적'이라 하더라도 그것이 천체적 시간을 지칭하는 자연적 '객관적' 시간이 아님은 쉽게 알 수 있다. 그럼에도 후설은 때때로 저 위에서 구분한 공간-시간적 · 과학적 시간과 자기의 시간을 동일시하고 있음(예컨대 『경험과 판단』의 189, 206쪽 등등)을 보게 된다.

그리하여 후설이 말하는 객관적 시간을 브란트는 후설의 후기 시간론 및 유고에 입각하여 '시간 자체'(Zeit-an-sich)로서 이해하고, 디이머는 '주관적 객관적 시간'(subjektive objektive Zeit)[132]이라고 한다. 우리는 이 '객관적 시간'을 어떻게 이해해야 하는가?

1. 실재 시간으로서의 객관 시간

살아 있는 현재의 시간은 기능하는 자아의 시간성이요 시간 구성의 근원이다. 그리고 그 자아는 반성 기능이기도 하다. 또한 그 자아는 반성을 통해 반성되는 자아를 획득하기도 한다. 즉 기능에 있어서 자아는 자기를 넘어서면서, 그러나 자기 자신으로 되돌아온다. 자기를 넘어서는 것은 기능자아이고, 되돌아와서 닿는 자아는 파지 변양된 자아이다.

그러므로 반성한다는 것은 살아 있는 현재를 넘어서 자기의 과거 지평으로 침입함이요, 이 과거 지평 속의 자아는, 상술한 바와 같이, 고정된 자기의 시위를 갖고 있는 자아요, 고정된 시위의 다양성을 일관해서 자기 동일적으로 있는 자아이다.

1) 브란트의 '객관 시간'＝시위를 가진 시간

이러한 고정된 시위 및 그것의 다수성을 일관해서 자아의 자기 동일

---

132 A. Diemer, 같은 책, S. 134.

성을 거기에서 확보할 수 있는 시간을 후설은 '시간 자체'라 한다. 브란
트에 의하면 이것이 객관적 시간이다. 브란트는 "근본적으로 근원적 시
간은 아직 진정한 시간이 아니다" 등 후설의 언표와 기타의 유고를 인
용ㆍ해석하여 '근원적 시간'은 흐르면서 살아 있는 현재의 시간이고, '진
정한 시간'은 '시간 자체'(Zeit 'an-sich')라 한다. 특히 후자의 특징을 '몇
번이고 항상 반복해서 동일화할 수 있는 동일적인 것'이라 한다.[133]

객관적 시간이란 의식 내재적으로 파지 변양된 의식류 속에 객관화
된(objektiviert) 시간 즉 시위를 규정받은 시간이다. "흘러갔으나 의연히
존재하는 영역 즉 과거는 객관적 과거로서 제일의 객관적 시간이요, 제
일의적이긴 하나 세계적〔초월적ㆍ객관적〕은 아닌 의미에서 객관적이다.
그것은 살아 있는 현재로서의 나의 근원 주관적 존재로부터 구성된 주관
적 '자체'(An-sich)요, 일단 존재하면 항상적으로 〔반복해서〕 존재하는 동
일자이며, 동일화가 가능한 것이다. '몇 번이고 항상 반복되는 영
역'(Bereich des 'ein für alle Mal')은 '자체'의 영역 및 이 〔자체적〕 시간
의 영역과 같이 자아 자신, 나, 에고이다."[134]

이 해석에서 보면 '시간 자체'를 브란트는 객관적 시간이라고 한다.
부연하거니와, 객관적 시간에 있어서 과거란 시간 위치의 자기 동일적
형식하에 현실적으로 있다. 기능하는 현재도 계속 시간 위치적 지금으로
천이하긴 하나, 그럼에도 그 현재는 천이를 산출하면서 일관해서 하나의
통일적 기능으로서 자기 동일적으로 존재한다. 그러므로 살아 있는 현재
속에 현출하는 존재자는 지금 형식의 기능에 의해 시위의 지금에 고정됨
으로써 객관(화)적 시간, 시간 자체 속에 있게 되고, 거기서 절대적 자기

---

133 이하 G. Brand, 같은 책, S. 96~101 참조.
134 G. Brand, 같은 책, S. 97.

동일성으로 항존(恒存)한다.[135]

2) 디이머의 '주관적·객관적 시간'

그러나 그 객관적 시간으로서의 시간 자체도 아직 의식 내재적인 것이다. 그리하여 디이머는 후설적 시간이 '주관적·객관적 시간'이라고 하면서 다음과 같이 말한다. "객관적 시간 아래에서 후설은 근본적으로 곧 구성된 초월적[136] '제 객관성의' 시간, 즉 원초적 세계의 시간으로서의 세계 시간 일반—여기에서 그것을 음미할 필요는 없겠으나—으로 이해한다. 시간은 그러나 구성하는 주관에 정위하고 있기 때문에 곧장 주관으로 되돌아가며, 그런 한에서는 '주관적' 객관적 시간일 것이다. 이에 반해 '객관적' 객관적 시간은 원초적 세계의 시간이 아니라 상호 주관적

---

[135] 이러한 브란트의 주장에 대해 일말의 의념(疑念)이 없지 않으니, 객관적 시간이 매양 살아 있는 현재 시간의 자기 소외(Sich-entfremdung)로 인한 시위(時位)의 규정에서만 구성(객관화)된다면, 그것은 또한 언제나 자아 기능의 핵은 제외하고—왜냐하면 이 부분은 객관화의 원천일 뿐 결코 객관화되는 일이 없으므로—나머지 부분 즉 현재의 지평권의 변두리에서만 가능한 것이 아니겠느냐는 것이다.

[136] 이때의 '초월적'이란 말을 디이머가 말하는 바 '일차적이 아닌, 상호 주관적으로 구성된' 초월 즉 에포케를 통해 유보당한 그 객관적 세계를 의미하는 것으로 해석해서는 안 된다. 그보다는 '기능자아'의 지금 형식의 시간에서 시간 위치적 시간으로 자기 소외된 즉 객관화된 것을 가리킨다고 보아야 한다. 그것도 기능자아에서 보면 초월과 다름 없기 때문이다. 기능자아에 있어서 기능의 원점에 가장 가까운, 근원적 가까움(Ur-nähe)을 (좁은 의미의) 내재라고 한다면, 거기로부터 나아간 시위의 다양성을 초월이라 할 수 있다. 이로써 본다면 과거의 구성 및 미래에로의 초출(超出, Überstieg)은 이 내재에서의 계속적인 자기 초월로서 수행된다고 할 것이요, 시간 위치적 시간은 곧 객관적 시간, 초월적 시간이라 할 것이다. 그러므로 디이머가 세계 시간(Weltzeit)이라고 했다고 해서 이를 곧장 우주적 시간(그가 말하는 객관적 객관적 시간)으로 비약할 것이 아니라 그 뒤에 오는 개념, 즉 '원초적 세계의 시간'(Zeit der primordialen Welt)에 주목해야 한다.

으로 구성된 '객관적' 세계의 시간, '제 객관성'의 시간, 본래적 의미에 있어서 자연과학의 동질적 시간 ―우리가 시계를 가지고 측정하는―일 것이다."[137]

3) 필자의 '실재 시간'

그러나 나는 후설적 시간을 보다 더 선명하게 부각시키고 저와 같은 말초적인 논의를 불식하기 위해 후설의 객관적 시간을 실재 시간(Realzeit)으로서 이해하고자 한다. 후설이 말하는 바 단일적·객관적 시간이란 과거도 미래도 없는 우주 시간이 아님은 물론이려니와, 체험 시간만도 아니요, 오히려 이렇게 분류될 수 있는 여러 형태의 시간들이 거기에서 비로소 우주 시간 혹은 체험 시간이라고 자기를 드러낼 수 있는 보편적이고 단일적인 실재 시간이다.

다만 후설의 시간론은, 그것만을 떼어서 말한다면 단일적·객관적 시간의 근원인 시간성을 의식에서 찾고 있다고 할 것이다. 다시 말하면, 후설의 시간론은 객관적 세계 시간과 주관적 의식 시간이 미분화된 차원을 의식에서 개시하고 거기를 근원으로서 추구하고 있다. 후설의 시간을 실재 시간이라고 주장하는 나의 논변은 아래와 같다.

존재를 그 방식에서 볼 때 실재적 존재(reales Sein)와 이념적 존재(ideales Sein)로 구분할 수 있다. 그와 마찬가지로, 시간의 존재 방식도 실재적 시간과 이념적 시간으로 구분할 수 있다. 이념적 시간으로서 후설은 (괴테의 『파우스트』와 같은) 문학작품의 비실재적(무시간적) 형상을 예시하면서 편시간성을 말하나,[138] 엄밀하게 말하면 이념적 시간은 시간의 기하학,

---

137 A. Diemer, 같은 책, S. 134f.
138 *Erfahrung und Urteil*, S. 319f. 및 K. Held, 같은 책, S. 123 참조.

시간의 영원화(초시간)라 할 것이다. 우리는 이념적 시간에 있어서 대수학의 기초를 보든가 아니면 이념적 시간의 존재를 부정해야 한다. 그러므로 시간의 존재 방식은 오직 실재적인 것이다.[139]

도대체 실재적(real)이란 사물(res)의 존재 방식에서 유래하는 개념이기도 하지만, 그 실재성(사물 및 의식의 존재까지 포함한)을 규정하는 것은 시간이다. 시간이 곧 실재성과 이념성을 구분하는 기준이요 실재성의 기본 범주라고 한다면, 시간의 존재 방식은 유일하게 실재적이다. 실재적 시간이라 함은 거기에서 사건이나 사물 및 그것들 간의 제 관계 등 실재적 생기가 발생·진행·소멸하는 시간이다. 그리하여 실재 시간을 우리는 일차원적 상속으로서 한 방향으로 동질적·불가 반복적(不可 反復的)으로 흐르는 영속성이라고 말할 수 있다. 단적으로 말해서 실재 시간이란 거기에서 제 사물이나 사건이 일회적인 것, 개별적인 것으로서 규정되는 시간이다. 그리하여 후설도 "보다 넓은 의미에 있어서 실재적인 것 즉 그 본질적 의미에 있어서 공간-시간적 위치를 통해 개별화되는 모든 것을 특별한 의미에 있어서 실재적이라 한다"[140]고 말한다.

후설의 '단일적 객관적 시간'을 실재 시간으로 보는 데는 또 다음과 같은 이유가 있다. 후설적 시간은 의식 내재적인 것이다. 후설에 있어서의 시간의식은 사실은 시간에 대한 의식(Bewußtsein von der Zeit) 즉 시간 지각이 아니라 의식의 시간성 즉 의식류를 가리킨다. 그러므로 흐름 자체가 실재적 생기로서 취급되며 따라서 실재 시간의 제약을 받는다.

그러나 후설은 의식류를 시간의 근원인 시간성으로 보고 있다. 후설

---

139 이념적 시간과 대수학(代數學)과의 관계에 대해서는 N. Hartmann, *Phiosophie der Natur*, S. 140 참조.

140 *Erfahrung und Urteil*, S. 319.

이 의식을 의시간적 흐름으로 보고 시간의 구성을 가장 근저적인 의식 구조에서 해명하고자 한 것은 바로 이 입장에서이다. 그런 시간의식은 의식 내재적이라고 하든 의식의 흐름이라고 하든 의식류의 진행이 실재 시간의 흐름과 함께 또는 그것에 준해서 흐르기 때문에 실재 시간으로 간주된다. 다만 후설은 그 실재 시간의 근원적 구성을 예의 환원을 통하여 초월론적 의식에서 찾았을 뿐이다.

또 그가 말하는 '객관적'이란 "반복되는 제 작용 속에서 (따라서 시간적 계기 속에서) 동일한 통일체로서 개시되는 의식의 통일체이며, 임의의 다수의 의식 작용 안에서 동일화되고 임의의 다수의 지각 안에서 반복해서 지각되는 지향의 동일자이다."[141] 그러므로 그것은 단일적이다. 단일적 · 객관적이란 점에서 후설적 시간도 실재 시간이라 할 것이다. "시간이 구성되기 위해서는 동일화의 가능성이 있어야 한다."[142] 이 동일화 및 객관화의 가능성은 시위의 고정화 및 상기에 의한 이 고정화의 확인(즉 再認)이 보증한다. 그런 까닭에 후설은 객관적 시간을 가리켜서 통일적 · 동질적이라고 한다.

4) 객관 시간의 구성

그러면 시간의 동일화 · 객관화는 어떻게 구성되는가? "(…)현재적 (顯在的) 지금으로서의 지금은 시간 위치적 현재의 소여성이다. 지금이 과거로 후퇴하면 그 지금은 과거의 지금이라는 성격을 얻게 되지만, 그러나 의연히 그것은 동일한 지금이요, 다만 그때 그때의 현재적 지금 즉 시간적으로 새로운 지금과의 관계에 있어서는 '지나간' 지금으로서 있는

---

141 *Husserliana* X, S. 109.
142 같은 곳.

것이다."[143] 이렇게 해서 시위의 개별화에 의한 그 시위의 불변적 고정은 일단 획득된 셈이다.

그러나 그것으로 곧 시위의 객관성이 보증된 것은 아니다. 하지만 시위의 객관성만 확보되면 그것으로 이미 객관적 시간은 구성되는 셈이다. 시위의 객관성을 획득하기 위해서는 그것이 언제나, 즉 반복적 작용에 대해서도, 자기 동일성을 가지고 현출하지 않으면 안 된다. 바꿔 말하면, "시간 객관은 반복되는 제 경험에 대해서 동일한 시간 객관이 되지 않으면 안 된다."[144]

시위 내지 시간 객관의 반복은 상기가 담당한다. 반복이란 상기에 의한 재인이기 때문이다. "상기에 있어서는 시간은 기억의 어느 순간에 있어서도 또한 정위(定位)된 소여이다. 그러나 〔시위상의〕 각각의 점은 반복적으로 동일화될 수 있는 하나의 객관적 시점을 현시하고 있다. 따라서 시간 연장(Zeitstrecke)은 전적으로 객관적 제 점으로 성립되고, 그것까지도 반복적으로 동일화된다."[145] 그러므로 "시간 객관의 동일성은 여러 상기의 어떤 가능한 동일화적 합치의 구성적 통일의 소산(ein konstituitives Einheitsproduckt gewisser möglicher Identifizierungsdeckung von Wiedererinnerung)이다. 시간 객관성은 주관적 시간류 안에서 산출되며, 따라서 여러 상기 속에서 동일화될 수 있고 그것에 의해서 여러 동일한 술어의 주어가 된다는 것은 시간 객관의 본질에 속한다.[146] 이로써 시위의 고정성과 거기에 기초를 둔 객관 시간의 성립 근거가 확보된 셈

---

143 같은 책, 66쪽.

144 같은 책, 108쪽.

145 같은 곳.

146 같은 곳 참조.

이다. 이때 객관 시간은 비단 점적인 시위의 객관성뿐 아니라 그 시위의 계열인 연속체로서의 객관적 시간, 의식류에서 현출하던 현상학적 시간의 객관적 현출을 말한다.

여기에 아직도 한 가지 미진한 문제가 남는다. 디이머의 말과 같이 후설의 시간이 주관적·객관적 시간이라면 그것은 곧 의식 내재적·현상학적 시간이겠는데, 이것과 객관적(과학적) 시간과는 어떻게 관련짓느냐 하는 것이다. 이에 대답하는 길은 후설에게는 두 가지가 있을 수 있다. 1) 그 하나는 필자가 택하는 길로서 의식의 시간성(내적 시간의식)을 초월적 객관적 시간의 본질·근원으로서 보는 방법—이때 현상과 초월적 객관과의 대응성(Korrelat)을 전제해도 무방하다—이며, 2) 다른 하나는 상호 주관적 환원을 통해 내재적 시간을 초월화시키는 것이다.

결론적으로 말하면, 아우구스티누스-후설적 시간 즉 의식 내재적 시간과 초월적이라는 의미에서의 객관적 시간은 서로 별개의 것, 서로 다른 종류의 것이 아니다. 사실은 이 양자는 실재 시간을 파악하는 방식에 따라 각기 달리 보여진 두 측면이기도 하다. 후자(객관적 시간)는 시간을 양화·공간화·추상화해서 파악하고 그것을 측정의 도구로 삼는 입장이며, 전자(의식 내재적 시간)는 시간의 본질·근원 즉 시간성을 천착해 가는 입장이다. 따라서 객관적 시간은 비본래적 방면으로, 즉 시간을 전재적(前在的, vorhanden)으로 보는 태도에서 시간을 파악하는 것이고,[147] 의식 내재적 시간은 그것을 본래적 방면—개인으로서의 나의 삶과의 구체적 연관 속에서—으로 천착하는 것이다. 그리고 이 후자에 있어서 시간을 의식 속에 내재화시킨 근본적 이유는, 첫째, 위와 같이 시간의 비-

---

147 시간을 '자연'과의 관련 속에서 전재적으로 보는 것은 이미 제I편에서 상술하였다.

시간화를 지양하여 본래적 시간을 파악하고, 나아가서 그 시간의 근원을 탐구하기 위해서이며, 둘째, 시간 지각의 명증성에 대한 요구에 부응하기 위해서이다.

2. 시간의 중심과 시간류의 방향

아우구스티누스의 경우와 마찬가지로 후설의 시간론에 있어서도 시간의 중심(重心)은 말할 나위 없이 현재에 있다. 이것은 시간을 '자연'에서 보는 태도에서나 의식 내재적으로 추구하는 입장에서나 마찬가지이다. 전자에게서 시간은 '지금'밖에 없다. 여기에서 나는 시간을 내재적 방면에서 추구하는 입장에서 시간의 중점을 현재에 두는 이유를 검토하고자 한다. 그 이유는 두 가지이다. 그 이유의 하나는 지각의 면에 있고, 다른 또 하나는 시간 발생의 면에 있다.

현상학의 목표가 명증성의 추구임은 주지하는 바이나, 그 명증도가 가장 높은 것은 내부 지각이나 외부 지각을 막론하고 현재적 지각이다. 그러기에 후설 자신 현재의 (내부) 지각을 절대로 의심할 수 없는 필증적 (apodiktisch) 지각이라고 한다. 이 현재에서 멀어질수록 명증도는 흐려진다. 브렌타노도 시간의 세 양상은 동등한 것이 아니어서, 현재가 직접태 (modus recta)인 데 반하여 과거와 미래는 반성적이고 간접적인 굴절태 (modus obliqua)라고 한다 함은 언급한 바 있다. 과거와 미래는 현재에 종속적·의존적이라는 것이다.[148]

---

148 F. Brentano, *Psychologie vom empirischen Standpunkt* II, S. 220 참조.

이런 지각과 관련해서 보면, 초기의 시간론 강의에서 시간의식은 근원인상을 핵으로 하여 의식이 파지(또는 예지)변양되는 것이었다. 이것은 작용 현재를 핵으로 삼고 파지·예지를 그 지평(周域)으로 삼는 후기 시간론에 있어서도 마찬가지이다.

과거와 미래 중 어느 쪽에 더 시간의 중점이 있느냐 하는 것도 흥미 있는 논의거리일 수 있다. 이것은 지각의 면에서 볼 때와 자아-삶의 면에서 볼 때 사뭇 다르다. 지각에서 볼 때 "예지 직관은 거꾸로 된 기억 직관(umgestülpte Erinnerungsanschauung)이다."[149] "직접적 미래 예지는 직접적 과거 파지의 정반대"(das genaue Gegenstücke)[150]이고, "기억은 미래를 예지하기 위한 기반이다,"[151] "미지는 오히려 언제나 동시에 기지의 한 양태이기도 하다"[152]는 등의 인용문으로도 알 수 있듯이, 미래는 과거로부터 규정된다. 지각의 명증성에서 볼 때 미래의 미지성은 과거의 기지성만 못하다는 것이다.

그러나 '생활 세계'의 문제를 거치고 난 다음 자아-삶의 문제가 등장한 이후의 후설에 있어서는 시간의 중심은 과거보다는 미래 쪽으로 옮겨간다. "과거로 향한 것은 모두 미래의 관심으로부터 일어난다."[153] "인간은 자기의 삶에 대한 의지의 지평으로서 '미래'를 가지며, 거기로부터 과거를 소유한다."[154] "성숙한 인간은 자기 앞에 자기의 미래

---

149 *Husserliana* X, S. 56, 125.

150 *Husserliana* III, S. 178.

151 *Ms.* B. III, 1. S. 21.

152 *Erfahrung und Urteil*, S. 34.

153 *Ms.* C 2 III, S. 3.

154 *Ms.* K III, 7. S. 7.

를 갖는다. 즉 그는 인격(Person)으로서 개별적 목적의 다양성을 조직하는 자기의 '삶의 목적'에 정향(定向)해서 들어가는 미래적 삶의 전체성을 갖는다"[155]고 한다. 삶은 언제나 미래 지향적이니, 이 경우는 시간의 중심은 다분히 미래로 기운다. 요컨대 지각의 명증도에서 보면 미래보다 과거에 중점이 있겠으나, 목적 지향적 삶에서 보면 그 역이다.

후설은 의식류를 시간류와 거의 동의적으로 생각하고 있는데, 시간류의 방향(즉 의식류의 방향)은 어떤가? 과거→현재→미래의 방향인가, 혹은 그 역인가, 아니면 그 밖에 다른 형식인가? "무엇보다도 지금 계기는 '새로운 것'(Neues)으로서 특징지어진다. 침하하고 있는 지금은 벌써 새로운 것이 아니며, 새로운 것에 의해 밀려난 것(das durch das Neue beiseite Geschobene)이다. 이 밀려남 속에 변화가 있는 것이다."[156] 시간 발생의 근원은 현재에 있고, 현재를 원천으로 해서 과거로 밀려서 흐른다. 전기의 시간론 강의에 있어서는 미래←현재→과거의 방향이었다. 현재를 중심핵으로 해서 과거와 미래로 확산되어 나간다.

이것은 어떻게 해석해야 하는가? 특히 후기에 이르러 예지를 중심으로 목적론이 전개됨을 보거니와, 삶이란 확실히 목적적이다. 이 자아-삶의 입장에서 보면 분명히 미래가 우위를 점한다. 명증성과 수동성에서 보면 시간의 중심은 미래보다는 과거 쪽에 있겠으나, 능동성과 삶의 목적성에서 보면 그 중심은 미래 쪽으로 옮겨간다.[157] 디이머도 "후기 후설에 있어서는 바로 미래가 언제나 결정적 역할을 한다"[158]고 말한다. 비

---

155 *Ms.* C 4. S. 1.

156 *Husserliana* X, S. 63.

157 G. Brand, 같은 책, S. 88f. 참조.

158 A. Diemer, 같은 책, S. 37.

유적 표현이 허용된다면, '물이 흐르는 방향과 살아 있는 물고기의 방
향'—전기 후설의 시간론에서 시간의 방향이 전자였다면, 그의 후기의
시간론에서 시간의 방향은 후자와 같다고 말할 수 있다.

E. 몇 가지 존재론적 기초의 획득

시간은 일체 변화의 기저이므로 시간의 차원에서 보면 어느 한 가지도 고정된 자기 동일성을 가질 수 없다. 거기에서는 모순도 성립되지 않는다. 모순이란 논리의 세계에서나 성립하는 것이다. 그리고 모순이 성립되기 위해서는 그보다 먼저 동일성이 정립되어야 한다.

그러나 후설이 말하는 바와 같이, 설사 감각 내용의 동일성이 보지된다 하더라도 그것은 진정한 동일성이 아니니, 그 까닭은 동일한 감각도 조금 전의 그것과 지금에서의 그것은 다르기 때문이다. 만일 일체가 유전하기만 하여 자기 동일성을 전혀 갖지 않게 된다면 우리의 현실 생활도—예컨대 구원(仇怨) 관계라든가 남과의 약속 등—거기에 따르는 사유조차도 불가능하게 되고 말 것이다. 여기에서 우리는 시간 속에서 어떻게 존재자의 자기 동일성을 확보할 수 있는가 하는 문제에 봉착하게 된다. 그리고 그것은 시간 문제로부터 존재 문제로 상륙하는 관문이기도 하다. 그 관문 중 확보 가능한 몇 가지를 후설의 시간론에 의거해서 찾아보고자 한다.

그 첫째가 존재자의 자기 동일성의 문제이다. 그러나 존재자의 자기 동일성의 문제에 앞서, 그 선행 조건으로서 후설에 있어서는 개별화의 문제를 다루지 않으면 안 된다. 그런 뒤에 거기에 의거해서 존재자의 자기 동일성이 획득될 것이다. 그리고 마지막으로, 시간이 다름 아닌 자아 존재의 양상인 만큼, 시간 구조를 통한 자아 존재의 해명에 대해서도 조명할 필요가 있다.

1. 개별화의 원리

개별자란 서로 바꿀 수 없는 존재자, 단독자, 일자(一者)를 가리킨다. 우리는 현실적 삶 속에 무한히 많은 개별자를 보고 듣고 또 사실 이런 개별자들과 만나 교섭하면서 살고 있지만 이 개별자의 파악이나 개별자 성립의 근거에 대한 철학적 노력은 여간 힘겨운 것이 아니다. 개별자 문제를 중심으로 본다면 중세의 보편 논쟁 특히 유명론(唯名論)이나 라이프니츠의 단자론, 현대의 실존철학 등은 다름 아닌 보편이나 전체 속에 함몰될 수 없는 개별자를 구출하기 위한 노력들이었다.

그러나 개별자를 논리적·개념적으로 구출한다는 것은 거의 불가능하다. 개별자는 일반화를 거부하는 데서 성립되기 때문이다. 모든 명제나 언표는 주어와 술어로 구성되거니와, 주어는 개별자를 지향할 수 있지만, 이 개별자를 규정해야 할 술어는 언제나 일반자를 가리키고 있기 때문이다.

도대체 개별자를 개별자로서 성립시키는 원리는 무엇인가 하는 데 대해서도 담론은 분분하지만, 대체로 시간과 공간이 개별화의 원리(principia individuationis)로서 제기되곤 하였다. 하지만 시간과 공간을 대비해놓고 보면 공간은 오히려 일반화의 원리라 할 것이고 오직 시간만이 궁극적으로 개별화의 원리로서 받아들여지고 있는 실정이다.

후설의 표현으로 말한다면 개별자는 '여기 이것'(Dies-da)이다. 그러나 이러한 개별자는 본질과 본질관계만을 객관적 타당성으로 인식하려는 형상적 현상학에 있어서 과연 '영원한 무규정자'(Apeiron)[159]이다. 그러므로 개별자의 문제는 적어도 시간이 문제되는 초월론적 현상학에서 논의되어야 하는 것이며, 필연적으로 시간을 그 성립 원리로 해야 한다. 왜냐하면, 후설은 시간을 개별화의 원리로서 주제적으로 다룬 바 있기 때문이다.[160] 후설의 단적인 표현을 빌리면 '시간은 형식, 모든 개별적 대상성의 유일한 형식'[161]인 것이다.

우리는 앞[162]에서 시간 위치적 지금이 항구적 지금 형식에 의해 자기의 고유한 시위를 규정받으면서 부단한 흐름의 천이에 실려 과거로 침하해감을 보았다. 바로 그 시간 위치적 지금이 의식 작용의 면에서나 시간 질료의 면에서 개별자 성립의 원천이 된다. 의식 작용에서 보면, 지금은 항구적으로 현전적인 의식의 현재성(顯在性)에서 시간 위치적 지금으로서 각인되고 흘러감으로써 한 번은 현재의 것이었다는 각인을 받는다. 이렇게 각인된 지금은 곧장 시간 위치적 지금이라는 양상으로 변한다. 이 시간 위치적 지금은 새로 현출하는 다른 지금과 다르므로 불가 교환적 · 일회한적 · 개별적인 것으로 된다. 지각 대상(질료)의 면에서 보더라도 개별성은 근원적으로 그때 그때의 지금의 불가 교환적 일회성에 의해 구성된다.

초기의 『내재적 시간의식의 현상학 강의』에서는 이를 '세로의 지향

---

159 *Philosophie als strenge Wissenschaft*, Zweite Aufl., S. 43.
160 『내재적 시간의식의 현상학 강의』에 붙인 하이데거의 편자 서문, XXV 참조.
161 *Erfahrung und Urteil*, S. 192.
162 이 책의 508쪽.

성’―즉 의식류의 파지 계열―을 가로지르는 ‘가로의 지향성’에 의한
시위의 고정화로서 설명한다. 이때 구성된 시위는 ‘양상적으로 규정된
객관’이 개별자로서 현출하는 시위요, 바로 그 시위와 결부되어서 개별
자가 성립되는 것이다. 그러므로 시간 위치적 지금은 개별화의 근원이요,
따라서 자기 동일적 시위의 고정화에는 가로의 지향성이 유효하다. 그리
고 고정된 시위를 언제나 바로 그것으로서 확정하는 일은 상기를 통한
시위의 재생이 담당한다.

『내재적 시간의식의 현상학 강의』를 중심으로 개별자 획득을 좀더
상고할 필요가 있다. 근원인상에 의해 구성된 지금점은 파지 변양하는
의식류에 실려서 자기의 시위를 고수한 채 점점 과거로 밀려난다. 그것
은 마치 하강하는 에스컬레이터의 한 단 위에 얹혀진 물건이 점점 침퇴
하는 것과 같다. 그와 같이 고정된 시위는 의식류에 실려서 더욱더 지금
점으로부터 멀어진다. 이를 후설은 다음과 같이 말한다.

그 대상은 일정한 자기의 위치를 늘 고수하듯이, 한 객관도 자
기가 현출했던 그 시위를 고수한다. 그때의 시위는 결코 이동하지
않는다. 다만 우리의 의식과의 상관 관계에서 멀어질 뿐이다.〔우
리의 의식 안에서〕새로 새로 솟아나는 지금으로부터의 거리가 커
질 뿐이다.[163]

외관상 우리는 다음과 같은 이율배반에 이끌려 가는 듯 하다. 객
관은 (…) 침퇴하면서 자기의 시간 위치를 유지할 것이다.〔그러나〕
사실에 있어서는 후퇴하는 일차적 기억의 객관은 그 시간 위치를 바

---

163 *Husserliana* X, S. 25

꾸는 것이 아니라, 오직 현재적(顯在的) 지금에서부터의 〔시간적〕 거리를 바꿀 뿐이다. 그 까닭은 현재적 지금이 언제나 새로운 객관적 시점으로서 보여지는 데 반하여 지나가버린 시간적 존재는 불변인 채로 남아 있기 때문이다.[164]

다시 말하면, 지금점이 과거로 밀려나고 그와는 역방향으로 지금이 새로 새로 솟아난다 하더라도, 의식류의 한 점에 자리잡은 시간 위치는 그 점에 고정되어 있다. 이 절대적으로 고정된 자기 동일적 시간 위치 및 거기에 결부된 객관이 개별자 성립의 원천이다.

현재적(顯在的) 지금은 새로운 객관, 변양의 흐름 속에서 오히려 동일한 개체적 객관점으로서 파지되는 새로운 객관점들을 창조하기 때문에, 모든 현재적 지금은 제각기 새로운 시점을 창조한다. 그러므로 다음 다음으로 새로운 지금이 구성된다고 할 때, 이 항구성 (Stetigkeit)이 보여주는 바와 같이, 여기서 문제되는 것은 결코 '새로움'이 아니라, 시간 위치의 근원이 되는 개별자의 항구적 계기(契機)이다.[165]

이와 같이 본다면, 시간 위치가 비로소 개별성을 구성한다.[166] 그리하여 디이머는 "시간 위치의 구성은 동시에 개별성의 구성이다. 개별자의 원천은 개별화의 원리이다"라 하고, 헬트는 "위치 지금은 지향적 삶에

---

164 같은 책, 64쪽.
165 같은 책, 66쪽.
166 같은 책, 66쪽 이하 참조.

있어, 과거·현재·미래에 있어서의 사건의 자리를 지정하는 색인",[167] 즉 어떤 사건의 개별성을 찾을 수 있는 실마리라고 한다.

이상 논의한 개별자란 초월적 존재자의 개별성이나 독자성을 바로 지칭하는 것이 아님은 물론이다. 우리의 담론은 개별화의 원리를 현상학적으로 정초하는, 즉 개별화의 가능 근거를 제시하는 것에 불과하다. 그러므로 어디까지나 의식 내재적 현상에서의 개별자의 성립을 말하는 것이다. 그러나 초월적·객관적 존재자로서의 개별자도 마땅히 저 현상학적 개별자에 의거해서 성립된다는 것을 전제해야 할 것이다.

2. 자기 동일성의 확보

후설은 동일성을 "종별(Spezies)적 존립이 보지되는 경우 당연히 논의될 수 있는 것"이라 하고 "비시간적으로 포착된 통각여건(統覺與件)이 객관의 종별적 존립을 구성한다"[168]고 하여 동일성을 일단 초시간적인 것이라고 한다. 그러나, 우리는 지금 구체적으로 시간적 존재자의 자기 동일성을 모색하는 것이다. 왜냐하면 후설의 저런 언명 속에서 드러나는 동일성이란 편시간적(遍時間的)·비실재적(非實在的) 동일성이겠는데, 그것은 우리의 삶의 생생한 현장에서 다급하게 문제되는 동일성이 아니기 때문이다. 다시 말하면, 저런 비실재적 동일성은 가장 실재적 차원인 시간과는 거리가 멀다고 보는 것이다. 그리하여 우리가 구하는 동일성이란 시간류의 부단한 천류에도 불구하고 일양하게(불변하게) 자기 자신으

---

167 K. Held, 같은 책, S. 31f.

168 *Husserliana* X, S. 63.

로 있음[169]을 의미한다. 그러면 이것이 어떻게 변화의 기저인 시간에서 획득, 유지될 수 있는가?

먼저 "시간 위치의 동일성이 해명되지 않으면 시간내 객관의 동일성도 해명되지 않는다"[170]는 후설 자신의 지적에 따를 필요가 있다. 그리하여 첫째 자기 동일성은 개별자 구성에서 확보되는 동일성이다. 이것은 앞에서 말한 개별성의 성립 원천인 시간 위치의 불변적 고정화에 의해 정초된다. 고정된 시간 위치 및 (그 시간 위치에 함께 고정된) 시간 질료는 일단 한 시간 위치에 고정된 이상 다시는 변동될 수 없다. 그것은 그 시간 위치에서 자기 동일화되고 만다. 즉 "모든 지금은 과거로 침하하는 때에도 그 자신의 엄밀한 동일성을 보지하는 것이며, 이것은 보편적이고도 근본적 사실이다."[171] 그리고 이 자기 동일화된 시간 위치 및 시간 질료는 상기 작용을 통해 언제든지 바로 그것으로서 재생될 수 있다. 즉 상기를 통한 과거의 재생에 있어 재생되는 것은 언제나 자기 동일성을 지니고 있는데, 이것은 재생되는 (시간 위치까지 포함한) 존재자의 항구적 자기 동일성이 전제되기 때문이다.

위와 같은 시간 위치의 고정화에 의한 자기 동일성과 다른 또 하나의 자기 동일성은 기능자아의 동일성 즉 기능자아에서의 "〔작용〕 수행자의

---

169 이것을 지속과 혼동해서는 안 된다. 지속은 예컨대 일정한 시간 내의 음의 지속이나 폭풍우의 지속 따위에서 보다시피, 어떤 객관이 시간의 흐름과 더불어 존속하는 것이다. 그것은 시간의 흐름과 일정 시간 동안 병행한다. 그것은 또 언제부터 언제까지라는 한계를 갖는다. 이에 반하여 자기 동일성은 시간의 흐름에 영향받지 않고—이 점에서 후설은 동일성을 Spezies라 한 것이다—항구적으로 자기 자신으로 있는 것을 가리킨다.

170 같은 책, 64쪽.

171 같은 책, 62쪽.

자기 동일성이다. 이것은 물론 자아극이다─ 그리고 〔작용〕 수행자가 한 지속 통일체로서 구성되어도 그것은 자기의 고유한 것(그때 수행자의 동일성이라 불리는)으로 남아 있다."[172] 모든 시간 위치를 각인하는, 근원적으로 살아 있는 현재 즉 지금 형식으로서의 현재는 항구적으로 현재요 그때의 기능자아는 또한 항구적으로 (시간 위치적 자아까지 포함한) 타자(他者)가 될 수 없는 자아이다. 이에 대해 헬트는 다음과 같이 말하고 있다. "그러나 지금의 항구성에 있어서, 즉 흐름 속에서의 지금의 항구성에 있어서, 그리고 '지금의 자아'(Ich-jetzt)가 '방금 전의 자아'(Ich-soeben)로 변양함에 있어서 나는 동일한 나이다.─ 흐름 속에서 자아로서 있는 나는, 흐르고 있는 세계 확신을 가지고 함께 흐르면서, 나에 대해 존재하는 세계에서 세계를 경험하는 자, 즉 세계를 표상하는 자이다."[173]

반성이란 요컨대 지금의 자아와 직전의 자아로 이미 분열되어 있는 두 자아 사이에서 한 (기능) 자아측으로부터 다른 (변양된) 자아를 보는 것이다. 그러므로 자아는 반성 이전에 이미 분열되어 있는 것이다. 변양되기 이전의 궁극적으로 기능하는 자아는 항구적 기능자아로서, 작용 수행자로서, 작용과 함께 거기에(dabei) 자기 동일적으로 있는(sein) 것이다. 이것을 브란트는 "근원적으로 하나인 존재"(Ureinig Sein)[174]라 한다.

마지막으로 반성 자체에서도 자아의 자기 동일성을 보장받을 수 있다. 그것은 반성은 반성하는 자아와 반성되는 자아를 '동일화'(합치)하는 작용이기도 한 까닭이다. 이 자기의 자기와의 동일성을 전제하지 않고서는 진정한 반성이 성립될 수 없다. 반성은 두 자아 사이의 가교이므로

---

172 K. Held, 같은 책, S. 85, 118.
173 같은 책, 92쪽.
174 G. Brand, 같은 책, S. 70.

두 자아를 합치, 통일시키는 역할도 수행한다. 즉 반성은 자아의 양분을 지양(Ent-zweiung)하여 일자화(一者化)하는 기능을 수행한다. 이를 헬트는 "분열된 존재 속의 일자"(Eins-sein-in-Getrenntsein)"라 한다.[175] 이와 같이 의식에 있어서의 두 자아의 통일에 자아의 자기 동일성이 있다. 브란트는 "나는 나를 반성함에 있어서 일자화(一者化) · 일자(一者)로서, 흐르는 자아 자체로서 파악한다"[176]고 말한다.

3. 자아 존재의 제 성격

의식으로서의 자아에 기초를 둔 현재 시간은 본질적으로 지평[177]을 갖는다. 바로 이 점—현재가 지평을 갖는다는 이 점—이 내재적 의식 시간과 물리적 시간과의 근본적 상이점이기도 하다. 물리적 시간의 현재 즉 지금은 점적 순간일 뿐 지평을 갖지 않는다. 의식 시간의 경우 그 지평을 후설은 근원인상 · 파지 · 예지라고 한다 함은 기술한 바 있다.

본디 의식은 자아에 있어서 의식된 존재(Bewußt-sein)요, 시간은 그 중에서도 반성을 통해 현시되는 자아의 구조를 의미한다. 엄밀하게 말하면, 시간은 반성에서 보여진 자아의 근본 구조인 것이다. 따라서 그것은

---

175 K. Held, 같은 책, S. 81.

176 G. Brand, 같은 책, S. 70.

177 현재의 지평의 문제에 대해서는 이 책의 503쪽 이하 참조. 만일 현재에 지평이 없다면, 시간의 연속성도 생활에 있어서 현재도 역사의 연속성도 설명할 길이 없다. 이 문제는 달리 말하면 과거와 현재 및 미래의 연속성을 어떻게 보증하느냐 하는 것이다. 베르그송은 그것을 기억으로 정초한다. 그리고 하이데거는 다음에서 보는 바와 같이 '이음새'라는 개념으로 현재에서 과거와 미래를 연결시킨다.

시간이라기보다는 시간성이다. 그러므로 시간의 지평이란 시간성의 지평, 의식류의 지평이다. 지평의 한계를 결정하는 것은 대상성에의 자아의 지향적 관계 내지 현실적 관심이라 했는데, 이것은 그 지평이 시간성(의식)의 지평임을 시사한다.

1) '탈자 속의 내재'

예지는 아직 미래가 아니라 생생하게 흐르는 현재의 미래적 존재, 즉 미래 지평에로 의식이 앞서감(Vorgang)이다. 파지도 과거가 아니라 생생하게 흐르는 현재를 보지하면서 근원인상이 과거 지평에로 퇴행(Vergang)하는 것이다. 자아는 한편으로는 선행(앞서감)과 퇴행 속에서 지금 현전하면서, 다른 한편으로는 그것을 넘어서 과거와 미래의 지평 속에 있다. "퇴행과 선행, 파지와 예지는 (…) 현재 자체에 속한다. 말하자면 현재태(現在態)인 것이다."[178] 즉 파지와 예지는 다같이 현재태에 속한다. 그러면서도 두 지평은 다같이 현재로부터 나아간다. 이것을 논자들은 탈현재화(Ent-gegenwart) 또는 탈중심성(Exzentrizität)이라 한다.

시간의 지평이란 곧 시간의 탈자적 구조이기도 하다. 의식의 면에서는 그 탈자성을 형성하는 것은 파지와 예지이고, 존재의 면에서는 존재의 구조상 이미 있음(旣在, Gewesensein)과 있게 될 것(Seinwerden)이다. 자아는 자기 존재에 대해 관심을 집중시키면서 동시에 지평에로 탈자하는 존재자이다. 이를 브란트가 "탈자 속의 내재"(Im-manenz in Ex-sistenz)라 한다는 것은 이미 밝혔거니와, 이러한 자아의 성격을 후설은 다음과 같이 말한다.

---

178 같은 책, 81쪽.

나는 생동적·현전적으로는 생성하면서 존재하고, 흐르는 지금으로서의 나의 현재에 있어서는 지금 존재하는 것으로 생성하면서 있다. 흐르고 있는 지금은 흐르고 침퇴하면서도 여전히 언제나 나는 기재적으로 지금 존재하는 것으로 존속하며, 다른 일면의 생성에 있어서는 부단히 현재에로 천이하고 또 현재를 거쳐서 과거로 되는 미래를 내 앞에 가지고 있다. 이러한 천이에도 불구하고 나는 지금 있고, 기왕에 있었고, 장차 있게 될 나로서 시간성 속에 자기 동일적으로 존재한다.[179]

"파지는 곧 보지(Behalten)에 불과하지만, 예지는 이제 곧 시작하는 활동성(ansetzende Aktivität) 즉 기투(Entwurf)이다. 나는 '미래 속으로 매진하고 기투하는 자아이다'"[180] 시간적 존재로서의 자아의 탈자성은 다음과 같다.

자아는 방금 있었고(soeben-gewesen) 아직도 있는 기재적(既在的) 현재의 존재로서 계속해서 새로운 현재 속으로 앞서감(선행)이다. 뒤집어 말하면, 이미 현재적(顯在的)이었던 현재가 비현재성(非顯在性)의 양상에로 퇴행하는 것이다. 자아는 "현재적 존재의 핵과 비로소 생성하는 존재(Erstwerden) 즉 실현되어야 할 존재(Zu-verwirklichenden)의 지평을 가

---

179 G. Brand, 같은 책, S. 70. 번역문이 너무 난삽하여 원문을 밝힌다.

"Ich bin als lebendig gegenwäig werdend seind (7-8) und werdend als jetzt seiend in meinem Gewesensein als strömendes Jetzt, das strömend versinkend doch immerzu verharrt als ich-bin-gewesen, was andererseits vor sich hat in einem anderen Werden eine Zukunft als immerfort im Wandel zur Gegenwart und durch Gegenwart zur Vergangenheit werden, und in diesem Wandel bin ich identisch in der Zeitlichkeit, ich, der ich jetzt bin, war und sein werde⋯."

180 같은 책, 89쪽.

지고 있다.”[181] 살아 있는 현재 속의 자아는 존재 양상에서 보면, 현재적(顯在的) 현재에서 아직 현재적이 아닌 즉 비현재적(非顯在的) 미래로 앞서감(선행, 즉 미래의 선취)이요, 비현재적 과거로 물러남(퇴행)이며, 그러면서 계속 새로운 현재에로 나아감(이행)이다. 자아는 이러한 시간 형식 가운데 흐르면서 존속하고 있다.

그리하여 후설은 자아를 “기재로부터의 존재, 퇴행하는 존재, 즉 선행의 퇴행”(Sein aus Gewesensein, Sein in Vergang, der Vergang von Vorgang ist)[182]이라 한다. 자아는 기재로서는 현실적이지만 미래적 존재로서는 아직 현실적이 아니다. 그러나 자아는 현재태 속에서 자기를 미래적 존재로서 실현시키면서 있다. 그러면서 자기 자신을 언제나 배후에 가지면서 과거로 퇴행한다. 그리하여 자아는 다가올 지평과 물러나는 지평 속에서 지금 생동하면서 흐르고 있다. 자아는 ‘기재를 근거로 해서 있게 될 존재’(Sein-werden aus Gewesensein)이다.

이와 같이 본다면 자아-삶은 삼중적 삶이다. 이미 있었던 삶 · 있게 될 삶 · 지금 있는 삶(Gewesensein-Seinwerden-Jetztsein)이 그것이다. 그러면서 자아는 이 삼중의 삶의 통일로서 살고 있다. 이것을 한마디로 표현하면, 자아는 “자기 안에 기재를 걸머지고 ‘있게 될 존재’로 언제나 이미 향하고 있다”(das Gewesensein in sich tragend immer schon gerichtet ist auf Seinwerden)[183]고 할 것이다. 그리고 삼중의 삶이 거기를 겨냥해서 통

---

181 같은 책, 80쪽.

182 같은 곳.

183 같은 책, 90쪽. 이 명제는 하이데거를 연상시킨다. 브란트는 후설을 하이데거와 관련지어 해석하는 경향을 보이고 있다. 하이데거는 시간의 본질을 현존재의 존재인 마음씀(Sorge)의 구조 즉 시간성으로서 파악한다. 따라서 시간은 현존재의 존재 구조에서 이해되지 않으면 안 된다. 시간성으로 환원된 현존재를 그는 “이미 (세

일 종합되는 바탕은 특히 후기의 목적론적 경향을 띠기 시작하면서부터는 현저하게 미래 쪽에 있다.[184]

2) 자아의 익명성

앞에서 우리는 이중의 지금에 관해 천착한 바 있다. 그 하나는 항구적 지금 형식이고 다른 하나는 시간 위치적 지금이라고 하였다. 그리고 전자는 선-반성적이므로 항구적으로 기능하는 지금이요, 또 반성의 대상으로 되는 일이 결코 없으므로 익명적이라 했다. 그리고 후자는 시간 위치에 고정되어 있기 때문에 개별화와 객관화의 근원이 되는 지금이라고 하였다. 그러므로 살아 있는 현재에서는 자기 시간화하는 자아도 위와 같은 두 가지 방식으로 존재하게 된다.

하나는 시점에서 시점으로, 지금에서 다음의 지금으로 계속 흘러가고 그런 방식으로 시간 위치 및 시간 위치의 계기에 자리잡음으로써 개별화·객관화되는 자아이고, 다른 하나는 기능자아로서 항구적으로 '정지해 있는 지금'에 있어서의 자아 즉 익명적 자아이다. 이러한 생동하는 현재의 자아의 본질은 고정성과 유동성의 통일에 있다. 특히 자아는 결코 대상화되지 않는 존재, 대상화로부터 몸을 빼는 익명적 존재라는 점에서 절대적 자아이고, 코기토(cogito)의 수행자로서의 순수 자아이다. 그것은 일체의 구성된 존재가 그 존재 의미를 거기에서 비로소 획득

계 내부적으로 만나는 존재자에) 몰입해서 있음으로서 (하나의 세계) 속에 자기에 앞서서 있음"(*Sein und Zeit*, S. 327)이라 하고, 또, "시간성은 기재적 현전적 장래로서 시숙한다"(같은 책, 350쪽)고 한다. 브란트는 이런 점을 고려하여 양자 사이의 접근을 시도한다. 그러나 헬트는 이런 시도에 대해 못마땅하게 생각하고 있다(K. Held, 같은 책, S. 44f).

184 G. Brand, 같은 책, S. 88f 및 S. 124~129 참조.

하는, 최후로 도달할 수 있는 자아이다.

나는 객관화되는 자아를 공적 자아의 근원이라 부르고, 사회적·역사적 존재로서의 자아, 상호 주관적 자아는 이 공적 자아에서 비로소 성립될 수 있다고 생각한다. 그에 반하여 저 익명적 자아는 자기 자신에 대해서조차도 객관으로서 노출되지 않는 실존적 자아라 부르고 싶다. 실존이란 세계 교섭의 최종적 결정자인 자기 자신을 가리킨다.

이것은 삶의 가장 근원적 원천이다. 그것은 설사 저 객관화되는 자아가 미처 의식 안에 들어오지 않을 때일지라도 결코 기능을 중단할 수 없는 자아인 것이다. 만일 그 기능을 중단하면 살아 있다고 말할 수 없다.

이 익명적 자아를 헬트는 선-존재적 선-시간적 항구성(vor-seinede, d.h. vor-zeitliche Ständigkeit des Ich) 즉 근원적으로 일자인 존재(Ureinigsein)[185]라 하고, 브란트는 자아의 이 선-반성적 자기 동일성을 "자기 자신의 비대상적 현전 존재"(ein ungegenständliches Gegenwärtigsein seiner selbst)[186]라 한다.

그 자아는 반성이라는 활동이 일어나기 이전에 이미 있는 존재자이므로 순수한 근원적 수동성(Urpassivität)이기도 하다. 이러한 근원적으로 수동적인 자아의 존재를 상정하여 후설은 '존재화'(Ontifikation)라 하거니와, 그 자아는 선-반성적이므로 분열되지 않은 근원적 일자로서 있다. 이것을 헬트는 '선-반성적 자기 동일화'(präreflexive Selbstidentifikation)라고도 하고 '선-반성적 종합'(präreflexive Synthesis)이라고도 한다. 단 이때의 종합은 분리되었던 것의 종합이 아니라 근원적으로 분리되지 않음을 말한다.[187] 그러므로 그것은 시간의 근원으로서 선-시간적으로 있

---

185 K. Held. 같은 책, S. 107.
186 G. Brand, 같은 책, S. 69.

는 것이다. 즉 자아는 시간 내적 존재가 아니라 오히려 시간의 근원인 것이다.

후설은 '실존'을 표방한 철학자는 아니지만 실존주의자 못지 않게 실존의 경지에 대해 사색한 사상가임을 알 수 있다.

---

187 헬트는 후설의 유고에서 다음의 문장을 인용하고 있다. "Das ständige Ich <ist> ständig Urquelle, identisch nicht durch ein 'Identifikation', sordern als ureinig, seiend in urtümlichsten Vor-sein."(같은 책 , S. 106)

F. 창조적 현재와 자아 : 시간의 주체

시간의 중심(重心)은 현재에 있다. 먼저 지각의 면에서 보더라도 가장 명증적인 것은 지금 통각(Jetztsaffassung)인 근원인상—아우구스티누스의 표현으로 말하면 직관—이요, 과거와 미래는 이 의식의 변양태인 파지와 예지에서 비로소 구성되는 것이다. 그런 까닭에 아우구스티누스도 과거를 과거의 것에 관한 현재로서의 기억이라 하고, 미래를 미래의 것에 관한 현재로서의 기대라고 한 것이다.

존재의 면에서는 어떤가? 과거는 현재로부터의 침퇴요, 미래는 현재에로의 도래이다. 현재의 지평 영역에 들어와서 비로소 일체의 존재자는 현전(anwesen)한다. 현재 속에 있는 존재자를 하이데거는 현전자라 하거니와, 저간의 소식을 그는 다음과 같이 말한다.

현재적 현전자(gegenwärtig Anwesende)를 그리스 사람들은 파레온타(τά παρεόντα)라 한다. 파라(παρά)는 'bei', 즉 비은폐성 속으로 다가옴(beikommen)을 의미한다. 현재적(gegenwärtig)의 gegen은 주관에 대한 대립이 아니라, 비은폐성의 광활한 방역(方域, offene Gegend)을 의미한다. 이 비은폐성에로 또 그 안에서 저 도래자는 머문다. 그러므로 에온타(ἐόντα)의 성격으로서의 '현재적'은 비은폐성 안에 한동안 임래(臨來)한다는 뜻이다. 그러한 임래성(臨來性)이 본래적 도래, 본래적 현전자의 현전이다. 과거적인 것과 미래적인 것은 비은폐성 밖에 있는 현전자이다. 비현재적 현전자는 탈현전자(Ab-wesendes)이다. 이것도 비은폐성의 방역(方域)에로 임래하든 혹은 거기로부터 사라지든 본질적 현전자에 관계한다.[188]

비은폐성 안의 현재적 현전자는 광활한 방역으로서의 비은폐성 안에 머문다.[189]

현전자는 그때 그때 〔현재 속에〕 한동안 머물러 있는 것(je Weilige)이다. 머물러 있는 동안은 사라지는 것 속으로 이행하는 도래로서 현전한다.

머무름은 〔현재로〕 다가옴과 〔현재로부터〕 사라짐 사이에 있다. 이 이중의 부재(不在, Ab-wesen) 사이에 모든 한동안의 것이 현전한다. (…) 머무르는 것의 현전은 도래의 〔현재를 향해〕 이쪽으로 밀려오고 〔현재로부터의〕 퇴거의 저쪽으로 밀려간다.[190]

이것은 현재에서 본 존재자의 도래와 퇴거이다. 현재를 향해 다가오는 것은 그 자체로서는 아직 광활한 방역(方域)〔현재의 지평〕인 비은폐성 속에는 들어와 있지 않으나 탈현전자(Ab-wesendes)로서 현전하고, 현재를 거쳐서 퇴거하는 것은 이미 비은폐성인 방역을 벗어나긴 했으나 역시 탈현전자(Ab-wesendes)로서 현전한다. 시간과 존재의 관계를 시간을

---

188 M. Heidegger, *Holzwege*, S. 319f.
189 같은 책, 322쪽.
190 같은 책, 327쪽.

기준으로 해서 비유하면, 강 언덕과 강 가운데에서 흘러가는 배와의 관계와 같다. 시간은 흘러가는 배처럼 흘러가지만 이것은 강 언덕에 있는 사람이 보는 것이고, 배 안에 있는 사람으로서 보면 강 언덕이 다가왔다가 뒤로 물러나는 것처럼 생각되기도 한다.

이처럼 현재를 기준으로 해서 보면 아직 부재(ab-wesen)이던 미래의 것이 현재에 와서는 현전(an-wesen)하고 다시 과거로 탈현전(abwesen)한다. 그러나 사실은 그 반대이다. 현재가 흘러가면서 탈현전자를 현전(an-wesen)시키고 다시 그 탈현전자를 퇴거시키는 것이다. 존재를 기준으로 해서 생각하더라도 사태는 마찬가지이다. 현재는 존재자를 현전시키는 원천적 차원이다.

이러한 현재 즉 일체를 일체처(一切處)에서 일시에 현전시키는 현재를 필자는 창조적 현재라고 명명한다. 그것은 같은 차원에서 과거·미래와 양상적으로만 구별되는 하나의 시간 양상이 아니라, 오히려 오직 현재만 있고 과거와 미래는 현재를 거쳐가고 다가올 탈현전자의 한 성격이라고 보고 싶다. 즉 과거와 미래는 현재에 현전하는 존재 성격일 뿐이다. 단 여러 번 말하는 바와 같이, 지금과 현재는 구별되어야 한다. 현재의 지평을 인정하지 않고서는 시간과 존재를 접합시킬 방도가 없다. 현재와 현전자의 현전과는 불가분의 일체를 이룬다.

이러한 현재 속에서 살고 있는 시간의 주체로서의 자아는 어떤가? 아우구스티누스에 있어서는 그 자아는 영원인바 현재에 집중함으로써 신적인 세계에까지도 가서 닿을 수 있는 존재자요, 후설에 있어서는 기능 자아로서 영구히 선-시간적 익명적 존재자이다. 익명적 자아는 모든 존재자에게 제각기의 시위를 각인해주지만, 그러나 자기 자신에 대해서는 대상화될 수 없고 따라서 알려지는 일이 없는 순수한 의식 현행(意識現

行)으로 있는 존재자이다. 오직 현행(現行)만으로 있는 존재자, 삶의 현
행 그 자체―이것이 익명적 자아이다. 이 익명적 자아를 나는 실존적 자
아라고 한 바 있다.

이것은 자아 이외의 모든 존재자가 거기로부터 그 존재자로서 규정
되는 근원으로서의 자아이기도 하다. 이를 굳이 명명한다면 여기 있는
이 현존재(dies Da-sein)이라고밖에 말할 수 없다. 일체의 존재자의 존재
규정·시간 규정이 거기에서 비로소 가능한 현존재는 그러나 의식이요
삶의 주체이다. 이 주체를 필자는 또 절대적 주체라 하고 싶다. 왜냐하면
그것은 타자(他者)로부터 규정되는 주체가 아니라 오히려 타자가 거기에
서 그 타자로서 규정받는 그런 주체이기 때문이다.

절대적 현재에 있어서의 삶-자아인 절대적 주체, 이것은 타자와 결
코 교환될 수 없는 단독적 개별자이기도 하다.

제5부 | **현존재의 존재 의미와 근원적 시간 : 하이데거의 실존론적 시간 사상**

하이데거(M. Heidegger, 1889~1976)는 후설의 의식 현상학을 방법론으로 받아들여서 독자적 존재론을 형성하였다. 후설이 인식의 명증성을 확보하기 위해 창건한 의식 현상학은 후설에게는 먼저 의식에 대한 성찰이다. 그의 의식 현상학은 일상적·자연적 태도를 괄호 속에 묶어놓고, 우리의 의식을 의식 내재적 영역으로 환원하고 나아가서 의식의 명증성과 객관적 존재의 근원을 찾아간 것이다.

스승이 인식의 확실성을 찾아나선 반면 하이데거는 우리 자신의 역사적 삶에 대한 성찰로 철학적 관심을 확대하였다. 하이데거는 우리가 사는 구체적 현실 세계로부터 출발한다. 세계와 우리 자신과 남에 대해 걱정하고 고려하는 것을 그는 '마음씀'(Sorge)이라 한다. 후설에게 인식의 명증성이 문제라면 하이데거에게는 우리 자신의 본래적 존재 자체가 문제이다. 이것을 실존론적 존재론이라고 한다. 일상적으로 존재자에 대해 마음쓰는 세인의 삶의 태도를 그는 비본래적이라 한다.

마음씀은 구체적으로는 '세계 내에 이미 존재자 곁에 있으면서 자기를 앞질러 있음'이라는 구조를 갖는다. 그는 현존재의 존재(즉 마음씀)의 의미를 시간성이라 한다. 마음씀을 시간적 구조에서 보면 '기존하면서-

현전화하는–장래'가 된다. 하이데거의 시간론은 이것을 본래성과 비본래성의 입장에서 개시성의 여러 방식에 따라 해석한 것이다. 비본래적 개시성을 구성하고 있는 것은 특히, 정상성, 퇴락 등 세인의 구성 계기이고 본래적 개시성은 선구적 결의성이다. 이들 여러 개시성에 따라 저 시간성을 하나하나 검토한 것이 하이데거의 시간성에 대한 담론이다. 나아가서 그는 존재 자체의 시간성에 대해 고찰한다. 이것이 소위 존재 시간성(Temporalität)의 문제이다.

나는 하이데거의 시간론을 세 부분으로 나누어서 검토하고자 한다. 『존재와 시간』 전후의 시간 문제의 상황, 『존재와 시간』에서의 시간론 그리고 마지막으로 미해결로 남겨놓다시피 한 '시간과 존재'에 대한 검토가 그것이다.

A. 『존재와 시간』 전후의 시간 문제의 상황

철학자들의 철학사상이 처음부터 그 자체로서 완결된 것은 아니다. 그들의 철학사상은 발전되고 전개되어 하나의 완결된 사상으로 성숙하는 것이다. 그러므로 그들 사상의 발전·전개를 철학자의 생애의 여러 단계와 연관지어서 연구하는 것은 자연스런 일이다.

시간 문제는 존재 문제와 함께 하이데거가 철학의 중추적 주제로 삼은 과제로서 한평생 사색해온 것이지만 생애의 각 단계마다 그 표현과 관점을 달리하고 있을 뿐더러 연구자들의 연구도 일천하여 일목요연하게 보여질 수 있을 만큼 아직 정리되어 있지 못하다.

하이데거의 경우 그 자신에 의해 사유의 '전회'가 선언되었다. 따라서 전회 이전과 이후로 나누어서 그의 사유 전개를 고찰하는 것이 상식처럼 되어 있다. 대개 『존재와 시간』을 중심으로 하는 시기를 전기로, 『진리의 본질에 관하여』(*Vom Wesen der Wahrheit*, 1943) 이후를 후기로 본다. 그러나 푀겔러의 증언에 따르면 하이데거는 자기의 사유 전개를 세 국면으로 나누는 것이 더 적절하다고 시사했다는 것이다.[1] 이때에는

---

1 O. Pöggeler, Zeit und Sein bei Heidegger, in *Zeit und Zeitlichkeit bei Husserl und Heidegger*, hrsg. von E. W. Orth, 1983, Alber, S. 155 참조.

1919~27년 특히 1923~25년의 작업이 주목된다. 이것을 고려하면서 시간에 관한 그의 초기 저작을 정리해보면 아래와 같다.

1)『역사과학에서의 시간 개념』(*Der Zeitbegriff in der Geschichtswissenschaft*, 1916) : 소위 취임 강의.

2)『시간의 개념』(*Der Begriff der Zeit*) : 1924년 마르부르크 대학 신학부에서 발표한 논문, 1989년 티이첸(H. Tietjen)이 발문을 부쳐서 튀빙겐에서 단행본으로 출간했다.

3)『시간 개념의 역사 서설』(*Prolegomena zur Geschichte des Zeitbegriffs*) : 여기에는 1925년 마르부르크 대학 여름 학기 강의인『시간 개념의 역사』(*Geschichte des Zeitbegriffs*)가 수록되어 있다. 전집 제20권은『시간 개념의 역사 서설』이라는 이름으로 1979년에 출간되었다.

4)『현상학의 근본 문제』(*Die Grundprobleme der Phänomenologie*) : 1927년 여름 학기 강의인데 그 제2부의 내용은 시간론이다.

5)『존재와 시간』(*Sein und Zeit*, 1927).

그리고 후기의 발표물로서「시간과 존재」(Zeit und Sein)가 있었다. 이 논문은 1962년 프라이부르크 대학에서 발표한 것인데 1969년『사유 거리를 찾아서』(*Zur Sache des Denkens*)에 수록하여 발간되었다. 이것들은 시간을 표제로 내걸은 것들이지만 그 외의 모든 저서도 존재와 시간에 대한 서술이라고 해도 과언이 아니다.

이제 이 시간 문제를 중심에 놓고 그의 사유의 핵심을 추적해볼 필요가 있다. 첫째, 그가 처음부터 역사적 시간에 주목했다는 것은 양적·계량적 시간을 문제삼지 않고 질적 시간을 문제삼고 있음을 시사한다. 이것은 현존재를 역사적 존재자로 보는 것과 같은 맥락을 형성한다. 이런 취지에서 출발하였기 때문에 그는 근원적 시간인 시간성과 통속적 시간을 엄격하게 구별한다.

둘째, 신학에서는 구제사적 의미에서이든 신의 초월성의 의미에서이든 '영원' 개념을 놓칠 수 없다. 독일 카톨릭 신학의 분위기는 에카르트(M. Eckhard), 뵈메(J. Böhme) 등의 영양하에 다분히 신비주의적이다. 그리하여 그도『역사과학에서의 시간 개념』의 앞부분에 "모토 / 시간은 변화하고 다양화하는 것, 영원은 자재(自在)한다. / 마이스터 에카르트"라고 내걸고 있다. 하이데거의 철학에서 영원이 언급되는 일은 매우 드물다. 그러나 죽음에 이르는 존재자로서의 현존재가 종말에 이르러서야 비로소 자기 존재의 전체성을 확보한다는 주장 뒤에 숨어 있는 종말론을 도외시할 수는 없다.

셋째, 그가『존재와 시간』§42 이하에서 시간의 근원을 '마음씀'(Sorge)의 의미인 시간성에서 찾는 것은 말할 나위 없이 아우구스티누스의 인간학(Anthropologie)의 존재론적 기초를 계승하고 있는 것이다.[2] 즉 아우구스티누스가 시간을 영혼(anima)의 제 양상에서 찾은 것은 후설이 시간을 의식의 변양에서 찾는 태도에 그대로 계승되고 이것은 또 하이데거로 이어지고 있다. 그것은 '시간의식'의 정통 코스이며 그 마지막 단계에 하이데거가 자리잡고 있는 것이다.

이런 서론적 전제하에 위에 열거한 저술들의 내용을 간단히 검토하는 것은 대단히 유익할 것이다.

1)『역사과학에서의 시간 개념』에서 시간은 자연과 역사를 구분하는

---

2 O. Pöggeler, 같은 책, S. 184 참조.

원리로서 기능한다. 자연과학의 시간은 측정의 도구이기 때문에 동질적·객관적·양적인 데 반해 역사과학에 있어서의 시간은, 가령 예수의 탄생이나 제1차 세계대전과 같이, 역사 진행을 질적으로 규정하는 에포케의 시간이다.

2) 『시간의 개념』(1989)은 1927년의 『존재와 시간』에서 전개되는 현존재의 시간성과 역사성에 대한 연구의 출발점 구실을 하고 있다. 이 논문에서 또 하나 크게 주목되는 것은 영원 개념에 대한 하이데거의 입장과 시간 문제에 접근하는 그의 태도이다. 이 자리에서는 먼저 영원에 대한 그의 태도를 검토하고, 다음에 그 논문의 내용을 검토하기로 한다. 그의 논술은 다음과 같이 시작한다.

만일 시간의 의미를 영원에서 찾는다면, 시간은 영원으로부터 이해되어야 하고, 그러면 탐구의 출발과 방향 및 그 길이 ‘영원에서 시간으로’라고 되어야 할 것이다. 즉 먼저 영원에 대해 충분히 알아야 시간을 알 수 있게 된다. 그런데 영원이 ‘공허한 상재(常在)’(das leere Immersein, ἀεί)가 아니고 신의 영역이라면, 신을 모르는 사람은 시간을 알지 못할 것이다. 그리고 신에게 이르는 길이 믿음이라면 영원에 참여하는 것은 오직 믿음일 것이요, 철학은 영원에 대해서도 시간에 대해서도 논할 형편이 못 될 것이다. 신학자라야 시간을 올바르게 아는 자가 될 것이기 때문이다.

그러나 사실은 그렇지 않다. 그 이유는 다음과 같다. 첫째, 신학은 인간을 신 앞에서의 존재자로 보고, 그의 시간적 존재를 영원과의 관계 속에서 다루지만, 신 자신은 신학을 필요로 하지도 않고, 신의 존재는 믿음에 의해서만 정초되지도 않는다.

둘째, 그리스도교 신앙은 시간 속에서 일어나는 일에 대해 관계 맺는지라, 예컨대 '때가 찼으니…'라고 하는 것과 같다.

철학자의 시간에 대한 물음은 시간을 시간으로부터 이해하려고 한다. 더구나 영원처럼 보이는 '공허한 상재(常在)'로부터 이해하려고는 하지 않는다. 그런 영원은 시간 존재의 결여태에 불과하다.[3]

이 요약문에서 보듯이 하이데거는 시간에 관한 물음에서 분명히 신학의 길을 단념하고 철학의 길을 택한다. 이것은 간접적으로는 영원에 대한 그의 태도이기도 하다. 그 이후 그는 영원에 대해 거의 언급하지 않는다.

시간에 대한 그의 논의는 학문 이전적(vorwissenschaftlich)인 데서 출발한다. 그가 알고자 하는 시간은 자연 시간, 세계 시간, 즉 우리가 일상적으로 시계를 가지고 생활하는 그런 시간이 아니다. 이런 시간에 대한 현대의 과학적 성찰은 천체과학 특히 아인슈타인의 상대성 이론이 이미 보여주고 있다. 이 이론에 대해 하이데거는 나름대로 간명하게 천명하고 있다.

그 자체로는 공간은 아무것도 아니다. 절대적 공간은 없다. 공간은 그 안에 포함되어 있는 물체와 에너지를 통해서만 존재한다. (옛날 아리스토텔레스의 명제로 말하면) 시간 또한 아무것도 아니다. 시간은 오직 그 속에서 발생하는 사건으로 인해 성립한다. 절대적 시간은 없고, 절대적 동시성도 없다.[4]

---

3 *Der Begriff der Zeit*, 1989, Max Niemeyer, S. 5ff. 참조.
4 같은 책, S. 7f.

이어서 시계에 대해 언급한다. 시계는 (언제부터 언제까지라는) 양을 표시하고, 부단히 반복하는 동일한 지속을 근거로 한다. 그리하여 그 시간은 동질적이며, 임의의 '지금'으로부터 '이전'과 '이후'가 규정된다.

그의 시간에 대한 논의는 이렇게 과학적이고 측정 가능한 시간으로부터 출발하지 않는다. 오히려 그런 시간을 가능하게 하는 더 근원적 시간, 시간의 근원을 문제삼는다. 그것은 우리의 일상적 삶에 뿌리박고 있는 시간이다. 이 점에서 그것은 학문 이전적이라고 할 수 있다.

그리하여 그는 아우구스티누스의 '시간과 영혼'에 관한 명제를 인용하면서 시간에 대한 물음이 현존재(Dasein)를 가리키고 있음을 천명한다. 이때의 현존재 개념은 전적으로 『존재와 시간』에서의 현존재 개념 그대로이다. 즉 "현존재는 자기의 존재 가운데 있는 존재자, 즉 우리가 인간의 삶이라고 알고 있는 그 존재자"로서 '세계-내-존재', '타자와 함께 있는 존재'를 가리킨다.[5]

그리고 그 현존재의 존재는 다름 아닌 '마음씀'(Sorge)이고, 그 마음씀의 의미가 시간성이라는 것이다. 그리하여 이 『시간의 개념』은 가다머의 말과 같이, '『존재와 시간』의 원형'(Urform)이다.[6] 또 이 저술을 편찬한 티이첸도 편자 발문에서 이 점을 주목하고 있다. 그에 따르면 "이 논문에서 하이데거는 그리스인들에 의해 정초된 전승적 서구 존재론에 입각해서 존재의 의미는 시간으로부터 해석된다는 것을 보여준다." 그는 또 "그리하여 시간 현상에 대한 그때 그때의 해석은 그때 그때의 존재론

---

5 같은 책, 11~14쪽 참조. 여기에서 하이데거는 현존재에 관해 여덟 가지로 언급하고 있다. 그것은 앞에서 말한 바와 같이 『존재와 시간』에서의 그 개념과 꼭 같다.

6 H.G Gadamer, Martin Heidegger und die Marburger Theologie, in : Otto Pöggeler (hrsg.) *Heidegger. Perspektive zur Deutung seines Werkes*, 1970, Köln und Berlin, S. 169.

의 존재 의미가 거기에서 노출되는 그런 상세한 구분이 된다"고 하는 하이데거의 말을 인용하면서 "현존재의 시간성을 넘어서 더 근원적인 시간 개념이 획득된다면, 철학적으로는 존재의 의미를 이 더 근원적인 시간 개념으로부터 새로 해석해야 하고, 이것을 실마리로 해서 종래의 존재론을 파괴해야 한다는 과제가 생긴다. (…) 『시간의 개념』은 주저인 『존재와 시간』의 축약도이다."[7] 하이데거의 초기 시간론을 발표한 키지엘(Th. Kisiel)도 같은 견해를 피력한다.[8]

3. 『시간 개념의 역사 서설』(GA Bd. 20, 1979)은 1925년 마르부르크 대학 여름 학기에 '시간 개념의 역사'라는 제목으로 행한 강의인데, 그 부제는 '역사와 자연의 현상학 서설'로 되어 있었다. 그러나 처음 계획대로 강의가 이루어지지 않아서 전집으로 발간될 때는 『시간 개념의 역사 서설』로 바뀌었다. 그 책의 §3에 보이는 처음 강의 계획은 아래와 같다.

제1부 시간 현상의 분석과 시간 개념의 획득.

제2부 시간 개념의 역사의 개시.

제3부 1부와 2부를 기초로 해서, 존재 일반에 대한 물음과 특히 역사와 자연의 존재에 대한 물음을 위한 지평을 마무리한다.

그리고 이 세 부의 연구에 들어가기 전에 이 연구의 일반적 · 방법적 성격에 대한 개설적 오리엔테이션이 미리 주어지는데 이를 예비 부분(vorbereitender Teil)이라 한다. 그것은 현상학적 연구와 과제의 의미에 대한 제 규정이다. 그러므로 이 강의는 예비 부분과 주요 부분(Haupt Teil)

---

7 *Der Begriff der Zeit*, 1989, Tübingen, 29~32쪽 참조.

8 Th. Kisiel, Der Zeitbegrff beim früheren Heidegger (um 1925), in : E.W. Orath (hrsg.) *Zeit und Zeitlichkeit bei Husserl und Heidegger*, Freiburg und München, 1983, S. 194 참조.

으로 구성된다. 예비 부분은 아래와 같이 분절된다.

1장 현상학적 연구의 발생과 최초의 통찰 / 2장 현상학의 기초적 발견과 그 원리 및 명칭의 해명 / 3장 현상학적 연구의 최초의 형성과 그 자체를 안과 밖에서 근본적으로 성찰해야 할 필요성

주요 부분도 세 부로 나누어서 다루기로 되어 있었다. 그 제1부는 세 장으로 나누어서 성찰하기로 계획되었는데 아래와 같다.

1장 시간 현상이 보여질 수 있는 영역의 예비적 서술 / 2장 시간 자체의 개현 / 3장 개념적 해석

주요 부분의 제2부(시간 개념의 역사)는 아래와 같이 계획되어 있다.

첫째, 베르그송의 시간 이론.

둘째, 칸트와 뉴턴의 시간 개념.

셋째, 아리스토텔레스에 의한 시간의 최초의 개념적 발견.

마지막으로 주요 부분의 제3부는 '존재 일반에 대한 물음과 특히 역사와 자연의 존재에 대한 물음'의 개진으로 되어 있다.

주제 영역으로 말하면 이 강의는 '역사와 자연의 현상학 서설'이라고 부를 수 있다. 역사와 자연을 구분하는 기준은 하이데거 식으로 말하면 '시간'이다. 그는 당시 '현실성 영역'의 구분의 준거로서 시간을 제시하였다. 즉 그는 현실성을 '시간적 현실성', '초시간적 현실성', '시간 외적 현실성' 등으로 구분하였다.[9] 이런 현상학적 구분을 그는 역사적 · 체계적으로 수행하였다. 시간 개념의 역사적 적출은 역사적이고, 시간 현상이 보여지는 영역을 밝혀내는 것은 체계적이다. 이 분야를 밝혀냄에 있어 하이데거는 후설의 『논리학 연구』(*Logische Untersuchungen*)에 크게 힘입

---

9 *Prolegomena zur Geschichte und Zeitbegriff*, S. 8.

고 있다. 그 증거로 키지엘은 이 저술의 예비 부분에서『논리학 연구』에 뿌리박고 있는 기본적 시간 개념인 수시성(隨時性, Jeweiligkeit)과 현전화(現前化, Appräsentation)의 사용을 들고 있다. 그러나 이것은『존재와 시간』이후에는 사라지는 개념이다. 키지엘은 전자가 각자성(Jemeinigkeit)과 실존적 본래성으로 대치되고, 후자는 현전화(Gegenwärtigen)로 바뀌었다고 말한다.[10]

게다가 이 강의의 앞부분인 예비 부분과 뒷부분인 주요 부분 사이에는 필연적 연관이 없다. 다시 말하면 전자는 전적으로 현상학의 포괄적ㆍ명시적 연구이고(즉 실존론적 파악이 아니고), 후자는 거의『존재와 시간』의 앞부분(§1 ~ §53)과 일치한다. 그리고 이 강의는, 앞에서 말한 바와 같이, 당초 계획의 일부, 즉 예비 부분과, 주요 부분의 제1부 중 1장과 2장에서 그치고 있다. 다시 말하면 제1부의 3장과 그 이하, 즉 제2부와 제3부는 전혀 손도 못 대고 말았다.

그럼에도 불구하고 이 저술이 의의를 갖는 것은『존재와 시간』이 하루아침에 쓰여진 것이 아니라 이와 같이 여러 해에 걸쳐 각고의 노력을 기울인 끝에 나온 작품이기 때문이다. 이 과정에서 보인 하이데거의 후설로부터의 일탈에 대해서는 많은 말이 있을 수 있다. 그러나 이를 하이데거의 입장에서 적극적으로 표현하면, 이 강의의 예비적 기초 분석에서부터 하이데거는 후설의 의식 명제를 여의고 자기의 현존재 분석으로 나아갔다고 할 것이다.[11]

---

10 Cf. Th. Kisiel, 같은 논문, 196쪽. 그러나 Gegenwärtigen은 주요 부분에서는 거의 사용되지 않고 있다. 그는 또『시간 개념의 역사 서설』에서는 '실존'이니 '결의'이니 하는 개념이 하이데거 자신에 의해 매우 조소적으로 쓰여졌는데(『시간 개념의 역사 서설』, 375쪽 참조)『존재와 시간』에서는 굉장히 중요한 개념으로 바뀌었다면서 놀라운 일이라고 비웃고 있다(같은 논문, 195쪽 참조).

4. 『현상학의 근본 문제』(GA Bd. 24, 1975)는 『존재와 시간』(1926)이 발표된 다음해인 1927년 마르부르크 대학의 여름 학기 강의이다. 강의 명칭은 '현상학의 근본 문제'로 되어 있으나 여기서 말하는 현상학이 후설의 의식 현상학이 아님은 말할 것도 없다. 또한 이 강의는 '현상학'에 관해 논하고자 한 것도 아니다. 그보다는 오히려 철학으로서의 현상학이 다루는 주제에 대해 독자적으로 논술하고자 하는 것이다.[12] 이때의 현상학은 『존재와 시간』에서와 마찬가지로 방법론이다.

하이데거 자신의 주제는 이 책의 1쪽의 각주와 편자의 발문(472쪽)에서 밝히고 있는 바와 같이, 『존재와 시간』의 제1부 제3편 '시간과 존재'이다. 그러나 당초의 의도는 그랬을지 몰라도 실제 내용에 있어서는 이 부분은 거의 언급된 바 없다.

이 책의 §6 '강의의 윤곽'이 보여주는 것을 적기하면 아래와 같다.

제1부 존재에 대한 몇 가지 전통적 테제의 현상학적-비판적 토의

제2부 존재 일반의 의미에 대한 기초 존재론적 물음. 존재의 근본 구조와 근본적 방식

제3부 존재론의 학문적 방법과 현상학의 이념

그리고 제1부는 다시 네 장으로 구분된다.

1장 칸트의 테제 : 존재는 실재적 술어가 아니다 / 2장 아리스토텔레스로 거슬러 올라가는 중세 존재론의 테제 : 존재자의 존재에는 '무엇임'(Was-sein, essentia, 본질)과 전재적 존재(existentia, 존재)가 속한다 / 3장 근세 존재론의 테제 : 존재의 근본적 방식은 자연 존재(res extensa, 연장적 존재)와 정신 존재(res cogitans, 사유 존재)이다 / 4장 논리학의 테제 :

---

11 『시간 개념의 역사 서설』의 편자, Petra Jaeger의 발문, 같은 책, 445쪽 참조.
12 *Die Grundprobleme der Phänomenologie*(GA Bd. 24), S. 1 참조.

모든 존재자는 그때 그때의 그 존재 방식에 상관없이 '이다'(ist)를 통해 언급되고 논의된다. 계사의 존재.

제2부도 네 장으로 분절된다.

1장 존재론적 차이의 문제(존재와 존재자의 구분) / 2장 존재의 근본적 분절의 문제(본질과 존재) / 3장 존재의 가능한 양상화의 문제 및 그 다양성의 통일의 문제 / 4장 존재의 진리 성격.

마지막으로 제3부도 네 장으로 나누어진다.

1장 존재론의 존재적 기초와 기초 존재론으로서의 현존재 분석론 / 2장 존재의 아프리오리티 및 아프리오리한 인식의 가능성과 구조 / 3장 현상학적 방법의 주요 부분 : 환원, 구성 및 해체 / 4장 현상학적 존재론과 철학 개념.

그런데 이 강의에서는 제1부와 제2부의 1장까지만 다루어지고 나머지는 '강의 시간의 제한'으로 인해 다루어지지 못하고 말았다. 더러는 '시간과 존재'라는 주제를 구명하기 위해서 이 책의 제2부의 1장이 결정적이라고 말하는 사람도 있다.[13]

이 책의 제1부는 아마도 『존재와 시간』에서의 현존재 분석론이라는 기초 존재론을 넘어서 하이데거 자신의 '일반 존재론'을 전 철학사를 통해 확립하려는 야심을 가지고 쓰여진 것이 아닌가 한다.

우리의 당면 과제는 그의 시간론이다. 우리는 먼저 『존재와 시간』에서의 시간 이론을 검토하고, 이어서 뒷날(1962) 강연으로 발표된 후 『사유거리를 찾아서』(*Zur Sache des Denkens*, 1969)에 수록된 「시간과 존재」와 연관해서 검토하기로 한다.

---

13 전집판 『현상학의 근본 문제』(GA Bd. 24)의 편자, F-W. v. Herrmann의 발문(473쪽) 참조.

B. 『존재와 시간』에서의 시간론

　　『존재와 시간』은 애초에 I부와 II부로 구상된 야심차고 방대한 저술이었다. 그러나 현실적 사정, 즉 정교수 발령 문제와 관련해서 논문을 급하게 제출해야 했기 때문에 미완성으로 끝나고 말았다. 그리하여 우리가 보는 『존재와 시간』에는 전체 구상의 일부(반의 2/3)만이 수록되어 있을 뿐이다. 당초의 구상은,

　　제I부 : 현존재를 시간성으로 환원해서 해석하고, 시간을 존재에 대한 물음의 초월론적 지평으로서 해명함
　　제II부 : 존재 시간성(Temporalität)의 문제를 실마리로 한 존재론의 역사의 현상학적 해체의 개요

로 되어 있었다. 그리고 제I부는 다시 세 편으로 나누어진다.

　　제1편 현존재의 예비적 기초 분석
　　제2편 현존재와 시간성
　　제3편 시간과 존재

그런데 실지로 『존재와 시간』은 제I부의 제1편과 제2편에 그치고 말 았으며, 제3편은 그런 형태의 저술로는 끝내 쓰여지지 않았다.

제II부도 마찬가지로 세 편으로 나누어진다. 이 부분에서 하이데거는 칸트, 데카르트, 아리스토텔레스와의 대결을 통해 존재와 시간을 가지고 전 철학사에 등장하는 거장들의 이론을 비판하고 새로운 철학 체계를 형성하겠다는 의도를 가지고 있었다. 그 의도는 그 뒤에 산발적으로 발표된 그의 많은 저술을 통해 거의 성취된 셈이다.

1. 『존재와 시간』의 주제 및 구성

이 저술에서 시간만을 따로 떼어서 검토한다는 것은 거의 불가능하다. 전 저술의 내용을 조감해야 비로소 시간론의 위치와 시간 개념이 지닌 의의를 알아차릴 수 있기 때문이다. 이제 우리는 우리의 주제와 관련되는 범위 안에서 이 저술을 개관하고자 한다.

『존재와 시간』은 서론 2장, 제I부의 제1편 6장 및 제2편 6장, 도합 14장으로 구성되어 있다.

목차에 이어 본문에 들어가기 전에, 플라톤의 책에서 인용한 모토에서 저자는 존재론이 플라톤 이래 철학의 가장 중심적 주제임에도 불구하고 아직껏 '존재의 의미'가 밝혀지지 않고 있다고 선언한다. 서론 1장은 '존재'를 주제적으로 다루는 존재론의 필요성에 대한 천명이며, 2장은 방법론으로서의 현상학에 대한 저자의 독자적 견해이다. 이 책의 근본 주제는 말할 것도 없이 '존재'이다. 저자는 그 존재를 시간의 지평에서 개현하겠다고 한다.

1) 일상성 속의 현존재

제I편은 이 주제를 해명하기 위한 선행적 작업으로서의 '현존재 분석
론'이다. 현존재란 인간 존재를 술어화한 표현이다. 인간은 '존재하면서
이 존재 자체를 최대의 문제거리로 삼는 존재자요, 자기의 존재의 가장
독자적인 가능성에 대해 태도를 취하는 존재자',[14] 다시 말하면 인간은
세상에 살고 있으면서 자기의 그 삶 자체를 최대의 문젯거리로 삼는 존
재자요, 자기의 존재를 가장 독자적 가능성으로서 실존적으로 선택하는
존재자이다. 그런 인간은 막연하게나마 '존재를 이해'하고 있다. 이 '막
연한 존재 이해'를 분명하게 밝혀내면 존재의 의미가 해명된다는 것이
그의 견해이다. 현존재(Dasein)는 존재(Sein)가 드러나는 개명성(Da)이라
는 것이다.

제I편에서 하이데거는 이 현존재를 '우선 대개'(zunächst und zumeist)
의 차원 즉 일상성 속에서 분석한다.

무릇 현존재는 이 세상에 생을 얻어 살고 있는 존재자로서 그 근본
구조는 세계-내-존재(In-der-Welt-sein)이다. '세계-내-존재'라는 이 존
재틀은 세 개념(세계, 세계-내-존재는 누구인가? 내-존재)을 주워 모아
서 된 것이 아니라 현존재의 아프리오리한 근본틀이다. 하이데거는 이
개념을 사람이 사는 실상을 바닥에 깔고 분석한다.[15] 그리하여 '내'(in)라

---

14 *Sein und Zeit*, S. 57 참조.

15 종래의 철학에서는 객관성을 보증하는 데 방해되는 주관적 선입견이라 하여 인간의
삶에 묻어 있는 모든 요소를 배제하고, 엄격한 사유의 기본틀을 규정해서 여기에
맞추어 사유한다. 그 사유의 기본틀을 범주(Kategorie)라 하는데 칸트의 범주가 그
대표적인 것이다. 이런 범주적 사유와 구별되는 인간의 삶 자체 즉 실존에 기초하
는 사유틀을 하이데거는 실존 범주(Existenzialien)라 하고 여기에 입각해서 사유한
다. 이로 인해 그의 철학은 인간의 현실적 삶에서 유리되다시피한 근대의 식상한
인식론 위주의 철학을 청산하는 신선함을 보여주고 있다.

는 말은 단순히 공간적 '내부'가 아니라 그보다 앞서 사람이 정붙이기도 하고 반발하기도 하면서 사는 모습이고, '세계'(Welt)는 자연과학적 우주 공간이나 질서(cosmos), 죄에 떨어진 인간의 삶의 영역(mundus)이 아니라 사람이 사는 세상 즉 생활 세계이다. 그리고 내-존재(In-Sein)란 현존재의 '현'(Da) 즉 개시성(開示性)을 가리킨다.

여기에서 중요한 것은 '세계의 세계성'(3장) 이하이다. 사람은 누구나 자연과 역사 속에서 사물 및 사람과 만나 그것들과 관계 맺으면서 살게 마련이다. 거기가 생활 세계이다. 그런데 생활 세계 속에서 우리가 만나는 사물은 일차적으로는 '도구'이다. 도구는 '…을 하기 위한'(um zu) 수단이라는 구조를 가지고 있다. 즉 도구에는 '…을 위한 수단성'(Umzu)이라는 성격이 속해 있다. 그러나 도구는 하나만으로 고립되어 있지 않고 서로 연관되어 있어 하나의 도구는 다른 도구에 대한 지시의 성격도 가지고 있다. 이런 도구의 연관성과 지시 성격은 인간의 삶을 정점으로 하는 사용의 수단 계열을 형성한다. 예컨대 망치는 못박는 데 사용되고, 못박음은 집을 짓는 데 필요하며, 집은 현존재를 비바람으로부터 보호한다. 도구가 수단 계열을 형성하면서 쓰일 제자리에 있는 것을 하이데거는 '적소성'(適所性, Bewandtnis)이라 한다.

그리고 수단 계열의 역방향으로는 도구의 유의의화 계열이 성립한다. 유의의화는 도구를 의의 있게 하는 것이다. 인간의 삶을 위해서는 비바람을 막아주는 집을 유의의화하고, 집 짓는 데는 망치를 유의의화하며, 망치는 못박는 것을 유의의화한다. 유의의화의 연관 전체를 하이데거는 유의의성(Bedeutsamkeit)이라 한다. "유의의성은 세계의 구조, 즉 현존재가 현존재로서 그때마다 이미 그 안에 존재하는 그런 세계의 구조를 형성한다."[16] 적소성과 유의의성이 세계의 세계성이다.

현존재가 용재자(用在者, Zuhandenes : 도구적 존재자), 전재자(前在者, Vorhandenes : 도구적 성격을 제외한 존재자) 및 타자와 만나면서 사는 거기가 다름 아닌 세계이다. 세계는 현존재가 존재자를 선행적으로 만나게 하는 기반(Woraufhin)이다. 존재자를 적소성이라는 존재 양식에서 만나게 하는 기반, 즉 자기 지시적 이해가 행해지는 거기가 다름 아닌 세계라는 현상이다. 그리고 "현존재의 자기 지시가 행해지는 기반의 구조가 세계의 세계성을 형성한다."[17]

그러나 사물이 반드시 용재성만 갖는 것은 아니다. 가령 순수한 과학적 관찰에서는 사물은 도구가 아니다. 도구성으로부터 해방되어 객관적으로 있는 사물의 이런 존재 방식을 그는 전재성(前在性, Vorhandenheit)이라 한다. 이 양자의 구분 원리는 사물 자체에 있지 않고, 사물을 대하는 현존재의 태도에 있다. 용재성이 실존 범주적 사유에 근거한다면 전재성은 다분히 범주적 사유에 기초를 두고 있다. 그에 따르면 실존 범주적 사유가 일차적이고 거기에 의거해서 (소위 객관화의 과정을 거쳐서) 범주적 사유가 성립한다. 예컨대 삶의 현장인 생활 영역을 추상하고 객관화해야 비로소 연장 개념이나 기하학적 위상(位相) 개념이 나올 수 있다(3장).

우리가 만나는 사람은 타자(남)이다. 하이데거에 따르면 타자도 우선 대개는 도구적 세계의 연관 속에서 만난다. 책은 읽어줄 독자를 지시하고, 옷은 착용자를 지시하며, 강가에 매여 있는 배는 타고 건너갈 손님을 지

---

16 같은 책, 87쪽(S. 116f., 128쪽)
17 *Sein und Zeit*, 1953, Max Niemeyer, 86쪽(S. 115f., 127쪽). 이하의 인용 쪽수 표시에 있어서 괄호 속의 숫자 중 앞에 것은 새로 나온 전집(GA 2)의 쪽수이고, 뒤에 것은 졸역 『존재와 시간』의 쪽수이다.

시한다. 그는 나와 더불어 사는 공동 현존재(共同現存在, Mitdasein)이다.

일상적 생활 세계 속에서 타자와 더불어, 그리고 존재자와 교섭하면서 사는 현존재를 그는 '세인'(das Man)이라 하고, 그 세인으로서의 현존재의 존재 양식은 비본래성을 형성한다(4장). 그리고 "본래적 자기 존재는 본질적 실존 범주로서의 세인의 한 실존적 변양이다."[18] 사람은 누구나 일차적으로 세인이며 이 세인의 한 변양태가 예컨대 본래적 자기 존재이다.

현존재는 막연하게나마 존재 이해를 가지고 있다고 했거니와, 존재 이해란 달리 말하면 현존재의 존재 개시성이다. 현-존재의 '현'(Da des Da-seins)이 그것이다. 현존재는 존재 개시의 근원점인 것이다.

5장은 존재 개시의 실존론적 구성(A)과 그것의 일상성에서의 형태 및 현존재의 퇴락(B)을 다루고 있다. 전자에서 하이데거는 현존재의 존재 개시성으로서 정상성(Befindlichkeit)과 이해(Verstehen)와 퇴락(Verfallen)을 들고 있다. 정상성이란 자기의 처지 및 그 처지에서 인간이 원초적으로 가지는 정서, 즉 희로애락 등의 기분 혹은 무기분을 말한다. 처지적 기분이 개시하는 것은 인간이 '존재하고 또 존재하지 않으면 안 된다는 사실'이다. 그 정상성으로서 하이데거는 현존재의 피투성(被投性, Ge-worfenheit)과 현사실성(現事實性, Faktizität)[19]을 들고 있다.

이해는 무엇을 알아차린다는 의미 이전에, '어떤 일을 맡아서 할 수 있다'는 뜻이다. 이것이 연필임을 이해한다는 것은 그것으로 글씨를 쓸 수 있고 그림을 그릴 수 있음을 가리킨다. 이해는 정상성과 등근원적으

---

18 같은 책, 130쪽(S. 173, 189쪽).

19 사물이 현실적으로 있는 것(Wirklichkeit)과 구별해서 현존재가 이 세상에 던져진 존재자로서 현실적으로 있는 것을 현사실성(Faktizität)이라 한다.

로 세계-내-존재로서의 현존재를 구성하는 실존 범주이다. 이해가 개시하는 기투라는 존재 성격은 실존성(Existenzialität)이다. 이해를 통해서 개시되는 현존재의 존재 성격은 자기의 가능 존재를 향하여 자기를 '기투'(企投, Entwerfen)하는 것이다. 그러나 기투는 어디까지나 피투적 기투임을 잊어서는 안 된다.

그리고 이해를 마무리짓는 것이 해석(解釋, Auslegen)이고, 이해 속에서 분절 가능한 것을 해석 안에서 분절되는 것으로 가져오는 활동이 말(Rede)이다. 말은 공존재로서의 현존재의 개시성이요, 이해 가능성의 분절화이다. 그리하여 말은 정상성 및 이해와 더불어 등근원적으로 존재의 개시성을 구성하는 실존 범주이다.

평균적 일상성에서의 현존재의 현사실성은 비본래적인 자기 존재 가능이고 이런 존재 개시성의 형태가 퇴락이다. 퇴락은 현존재의 일상적 존재 방식이다. 퇴락은 도덕적 타락이나 삶의 부정적 측면을 가리키는 것이 아니라, 세인으로 사는 삶의 모습, 즉 세계에 의존해서 용재자에 몰입하고[20] 남에 의해 해석되는 데(피해석성) 따라 자기를 이해하는 존재 양식이므로 일상적으로는 아무도 거기로부터 벗어날 수 없다. 퇴락은 현존재의 가장 기본적 존재 방식을 존재론적으로 규정한 개념이다. 그 퇴락의 성격을 그는 빈 말(Gerede), 호기심(Neugier) 및 애매성(Zweideutigkeit)으로 분절해서 해석한다. 그것들은 현존재의 비본래성을 구성한다. 이것들도 '현'의 개시성의 방식임에는 틀림없다. 즉 그것들도 현존재의 존재를 구성하고 있는 본질적 규정인 것이다. 단지 그 개시성이 진리의 개시성이

---

20 하이데거가 '존재자 곁에(bei) 있다'고 한 것은 현존재가 존재자에 몰입〔골몰〕해 있다는 것이고, 이것을 불교 식으로 표현하면 사물에 집착하는 것이다. 이 계기가 퇴락(Verfallen)이 되는 이유이다.

아니라 허위나 은폐의 개시성일 뿐이다.

본래성과 비본래성을 구분하는 규준은 현존재의 존재 방식에 있다. 현존재가 평균적 일상성의 세계에 몰입해서, 즉 자기 자신이 아닌 존재자를 배려하고 고려하면서 그날그날을 살아가는 방식을 취할 수도 있고, 독자성을 가진 자기 자신에 입각해서—즉 죽음을 향한 선구와, 양심의 말없는 말을 들으려는 결의성(이 양자를 한마디로 말해 선구적 결의성이라 한다)으로부터—존재할 수도 있다. 전자는 비본래성을 구성하고, 후자는 본래성을 구성한다.

이상으로 하이데거는 현존재의 근본틀인 세계-내-존재를 1) 세계란 무엇인가? 2) 평균적 일상성에서의 현존재는 누구인가? 3) 내-존재란 무엇인가?로 나누어서 고찰하였다. 그리하여 현존재의 평균적 일상성을 하이데거는 한마디로 규정하여 이렇게 말한다. "현존재의 평균적 일상성은 '세계' 곁에 그리고 남과 더불어 있으면서〔자기의〕가장 독자적 존재 가능을 문제 삼고 있는, 퇴락하면서-개시되고, 던져진 채로-기투하는 세계-내-존재이다"(*das verfallend-erschlossene, geworfenen-entwerfende In-der-Welt-sein, dem es in seinem Sein bei der ＜Welt＞ und in Mitsein mit Anderen um das eigenste Seinkönnen selbst geht*).[21] 번역문 중 앞의 규정('문제 삼고 있는'까지)은 현존재의 존재 방식을 그 구성에서 본 것이고, 뒤의 규정은 현존재의 실존론적 구조이다. 이 현존재의 평균적 일상성에 대한 규정 중 '세계 곁에'란 용재자에 몰입〔집착〕해 있는 존재 방식을, '남과 더불어 있다'는 타자와의 공동 현존재(共同現存在)를 그리고 자기의 가장 독자적 존재 가능을 문제삼는다는 것은 가능 존재로서의 현존재의 존재 방식(실존성)을

---

21 같은 책, 181쪽(S. 241, 262쪽).

가리킨다. 뒤의 규정에서 '퇴락'과 '던져졌다'와 '기투'는 현존재의 현사실성, 피투성 및 기투를 의미한다(5장).

이것들은 세계-내-존재로서의 현존재라는 통일적 현상을 구성하는 요소들이다. 즉 그것은 현존재의 통일적·전체적 현상이다. 그러나 하이데거에 따르면 이 통일적·전체적 현상을 밑받침하고 있는 근원적 전체성이 있지 않으면 안 된다. 그 전체성을 드러내는 체험적 현상이 불안이다. 이 불안을 통해 현존재와 세계 자체가 개시되는 것이다.

2) 현존재의 존재 : 마음씀(Sorge)

이제까지의 현존재 분석은 현존재 이외의 존재자 특히 용재자를 단초로 해서 행해졌으나 이제부터는 현존재의 존재를 문제 삼는 만큼 현존재 자신으로부터 출발하지 않으면 안 된다. 그런데 그 현존재의 개시성에 정상성이 있고 거기에 두려움이라는 현상이 있는 것과 마찬가지로, "현존재의 가장 광범하고 가장 근원적 개시 가능성으로서" 하이데거는 '불안'(Angst)을 들고 있다.[22] 이 불안을 통해 그는 현존재의 존재(마음씀)를 확보한다.

불안거리(불안의 대상)는 세계-내-존재로서의 현존재 자신, 즉 적소성이나 공간적 규정성을 가진 세계 내부적 존재자가 아니라—세계 내부적 존재자가 아니라는 점에서는 그 불안거리는 '무'(Nichts)라고 말할 수밖에 없다—그런 세계 내부적인 것으로서 규정될 수 없는 현존재 자신이다. 불안 속에서 우리는 안절부절하여 으스스한 정상성(기분) 속에 빠진다.

---

22 같은 책, 182쪽(S. 242, 263쪽). 불안의 존재 개시성에 대해서는 *Was ist Metaphysik?* 에 자세하게 서술되어 있다.

일상성에서는 세계 내부적 존재자는 유의의성으로서의 세계 속에서 발견되었으나 불안 속에서는 유의의성으로서의 세계 자체가 무의미한 것으로 붕괴되고 만다.

불안 속에서는 환경 세계적 용재자, 일반적으로 세계 내부적 존재자는 침몰하고 만다. 불안 속에서는 '세계'도, 타자의 공현존재도 이제 아무것도 제공하지 못한다. 이리하여 불안은 퇴락하면서 '세계' 및 공공적 피해석성에 의거하여 자기를 이해할 가능성을 현존재로부터 박탈한다. (…) 불안은 현존재가 그것 때문에 불안해하는 그것, 즉 현존재의 본래적 세계-내-존재 가능을 향해 현존재를 역으로 던진다. (…) 불안은 현존재를 가능 존재로서, 더욱이 단독화 속에서 단독화된 자로서, 오직 자기 자신에 의해 존재할 수 있는 자로서 개시한다. (…) 불안은 현존재로 하여금 (…) 언제나 이미 그 자신으로 있는 가능성으로서의 자기 존재의 본래성에 직면하게 한다."[23]

이것을 달리 말하면 불안은 정상성, 즉 '개시성의 양상'으로서 세계를 무로부터 개시하는 것이기도 하다. 그리고 불안의 이유는 그 존재 가능에 대해 마음쓰는 세계-내-존재 자체이다. 불안은 세계 및 세계-내-존재의 구성 계기 전체를 개시하는 근본적 정상성이거니와 불안은 또 현존재의 본래성과 비본래성을 구분한다. 다시 말하면 용재자에 몰입해 있는─불안을 겪지 않은─평균적 일상성은 현존재의 비본래적 양상이고, 불안을 통해 단독화되는 현존재는 본래적 양상으로 인도된다.

---

23 같은 책, 187~188쪽(S. 248f., 270~271쪽).

불안을 매개로 해서 하이데거는 실존적 존재 양식을 고려하여 현존재의 존재를 "(세계 내부적으로 만나는 존재자) 곁에〔존재자에 몰입해〕있음으로서 (세계) 내에 이미 있으면서 자기를 앞질러 있음"(Sich-vorweg-schon-sein-in-(der-Welt-) als Sein bei (innerweltlich begegnendem Seiendem))[24]이라고 규정한다. 이 현존재의 존재를 그는 마음씀이라고 한다. 이것은 '현사실적으로 실존하는 세계-내-존재'이다. 현존재의 존재는 마음씀이다. 마음씀은 '자기를 앞질러 있음', '(세계) 내에 이미 있음' 및 '…〔존재자〕곁에〔즉 몰입해〕있음'의 세 계기로 구성된다. 맨 앞 규정은 '실존'이고, 두 번째 규정은 '현사실적 피투성'이며 마지막 규정은 '퇴락'이다. 마음씀은 현존재의 존재이다.

현존재의 개시성은 모든 존재자를 밝히는 빛과 같은 것이고, 그 경우의 현존재를 하이데거는 특히 현-존재(Da-sein)라 한다. 그리하여 현존재(Dasein)와 현-존재(Da-sein)는 강조점에 있어서 구별되어야 마땅하다. 현존재는 용재자나 전재자와 마찬가지로 존재자의 하나이지만 용재자와 전재자가 세계 내부적인 것인 데 반하여 현존재를 특히 '세계-내-존재'라 한 것이다. 그런데 현-존재는 개시성으로서 진리를 현시하는 근원으로서 이해되어야 한다.

그 밖에 진리와 실재성의 문제가 제I편 6장에서 다루어지고 있으나 이것들은 진리라든가 실재성의 문제가 실존론적으로는 어떻게 해석되는가를 검토한 것으로 전체적으로 보면 일종의 보유(補遺)인 셈이다.

이제 마음씀의 구조의 다양성의 통일과 전체성을 존재론적으로 뒷받침하고 있는 더 근원적 현상이 탐구되어야 한다. 그것이 현존재의 존재

---

24 같은 책, 192쪽(S. 256, 277쪽).

의 의미이다. 존재 의미의 탐구는 제II편의 과제이다.

3) 본래적 전체성 : 선구적 결의성

현존재의 존재성은 죽음을 통해 확보된다. 그러나 아무도 죽어볼 수는 없다. 그러므로 실존적으로 죽음을 주제로 삼는 것은 불가능하다. 고육책으로 타자의 죽음을 대리주제로 삼아볼 수 있을 듯하지만 사실은 그것도 불가능하다. 왜냐하면 죽음은 궁극적으로는 각자의 것이기 때문이다. 하이데거는 우회적인 방법으로 (실존론적으로) 죽음에 이르기까지의 아직 남아 있는 존재 가능, 즉 '아직 아님'(Noch nicht)인 미제(未濟, Aus-stand)를 분석한다. 현존재는 '종말에 와 있는 존재'(Zu-Ende- sein)가 아니라 '종말에 이르는 존재'(Sein zum Ende), 즉 '죽음에 이르는 존재'(Sein zum Tode)이다. 죽음은 가장 독자적이고, 몰교섭적이고, 확실하고, 무규정적이고, 뛰어넘을 수 없는 가능성이다. 세인은 이런 죽음을 회피하여 당장 자기에게는 해당되지 않는 것으로 간주한다. 그러나 실존론적으로는 죽음에 앞질러감으로써 각자의 현존재의 전체성을 확보하지 않으면 안 된다. 그것이 죽음에로의 선구(Vorlaufen zum Tode)이다. 이 죽음에로의 선구가 현존재의 전체성을 보증한다.

현존재의 본래성을 확보하기 위해 하이데거는 양심을 분석한다. 양심은 현존재의 내면에서 들려오는 소리 없는 말이다. 현존재는 양심 속에서 자기 자신을 부른다. 현존재는 부르는 자이면서 동시에 부름을 받는 자이다. 양심의 부름은 나의 내면으로부터 나오지만 나를 초월한다. 양심의 부름은 외부로부터 오는 것도 아니고, 계획해서 오는 것도 아니며, 어느 순간 갑자기 나의 내면으로부터 불현듯 솟아올라서 나를 초월해서 나를 향해 침묵으로 질타한다. 그래서 흔히 양심을 '현존재 속으로 솟아 들어오는 생소한 힘'이라고 한다. 질타당하는 현존재는 세인으로 던져져 있는 자기이다.

양심은 사람이 이 세상에 내던져지듯이 태어났다는 사실, 즉 피투적 현사실성에서 연유한다. 그것을 하이데거는 '책을 지고 있음'(Schuldsein)이라고 한다. '책을 지고 있다'는 것은 마치 그리스도교의 원죄와 같이, 사람으로서는 아무도 거기로부터 벗어날 수 없는, 즉 '어쩔 수 없는' 부담으로서의 무력성(Nichtigkeit)이다. 이 무력성은 비단 피투적 현사실성에만 있는 것이 아니라 기투에도 있다. 왜냐하면 하나의 가능성을 택하면 어쩔 수 없이 다른 가능성을 버려야 하기 때문이다.

양심의 부름의 본래적 이해는 '양심을 가지려는 의지'에서 나온다. 양심을 가지려는 의지는 불안에 대한 준비이다. 양심의 부름은 현존재를 부단히 '책을 지고 있음' 앞에 세우는데, 그 '말'은 침묵이다. 거기에 대응하는 들음은 현존재가 자기의 가장 독자적 존재 가능을 알아차리는 것이다.

따라서 '양심을 가지려는 의지' 속에 놓여 있는 현존재의 개시성은, 불안의 정상성, 가장 독자적 '책을 지고 있음'을 향한 자기 기투로서의 이해 및 침묵으로서의 말에 의해 구성되어 있다. 자신의 양심에 의해 현존재 속에 증가된 본래적이고 두드러진 개시성—가장 독자적으로 '책을 지고 있음'을 향해 말없이 불안에 대비하는 기투—을 우리는 결의성(Entschloßenheit)이라 한다.[25]

---

25 같은 책, 296쪽(S. 392, 422쪽).

"결의성은 현존재의 두드러진 개시성이다."[26] 결의성은 현존재의 본래성을 선택하는 개시성이므로 실존론적으로 근원적 진리(ursprüngliche Wahrheit)이다. 이 근원적 진리와 관련해서 보면 본래적 현존재는 진리 가운데 있게 된다. 이제 결의성과 더불어, 본래적이기 때문에 또한 가장 근원적인 현존재의 진리가 획득된다. 그리하여 결의성은 본래적 개시성이다. 결의성이란 세인 속의 자기 상실로부터 가장 독자적으로 '책을 지고 있음'[27]을 향해 자기를 불러일으켜 세우는 것을 말한다.

죽음에로의 '선구'와 양심의 '결의성'은 어떻게 하나의 현상으로 통일될 수 있는가? 우리는 결의성에서 '스스로 책(責)을 지고 있음'을 실존적으로 인수할 수 있다. 그것은 또 현존재가 자기 존재의 가능성을 종말에 이르기까지 개시할 때, 즉 결의성이 죽음에로의 선구와 합치할 때, 오직 그때에만 가능하다. 현존재의 선구도 결의성 속에서 비로소 본래적일 수 있다. 그리하여 선구적 결의성(vorlaufende Entschlossenheit)은 현존재의 가장 근원적 존재 방식이다.

이와 같이 현존재의 전체성과 본래성은 선구적 결의성으로서 확보된다. 이것을 또 '전체적 본래성'이라고도 하지만, 이를 한마디로 근원성이라고도 한다.

제I편이 평균적 일상성에서의 현존재의 존재 양상을 탐구한 것이라

---

26 같은 책, 397쪽(S. 393, 422쪽).

27 '책(責)을 지고 있다'(Schuldigsein)는 말은 양심에 대한 심리학적, 생물학적, 법률적 내지 신학적 해석과 구별해서 하이데거가 양심을 실존론적-존재론적으로 파악한 개념이다. 현존재는 피투적 존재로서 동시에 가능 존재이다. 그 피투성은 현존재 자신으로서는 어쩌지 못하는 존재 근거이다. 이 '못함'(Nicht), 즉 힘이 미치지 못함 (Nichtigkeit), 무력성이 '책을 지고 있음'의 근원이다. 그리고 이 무력성은 실존론적 -존재론적으로 모든 부정성의 근원이다.

면 제II편의 1장과 2장은 현존재의 근원성 즉 전체적 본래성을 '선구적 결의성'으로서 확보한 것이다. 그리고 "현존재는 선구적 결의성으로서 구성되어 있는 본래적 실존에서 '본질적'으로 된다."[28]

이렇듯 현존재는 자기의 존재 양식이 본래적인가 비본래적인가에 따라 존재 진리가 은폐되기도 하고 개시되기도 하는 원천이다. 따라서 현존재의 현(Da des Daseins)은 존재 개현의 개명성(開明性, Offenheit)이요, 존재의 빛(照明, Lichtung des Seins)이다.

『존재와 시간』 제II편 3장 이하는 제I부의 본래의 주제, 즉 '현존재를 시간성으로 환원해서 해석하고, 시간을 존재 물음의 초월론적 지평으로서 해석한다'는 주제를 본격적으로 다루고 있다. 그것은 현존재의 존재(마음씀)의 의미를 천착하는 것이요, 자세하게는 현존재를 시간성의 면에서 다시 해석하는 것이다. 이것은 절을 달리해서 검토할 것이다. 그 이전에 『존재와 시간』에서 시간이 담당하는 역할이 무엇인지부터 살펴볼 필요가 있다.

4) 『존재와 시간』에서의 시간의 역할

우리는 지금 하이데거의 시간론을 본격적으로 다룰 문 앞에 와 있다. 그 문으로 들어가기 전에 우리는 그가 『존재와 시간』에서 다루는 시간이 그의 철학에서 어떤 역할을 담당하는지, 왜 시간을 이렇게까지 중요한 주제로 다루어야 하는지 그 취지를 짚어볼 필요가 있다.

이것을 밝히기 위해서는 "현존재를 시간성으로 환원해서 해석하고, 시간을 존재 물음의 초월론적 지평으로서 해석한다"는 『존재와 시간』

---

28 같은 책, 323쪽(S. 428, 458쪽).

제I부의 주제 표기에서 시간의 역할을 찾아볼 필요가 있다. 이 인용문에는 두 가지가 함축되어 있다. 그것은 1) '현존재를 시간성으로 환원해서 해석한다'는 것과 2) '시간을 존재 물음의 초월론적 지평으로서 해석한다'는 것이다.

'현존재를 시간성으로 환원해서 해석한다'는 것은 무엇을 의미하는가? 시간과 시간성은 다르다. 시간성은 시간 자체가 아니라 '시간적 성격' 또는 시간적 구조를 가리킨다. 전자의 좋은 예는 후설의 '의식의 흐름'이고 후자의 예는 아우구스티누스와 하이데거의 시간성이다. 하이데거와 아우구스티누스에게는 시간의 '흐름'의 성격은 없고 구조적 성격만 있다. 하이데거에게서는 마음씀이 곧 시간을 가능하게 한다. 즉 시간의 근원이 마음씀인 것이다.[29]

하이데거적으로 말하면 사람은 무시무종하게 흘러가는 시간 송에서 그 일정 기간을 사는 것이 아니다. 반대로 현존재의 존재인 마음씀이 비로소 시간을 가능하게 한다. 그래서 마음씀을 근원적 시간, 즉 시간성이라고 하는 것이다.

하이데거는 그 마음씀의 본래성을 선구적 결의성으로서 확보하여 이것을 본래적 시간성이라 하고, 이 본래적 시간성(근원적 시간)에서 비본래적·객관적(통속적) 시간이 파생한다고 보고 있다. 시간성을 본래적 시간성과 비본래적 시간성으로 구분하는 것은 하이데거 고유의 견해이다.

---

29 후설은 시간성에 흐름의 성격을 인정하였다. 그러나 아우구스티누스에게서는 시간의 방향에 대한 언급은 있으나 시간의 흐름 성격은 얼른 보이지 않는다. 하이데거가 말하는 본래적 시간성에도 흐름의 성격은 없고 시간의 구조적 성격이 있을 뿐이다. 흐름의 성격은 통속적 시간에서만 찾아볼 수 있다. 시간이 가지고 있는 제 성격, 예컨대 연속성 따위는 객관적, 통속적 시간에서만 거론될 수 있다.

　　마음씀의 문제로 생기는 물음은 "마음씀의 전개된 분절의 통일에서 그 분절된 구조 전체의 전체성을 가능하게 하는 것은 무엇인가 하는 것이다."[30] 바꿔 말하면 그것은 "현존재의 본래적 전체 존재를, 그 분절된 구조 전체의 통일이라는 점에서 가능하게 하는 것은 무엇인가?"[31]고 묻는 것이다. 그런데 마음씀의 의미가 시간성이라는 것은 마음씀을 마음씀이게끔 하는 그 구조의 통일을 시간성으로서 파악한다는 것이다.

　　'현존재를 시간성으로 환원해서 해석한다'는 것은 현존재의 존재인 마음씀의 의미를 곧 시간성으로서 해석한다는 것, 즉 마음씀이 시간을 가능하게 한다는 것이다. 그리하여 마음씀은 시간의 근원인 것이다.

　　둘째, 시간을 존재 물음의 초월론적 지평으로서 해석한다는 것은 무엇을 가리키는가? 지평(Horizont)이라는 개념은 시야라는 말과 같다. 여기서 지평은 존재가 드러나는 시계(또는 시야)라는 말이다. 이것은 존재를 시간의 지평 안에서 파악한다는 것이다. 만일에 존재를 시간의 지평에서 해석하지 않는다면, 즉 무시간적으로 해석한다면 존재를 '영원의 상하(相下)'에서 보거나 이념적으로만 보는 것이 된다. 그것은 인간의 삶을 적어도 역사적 현실 속에서 실재적으로 파악하려는 인간 이해와는 정면으로 어긋난다.

　　초월론적(transzendental)이라는 말은 가령 '이 돌은 딱딱하다'는 생각이나 언표 이전에 '돌이라는 것은 딱딱한 것'이라고 돌 일반에 대해 미리 앞서서 생각하는 사고 차원을 가리킨다. 따라서 '시간을 존재 물음의 초월론적 지평으로 해석한다' 함은 시간을 존재가 미리 앞서 보여질 수 있는 지평(시계)으로서 해석한다는 뜻이다. 다시 말하면 시간의 지평에서

---

30 *Sein und Zeit*, 324쪽(S. 429, 458쪽).

31 같은 책, 325쪽(S. 430, 460쪽).

존재를 구명한다는 것이다. 그것은 하이데거가 시간 밖에 있는 존재를 존재 물음의 주제로 하지 않는다는 것이요, 다시 말하면 무시간(영원)에서 존재는 개현될 수 없다는 것이다.[32]

"시간성은 존재 이해 일반의 가능성의 조건이다. 이 시간성이 그런 조건으로서 기능하면 그것을 존재 시간성(Temporalität)이라 한다."[33] 이 말은 존재 시간성이 존재 이해 일반을 가능하게 하며 존재 이해의 지평을 시간성으로서 확보하고 더 나아가서는 시간을 존재가 드러나는 초월론적 지평으로 해석한다는 것이다. 한마디로 요약하면 "존재 시간성은 존재 이해 일반의 가능성의 조건이고, 존재는 시간으로부터〔시간의 지평에서〕 이해된다"[34]는 것이다.

이와 반대로 존재의 지평에서 시간을 구명하려고 한 것이 「시간과 존재」가 아니었을까? 이것에 대해서는 뒤에서 재론하고자 하거니와,『존재와 시간』에서는 현존재의 존재 의미로서의 시간성을 밝히고 이 시간성에 입각해서 현존재 분석을 반복(제II편 4장)하고—이것을 하이데거는 '시간적 해석'이라고 한다—나아가서 이 시간성에서 통속적 시간이

---

32 이미 고대 철학은 존재를 아에이 온(ἀεὶ ὄν) 즉 항구적 존재자(das Immerseiende)로 파악하였다. 그것은 변화하는 것과 구별되는데, 변화하는 것은 곧 시간적 존재자로 간주되었다. 이때 시간적(zeitlich)이란 '시간 안에서 변화하는 것'을 의미한다. 즉 여기서 말하는 시간은 시간 내부성(Innerzeitigkeit)을 가리킨다. 항구적 존재자와 시간적 존재자 사이의 구별은 무시간적 존재자와 초시간적 존재자에 대한 규정을 함께 고려해야 이해된다. 무시간적(zeitlos)이란 수의 존재 양식 또는 순수한 공간 규정 따위를 가리키고, 초시간(Überzeit)은 영원(aeternitas)이다. 이것은 영속(sempiternitas)과 다르다. 영속(가령 종(種)으로서의 국화의 생명의 무한한 지속 따위)은 시간 내부성이다. 이렇게 보면 존재는 처음부터 시간과의 관계 속에서 규정되어왔다.

33 *Die Grundprobleme der Phänomenologie*(GA 24), S. 389.

34 같은 책(GA 24), S. 389.

파생되는 것을 서술하고 있다.

2. 마음씀의 존재론적 의미로서의 시간성(근원적 시간)

전술한 바와 같이, 하이데거는 현존재의 존재의 의미가 곧 시간성이라고 한다. 이를 분명히 밝히기 위해 우리는 먼저 '의미'라는 말에 대해음미하지 않으면 안 된다. 의미라는 말이 가령 명제적 의미 즉 낱말의뜻이라든가 정의적 의미로 쓰여지고 있다면 새삼스럽게 검토할 필요가없을 것이다.

1) 의미란 무엇인가?

의미란 무엇을 뜻하는가? (…) 의미란 어떤 것 자체는 분명하게주제적으로 시야 속에 들어오지 않았지만, 그 안에 그 어떤 것의 이해 가능성이 담지되어 있는 그것이다. 의미는 일차적 기투가 그것을겨냥해서 행해지는 기반(Woraufhin)이고, 거기에 입각해서 어떤 것이있는 그대로의 그것으로서, 그 가능성에 있어서 개념적으로 파악될수 있다.[35]

엄격하게 말하면, 의미란 존재 이해의 일차적 기투가 그것을 겨냥해서 행해지는 기반이다.[36]

---

35 *Sein und Zeit*, S. 323f.(S. 428f., 458쪽 이하).

36 같은 책, 324쪽(S. 429, 459쪽).

현존재의 존재는 마음씀이라고 규정되었다. 그런데 그 마음씀의 의미가 시간성이라고 한다. 현존재는 피투적 현사실성과 기투 및 퇴락으로 구성된다. 그리고 '의미'란 이것을 가능하게 하는 것, 즉 근거를 가리킨다. 의미는 이해를 가능하게 하는 것으로서 기투의 기반(Woraufhin), 즉 거기를 향해서 기투가 행해지는 그것이다. 예컨대 '과학의 의미가 무엇인가?'라고 묻는 칸트의 물음은 '과학은 어떻게 기능하는가?'고 과학의 기능 근거를 묻는 것이다. 마음씀의 의미가 무엇인가고 묻는 것은 마음씀은 도대체 어떻게—즉 무엇을 근거로 해서—가능한가고 묻는 것이다. 그리하여 '마음씀은 어떻게 가능한가?'는 '현존재의 존재를 가능하게 하는 것은 무엇인가?'고 묻는 것이거니와, 그것이 시간성이라는 것이다. "따라서 존재의 의미는 그 안에 존재의 이해 가능성(Verständigkeit des Seins)이 담지되어 있는 그것이다."[37] 여기서 말하는 의미란 따라서 명제적 차원의 말뜻이 아니라 실존론적인 것이다.

설사 그 자신은 분명히 주제화되지 않았더라도 그것에 근거해서 어떤 것이 그 가능성에 있어서 이해되는 것, 즉 현존재가 자기의 존재 가능을 향해 일차적으로 기투하는 기반이 의미이다.[38] 이해에는 현존재가 가능성을 향해 자기를 던진다는 기투 성격이 있다. 의미란 이 기투의 근거라고 해도 좋고, 기투되는 것을 가능하게 하는 것이라고 해도 무방하다. 그러므로 "기투가 겨냥하는 그 기반을 펼쳐낸다는 것은 기투되는 것을 가능하게 하는 것을 개시한다"[39]는 것이다.

---

37 Otto Pöggeler, *Der Denkweg Martin Heideggers*, 1963, Tübingen, S. 61.

38 *Sein und Zeit*, 324쪽(S. 428f., 458쪽) 참조.

39 같은 책, 324쪽(S. 429, 459쪽).

따라서 마음씀의 의미를 밝혀낸다는 것은, 현존재의 근원적이고 실존론적 해석의 근저에 놓여 있으면서 이 해석을 이끌고 있는 기투를 추적해서, 기투되는 것 속에서 그 기투의 기반을 볼 수 있게 하는 것을 가리킨다.[40]

그리하여 현존재의 존재(마음씀)의 의미를 묻는 것은 현존재의 현사실적 실존(또는 마음씀이라는 현존재의 구조 전체의 전체성)을 가능하게 하는 것은 무엇인가라고 묻는 것과 같다. 또는 앞에서 말한 '선구적 결의성'을 이끄는 기투는 무엇인가라고 묻는 것도 같은 것이다. 그리하여 우리는 현존재의 본래적 전체 존재인 선구적 결의성을 가능하게 하는 통일적 근원을 묻지 않으면 안 된다. "마음씀의 의미에 대한 물음으로 물어지는 것은, 마음씀의 그 전개된 분절의 통일에서 그 분절된 구조 전체의 전체성을 가능하게 하는 것은 무엇인가 하는 것이다."[41] 이 근원이 현존재의 존재(마음씀)를 가능하게 하는 의미이기 때문이다. "이 〔현존재의〕 존재 즉 마음씀의 의미는 마음씀을 그 구성에 있어서 가능하게 하는 것으로서 존재 가능의 존재를 근원적으로 형성한다."[42]

2) 선구적 결의성과 시간성

하이데거는 "현존재는 선구적 결의성으로서 구성되는 본래적 실존에서 '본질적'으로 된다"고 하고, 이어서,

---

40 같은 책, 같은 곳.
41 같은 책, 같은 곳.
42 같은 책, 325쪽(S. 429, 460쪽).

마음씀의 본래성이라는 이 양상은 현존재의 근원적 자기 상자성(自己常自性, Selbst-ständigkeit)과 전체성을 가지고 있다. 이 상자성과 전체성을 향해 실존론적으로 이해하면서 흩어지지 않고 응시할 때 현존재의 존재의 존재론적 의미가 드러나지 않으면 안 된다.[43]

고 말한다. 마음씀의 본래성은 선구적 결의성에서 본질적으로 되고 여기에서 그 의미가 드러난다는 것이다. 그 본래적 전체성은 달리 말하면 선구적 결의성이다. 그는 현존재의 본래적 전체성을 가장 잘 드러내 보이는 지점에서 그 현존재의 존재 의미를 천착한다. 그리고 그 의미가 시간성이다. "시간성은 본래적 마음씀의 의미로서 드러난다."[44]

마음씀은 그 본래성에서 보면 선구적 결의성이거니와 이 선구적 결의성을 시간적 해석을 통해 분석하는 것이 그의 본래적 시간론을 형성한다. 그리하여 선구적 결의성에 대해 하이데거는 아래와 같이 진술하고 있다.

선구적 결의성이란 자기의 가장 독자적이고 두드러진 존재 가능을 향한 존재이다. 그런 것이 가능한 것은 일반적으로 현존재가 자기의 가장 독자적 가능성[죽음]에 있어서 자기에게로 도래(zukommen)할 수 있고, 이렇게 '자기를 자기에게 도래케 함'에 있어, 가능성을 가능성으로서 감내하기 때문이다. 다시 말하면 실존하기 때문이다. 이 두드러진 가능성을 감내하면서, 그 가능성 속에서 자기를 자기에게 도래케 하는 것[본래적 자기를 맞이하는 것]이 **장래**(將來, Zu-

---

43 같은 책, 323쪽(S. 428, 458쪽).
44 같은 책, 326쪽(S. 432, 462쪽).

kunft)[45]의 근원적 현상이다. 현존재의 존재에 본래적 또는 비본래적 죽음에 이르는 존재가 속한다면, 이 존재는 지금 시사되었으나 좀더 자세히 규정되어야 할 의미에서, 장래적 존재로서만 가능하다. 여기에서 '장래'란 아직 실현되지 않았지만 언젠가는 곧 있게 될 지금[즉 미래]을 가리키는 것이 아니라, 현존재가 그의 가장 독자적 존재 가능에 있어서 자기에게 도래할 [자기를 향해 다가갈] 그 옴(來)[우리 식 표현으로 말하면 '그리로 다가감']을 가리킨다. 선구는 현존재로 하여금 본래적으로 장래적이게끔 하지만, 선구 자체가 가능한 것은 오직 현존재가 존재하는 자로서 일반적으로 이미 언제나 자기에게 도래하는 한에서만, 즉 현존재가 그 존재에 있어서 일반적으로 장래적인 한에서만이다.[46]

선구적 결의성은 자기의 가장 독자적 존재 가능을 향한 현존재의 존재 방식이다. 현존재는 자기의 가장 독자적이고 극단적 가능성(죽음)에로 선구하는 존재로서 자기를 그 가능적 존재 앞으로 도래케 하는 것(데리고 가는 것)이다. 이것은 선구적 결의성을, 특히 일차적으로 그 선구성에 주목해서 본 모습이다. 실존의 가장 중요한 계기는 장래이기 때문이다. 그러나 이 장래는, 직전의 각주에서도 밝힌 바와 같이, 결코 시간적 의미에서 (지금은 아직 없는) 미래가 아니라 현존재가 자기 자신에게 다가올 자기의 실존 방식이다. 현존재가 자기의 존재 가능을 향해 기투하여 거

---

45 장래란 문자 그대로 '장차 [자기에게] 다가옴'이다. 그것은 시간 양상의 하나인 미래가 아니다. 가령 우리가 "그에게는 장래가 없다"고 할 때 그 장래는 그에게 도래할 (또는 그가 거기에 다가갈) 장차의 그의 실존이지 시간적 미래가 아니다.

46 같은 책, 325쪽(S. 430, 460쪽).

기로 도래하는 것이 곧 장래이다. 실존론적 개념으로서의 장래와 시간 양상의 하나인 미래와는 구별된다. 후자는 뒤에서 보다시피 시간성에서 파생되는 것이다.

그러나 선구적 결의성은 현존재의 피투성의 점에서도 보여질 수 있다. (이것은 기존성에 대한 고찰이다) 하이데거는 아래와 같이 기술하고 있다.

선구적 결의성은 현존재를 본질적으로 책(責)을 지고 있다는 점에서 이해한다. 이 이해는 〔현존재가〕 책을 지고 있음을 실존하면서 인수하는 것, 즉 무력성(無力性)의 피투적 근거로 있음을 의미한다. 그러나 피투성의 인수란, 현존재가 그때마다 이미 있었던 대로 본래적으로 있음을 뜻한다. 그러나 피투성의 인수는, 장래적 현존재가 가장 독자적으로 '그때마다 이미 있었던 대로', 다시 말하면 자기의 '기존'(Gewesen)으로 있을 수 있다는 것으로만 가능하다. 현존재가 일반적으로 '나는 기존으로 있다'로 존재하는 한에서만, 현존재는 〔기존적 자기로〕 돌아오는〔복기(復己)하는〕 만큼, 그렇게 장래적으로 자기 자신으로 도래할 수 있다. 가장 극단적이고 가장 독자적인 가능성〔죽음〕 속으로 선구하는〔앞질러가는〕 것은 가장 독자적 기존〔가장 독가적으로 있었던 대로의 자기〕으로 이해하면서 돌아오는 것이다. 현존재는 장래적인 한에서만 본래적으로 기존으로 있을 수 있다. 기존성은 어떤 방식으로는 장래에서 발생한다.[47]

---

47 같은 책, 325~326쪽(S. 431, 461쪽).

이것은 선구적 결의성을 현존재가 피투적 존재라는 점에서, 즉 현존재는 자기의 존재에 대해 무 근거(nichtiger Grund)일 수밖에 없다는 것, 다시 말하면 현존재는 어떤 근거도 갖지 않는다는 것과 관련해서 이해한 것이다. 이 점에서 보면 현존재는 자기가 '책(責)을 지고 있다'는 것을 인수하는 자이고, 그것은 그가 '그때마다 이미 있었던 대로' 본래적으로 존재하는 자라는 것이다. 현존재는 자기 자신으로 돌아오는 방식으로 도래할 수 있는데, 그것은 현존재가 기존적인 한에서 장래적임 또는 장래적인 한에서 기존적임을 의미한다. 이상은 현존재의 기투성과 피투성을 선구적 결의성에서 고찰한 것이다.

그것은 또 현존재가 용재자를 배려적으로 만나는 '상황 개시'의 점, 즉 현사실성(퇴락)에서도 고찰할 수 있다.

선구적 결의성은 '현'의 그때 그때의 상황을 개시하고, 그래서 실존은 행위하면서 현사실적으로 환경 세계적 용재자를 배시(配視)하면서 배려한다. 상황 속의 용재자 곁에서 결의한 존재, 즉 환경 세계적으로 현전하는 것(Anwesendes)을 만나게 함은 이 존재자〔현전자〕를 현전화(Gegenwärtigen)하는 데서만 가능하다. '현전화한다'는 의미에서의 현재(Gegenwart)로서만 결의성은 본디의 결의성일 수 있다. 본디의 결의성이란, 결의성이 행위하면서 포착하는 것을 왜곡하지 않고 만나게 하는 것이다.[48]

기존적 자기로 복귀하면서 자기에게로 도래하는 본래적 현존재는 또

---

48 같은 책, 326쪽(S. 431, 461~462쪽).

현사실적으로 환경 세계 속에서 행위하면서 용재자를 개시한다. 이것을 하이데거는 현전화라 한다.[49]

이것이 하이데거가 말하는 현존재의 존재인 마음씀의 구조를 통일적으로 가능하게 하는, 즉 마음씀의 의미인 시간성이다. 세 계기 중 우위를 점하는 것은 장래이다. 기존성은 장래에서 발현하고, 기존하는 장래가 현전화를 낳는다.

장래, 기존 및 현전화는 그렇게 분절해서 서술할 수 있다는 것이지 그 자체로 분절된 것은 아니다. 그것은 본디부터 통일적 현상이다. 이 통일적 현상을 하이데거는 '기존하면서-현전화하는-장래'(gewesend-gegenwärtigende-Zukunft)라고 명명한다. 그리고 이 통일적 현상을 그는 시간성이라 한다. 그러므로 시간성이라는 명칭은 시간상의 명칭이 아니라 현존재의 존재인 마음씀의 의미이다. 이 세 현상 가운데에서 우위를 점하는 것은 말할 것도 없이 장래이다. 인간은 가능 존재이기 때문이다. 기존은 장래로부터 출현하고, 이 기존적 장래가 현전화를 낳는다.[50] 이것은 현존재가 가능 존재임을 강조해서 하는 말이다. 왜냐하면 기존적 존재가 아

---

49 Gegenwart를 현재로 그리고 Gegenwärtigen을 현전화로 옮기고, Präsenz도 현재라고 옮겼다. Präsenz는 라틴어 praesent를 그대로 사용한 것이고, Gegenwart는 그것을 독일어로 번역한 것이다. 따라서 양자는 같은 말이다. 독일어 번역도 라틴어를 그대로 옮긴 것이다. 그러나 하이데거는 양자를 구별하고 있다. Gegenwart는 앞에서 본 바와 같이 현존재의 실존이 환경 세계적 존재자를 만나서 그것을 실존 앞에 현전화하는 시간성의 차원의 용어이고, Präsenz는 존재가 개현되는 지평으로서의 존재 시간성의 현재를 가리킨다. 따라서 그것은 과거, 미래와 구분되는 '지금-현재'는 아니다.

50 인간은 누구나 앞으로의 자기의 존재가능을 먼저 생각한다. 그것이 장래가 우선하는 이유이다. 그러나 그런 그의 존재도 기존적이지 〔전부터 있어오지〕 않으면 전혀 불가능하다. 장래와 기존성이 비로소 인간으로 하여금 존재자를 현전적으로 만나게 하는 것이다.

니면 장래도 있을 수 없겠기 때문이다. 그러므로 이렇게 말해야 한다. "시간성은 실존(기투)과 현사실성과 퇴락(피투)의 통일을 가능하게 하고, 그렇게 함으로써 마음씀의 구조의 전체성을 근원적으로 구성한다."[51]

그러나 이 시간성은 엄격하게 말하면 현존재의 존재의 의미이며, 선구적 결의성은 이 시간성에 의해 가능해진다. 마음씀으로서의 현존재의 존재 전체성, 즉 '(세계 내부적으로 만나는 존재자)에 몰입해 있음으로서 자기를 앞질러-이미 (어떤 세계) 내에-있음'도 이 시간성에 다름 아니다. "마음씀 구조의 근원적 통일이 시간성 속에 있다"[52]고 한다면, 마음씀을 구성하는 세 계기도 시간성 속에 있어야 한다.

그리하여 "'자기를 앞질러'(sich-vorweg)의 계기는 장래에 근거한다. '이미 …내에 있음'(schon-sein in)은 기존성을 표명하고 있다. '…에 몰입해 있음'은 현전화에서 가능해진다."[53] 이 세 계기 중에서도 장래가 우위를 점한다. "근원적이고 본래적인 시간성은 본래적 장래로부터 시숙하고, 그렇게 해서〔이 근원적 존래적 시간성이〕장래적으로 기존하면서 비로소 현재를 일깨운다. (…) 근원적이고 본래적인 시간성의 일차적 현상은 장래이다."[54] 그리하여 "실존성의 일차적 의미는 장래이다."[55] 왜냐하면 현존재는 가능존재로서 전향적으로 자기를 기투하는 존재이기 때문이다.

여기에서 말하는 '앞'과 '이미'는 시간의 미래와 과거를 가리키는 것이 결코 아니다. 만일 '앞'이 미래를 가리키는 것이라면 그 미래는 '지금

---

51 같은 책, 328쪽(S. 434, 464쪽).
52 같은 책, 327쪽(S. 433, 463쪽).
53 같은 책, 같은 곳.
54 같은 책, 329쪽(S. 439, 466쪽).
55 같은 책, 327쪽(S. 433, 464쪽).

은 아직 없지만 장차는 있을' 그 다가오는 시간을 가리킬 것이고, '이미'
가 과거적인 것이라면 '지금은 이미 없으나 일찍이는 있었던' 지나간 시
간을 지칭할 것이다. 그러나 그렇게 되면, 마음씀의 입장에서 보면 그것
은 '이전'에 있고 동시에 '이후'에 있는 것이 되어 마음씀이 시간의 경과
속에 있는 존재자가 되는 셈이다. 이 사정을 또 이렇게 말할 수도 있다:
양자는 '이미' 지나갔거나 '아직' 오지 않은 시간이므로 마음씀은 어쨌든
지금은 없는 시간 속에 있게 된다.

현존재의 존재인 마음씀에서 말하는 '앞질러'의 '앞'은 '자기를 앞질
러'라는 현존재의 구조적 계기인 기투의 표현이다. 마찬가지로 '이미'도
'이미 …내에 있음', 즉 피투의 계기를 나타내는 것이다. '앞'과 '이미'가
현존재의 기투의 계기와 피투의 계기를 가리킨다면 현존재의 현사실성,
즉 '…에 몰입해 있음'의 계기는 어떻게 되는가? 하이데거에 따르면
"(…) 배려되는 용재자와 일상성과 전재자에로의 퇴락이 일차적으로 근
거하는 현전화가, 근원적 시간성의 양상에서는 장래와 기존성 속에 들어
박혀 있다는 것을 시사한다."[56] "현존재는 결의함으로써 마침내 퇴락으
로부터 자기를 되돌려오는 것이며, 그만큼 더 본래적으로 개시된 상황을
향한 <순간>(瞬間, *Augenblick*) 속에서 <현>존재한다."[57] 말하자면 퇴
락의 계기는 장래와 기존 속에 들어박혀 있어서 얼른 알아보기 어렵게
되어 있으나 사실은 퇴락의 계기를 가진 현존재는 '순간' 속에서 실존한
다. 순간은 찰나라는 의미의 짧은 시간이 아니라, 실존적으로는 눈을 크
게 뜨고 보는 것을 가리킨다. 그것은 현전화를 의미한다. 이리하여 "시간
성은 실존, 현사실성 및 퇴락의 통일을 가능하게 하고, 그렇게 해서 마음

---

56 같은 책, 328쪽(S. 434, 464쪽).
57 같은 책, 같은 곳.

씀 구조의 전체성을 근원적으로 구성한다.”[58]

현존재의 존재 전체성인 마음씀을 실존론적으로 표현하면 “(세계 내부적으로 만나는 존재자) 곁에〔즉 존재자에 몰입해〕-있음으로서 자기를 -앞질러-이미 (어떤 세계) 내에-있음”이다. 이것을 앞에서 말한 선구적 결의성의 시간성에 대비하면 다음과 같다.

1) ‘자기를 앞질러’(선구)는 장래에 근거하고,

2) ‘이미 (어떤 세계) 내에 있음’은 기존성을 표명하며,

3) ‘(존재자) 곁에〔즉 존재자에 몰입해〕 있음’은 현전화에서 가능하다.[59]

이렇게 분절해서 언급한다고 하여 시간성이 세 가지로 분절되어 있다는 것은 아니다. 오히려 시간성은 이 세 가지의 통일을 가능하게 하는 것이고 그렇게 해서 마음씀 구조의 전체성을 근원적으로 구성한다.

3) 시간성의 탈자태(脫自態)와 시숙(時熟)

장래는 현존재가 가능적 자기를 향해 도래하는 것이고, 기존은 본래적 자기에게로 돌아오는 것이며, 현전화는 존재자를 만나게 하는 것이다. “장래, 기존성, 현전화는 <…를 향해>, <에게 돌아와>, <…을 만나게 함>의 현상적 성격들을 가리킨다. ‘…를 향해’(*zu*…), ‘…에로’(*auf*…) 및 ‘…을’(*bei*…)은 시간성이 근원적으로 탈자태(脫自態, Ekstasen)임을 보여준다. 시간성은 근원적으로 <탈-자>(脫-自) 그 자체이다.”[60] 탈자란 시간성이 자기 밖으로 자기를 벗어남을 가리킨다. “그러므로 우리는 장래,

---

58 같은 책, 328쪽(S. 434, 465쪽).

59 같은 책, 같은 곳.

60 같은 책, 329쪽(S. 435, 465쪽).

기존, 현전화의 현상을 시간성의 탈자태라 부른다. 시간성의 본질은 탈자태의 통일에서의 시숙(時熟, Zeitigung)이다."[61] 하이데거에 따르면 이 시간성의 탈자태가 현존재와 세계의 초월성을 보증한다.

시간성의 탈자란 무엇이며, 시숙은 또 무엇인가? 시간성은 현존재의 존재(마음씀)의 의미라고 했다. 후설의 경우 의식은 본질적으로 대상을 지향하는 것, 즉 그 대상을 향해 자기 밖으로 나아가는 것이다. 그렇게 나아가는 것이 예컨대 파지(把持, Retention)이고 예지(豫持, Protention)이며 직관(Attention)이다. 아우구스티누스의 경우에는 그것을 '마음의 분산(分散)'(distentio animae)이라고 한다. 분산되는 마음이 기억이고 기대이고 직관인 것이다. 하이데거의 경우 마음씀이 자기를 벗어나는 것(Ausser-sich)이 곧 탈자이다.

또한 의식이 자기 밖으로 나간다는 것은 의식의 자기 양상화(Selbst-modalisierung)에 다름 아니다. 그 자기 양상화는 의식의 변양이다. 의식의 변양 중 가령 파지의 경우를 보면 파지의 변양은 무한히 계속될 수 있다. 시간성의 탈자란 비유하면 의식의 변양화와 같다. 그 탈자는 세 방면으로 자기를 벗어난다. 그것은 세계-내-존재로서의 현존재의 실존의 구조이기도 하다.

시숙을 말함에 있어 하이데거는 시간성이 존재자로 '있는 것'이 아님을 강조한다. 시간이 존재가 아님은 말할 것도 없다. 그러나 우리의 사유 습관은 존재의 변이를 통해서 비로소 시간을 지각하기 때문에 존재로부터 완전히 독립된 순수한 시간을 생각할 수가 없다. 인생이란 마치 물 위에 떠내려가는 낙엽처럼 시간에 실려서 살아가는 것으로 생각한다. 시

인들의 인생에 대한 비탄도 대개는 그렇게 흘러가는 인생의 덧없음을 노래한 것이다. 그러나 그렇게 되면 시간은 마치 흘러가는 물처럼 이미 있고, 인생은 그 위에 실려 가는 생명체로 간주된다. 그러나 인생은 그런 것이 아니라 비유건대 마치 참외가 때와 함께 스스로 익어가듯이 인생도 그렇게 때 익어가는 것이다. 먹어갈 나이나 세월이 미리 전재적으로 있는 것은 아니다. 이것을 가리켜 하이데거는 시간성의 자기 시숙(sich zeitigen)이라고 한다.

3. 시간성과 일상성

선구적 결의성의 시간성은 '기존하면서-현전화하는-장래'라고 했고, 그 일차적 의의는 장래에 있다고 했다. 그리고 그 선구적 결의성의 시간성이야말로 본래적 시간성이며, 이런 뜻에서 그것은 근원적 시간(die ursrüngliche Zeit)이라고도 했다. 왜냐하면 그것은 현존재 자신의 존재를 가능하게 하기 때문이다.

그리고 『존재와 시간』의 당면 목표가 현존재의 존재 의미를 시간성으로서 확정하는 것이라고 한다면 그 목표는 선구적 결의성의 시간성을 제시하는 것으로 일단 달성된 셈이다.

그러나 일상적 현존재는 일상적 세계에 몰입해서 자기 아닌 존재자에 마음쓰면서, 즉 존재자를 배려하고 타자를 고려하면서 산다. 이것을 우리는 현존재의 일상성 또는 비본래성이라고 했다. 하이데거는 이 일상성에 대한 '시간적 해석'을 꾀한다. 일상성이야말로 현존재의 가장 구체적 삶의 양식이기 때문이다.

일상적 현존재에 대한 시간적 해석이란 "시간성에 근거해서〔일상적〕현존재의 존재틀의 가능성을 증거하는 것"[62]이다. 이를 위해서는 『존재와 시간』제I편을 '시간적 해석'으로 반복하지 않으면 안 된다. 그리하여 하이데거는 1) 개시성을 구성하고 있는 구조들(이해, 정상성, 퇴락 및 말)의 시간성, 2) 세계-내-존재의 시간성과 세계의 초월의 문제, 3) 현존재적 공간성의 시간성, 4) 현존재의 일상성의 시간적 의미를 다루고 있다. 하이데거는 지루하리 만치 이 현존재의 개시성의 시간적 해석을 수행하고 있으나 우리는 시간성의 면에서 그 개요만을 적기하고 넘어갈 것이다. 그리하여 우리는 1) 개시성의 시간성과, 2) 세계-내-존재의 시간성을 다루고자 한다.

1) 개시성의 시간성

"개시성은 현존재를 실존하면서 <현> 자체로 있을 수 있는 그런 존재자로 구성한다."[63] 여기서 말하는 현존재의 현(Da des Daseins)이란 다름 아닌 현존재의 존재 이해에 입각한 현존재의 개시성을 가리킨다. 그리고 앞에서 그 시간적 의미와 관련해서 살펴본 선구성은 선구적 결의성이라는 개시성이 본래적 개시성임을 보여준 것이다. 이제 그 개시성 중 이해, 정상성, 퇴락 및 말을 시간적으로 해석하여 그 시간성을 밝히려 한다.

(1) 이해의 시간성

이해란 "근원적 실존론적으로 파악하면, 현존재가 그때마다 그것을 자기의 궁극 목적으로 해서 실존하는, 그 존재 가능을 향해 기투하면서

---

62 같은 책, 331쪽(S. 438, 469쪽).

63 같은 책, 335쪽(S. 444, 475쪽).

있음을 의미한다.”[64] 이해는 인식의 한 방식이 아니라 원초적으로 실존
범주이다.

　　실존적 가능성 속에서 기투하면서 자기를 이해하는 바닥에는 그
때 그때의 가능성에 입각해서 자기를 향해 도래하는 것으로서의 장
래가 놓여 있다. 현존재는 매양 그때 그때의 가능성으로서 실존한다.
장래는 자기의 존재 가능 안에서 이해하면서 실존하는 그런 존재자
를 존재론적으로 가능하게 한다.[65]

　　이해의 이런 기투적 성격, 즉 현존재가 자기의 가능성을 향해 선구하
면서 실존하는 면을 고려하면 이해가 늘 비본래적 일상성 속의 개시성으
로만 있는 것이 아니라 본래적임을 보여주고 있다. 그리하여 이해의 시
간성은 본래적으로는 장래적이다.

　　그러나 “우선 대개는 현존재는 결의하지 않고 있다. (…) 이 점에서
보면 〔이해의〕 시간성은 늘 본래적 장래로부터 시숙하지는 않는다.”[66] 비
본래적 이해는 ‘배려되는 어떤 것’에 입각해서 존재 가능을 기투하는 것
이다. 즉 비본래적 이해는 자기를 가장 독자적·가능적 자기에로 도래
케—이것이 본래적 장래이다—하지 않고, ‘일상적으로 종사하는 업무
상 배려되는 것, 실행해야 할 것, 긴급한 것, 불가피한 것’ 등, 요컨대
자기 자신의 독자적 가능성이 아닌 어떤 것을 향해 자기를 기투한다.
비본래적 장래는 배려되는 어떤 것을 자기에게 도래케 하는 예기(豫

---

64 같은 책, 336쪽(S. 445, 476쪽).

65 같은 곳.

66 같은 곳.

期, Gewärtigen)이다. 예기는 기대의 기초이다. "기대는 예기에 기초를 둔 장래의 한 양상이고, 장래는 본래적으로 선구로서 시숙한다."[67] 장래에는 본래적 선구로서의 장래와 비본래적 예기로서의 장래가 있음을 알 수 있다.

선구적 결의성에 입각한 본래적 현전화를 순간(Augenblick)[68]이라 하고, 비본래적 현전화를 선구적 결의성에서 말하는 현전화와는 구별되는, 즉 좁은 의미의 현전화(Gegenwärtigen)라고 한다. 전자(순간)는 "현존재가 결의성 가운데 유지되어 있으면서 상황 속에서 만나는 배려 가능한 가능성들과 사정들을 향해 (…) 탈출하는 것"[69]이고, 후자(좁은 의미의 현전화)는 "배려되는 <세계>에의 퇴락을 시간적으로 해석"[70]할 때 명료해지는 것이다. 비본래적 이해는 이 현전화로부터 시숙하고, 순간은 본래적 장래로부터 시숙한다.

기존성의 계기는 어떻게 되는가? 선구적 결의성은 본래적 자기, 가장 독자적 자기에게로 돌아옴이요, 이 점에서 보면 기존(Gewesen)을 회복하는 것이다. 이에 반해 비본래적 자기 기투는 배려되는 것에 의거해서 자기를 기투하는 것인 만큼 "현존재가 자신의 가장 독자적 피투적 존재 가

---

67 같은 책, 337쪽(S. 446, 478쪽).

68 이 낱말을 하이데거는 Blick에 주목하여 실존적으로 해석한다. 그리하여 어떤 이는 이 낱말을 순시(瞬視)라고 번역하기도 한다. '눈을 깜짝거리며 본다'는 것이다. 이렇게 번역한다고 해서 그것이 지극히 짧은 시간이 아니라는 뜻은 아니다. 한자의 순(瞬)은 벌써 '눈깜짝거린다'는 훈(訓)을 가지고 있다. 순간(瞬間)이라는 말에는 이미 실존 범주적 의미가 들어 있다. 하이데거는 순간을 현존재가 자기의 본래적 기존과 장래를 아울러 상황 속에서 현전화하는 것이라고 해석한다.

69 같은 책, 338쪽(S. 447, 478쪽).

70 같은 곳.

능에서 자기를 망실(망각)했다는 것으로만 가능하다.”[71] 비본래적 기존성은 망실(망각)이고 그 변양태인 보유(保有)이다. 그리하여 비본래적 이해의 시간성은 ‘망각하면서 현전화하는 예기’(das vergessend-gegenwärtigende Gewärtigen)이다.[72] 이때의 현전화는 좁은 의미의 현전화이다.

이상 기술한 것을 정리하면 이해의 시간성은 ‘기존하면서-현전화하는 장래’인데, 이것을 우리는 본래적인 면과 비본래적인 면으로 나누어서 볼 수 있다. 본래적 이해의 탈자태는 장래-순간-회복이며, 비본래적 이해의 탈자태는 예기-현전화-망각(만실, 또는 보유)이다. 다시 말하면 본래적 이해는 ‘기존적 자기를 회복하면서 순간적으로 보는 선구’라는 탈자태에서 시숙하고, 비본래적 이해는 ‘망각하면서-현전화하는 예기’에서 시숙한다.

이해가 본래성을 가지고 있는 이유는 이해가 본디 기투의 성격을 가지고 있기 때문이다. 즉 이해는 자기 이외의 어떤 것(배려 가능한 것)에 의거해서 자기의 가능 존재를 기투하지 않고, 자기 자신에 입각해서 자기의 가능 존재를 도래케 하기 때문이다. 그런 까닭에 이해의 시간성은 일차적으로 장래에 근거한다. 그러나 이해가 자기 자신이 아닌 다른 어떤 것을 향해 기투할 때 그 이해는 비본래적 이해가 되고 그 시간성은 예기하면서-현전화하는 망각이다.

(2) 정상성의 시간성

이에 반해 정상성은 일차적으로 기존성에 근거한다. 정상성은 기분에 젖은 것이다. 그 정상성의 시간성은 비본래적이다.

---

[71] 같은 책, 339쪽(S. 448f, 480쪽).
[72] 같은 책, 339쪽(S. 449, 480쪽).

하이데거는 정상성 중에서 먼저 두려움(공포)의 예를 검토한다. 두려움은 현존재가 어떤 위협적인 것에 직면하여 그것을 배려하는 것이다. 두려운 것은 현존재를 향해 닥쳐온다. 이 점에서 보면 두려움의 시간성은 일차적으로 예기이다. 그러나 그 예기는 위협적인 것을 현사실적으로 배려하는 존재 가능으로 돌아오게 하는 것에 대한 예기이다. 즉 위협적인 것이 나를 향해 돌아와야만 진정으로 예기될 수 있는 것이다. 두려움은 현존재의 존재 가능 때문에 두려운 것이다. "자기를 위해 두려워하는 배려는 자기를 망각하고 그래서 일정한 가능성을 붙잡지 못하고 있기 때문에 극히 신변적인 가능성을 찾아 헤맨다."[73] 거기에는 당혹스런 현전화가 속한다. 예기는 당혹스런 예기로 변양한다. 그리하여 두려움의 시간성은 비본래적인 것으로서 당혹스럽게 '예기하면서–현전화하는–망각(망실)'(gewärtigend-gegenwärtigendes Vergessen)[74]이다.

두려움이 특정한 위협적인 것 앞에서 두려워하는 것인 데 반해 **불안**의 대상과 이유는 아무것도 아니라는 것, 즉 세계의 무의의이다. 다시 말하면 불안 속에서는 일체의 존재자도 세계도 무의의 속으로 가라앉는다. 세계가 무화(無化)된다. 세계의 무 앞에 직면해서 불안거리는 현존재의 세계–내–존재 자체이다. 불안은 까닭 없이 생기기도 하지만 어느덧 사라져버려서 언제 불안했느냐는 듯이 멀쩡해지기도 한다. 그때 세계와 일체의 존재자는 이전의 세계와 그 속의 그 존재자로 다시 피어오른다. 이와 같이 불안은 세계의 무의의성을 개시하기도 하지만 그 무의의성을 통해 세계를 근원적으로 개시한다. 동시에 불안 속에서 현존재는 적나라한 피투적 현존재로 개시된다. 정상성 일반의 시간성과 마찬가지로 "불안

---

[73] 같은 책, 342쪽(S. 452, 484쪽).

[74] 같은 책, 같은 곳(GA S. 453).

특유의 시간성은 불안이 근원적으로 기존〔피투성〕에 근거하고 이 기존 성으로부터 비로소 장래와 현전성이 시숙한다는 것이다."[75]

(3) 퇴락의 시간성

"일차적으로 장래가 이해를 가능하게 하고 기존성이 기분을 가능하게 하지만, 그와 마찬가지로 마음씀의 제3의 구성적 구조 계기인 **퇴락**은 그 실존론적 의미를 현전화에 둔다."[76] 즉 퇴락의 시간성은 일차적으로 현전화에 근거한다. 하이데거는 퇴락에 빈 말, 호기심 및 애매성을 거론하고 있으나 시간성과 관련해서는 호기심만을 고찰하고 있다.

호기심에서 현존재는 <봄>을 배려한다. 현존재는 이 봄을 통해 존재자와 만나는데 그것은 비본래적 현전화에 근거한다. 그 현전화는 본래적 현전화, 즉 현존재의 본래적 <현>을 개시하는 '순간'과는 다른, 아니 그 반대 현상이다. 그리고 호기심의 봄은 그냥 보기만을 구하기 때문에 예기도 비본래적일 수밖에 없다. 뿐만 아니라 호기심은 오직 볼거리를 찾아 다음 다음으로 옮겨가기 때문에 자기 망각(망실)에 **빠지고** 만다. 그리하여 호기심의 시간성은 현존재가 극단적 비본래적 현전화에서 예기하고 망각(망실)하면서 있는 것이다.

(4) 말의 시간성

"이해, 정상성 및 퇴락에 의해 구성되는 '현'의 완전한 개시성은 말에 의해 분절된다. 그러므로 말은 일차적으로 특정한 탈자태에서 시숙하는 것이 아니다. 그러나 말은 (…) 우선은 <환경 세계>에 대해 배려적-담

---

[75] 같은 책, 344쪽(S. 455, 487쪽).
[76] 같은 책, 346쪽(S. 458, 490쪽).

론적으로 말을 거는 방식으로 언표하기 때문에, 현전화가 우선적 구성 기능을 갖는 것은 물론이다.”[77] 말을 구성하는 것은 현전화라는 것 이외에 말의 시간성에 대해 하이데거는 그 이상 구체적으로 언급하지 않는다. 왜냐하면 앞에서 인용한 바와 같이 말은 일차적으로 특정한 탈자태에서 시숙하는 것이 아니기 때문이다.

2) 세계-내-존재의 시간성

앞에서 고찰한 바와 같이, “‘현’의 개시성과, 현존재의 실존적 근본 가능성인 본래성과 비본래성은 시간성에 근거한다.”[78] 그러나 개시성이 시간성에 근거하고 있다는 것은 세계-내-존재도 나아가서 이것을 구성하고 있는 세계도 내-존재도 모두 시간성에 근거하고 있다는 것을 의미한다. 내-존재가 시간성에 근거하고 있다는 것은 이미 1) 개시성의 시간성에서 살펴본 바 있다.

그리하여 여기에서는 세계의 시간성을 고찰하고자 한다. 그것은 세계를 구명하기 위해 처음에 단초로 삼았던 것, 즉 용재자를 만나는 배시적(配視的) 배려의 시간성을 고찰하는 것이다. 이어서 하이데거는 그 배시적 배려가 이론적 인식으로 변양하는 그 변양의 시간성을 성찰하고 있다. 그리고 마지막으로 그는 세계의 시간성에 논급한다. 이것을 그는 세계 시간의 문제라고 한다.

(1) 배시적 배려의 시간성

‘＜세계＞ 곁에〔세계에 몰입해〕 있다’는 것은 세계 및 세계 내부적

---

77 같은 책, 349쪽(S. 461f., 493~494쪽).
78 같은 책, 350쪽(S. 463, 495쪽).

존재자와 교섭하면서 있다는 것이다. 이때 그 교섭의 대상은 일차적으로 용재자로서의 도구이다. 그러나 도구는 고립된 하나로 우리와 만나는 것이 아니라 도구 전체의 연관 속에서 적소성을 가지고 드러난다. 적소성은 <…을 가지고 …곁에> 적재한다는 연관성을 가지고 있다. 이 적소성의 시간성을 밝히는 것이 곧 배시적 배려의 시간성을 밝히는 것이다.

적소성의 '무엇을 위해' 즉 '어디에'를 이해하는 것은 예기〔비본래적 장래〕라는 시간적 구조를 갖는다. '무엇을 위해'를 예기하면, 배려는 동시에 '거기에'〔못박는 데〕 적소성을 갖는 어떤 것〔망치〕으로 돌아올 수 있다〔비본래적 기존〕. 적소성의 '어디에'를 예기하는 것은 적소성의 '무엇을 가지고'를 보유하는 것과 일치해서, 예기의 탈자적 통일에 있어서 도구를 조작하면서 종별적으로 '현전화'하는 것을 가능하게 한다.[79]

배시적 배려의 시간성 즉 적소성의 시간성은 따라서 비본래적으로 '예기하면서-보유〔또는 망각〕하는 현전화'(die gewärtigend-behaltende 〔od. vergessende〕 Gegenwärtigen)이다. 이 대목은 다음 항에서 더 자세하게 검토될 것이다.

(2) 배시적 배려의 이론적 인식으로의 변양과 그 변양의 시간성

여기에서 하이데거가 묻고 있는 것은 실존론적 배시적 배려에서 어떻게 (객관적) 이론적 인식이 발생할 수 있는가 하는 것이다. 다시 말하

---

79 같은 책, 353쪽(S. 467f., 499쪽).

면 여기의 문제는 용재자가 어떻게 전재자로 변양하며 (그 변양은 물론 그것들을 대하는 현존재의 태도의 변화에 근거하지만) 그 변양의 시간성은 어떤 것인가 하는 것이다.

그것은 "현존재가 학문 연구의 방식으로 실존할 수 있는 것을 가능하게 하는, 현존재의 존재틀 속에 있는 실존론적으로 필연적인 조건들은 무엇인가 하는 것이다."[80] 이 물음에 대한 대답을 하이데거는 세 단계로 나누어서 서술하고 있다. 첫 번째 단계는 (용재자에 대한) 배시적 배려의 학문 연구와 그 시간성, 두 번째 단계는 배시적 배려의 태도가 이론적 인식 즉 관조로 변양하는 것과 그 이유, 세 번째 단계는 전재자에 대한 이론적 인식의 시간성이 그것이다.

첫 번째 단계 : 하이데거의 실존론적 학문 이념으로는 학문은 실존의 한 방식이고, 따라서 존재자의 발견이나 존재의 개시는 세계-내-존재의 양상이다. 그런데 그리스 이래 학문의 기초는 '본다'는 데 있다.[81] 관심을 가지고 둘러보는 것을 하이데거는 배시(配視, Umsicht)라고 한다. 배시에서 만나는 존재자는 일차적으로 용재자이다. 용재자는 적소성 전체 속에서 전망되는데, 그것을 가능하게 하는 것은 인간의 존재 이해이다. 그리고 전망에서 배려되는 것을 배시적으로 해석하면서 접근하는 것을 그는 고찰(Überlegen)이라고 한다. 고찰 고유의 도식은 '…이면 …이다'(wenn-so)이다. 이것은 목전에 현전하지 않는 것까지 현전화한다.

'…이면 …이다'의 도식을 갖는 고찰에서는 먼저 적소성 전체에 대한 전망 속에서 사태를 예기하고, 이 예기에 상응해서 배려는 사태를 보

---

80 같은 책, 357쪽(S. 472, 503~504쪽).
81 θεωρία는 말할 것도 없고, 명증성을 의미하는 evidence도 ex-video에서 유래한 것임을 유의할 필요가 있다.

유하여 그 사태의 구체적 용도성으로 돌아와서 현전화한다. 그리하여 배시적 현전화는 "시간성의 완전한 탈자적 통일에 속한다. 그것은 현존재가 어떤 가능성을 배려하면서 예기하는 도구 연관을 보유하는 데 근거한다. 예기하면서 보유하는 가운데 이미 밝혀진 것을 더 가까이 가져오는 것이 고찰적 현전화 또는 현재화이다."[82] 이와 같이, 배시적 배려의 시간성은 (1) 배시적 배려의 시간성에서 본 것과 같이 '예기하면서-보유〔또는 망각〕하는 현전화', 즉 적소성의 시간성이다.

두 번째 단계 : 배시적 배려를 이론적 인식으로 변양하는 것은 어떻게 가능하며, 그 근거는 무엇인가? 하이데거는 앞에서 말한 '…이면 … 이다'의 구조 속에서 그 근거를 찾고 있다. 이 구조에서는 '…이면'이라고 말 걸어진 것은 '…으로서'(als das und das) 해석된다. 다시 말하면 그것은 '으로서-구조'(Als-Struktur) 속에서 이해되고 있다.

가령 '이 망치는 너무 무겁다'는 말은 두 방면으로 해석될 수 있다. 그 하나의 방면은 '이 망치는 가볍지 않다', 즉 '망치를 쥐는 데 힘이 든다', '조작하기가 어렵다', '다른 것으로 바꿔야겠다' 등 실존론적(배려적)으로 해석하는 것이다. 다른 방면의 해석은 '이 망치는 중량이라는 <성질>을 가지고 있다', '그것은 받침대에 압력을 가하고 있어서 받침대를 제거하면 낙하한다'로 해석하는 것이다. 망치를 <질량적> 존재자로 보는 것은 작업 도구로서의 망치가 아니라 중력의 법칙하에 있는 존재자로 주목(注目)하는 것이다. 그것은 용재자를 전재자로서 새로이 눈여겨보는 것이다.

이때 존재 이해의 전환이 일어난다. 망치를 용재자로 이해할 때의 적

---

82 같은 책, 359쪽(S. 475, 507쪽).

소성으로서의 '자리'는 이제 '시공(時空)상의 위치'로 되고, "다른 점과 비교해서 아무 특성도 없는 <세계점>(Weltpunkt)으로 된다. (…) 용재적 도구의 자리의 다양성은 순수한 위치의 다양성으로 변양될 뿐 아니라, 환경 세계의 존재자는 모조리 한계를 철폐하게 된다."[83]

세 번째 단계 : 이상은 용재자에 대한 배시적 배려가 전재자에 대한 이론적 인식으로 변양하는 전환의 모습이거니와, 그 변양의 시간성은 어떻게 되는가? "세계 내부적 전재자 곁에서 객관화되는 존재는 두드러진 현전화라는 성격을 가지고 있다. '두드러진 현전화'가 특히 배시적 현전과 구별되는 것은, 관련되는 과학의 발견 작용이 유일하게 전재자의 피발견성만을 예기한다는 점에 있다. 전재자의 피발견성의 예기는 실존적으로는 현존재의 결의성에 근거하는데 이 결의성을 통해 현존재는 <진리> 안에서의 존재 가능을 향해 자기를 기투한다."[84]

두드러진 현전화란 학문적 인식이 현재의 직관에서 이루어진다는 것을 강조한 것이며, 그것은 과학적 발견을 예기하여 이루어지고, 예기의 근거는 현존재가 자기의 존재 가능을 진리-내-존재로서 기투한다는 데 있다. 그리하여 과학적·이론적 인식으로의 변양의 시간성은 직관 즉 두드러진 현전화에 근거한 예기라고 할 것이다. 그러나 여기에서는 기존의 계기에 대한 언급이 없다. 그 이유는 수학적 과학적 인식은 주로 예측〔예기〕과 설명〔현전화〕으로 구성되므로 기존의 계기가 없기 때문이다.

(3) 세계의 시간적 문제

용재자에 몰입해서 현사실적으로 배려하는 존재에 있어서도, 전재자

---

83 같은 책, 362쪽(S. 478, 510쪽).
84 같은 책, 363쪽(S. 480, 512쪽).

에 대해 이론적 발견적으로 인식하는 존재에 있어서도 '세계'는 전제되어 있다. 그런데 "세계 내부적 존재자가 세계를 근거로 해서 만날 수 있기 위해서는 그 세계는 이미 탈자적으로 개시되어 있지 않으면 안 된다."[85] 달리 말하면 세계는 존재자를 선행적으로 만나게 하는 기반이요, "존재자를 적소성이라는 존재 양식에서 만나게 하는 기반, 즉 자기 지시적 이해가 행해지는 거기"[86]이다.

세계는 적소성의 통일이다. 이 적소성이 미리 개시되어 있어야 현존재가 그것을 근거로 하여 세계 내부적 존재자를 만날 수 있는 것이다. 이것을 현존재의 입장에서 말하면 세계는 현존재의 <현>인 개시성에 다름 아니다. 이 점에서 세계는 초월론적이다. "'현'의 개시성에서는 세계도 함께 개시되어 있다."[87] 세계와 현존재는 개시성이라는 점에서 일치한다. 현-존재(Da-sein)의 '현'(Da)은 세계의 '현'(Da)이다. 현존재가 실존하지 않으면 세계도 현-존재(Da-sein)하지 않는다. "현존재는 실존하면서 자기의 세계로 있다."[88] 그리하여 "유의의성의 통일 즉 세계의 존재론적 틀도 〔현존재와〕 마찬가지로 시간성에 근거하지 않으면 안 된다."[89]

세계의 가능성의 실존론적-시간적 조건은 탈자적 통일로서의 시간성이 지평이라든가 하는 것을 갖는다는 데 있다. 〔세〕 탈자태는 단

---

85 같은 책, 366쪽(S. 483f., 515쪽).

86 같은 책, 86쪽(S. 115f., 127쪽). 세계의 초월성 및 현존재와 세계의 상즉(相卽) 관계에 대해서는 *Die Grundprobleme der Phänomenologie*(GA 24), S. 423ff. 참조.

87 같은 책, 365쪽(S. 482, 514쪽). 현존재와 마찬가지로 세계도 실존한다.

88 같은 책, 364쪽(S. 482, 514쪽).

89 같은 책, 365쪽(S. 482, 514쪽).

순히 '…로의 탈출'이 아니다. 그렇기보다는 탈자태들에게는 탈출의 '어디로'가 속한다. 탈자태의 이 '어디로'를 우리는 지평적 도식(das horizontale Schema)이라 부른다. 탈자적 지평은 세 탈자태에 있어서 각기 다르다. 거기에서 현존재가 본래적으로든 비본래적으로든 장래적으로 자기에게 도래하는 도식은 '자기를 위하여'라는 궁극 목적(das Umwillen seiner)이다. 거기에서 현존재가 던져진 자로서 정상성 속에서 자기 자신에게 개시되는 도식을 우리는 피투성이 직면하는 것〔대상〕 또는 거기에 내맡겨지는 대상이라고 파악한다. 이것은 기존성의 지평적 구조의 특징을 이룬다. 현존재는, 자기 자신을 궁극 목적으로 삼아 실존하면서, 던져진 자로서 자기 자신에게 맡겨진 채, 동시에 '…곁에〔…에 몰입해〕 있음'으로서 현전화하고 있다. 현재의 지평적 도식은 '…위하여'(das Um-zu)에 의해 규정되어 있다.[90]

"장래의 지평에서는 존재 가능이 기투되어 있고, 기존성의 지평에서는 <이미 있음>이 개시되어 있으며, 현재의 지평에서는 배려되는 것이 발견되어 있다."[91] 그리고 탈자적 지평에서 현존재의 장래의 도식은 '자기를 위하여'라는 궁극 목적이고, 기존성의 도식은 정상성 속에서 자기의 피투성과의 만남이며, 현전의 도식은 '…곁에〔…에 몰입해〕 있음'으로서 (존재자를) 현전화하는 것이다.

이 세 도식의 지평적 통일은 그리하여 현존재의 존재 가능을 위한 궁극 목적(Umwillen)과 이를 위한 제 수단 관계(das Um-zu-Bezüge)와의 근원적 연관을 가능하게 한다. "장래, 기존성 및 현전이라는 세 지평적 도

---

90 같은 책, 365쪽(S. 482f., 514쪽).

91 같은 곳.

식의 통일은 시간성의 탈자적 통일에 근거한다.”[92] 이와 같이 시간성은
현존재의 존재 의미이며, 시간성의 세 탈자태는 현존재의 존재 가능[기
투]과 피투성 및 현사실성을 근거짓고 있다.

4. 시간의 공공화, 세계 시간 그리고 통속적 시간 개념의 발생

하이데거는 위와 같이 선구적 결의성에서 획득한 본래적 시간성을
가지고 일상적 현존재의 개시성을 해석하였다. 이것을 그는 현존재에 대
한 시간적 해석이라고 한다. 일상적 현존재의 시간성은 대개 비본래적이
다.

여기에 이어서 그는 ‘시간성과 역사성’을 다루고 있다(5장). 그것은
현존재가 탄생과 죽음 사이의 삶의 연관 속에서 하루하루를 (어제와 같
이 오늘도 또 내일도) 살아가는, 시간적으로 신장(伸張)된 존재 즉 역사
적 존재임을 함축한다. 역사는 현존재의 생기(Geschehen)에 기초를 둔다.
현존재의 시간적 신장을 그는 역사성(Geschichtlichkeit)이라고 한다. 이
역사성을 그는 시간성으로 환원한다. 그리하여 역사성과 시간 내부성
(Innerzeitigkeit)은 등근원적으로 시간성에서 연원한다.

그러나 우리의 주제는 ‘시간’이다. 여기서 말하는 시간은 우선 하이
데거 식으로 말하면 통속적 시간, 전통적 시간이다. 그는 이 통속적 시간
이 근원적 시간으로서의 시간성에서 연원하는 것으로 이해한다. 그리하
여 우리는 역사성의 문제는 생략하고, 『존재와 시간』의 마지막 장으로

---

92 같은 곳.

넘어가서 현존재적 시간이 어떻게 세계 시간으로 공공화되며, 통속적 시간 개념은 시간성에서 어떻게 연원하는지를 살펴보고자 한다. 여기에서는 1) 현존재의 시간성의 일부(日付) 가능성, 2) 시간의 공공화(公共化)와 세계 시간, 3) 통속적 시간 개념의 발생 등이 다루어질 것이다.

1) 현존재의 시간성의 일부(日附) 가능성

현존재는 시계 따위의 시간을 측정하는 기구를 사용하기 전에 이미 시계와 관계 없이 '자기 시간'을 가지고 헤아린다. 즉 현존재는 실존하면서 그때 그때 "<시간을 갖기>도 하고 <갖지 않기>도 한다. 그는 <자기에게 시간을 들이기〔시간을 요하기〕>도 하고 <시간을 낼 수 없기>도 한다."[93] 현존재는 애당초 자기 시간을 고려하고 계산하면서 실존한다.

현존재는 마음씀, 즉 '피투적 기투'라는 통일 속에서 남과 더불어 세계 내부적으로 만나는 존재자에 몰입하여 배시적으로 배려하면서 실존한다. 이 배려는 '예기하면서-보유하고-현전화한다'는 양상의 시간성에 근거한다. 배려의 시간성의 예는 아래와 같다.

> 이 배려는 계산하고, 계획하고, 예비하고, 미리 배려하고, 예방하는 것으로서 (…) 언제나 이미 다음과 같이 말하고 있다. '<그때>에는—그것이 발생해야 할 텐데, <그전>에—저 일은 끝장을 보고, <지금>은—<저때>에 실패해서 놓친 일이 만회되어야지.'[94]

배려의 '그때'(dann)는 예기를, '저때'(damals)는 보유를 그리고 '지

---

93 같은 책, 404쪽(S. 534f., 568쪽).
94 같은 책, 406쪽(S. 537, 570쪽).

금’(jetzt)은 현전화를 가리킨다. 여기에 주목할 만한 현상이 있다. 그 현상이란 1) 이 시간성에는 ‘지금’ 즉 ‘현전화’가 중심으로 되어 있다는 것이요, 2) ‘그때’(dann), ‘저때’(damals), ‘지금’에 근거해서 일부 가능성(日附可能性, Datierbarkeit)이 성립한다는 것이다.

1) ‘그때’ 속에는 암암리에 ‘지금은 아직 아니다’라는 현상이 들어 있고, ‘저때’ 속에는 ‘지금은 이미 아니다’가 들어 있다. ‘그때’와 ‘저때’는 다같이 ‘지금’과 관련해서 이해되고 있다. 즉 ‘현전화’가 독특한 무게를 가지고 있다.

사실 현전화는 언제나 예기와 보유의 통일 속에서 시숙한다. 예기가 비예기적으로 되고, 보유가 망각으로 변양되더라도 그것은 마찬가지이다. 이렇게 변양된 양상에서는 시간성은 현재 속에 휩쓸려 들어가고, 그 현재는 현전화하면서 주로 ‘지금, 지금’ 하고 말하는 것이다. (…) 보유의 지평은 ‘이전’이고, ‘그때’에 대한 지평은 ‘이후’이며, ‘지금’에 대한 지평은 ‘오늘’이다.”[95]

우리는 가장 가까운 것으로 보유되는 것에 대해 ‘방금’이라고 말하고, 가장 가까이 예기되는 것에 대해서는 ‘이제 곧’이라고 ‘지금’을 기준으로 하여 말한다. 우리말에도 ‘지금 현재’ 며칠 몇 시라고 말한다. 그것은 정확하고 세련된 표현은 아니지만 ‘지금’을 기준으로 현재의 시간을 가늠하는 것이다. 현사실적으로는 ‘그때’는 ‘…할 그때’이고, ‘저때’는 ‘…한 저때’이며, ‘지금’은 ‘…하는 지금’이다. 이것은 현존재가 용재자

---

95 같은 책, 407쪽(S. 538, 571쪽).

에 몰입해서 배시적으로 자기를 언표할 때는 언제나 '지금'을 중심에 두고 있다는 것이다. 이 대목은 또 전 철학사를 통하여 시간론에서는 늘 '지금'이 중심에 놓여 있다는 것과 무관하지 않다.[96]

2) 거기에는 또 본질적으로 일부 가능성의 구조가 속해 있다. 일부화란 실존적으로 '…할 그때'를 '그때'로, '…한 저때'를 '저때'로 그리고 '…하는 지금'을 '지금'이라고 추상화해서, 즉 실존으로부터 떼어서 그 '때'(날짜)를 매기는 것이다. 일부화는 어떤 존재자와 관련해서 그것에 의거해서 가능한 것이다. 예컨대 '지금'은 "지금―문 두드리는 소리가 들리는 때, 지금―책을 갖고 있지 않은 때" 등이 그것이다. 나아가서 '지금', '그때', '저때'에 속하는 지평들도 '…하는 오늘', '…할 이후', '…한 이전'이라고 신장 폭(Spannweite)을 늘여서 일부화할 수 있다. '지금'을 '식사 중', '저녁 때의 지금', '여름날의 지금'이라고 하는 것은 신장 폭을 늘여서 말하는 예이다.

지금은 이와 같이 그 자체 안에 신장 폭을 가지고 있다. 차원이 없는 하나 하나의 점적 지금이 모여서 비로소 지금의 신장 폭이 생기는 것이 아니라, 거꾸로 지금이 애초부터 신장 폭을 가지고 있는 것이다. 그 폭의 넓이는 앞에서 보듯이 현존재의 배려가 결정한다. 고생대 생물학자나 천체 물리학자의 지금의 신장 폭과 신문 기자들의 지금의 신장 폭은 다를 수밖에 없다.

일부화할 수 있는 것은 지금만이 아니다. '그때', '저때'도 일부화할 수 있다. 예컨대 "내가 너에게 신세를 진 저때"라든가 "우리가 만나게 될 그때"라고 '저때'와 '그때'도 어떤 사건이나 존재자와 관련해서 일부화

---

96 이 점에 대해서는 이 책의 614쪽 이하 참조.

할 수 있다.

일부화는 지금이 '…하는 지금'으로서 탈자적으로 열려 있기 때문에, 즉 시간성에서 연원하기 때문에 가능하다. 그러므로 그것은 반드시 캘린더상으로 정확해야 하는 것은 아니다. 일부화는 물론 실존론적으로 현존재의 배려와 연관되어 있는 '가장 근원적 시간 고시(告示)'이다.[97]

2) 시간의 공공화와 세계 시간

이상의 논의는 시간성을 현존재의 존재 의미로 보는, 현존재적 시간에 관한 것이다. 그 시간은 각자의 현존재가 고려하는 시간이므로 '지금'이라고 할 때 그 '지금'은 각자의 '지금'이요, 따라서 아직 공공성을 갖지 못하고 있다.

그러나 하이데거에 따르면 이런 배려적 시간도 천문학적·역수적(曆數的 즉 캘린더의) 시간 계산으로서 알고 있는 시간 배려의 지평에서 행해지고 있기 때문에, 시간에 맞추어서 생활하는 현존재의 배려의 시간은 이미 공공화(Veröffentlichung)되어 있다. 태양의 자식인 현존재는 태양의 주기적·규칙적 반복 운행에 맞추어서 일부화할 수밖에 없다. 일출(日出)과 일몰(日沒)과 정오(正午)는 두드러지게 일부화 가능한 '자리들'이다. 예컨대 해가 떠오르는 것에 의거해서 '그때'는 '하루 일을 시작해야 할 시간'이라고 일부화된다.

"이 일부화는 <같은 하늘 아래> 있는 상호 존재에 있어서는 <누구에게나>, 어느 때고, 같은 방식으로, 어느 한계 안에서는 우선 일치해서 행해질 수 있는 시간 고시이다."[98] 근원적으로 '자연의 시간'에 의거해서

---

97 같은 책, 408~409(S. 540, 574쪽). 바로 위 문단의 인용문도 같은 쪽에 있다.
98 같은 책, 413쪽(S.546, 580쪽). 자연의 시간을 공공적으로 일부화하는 원시적 예로

일부화되는 시간을 공공적 시간(öffentliche Zeit)이라 한다. 인공적 시간 측정기(시계)는 이 공공적 시간을 정밀화한 것이다. 공공적 시간이란 "<그 안에서> 〔현존재가〕 세계 내부적 용재자와 전재자를 만나는 바로 그 시간"[99]이다. 따라서 그런 공공적 시간 안에서 만나는 비현존재적 존재자는 시간 내부적 존재자라고 할 수 있을 것이고, 그런 시간을 하이데거는 세계 시간(Weltzeit)이라고 한다.

그러나 세계 시간이라는 개념은 주의를 요한다. 그것은 공공화되어 만인의 것으로 통용되는 세계적 시간이 아니다. 외견상으로는 세계 시간이란 만인에게 통용되는 세계적 (표준) 시간이라고 이해됨직도 하다. 그러나 세계 시간이라는 것이 만일 그런 것이라면 애당초 공동 현존재(Mitdasein)로부터 논의를 시작했어야 옳다.

여기서 말하는 세계 시간이란 하이데거 특유의 '세계' 개념에 입각한 시간이다. 우리는 앞에서 하이데거의 '세계'는 현존재의 존재 가능을 궁극 목적으로 하는 용재자의 (수단으로서의) 적소성(Bewandtnis)과 이것의 역의 계열인 유의의성(Bedeutsamkeit)이라고 규정한 바 있다.[100] 이것을 시간의 경우에서 보면 다음과 같다. 시간은 매양 일부화된 시간으로서 이해되고 있는데,

그때 그때 '이러이러한 지금'은 그것으로서 〔즉 …하는 지금으로

서 그는 농민시계(Baueruhr)와 '해시계'(Sonnenuhr)를 들고 있다. 농민시계란 가령 "해 그림자가 몇 발짝 길이일 때 어디서 만나자"고 하는 것이다. 해시계도 그림자를 이용한 것이다.

99 같은 책, 412쪽(S. 544, 579쪽).
100 이 책의 567쪽 이하 참조.

서] 그때마다 적합하거나 부적합하다. '지금'은 (…) 본질상 일부화될 수 있는 것으로서 동시에 적합성과 부적합성의 구조에 의해 규정되어 있다. (…) 배려의 '예기하면서-보유하는 현전화'는 시간을 '하기 위해'와의 관계에서 이해하지만, '하기 위해'는 그것대로 마지막에는 현존재의 존재 가능의 궁극 목적에 달라붙어 있다. 공공화된 시간은 이 '하기 위해'의 관계를 가지고 (…) 유의의성의 구조를 드러내고 있다. 유의의성은 세계의 세계성을 구성한다. 공공화된 시간은 '…하는 시간'으로서 본질적으로 세계 성격을 가지고 있다. 그러므로 우리는 시간성의 시숙 속에서 공공화되는 시간을 **세계 시간**이라 부른다. (…) 그것이 그렇게 불리는 까닭은 (…) 그 시간이 실존론적-존재론적으로 해석되는 의미에서 **세계**에 속하기 때문이다.[101]

이 인용문에서 보듯이 하이데거는 특유의 세계 개념에 맞추어서 이 개념을 사용하고 있다. 즉 세계 개념이 '위하여'(Um-zu) 구조를 갖는 것과 마찬가지로 시간도 '…하기에 적합(또는 부적합)한 시간'일 수 있는데 그런 시간을 세계 시간이라고 한다.

이렇게 하여 배려되는 시간은 일부화될 수 있고, 신장되고, 공공적이고, 그런 구조를 가진 시간으로서 세계에 속하게 된다. 세계 시간이란 세계 내부적 존재자를 <그 내부에서> 만나는 그 시간이다.

3) 통속적 시간 개념의 발생

근원적 시간성이 갖는 몇 가지 기본적 성격, 예컨대 유의의성, 일부

---

101 같은 책, 414쪽(S. 547f., 581~582쪽). *Die Grundprobleme der Phänomenologie*(GA 24), 370쪽 참조.

가능성, 신장성 등 탈자적-지평적 시간성을 은폐하고, 시간을 퇴락의 존재 양식에서만 보게 되면 소위 통속적 시간이 나온다. 다시 말하면 세계 시간이 공공화되고 시계 사용이 시계의 바늘이나 그림자를 현전화하여 그것을 따라가면서 셈을 하게 되면 거기에서 통속적 시간 개념(vulgärer Zeitbegriff)이 나오게 된다는 것이다. 통속적 시간은 움직이는 시계바늘(또는 그림자)을 그 움직임에서 현전화여 '지금 여기, 지금 여기'라고 '지금들'을 헤아리는 그런 시간이다.

그 지금을 기준으로 하면 보유의 지평은 방금 지나가서 '이미 (지금이) 아니다'로 되고, 예기의 지평은 이제 곧 있을 터이지만 '아직 (지금이) 아니다'로 나타난다. 통속적 시간은 지금-시간(Jetzt-Zeit)이다. 이것을 하이데거는 시계 사용에 입각해서 "시간이란 움직이는 바늘을 현전화하고 세면서 따라가는 가운데 현시되는 세어진 것"이라고 정의한다. 그것은 현전화가 이전과 이후에 따라 지평적으로 열려 있는 (현존재의) 보유와 예기와의 탈자적 통일에서 (비본래적으로) 시숙[102]하는 시간성과는 다른 것이다. 부연하면 통속적 시간이란 세 시간 양상을 '지금'을 기준으로, 즉 과거는 '이미 아님'으로 미래는 '아직 아님'으로 그리고 현재는 '시재 있는 지금'으로 추상화하는 시간 개념이다. 그것은 베르그송이 말하는 공간화된 시간이다.

통속적 시간은 비본래적 시간성과 구별되어야 한다. 후자는 현존재의 일상성에서 성립하는 것이고, 전자는 '지금'을 기준으로 헤아려지는 시간이다. 거기에는 탈자적-지평적 구조가 없다.

통속적 시간의 근원인 지금은 근원적으로는 현전화로서 보유와 예기

---

102 같은 책, 421쪽(S. 556, 590쪽) 참조.

와의 탈자적 통일에서 시숙하는 것으로 해석되어야 한다. 즉 통속적 시간은 탈자적-지평적 통일을 은폐하고 수평화한 것이다.

앞에서 말한 통속적 시간의 정의는 2천여 년 전 아리스토텔레스가 내린 시간의 정의, 즉 "시간이란 이전과 이후의 지평에서 만나는 운동에서 세어진 것"을 실존론적·존재론적으로 해석한 것에 불과하다고 하이데거 자신이 고백하고 있다. 그리고 이 시간관이야말로 그 이후 헤겔에 이르기까지의 시간관을 지배하는 전통적 시간 개념이면서 동시에 가장 대표적 과학적 시간 개념이다. "통속적 시간 이해에서 시간은 부단히 <전재(前在, vorhanden)하면서> 또한 지나가고 다가오는 지금의 연속으로서 드러난다. 시간은 계기(Nacheinander)로서, 지금의 <흐름>(<Fluss> der Jetzt)으로서, 시간의 경과(Lauf der Zeit)로서 이해된다."[103] 그것은 지금의 계기(Nacheinander der Jetztfolge : 지금의 연속)이다. 그것을 가리켜서 흔히 시간은 일차원적이라 한다. 이것은 공간의 3차원성에서 빌려온 개념이다.

배려적 시간 해석과 통속적 시간 해석 사이에는 몇 가지 주목할 만한 현상적 차이가 있다. 그 첫 번째 두드러진 현상은 통속적 시간 해석이 배려적 시간성을 수평화하는 것이다. '지금'에는 지평이 있을 수 없다.

배려되는 시간의 첫 번째 본질 계기로서 천명된 것은 일부 가능성이다. 일부 가능성은 시간성의 탈자적 틀에 근거한다. <지금>은 본질상 <…하는 지금>(Jetzt da…)이다. (…) 배려 가운데서 이해되는 일부 가능한 지금은 그때마다 적합한 지금이거나 부적합한 지금

---

103 같은 책, 422쪽(S. 557, 591쪽).

이다. 지금의 구조에는 유의의성이 속해 있다. 그리하여 우리는 배려되는 시간을 세계 시간이라고 부른 것이다. 시간을 지금의 연속으로 보는 통속적 해석에는 일부 가능성도 유의의성도 결여되어 있다. 시간을 순수한 계기라고 성격 지으면 이 두 구조〔일부 가능성과 유의의성〕는 <나타나지> 않는다. 통속적 시간 해석은 두 구조를 은폐한다. 지금의 일부 가능성과 유의의성은 시간성에 근거하거니와, 그 시간성의 탈자적-지평적 틀은 이 은폐를 통해 수평화된다. 여러 지금들은 말하자면〔두 구조와의〕제 관계를 단절하고, 그렇게 단절된 지금들로서 병렬적(竝列的)으로만 늘어서서 그 결과 계기를 형성하는 것이다.[104]

인용문에서 보듯이 배려적 시간성의 근본 특성인 유의의성과 일부 가능성, 신장성 등이 은폐되면 결과적으로 시간을 전재적·병렬적 지금의 연속으로서만 보게 된다. 예컨대 지금의 경우도 배려적 시간 즉 시간성으로서의 현재(Gegenwart)와 통속적 시간이라고 부르는 지금 연속으로서의 그 지금이 구별되는데, 이 현상을 하이데거는 통속적 시간 해석이 배려적 시간성을 수평화해서 은폐하는 것이라 한다. 거기에는 일부 가능성도 적합성 여부도 유의의성도 없다. 그것이 통속적 시간 해석의 첫 번째 특징적 현상이다. "탈자적-지평적 시간성은 **일차적으로 장래**에서 시숙한다. 반대로 통속적 시간 이해는 시간의 근본 형상을 **지금** 속에서 본다."[105] 이 지금을 사람들은 '현재'라고 한다. 그러나 지금과 현재는 다르다.

---

104 같은 책, 422쪽(S. 557f., 591~592쪽).
105 같은 책, 426쪽(S. 563, 598쪽).

두 번째 현상은 통속적 시간은 과거와 미래를 향해 무한하다는 것이다. 지금-시간의 지금들은 존재론적으로는 전재성이라는 이념의 지평 속에서 보여진다. 그 지금들은 사라지고 사라진 지금들은 과거를 형성한다. 지금들은 다가오고 다가올 지금들은 미래를 형성한다. 지금-시간은 앞에서 본 바와 같이 일부 가능성, 유의의성 등과는 전혀 맞지 않는다. 그 지금들은 아무런 성격상의 차이 없이 그냥 병렬적으로 전재할 뿐이다. 그것은 중단도 간극도 없고, 처음도 끝도 없이 과거와 미래의 두 방향으로 '무한하다.' 그런 시간은 끊임없는 지금의 연속이다. 지금 속에는 다시 지금이 있고 이 지금 속에는 또 지금이 있다. 이런 과정은 무한히 계속된다. 시간에 중단이 없어야 하기 때문이다.

이상은 통속적 시간의 해석이거니와, 하이데거는 통속적 시간의 현상적 특징을 그렇게 지적하는 데 머무르지 않고, 통속적 시간 해석이 세계 시간을 수평화하고 시간성을 은폐하는 근거가 어디 있는지를 묻는다. 그것은 "현존재의 존재 자체에 있다. 현존재는 우선 대개 피투적으로 퇴락하면서 배려되는 것에 〔몰두하여〕 자기를 상실하고 있다."[106] 그 현저한 현상은 '죽음에 직면해서 거기로부터 도피한다'는 것이다. 거기에 바로 세인의 존재 양식이 드러나거니와, 이 세인에게는 죽음은 '아직은 나의 것이 아니며', 따라서 종말까지의 시간은 '아직 있다.' 세인이 죽지 않는 것과 마찬가지로 세인에게 시간은 무한하다. 죽음에 이르는 존재로서의 현존재의 선구적 결의성에서 보여지는 본래적 시간성이 유한한 것과 비교하면 통속적 시간의 무한성이 두드러져 보인다. 이런 시간은 한 인간이 탄생하기 이전이나 죽은 뒤에도 그 현존재와는 관계없이 여전히 같

---

106 같은 책, 424쪽(S. 560, 594~595쪽).

은 속도로 흘러간다. 한마디로 말하면 통속적 시간은 현존재의 퇴락에서 발생한다.

구태여 죽음까지 끌어들이지 않더라도 현존재의 퇴락이라는 존재 양식(세인)은 존재자를 전재자로 대하는 태도인데 시간(지금)을 전재적인 것으로 보게 되면 그 시간은 지금 연속으로밖에 보여지지 않는다. 시간성으로서의 '지금'은 원래 '…하는 지금'으로 일부 가능한 지금이다. 그런데 퇴락의 존재 양식에서는 시간성이 가지고 있는 탈자적-지평적 구조가 평탄화되고 마는 것이다. 그것은 이 일부 가능한 '그때'나 '저때'도 마찬가지이다. 과거는 '(지금은) 이미 아닌 것'이고 미래는 '(지금은) 아직 아닌 것'이다. 왜냐하면 지금은 전재적으로 있기 때문이다. 그것이 통속적 시간 해석이다.

하이데거에 따르면 플라톤의 시간 발생에 관한 신화적 표현, 즉 데미우르고스가 천체를 질서 지으면서 일자(一者)에 머무르는, 수에 따라 움직이는 '영원의 모상'을 만들어서 이것을 시간이라고 한 그 시간은 다름 아닌 이런 지금-시간이다.[107] 통속적 시간 개념은 현존재의 퇴락에서 연원하는 것으로서 지금을 전재자로 본다. 아리스토텔레스가 시간을 '운동에 있어서의 어떤 것'(κινήσεώς τι, etwas an der Bewegung)이라고 파악한 것은 시간을 전재자로 파악한 것이요, 그것은 다름 아닌 통속적 시간이다. 그 시간은 전재적인 지금 연속(Jetztfolge)일 뿐이다.

그러므로 거기에서는 시간의 유의의성, 일부 가능성, 신장성 등이 없어지고 만다. 있는 것은 오직 지금뿐이다. 그리고 그 지금은 지금·지금·지금…으로 무한히 이행한다. 이 통속적 시간 개념이 아리스토텔레

---

107 같은 책, 423쪽(S. 559, 593쪽).

스 이래 거의 전통적 시간 개념으로 정착하였다.

그것은 중단도 간극도 없다는 점에서는 '정지하는 지금'(nunc stans)과 같고, 수와 관련하여 측정 가능성으로 본다는 점에서는 자연과학적 시간이며, 과거와 미래를 향해 무한하다는 점에서는 소위 영속(sempiternitas)이다.

이런 시간은 일반 시간론에서 말하는 객관적 시간이다. 그것은 한 방향으로 같은 속도로 무한히 진행하는 동질적이고 일차원적인 시간이다. 덧없이 소멸하여 역류하지 않는 흐름으로 표상되는 시간은 다름 아닌 지금-시간이다.

이상으로 우리는 선구적 결의성에서 보여진 현존재의 시간성(본래적 시간성 및 비본래적 시간성), 그 시간성의 공공화와 일부 가능성, 세계 시간 그리고 거기에서 연원하는 통속적 지금-시간을 검토하였다. 그러나 이 삼자(현존재의 시간성, 공공적 세계 시간 및 통속적 지금-시간)는 서로 합치하지 않는다. 이것을 하이데거는 아래와 같이 말한다.

> 탈자적으로 이해된 장래〔시간성〕, 일부 가능한 유의의한 <그때>〔세계 시간〕 그리고 아직 다가오지는 않았으나 이제 곧 다가오고 있는 단순한 지금이라는 의미의 <미래>〔통속적 시간〕라는 통속적 개념, 이 삼자는 합치하지 않는다. 마찬가지로 탈자적 기존성, 일부 가능한 유의의한 <저때>, 지나간 단순한 지금이라는 의미의 과거라는 개념, 이 삼자도 합치하지 않는다. 지금은 '아직 지금이 아님'을 잉태하고 있는 것이 아니고, 현전은 시간성의 시숙의 근원적 탈자적 통일 속에서 장래로부터 발원하는 것이다.[108]

이상에서 보듯이 하이데거의 시간론은 세 단계로 서술되어 있다. 첫 번째 단계는 현존재의 본래성인 선구적 결의성을 시간적으로 해석하는 것이다. 거기에 이어서 그는 그 시간성이 탈자적이라는 것과 그것은 '존재'하는 것이 아니라 시숙한다는 것을 거론하였다. 두 번째 단계는 현존재의 일상성을 시간적으로 해석하는 것이다. 여기에서 그는『존재와 시간』의 앞부분에서 행한 현존재 분석을 지루하리 만치 시간적으로 재해석하고 있다. 마지막 세 번째 단계에서 그는 시간의 공공화, 세계 시간 및 통속적 시간 개념의 발생을 다루고 있다. 현존재는 실존론적으로 지금을 중심으로 시간에 날짜를 매기는 능력을 가지고 있다. 현존재는 같은 태양 아래 살면서 이미 시간을 공공화할 가능성도 가지고 있다. 공공적 시간이란 현존재가 그 안에서 존재자를 만나는 그런 시간을 가리킨다. 공공 시간이 현존재의 존재 가능을 궁극 목적으로 하여 적합・부적합한 시간으로 나타나면 그것을 특히 세계 시간이라 한다. 그리고 아리스토텔레스 이래 '지금'을 중심으로 헤아려지는 시간을 그는 통속적 시간이라고 하는데, 그것은 시간이 공공화되어 시계바늘이 가리키는 '지금'을 세는 시간이다. 여기에서 비로소 시간은 흐르고 계기한다는 등의 여러 성격을 찾아볼 수 있다. 즉 시간의 흐름 성격이나 계기성 따위는 통속적 시간의 표상인 것이다. 첫 번째와 두 번째 서술에서는 그런 시간의 성격은 전혀 보이지 않는다. 그 이유는 거기에서 다루어지는 것은 시간의 근원으로서의 시간성과 그 구조이기 때문이다.

---

108 같은 책, 427쪽(S. 563f., 598쪽).

C. 시간과 존재

하이데거의 본디 계획으로는『존재와 시간』은 I부와 II부로 구성되는데 제I부는 세 편으로 구상되어 있었다. 현존하는『존재와 시간』을 구성하는 것은 제I부의 제I편과 제II편뿐이다. 그는 여기에 이어 제III편으로 '시간과 존재'에 대해 서술할 것으로 계획하고 있었다. 그 약속에 대해서는 그러나 4분의 1세기가 지난 1953년(『존재와 시간』 7판 서문에서)『존재와 시간』을 새로 서술하지 않고는, 즉 종래와 같은 형식으로는 쓸 수 없다고 고백하기에 이르렀다.

그렇다고 문제의식 자체가 증발된 것은 아니다. 왜냐하면 저 앞에서 언급한 바와 같이『존재와 시간』이후에도『현상학의 근본 문제』(1927), 『사유거리를 찾아서』(*Zur Sache des Denkens*, 1969) 등에서 시간 문제를 계속해서 주제적으로 언급하고 있기 때문이다.

'시간과 존재'에 대한 문제의식과 그 내용은 무엇인가? 그리고 「시간과 존재」까지 가는 중간 단계로서 '존재 시간성'(Temporalität)의 문제는 어떻게 되었는가?

1. 시간과 존재의 과제

우리는 『존재와 시간』에서의 시간에 대한 문제의식을 되짚어볼 필요가 있다. 거기에서 하이데거는 시간을 존재 일반의 해명을 위한 초월론적 지평으로서 고찰한다고 했다. "존재가 시간을 기반으로 해서 파악되어야 하고 존재의 상이한 양상들과 파생태들이 시간의 여러 변양과 파생 속에서 실제로 시간에 주목해서 이해되어야 한다면, 이와 함께 존재 자체가 (…) 그 <시간적> 성격에서 분명해지는 것이다."[109] 그리고 존재 일반을 해명할 수 있기 위한 지평이 현존재의 존재 의미로서의 시간성이었으며, 이 "시간성에 입각해서 존재 이해의 지평으로서의 시간이 근원적으로 구명되어야 한다"[110]고 했다.

퓌겔러는 이 문제를 '물음'의 구조와 연관시켜서 자세하게 언급하고 있다. 주지하는 바와 같이, 하이데거는 물어지는 것(das Gefragte)을 존재라 하고, 물음이 걸리는 것(das Befragte)을 존재자 중에서 두드러진 자인 현존재(Dasein)라 하며, 물어서 탐구되는 것(das Erfragte)을 존재 의미(der Sinn des Seins)라고 한다. 그런데 퓌겔러에 따르면 『존재와 시간』의 제I편과 제II편은 (물어지는 것인 존재를 향해 가는 도중에서) 물음이 걸리는 자 즉 현존재를 분석하는 것이다. 그러나 이 단계에서는 물어서 탐구되는 것인 '존재의 의미'는 아직 구명되지 않았다. 연구가 아직 목표에 도달하지 못한 것이다. 그러기에 현존재의 존재틀(Seinsverfassung)을 밝히는 『존재와 시간』 제II편의 마지막 문단에서는 이제까지의 연구는 '단지 하나의 길'에 불과하고, 목표는 존재 일반의 의미를 구명하는 것이라

---

109 같은 책, 18쪽(S. 25, 29~30쪽)

110 같은 책, 17쪽(S. 24, 28쪽)

고 말하고 있다.[111] 『존재와 시간』에서 시간성은 현존재의 존재 의미로서 파악되었다.

그런데 이 시간성에서부터 한 걸음 더 나아가 "모든 존재 이해의 시간성, 즉 존재의 의미가 시간을 가지고 있다는 것(Zeithaftigkeit)이 사유되어야 하는데" 거기까지 이르지 못한 것이다. 이것은 다름 아닌 『존재와 시간』 제III편의 주제, 즉 "존재의 의미가 시간을 가지고 있다는 것을 사유하는 것"(Zeithaftigkeit des Sinnes von Sein zu denken)이다.[112]

그것은 어떻게 수행되는가? 푀겔러는 하이데거가 제II편의 마지막 문단에서 제기하고 있는 한 물음에 주목하고 있다. 그 물음이란 "존재를 개시하면서 이해한다는 것은 현존재에게는 도대체 어떻게 가능한가?" 하는 것이다.

현존재는 존재를 이해하고 있다. 현존재의 근원적 존재틀은 시간성이다. "따라서 탈자적 시간성 자신의 근원적 시숙 방식이 존재 일반의 탈자적 기투를 가능하게 하지 않으면 안 된다. 시간성의 이 시숙 양상은 어떻게 해석되어야 하는가? 근원적 시간으로부터 존재의 의미에 이르는 하나의 길이 통해 있는가? 시간 자체는 존재의 지평으로서 밝혀지는가?"[113] 이것이 '시간과 존재'의 과제인 것이다.

우리는 바로 앞에서 시간을 가지고 있음(Zeithaftigkeit)이라는 개념과 만났다. 이것은 무엇을 가리키는가?

---

111 Otto Pöggeler, *Der Denkweg Martin Heideggers*, 65쪽 ; *Sein und Zeit,* 436쪽 참조.
112 O. Pöggeler, 같은 책, 63쪽.
113 *Sein und Zeit*의 마지막 문장.

2. 존재 시간성의 문제

하이데거의 『존재와 시간』의 도입부와 『현상학의 근본 문제』 제II부 § 20과 § 21에서는 존재 시간성(Temporalität)에 대해 논급되고 있다. 그런데 우리는 더러 개념상의 혼란을 볼 수 있다. 그것은 시간성(Zeitlichkeit), 즉 '현존재의 존재 의미가 존재 일반을 해명할 수 있는 지평'이라고 말하는 대목에서 드러난다. 그러나 사실은 '존재 일반'을 해명할 수 있는 지평은 시간성이 아니라 존재 시간성인 것이다. 다시 말하면 시간성은 현존재의 존재 의미이고, 존재 일반이 개시되는 지평은 존재 시간성이라는 것이다. 존재 시간성이란 무엇을 가리키는가?[114]

여기에 참고할 만한 명제가 『현상학의 근본 문제』에서 보인다. 이것은 1927년 마르부르크 대학 여름 학기의 강의인데, 그 제II부 1장 § 19 '시간과 시간성'에는 다음과 같은 문장이 있다.

용재자를 그 용재성에서 존재론적으로 해석하는 것은 우리가 존재를 현전(Praesenz) 즉 존재 시간성(Temporalität)에로 기투하는 것을 보여준다. 시간적 기투는 존재의 대상화를 가능케 하고 개념적으로 파악할 수 있음을 보증하므로, 즉 존재론 일반을 과학으로서 구성하므로, 우리는 이 과학을 실증과학과 구별해서 **시간적 과학**(*temporale Wissenschaft*)이라고 한다. 시간적 과학의 모든 해석은 존재 시간성(Temporalität)이라는 의미에서 충분히 밝혀진 시간성을 실마리로 해

---

114 나는 졸역 『존재와 시간』에서 이 Temporalität가 '존재 자체의 시간적 성격', 즉 '존재의 본지풍광(本地風光)의 시간적 성격이므로 시절성(時節性)이라고 할 수 있다고 말한 바 있다.

서 수행된다. 존재론의 모든 명제는 **시간적 명제**(*temporale Sätze*)이다. 존재론의 진리는 존재의 구조와 가능성을 존재 시간성의 빛 속에서 드러낸다. 모든 존재론적 명제는 시간적 진리(*veritas temporalis*)라는 성격을 가지고 있다.[115]

이 명제 속에서 우리는 매우 중대한 발언을 발견할 수 있다. 첫째, 존재론은 시간적 과학(temporale Wissenschaft)이라는 것이다. 이 존재론을 위해 하이데거는 시간을 구명하려고 그토록 애썼다고 할 수 있다. 그런데 이 시간적 과학은 '시간성이 존재 시간성라는 의미로 충분히 밝혀져서 비로소 수행된다'는 조건이 붙어 있다. 그러나 이 과제는 이 조건을 충족시키지 못했기 때문에, 즉 시간성을 존재 시간성으로 충분히 구명하지 못했기 때문에 중도에서 포기되었다. 둘째는 현전(Präsenz)과 존재 시간성을 같은 의미로 본다는 것이다. 저간의 사정을 정리하면 다음과 같다.

첫째 항에 대하여 : 시간은 종래 존재 영역의 구분 기준 역할을 해왔다. 그러나 하이데거의 경우 시간에 근거한 존재와 그 성격 및 양상의 근원적 의미 규정을 시간적(temporal) 규정이라 한다. 존재 자체의 해석이라는 기초 존재론의 과제는 따라서 '존재 시간성'의 해명이라는 과제를 자기 안에 가지고 있다. 다시 말하면 존재론이란 그에게는 존재 시간성의 해명이다.

---

115 *Grundproleme der Phänomenologie*(GA 24), S. 459f. Temporalität에서 시간으로 나아갈 때 우리는 Praesenz라는 개념과 만난다. 그것은 뒤에 Anwesen으로 바뀌었지만 내용상으로는 같은 개념이다. 그러나 그렇게 바뀌는 과정과 방법에 대해서는 분명하게 설명한 바 없다.

이 부분을 좀더 자세하게 정리하면 이렇게 말할 수 있다. 현존재의 존재를 마음씀으로 확정하고 그 존재의 의미를 현존재의 시간성이라 하여 이것을 면밀하게 검토하면서 거기로부터 세계 시간과 통속적 시간이 어떻게 연유하는가를 고찰한 것이 『존재와 시간』이다. 그런데 현존재만이 아니라 비현존재까지 포함한 존재, 즉 존재 일반을 현존재의 시간성과 평행하는 위치에서 검토해야 하는데, 그것이 다름 아닌 존재 시간성인 것이다.[116] 다시 말하면 '시간'을 현존재의 존재 의미인 '시간성'으로 환원한 것과 마찬가지로, 현존재 및 비현존재적 존재자의 존재 즉 존재

---

[116] 이와 같은 Zeitlichkeit와 Temporalität의 관계를 방증하는 명제를 아래에서 몇 개 인용해둔다.

"<시간적>(zeitlich)이라는 표현은 철학 이전적 내지 철학적 언어 사용을 통해 앞에서 언급된 의미로 사용되고, 이하의 탐구에서는 다른 또 하나의 의미를 갖게 되기 때문에 우리는 시간에 입각한 존재와 그 성격 및 양상의 근원적 의미 규정성을 temporal한 의미 규정성이라 부른다. 존재 자체의 해석이라는 기초 존재론적 과제는 따라서 자기 안에 존재의 Temporalität의 해명을 가지고 있다. Temporalität의 문제를 개진함으로써 비로소 존재의 의미에 대한 물음에 구체적 대답이 주어지는 것이다. 『존재와 시간』, 19쪽(진한 글씨는 필자가 강조한 것임).

"시간성은 현존재의 존재틀을 가능하게 하는 조건이다. (…) 현존재의 존재에는 존재 이해가 속한다. 따라서 시간성은 또한 마땅히 현존재에 속하는 존재 이해를 가능하게 하는 조건이어야 한다. (…) 존재가 존재론이라는 학문 즉 학적 철학의 주제가 되어야 한다면, 시간은 시간성으로서 어느 정도로 존재 자체의 명시적 이해를 위한 지평인가? 시간성이 존재론 이전적 내지 존재론적 존재 이해를 가능하게 하는 조건으로서 기능하는 한 우리는 그것을 Temporalität라 부른다"(*Grundprobleme der Phänomenologie*, S. 388).

"시간성은 존재 이해 일반의 가능성의 조건이다. 존재는 시간에서부터 이해되고 개념화된다는 것이 지적되어야 한다. 시간성이 그런 조건으로서 기능한다면 그 시간성을 우리는 Temporalität라고 부른다. 존재에 대한 이해와 그와 함께 존재론에서의 이해의 완성 및 그와 함께 학적 철학이 그 temporal한 가능성 속에서 지적되어야 한다"(같은 책, 389쪽).

현존재의 존재 의미와 근원적 시간 : 하이데거의 실존론적 시간 사상 625

일반의 의미를 구명할 조치로서 (앞의 시간성에 해당하는 위치에) 존재 시간성을 놓았다. 그리하여 그 기초 위에서 시간적 과학(temporale Wissenschaft)으로서의 존재론이 세워진다는 것이다. 그리고 저 시간성과 이 존재 시간성을 종합적으로 성찰함으로써 '시간'이 논의되어야 한다고 했다. 그러나 이 논의는 존재 시간성의 검토에서 좌절하고만 것이다.

그 이유는 무엇일까? 전술한 바와 같이, 현존재의 시간성에 대응하는 것이 존재 일반의 존재 시간성이라고 한다면 그것이 곧 시간이지, 시간성(Zeitlichkeit)과 종합해서 시간을 구명하기 위한 또 하나의 항이 아니라는 것이다. 말하자면 하이데거는 너무 도식적으로 문제를 설정하다 보니 혼란을 일으킨 것은 아닌가 싶다. 그러나 '시간과 존재'에 대해서 못 쓴 이유를 보다 솔직하게 표명하려면, 『존재와 시간』과 같은 서술 방식으로는 그 문제를 논할 수가 없었다고 할 것이 아니라, 문제 설정에 혼란이 있었음을 시인해야 할 것이다.

둘째 항에 대하여 : 시간은 존재자의 변화 과정에서 경험될 수는 있지만 형이상학의 개념으로 사유될 수는 없는 것이다. "(…) 현전(Anwesen) 속에는 사유되지 않은, 즉 은폐된 현재와 존속이 지배하고 있으며 시간이 지배하고 있다. 시간은 비은폐성, 즉 존재의 진리를 지시한다. (…) 그리하여 시간은 무엇보다도 먼저 경험되어야 할 존재의 진리를 나타내기 위해 첫 번째로 숙고되어야 할 명칭(Vorname)이다."[117] 이와 같이 존재 시간성의 문제는 곧 존재가 개시되는 지평으로서의 시간이요, 따라서 개시되는 존재와 별개로 다루어질 성질의 것이 아니다. 즉 존재 시간성은 현전(Präsenz, Anwesen등)과 같은 의미로 보여지는 것이다. 시간의 문제는 존재

---

117 *Was ist Metaphysik?*, 1949, S. 17f.

현전(Anwesen des Seins)의 문제 속에 흡수된 것이다. 그리하여 우리는 '시간과 존재'의 문제를 이 존재 현전의 논의로 갈음하는 것이다.

3. 존재의 현전성에 대하여

1962년 '시간과 존재'라는 강연의 본론 앞부분에서 하이데거는 이렇게 말하고 있다.

시간과 존재를 함께 부르도록 동기 부여하는 것은 무엇인가? 존재란 서양-유럽 사유의 초창기 이래 오늘에 이르기까지 현전(Anwesen)과 같은 것을 의미한다. 이 현전, 현전성(Anwesenheit)에 입각해서 현재가 이야기된다. 통상적 표상에 따르면 이 현재는 과거 및 미래와 함께 시간의 특성을 이룬다. 존재는 현전성으로서 시간을 통해 규정된다.[118]

『존재와 시간』에서는 시간의 지평에서 존재의 현시를 천명하려고 했고, 이에 반해 「시간과 존재」에서는 그 역의 방향, 즉 존재의 지평에서 시간을 구명하고자 계획되었으나 존재와 시간은 별개의 것이 아니다. 앞의 인용문은 바로 그런 사정을 보여주고 있다. 즉 존재는 사라져 없어지지 않고 시간의 부단한 흐름에도 불구하고 머무는 것(das Bleibende) 즉 현전을 가리킨다. 즉 존재는 시간적으로 규정되고, "시간은 존재를 통

---

118 *Zur Sache des Denkens*, 1969, S. 2. 신상희는『시간과 존재의 빛』(2000, 한길사)에서 "Zeit und Sein"을 번역하고 상세한 해설을 하고 있다.

해 규정된다."[119] "머문다는 것은 사라져버리지 않고 현전하는 것을 가리킨다. 그리하여 시간은 존재에 의해 규정된다."[120]

나아가서 존재는 곧 존재의 비은폐성, 즉 존재 진리를 가리킨다. 그러고 보면 「시간과 존재」는 '존재 진리'에서 시간을 구명하는 것이다. "시간이라는 명칭은 후기에는 <존재의 진리>라고 일컬어지는 것의 이름이다."[121] 시간은 존재 속에 흡수되고 만 것이다. '시간과 존재'를 다룬 『사유거리를 찾아서』(*Zur Sache des Denkens*)는 그 내용이 거의 존재론 특히 현전(Anwesen)과 탈현전(Abwesen), 즉 존재 현전과 은폐에 관한 논의로 채워져 있다.

유의해야 할 것은 "존재가 현전성으로서, 아직은 규정되지 않은 현재로서, 시간 성격을 통해 (…) 각인"[122]되며, 동시에 현재는 현전성으로서 존재에 의해 규정된다는 것이다. 현전성(Anwesenheit)은 곧 '현재'이다. 그것은 현전성이 '시간을 가지고 있는 것'(Zeithaftigkeit)이기 때문이다. 하이데거가 드는 예를 보자. 우리는 흔히 "많은 하객이 참석한 가운데(In Anwesenheit) 연회가 베풀어졌다"고 한다. 이때 In Anwesenheit는 Beisein 특히 In Gegenwart로 바꿔놓아도 무방하다. 다시 말하면 Anwesenheit는 곧 '곁에 있음'(Beisein)이자 현재(Gegenwart)인 것이다.[123] 그러나 '현전'(Anwesenheit) = '지금'(Jetzt)이라고는 하지 않는다. '지금'에는 반드시 존재가 따르는 것이 아니기 때문이다. 오히려 '지금'은 앞뒤로 무가 한정하고 있다.

---

119 같은 책, 3쪽.

120 같은 책, 3쪽.

121 같은 책, 30쪽.

122 같은 책, 10쪽.

123 같은 곳.

1) 현전성

하이데거는 한때 현재를 라틴어(prae-esse)에서 연유하는 Präsenz로 표현하기도 했으나 어느 사이 그리스어 파레온타(παρεόντα)를 번역하여 Anwesenheit로 표현한다. 양자가 다같이 '존재'를 함유하고 있으나 그는 후자를 가지고 '시간과 존재'를 이야기한다. 사람들은 대개 지금(Jetzt)과 현재(Gegenwart)를 같은 것으로 생각하여 지금은 우리말이고 현재(現在)는 그것의 한자 표현으로 알고 있다.

그러나 이 양자가 엄격하게 구별된다는 것은 누차 언급한 바 있다. 지금은 이미 없는 과거와 아직 없는 미래에 의해 한정된 시간 단위이다. 우리는 대개 '지금 몇 시인가?'라고 묻는다. 그것은 지금 시계바늘이 어디를 가리키고 있는지를 묻는 것이다. 그런 시간을 하이데거는 통속적 시간이라고 하고 베르그송은 공간화된 시간이라고 한다.

현재(Gegenwart)는 현전과 관련된다. 아니 현전성(Anwesenheit) 자체가 곧 현재이다. 현재는 현전성으로서 본래적 시간, 지평을 가진 시간을 가리킨다. 현전성으로서의 현재란 어떤 것인가?

하이데거에 따르면 "이〔현전성으로서의 현재〕로 인해 존재는 현전과 현전케 함, 다시 말해서 탈은폐로서 통일적으로 규정된다. (…) 현전(Anwesen)을 말할 때 우리는 어떤 사태를 생각하는가? 〔Anwesen의〕 Wesen은 Währen(존속하다)과 같다. (…) An-wesen이라는 말이 요구하는 바에 따르면 우리는 Anwähren으로서의 Währen 속에서 한동안(Weilen)과 머무름(Verweilen)을 인지한다. An-wesen이 우리에게 다가온다. 이때 현재는 우리들 인간에게 다가와 우리와 마주해서 머무는 것을 가리킨다 (Gegenwart heißt : uns entgegenweilen, uns den Menschen)."[124]

---

124 같은 책, 12쪽.

이 대목을 좀더 자세하게 살펴볼 필요가 있다. 하이데거는 호머의 『일리아스』(*Ilias*)에 있는 이야기를 인증하여 현전성과 현재의 동일함을 설명하고 있다.[125] 트로이 성 함락을 앞두고 아카이아(그리스인) 진영에는 벌써 9일째 질병이 창궐하고 있다. 그것은 아폴로 신이 트로이측을 편들기 때문에 퍼뜨린 페스트병이다. 아폴로 신의 뜻을 헤아리기 위해 아킬레우스 장군은 예견자 칼카스(Kalchas)에게 명하여 신의 노여움을 점치도록 했다. 예견자(der Seher)란 '자기로부터 나아간 자'(außer sich), 즉 일종의 광인(der Rasende, μαινόμενος)이다. 어디로 나아갔는가? 여기서 나아간다 함은 현전하는 것의 쇄도를 여의고 비현전적인 것(비현재적인 것, 즉 과거적인 것과 미래적인 것)을 향해 떠나가는 것이다. 그리하여 예견자가 본 것은 비현재적인 것까지 포함한 현전적인 것이다. "예견자가 본다는 것은 그가 모든 것을 현전하는 것으로 보아버리는 한에서 보는 것이다."[126] 예견자는 현재의 일만이 아니라 과거의 일과 미래의 일(즉 비-현전적인 것)을 과거완료적으로 이미 하나의 현전 속에 집약해서 보유한다.

그렇게 보여진 것은 은폐되지 않고 현전하는 것이다. 현전하는 것은 무엇인가? 호머는 이 현전자를 삼중적인 것, 즉 에온타(τά τ' ἐόντα), 에소메나(τά τ' ἐσσόμενα) 및 프로테온타(πρό τ' ἐόντα)라고 한다.[127] 첫 번째 것은 시재 있는 것(das Seiende)이고, 두 번째 것은 있게 될 것(Seiend-Werdende)이며, 마지막 것은 전에 있었던 것(das vormals Seiende)이다.

---

125 Der Spruch des Anaximander, in *Holzwege*, S. 296~343 참조.

126 *Holzwege*, S. 320.

127 이하의 논의는 *Holzwege*, 319쪽 이하 참조.

2) 현재적 현전성과 비-현재적 현전성

여기서 하이데거가 주목하는 것은 에온타(ἐόντα)의 존재 방식이다. 이 에온타로부터 현재적인 것이 규정되기 때문이다. 그러나 에온타는 과거적인 것이면서 동시에 미래적인 것이기도 하다. 하이데거에 따르면 그러나 과거적인 것과 미래적인 것은 현전자(Anwesendes)의 존재 방식일 뿐이다. 즉 이 양자는 비-현재적 현전자(das ungegenwärtig Anwesende)이다. 현재적 현전자를 그리스인들은 분명하게 파레온타(τά παρεόντα)라고 하는데 파라(παρά)는 공간적으로나 시간적으로나 '…에' (bei, an)에 해당한다. 그리하여 τά παρεόντα는 '비은폐성 속에 도달해 있음'이다. 그리고 현재(Gegenwart)의 gegen은 주관에 마주서는 것(對向)이 아니라, 모든 도래하는 것이 그 안으로 들어오고 그 내부에서 머무는 비은폐성이라는 개방된 방역(方域, die offene Gegend)을 가리킨다. "그러므로 에온타의 성격으로서의 '현재적'(gegenwärtig)이란 '비은폐성의 방역 안의 한동안에 도달해 있는 것'과 같다."[128] 그렇게 도래해 있는 것이 현전자(das Anwesende)이다. 예견자가 본 것은 현재적인 것뿐 아니라 비-현재적인 것까지 포함한 현전자이다. 예견자가 과거완료적으로 본 것은 이런 현전자이다.

이것을 쉽게 풀이하면 다음과 같다. 현전자란 반듯이 현재 속에만 갇혀 있는 것이 아니라 '더 이상 현재적이 아닌 것'(기재) 및 '아직 현재적이 아닌 것'(장래)도 비-현전자로서의 현전자이다. 그리하여 현전자의 존재 방식에는 두 가지가 있다. 하나는 현재적 현전성이고 다른 또 하나는 비-현재적 현전성이다. 전자를 기준으로 한다면 후자는 비-현전성(Abwesenheit)이다. 현재적이 아닌 현전자를 비-현재적 현전자 즉 비-현

---

128 같은 곳.

전자라 한다.[129] 비-현전자란 달리 말하면 부재자이다.

지금이 1차원인 데 반하여 본래적 시간은 현재적 현전성과 두 비-현재적 현전성(이미 현재적이 아닌 현전성과 아직 현재적이 아닌 현전성)을 가지고 있으므로 이 세 가지를 가리켜서 하이데거는 시간의 3차원이라 하고, 거기에 이 3자를 통일한 또 하나의 차원을 더해서 시간은 4차원이라고 한다.[130]

현전자는 이미 현재적이 아닌 데서부터 현재로 다가와서 한동안 머물다가 아직 현재적이 아닌 데로 이행한다. 그리고 현재는 개방된 방역으로서 다름 아닌 비은폐성을 형성한다. 이것은 아래의 인용문 속에서 극명하게 드러난다.

비은폐성 가운데 현재적으로 현전하는 것은 개방된 방역(方域, die offene Gegend)으로서의 비은폐성 가운데 머문다(weilen). 방역 가운데 현재적으로 머무는 것〔한동안의 것〕은 은폐성에서 나와서 비은폐성으로 도래한다. 그러나 현전자가 머물면서 도래적으로 있는 것은, 그것이 이미 비은폐성을 멀리 여의고 은폐성을 향해 떠나가는 한에서이다. 현재적 현전자는 그때 그때 잠시 동안 머문다. 그것은 다가오는 것과 떠나가는 것 가운데 체류한다. 머무름은 도래에서 퇴거로의 이행이다. 현전자는 그때 그때 한동안의 것(das Je-weilige)이다. 이행적으로 한동안 머물면서 그것은 도래하면서 아직 한동안 머물고 또 퇴거하면서 이미 한동안 머문다. 그때 그때 현재적으로 현전하는 것은 비-현전자로부터 현전한다.[131]

---

129 *Zur Sache des Denkens*, S. 13 참조.
130 같은 책, 15~16쪽 참조.

현전자를 기준으로 보면 비-현재적 현전자는 현재적 현전자로 다가와서 다시 현재적 현전자에서 비-현재적 현전자로 이행하는데, 한동안이란 현재적 현전성으로 있는 동안을 가리킨다. 현전자는 그렇게 이행하는 것이다. 그 한동안을 우리는 현재의 지평이라고 한다. 그러나 여기에서 우리는 시간론상 매우 어려운 문제와 만난다.

3) 양자를 잇는 '이음새'

그 문제란 비-현재적 현전성과 현재적 현전성이 그냥 두 가지 방식으로 존재한다고 지적하는 것으로 다하지 않고, 이 양자가 어떻게 연결되느냐 하는 것이다. 다시 말하면 동일한 현전자라 하더라도 현재적 현전자와 과거 및 미래적 현전자는 시간 양상에 있어서 그 존재 방식이 다르다. 전자는 개방된 방역으로서의 현재(비은폐성) 가운데 한동안 머무는 현전자이고, 후자는 그 개방된 방역에서 이미 퇴거했거나 아직 도래하지 않은 비-현전자이다. 이것을 쉽게 말하면 과거와 현재 및 미래를 통하여 현전자와 비-현전자가 어떻게 연결되느냐 하는 것이다. 거꾸로 말하면 현전자를 통해 과거와 미래가 현재를 중심으로 어떻게 연속되느냐의 문제다.

하이데거가 전기에서 '마음씀'의 의미를 시간성으로서 천명했다 하더라도 그는 존재론자이며, 후기에는 더욱더 그렇다. 현전자와 비-현전자를 존재론적으로는 어떻게 연속시키는가? 하이데거는 이음새(Fuge)라는 개념으로 이것을 설명한다.

현전자는 그때 그때 한동안의 것(das je Weilige)이다. 이 '한동

---

131 *Holzwege*, S. 322f.

안'(die Weile)은 떠나가는 것 속으로 넘어가서〔이행하면서〕 도래하는 것으로서 현성(現成, wesen)한다. 이〔한동안의〕머물음은 이쪽으로 다가옴(Hervorkommen)과 저쪽으로 사라짐(Hinweggehen) 사이에서 현성한다. 이 이중의 비-현전 사이에서 그때 그때 '한동안'이 이어져 있다(gefügt). 이 사이는 이음새이거니와, 거기 따라 현전자는 도래로부터 퇴거를 향해 그때 그때 이어져 있다. 한동안의 것의 현전은 '다가옴의 이리로'(in das Her von Herkunft) 밀려가고 동시에 '퇴각의 저리로'(in das Hin von Weggang) 밀려간다. 현전은 이 두 방향으로 비-현전을 향해 이어져 있다. 현전은 그런 이음새에서 현성한다. 현전자는 다가오는 것에서부터 나와서 퇴거하는 것으로 사라진다는 이 두 방향은 동시적이며, 그것도 그것이 현전하는 한에서 그렇다.[132]

존재의 시간은 현재의 현전성에서 두 방향의 비-현전성을 향해 밀려가면서 이어진다는 것이다. 그 현재는 그러나 영구불변의 정지한 현재가 아니라 그때 그때의 현재, 현전자가 현전하는 그 잠시 동안(Weile)이다. 현전자는 '그때 그때 한동안의 것'(je Weilige)이다. "한동안은〔미래적 비-현전자가〕다가와서〔과거적 비-현전자로〕사라지는 과도적인 것으로서 현전한다. 한동안은 이리로 다가옴과 저리로 사라짐 사이에 현전한다. 이 이중의 부재(Ab-wesen) 사이에서 모든 한동안의 것이 현전한다. 이 사이에서 그때 그때 한동안의 것이 이어진다. 이 사이는 한동안의 것이 다가와서 물러서는 것으로 이어지는 이음새(Fuge)이다. (…) 현전은 이와 같이 두 방향의 부재(不在)로 이어져 있다."[133] 두 방향의 부재를 이

---

132 같은 책, 327쪽.
133 같은 책, 327쪽.

어서 현전하도록 하는 것이 한동안의 현재—그러나 이 한동안이란 시간의 짧은 단위로서의 지금을 의미하지 않는다—이므로 그 현재는 이음새를 통해 과거 및 미래와 닿아 있어서 그 부재의 것을 현전시키는 것이다. 현재는 한동안으로서 이음새이다.

일반 시간론으로 말하면 이 문제는 과거와 현재 및 미래를 연속시키는 것은 무엇인가 하는 문제로서, 베르그송에게 묻는다면 '기억'이라고 대답할 것이고 아우구스티누스나 후설에게 묻는다면 (전자는) 기억·기대라고 하거나 (후자는) 의식의 변양인 파지와 예지라고 할 것이다. 이 세 사람들은 의식을 가지고 과거와 미래를 현재로 연속시킨다. 다시 말하면 현재·과거·미래를 의식의 변양으로 설명할 수 있다.

그러나 하이데거는 인식론자가 아니라 존재론자이다. 그리하여 그는 기억과 기대, 파지와 예지에만 의존할 수는 없고, 존재론적으로 그 연결고리를 찾지 않으면 안 된다. 그는 '이음새'라는 개념으로 이 문제를 해결하려고 한 것이다. 그러나 잇는 자가 있어야 이어지지 않겠는가?

4) 시간의 주체

그렇다면 (과거의) 비-현재적 현전자 및 (미래의) 비-현재적 현전자를 현재적 현전자와 연결하는 것은 누가 하는가? 달리 말해서 시간의 주체는 무엇인가?

앞에서 우리는 예견자는 과거완료적으로 과거의 현전자와 미래의 현전자를 하나의 현전 속에 집약해서 보유한다고 말한 바 있다. '집약해서 보유한다'는 것은 달리 말하면 모아서 간직한다는 뜻이다. 과거의 현전자는 우리의 마음씀 속에 집약되고 보유되어 있고, 미래의 현전자는 우리의 마음씀 속에 집약되고 예기되어 있다. 그것이 보는 것, 듣는 것 등 모든 앎의 근원으로서의 기억(μνημοσύνη)이다.[134] 탈현재적 현전자는 기억 속에 보유되어 있다. 이 기억 속에서 비-현재적 현전자와 현재적 현전자는 이어져서 현전자로서 존재하게 되는 것이다.

그러나 이 기억은 과거적인 것을 암기해 가지고 있는 의식만이 아니라 모든 사유의 근원으로서의 기억, 즉 마음씀임을 잊어서는 안 된다. 그러고 보면 시간의 주체는 고래로 영혼(ψυχή), 마음(anima), 의식 일반(Bewußtsein überhaupt), 정신(Geist)할 것 없이 모두 '마음씀'이었던 것이다. 다시 말하면 시간의 주체는 인간이다. 그러기에 모든 사람은 제각기 자기의 시간을 가지고 있다고 할 것이다. 아니 "모든 사물은 제각기 자기의 시간을 가지고 있는 것이다."[135]

---

134 인간을 존재 진리의 목자(牧者)이니 무(無)의 장소의 파수꾼이니 하는 것은 인간이 존재의 진리가 드러나고 보유되며 은폐되기도 하는 장본인이라는 뜻이다. *Holzwege*, S. 321, 기타 *Was ist Metaphysik?*, *Über den Humanismus* 등 참조.

135 *Zur Sache des Denkens*, S. 3.

D. 결론

우리는 A. B. C의 세 단계에 걸쳐 하이데거의 시간론을 검토하였다. A에서는 『존재와 시간』 이전의 여러 저술 속에서 시간이 어떻게 다루어지고 있는가를 보았고, B에서는 『존재와 시간』에서 표명된 시간론을 검토하였다. 전자에서는 시간 문제는 존재 문제와 함께 처음부터 하이데거의 일관된 철학적 주제임을 살폈다. 그리고 후자에서는 먼저 시간 문제가 독립된 문제가 아니라 『존재와 시간』 전편과 관련된 문제라는 전제 아래, 『존재와 시간』의 제I편의 내용을 간략하게 검토하고, 이어서 본론으로 들어가 '현존재의 존재(마음씀)의 존재론적 의미로서의 시간성'을 천착했다. 거기에서 천명된 것은 선구적 결의성에서 드러나는 본래적 시간성이다. 시간성은 본래적 마음씀의 의미로서 드러났다. 마음씀은 그 본래성에서 보면 선구적 결의성인데 이것을 시간적으로 해석하는 것이 본래적 시간론이다.

(미래적 시간성이란) 현존재의 고유한 존재 가능에서 보면 자기 자신에게로 도래하는 것(장차의 자기 자신으로 오게 하는 것), 즉 도래(장래)이며, (과거적 시간성이란) 이미 있었던 본래적 자기로 돌아오는 것이다. 그리고 (현재적 시간성이란) 환경 세계적으로 만나는 용재자를 현전케

하는 것이다. 이것을 한마디로 말하면 본래적 현존재의 시간성은 '기존하면서-현전화하는-장래'이다. 이것은 현존재의 실존론적 시간적 구조이다. 본래적 삶이란 언제나 장래가 우선한다는 것을 보여주고 있다. 이와 같이 시간성은 '…를 향해', '…에게 돌아와', '…를 (현전케 함)'이라는 구조를 가지고 있다. 이것을 하이데거는 시간의 탈자태라 한다. 그리고 그 시간성은 사물을 담아서 흘러가게 하는 것이 아니므로, 즉 현존재가 때 익는 것이므로, 시숙한다고 한다.

본래적 시간성은 본래적 현존재의 존재 가능이 (미래적이라는 데) 기초를 두고 있으나, 일상적 비본래적 현존재는 일상적 세계에 몰입해서 자기 아닌 존재자(타자나 사물 등)에 마음쓰면서 산다. 그런 존재 방식에 대한 시간적 해석을 그는 비본래적 시간성이라 한다. 이를 위해 그는 『존재와 시간』 제I편을 '시간적 해석'으로 반복한다. 그리하여 우리는 시간성과 일상성 사이의 관계를 1) 개시성(이해, 정상성, 퇴락)을 중심으로 검토하고, 2) 세계-내-존재성의 시간성에 대해 언급한다.

그 다음은 시간의 일부(日付) 가능성과 세계 시간, 그리고 통속적 시간 개념의 발생에 대한 고찰이다. 현존재는 동일한 태양 아래 그 일출과 일몰 등에 맞추어서 살기 때문에 시간을 공공화할 수 있다. 그 중 일부 가능성은 예컨대 '지금은 …를 할 때'이고, '저 때는 …의 끝장을 보고' '그때는 …할 것이다' 등으로 '저때', '그때', '지금'에 맞추어 날짜를 정한다는 것이다. 세계 시간은 세계적으로 통용되는 시간이 아니라, 그 안에서 현존재가 적재적 존재자를 만나서 유의의화하는 시간을 가리킨다.

우리는 또 전통적일 뿐 아니라 우리의 상식에 부합되는 통속적 시간 개념이 어떻게 발생하는가를 살펴보았다. 하이데거가 말하는 통속적 시간은 전재자에 입각해서 지금 중심적으로 또 흐름으로 파악되는 시간이다.

그것은 비본래적 공공적 시간 개념에서 생기는 것이다.

마지막으로 C에서는 흔히 그가 미결의 과제로 남겨놓았다고 하는 '시간과 존재'에 대해 천착한다. 전기에서 많이 사용하던 존재 시간성(Temporalität)이라는 개념이 무엇을 가리키며 그 주제의식은 무엇인가, 그리고 왜 그 이후로는 이 개념이 소멸되었는가를 검토한다. 나는 그것을 문제 설정 자체가 잘못되었기 때문이라고 생각한다. 그리고 「시간과 존재」를 다루었다. 그것은 존재를 통해서 시간 개념이 어떻게 드러나며 현재와 현전성은 어떻게 관계하는가를 검토한 것이다. 그것은 다름 아닌 현전성(Anwesenheit)의 문제이다.

또한 현재적 현전성과 비-현재적 현전성의 연결 문제, 즉 현재에 과거와 미래의 존재가 어떻게 연속되는가 하는 문제를 검토하였다. 현전성은 현재의 차원에 한동안 머무는 것이다. 현전성은 현재의 차원에 머물기도 하지만 비-현재적 차원(과거와 미래)에 머물기도 한다. 그러나 이 비-현재적 현전자를 무라고 할 수는 없다. 이것을 해명하기 위해 그는 『일리아스』에 나오는 예견자 칼카스의 예를 든다. 그는 예견자로서 현재적 현전자는 물론이고 과거와 미래의 현전자까지를 일시에 과거완료적으로 본다는 것이다. 달리 말하면 과거 및 미래적 현전자는 인간의 의식 속에서 보여진다는 것이다. 그리하여 사라져가는 것과 도래하는 것을 잇는 것은 시간의 주체로서의 인간임을 천명한다. 인간은 이중의 부재 사이를 존재로 전환시키면서 이어서 그때 그때 한동안의 것으로 있게 하는 시간의 주체이다.

우리는 앞에서 절대 의식류가 객관적 시간 구성의 근원이라고 하는 후설의 현상학적 시간론과 현존재의 존재 의미가 곧 시간성이라고 하는 하이데거의 존재론적 시간론을 검토하였다. 고형곤(高亨坤, 1906~, 전 서울대 교수, 聽松은 그 아호)은 이 두 노선을 독자적으로 받아들이면서 그것을 가지고 동양 특유의 선(禪) 사상을 해석하는 입장에서 자기의 철학적 입지를 수립한다.

그는 존재 현전에 주목하여 그 원점이 다름 아닌 현재라 하여 이 현재를 절대 현재라고 천명한다. 특히 청송은 후설의 의식 현상학, 그 중에서도 파지 계열을 무명(無明)과 은폐(隱蔽)의 근본이라고 비판하면서 동양의 선 불교의 직재직단(直裁直斷)하는 사유와 하이데거의 존재론을 수용하여 독자적 시간론을 제시하고 있다.

나는 그의 시간관을 가지고 선의 시간 사상을 갈음하고자 하거니와, 그러기 위해서는 먼저 불교의 시간관 일반을 검토해야 한다. 그 선상에서 선 불교의 시간관도 선명하게 드러날 것이기 때문이다. 말하자면 이것은 불교의 시간관의 연장선상에서 본 선 불교의 시간 사상이면서 다른 한편으로는 청송(聽松)의 시간론이기도 하다.

A. 불교의 시간관

우리는 제I편 제2부와 제3부에서 산발적으로 동양 특히 고대 중국의 시간관에 대해 언급한 바 있다.

그러나 동양의 시간관은 그것으로 다하지 않는다. 동양 문화를 형성하는 데는 불교라고 하는 커다란 사상의 흐름이 있다. 그러나 우리가 여기에서 관심을 두는 것은 종교로서의 불교가 아니라 그 시간관, 특히 선-청송의 시간론이다. 이를 위해서 우리는 먼저 불교의 시간관 일반을 검토하지 않으면 안 된다.

1. 불교의 시간관

석가모니가 출가한 동기가 생로병사(生老病死)에 대한 고뇌에 있고 고행의 결과 깨달은 바가 제행무상(諸行無常), 제법무아(諸法無我), 열반적정(涅槃寂靜)의 삼법인(三法印)이라고 가르치는 불교에서는 일찍부터―소극적일망정―시간에 대한 관심이 컸을 것으로 예상된다. 시간을 논할 때 쓰는 찰나(刹那)니 겁(劫)이니 하는 낱말은 다른 문화권에서는 흔히 볼 수 없는 개념이기도 하다.

시간은 늘 인생을 좀먹는 것으로 간주되는 고뇌의 주제이다. 어느 종교에 있어서나 이런 시간을 극복하는 여러 장치가 설치되어 있다. 그리스도교의 영생이나 그리스의 윤회 사상은 그 전형적 예라고 할 수 있다.

시간에 대한 태도에는 두 가지가 있을 수 있는데 하나는 적극적으로 그 고뇌를 극복하여 이를 통해 자기를 성취하려는 태도이고, 다른 하나는 될 수 있는 대로 그 고뇌를 피해 가려는 소극적 태도이다. 불교는 다분히 후자에 속한다. 불교 및 인도인들의 시간 사유는 사후 세계에 대해 기대하지 않는 대신 이승의 시간을 상상할 수 없을 정도로 늘여 잡고 있다.

불교에서 늘여 잡고 있는 지상의 시간은 우리의 사유로는 상상할 수 없을 정도로 긴 시간을 가리킨다. 그것이 겁(劫)이다. 겁은 다시 성겁(成劫)·괴겁(壞劫)의 과정을 되풀이하면서 무수히 많은 세월을 성립시킨다. 이것은 인생을 영원히 살고 싶다는 비원의 다른 표현일 것이다. 그것은 인생에 대한 종교적 구원을 이승에서 이루어보겠다는 사상의 표출인 것이다. 성불이 그 증거이다.

석가모니가 보리수 밑에서 성불했다는 것은 몸은 비록 지상에 있을지라도 지상의 고뇌를 떨쳐버리고 극락에 도달했다는 뜻이다. 성불이니 득도니 하는 것은 이 지상의 고뇌를 초극하는 것을 가리킨다. 불교의 근본 취지가 속세를 여의고 득도하여 고뇌로 가득한 세상을 초극하는 데 있는 만큼 시간 자체에 대한 관심은 상대적으로 소극적이다. 불교는 시간의 비극성을 정면으로 돌파해보겠다는 주제의식도 강하지 못하고, 현실을 적극적으로 타개함으로써 자기를 관철시키겠다는 의지도 희박하다. 불교는 소극적이고 은둔적이다. 이 점에서 불교는 도가사상이 생활의 밑바탕에 깔려 있는 중국에서 쉽게 착근하고 창조적으로 변형될 수 있었다.

우리가 말하는 불교는 다분히 중국화된 불교이다.

불교의 문헌은 너무 많고 가지져서 줄거리를 잡기가 쉽지 않다. 시간에 대한 논의도 경전과 종파에 따라 다를 수 있기 때문에 접근이 용이한 작업이 아니다. 그러나 우리의 주제와 관련하여 극단적으로 단순화해서 말하면 불교의 그 많은 경론소(經論疏)는 삼세(三世, 과거·현재·미래)에 걸친 의식(知, 識, 念)과 그것의 대상(境)과의 관계 방식과 해탈·성불하는 방법 내지 성불 이후의 세계에 대한 성찰이라고 할 수 있다.

일반적으로 시간은 현상으로부터 독립된 내용 없는 형식 즉 1차원적 흐름으로 여겨진다. 예컨대 봄이라는 계절이 독자적으로 있고 세월의 흐름이 봄이라는 계절에 이르면 꽃이 피는 것으로 생각한다. 인생도 무한한 시간 중에서 언제부터 언제까지 일정 기간을 살다가 죽는 것으로 간주된다. 시간은 마치 거기에 어떤 내용물을 담는 그릇과 같은 것 또는 그 위에 무엇이든 싣고 흘러가는 흐름과 같은 추상적인 것으로 여겨지고 있다. 그러나 엄격하게 말하면 그런 시간은 있지도 않지만 설사 있다고 하더라도 무의미하다. 그리하여 불교에서는 꽃이 피면 그것이 곧 봄이라고 한다. 즉 '시간은 별도의 실체가 없고 현상에 의지해서 있다'(時無別體 依法而立). 불교에서는 시간은 반드시 존재에 의존해서 있는 것으로 간주하고 있다. 불교에서는 시간은 독립된 주제가 아니다.

불교의 지배적 종파로서 대개 8종파를 말하지만 그 모든 종파가 모두 시간에 관해 집중적으로 관심을 보이는 것도 아니고 그것을 모두 소개하는 것은 본지(本旨)에 맞지도 않을 뿐더러 능력이 미치는 바도 아니다. 그리하여 우리는 아래에서 1) 설일체유부(說一切有部) 특히 구사론(俱舍論)과 경량부(經量部)의 시간관, 2) 유식론(唯識論)의 항시(恒時) 현재론(現在論)과 상속(相續)의 문제, 3) 삼론(三論)학파의 시간 부정론을 검토한다. 시간 부정론은 시간론의 새로운 전기를 이루는 계기가 될 수도 있다. 우리는 4) 화엄 사상의 시간론을 점검하고, 마지막으로 선 불교의 시간 사상에 대해서는 장을 달리하여 청송(聽松)의 시간론으로 갈음하고자 한다.

1) 설일체유부 특히 구사론(俱舍論)과 경량부(經量部)의 시간관

설일체유부(說一切有部)의 논지를 한마디로 말하면 "삼세실유 법체항유(三世實有 法體恒有)"이다. 이것은 과거 · 현재 · 미래의 삼세(三世)가 실재적으로 있는 고로 생성 · 소멸하여 변화하는 객관 세계(有爲法, 法体)도 이 삼세(또는 三際)에 걸쳐 항상 실재한다는 것이다. 먼저 일체제법(一切諸法)이 실재한다는 것을 종지로 삼는 세친(世親)의 구사론(俱舍論)의 견해부터 살펴보자.

삼세(三世)가 실재한다는 그 주장은 다음 두 가지 이유에 근거한다. 첫째, 과거가 없다면 과거불도 없을 것인즉 그렇게 되면 출가해서 수계할 수도 없다. 이것이 가능하려면 과거불과 과거가 있어야 한다. 또 과거 자체는 소멸하여 지금 속에 이미 없으나 그것에 대해 싫어하거나 좋아하는 의식이 있고, 미래 자체는 지금 속에 아직 없지만 그것을 흔구(欣求)하거나 기피하는 의식은 있으므로, 그 의식의 대상도 마땅히 실재해야 한다. 무를 염사(厭捨)하고 흔구할 수는 없기 때문이다. 과거를 염사하고 미래를 흔구하지 않으면 수행조차 불가능하고 현재도 없게 된다. 요컨대 의식은 반드시 그것의 대상(對境)을 갖는데, 그 의식의 대상으로서 과거와 미래도 있어야 한다. 이것은 근(根)-경(境) 즉 의식과 대상에서 본 매우 실제적인 견해이다.

둘째, 모든 것은 업(業)의 결과로 있다. 현재의 과보(果報)는 과거의 업인(業因)에서 유래하고 미래의 과보는 현재의 업인에 의해 결정된다. 과거의 업은 과거에 실재하면서 그 업력(業力)을 가지고 있었으니, 만일 과거가 실재하지 않는다면 현재는 업 없이 있는 결과(無因有果)가 되고 말며, 미래도 마찬가지이다. 이것은 인과법칙에 어긋날 뿐 아니라 도대체 생각할 수조차 없는 일이다.[1] 따라서 과거도 현재의 업인으로서 실재해야 한다.

(1) 삼세실재(三世實在)와 그 구분(俱舍論)

이와 같이 구사론에서는 삼세(三世)가 실재적으로 있다고 주장한다. 그러나 "삼세가 실재하고 법체도 항상 있다"(三世實有 法体恒有)고 하면 삼세(시간 양상)는 어떻게 구분되는가? 법(法)의 체(體)와 용(用)을 구별하여 법의 작용(用)이 아직 일어나지 않은 것은 미래세이고, 그것이 생긴 것은 현재세이며, 작용이 멸한 것은 과거세이다. 그러나 법의 체는 삼세에 실재한다.[2] 그러나 거기에도 여러 견해가 있다. 히라가와 아끼라(平川 彰)의 『팔종강요』(八宗綱要)에 따르면 삼세가 각기 유(類), 상(相), 위(位), 대(待)에 따라 다르다.

그는 삼세의 구분에 대해서는 다음의 네 견해가 있음을 소개한다. 1) 법구(法救)존자의 견해 : 유(類)에 따라 다르니, 예컨대 젖이 변하여 초가 되고 금이 변하여 가락지나 귀고리가 되는 것처럼 유는 변해도 체(體)

---

1 이상 시간이 실재한다고 주장하는 두 가지 이유에 대해서는 『阿毘達磨俱舍論』, 권 제20 참조.

2 諸法作用未有名爲未來 有作用時名現在 作用己滅名爲過去(俱舍論, 제3) 참조. 이것은 바로 그 아래에 보이는 세우(世友)의 견해이기도 하다.

는 불변한다는 것—요컨대 체는 불변이지만 상태의 상위(相違)로 인해 삼세가 다르다는 것이다. 미래의 상태가 변하여 현재가 되고 이것이 변하여 과거가 된다는 견해이다.

2) 묘음(妙音)존자의 견해 : 상(相)에 따라 다르니, 법체(法體)는 항상 있더라도 상(相)이 다르므로 과거상과 미래상 등이 따로 있다. 과거세의 법은 과거상과 합치하여 과거법이 되며, 이것을 버리고 현재세의 상과 합치하면 현재세의 법이 된다. 한마디로 말하면 성질의 차이로 삼세를 구분하는 것이다.

3) 세우(世友)존자의 주장 : 위(位)가 같지 않으므로 삼세가 다르다. 즉 법의 작용의 위가 생기지 않은 것은 미래이고, 그 작용의 위가 멸(滅)한 것은 과거이며, 작용의 위가 방금 생긴 것이 현재이다.

4) 각천(覺天)존자의 주장 : 한 여자가 어머니에 대해서는 딸이지만 자식에 대해서는 어머니인 것같이 대(待, 상대)가 다르니 삼세가 같지 않다. 이것은 관계에서 본 삼세의 구분이다.

이상과 같이 소개하면서 구사론(俱舍論)의 저자인 세친(世親)은 평하길 세우(世友)존자의 견해가 가장 훌륭하다고 한다.[3]

(2) 경량부(經量部)의 삼세론(三世論)

설일체유부(說一切有部)에 대해 가장 강력한 비판 세력이던 경량부(經量部)의 견해는 삼세실유(三世實有)에 대해서도 매우 도전적이다. 그들의 주장에 따르면, 과거는 이미 사물로서든 의식으로서든 현재 속에는 없으며, 미래는 아직 현재 속에 있지 않으니, 과거와 미래는 현재가 여실

하게 있듯이 그렇게 실재할 수는 없다(立去來非如現有).[4] 여기에서 우리는 실재성(實有) 개념을 그들이 어떻게 파악하느냐에 대해 살펴볼 필요가 있다.

그들의 주장에 따르면, 과거의 실재는 현재가 실재하듯이 그렇게 있는 것이 아니라, '지금은 없지만 일찍이 있었던 것(曾有)'으로 있으며, 미래의 실재도 '지금은 없지만 마땅히 있게 될 것(當有)'이다. 이것이 구사론(俱舍論)의 삼세실유(三世實有)에 대해 경량부가 제기하는 주장 즉 '과거와 미래는 실체가 없다'(過未無体)는 주장이다. 과거와 미래는 없을 수는 없지만 그것은 실체를 가지고 있는 것이 아니라, 과거는 이미 지나간 것으로서 있고, 미래는 장차 다가올 것으로서 있으니, 과거의 업인(業因)도 현재 속에 상속하는 것으로 있는 것이지 그냥 과거의 것으로 (현재가 있듯이 그렇게) 실재하는 것이 아니므로 과거는 증유(曾有)이고 미래는 당유(當有)라는 것이다. 물론 구사론이 말하는 과거와 미래의 실유가 현재의 실유처럼 그렇게 실유하는 것은 아니다. 다만 법체가 삼세에 걸쳐 상속적으로 있다는 것이다.

이런 논지는 상식에서 벗어나지 않는다. 그리고 증유니 당유니 하는 것도 이름을 그렇게 지어 불렀을 뿐, 과거나 미래가 현재처럼 있다고 생각하는 사람은 아무도 없다. 또 과거와 미래가 현재와 같지 않다고 하더라도 그것은 과거 그때에 있었던 존재 사물과 현재의 그것과의 존재 방식상의 상이에 불과하다. 존재 방식의 상이를 무시하고 다같이 실재한다고 하면 예컨대 이념적(ideal)인 것과 실재적(real)인 것을 동일시하는 것과 같다.

---

4 경량부의 구사론 비판에 대해서는 『阿毘達磨俱舍論』 제20 참조.

우리가 여기서 확인할 수 있는 것은 시간에는 별도의 실체가 없고 현
상에 의존해서 비로소 있게 된다는 것(有部), 그리고 과거와 미래는 지금
은 없지만 아주 없는 것이 아니라 전자는 증유로 있고 후자는 당유로 있
으니 다시 말하면 상속하면서 있다는 것이다(경량부). 그럼에도 불구하
고 경량부의 현재에 대한 개념은 그다지 적극적이지 않다. 즉 현재세의
법중에는 실유의 법과 가유(假有)의 법이 있다고 구분하는데 경량부의
입장은 후자에 속한다. 그리고 우리식 표현으로 말하면 증유와 당유는
존재 방식상으로는 실재적 존재가 아니라 이념적 존재이며 의식의 변양
태로서의 기억과 기대라는 것이다.

그러나 의식의 면에서 보면 증유를 생각하는 의식도 현행의식(現行
意識)이고 당유를 생각하는 의식도 현행의식이다. 다만 그 의식이 과거
에 대한 기억인가 미래에 대한 기대인가 하는 의식의 존재 양식의 차이
가 있을 뿐이다. 이리하여 시간 문제는 의식 문제로 이행하지 않으면 안
된다.

2) 유식론의 항시 현재론과 상속(相續)의 문제

유(唯)는 간별(簡別)을 가리키고 식(識)은 요별(了別) 즉 분명한 앎을
의미한다. 그리하여 유식론(唯識論)은 식(識)만을 진리라고 하는 교지(敎
旨)이다. 유식 사상이 천명하는 바에 따르면 "이 종(宗)의 본뜻은 오직
식을 밝히는 것이다. 일체의 법(法)은 모두 유식(唯識)이며 도시 한 법도
마음을 벗어나 있지 않다"(此宗本意 只明唯識 一切諸法 皆是唯識 都無
一法而在心外).[5] 그렇다고 유식 사상이 곧 유심론(唯心論)을 가리키는

것은 아니다. 왜냐하면 유식종(唯識宗)은 연기(緣起)를 다루는 법상종(法相宗)이기도 하기 때문이다. 유식은 의식과 연관되고 연기는 인과(因果)를 연상시킨다. 전자는 인간의 마음이고 후자는 대개 객관적 세계에서 가능한 것이므로 이 양자가 한 줄기로 논의된다는 것이 이상하게 여겨질 수도 있다.

그러나 우리는 이 대목에서 시간론의 진전에 한 걸음 나아감을 볼 수 있다. 결론부터 말하면 그것은 현재의 완전한 실재성과 (앞에서는 논의되지 못한 문제 즉) 시간의 상속성(相續性, succession) 문제의 제기 때문이다.

(1) 항시 현재

유식론의 시간에 대한 관심은 시간 양상의 중심에 있는 현재에 모아지고 있다. 우리는 앞에서 과거와 미래가 실재한다고 하는 이론과 만난 바 있다. 그러나 실재하는 것은 현재뿐이다. 우리가 태어난 때도 현재이고 죽는 때도 현재이다. 백년을 살았다 하더라도 현재로부터 벗어나지 않는다. 현재에는 실체가 있지만 과거와 미래에는 실체가 없다(現在有体過去無體). 이 현재를 근거로 해서 이미 지나가서 실재하지는 않지만 일찍이 있었던 것을 증유(曾有)라 하고 아직은 실재하지 않지만 마땅히 있게 될 것을 당유(當有)라고 한 것이다. 증유와 당유는 실재성이 결여된 시간의 존재 양식이다. 실재성에 주목하면 존재하는 것은 오직 현재만이다.

그러나 현재는 한순간도 머물러 있지 않는다(現在不住). 순간마다 앞으로는 새로 나고 그와 함께 뒤로는 소멸한다. 생멸(生滅)은 인과(因果)를 전제한다. 인과를 결정하는 것은 제8식인 아라야식(阿賴耶識)이다. 아라야(Alaya)란 '유정(有情) 근본의 심식(心識)으로서 그 사람이 애용하는 일체의 사물을 감아쥐고 놓지 않는다'는 뜻에서 전의(轉義)되어 '일체 사물의 종자(種子)를 감추어 갖고 있음(含藏)'을 가리킨다. 이 종자가 밖으로부터 오는 연(緣)에 따라 현기(現起)하는 것이 다름 아닌 연기(緣起)이다. "존재하는 모든 것은 식(識)이 변한 것(所變)으로 생각되지만 그 식의 근본은 아라야식이기 때문에 그렇게 세계의 형성이 유식이 변한 것으로 생각하는 입장을 특히 아라야연기(阿賴耶緣起)라고 한다."[6]

아라야식은 따라서 종자 이외의 다른 것이 아니다. 종자는 잠세태이고 그것이 발현된 것이 현행이다. 아라야식은 잠세태이고 전칠식(前七識)은 현상태이다. 라이프니츠의 단자(單子, Monad)를 연상시키는 이 종자는, 마치 봉선화 씨(因)는 발아되어 봉선화(果)가 되듯이 그렇게 종(種)으로서의 자기에게 고유한 것이다. 그러나 그것이 어디에 떨어져서 발아하고 어떻게 자라느냐에 따라 개별적 봉선화마다 약간씩 다를 수 있다. 전자 즉 그것이 현기(現起)하여 다른 것이 되지 않고 자기 자신이 되는 인(因)을 친인연(親因緣, 이것이 종자이다)이라 하고, 여러 연과 화합하여 이루어지는 결과를 유식론(唯識論)에서는 현행(現行)이라고 한다. 그러므로 현행이란 존재하는 모든 것, 즉 종자에 의해 생긴 의식 내재적 영역 및 의식 밖의 객관적 세계 전체를 가리키는 말이다. 따라서 종자가 현행을 낳는다(種子生現行)고 한다.

그런데 문제는 그 현행은 그 다음으로 연장되거나 연속되지 않는다는 데 있다. 다시 말하면 다음의 현행은 앞의 현행과는 다른 현행이라는 것이다. 앞의 현행이 다음 현행을 위해서는 아라야식에 따로 종자를 훈

---

6 中山延二, 『佛敎に於ける時の硏究』, 1944, 京都, 59쪽.

습(薰習)해야 한다. 이 종자가 친인연(親因緣)이 되어 그 결과로서 뒤의 현행이 나타난다. 이것을 현행이 종자를 훈습한다(現行薰種子)고 한다. 그러나 전자 즉 '종자가 현행을 낳는 것'(種子生現行)과 후자 즉 '현행이 종자를 훈습하는 것'(現行薰種子) 및 '현행에 의해 훈습되는 종자', 이 삼자(三者)를 일러 삼법이라 하고 이 삼자는 동시(三法展轉 因果同時)라고 한다. 이것은 인과론적으로는 터무니없는 일이다. 원인과 결과, 그리고 결과를 낳는 일이 동시적이라는 것은 어불성설이다.

내가 보기에는 그것은 저 앞에서부터 논의되어오는 주제, 즉 과거·현재·미래의 실재성의 문제 및 증유와 당유의 기준이 되는 현재의 절대적 실재성과 완전성을 보장하기 위한 논리적 장치 이외에 다른 것이 아니다. 풀어서 말하면 세 시간 양상 중 현재만이 완전한 실재성을 가질 뿐 아니라 일체 존재자가 오직 현재에서 실재적으로 드러나므로 그 현재야말로 가장 실재적으로 완전하고 모든 실재성의 근원이라는 것이다. 그것은 증유의 과(果)로서만 있을 수도 없고 당유의 인(因)으로서만 있을 수도 없다. 인과 과를 한꺼번에 동시에 가진 것이라야 한다. 그리고 '종자가 현행을 낳는다'고 할 때의 종자와 '현행이 종자를 훈습한다'고 할 때의 종자는 동일한 종자가 아니다. 즉 전자는 인이 되는 종자이고 후자는 과가 되는 종자이다. 그런데 인과 과가 동시적이라면 저 종자와 이 종자가 같아야 한다. 그러므로 이 두 종자도 동일자로서 동시적이라고 해야 하는 것이다.

그러면 과거와 현재, 현재와 미래 사이에는 연속성이 없는가? 유식론(唯識論)은 그것을 종자가 아라야식에 보존되는 것으로 설명한다. 즉 아라야식에 종자가 보존되는 것으로 과거와 현재의 연속이 인정된다.

그리고 그 동시성은 뒤로 연장되지 않으므로 찰나적이라야 한다. 그것은 현재가 연장을 갖지 않음을 가리킨다. 즉 현재가 연장되어서 미래가 되는 것이 아니다. 만일 그렇게 되면 인과 개념이 붕괴되기 때문이다. 현재 이후의 미래 즉 현재와 다른 다음의 현재는 지금의 현재와는 달리 그것대로의 독자성을 가져야 하기 때문에 현재의 종자 이외에 많은 인(衆因)을 가져야 한다. 그 까닭은 동일한 인으로 훈습되면 지금의 현재와 같은 현재가 되고 말기 때문이다. 이와 함께 종자 및 그 훈습은 찰나적이라고 해야 마땅하다. 다시 말하면 종자는 찰나생(刹那生)이며 찰나멸(刹那滅)이다.

앞에서 종자는 친인연(親因緣)으로서 그것이 훈습되면 다른 것이 안 되고 동일한 것이 된다고 했다(種子生種子). 이것은 시간의 종자는 훈습되어 다른 것이 되지 않고 시간으로 된다는 것을 함의한다. 만일 종자가 훈습되어 다른 종이 된다면 한 종이 다른 종으로 넘나들음을 의미할 것이요, 만일 그렇게 된다면 인과 관계는 말할 것도 없고 온 세상이 뒤죽박죽이 되고 말 것이다.

(2) 시간의 연속성 문제

다음에 문제되는 것은 시간의 연속성이다. 『성유식론』(成唯識論) 제3에 "아라야식은 왜 끊어지기도 하고 왜 늘 있기도 하는가"(阿賴耶識 爲斷爲常)라는 물음이 있다. 이에 대해 "단절하지도 않고(非斷) 항상되지도 않는 것(非常)은 항전(恒轉)하기 때문"이라고 대답한다. 여기서 말하는 항(恒)은 "이 식(아라야식)이 저 시작 없는 때로부터 한가지로 상속하여 간단이 없는 것"[7]이고, 전(轉)은 "이 식(아라야식)이 저 시작 없는 때

---

7 謂此識無始時來　一類相續無間斷,『成唯識論』, 제3.

로부터 염념생멸(念念生滅)하여 전후가 변이하는 것"[8]이라고 한다. 전자
는 단절을 부정함으로써 자기 동일성을 주장하고, 후자는 항구성을 부정
함으로써 변이되는 것을 주장한다. 이것은 한마디로 말하면 시간의 '단
절성≠자기 동일성'과 시간의 '항구성≠변이성'을 주장한 것이다. 달리
말하면 이 명제는 시간은 단절성과 항구성을 갖는다는 것(같은 말이지만
시간은 자기 동일성과 변이성을 갖는다는 것)을 천명하고 있다.[9] 끊어
지지도 않고(非斷) 항상되지도 않음(非常)은 다름 아닌 시간의 비약적
연속성이다.

시간은 한편으로는 연속적이면서 다른 편으로는 단절적이다. 단절은
비약을 가리킨다. 시간의 연속은 비약적 연속이다. 만일 시간에 비약(비
약이란 단절을 가리킨다)이 없다면 과거와 현재가 다를 수 없다. 그것은
구사론(俱舍論)의 삼세(三世) 실유론(實有論)이다. 그러나 한편 연속적이
아니라면 과거와 현재가 시간으로서 일관할 수 없다(경량부는 현재의 실
재성에 대해 분명하게 규정하지 않았다). 비단비상(非斷非常, 즉 恒轉)은
바로 이 점을 가리키는 말로서, 다만 그것을 부정명제로 표현한 것뿐이
다. 인과(因果)의 생멸(生滅)로서의 시간은 찰나마다 과(果)가 생기므로
비단(非斷) 즉 연속이고, 인(因)이 멸(滅)하기 때문에 비상(非常) 즉 단절
이다. 이것이 시간의 단절적 연속으로서의 상속이다.

그리고 인(因)과 과(果)가 동시에 종자와 함께 있는 것이 현재이다.
과거는 과인 현재를 훈습한 인이고, 미래는 인인 현재의 과로서 훈습될
것이다. 인생(因生)과 과멸(果滅)은 서로 다른 두 가지가 아니라 현재 속

---

8 謂此識無始時來 念念生滅 前後變異, 같은 곳.

9 본문에서는 연기(緣起)의 정리(正理)를 말하고 있으나 나는 그것을 시간론으로 해석
　한다.

에 함께 있는 것이다. 그 현재는 항시현재(恒時現在)이다. 이것은 현재의 완전한 실재성을 보장하는 것이라고 했다. 삼세(三世)가 이 현재의 일념(一念) 속에 있다.

3) 삼론학파(三論學派)의 시간 부정론

"생(生)하지도 않고 멸(滅)하지도 않으며, 상(常)도 아니고 단(斷)도 아니다. 하나로서 같은 것도 아니고 다른 것도 아니다. 오지도 않고 나지도 않는다."(不生亦不滅 不常亦不斷 不一亦不異 不來亦不出)는 여덟 가지 부정을 통해 중도(中道)를 얻어 파사현정(破邪顯正)한다는 중론(中論)은 결과적으로는 부정으로 일관하는 것(破邪)으로 끝나고 만다. 중도를 얻지 못하면 공(空)을 얻을 수 없다(無所得中道 不可得空). 중론은 공론이다. 시간 문제에 있어서 특히 그렇다.

불교의 시간론의 전개 및 발전 과정에서 삼론학파(三論學派)의 시간 부정론이 차지하는 의의에 대해서는 뒤에 가서 검토하기로 하고, 먼저 그 학파의 주장을 살펴보고자 한다.

그 시간 부정론을 정리하기 위해서는 『중관론』(中觀論)의 관시품(觀時品) 제19를 살피는 것으로 족하다. 왜냐하면 더러 다른 곳(같은 책, 관거래품 등)에서 시간에 관해 언급하는 일이 있어도 그 내용은 대개 비슷하고 또 이론도 단순하기 때문이다. 한마디로 줄여서 말하면 그 이론은 1) 원인을 기다려서(因待) 과거·현재·미래의 삼세가 있는데 그렇게 되면 삼세가 동시에 한꺼번에 있게 된다, 2) 그렇지 않으면 삼세는 각기 상(相)을 달리하여(異相) 서로 독립적으로 있게 되니 시간의 연속성이 없어진다는 것이다.

1) 관시품의 처음에 보이는 요지는 다음과 같다. 여기에서는 연기설

(緣起說)에 의존하여,

> 시간은 인을 기다려서(因待) 비로소 성립하는 것이니, 과거시가
> 있으므로 인하여 곧 미래와 현재시가 있고, 현재시로 인하여 과거와
> 미래시가 있으며, 미래시로 인하여 과거와 현재시가 있다.[10]

고 하면서 인대(因待)로 인해 과거 · 현재 · 미래의 삼세가 있다는 것을
거론한다. 그러나 곧 이어서,

> 과거시로 인하여 미래와 현재가 있다면 그 미래와 현재는 응당
> 과거시에 있어야 한다. (…) 과거시로 인하여 미래와 현재시라는 것
> 이 있다면 과거시 중에는 응당 미래와 현재시가 있어야 한다.[11]

고 하여, 앞의 명제와 모순되는 명제를 거론한다. 그리고 다시 이 앞뒤
명제가 모순되는 이유를 아래와 같이 설명한다.

> 왜냐하면 인이 있는 곳에 따라서 법(法)이 성립한다면 이곳에 응
> 당 이 법이 있어야 하기 때문이다. 그것은 마치 등(燈)이 있음으로 인
> 하여 밝음이 성립하는 것과 같다. (…) 이와 같이 과거시로 인하여 미
> 래와 현재시라는 것이 성립한다면, 곧 과거시 속에 마땅히 미래와 현

---

10 以因待故成 因有過去時 則有未來現在時 因現在時 有過去未來時 因未來
時 有過去現在時…(제1偈).

11 若因過去時 有未來現在 未來及現在 應在過去時 (…) 若因過去時 有未來
現在時者 則過去時中 應有未來現在時(觀時品 제1偈).

재시가 있어야 한다. 과거시 속에 미래와 현재시라는 것이 있다면 곧
세 가지 시(時)가 과거라는 이름으로 다할 것이다. 왜 그런가? 미래와
현재시가 과거시 속에 있기 때문이다.[12]

이리하여 과거 · 현재 · 미래라는 삼세가 독자적 시간 양상으로 있을
수 없다고 주장한다. 이것은 세 시간 양상의 부정이다.
2) 그런데 만일 과거시에 인(因)하지 않고 현재와 미래가 있다면 어
찌 되는가? 이에 대해 아래와 같이 말한다.

과거에 인하지 않으면 곧 미래시가 없고, 그렇기 때문에 과거시
가 없으면 미래와 현재가 없다.[13]

1)의 모순을 피하기 위해 과거 속에 현재와 미래가 없다고 한다면,
이는 과거 · 현재 · 미래가 서로 상(相)을 달리(異相)하는 것이다. 그렇게
되면 과거 · 현재 · 미래는 제각기 다른 것이 되어 서로 독자적으로 있게
되며, 시간으로서의 연속성이 없어진다. 그렇지 않으면 삼자(三者) 사이
에 구별이 없어진다. 즉 현재가 과거가 되기도 하고 과거가 미래로 되기
도 한다. 이와 같이 인과로 보아 삼세(三世)는 모순되어 있다. 그러므로
세 시간 양상은 서로 모순되어 있다.
앞의 두 논지를 정리하면 다음과 같다. 첫째, 연기론(緣起論)에 따르

---

12 何以故 隨所因處有成法 是處應有是法 如因燈有明成 隨有燈處應有明 如
　是因過去時成未來現在時者 則過去時中 應有未來現在時 若過去時中 有未
　來現在時者 則三時盡名過去時(觀時品 제19).
13 不因過去時則無未來時 亦無過去時是故無二時(같은 책, 제3偈).

면 과거가 없는 현재란 있을 수 없으므로 과거의 인을 기다려서(因待) 현재와 미래가 있게 될 터인데, 그렇게 되면 미래와 현재는 인인 과거 속에 있어야 한다. 왜냐하면 원인이 있는 곳에 좇아서 법이 성립한다면 법은 마땅히 그 원인이 있는 곳에 좇아서 성립하기 때문이다. 그것은 비유컨대 등불(因)이 있는 곳에 밝음(果)이 있는 것과 같다. 그러나 그렇게 되면 과거 속에 미래와 현재가 동시에 있게 되어 세 시간이 한꺼번에 있는 셈이 되는데 이것은 모순이다. 이것은 인대(因待)가 초래하는 모순이다.

둘째, 앞의 모순을 피하기 위해 인을 빼버리면 삼세(三世)가 제각기 다른 것이 되거나(異相) 구분 없이 뒤죽박죽이 되고 만다. 그것 역시 시간 양상의 모순이다.

1)의 인대(因待)의 입장에서는 세 시간 양상이 한꺼번에 동시에 있어야 하는 모순에 빠지고, 2)의 이상(異相)에서 보면 인대마저 파괴되어 시간의 연속성이 없어지고 만다. 그러므로 시간은 부정될 수밖에 없다.

앞에서 우리는 소승불교(小乘佛教) 가운데 구사론(俱舍論)이 삼세실유(三世實有)를 주장하는 데 반하여 경량부에서는 이것을 비판해서 과거와 미래의 존재 방식은 증유와 당유라고 하는 것을 보았다. 우리는 증유와 당유는 실재적으로 있는 것이 아니라 기억으로서 있고 기대로서 있다고 했고, 그래서 유식론의 시간론을 검토한 것이다. 거기서 우리가 확인한 것은 현재가 완전한 실재성을 갖기 위해서는 인(因)과 과(果)와 인과를 훈습하는 종자가 동시에 한꺼번에 있어야 한다는 것, 그리고 시간은 자기 동일적이면서 동시에 단절로서 상속하는 것임을 보았다. 그런데 삼론학파(三論學派)의 중론(中論)에 이르러서 우리는 시간 자체를 부정하는 이론과 만났다. 그들은 인과 속에 있는 모순을 지적함으로써 시간이 자체 안에 모순을 지니고 있으니 시간의 존재를 부정하지 않을 수 없다는 것이다. 그들이 외치던 파사현정(破邪顯正)은 파사(破邪)에 그 치고 말았다.

시간론의 전개 내지 발전 과정에서 이같이 시간을 부정하는 돌발적 견해를 어떻게 해석해야 하는가? 유식론에 이르기까지 시간은 비록 삼세(三世)의 실유(實有)를 주장한다 하더라도 의식과의 연관 속에서 논의되고 있다. 특히 유식론이 객관적 인과 관계에 대해 언급하지만 그 핵심 개념은 의연히 아라야식이다. 이런 의식과의 관계 속에서 인과를 논하다 보니 삼론(三論)학파가 지적하는 바와 같은 모순에 봉착한 것이다. 이 시간 부정론은 대승적으로 현실 세계를 긍정하는 화엄론(華嚴論)에 이르러서야 비로소 그 의의와 공과를 정당하게 평가받게 된다.

4) 화엄 사상의 시간론

화엄종(華嚴宗)의 소의경(所依經)인 『화엄경』(華嚴經)은 석가모니가 성불한 직후에 지상과 천상으로 자리를 옮겨가며 일곱 자리에서 8회(六十화엄경) 또는 9회(八十화엄경)에 걸쳐 설법한 것으로서 총 3만6천 게(偈)(六十화엄경) 또는 4만5천 게(偈)(八十화엄경)로 이루어진 것이다. 그러나 역사적으로는 이 경전은 석가모니 입적 후 훨씬 뒤에 성립된 것이요, 종파적으로는 마명(馬鳴)·용수(龍樹)·두순(杜順)·지엄(智儼) 등을 거쳐 중국에서 현수대사(賢首大師) 법장(法藏, 643~712)에 의해 완성된 종지(宗旨)이다. 말하자면 경으로서나 종지로서 매우 늦게 이루어진 중국적 불교이다.

그래서인지 화엄 사상은 불교의 모든 경론(經論)과 각 종파를 아울러서 오교(五敎) 중 특히 대승종교(大乘終敎)와 원교(圓敎) 그리고 십종(十宗) 중 특히 원명구덕종(圓明具德宗)으로 주된 교판(敎判)을 삼아 중중무진(重重無盡) 사사무애법계(事事無碍法界)의 연기를 천명하여 일즉일체(一卽一切) 일체즉일(一切卽一)의 장엄한 연기를 연출하는 연화세계를 세워 불교 가운데에서도 가장 높고 가장 심오한 경지를 이룬 사상 체계이다. 더욱이 화엄 사상은 지상에서만의 설법이 아니라 일체가 원만하게 이루어진 천상에서의 설법이기도 하다. 극락이든 천당이든 저 영원의 나라에서는 시간은 결코 주제가 될 수 없다. 그리하여 일체를 원만하게 이룬 화엄의 세계에서는 시간은 제일의 주제가 아니다.

그러나 저 장대한 『화엄경』과 그 논소(論疏)를 두루 뒤져서 거기에 담겨져 있는 시간 사상을 빚어낸다는 것은 나로서는 애당초 불가능한 일이다. 여기서는 이 화엄 사상의 창시자라고 할 수 있는 법장(法藏)의 십현연기론(十玄緣起論) 가운데에서 『화엄일승교의분제장』(華嚴一乘敎義分齊章, 흔히 『화엄오교장』(華嚴五敎章)이라고 약칭한다)과 『화엄경탐현기』(華嚴經探玄記)에 다같이 보이는 동시구족상응문(同時具足相應門)과 십세격법이성문(十世隔法異成門)에서 말하는 시간 사상을 소개함으로써 『화엄경』의 시간 사상을 엿보고자 한다.

(1) 상즉상입(相卽相入)의 논리

십현연기(十玄緣起)는 열 가지로 열거되는 법계(法界)연기를 가리키는데 그 전개 논리를 한마디로 요약하면 상입상즉(相入相卽)이다. 먼저 상입(相入) 관계를 보면 이렇다. 가령 대한민국과 한국민 개인과의 관계를 예로 들어보자. 개인에 주목하면 각자는 특수성을 가진 이체(異體, 개체)이다. 그러나 대한민국에 주목하면 개인의 특수성은 없어져서 동체(同體, 전체)가 된다. 전자의 경우는 개인이 유(有)가 되지만 후자의 경우에는 개인은 무력화되고 공(空)이 된다. 개인을 공으로 하지 않으면 전체는 유로서 성립되지 않는다. 동시에 그것은 개인이 자기의 특수성을 전체에게 이양하여 자기가 공화(空化)되는 것을 의미한다. 이체(異體)가 유이면 동체(同體)가 공이 되고, 동체(同體)가 유이면 이체(異體)가 공이 된다. 그리하여 이체(異體, 개인)는 유이면서 동시에 공이다. 전체의 경우도 마찬가지이다. 개인의 특수성이 집결되지 않으면 전체는 공이요 따라서 유로 성립할 수 없다. 이런 관계, 즉 개체가 전체에 함입되는 것을 상입(相入)이라 한다. 상입 관계는 개체가 무력화되어 전체가 성립되는 경우이다. 그것은 개체를 중심으로 생각하는 경우이고, 전체를 중심에 놓고 생각하면 전체가 개체에 상입할 수 있다. 이것은 하나(국가) 가운데 있는 개체, 개체 가운데 있는 전체(하나) 즉 '일중다(一中多) 다중일(多中一)'의 관계를 설명한다.

상즉(相卽)의 좋은 예는 부부 관계에서 볼 수 있다. 남편이 남편으로서 자기를 견지해야 비로소 아내가 아내로서 성립한다. 그 역도 마찬가지이다. 상즉 관계는 자기 존재의 확립을 통해 타자의 존재를 성립시키는 관계라 할 수 있다. 즉 개체와 개체의 상호 협력 관계가 상즉 관계이다. 상즉 관계는 일즉다(一卽多) 다즉일(多卽一)을 설명할 수 있다. 상입(相入)이 체(體)의 유무에 주목해서 하는 말이라면 상즉(相卽)은 용(用)의 유무를 중심으로 하는 개념이다.

이런 사유 장치를 가지고 동시구족상응문(同時具足相應門)을 검토할 필요가 있다. 이것은 십현문(十玄門) 전체의 총론격이다. 그것은 전후와 시종(始終) 및 차별 없이 상즉상입(相卽相入)하여 일체를 구족(具足)하고 있어서, 역순(逆順)이 들어와도 잡되지 않아 일대연기(一大緣起)를 이루면서 무한한 공간과 끝없는 시간이 한 점에서 응집하는 것이다.[14] 이

---

14 法藏의 『華嚴一乘敎義分齊章』에 "無有前後始終等別 具足一切 自在逆順

연기(緣起)는 선악·미추·명암 등 모순·대립되는 것이 동시에 성립하여 서로 장애를 일으키지 않는 절대의 연기를 보이는 소위 해인삼매(海印三昧) 동시병현(同時炳現)하는 비노사나(徧照)의 세계이다. 여기서 말하는 '한 점'이나 '동시'는 해인삼매(海印三昧), 즉 부처님의 마음에 비친 삼라만상이 마치 고요한 바다에 달 도장 찍히듯이 동시에 드러나는 그 한 점—다름 아닌 현재(現在)를 가리킨다. 다시 말하면 존재자 전체가 한꺼번에 드러나는 거기 그때는 바로 현재인 것이다. 그리고 그 현재에 중중무진(重重無盡)의 연기가 동시에 나타나므로 일체가 동시에 있다. 만유가 한 점 현재에 동시에 현전한다는 이 연기론은 무시간성을 가리키는 것 같기도 하다.

(2) 일체만유가 동시병현(同時炳現)하는 현재

십세격법이성문(十世隔法異成門)은 시간에 있어서의 상즉상입(相卽相入)을 말한다. 삼세는 과거·현재·미래를 가리키거니와 그 각각은 또 삼세를 가지고 있으므로 합하여 구세(九世)가 된다. 그런데 구세는 현재의 일념(一念)에 수섭(收攝)된다. 구세에다 이 일념(一念)인 현재를 더하여 십세(十世)라 한다. 십세격법(十世隔法)은 십세(十世)의 법계(法界)가 서로 떨어져서 다름을 의미하고, 이성(異成)은 그 십세가 따로따로 성립한다는 뜻이다. 그런데 시간의 순서를 과거·현재·미래라고 말하지 않고, 과거가 미래를 낳고 미래가 과거를 낳는다고 말하면서 그 이유로서 시간에는 실체가 없기 때문이라고도 하고 또 일체가 현재 속에 있기 때문이라고도 한다. 여기에서 1) 왜 삼세(三世)는 각기 또 삼세를 가져야

參而不雜成緣起際 此依海印三昧 炳然同時顯現矣"라고 있다(大正新修大藏經 卷 45, 505쪽).

하는가? 2) 십세(十世)의 법계가 서로 다름은 이해하겠으나, 왜 그 십세(十世)가 따로따로 성립하는가? 하는 물음이 제기된다.

1)에 대하여 : 현재의 제법은 현재 작용하고 있는 것이다. 그러나 그것은 일찍이 과거세에 현재로서 있었던 것이다. 이를 증현재(曾現在)라고 말할 수 있다. 증현재의 제법이 변한 것이 현재의 제법이다. 과거·현재·미래는 직선적으로 흘러가는 것이 아니라 상즉상입하고 있다. 즉 과거세의 제법은 현재의 제법에 상입하고, 현재의 제법은 과거의 제법에 상즉한다. 양자는 상즉상입 관계에 있다. 증현재인 과거세의 제법은 그 과거세에서 또한 과거세와 현재세 및 미래세의 제법과 상즉상입하고 있다. 이것은 현재세와 미래세에 대해서도 마찬가지이다. 삼세가 각기 삼세를 갖는 이유는 그것이다.

그러나 그 구세(九世)는 현재의 일념(一念)에 수섭되어 있다. 즉 하나인 이 현재의 일념(一念)이 구세(九世)를 총괄한다. 이를 총구(總句)라 한다. 그리하여 일념(一念)이 곧 무량겁(無量劫)이며 무량겁(無量劫)이 곧 일념(一念)이다. 이를 일즉다(一卽多) 다즉일(多卽一)이라고도 한다.

2)에 대하여 : 격법이성(隔法異成)이란 구세(九世)가 하나의 흐름이나 연속체로서 연관되어 있는 것이 아니고 격법(隔法)으로서 따로따로 성립함을 가리킨다. 이것은 시간에는―시간 자체가 실체가 아님은 말할 것도 없고―일정한 실체가 전제되어 있지 않음을 의미한다. 즉 자기 동일적 실체를 전제하지 않으면 일관된 연속성이 성립할 수 없음을 가리킨다. 그리고 그것들은 모두 현재의 일념(一念) 속에 수섭된다고 한다.

이것은 무엇을 의미하는가? 첫째, 시간에 연속성이 없으므로 구세(九世)는 격법(隔法)으로서 제각기 성립한다(異成)는 것이다. 그렇다고 무질서하게 아무렇게나 있는 것이 아니라 그 모든 것이 현재의 일념 속에 수

섭된다. 그 일념에는 중중무진(重重無盡)의 인과가 얽혀 있다. 소위 일즉다(一卽多)이다.

둘째, 연속성이 없으니 시간은 오직 현재만이다. 제각기의 현재는 일념(一念)으로서 격법이성(隔法異成)하는 구세(九世)가 동시적으로 수섭되는 현재, 다즉일(多卽一)의 현재이다. 이런 현재는 정지하는 현재로서 구세를 수섭하는 영원한 현재 곧 일념이라고 할 수 있다. 이것은 이미 유식론의 시간론에서 본 바와 같다.

이 점에서 보면 화엄 사상에서 말하는 시간은 오직 현재만이다. 그리고 그 현재는 자기 동일성을 가지고 흘러가는 것이 아니라 영원한 현재로 있는 것이다. 『화엄경』에서 말하는 시간에는 연속성이 없다. 이사무애(理事無碍) 사사무애(事事無碍)로 일시 현성이기 때문이다.

불교적 시간의 일반적 특성은 시간이 실체를 갖지 않는 것이라고 했거니와, 화엄의 시간관을 한마디로 정리하면 일체가 원만하게 이루어진 현재에서 자족한다는 시간관—모든 것이 원만하게 한꺼번에 이루어져서 연화세계를 연출하므로 새로 나거나 사라지는 것도 없고 발전하거나 퇴보하는 것도 없는, 따라서 연속적으로 천이하는 일 없이 부동의 현재만으로 있다는 주장이다. 이것은 깨우침의 경지인 열반(Nirvana)에서 보는 시간의 실상이다.

우리는 삼세 실유론(俱舍論)에서 출발하여 항시(恒時) 현재론(唯識論)을 거쳐 이를 부정하는 시간 부정론(三論宗)을 보았다. 화엄종(華嚴宗)은 한편으로는 삼론종(三論宗)의 시간 부정론을 받아들여서 원만 현재론을 주장하고 동시에 다른 또 한편으로는 유식론의 항시 현재론을 받아들여서 유일 현재론을 수립한다. 그것은 화엄종이 종래의 불교의 종지를 종합하여 제망중중(帝網重重)의 연기가 화려하게 실현되는 연화세계를 완성한 사상임을 보여주는 것이다. 그러나 그 시간론에서는 시간의 천이도 연속성도 찾아볼 수 없다. 연속성이 없다는 점에서 유식론의 항시 현재론과 화엄론의 유일 현재론—청송은 이것을 무시간성이라고 한다—은 일치한다. 그것은 말이 시간이지 시간의 본질을 벗어난, 정확하게 말하면 초시간이요 영원이라고 말할 수 있을 것이다. 우리는 이런 시간관을 배경으로 하여 선(禪)-청송의 시간론을 검토하고자 한다.

2. 한국의 선 불교

선종은 불립문자(不立文字) 직지인심(直指人心) 견성성불(見性成佛)하는 교외별전(敎外別傳)의 종파로서 천축인(天竺人) 달마(達摩)가 중국에 이식한 뒤로—물론 선과 그 수행법은 그보다 훨씬 이전에 이미 인도에 있었고 중국에도 일찍부터 전래되어 있었지만—중국화된 불교라고 할 수 있는 불교의 한 종파이다. 선(禪)은 당송연간(唐宋年間)에 동양 삼국의 불교 문화를 화려하게 꽃피워서 오늘날까지도 이 삼국 문화의 저류에 면면히 흐르고 있는 불교 교리이다.

우리는 지리적 위치로 인해 처음부터 불가피하게 황하를 중심으로 하는 한자 문화권에 속해 있다. 문명과 문화가 중국에서 일어나면 우리가 먼저 수입하고 우리를 거쳐서 일본에 이식되는 것이 고대 문화 전달의 순서이다. 불교의 경우도 예외가 아니다. 우리는 불교도 중국을 통해 받아들였다.

중국과의 지리적 거리에 따라 맨 먼저 고구려에 불교가 들어오고(소수림왕 2년, 372) 이어서 백제(침류왕 원년, 384), 그리고 마지막으로 신라에 들어왔다. 신라 법흥왕 15년(528)에는 이차돈의 순교가 있었고, 이를 계기로 불교 신앙이 널리 행해졌으며, 신라 시대에는 원효(元曉, 617~686), 의상(義湘, 626~702) 등의 고승을, 고려 시대에는 지눌(知訥, 普照國師, 1158~1210), 혜심(慧諶, 眞覺國師, 호는 無衣子, 1178~1234) 등 걸출한 불제자를 배출하고, 많은 사찰과 탑파, 불상과 미술 공예 등을 후세에 남겼을 뿐 아니라, 이를 일본에 전수하여 일본의 고대 불교 문화를 꽃피우는 데 결정적 공헌을 하였다. 특히 고려는 불교를 국교로 삼아 호국불교라는 전통의 맥을 일으켜서 팔만대장경을 각인하고 이를 세계적 문화 유산으로 남겨놓았다. 우리의 문화 유산의 많은 부분이 불교 문화라고 해도 지나친 말은 아니다.

보조국사는 선교(禪敎) 통합을 이루어 한국 고유의 선풍(禪風)을 확립하였거니와, 그 정신은 그 뒤로 진각국사에게 전승되어 우리의 전통으로 확립되었다. 청송에 따르면 지눌은 스승 없이 『육조단경』(六祖壇經)과 대혜(大慧) 보각(普覺) 선사의 『어록』(語錄) 및 이통현(李通玄, 635~730)의 『신화엄경론』(新華嚴經論) 등을 통해 득도했다. 그는 『화엄경』을 통해 먼저 지해(智解)로써 신입(信入)한 연후에 해의(解義)를 돈망(頓忘)함으로써 불립문자 이심전심(以心傳心)하는 선문에 들어서 돈오하는 수행 방식을—이것을 돈오점수(頓悟漸修)라 한다—권장함으로써 선교 통합을 꾀하였다. 그는 이같이 통불화해적(通佛和解的) 모범을 보인 것이다.

국사(國師)의 선교화해(禪敎和解) 정신은 진각국사로 하여금 단적으로 삼라만상의 유일현전(唯一現前)의 실상을 실참실오(實叅實悟)하고 이를 시적으로 표현함으로써 간화선(看話禪)의 전승을 형성하게 한 것이다. 보조국사는 또 일체의 현실 세계를 상대적 잣대로 재지 말고, 있는 그대로

긍정하는 태도를 지향하여 한국 선 불교의 중요한 전통을 이루게 하였다.[15]

그러나 조선조가 건국하면서 유교(특히 성리학)를 국교로 삼고 억불 정책을 시행함에 따라 불교는 퇴락의 길을 걷게 되었다. 유교는 통치 제도와 생활의 규범으로는 훌륭하지만 종교적 심성을 충족시키기에는 미흡하였는지 불교는 귀족 사회에서 내밀하게 신봉되었으며 일반 민중 사이에서는 토속적 샤머니즘과 결합하여 순수성을 상실하여갔다. 전란에 당하여 휴정(休靜, 西山大師, 1520~1604, 『禪家龜鑑』의 저자)과 그 제자 유정(惟政, 四溟堂, 1544~1610) 등이 호국불교의 면목을 크게 떨쳤으나 그 뒤로 수준 높은 연구와 도 높은 승려가 배출되지 못했고, 신앙으로서도 소생하지 못하였다. 조선 시대의 사상적 정맥(正脈)은 유교, 특히 성리학적 의리학이 잇게 된 것이다.

산업화를 거치면서 우리의 많은 민중은 농촌의 대가족 제도에 유용하던 유교를 여의고 그리스도교 신자가 되었다. 그러나 아직도 불교는 많은 신자를 포용하고 있다. 한국인은 종교적 심성이 강한 민족이라고 할 수 있다. 이 점에서 일본은 우리와 대조적이다.

일본은 "조선 승려의 지도를 받아"[16] 초기 불교 문화의 기초를 닦았다. 우리를 통해 간접적으로 문물을 수입하던 시대를 지나 중국과 직접 교류하게 됨에 따라 일본은 대대적으로 불교를 받아들여 10~13세기에는 불교는 시가(詩歌), 설화 등에 영향을 미쳤다. 12~14세기에는 정토교(淨土敎)가 민중 속에 파고들어 특히 무사(武士) 계급의 환영을 받았다. 이 시대에는 선종도 크게 번창하여 13세기에는 도원(道元, 1200~1253)이라는 조동종(曹洞宗)계 고승을 배출하기도 하였다. "좌선(坐禪)을 하

---

15 高亨坤, 『海東曹溪宗의 淵源 및 그 潮流』(대한민국학술원 논문집, 제9집, 1970) 참조
16 『佛敎解題事典』 제2판, 1993, 東京, 序章, 37쪽.

고, 또 심성통찰(心性洞察)의 장애가 되는 사려분별(思慮分別)을 제거하기 위해 공안(公案)을 참구(參究)한다. 이 간단하고 직절한 방법은 무사(武士)의 기호에 맞고, 무사계급에 환영되어 무사도의 형성에 크게 영향을 주었다. 또 선종은 일거에 사려분별을 뛰어넘는 것을 이상으로 하기 때문에 깨달은 심경을 시문(詩文)으로 표현하는 일이 많다. 그 때문에 문학의 발달과 결합하고, 특히 임제종(臨濟宗)에서는 (…) 시인 묵객이 다수 배출되었다. 더 나아가 그런 선 문화에서 다(茶)와 수묵화, 정원(庭園), 보다요리(普茶料理) 등 간단하면서도 세련된 문화가 생겨서 일본인의 정신 형성에 커다란 영향을 미쳤다.”[17]

근대화 과정에서 일본의 불교는 정치의 시녀로 전락하였거니와, 메이지(明治)시대 폐불책(廢佛策)으로 인해 불교는 그 이후 대중 종교로서 한 발 물러나고, 동아시아 침략 정책의 일환으로 한때 토속 종교(천황 숭배 사상과 세속적 기복신앙 등)인 신도(神道)가 정책적으로 권장되었으나 제2차 세계대전 이후로는 그것마저 쇠퇴하여 현재 일본인은 거의 무종교 상태에 빠져 세속적 가치를 추구하고 있다.

우리의 불교 문화가 퇴락의 길에 들어서고 그 자리에 유교 문화가 제도와 생활과 풍속의 규범으로 자리잡아간 것과는 대조적으로 일본에는 유교보다는 불교가 생활의 곳곳에 스며들어서 불교 문화를 체질화하였다고 말할 수 있다. 학문적 연구의 면에서는 아직도 일본인은 불교에 대해 관심이 많다.

---

17 앞의 책, 43쪽.

B. 청송의 선 사상과 절대 현재론

청송이 선 불교를 언제부터 어떤 계기로 연구하기 시작했는지는 거의 알려져 있지 않다. 그러나 『선의 세계』(1971)는 선 사상을 서양 철학 그 중에서도 특히 후설-하이데거 철학과 대질해서 해석한 것으로서 그 내용은 주로 시간론과 진리론이다. 이 저술은 한국에서의 시간론 연구의 효시이다. 그는 위 저술 이외에도 여러 편의 선 관계 논문을 발표하여 자기의 독자적 철학과 선관(禪觀)을 형성하였다.

시간에 관한 청송의 논문은 두 편이다. 하나는 「신화엄론(新華嚴論) 연구—특히 무시간성을 중심으로」이고, 다른 하나는 『선의 세계』에 수록되어 있는 '선의 존재론적 구명'이다. 청송이 화엄론의 무시간성을 주장하는 것은 이통현(李通玄)의 『신화엄경론』(新華嚴經論)[18]에 대한 연구를 통해서인데 그는 이 책에서 이통현이 품경(品經) 해석마다 '무시가천야'(無時可遷也)로 시종한다는 것을 매우 중요한 증거의 하나로 제시한다. 이것은 천이가 없다는 것을 근거로 하는 화엄론 해석이다. 이 논문은

---

18 청송은 이통현의 이 『신화엄경론』 연구를 통해 화엄 사상의 시간관이 무시간론(無時間論)임을 천명하고 있다. 「新華嚴經論研究」(대한민국 학술원 논문집 제16집, 인문·사회과학편, 1977) 참조.

이통현 연구이면서 동시에 자기의 시간론에 대한 간접적 시사이다. 김규영(金奎榮)은 청송의 '절대 현재론'은 '무시간론'과 표리를 이루는 것이라고 한다.[19] 무시간성과 절대 현재는 시간의 연속성을 부인하는 점에서 일치한다. 그러나 자기의 주장을 가장 선명하게 드러낸 것은 「선의 존재론적 구명(究明)」이다.

이 논문에서 그는 후설의 의식 현상학과 하이데거의 존재론에 전폭적으로 힘입고 있다. 특히 후설의 경우에는 의식의 파지 계열의 생멸상속(生滅相續)을 무명(無明)과 은폐의 근원으로 보고, 이를 철폐하고 존재 현전으로 나아가는 길을 하이데거의 존재론을 빌려 선의 적멸(寂滅)과 견성(見性)을 해석하는 것으로 설명하고 있다. 이제 우리는 1. 청송의 선 사상과 2. 청송의 절대 현재론으로 나누어서 고찰하고자 한다.

1. 청송의 선 사상

청송의 선 사상은 『선의 세계』에 집중적으로 표명되어 있으나, 그 밖에도 여러 편의 선 관계 논문과 수상집 『하늘과 땅과 인간』에서도 언급되어 있다. 수상집은 그의 선적 사유와 생활에서 자연스럽게 우러난 글을 모은 것이어서 선의 세계에 쉽게 접할 수 있게 해준다.

『선의 세계』에서 그는 「선의 세계」라는 입문적 글로 자기의 선 사상을 극명하게 정리해서 보여주고 있다. 거기에 함께 수록되어 있는 여러 편의 논문도 그의 선 사상을 자세하게 보여준다. 특히 「선의 존재론적

---

[19] 『시간론』(時間論), 313쪽.

구명」에서 그는 자기의 시간론과 진리론을 집중적으로 개진하고 있다.

청송의 논지의 전개는 부정을 통해 긍정으로 나아가는 방식으로 진행된다. 「선의 세계」가 그렇고 「선의 존재론적 구명」이 그렇다. 그리하여 김규영도 「청송 선생의 절대 현재론(絶對現在論)」을 서술함에 있어 청송이 "3항은 부정적으로, 다음 3항은 긍정적으로 하고 있다"[20]고 지적한다. 우리는 부정에서 출발하여 긍정으로 나아가는 그의 서술 방식을 가능한 대로 존중하고자 한다.

1) 생멸상속(生滅相續)은 윤회의 근원

의식의 지향 대상은 일차적으로는 객관적으로 있는 존재자이다. 이 대상을 향하는 의식의 지향을 '직진적 지향'(intentio recta)이라 한다. 그러나 이 직진적 지향에서 만나는 자연적 세계는 그림자가 져서 거기에서는 명증적 인식을 얻을 수 없으므로 그 지향을 의식 내부로 향하도록 한다. 그렇게 의식의 지향을 나의 내부로 향하게 하면, 즉 의식하는 그 의식으로 향하게 하면—이것을 우리는 의식의 제1의 전향, 반성(Reflexion)이라고도 하고 '반절적 지향'(intentio obliqua)이라고도 한다—거기에서 의식은 둘로 나누어짐을 볼 수 있다.

하나는 반성되는 의식, 즉 이념체로서의 의식(noema)이고 다른 또 하나는 반성하는 작용으로서의 의식(noesis)이다. 전자는 반성하는 의식에 현재적(顯在的, patent)이지만, 후자는 그 뒤에 숨어서 드러나지 않고 오직 작용으로만 있는 것이므로 잠재적(潛在的, latent)이다. 제2의 전환, 즉 또 한 번의 반성을 통해서는 이 잠재태가 현재태로 전환된다. 그러나 작

---

20 같은 책, 301쪽.

용하는 의식은 다시 잠재태로 물러난다. 이런 의식의 자기 반성과 분열은 무한히 계속될 수 있다. 이렇게 의식이 일어났다가 사라지고, 사라지면서 거기에 뒤이어 새로운 의식이 새로 일어나는 것을 의식(앎 : 念, 知, 識)의 생멸상속(生滅相續)이라 한다.

이렇게 잠재태와 현재태를 거듭하면서 의식은 흐른다. 후설의 시간론에서 이미 보았듯이, 이 의식의 흐름은 의시간적이니 곧 시간성이다. 다시 말하면 그 의식의 흐름은 절대적 의식류로서 시간 구성의 근원이다.

(1) 윤회의 근원은 종종취사(種種取捨)

그러나 문제는 거기에 있는 것이 아니라 의식의 부단한 흐름을 청송은 윤회(輪廻)의 근원으로 본다는 데 있다. 윤회란 사람이 죽으면 다른 존재자로 태어난다(轉生)는 것인데, 다시 태어나는 그 세계는 천상·인간·수라·아귀·축생·지옥의 여섯 가지라고 한다. 사람의 생은 이 여섯 세계를 번갈아 돈다(六途輪廻)는 것이다. 이것은 망유(妄有)이다. 왜 의식의 파지(把持) 계열 즉 생멸상속이 윤회, 망유의 근원인가?

여기에서 청송은 『선종영가집』(禪宗永嘉集) 제4 사마타송(奢摩他頌)에 있는 문장 즉 "앞의 의식이 사라지면 사라지면서 곧 뒤의 의식을 이끌고, 뒤의 의식이 의식하면 의식하면서 계속하여 사라지나니, 나고 사라지기를 계속하니 이것이 곧 윤회의 길이다"를 해석한다. 이 대목을 해석하기 위하여 청송은 행정(行靖)이 "의식의 생멸부단이 곧 윤회"라고 하면서 『원각경』(圓覺經)을 인용하여 "의식과 의식이 상속하여 순환하고 왕복하여 가지가지로(種種) 취하고 버리니(取捨) 이 모두가 윤회이다"라고 한 대목을 주목한다.

여기서 말하는 종종취사(種種取捨)는 단순히 의식 대상에 대한 취사만이 아니라, 일체 세계[21]가 부단히 천류하여 생-멸, 생-사, 성(成)-괴(壞) 사이에서 취사(取捨)하는 것이라고 청송은 해석한다. 이것을 그는 두 단계로 나누어서 설명한다. 1) 윤회 사상, 즉 천당과 지옥을 비롯한 육도윤회가 있다는 이런 생각은 마음에서 나오는 것이니, 악한 업을 쌓으면 지옥이 있고, 마음에 때가 묻지 않으면 지옥이 없다는 것이다. 즉 천당, 지옥 등은 마음에서 일어나는 망유(妄有)— 망녕되이 있다고 생각하는 것이다. 우리의 의식은 없는 것도 있는 것으로 구성할 수 있고 있는 것을 없는 것으로 덮어버릴 수도 있다.

2) 그런데 우리의 의식은 한순간도 정지하는 일 없이 천류(遷流)한다. 즉 의식은 새로 생겨나고 생겨나서는 멸하면서 상속하는 것(生滅相續)이다. 생멸상속은 종종취사의 근원이다. 아집과 법집은 종종취사(種種取捨)하고 생멸상속(生滅相續)하는 의식의 소산이다. 그러므로 "생멸상속은 윤회지도(輪廻之道) 즉 윤회망상(輪廻妄想)의 근본"[22]이라고 하는 것이다. 이 점에서 보면 선 사상은 유식론(唯識論)을 계승하고 있다고 할 것이다.

윤회란 생사윤회를 가리키는데 그것은 망유라는 것이다. 그리고 윤회가 망유인 까닭은 종종취사에 있다. 종종취사란 객관적 대상에 대해 내가 좋아하고 싫어하는 것이니 이런 평가와 함께 그것을 취하고 버리는 것이다. 그것은 곧 후설이 말하는 자연적 태도에 다름 아니다. 그런데 그 종종취사하는 의식은 새로 생겨나고 사라지는 생멸상속을 본질로 하고

---

21 일체 세계는 正覺世間, 有情世間, 器界世間의 三種世間을 가리킨다. 『禪의 世界』, 139쪽.

22 같은 책, 147쪽.

있다. 이 생멸상속을 청송은 후설이 말하는 의식의 파지·파지의 파지…
하는 파지의 변양으로 설명하고 있다. 그러므로 파지 변양인 생멸상속이
윤회의 근원이다.

이것을 다시 부연하면 다음과 같다. 생멸상속은 파지 변양이요, 그것
은 절대주관을 스스로 구성한다. "(…) 이 생멸상속인 파지 변양에서 생
주이멸(生住異滅)[23] 사상천류(四相遷流)의 대상들이 구성된다. 그리고 이
렇게 구성된 망유로서의 대상들에 대한 집념이 다름 아닌 윤회생사의 망
상·망견인 것이다."[24] 그 망상은 마치 구름이 달려가면 달이 움직이는
것 같고, 배가 떠내려가면 강 언덕이 옮겨가는 것과 같은 착각이다. 윤회
는 이런 망유에 대한 집념에서 오는 것이다. 그리하여 '생멸상속이 윤회
의 근원'이다. "망유는 생멸상속에서 구성되는 것이므로, 생멸상속은 윤
회지도(輪廻之道) 즉 윤회망상(輪廻妄想)의 근본"[25]이라고 한 것이다.

요컨대 생멸하고 상속하는 의식은 초월적 대상과 객관적 시간을 구
성하는 근원으로서 주객의 대립을 야기시키고 이것이 망견(妄見)을 낳는
다. 이것이 다름 아닌 생사윤회이다. 그리하여 청송은 파지 계열이 윤회
의 근원이 되는 것을 "일체 세계가 염념(念念)히 상속하고 순환 왕복하
여 윤회의 상(相)으로 보이는 것은 도시 종종취사(種種取捨)의 전도(顚
倒) 망상(妄想)을 하는 까닭이다"[26]라고 정리한다. "이 파지 변양의 흐름
속에서 변역의 대상 사물들이 구성되고, 이에 대한 집념으로 말미암아

---

23 有爲法의 四相. 四相은 生相(사물을 일으키는 것), 住相(사물을 안주케 하는 것),
異相(사물을 쇠퇴시키는 것), 滅相(사물을 파괴하는 것)인데, 이 生住異滅의 四相
을 갖는 것을 有爲法이라 한다.

24 『禪의 世界』, 142쪽.

25 같은 책, 147쪽.

26 같은 책, 143쪽.

생사윤회의 상(相)이 나타나는 것이다."[27]

(2) 후설의 의식 분석과 선의 차이

여기에서 선-청송의 의식 분석과 후설의 의식 현상학이 갈라진다. 후설의 주제는 어디까지나 인식의 명증성을 확보하기 위해 의식의 구조를 밝히려는 것이다. 이를 위해서는 자연 세계를 괄호 속에 넣고 거기로 향하는 의식을 의식 내재적 영역으로 환원하는 것을 기본 방법론으로 삼는다. 이에 반하여, 선-청송은 대상을 지향하는 마음과 지향되는 대상을 단절하여 적조(寂照)의 경지에 들어가서 견성(見性)하여 존재 현전을 무념의 일념(無念之一念)으로 직견직지(直見直智)하겠다는 것이다. 전자가 인식론적이라면 후자는 다분히 존재론적·성불론적이다. 양자 사이에는 그 지향하는 바와 입각점이 다르다.

후설과 청송 사이의 이런 차이로 인해 '의식의 흐름'을 보는 태도가 다르다. 후설의 의식 현상학에서는 절대 의식류는 초월론적 환원을 통해 도달한 경지로서 끊임없이 흐르는 것이다. 그 흐름에는 중단이 있을 수 없다. 이 절대 의식류는 모든 대상 구성의 근원이 되고 있다. 그러나 선-청송의 입장에서는 의식류는 윤회의 근원이다. 의식은 부단히 천류하기보다는 오히려 앞뒤가 끊어져서(前後際斷) 그 사이에 의식이 스스로 외로이 있어서(中間自孤) 거기에 무념(無念 즉 寂)의 일념이 성립하고 그 일념에서 존재의 현전성(照)이 드러난다고 보는 것이다. 전자는 대상 구성의 최후의 근원을 거기에서 찾으려는 것이고, 후자는 존재의 진상을 보려는 것이다. 보기는 보되 그 흐름을 타고 가면서 보는 것이 아니라,

---

27 같은 책, 144쪽.

흐름의 앞뒤가 끊어진 어느 순간을 포착하여 거기에서 존재의 진상을 보려는 것이다. 그것은 마치 여름의 긴 장마철에 반짝 햇볕이 날 때 만상이 청명하게 드러나는 것과 같다.

그럼에도 불구하고 청송이 후설을 인증(引證)하는 것은 의식의 파지변양(生滅相續)을 설명하기 위한 방편일 뿐이지, 후설의 의식 현상학이 그 자체로 윤회의 근원이라고 천명하기 위한 것은 결코 아니다.

무념 즉 적(寂)의 경지를 선에서는 언어의 길이 끊어진 곳이요, 마음 길이 멸한 곳(言語道斷 心行處滅)이면서 동시에 일체 세계를 현전케 하는 현전성이라 한다.

2) 객관적 시간과 객관적 대상의 부정

상식적으로 현재는 과거와 현재 및 미래라는 세 시간 양상의 하나라고 생각한다. 그리고 그 현재를 대개 지금(Jetzt)을 기준으로 해서 생각한다.

후설에 따르면 파지의 절대적 의식류(生滅相續)에서 객관 시간이 구성된다. 즉 객관 시간의 성립 근거는 의식의 부단한 흐름과 그 흐름 위에서의 시위(時位)의 고정화이다. 앞에서 '생멸상속이 윤회의 근원'이라고 한 대목에서 이미 언급한 것만으로도 충분히 알 수 있는 바이지만, 절대 의식류를 (윤회의 근원이라 하여) 부정해(끊어)버리면, 그 위에서 비로소 성립할 수 있는 객관적 시간은 성립할 터전을 잃게 된다. 객관적 시간이 성립하지 못하면 그 위에서 비로소 구성되는 객관적 대상이 부정되는 것은 당연하다. 이것을 두 단계로 나누어서 검토하면 다음과 같다.

(1) 객관적 시간이란 애당초 없는 것

불교적 시간관에 따르면 애초부터 등속적으로 흘러가는 객관적 시간이 있는 것이 아니라 일로 인해 있는(因事而有) 것이다. 봄이라는 독자적 계절이 있고 세월의 흐름이 그 봄에 이르니까 꽃이 피는 게 아니라 꽃이 피면 그것이 곧 봄이라 함은 전술한 바와 같다. "현재라는 시간이 존립하는 것같이 생각하는 것은 사물에의 집념에서 오는 것이다. 사물에의 연착(戀着)은 고정된 물체의 존립을 전제하는 것이요, 고정된 물체의 존립은 그 변화 과정으로서의 시간의식을 자아내는 것이다. 시간적 변화라는 것은 고정된 한 물체의 운동 과정을 말하는 것이요, 변화와 운동은 지속적으로 자기 동일성을 가진 물체의 성립을 전제하는 것이다."[28] 객관적 시간은 사물의 지속 변화의 형식이다. 그리하여 청송은 사물로 인해서 시간이 있는 것(因物故有時)[29]이라고 하여 객관 시간을 부정한다.

청송은 『종경록』(宗鏡錄)에 있는, 불교적 시간관을 단적으로 보여주는 한 범지(梵志, 수도승)에 관한 재미있는 이야기를 인증한다. 예전에 고향을 떠난 범지가 백발이 성성해져서 돌아왔다. 이를 본 고향 사람들이 "옛날의 그 사람이 아직도 있는가?"고 물었다. 그러자 범지는 "나는 옛적 그 사람을 닮기는 하였으나 옛적 사람이 아니오"라고 하면서, 다시 말하길 "동안(童顔)은 스스로 옛적에 있고 지금 이 늙은 몰골은 스스로 지금에 있은 즉 〔지금의 나는〕 옛적의 그 사람이 아니다"라고 했다는 것이다. 어린 시절의 동자(童子)는 지금의 이 노인에 이르지 않고 노인은 또 동자로 돌아가지 않으니, 노(老)-소(少) 백 살의 세월을 같은 몸인 하나의 질(質)로 일관할 수 없다는 것이다.[30]

---

28 같은 책, 240쪽.
29 같은 책, 같은 곳 참조.

시간의 차원에서는 자기 동일성이란 있을 수 없다는 것은 누설한 바 있다. 기왕의 것은 가고 돌아오지 않으니(往者去不歸) 옛날과 지금이 한 자리에서 만날 수는 없다. 옛것을 회상 속에서 불러볼 수는 있으나 그것을 현실적으로 지금 속에 도로 가져올 수는 없다. 마찬가지로 미래에 있을 일을 예상 속에서 기대할 수는 있으되 그것을 지금 속으로 가져올 수는 없다. 과거의 것은 과거에 있고 미래의 것은 미래에 있으며, 지금에는 없다. 옛것은 그때 자재(自在)하던 것이지 지금에서 간 것이 아니며 지금의 것도 지금에 자재하는 것이지 과거에서 온 것이 아니다. 과거와 현재는 서로 넘나들 수 없는 것이다. 요컨대 시간은 객관적으로 자기 동일적인 지속성을 갖고 있지 않다는 것이다. 이것은 객관적 시간의 부정이다.

청송은 일정한 시위(時位)에 고정되어 있는 존재자에 주목하여 "새것은 옛것에 이르지 않고 옛것은 새것을 대하지 못하니 앞뒤가 서로 만나지 않는다"(新不至古 古不待新 前後不相至)는 『종경록』(宗鏡錄)의 문장을 인용하면서 "생멸(生滅)의 상(相)에서 보자면 '앞 생각은 스스로 늙었고 뒤 생각은 스스로 새롭다'(前念己古 新念己新)"고 말하기도 하고, "옛적은 스스로 옛적에 있고, 지금은 스스로 지금에 있다"(昔自在昔 今自在今)라고도 한다.[31]

(2) 객관적 대상도 없다

청송에 따르면 "내재적 현상의 단일성 의식이 동시에 초월적 대상의 단일성 의식이기도 하다는 이 점에, 내재적 현상의 표시작용(Darstellung)을 통하여 초월적 물체를 외계에 정립하는 가능성이 깃들어 있는 것이

---

30 같은 책, 242쪽, 延壽禪師, 『宗鏡錄』(百卷), 권7.
31 같은 책, 244~245쪽.

다. 그러므로 내재적 단일성의 대목 대목은 초월적 대상의 단일성의 그
것에 상응한다. 말하자면 초월적 대상은 내재적 객체의 투영화라고 할
수 있다."[32] 객관적 초월적 대상이란 의식에 의해 구성되는 것이지 그 자
체로 자재(自在)하는 것이 아니다. 이것은 바꿔 말하면 대상을 의식이 구
성한다는 절대적 관념론일 수도 있다.

초월적 대상의 구성은 앞에서 말한 객관적 시간의 구성과 다를 바가
없다. 후설의 경우에는 의식 밖에 있는 초월적 대상과 의식에 내재적인
노에마(noema)와는 상응하는 것이어서, 후자가 전자를 반영한다는 입장
에서 보면 인식론적 모사설(반영설)이 될 것이고, 전자가 후자에서 구성
된다는 입장에서 보면 절대적 관념론이 될 것이다.

어찌되었든 선-청송은 초월적 대상은 절대적 의식류에서 구성되
는 것이라고 보는 것이다. 그런데 선에서는 특히 그 의식의 상속이 윤
회의 근원이라 하여 부정되므로 초월적 객관적 대상도 부정되지 않을
수 없다.

3) 선 – 적조현전(寂照現前)의 세계

선은 적(寂)이다. 청송에 따르면[33] 철학적으로 적(寂)은 무엇보다도 표
상적 사유를 단절하는 것이다. 표상적 사유란 스스로 있는 현전 사물(現
前事物)을 대상화하여 표상 형태인 관념적 상(心緣相)으로 만드는 것이
다. 우리가 좋아하고 미워하는 마음을 가지고 대상을 보게 되면 거기에
동시에 대상이 좋은 것과 미운 것으로 구분되는 분별이 생긴다. 이와 동
시에 필연적으로 주관과 객관이 분열하여 서로 대항해서 마주서게

---

32 같은 책, 157쪽.
33 같은 책, 제1부 '선의 세계' 참조.

(gegen-stehen) 된다. 이 대립에서 대상화가 일어나고 그 대상화와 함께 의식 속에 상(表象體)이 만들어지는데 이것이 대상(Gegenstand)이다.

사물은 그러나 이렇게 표상되기 이전에 이미 현전해 있다. 이 현전하는 사물이 사물로서 현전하는 그대로 보여지게 하려면 표상적 사고를 단절해야 한다. 단절한다 함은 대상 지향적 의식을 끊는 것이요, 이와 함께 현전자는 대상이라는 존재 성격을 지양하는 것이다. 이때 비로소 사물을 비대상적으로—즉 주객 분열 이전에—직하(直下)에 아는 반야(般若)의 지(知 즉 慧)가 나타난다. 그러므로 대상적 파악을 버리고 무념(無念)의 일념(一念) 속에서 일체를 보아야 한다. 무념의 일념은 적(寂)의 세계이다. 선의 세계는 적(寂)—무심(無心)의 세계이다.

(1) 무념(無念)

무심 속에서 비로소 산은 산으로서 드러나고 물은 물로서 드러나는 것이다. 즉 무심에서라야 산을 보되 다만 이 산을 보고 물을 보되 다만 이 물을 보는 것이다(見山祇是山 見水祇是水).[34] 대상인 경(境)을 알되 표상화해서 아는 것이 아니라 직하에 아는 것이니, 이것이 경지명일(境智冥一), 즉 지(智)의 대상(所)과 지의 현행(能)이 둘로 나누어지지 않고 하나라는 것이다.

청송은 이를 본질적 사유로서의 무연상지(無緣常智)에서 존재의 현전성인 무상상경(無相常境 즉 비표상적 대상)의 현전이라고 하면서, "상지(常智)는 대경(對境)을 지향하지 않는 지요, 상경(常境)은 대상으로서의 심연상(心緣相, 즉 의식으로 표상된 것) 일체가 없는 경계이므로, 주

---

34 같은 책, 39쪽 이하 참조.

객 대립의 의식 속에서 일어났다 사라졌다(生滅) 하는 심연상(心緣相)으로서의 대상 일체가 진멸(盡滅)된 곳"[35]이라고 말한다. 거기에서 우리의 마음은 보광명지(普光明智)의 영대(靈臺)가 되어 마치 구름 걷힌 파란 하늘에서처럼 일체처를 두루 비추고(遍照) 현전자는 한꺼번에 개현하여 있는 그대로 드러나는 것이다.

이것은 선이 구구절절 온갖 언설을 동원하여 따짐으로써 사태를 더 복잡하고 현기증 나게 만드는 종래의 제 종파의 번잡하고 현학적인 논의들을 한꺼번에 쓸어버리고, 있는 그대로의 현실을 절대적으로 긍정하는 태도라고 할 수 있다.

대상을 지향하지 않는 따라서 주객으로 대립하지 않을 뿐더러 앞뒤로 상속하지 않는 의식이란 어떤 것인가? 청송은 『선종영가집』(禪宗永嘉集) 제4 사마타송(奢摩他頌)에 있는 "다만 앎일 따름이다"(但知而已)가 바로 그것이라고 주장한다. 그것을 밝히기 위해 청송은 이 물음을 다른 방식으로 묻는다. 즉 그는 "나고 멸하는 것이 이미 멸하여 적조가 현전한다"(生滅滅已 寂照現前)는 것은 무엇인가고 묻는다. 다시 말하면 청송은 적조현전(寂照現前)의 해명을 통해 단지이이(但知而已)의 의식이 어떤 의식인가를 해명한다. 그리고 그것은 곧 선에 대한 본격적 구명이기도 하다.

---

35 같은 책, 57쪽. 이것을 또 청송은 전후제단(前後際斷) 일제 평등(一際平等)이라고도 한다. 전제와 후제가 끊어진다 함은 앞의 의식의 가장자리 즉 파지가 막 시작하려는 곳과 뒤의 의식이 아직 새로 솟아나지 않은 그 한 가장자리를 가리킨다. 지각이 아님은 말할 것도 없거니와 반성도 아닌 거기, 그 의식이 곧 무념(無念)의 일념(一念)이다.

(2) 단지이이(但知而已)

생멸이 멸한다 함은 의식의 앞뒤 이음이 사라진다는―후설의 용어로 말하면 파지의 변양이 없어진다는― 것이고, '적조현전'(寂照現前)은 그 고요 속에서 존재가 현전한다는 것이다. 논의가 중복되는 감이 없지 않으나 좀더 자세히 밝히기 위해 우리는 선을 다시 살펴볼 필요가 있다.

선정(禪定)의 선은 '밖으로 상(相, 즉 표상 대상)을 떠나는 것'이고, 정(定, 즉 奢摩他, 三昧)은 '안으로 난동하지 않는 것'[36]이다. 의식이 일어나면 동시에 객관적 대상이 주관적 의식 작용 앞에 드러나고 마찬가지로 대상이 있으면 거기 대한 의식이 생긴다. 그 의식은 뒤로 사라지고 앞으로 새로 생기면서 생멸이 끊이지 않는다(生滅相續).

그러나 '단지 앎(의식)일 따름'(但知而已)이란 그런 주객 대립 즉 주관의 작용으로서의 능(能)과 의식 대상으로서의 소(所)의 대립과 생멸상속(把持變樣)이 없이 그냥 알기만 하는 것, 즉 의식의 현행만 있는 것이다.[37] 그런 것이 어떻게 가능한가? "대경(對境)〔대상〕의 세계를 표상하는 것이 곧 연려(緣慮)하는 염(念)〔대상을 생각하는 의식〕의 발현인 고로 대경(對境)의 세계를 표상하지 않는 한, 염(念)은 원래 없는 것이므로 따로 염을 버릴래야 버릴 염이 없는 것이요, 또 그와 마찬가지로 연려지심(緣慮之心)의 제각(除却)이 곧 대경(對境)의 제각(除却)인 고로 따로 제각해 버릴 대경의 세계가 있는 것이 아니다."[38] 그때에는 능(能)과 소(所)가 다 잊혀지고 상속이 끊어져서, 이 (주객의) 두 길이 이미 없어진 것이다(能

---

36 같은 책, 165쪽.

37 이 대목에서 우리는 후설이 말하는 의식 작용의 현행 즉 주관의 익명성을 상기할 필요가 있다.

38 같은 책, 166쪽.

所雙忘 二途已泯). 그것이 단지이이(但知而已)의 지(知)인 것이다.

이렇게 보면 선(禪)은 "일체 대상을 표상하지 않는 정려(靜慮)"이고, 정(定)은 "마음이 움직이지 않아서 생각이 일어났다 꺼졌다 하지 않는 것"을 말한다.[39] 선정(禪定)은 곧 적연(寂然) 자체이다.

이 선정(禪定)-무념(無念)을 청송은 하이데거의 '불안'에 빗대고 있다. 하이데거에 따르면, 불안 속에서는 일체 존재자에 대한 무관심으로 인해 존재자가 우리로부터 마치 썰물처럼 물러가서 거기에 무(無)가 엄습하지만, 불안이 사라진 뒤에 그 불안은 아무것도 아니듯, 바로 그 무로부터 또한 일체의 존재자가 드러난다. 청송은 그 불안에서 말의 길은 끊어지고 마음 가는 곳은 멸하여 없어진다(言語道斷 心行處滅)고 한다.[40] 이것이 적(寂)의 세계이다. 적의 세계는 하이데거 식으로 말하면 무의 세계이다. 그러나 그 적의 세계가 마음 가는 곳이 멸하여 없어진다니, 그러면 그것은 마음의 혼미인가?

혼미이기는커녕 도리어 거기는 의식이 성성(醒醒)한 곳이다. 다시 말하면 대상을 지향하는 의식을 단절하였으므로 의식할래야 의식할 대상 즉 객관적인 어떤 것(존재자)이 없을 것이요, 의식하는 작용을 반성하지 않으므로 의식한다는 사실조차도 의식되지 않을 것이다. 그러나 그 의식은 요요상지(了了常知)— 똑똑하게 항상 아는 것—즉 영지(靈知)인 것이다. 일체를 밝히는 지(智)이므로 이것을 조(照) 또는 적조(寂照)라고도 하고 이 경지를 견성(見性)이라고 한다.

---

39 같은 책, 165쪽.
40 같은 책, 167쪽 참조.

(3) 언어가 끊어진 뒤의 소식

그 적조(寂照)의 세계를 보여주기는 해야겠는데 언어의 길이 끊긴지라 뭐라고 말로 형단(形段)할 수가 없다. 그러니 예를 통해 보여주거나 겉으로 보기에는 동문서답 같은 수법으로 또는 아이러니나 몸짓으로 응수하는 수밖에 없을 것이다. 이곳 풍경을 보여주는 예화가 선종에는 대단히 많다. 그 중에 유명한 것 두 가지만 소개한다.

임제종(臨濟宗)의 삼성 혜연(三聖慧然)이 득도한 뒤에 이곳 저곳을 유람하다가 앙산 혜적(仰山慧寂, 803~887)에게 왔다. 혜적이 손님의 이름을 물으니 혜연은 태연히 '혜적!'이라고 대답했다. 혜적(慧寂)이 "아니, 그것은 내 이름 아닌가?" 하자, 혜연(慧然)은 "아, 내 이름은 혜연이지"라고 응수하여 서로 한바탕 웃었다는 것이다.[41] 이것은 무엇을 의미하는가? 대상에 대한 일정한 초월론적 표상을 버리라는 것이다.

"우물이 노새를 엿보는 것 같다"는 이야기도 마찬가지이다. 조산 본적(曹山本寂, 840~901) 선사가 덕상좌(德尙座)에게 묻길 "부처의 참된 법신(法身)은 허공과 같아서 사물에 따라 그 모양을 나타내는데 마치 물 속의 달과 같다고 한다. 이것이 무슨 뜻인가?"— 덕상좌가 대답하길 "노새가 우물을 들여다보는 것과 같습니다"(如驢覷井)고 했다. 그 물음에 대해서는 이 대답은 기상천외이다. 그러나 조산(曹山)은 "말 한번 잘했다, 그럴듯하다. 그러나 그것으로는 아직 팔 푼밖에 안 된다"고 하면서 자기 같으면 차라리 "우물이 노새를 엿보는 것 같다(如井覷驢)고 하겠다"고 했다는 것이다.[42] 이 모든 이야기들은 말하자면 내가 사물을 아는 것이 아니라, '사물이 다가와서 비출 때'(物來卽照) 비로소 그것을 안다

---

41 같은 책, 76쪽, 『景德傳燈錄』, 제12권, 『壁巖錄』, 제689則 참조.
42 같은 책, 206~207쪽, 『從容錄』, 제52則, 『禪學大辭典』, 1310~1311쪽 참조.

는 것이다. 여기에 사유의 전환이 요청되는 것이다.

사유의 전환이란, 앞에서 말한 바와 같이, 첫째, 능-소(能所)의 대립은 말할 것도 없거니와, 둘째, 어떤 사물을 늘 그 사물로 보도록 하는 초월론적 표상마저 없애야 하는 것이다. 그리하여 오직 의식 작용의 현행만 있을 뿐이다.[43] 그렇다고 해서 정말 대상이 없어지느냐 하면 그렇지는 않다. 그것은 다만 일체 집착을 단절하기 위한 것뿐이다. 능-소 대립의 제파(除破) 및 초월론적 표상의 단절을 청송은 하이데거의 '방하'(放下, Gelassenheit)에 비교한다. 집착을 단절한 뒤에 나타나는 것은 본지풍광(本地風光)의 현전이다.

이것을 하이데거 식으로 말하면 존재자에 집착해서 퇴락(Verfallen)하지 않고 존재자에 대한 모든 관계를 가능하게 하는 존재에로 우리의 사유를 전향하라는 것이다. 그 본질적 사유에 있어서 존재는 모든 존재자로 하여금 은폐됨이 없이 우리 앞에 현전하도록 하는 밝음(Lichtung)과 같게 된다. 존재가 현전하는 인간의 사유 즉 존재와 사유가 하나되는 곳, 그것을 그는 하이데거의 현존재의 '현'(Da des Daseins)이라고 해석한다.

2. 청송의 절대 현재론

우리는 저 앞에서 불교의 시간관을 전반적으로 검토한 바 있다. 그리고 그 연장선상에서 청송의 시간 사상을 가지고 선종의 시간론으로 갈음

---

[43] 이 비-대상화적 사유의 특성과 기능 및 역할을 표현하기 위해 선종에서는 많은 말을 하고 있다. 청송도 그 부분의 서술에 많은 지면을 할애하고 있다. 그러나 우리는 그것을 하나하나 소개할 형편이 아니다.

한다고 하였다. 이제 그 본론을 개진해야 할 계제에 이르렀다. 우리는 아래에서 이 대목을 두 단계로 나누어서 다루고자 한다. 첫 번째 단계에서는 절대 현재의 실상을 서술하고, 두 번째 단계에서는 그 속에서의 인간의 삶의 태도를 소개하고자 한다.

1) 『선의 존재론적 구명』의 문제의식

청송의 이 논문은 『선종영가집』(禪宗永嘉集)[44] 제4 사마타[45]송(奢摩他頌)에 있는 본문, 즉

의식 활동이 일어나서 의식이 의식을 의식할진대 뒤 의식이 생길 때 이미 앞 의식은 사라져서 없다. 〔앞뒤의〕 두 의식이 〔옆으로〕 나란히 있지 못하고 다만 앞 의식이 사라져야만 하니 사라지는 곳이 곧 의식의 대상이므로, 주관과 객관이 다같이 진실이 아니다. 앞 의식이 사라지면 사라지면서 곧 뒤 의식을 이끌고, 뒤 의식이 의식하면 의식하면서 계속하여 사라지나니, 나고 사라지기를 계속하니 이것이 곧 윤회의 길이다. 지금 말하는 의식이란 의식으로써 의식을 요하는 것이 아니라, 다만 의식의 현용(現用)일 따름이니, 곧 앞 의식이 이어져

---

[44] 이 책은 영가 현각선사(永嘉 玄覺禪師, 665~713)의 저술이다. 그는 처음에는 천태종(天台宗)에 속해 있으면서 『천태지관』(天台止觀)에 정통하였으며 『유마경』(維摩經)으로 득도하였다고 한다. 뒤에 남종선(南宗禪)의 시조인 육조 혜능(六祖慧能)에게 가서 그의 인가(印可)를 받고 하루저녁 자고 왔다 하여 흔히 일숙각(一宿覺)이라고 한다. 이 책은 모두 10편으로 되어 있는데 한 권이다. 이 책에는 현각(玄覺)의 본문과 행정(行靖)의 주(註), 그리고 특히 여말선초(麗末鮮初)에 활동한 기화(己和, 1376~1433 : 법호는 得通, 당호는 涵虛, 흔히 涵虛堂이라 한다)의 설의(說誼)가 있다.

[45] Samātha의 음역(音譯). 止, 寂靜, 能滅 등을 의미한다.

서 사라지지 않고 뒤 의식이 이끌면서 일어나지 않아 앞뒤 의식이 끊어져서 이어지지 않으면 중간이 스스로 홀로 된다. 그것〔앞 의식〕을 돌아보지 않으면 곧 사라질 것이니 의식 자체가 이미 사라지면 홀연히 허공에 의탁한 것과 같다.[46]

를 해석한 것이다. 그때 참고로 사용되고 있는 것은 『선종영가집』의 문장 하나하나마다 붙어 있는 행정(行靖)의 주(註)와 가끔 이 주에 대해 언급하는 함허당(涵虛堂)의 설의(說誼)이다.

청송은 인용문 중에서 "…이것이 곧 윤회의 길이다(自是輪廻之道)"까지를 "능소대립(能所對立)이 생멸(生滅)의 망견(妄見)이요, 망견생멸(妄見生滅)이 곧 생사윤회(生死輪廻)",[47] 즉 망견의 근원으로 해석하고─그 생멸상속을 후설의 의식 현상학으로 설명하고, 그것을 윤회의 근원으로 본다 함은 이미 검토한 바 있다─ 그 아래 "홀연히 허공에 의탁한 것과 같다(豁然如托空)"까지를 하이데거의 존재론에 입각하여 '반야'(般若, 智慧)의 경지로 해석한다.

---

[46] 이것은 혜업(慧業) 스님의 편역 『선종영가집』(禪宗永嘉集, 1977, 불광출판부)을 참고하면서 그 내용을 현대 철학적 개념으로 간추린 것이다. 아래에 懸吐한 그 원문을 적어둔다. "起知하야 知於知인대 後知若生時에 前知─早已滅하리니, 二知─既不並하야 但得前知滅하니 滅處─爲知境이라 能所에 俱非眞이니라. 前則滅하며 滅하야 引知하고 後則知하며 知하야 續滅하나니 生滅相續이 自是輪廻之道니라. 今言知者는 不須知知하고 但知而已니, 則前不接滅하며 後不引起하야 前後─斷續하야 中間自孤하니라. 當體不顧하면 應時消滅하리니 知體既已滅하면 豁然如托空하리니." 이 번역에서 '의식'이라고 한 것은 '앎'(知, 智, 識)을 가리킨다. 현대의 의식 현상학을 가지고 이해하면 훨씬 용이할 것이라고 생각되어 그렇게 한 것이다.

[47] 『禪의 世界』, 159쪽.

따라서 이 논문은 크게 두 부분으로 나누어져 있다. 전편은 '현상학적 구명'이고 후편은 '존재론적 구명'이다. 논문의 4분의 3을 차지하는 후편은 다시 세 부분으로 나누어진다. A. 불수지지 단지이이(不須知知但知而已)의 지(知), B. 전후단속 중간자고(前後斷續 中間自孤)의 절대 현재, C. 보유(補遺) : 선과 하이데거 사상의 차이.

청송은 "선의 세계는 경험적이건 선험적〔초월론적〕이건 일체 주객 대립에서 일어나는 표상, 개념, 판단 등 난상(亂想)을 제거해버린 뒤에 나타나는 정적의 세계이다"[48]라는 말로 이 논문을 시작하고 있는데 이것은 동시에 이 논문이 지향하는 바가 무엇인지를 시사하고 있다. 그것은 은폐됨이 없는 존재 현전을 밝혀 보이겠다는 것이리라.

그리하여 이 논문의 핵심은 '전후단속 중간자고(前後斷續 中間自孤)의 절대 현재'에 있다. 왜냐하면 은폐가 없는 거기는 현재이기 때문이다. 우리는 이 절대 현재에 초점을 맞추어 청송의 시간론을 검토하고자 한다.

2) 전후 단속의 절대 현재

시재 있는 것은 오직 현재의 지평 안에 있다. 이 현재에서 일체 세계가 현전하는 것이다. 그런데 현재에는 과거 · 미래와 상대적으로 구별되는 '지금', 즉 이미 없는 과거와 아직 없는 미래를 연결하는 점적 순간이 있는가 하면, 그런 지금과 구별되어 과거적인 것 및 미래적인 것까지 포함한 모든 존재자가 현전하는 지평적 현재가 있다. 우리는 여태껏 전자를 '지금'(Jetzt)이라 하고 후자를 '현재'(Gegenwart)라고 하였다. 우리는 양자의 차이에 대해 여러 번 강조한 바 있다.[49]

---

48 같은 책, 서론, 116~117쪽.
49 이 책의 503쪽 이하와 629쪽 이하 참조.

(1) 중간자고(中間自孤)의 현재

이런 현재를 구명하기 위해 청송은 특히 앞에서 인용한『선종영가집』(禪宗永嘉集)의 제4 사마타송(奢摩他頌)에 계속되는 문장 "전후단속 중간자고(前後斷續 中間自孤)"에 주목한다 함도 전술한 바 있다.

그러나 "앞뒤〔의식〕의 가장자리〔際〕가 끊어져서 중간에 홀로 있다"고 하니까 그 중간을 앞뒤로 고립된 찰나적 순간인 '지금'으로 짐작할 우려가 없지 않다. 그러나 전후가 끊어져서 이어지지 않는다는 말은 '앞 생각은 이미 멸하여 없고 뒤 생각은 아직 일어나지 않는다'(前念已滅 後念未生)는 뜻이다. 바꿔 말하면 그것은 "뒤 생각은 아직 생기지 않고 앞 생각은 이미 끊어진"(後念不生 前念自絶) 거기를 가리킨다.[50] 그 중간, 즉 한 생각도 일어나지 않는(一念不生) 그때는 마치 중천에 뜬 보름달이 외로이 만상을 원만하게 비치듯이 청허하게 밝은 것과 같고, '활연하여 공에 의탁한 것과 같다'(豁然如托空).

이런 의식 상태를 청송은 '안주하되 주착함이 없는 것'(住無所住)이라고도 하고,『선종영가집』사마타의 게송에 있는 말 "지금 말하는 앎이란 앎으로써 앎을 요하는 것이 아니라 다만 앎일 따름"(今言知者 不須知 知 但知而已)을 인증하여 단지이이(但知而已)의 앎, 앎의 현용(現用)이라고 한다.『금광명경』(金光明經)에서는 이를 "오히려 허공과 같아서 사물에 응하여 그 형태를 나타내니 마치 물 속의 달과 같다"(猶如虛空 應物現形 如水中月)하고,『임제록』(臨濟錄)에서는 그 전후제(前後際)가 단절된 거기에서 "만반을 조촉한다"(照燭萬般)고 한다.[51]

---

50 사실 이런 현상은 후설의 의식 현상학에서는 있을 수 없다. 그러고 보면 선 사상은 역시 종교의 한계 안에, 즉 견성(見性)–성불(成佛)한다는 이념 아래 있다고 할 수 있다.

이것은 생겨나고 멸하는 의식이 다 멸해버리면(盡滅) 적조(寂照)가 현전한다는 것, 다시 말하면 무념(無念)의 일념(一念)에서 만상이 현전한다는 것이다. 그리하여 전후단속 중간자고(前後斷續 中間自孤)는 생멸멸이 적조현전(生滅滅已 寂照現前)인 것이다.

이 중간자고는 무념의 일념이요, 이 일념은 조체(照體)로서 홀로 서 있다(照體獨立). 그것은 비침 자체요, 일념현전(一念現前)으로서의 현재이다. 이 현재는 일체가 현전하는 현재이다. 하이데거의 말을 빌리면 '과거적인 것 및 미래적인 것까지 일시에 현전하는 현재'인 것이다. 그런 현재는 만유가 일체처에서 현전하는 지평이다. 또 그 현재는 편재편조(遍在遍照)하는 현재이고 적조현전 바로 그것이다. 그것은 과거사와 미래사를 모두 포괄하는 현재이므로 생멸을 벗어난, 상주하는 현재요, '절대 현재'인 것이다. 청송의 절대 현재란 중간자이고, 그러나 비-현재적인 것까지 포함한 만유가 현전하는 지평으로서의 현재를 가리킨다. 이 일념불생(一念不生)의 의식 속에서 일체가 현전하는 그 현재는 하이데거가 「아낙시만더의 잠언」(Der Spruch des Anximander)이라는 논문에서 호머의 『일리아스』를 인증하여 예견자는 과거, 현재 및 미래를 포함한 모든 시간의 현전자를 과거완료적으로 이미 보아버린〔照破한〕 그 현재에 다름 아니다.[52]

우리는 저 앞에서 후설의 '정지한 지금'(nunc stans)을 소개한 바 있다. 그것과 여기서 말하는 절대 현재는 어떻게 다르고 어떻게 같은가? 전자(후설)는 기능자아의 잠재성, 즉 파지 변양에서 절대로 객관화되지 않고 잠재태(latent)로만 있는 자아, 즉 순수한 의식의 현행으로만 있는

---

51 『禪의 世界』, 256쪽 ; 『臨濟錄』 제10 참조.
52 이 책의 629쪽 이하 참조.

주관의 익명성을 가리킨다. 그것은 시위를 가질 수 없기 때문에 시간 이전적이고 그리하여 근원 현재라 하며, 구태여 시간과 관련시켜 말한다면 편현재성(遍現在性)이라고 말할 수 있다. 이 점에서는 양자는 일치한다.

그러나 전자(후설)는 시간 구성의 저류로서 부단한 근원적 흐름이고 의식의 순수 현행이다. 그런데 여기서 말하는 중간자고는 앞뒤의 의식이 끊어져서 스스로 외로이 있으나 없다고 할 수는 없는 적조(寂照)이다. 즉 전자의 경우에서는 주관이 익명적으로 생생하게 살아 있지만, 후자(청송) 의 경우에는 그런 주관이 없어야 하는 것 ― 능소(能所)가 다 멸한 무념의 일념이라야 한다. 여기서는 (자아가 없는) 무념(無念)에서 존재가 현전하는 근원을 말하고, 저기서는 순수 의식의 자아극(自我極), 의식 작용의 현행을 가리킨다.[53]

(2) 피지스(Φύσις)의 편상(偏常)과 현전상주(現前常住)

청송은 절대 현재에서의 존재 현전을 하이데거가 말하는 고대 그리스의 피지스(Φύσις)에 비기고 있다. 그는 "Φύσις로서의 존재는 생성과 반대로 상주성(常住性)이요, 상주적 현전성(常住的 現前性, 즉 현전상주(現前常住)로 나타난다"고 하는 『형이상학 입문』에 있는 하이데거의 문장을 인용하기도 하고, "자연은 인간의 조작과 민족의 운명에, 별들과 신들에, 그뿐 아니라 돌과 푸성귀와 짐승, 심지어 하천(河川)에도 현전한다. 불가사의하게도 자연의 편재성이 있다. 자연은 현실적인 것 속에 하나의 현실 사물로서는 결코 나타나지 않는다. 이 편재현전(遍在現前)은 개별

---

[53] 이 책의 542쪽 이하 참조.

적인 현실 사물들의 총화도 아니다"[54]에 주목하기도 한다.

하이데거는 횔덜린의 제목 없는 시 「마치 축제일에…」(Wie wenn am Feiertag…)를 해석하면서 '자연'(φύσις)을 존재 현전성의 입장에서 상설하고 있다. 지난밤 천둥소리도 요란하게 마른 번개 내려치고 강물은 도도하게 넘쳐흘렀는데 포도밭이 망가지지는 않았는지 궁금하여 명절날 이른 아침 초조한 마음으로 농부는 들에 나와 보았다. 그러나 놀랍게도 포도밭이 망가지기는커녕 포도 송이는 햇빛을 받아 영롱하게 반짝이고 있다. 자연은 잠자는 듯이 보이지만 하늘과 식물이나 민족 사이에 편재하면서 생명을 품어서 기르고 있다. 자연은 아름답고 신적인 은총이다.

그런 "자연은 모든 것을 넘어서서 모든 것에 앞서 '언젠가'이다. 그것은 이중의 의미에서 '언젠가'이다. 자연은 모든 이전의 것 중에서 가장 늙은 것이며 또 모든 이후의 것 중 가장 젊은 것이다. (…) 자연의 도래는 항시 가장 젊은 것이므로 결코 늙을 줄 모르는 가장 옛적인 석증(昔曾)으로부터 오는 가장 장래적인 것이다." 그러므로 자연은 "최고(最古)의 시간이다."[55] 가장 젊으면서 가장 늙었다는 것은 무엇을 의미하는가?

그것은 현전자를 현전케 하는 현전성(Anwesenheit)이다. 현전성은 비유적으로 말한다면 빛이다. "(…) 이 빛의 공명(空明) 속에서 모든 것이 비로소 현실적 사물로서 나타날 수 있기 때문에, 자연은 모든 시간보다 더욱더 시간적이다."[56] 현전성은 시간으로 잴 수 있는 것이 아니요, 모든 현전자의 시숙(時熟)이 이 현전성에서 비로소 가능한 것이다. 그런 의미

---

54 『禪의 世界』, 260쪽 ; 앞 문장은 *Einführung in die Metaphysik*, S. 96에서 인용한 것이고, 뒤 문장은 *Erläuterungen zu Hölderlins Dichtung*, S. 51에서 인용한 것이다.

55 『禪의 世界』, 261쪽 ; *Erläuterungen zu Hölderlins Dichtung*, S. 57 und 61.

56 *Erläuterungen zu Hölderlins Dichtung*, S. 57.

에서 그것은 시간의 가장 깊은 근원으로서 근원 시간(Urzeit)이다.

여기서 자연이란 근대 이후 대상으로서 보여지는 그런 자연이 아니라 만유의 근원으로서의 자연이다. 자연은 시간 속에 있는 것이 아니라 시간으로 하여금 비로소 발생하고 스스로 경과하도록 하는 것이다. 다시 말하면 그 자연은 시간으로 측정되는 것이 아니고 시간이 거기에서 비로소 시숙하는, 시간의 근원이기 때문에 가장 젊고 가장 늙었다고 하는 것이다.

(3) '십세고금 당처일념(十世古今 當處一念)'의 현재

그 현재를 우리는 저 앞에서 예견자 칼카스의 예를 들어 예견자가 비-현재적인 것을 포함한 모든 현전자를 한꺼번에 과거완료적으로 보는 현재라고 했다. 그리고 바로 앞에서는 그 현재는 다름 아닌 '자연'으로서 일체의 현전자를 현전시키는 현전성이라고 했다. 이것을 청송은 『화엄경』의 명제 "십세의 고금이 바로 이 일념 속에 있다"(十世古今 當處一念)를 인증하여 자기가 말하는 절대 현재의 한 풍경으로서 '연(蓮) 잎 위에 구르는 아침 이슬'을 예시하고 있다.—이것은 그 티없이 맑은 이슬방울 속에 십세의 고금이 투명하게 한꺼번에 함축되어 있음을 비유해서 청송이 즐겨 쓰는 비유이다.

그는 또 후설의 파지변용의 전-공재(前-共在)를 예로 들어, 그 전-공재를 가로 잘라서 보면—이것을 가로(橫)의 지향성이라고 한다—그 단면에는 모든 과거가—마치 나무의 나이테처럼—(파지 계열로서) 한꺼번에 함축되어 있다고도 하고, 『기신론 법장소』(起信論 法藏疏)에 있는 명제를 인용하여 그 현재는 "시간이 비록 무량하다 하더라도 일념에 걷우어져 있다"(時雖無量 攝在一念)고 한다.[57]

이 일념의 찰나는 단순히 최소 단위의 시간을 가리키지 않고, 전후의 의식의 연속이 끊어진 거기, 즉 중간자고(中間自孤)에서 일체의 삼라만상이 현전하는 그 무념의 일념을 가리킨다. 그것은 일체의 존재자가 "무량의 시간, 천만 억겁 년(千萬億劫年)이 돌돌 말아서 무념지일념(無念之一念)인 당처일념(當處一念) 즉 '전후단속 중간자고'(前後斷續 中間自孤)의 한 찰나 속에 있다는 말이다."[58]

이것을 제대로 아는 것이 곧 견성이요 성불이다. 견성한 자가 보는 것과 과거 및 미래로 나아간 자(狂人) 즉 예견자가 보는 것은 바로 이 일념 속에 있는 현전자요 십세 고금(十世古今)이다. 그런 예견자가 본 것은 일념 속에서 현전하는 일체의 현전자요, 따라서 그렇게 보이게 하는 것은 다름 아닌 현전자를 현전케 하는 현전성에 다름 아니다. 현전자는 비-현재적 현재(ungegenwärtige Gegenwart)까지를 포함하는 현재에서 현전한다. 비-현재적인 것은 비-현전적인 것(das Abwesende)이다. 절대 현재는 이 비-현전적인 것까지 현전케 하는 현재요, 예견자는 바로 그것을 보는 자이다. 현재는 만유를 현전케 하는 지평이요, 이런 현재를 청송은 '현전상주(現前常住)'라 한다.

그런 현전성의 현재, 즉 "'이 비은폐성 속에서 현전한다'는 의미에서의 현전은 현재 아닌 현재라고 말해서 마땅할 것"[59]—그것은 '현재 아닌 현재'이다. 정확하게 말하면 이 현재는 '지금'의 현재가 아니라 과거 및 미래까지 포함하는 지평적 현재를 가리킨다. 그런 현재를 선에서는 어떻게 이해하는가?

---

57 『禪의 世界』, 262쪽.
58 같은 책, 262쪽.
59 같은 책, 255쪽.

(4) '편계부장 전기독로(偏界不藏 全機獨露)'의 현재

청송은 다시 저와 같은 현재를 보여주기 위해 『벽암록』(壁巖錄)에 있는 명제를 인용하여 절대 현재의 실상을 편계부장 전기독로(偏界不藏 全機獨露)라 한다. "편계부장 전기독로는 시방세계에 충만한 만상 차별의 하나 하나에 한 점의 감춤 없이 본체실상(本體實相)이 구원구현(具圓具現)한다는 말로서, 온 세계 일체가 은폐되지 않고 비은폐성에서 훤하게 현전하고 있음을 말한다."[60] 그는 이것을 다시 설명하고자 같은 곳의 '평창'(評唱)에 있는 "소이도 일처투(所以道 一處透) 천처만처일시투(千處萬處一時透)"─한 곳이 밝아지면 천 곳 만 곳이 일시에 밝아진다─를 인용하여 앞에서 말한 현재가 과거 및 미래의 시방세계에 이르기까지 삼라만상을 현전케 한다는 것을 말하고 있다. '온 세상에 감추어짐이 없이 몽땅 드러난다'는 말은 일체 삼라만상이 현전한다는 뜻이다. 이것은 현재의 현전성을 가리킨다.

한마디로 줄여서 말하면 절대 현재란 비현전자까지 포함한 모든 현전자를 현전시키는 현전성을 의미한다. 그것은 현재적 및 비-현재적 현재에 있어서의 현전자의 현전이기도 하다.

그러나 이런 청송의 '절대 현재론'은 시간론상 중대한 문제를 안고 있다. 그것은 과거와 미래 즉 비-현전성을 현재 속에 수렴하는 것이다. 다시 말하면 과거와 미래가 온데간데없이 사라져버리고 만 것이다. 그것은 영원이지 시간이 아니다. 삼론종(三宗論)의 항시 현재론이나 화엄 사상의 무시간성 그리고 청송의 절대 현재론은 사실은 시간론이라기보다는 영원론이다.

---

60 같은 책, 265쪽.

그러나 존재론상으로는 과거와 미래는 현재 속에 실제로 없다. 그것은 엄연한 사실이다. 이 절대 현재론은 청송이 존재론의 입장에서 존재 현전을 강조하다가 도달한 경지이지만, 한마디로 말하면 시간론 자체의 증발이기도 하다. 시간론이 어려운 이유 중에 가장 큰 문제는 이 당장에 없는 과거와 미래를 존재 현전의 원점인 현재와 어떻게 연속시키느냐, 즉 존재와 무의 연속성 문제이다. 절대 현재론은 이 문제를 과연 어떻게 해결해야 하는가? 이 문제는 청송의 시간론의 중대한 아포리아가 아닐 수 없다.

3) 절대 현재 속에서의 삶

선종의 제 문헌을 통해 청송이 주장하는 절대 현재, 그리고 그것과 하이데거의 존재론과의 비교를 낱낱이 다 언급할 수는 없다. 우리가 이 시점에 이르러 관심을 갖는 것은 그 절대 현재 속에서의 인간의 삶은 어떤 것이며, 그것은 일상적 생활 양식과 어떻게 구별되는가, 더 자세히 말하면, 선적 생활 태도는 어떤 것인가 하는 것이다. 우리의 삶이란 구체적으로는 '지금-여기'의 처지적 삶이다.

(1) 주객미분(主客未分)의 '지금-여기'

그러나 시간만 가지고서는 살아 있는 삶을 구체적으로 말할 수 없다. 거기에는 동시에 '어디', 즉 삶의 현장이 참여해야 한다. 그래서 삶은 '언제 어디', 더 자세하게는 '지금-여기'의 처지적 삶, 현장의 삶이다.

'지금-여기'란 어떤 것인가? 지금은 2000년 5월 16일(화)을 가리키고, 여기는 동북아의 반도 한국의 전주시에 있는 국립대학의 한 강의실을 가리키는가? 그것은 너무 추상적일 뿐 아니라 '지금-여기'의 처지를 제대로 규정하지도 못한다. 나는 지금 여기 전북대학에서 교수들을 상대로 세미나를 하고 있다. 지금-여기는 여러분과 내가 '청송의 시간론'이라는 주제적 사유 속에서 상회(相會)하는 이 현장이다. 우리는 다같이 나와 여러분이라는 주객의 분열 이전에 이 사유 속에 공속하고 있는 것이다. 다시 말하면 이 사유에의 공속에서 비로소 객관적 지금인 2000년 5월 16일과 여기인 전북대학이 규정되는 것이다. 만일 이 공속성이 없다면, 즉 나와 여러분이 이 세미나 속에서 하나되는 일이 없다면, 객관적(추상적)인 '5월 16일—전북대학'이라는 것은 우리에게는 애당초 있을 수 없다.

'2000년 5월 16일 전북대학'이라는 것은 근원적 지금-여기를 반성할 때, 즉 '내가 있는 지금은 언제이고 여기는 어디인가?' 하고 반성할 때, 지금은 2000년 5월 16일(화)이고 여기는 전북대학이라고 규정된다. 그런 되물음(반성)이 있기 이전의 그때·거기, 그때는 절대적 현재이고 거기는 절대적 여기인 것이다. 엄격하게 말하면 그것은 지금-여기라고 하기 이전이다.

다른 예를 하나 더 들어보자. 내가 어느 영화관에서 영화를 감상하고 있다고 하자. 그때 그 시간과 그곳 어느 극장이라는 규정 이전에, 나는 그 시간에 거기에 있다는 것도 잊어버리고, 그 영화 장면에 빠져서 주인공이 되어 실지의 주인공과 함께 사유하고 활동한다. 그것은 화면 속의 주인공과 나를 분리해서 생각하기 이전이다. 주객이 분리되어 나와 화면의 그림이 따로 놀면 영화를 보고서도 안 본 것과 다름 없다. 그것이 '지금-여기'인 것이다. 말하자면 마치 사랑하는 두 남녀가 서로 나와 구별되는 너를 의식하지 않고, 즉 나와 너가 분리되지 않은 그런 양식으로 사는 삶의 현장과 같다. 그것이 진정 사랑하는 삶의 방식이다. 나와 너가 분리되는 날엔 사랑은 끝나고 타산과 적대감만 남는다.

(2) 무행(無行)의 행(行)

청송은 『하늘과 땅과 인간』이라는 수상집 선화(禪話)에서 효자의 예를 들고 있다. 옛날 어떤 고을에 저녁에 잠자리를 살펴드리고 아침에 문안드리는(昏定晨省) 유명한 효자가 있었다. 그는 자기만한 효자가 있는가를 찾아보기 위해 효자순례 길에 나섰다. 어느 고을에 이르니 정말 효자가 있다는 소문이 들려오는지라 그 집에 찾아가 보니 선머슴 같은 젊은이가 나무를 한 짐 해다 내던지고는 '엄마, 물 줘!' 하고 소리를 지르는 게 아닌가? 그러자 늙은 어머니가 허둥지둥 냉수를 떠다주고 미소지으며 아들의 발을 씻어주는 것이다. 이것을 본 저 효자는 대경실색하지 않을 수 없다.

그러나 이 우화를 소개하면서 청송은 저 유명한 효자의 그 효도 훌륭하지만 그보다도 어머니를 즐겁게 해드리는 나무꾼의 효도가 '공용이 없는 공용'(無功用之功用)이며 '행하되 행함이 없는 행'(行無之行)의 효도로서 더 값지다고 평한다. 효도를 하려는 의도 없이 하되 그것이 어머니를 즐겁게 하는 것이라면 그야말로 무념(無念)의 일념(一念)에 합치한다는 것이다. 그것은 보시(布施)를 하되 보시하는 자도 없고 받는 자도 없이 그냥 보시의 현행만 있는 것과 같다. 이것이 무행(無行)의 행(行)이다. 청송은 또 동정(同情)이라는 것은 정을 베푸는 자와 정을 받는 자가 정(情)에서 일치하는 것이라고 말한다.

우리의 마음은 허공과 같아서 사물에 따라 형태를 나타내니 마치 달이 물 속에 자기를 만 가지로 비치는 것과 같다고 할 것이다.

(3) 상생(相生)의 삶

하이데거는 「지어서 살고 사유한다」(Bauen Wohnen Denken)는 강연문[61]에서 사람이 사는 것은 보살피는 것(Schonen)이라고 말한 바 있다. 인간은 하늘과 대지 사이에서 비운명적인 것, 즉 신적인 것을 마주하고 경외하면서 운명적 존재자로 죽음을 향해 유한한 삶을 산다. 그 인간의 삶을 통해 가령 우리가 세우는(짓는) 다리(橋)는 양쪽 강안을 연결하여 사람의 삶의 터전을 이루는 것으로 있다. 사람의 삶 속에서 만나는 그 다리는 어디에 얼마나 크고 무엇으로 만들어졌느냐고 따지는 과학적 연구 대상 이전에 삶의 자리로 있다. 그것은 사람의 삶의 한 경위(境位)이다. 하물며 위상(位相)으로서의 공간은 거기에는 아직 없다. 위상 공간은 사물을 몇 번이고 전재성(前在性)에로 환원함으로써 비로소 드러나는 것이다. 이 인간의 삶 속에서 예컨대 불국사의 백운교와 청운교는 인간 세상과 천상계를 잇는 다리로서, 인간이 악을 멀리하고 선을 지향하는 초월의 한 상징으로 되는 것이며, 그냥 전재자(前在者)로만 바라본다면 그것은 돌덩이로 된 층계에 불과하다.

청송은 사람이 천지신명 앞에서 사는 모습을 『하늘과 땅과 인간』에서 '살림살이'라는 말로 보여주고 있다. 살림살이란 일차적으로는 생활 도구, 세간살이를 의미하지만 보다 근원적으로는 생활(生活)이라는 한자가 가리키듯이 '낳고 사는 활동'이라는 것이다. 낳고 살리면서 사는 것이 살림살이라고 한다. "인간 생활이란 낳고 살리며 사는 생활—낳고 기르고 살리며 사는 살림살이인 것입니다. 가정은 낳고 살리며 사는 애육(愛育)의 살림살이이고, 농업은 작물을 가꾸고 도구를 만들며 또 그것들을

---

61 *Vorträge und Aufsätze* 참조.

보호하고 살리며 사는 인간으로서의 살림살이인 것"[62]이다.

이 살림살이가 아니었던들 인간의 삶은 의미를 잊어버리고 말 것이다. 그리하여 청송은 인간이 아니었더라면 이 천지와 우주 만물은 있지도 않았을 것이라고 한다. 그는 인간으로서 겪는 희비애락을 차라리 아름다운 삶의 모습, 삶의 풍경으로서 그리고 있다.

불교 특히 선종에서는 늘 유염간택(惟厭揀擇)!— 다만 옳고 그른 것을 분간하고 선택하지 말라!는 말을 입에 물고 다닌다. 그것은 시비를 이르키는 근원이라는 것이요, 따라서 일제 평등에 어긋난다는 것이다. 청송은 남에 대해 이러쿵 저러쿵 평가하는 것을 보지도 않고 보이지도 않으려고 노력한다. 부득이 평가를 해야 할 처지를 당하면 그 사람의 장점을 들어 칭찬하는 것으로 대신했다. 그것이 상생(相生)의 삶인 것이다.

(4) 차안(此岸)에 대한 절대적 긍정

선적 생활은 현실에 대한 절대적 승당(承當)이다. 그러기에 죽은 뒤에 있으리라고 가정되는 천상·인간·수라·아귀·축생·지옥의 육도윤회(六途輪廻) 따위는 망상의 산물, 즉 망유(妄有)인 것이다. 육도윤회라는 것은 어리석은 자들이 악한 짓을 못하게 하는 일종의 교화의 방편에 불과하다. 실상의 세계는 오직 이 현재의 현실적 세계—그 세계에서의 이 한 번의 삶뿐이다. 중요한 것은 그것을 '탐내고 성내고 어리석음'(貪瞋癡)의 세 독을 가지고 보지 않음은 물론이고 보광명지(普光明智)로 보는 것이다. 그것이 곧 해탈의 경지이기 때문이다.

청송은 수상집 『하늘과 땅과 인간』을 통해 무한성을 상징하는 하늘

---

[62] 『하늘과 땅과 인간』, 140쪽. 살림살이는 '살림-살이' 즉 '살리면서 사는 것'이라는 뜻.

과 생육의 땅 사이에서 유한하지만 자자손손(子子孫孫)으로 이어갈 생명을 향유받아 사는 인간의 삶의 모습을 시적으로 기록해놓았거니와, "인간으로 태어나는 것은 마치 망망한 창해에서 눈 먼 거북이가 구멍 뚫린 통나무에 얼어 걸리는 것보다 더 희한한 일"이라고 하면서 그러기에 인생은 이처럼 아름답고 단명한가 보다[63]고 안타까워하고 있다.—인생살이는 우수사려(憂愁思慮)로 가득 차 있어서 그 삶의 과정 과정에서 겪는 즐겁고 슬픈 일, 성공과 실패로 엎치락뒤치락하는 것이 풍경화와도 같고 쌍주곡 같기도 하여 인생의 희비는 천지의 운행과 숨결을 함께 한다고도 한다.

"아! 드높은 하늘은 생(生)의 기쁨을 가득 차게 할 만큼 용량을 가지고, 육중한 대지는 실의(失意)의 슬픔을 어루만져주는 자비(慈悲)를 가진다. 그러기에 인간은 득의(得意)의 기쁨을 안았을 땐 하늘을 향해 앵금발로 뛰고, 실의의 슬픔에 어쩔 줄 모를 땐 땅 위에 펄썩 주저앉아 엉엉 운다. (…) 희비(喜悲)의 운율(韻律)이 없었던들 대기는 얼어붙고, 희비의 색채가 없었던들 공간은 암흑에 잠겨버리고 말았을 것이다. 온통 천지(天地)의 명암은 인생희비(人生喜悲)에의 협주곡(協奏曲)이다. 그 얼마나 아름다운 자연이며 그 얼마나 기쁜 인생인가! / 천재일우(千載一遇)의 인연으로 맺어졌기 때문에 인생은 이처럼 아름다운 것일까?"[64]—이것이 청송이 살고 보고 느끼는 인간의 삶이다. 그것은 연 잎 위에 구르는 아침 이슬방울 같은 아름다운 인생이다.

절대 현재론은 이 차안의 실상에 직면하여 종교적 이데올로기로 도피하지 않고 있는 그대로의 세계와 삶을 담담하게 절대적으로 수용하는

---

63 『禪의 世界』, 13쪽, 緒言.

64 같은 책, 14쪽.

태도를 가리킨다.

청송은 이 세상에 생을 얻어 살고 가는 마지막 길에 대비하여 스스로 하세시(下世詩)를 지어 묘비명으로 삼고자 한다. 「청송제주인하세시」(聽松齊主人下世詩)가 그것이다.

산은 첩첩하고 물은 겹겹으로 갈 길을 막는데
나는 어디로 가는고
산비둘기 한 번 울고 석양 바람에 날아가더니
다시는 돌아오지 않는구나
강산이 적막하다
나머지 일은 말하지 말라
천지는 현황하고
우주는 홍황하다
(山疊疊 水重重
何處去
山鳩一聲
飛去夕陽風
去不歸
江山寂寞
莫道
其餘事
天地玄黃
宇宙洪荒)

이것은 참으로 있는 그대로의 차안의 생을 절대적으로 수용하는 대
담한 긍정이다. 사후의 영역은 천당도 지옥도 아니다. 그런 것들은 종교
적 교의가 만들어놓은 망유이다. 거기 대해서는 이러쿵저러쿵 말할 것이
못 된다. 그럼에도 구태여 말한다면 거기는 내가 태어나기 이전의 자연
상태 즉 개벽 이전의 천지 현황 · 우주 홍황일 뿐이다.

C. 결론

　우리는 이제까지 불교의 시간관을 고찰하고 마지막으로 청송-선(禪)의 시간 사상—절대 현재론—에까지 이르렀다. 불교의 시간 담론은 설일체유부(說一切有部)의 시간 실유론(구사론)과 거기 대한 비판(경량부)에서부터 시작한다. 구사론의 시간 실재론은 과거사와 미래사가 각기 우리 의식의 대상이 되느니 만큼 과거사 및 미래사와 함께, 과거와 미래도 현재가 실재하듯이 실재한다는 것이다. 경량부에서 과거와 미래의 실유를 증유(曾有)와 당유(當有)라고 수정한다.

　그러나 유식론에서는 존재하는 것은 오직 현재뿐이며 과거와 미래는 종자훈습(種子薰習)의 인(因)과 과(果)로 인해 결정된다고 주장한다. 현재의 연속성과 단절성에 대해서는 아라야식이 끊어지기도 하고 항상되기도 하다(爲斷爲常)는 이론으로 설명한다. 유식론의 시간 사상은 항시 현재론이다.

　삼론학파(三論學派)는 파사현정이라는 기치를 내걸고 유식론의 항시 현재론을 부정한다. 왜냐하면 현재란 과거의 인(因)을 기다려서 있게 되고 미래는 현재의 인을 기다려서 있게 되는데 그러려면 현재는 이미 인으로서 과거 속에 있어야 하고 미래는 인으로서 현재 속에 있어야 한다.

그렇게 되면 과거·현재·미래라는 시간 양상에 구별이 없어진다. 그것은 모순이다. 그러므로 시간 자체를 부정해야 한다는 것이 삼론종의 견해이다.

화엄(華嚴) 사상은 십현연기(十玄緣起)가 동시구족(同時具足)으로 상즉상입(相卽相入)하여 지상과 천상에 중중제망(重重帝網)의 연기로 장엄한 연화세계를 이루는 이상경을 설파하는데 여기서는 무량겁의 시간이 곧 일념(一念) 속에 거두어져 있다는 것이다. 따라서 시간은 과거·현재·미래로 분열되지 않고 한꺼번에 현재로서 만개한다. 이것을 청송은 이통현의 "시간에는 천이가 없다"(時無可遷也)는 주장에 입각하여 '무시간성'이라고 한 것이다. 그러나 시간의 천이라는 것은 시간에 어떤 결손이 있다는 것을 전제하는 것인데 화엄세계에는 결손이 있을 수 없으므로 이통현도 '시간에는 천이가 있을 수 없다'고 한 것이다. 이 점을 적극적으로 고려한다면 화엄종의 시간은 일체가 유일하게 이루어진 현재만이 있다는 유일 현재론 또는 일체 현재론이라고 해야 마땅할 것이다. 유식 사상의 항시 현재론의 수용인 셈이다.

이상의 제 논의를 한마디로 요약하면 유식론의 항시 현재론—삼론종의 시간 부정론—화엄종의 원만 현재론은 같은 궤도 위에 있으며, 불교의 시간 논의는 이 화엄론에서 완성된다.

선-청송의 사상은 모든 자질구레하고 현기증나는 이론을 쓸어버리고 무념의 일념 속에서 만유의 현전을 직하에 보려는 것이다. 거기서는 시간은 삼라만상이 한꺼번에 현전하는 절대 현재로서 천명된다. 그것은 현세에 대한 절대적 긍정이기도 하다. 계보적으로 선종은 유식론과 화엄 사상을 잇고 있으나 앞에서 검토한 여러 불교의 시간론의 마지막 단계에서 그 총 결론이기도 하다. 이 점에서 청송이 천명하는 화엄론의 '무시간성'과 청송 자신의 '절대 현재론'은 표리 관계에 있다고 할 수 있다.

서구의 시간론의 전개 과정에서 또는 불교의 여러 교리의 전승과 반전에서 보듯이, 시간에 관해서는 실로 논의가 분분하다. 그 중에서도 서양의 시간론 속에서는 특히 과거와 미래를 어떻게 현재와 연속시키느냐, 다시 말하면 시간의 연속성의 문제가 난제로 남아 있다. 이를 위해 현재는 지금과 달리 지평을 갖는다고도 하고, 혹은 기억이 (기대와 함께) 그 연속성을 보장한다고도 하였다. 나아가서 파지·예지를 가지고 거기를 메운다는 이론까지 등장하였다. 그리고 존재론적 차원에서 '이음새'라는 개념을 가지고 그 잇는 주체가 자아라는 담론에까지 이르렀다. 즉 잇는 주체가 곧 연속성을 보증한다는 것이다. 그런데 청송의 절대 현재론은 그런 난제를 처음부터 남기지 않는다. 절대 현재에서는 그런 현기증나는 문제가 아예 제기되지 않는다. 이 점이 매우 선적이라고 할 것이다. 그리고 그것은 우리 민족의 현세 긍정의 사상과 부합하기도 한다.

그러나 절대 현재론은 과거와 미래를 존재인 현전적 현재 속에 흡수해버린 것이다. 다시 말하면 과거와 미래가 없어진 것이다. 과거와 미래가 현재 속에 흡수되어버리면 시간은 흐르지도 않고 인생은 늙지도 않게 된다. 시간론의 아포리아는 무인 과거와 미래를 존재인 현재와 어떻게 연속시키느냐 하는 것이다. 그런데 절대 현재론은 과거와 미래를 아예 없애버린 것이다. 그것은 시간 자체를 부정한 영원론이지 시간론이 아니다.

청송의 선 연구의 의의는 현대 서양 철학의 여러 사유와 언어를 가지고 선 사상을 구명-해석함으로써 선으로 하여금 살아 있는 사유이게 하고, 동서의 두 사상 사이에 가교를 놓아 두 사상이 대화할 수 있도록 하였으며, 나아가서 한국 선 불교의 전통을 철학적으로 중흥시켰다는 데 있다고 할 수 있다.

제7부 │ 시간의 비실재성과 분석철학적 시간론

시간에 관한 이제까지의 철학적 논의는 그리스 철학과 그 연장선상에 있는 신플라톤주의, 그리스도교의 등장으로 인한 새로운 시간 사상과 영원관 그리고 근세에 들어와서는 독일과 프랑스 철학자들의 시간론이 주종을 이루었다. 말하자면 영어권의 시간 사상에 대해서는 거의 언급이 없는 셈이다. 영어권 철학의 시간론은 없는 것인가? 현대의 언어철학적 시간관이 분명히 있음직한데 우리 나라에서는 거의 소개되어 있지 않은 것 같다.

영국의 신헤겔학파에 속하는 맥타거트(John Mctaggart Ellis Mctaggart, 1866~1925)는 헤겔의 영향하에 영국 관념론을 형성한 그룹에 속하는 철학자이다. 생애의 마지막 무렵에 저술한 『존재의 본성』(*The Nature of Existence*, vol.1, 1921, vol.2, 1927)은 존재의 일반 범주론이라 할 수 있다. 그 서론에서 표명하고 있듯이, 이 범주론은 헤겔의 존재 개념을 원용하고 있다. 그러나 그 방법은 변증법적이 아니라 언어 분석적이다. 시간의 비실재성(unreality of time)을 주장하는 대목에서 이미 관념론자다운 분위기를 엿볼 수 있거니와, 시간이 실재적이 아니라는 그의 주장은 그 뒤 영미 분석철학의 시간론과 그 연장선상에서 논의되는 시제 논리(時制論

理, tense logic)의 형성에 결정적 영향을 미쳤다. 즉 언어로 외화된 시간론이 그로부터 시작되는 것이다.

시간의 비실재성에 대한 그의 주장은 이미 *Mind* XVII(1908)에 발표된 바 있는데, 그것을 그는 『존재의 본성』, vol.2의 제5권에서 재천명하고 있다.

게일(Richard M. Gale)은 『시간의 언어』(*The Language of Time*, 1963)에서 맥타거트의 패러독스와 그 이후의 영미 철학계의 시간에 대한 철학적 담론을 상세하게 소개하고 있다. 우리는 이 두 저서를 간추려서 소개하는 것으로 영미 철학계의 시간론에 대한 논의를 가름하고자 한다.

1. 맥타거트의 패러독스 : 시간의 비실재성

맥타거트에 따르면 시간에 대한 언어적 표현에는 두 가지가 있다. 하나는 시간 속에서 생성 소멸하는 사건의 추이 즉 변화에 주목할 때의 표현이고, 다른 하나는 그 사건이 점유하는 시간 위치를 마치 하늘에서 내려다보듯이 바라볼 때의 표현이다. 전자의 경우는 흔히 과거·현재·미래라는 시간 양상으로 표현되고, 후자는 '먼저'(earlier)·'나중'(later) 등 사건의 선후 관계로 표현된다. 전자가 '흐르는 지금'(nunc fluens)의 입장이라면 후자는 '정지하는 지금'(nunc stans)의 입장이다. 전자는 시간 속에서 이행하는 사건에 주목하고, 후자는 시간 속에 자리매김된 사건의 시위(時位)에 초점을 맞춘 것이다. 맥타거트는 전자를 A계열 또는 A규정(A-series or A-determination), 후자를 B규정 또는 B관계(B-determination or B-relation)라 한다.

가령,

　　1) 이순신 장군은 마지막으로 패퇴하는 왜군을 노량해역에서 맞아 싸우다가 대첩을 목전에 두고 적의 유탄에 맞아 전사하였다.

　　2) 그것은 임진왜란이 발발한 1592년에서부터 6년이 지난 1598년, 그의 나이 53세 때의 일이다.

에서 1)은 A계열이고, 2)는 B관계이다. A계열은 이순신 장군이 죽음을 맞이한 사건의 경과에 대해 서술한 것이고, B관계는 그 사건의 시위상의 관계를 표현한 것이다. 후자는 시위에 고정되어 불변적이다.

맥타거트는 B관계가 시간에 '본질적'(essential)인 것이기는 하지만 그것은 A계열을 전제하는 것이므로, 즉 A계열 없이는 성립할 수 없는 '시간-관계'(time-relation)에 불과하므로, A계열이 '궁극적'(ultimate)이고 '기본적(fundamental)이라고 한다. 그런데 문제는 이 A계열에 있다.

시간 안에서의 사건의 추이란 변화를 가리킨다. 맥타거트에 따르면 사건이란 먼 미래에 있다가 가까운 미래로 다가와서 현재에서 발생하고 과거로 넘어가면서 소멸하여 더 먼 과거로 사라진다. 이것에 대해 우리는 과거·현재·미래라는 낱말로 표현한다. 그에 따르면, 그러나 A계열은 다분히 주관적·임의적이다. 다시 말하면 그 사건을 어느 시점에서 보느냐에 따라 미래적일 수도 있고, 과거적일 수도 있다. 만일 우리가 임진왜란 발발 전에 자리잡고 이순신 장군의 죽음을 생각한다면 그것은 먼 미래의 일이 될 것이고, 정유재란(丁酉再亂)에서 본다면 그것은 과거의 일이다. 그러므로 과거·현재·미래라는 시간 양상은 그 자체로 독자성을 가진 것이 아니다.

우리는 대개 A계열과 B관계를 혼합해서 즉 무분별적으로 생각하기 때문에 과거·현재·미래라는 용어를 사용한다. 부연하면 사건의 추이를 시위에 올려놓고 사건이 가능적인 것으로 있는 경우, 즉 그 사건이 지금보다 '나중'(later)에 올 경우를 상정하여 '미래'라 하고, 그 반대의 경우, 즉 사건의 발생이 지금보다 '먼저'(earlier)일 경우를 가리켜서 '과거'라 한다. 그러나 B관계를 제거하고 A계열만 가지고 보면 사건은 과거적인 것일 수도 있고 동시에 미래적인 것일 수도 있다. 즉 과거는 동시에 미래일 수 있다는 것이다. 이것을 그는 시간의 패러독스(paradox of time)라 한다. 그것은 시간이 실재적이 아님(unreal)을 함축한다. 그에게는 시간의 패러독스란 곧 시간의 비실재성을 가리킨다.

전술한 바와 같이, 맥타거트의 이 비실재적 시간 논의는 그 이후의 영미 철학의 시간론을 A계열론과 B관계론으로 분열시키고 있다.

2. B이론의 요지

그 뒤의 분석철학자들은 이 패러독스에 대답함에 있어 A와 B 두 계열 중 어느 쪽을 근원적이라고 보느냐에 따라 두 파로 나뉜다. 아래에서 나는 게일의 예에 따라 먼저 B계열의 주장의 논지를 간단하게 소개하고자 한다. B계열의 주장을 그는 B이론이라 한다.

여기에 속하는 논객들은 논리적 원자론자, 논리적 실증주의자, 합리적 개혁논자를 포함하는 수리 논리학자들과 이론 물리학자들이다. B이론의 현대적 해석의 아버지는 러셀(B. Russel, 1872~1970)인데 그를 추종하는 철학자는 브레이드웨이트(R.B. Braithwaite), 듀카스(C.J. Ducasse), 그륀바움(A. Grünbaum), 에이어(A.J. Ayer), 콰인(W.V. Quine), 굿맨(N.

Goodman), 윌리엄스(D.C. Williams), 그리고 스마트(J.J.C. Smart) 등이다. 이들은 대개 B이론을 구성하는 다음 네 주장에 동의한다.

1) A규정은 사건들 사이의 B관계로 분석될 수 있기 때문에 A계열은 B계열에 환원될 수 있다.

2) A규정은 지각자에 대한 B관계를 포함하므로 시간적 생성이라는 것은 심리적인 것이다. 즉 A규정은 주관적이다.

3) 모든 사건은 다같이 실재적이므로 B계열은 객관적이다.

4) 변화는 오직 단일한 사물의 질적으로 다른 상태 사이의 B관계를 사용해서 분석할 수 있다

아래에서 우리는 각 항의 주장의 요지를 개진하고 거기에 따르는 견해들을 소개한다.

1) A규정은 사건들 사이의 B관계로 분석될 수 있기 때문에 A계열은 B계열에 환원될 수 있다

B이론에 따르면 사건은 단순히 과거·현재·미래를 거쳐서 이행하는 것이 아니라, 다른 사건보다 먼저, 다른 사건과 동시 또는 다른 사건보다 나중일 뿐이다. 그리하여 A규정은 B관계로 환원할 수 있다. 굿맨은 과거·현재·미래를 2항 술어로 환원될 수 있음을 다음과 같이 말한다.

'과거'·'현재'·'미래'는 시간의 명칭이라기보다는 '…는…에 대해 과거이다', '…는…에 대해 현재이다', '…는…에 대해 미래이다' 라는 무시간적 2항 술어이다. 그것은 각각 '…는…보다 먼저이

다', '…는…와 동시이다', '…는…보다 나중이다' 라는 무시간적 술
어로 번역될 수 있다.[1]

하나의 사건은 단순히 과거·현재·미래에 있는 것이 아니라, 어떤
선택된 다른 사건 '보다 먼저'이거나 그것과 '동시적'이거나 그것 '보다
나중'인 것이다. 그런데 그 선택된 사건이란 대개 문제의 사건에 대해서
시제적 명제를 발언하는 언어적 사건이거나 이 사건에 대해 기억·지
각·기대하는 심리적 사건이다. 전자를 언어적 환원이라 하고, 후자를
심리적 환원이라 한다.[2]

환원이란, 언어적 환원의 경우에서 짐작할 수 있듯이, 발언자에로의
자기 회귀—발언자인 자기에게로의 회귀—의 수행이다. A규정의 B관
계로의 환원 가능성 속에는 A규정 속에 발언자인 인간이 있다는 것이 전
제되어야 비로소 가능하다. 즉 A규정은 주관적이다.

2) A규정은 지각자에 대한 B관계를 포함하므로
시간적 생성이라는 것은 심리적인 것이다

심리적 환원은 언어적 환원의 보유와 같은 것이다. A규정은 사건과
발언자 사이의 B관계를 지시한다고 주장하는 것이 언어적 환원인데, 심
리적 환원은 거기에다가 A규정은 발언자의 특정한 신념 상태—그 사건

---

1 같은 책, 17쪽에서 재인용. 게일은 N. Goodman, *The Structure of Appearence*, 1951, p. 295
  에서 인용하고 있다.
2 가령 언어적 환원의 예를 보면 다음과 같다. 이것은 발언자를 기준으로 하는 것이다.
  사건 e는 과거에 생겼다→사건 e는 이 발언보다 먼저이다.
  사건 e는 현재 생기고 있다→사건 e는 이 발언과 동시적이다.
  사건 e는 미래에 생길 것이다→사건 e는 이 발언보다 나중이다.

에 대해 그가 지각하고 기억하고 또는 기대하는—를 표현하기도 한다고 첨가하는 것이다.

러셀에 따르면 A규정은 심리학에서 이끌어낸 관념에 불과하다. 이 관념을 이해하기 위해서는 의식에 조회해야 한다. '과거'가 의미하는 바를 이해하기 위해서는 과거의 경험에 조회할 필요가 있고, '현재'가 의미하는 것을 이해하기 위해서는 우리의 지각에 조회해야 한다. '현재 있다'는 말은 '감각적 지각의 대상이 있다'는 뜻이기 때문이다. 이와 같이 자연적 사건의 시간적 생성은 그것을 잉태하고 있는 기억·지각·기대로 구성되는 정신적 사건의 계열에 대한 B관계로 분석 가능하다는 것이다. A규정은 심리적인 것이다.

3) 모든 사건은 다같이 실재적이므로 B계열은 객관적이다

이상과 같이 A규정은 언어 사용자이든 지각자이든 주관에 조회하는 것이므로 주관적이다. 이 주관에의 환원을 앞에서 우리는 자기 회귀라고 말한 바 있다. 그런데 B관계는 주관과 관계없이, 즉 언어 사용자나 지각자에 의존하지 않고, 독자적으로 성립하는 것이므로 그만큼 객관적이다. B계열은 객관 세계를 반영하고 거기에 의존한다. B관계는 논리적이고 보편적이다.

4) 변화는 오직 단일한 사물의 질적으로 다른 상태 사이의
B관계를 사용해서 분석할 수 있다

한마디로 말해서 시간적 지속을 요하는 모든 질적(내지 양적) 변화는 B관계만으로 분석하고 설명할 수 있다는 것이다. 자세히 말하면 B계열은 1) 시간의 변화, 즉 사건의 A규정에서의 변화에 대해 설명하기에 충분하고, 2) 시간 안에서의 변화, 즉 사물의 질적·양적 변화에 대해 충분히 설명할 수 있다는 것이다.

1)의 변화는 시간적 생성인데 이에 대해서는 언어적 환원과 심리적 환원으로 설명한 바 있다. 2)에 대해 러셀은 다음과 같이 해석한다. 사상 a는 시간 T에 관하여 P이다. 동일한 사상 a는 시간 T′에 관하여 Q이다. 마찬가지로 a는 T″에 관하여 R이다. 그런데 $Pa \equiv Qa \equiv Ra$라고 한다면 시간에 있어서의 변화라고 하는 것은 사상 a의 무시간적 계기라고 할 수 있다. 이때 시간은 단지 사상의 순서에 불과하게 된다. 그러나 Pa가 진이고 Qa가 위라고 한다면 시간은 단순한 사상의 순서만은 아니다.

이상으로 맥타거트의 패러독스에 대한 B계열론자들의 주장은 전적으로 논리주의에 입각해 있음을 알 수 있다.

3. A이론의 요지

이런 B계열론자들의 주장에 대해 A계열론자들의 주장은 어떠한가? 먼저 그 대표자들은 누구인가? 브로드(C.D. Broad)를 필두로 하여 브로드의 견해에 동조하는 스테빙(L.S. Stebbing), 존 위스덤(John Wisdom), 마아헹크(P. Marhenke), 프라이어(A.N. Prior), 셀라스(D. Sellars), 햄프셔(S. Hampshire), 스트로슨(P.F. Strawson) 및 파인들레이(J.N. Findlay) 등이 그 부류에 속하는 사람들이다. 게일은 A계열의 주장에 대해서도 네 가지로 요약하고 있다.[3]

---

3 같은 책, 24쪽 이하.

1) B관계는 A규정으로 분석될 수 있기 때문에 B계열은 A계열로 환원될 수 있다.

2) 시간적 생성은 모든 사건에 대해 본질적이다.

3) 과거와 미래 사이에는 중요한 존재론적 차이가 있다.

4) 변화는 A계열을 필요로 한다.

1) B관계는 A규정으로 분석될 수 있기 때문에 B계열은 A계열로 환원될 수 있다

B계열은 A계열로 환원될 수 있다. 가령 'M은 N보다 먼저이다'라는 B관계는 'M이 현재이면 N은 미래이고, N이 현재이면 M은 과거이다'를 의미한다. 이것은 맥타거트가 A규정으로 B표현을 정의한 것과 같다. 즉 비시제적 명제를 시제적 명제로 고침으로써 (B계열을 A계열로 환원함으로써) 그 의미가 훨씬 분명해진다. 그것은 시제를 지시해줌으로써 대상을 보다 분명하게 파악할 수 있기 때문이다.

그러나 앞에서 본 바와 같이 A규정을 B관계로 환원하면 시간 양상과 시제가 없어지고 사건들 사이의 시간 위치상의 불변적 관계만 남는데 그것은 실재적 대상 파악에 대해 너무 추상적이다. 이와 같이 A계열과 B계열은 상호 대칭적이 아니다. 즉 B계열을 A계열로 환원하는 것은 실재성 파악을 위해 가능하지만 그 역은 불가능하다.

2) 시간적 생성은 모든 사건에 대해 본질적이다

'현재 있다'를 '감각적 지각의 대상이 있다'로 환원하는 B계열론자는 A계열을 심리적·주관적이라고 물리쳤으나, 지각자나 발화자에 환원하지 않고서는 관념적이 아닌 자아 현상이나 심리 현상, 즉 실재적인 것은 파악될 수 없다. B계열을 오히려 A계열로 환원해야 한다. A계열은 실재성 범주이기 때문이다.

3) 과거와 미래 사이에는 중요한 존재론적 차이가 있다

A계열론자에 따르면 시간적 생성이 객관적일 뿐 아니라 과거와 미래 사이에는 존재론적 차이가 있다. 즉 과거는 닫혀 있는 데 반하여 미래는 열려 있다. 과거가 필연의 세계라면 미래는 가능의 세계이다. 이와 같이 과거와 미래는 논리적으로나 존재적으로 비대칭적이다.

그리하여 1) 과거의 일에 대해서는 진위의 판단이 가능하지만 미래의 일에 대해서는 그것이 불가능하다. 2) 미래의 일에 대한 언명이 일반적이라면 과거의 일에 대한 언명은 단칭적이다. 이것은 과거의 일에 대한 언명의 주어가 특수적·개별적임을 함축한다. 1)에 의거하면 과거와 미래 사이에는 존재론적 차이만 있는 것이 아니라 인식론적으로도 구별된다. 과거에 대해서는 어느 정도 확정 판단이 가능하지만 미래에 대해서는 무한 가능성을 열어놓는 예상 판단밖에 할 수 없기 때문이다.

그뿐 아니라 사건의 시간적 생성을 부정하고 B관계만을 진리라고 주장하여 모든 사건을 B관계만을 가지고 설명한다면, 모든 역사적 사건은 동시적인 것(totum simul)이 되고 만다.

4) 변화는 A계열을 필요로 한다

그러나 시간적 생성을 부정하고 모든 것을 논리적 관계로 환원하는 B논자들에게는 앞의 존재론적 차이에 대해서는 속수무책이다.

좀더 일반적으로 말하면 종래 공간은 일반화의 원리이고 시간은 개별화의 원리(principium individuationis)라고 알려져왔다. 세상은 무수한 개별적 사물로 구성되어 있을 뿐 아니라 우리는 이 개별자들과 만나서 생을 영위하는데 이것들을 개별자이게끔 하는 것은 다름 아닌 시간이라는 것이다. 그런데 만일 이 시간을 전부 논리적 구조로 환원해버리면, 개별자는 성립될 근거가 없어지고 만다. 아니 현실 자체가 논리의 세계로 증발한다. 시간을 전제하지 않으면 변화를 설명할 길이 없다. 변화 자체가 시간 위에서 비로소 가능한 것이다. B논자들이 말하는 시간은 시간이 아니라 메타(meta)-시간인 것이다.

4. 맥타거트의 시간의 비실재성론에 대한 비판

이상과 같이 맥타거트의 문제 제기에 대한 두 진영의 주장을 소개한 뒤에 게일은 아래와 같은 대답을 맥타거트에게 돌려주고 있다.[4] A이론은 A계열이 필연적이고 기초적이라는 맥타거트의 적극적 테제에 동의하지만, A계열이 패러독스를 포함하고 있다는 소극적 테제에 대해서는 동의하지 않는다. 맥타거트가 B관계 속에서 예시되는 시간의 정태성과 A계열 속에 포함되어 있는 시간의 동태성을 결합하지 못한 것은 B관계 속에서 사건을 실체화한 데서 기인한다.

여하튼 맥타거트가 시간에 대한 표현을 A계열과 B관계로 구분한 것은 참신한 발상이다. 이것을 가지고 시간 표현을 더 정확하게 하게 되었다는 것은 그의 공적이 아닐 수 없다. 그가 폭로한 시간의 패러독스는 그 뒤의 영미 철학으로 하여금 시제 논리를 발전시키는 계기가 된 것도

---

4 같은 책, 30쪽 이하.

사실이다. 나아가서 가능성의 논리(즉 양상 논리를 포함한 deontic logic)
의 전개에도 도움을 주었을 것이다. 그리하여 현대 영미 철학의 흐름에
따르면 시간을 논리적 차원으로 끌어들여 시간 문제를 논리주의적 입장
에서 구명하려고 한다. 영미 철학자들은 예컨대 시간 양상의 문제를 (존
재 차원은 떼어내고) 시제(tense)의 문제로 본다.[5] 시제의 논리는 논리학
또는 문법학 분야의 중요한 주제로 등장하고 있다. 즉 현대 영미의 논리
주의 철학에서는 시간 문제는 시제의 논리로 해소되어버린 것이다.

내가 보기에는 그러나 맥타거트가 제기하는 시간의 패러독스는 명칭
은 선정적이지만 내용은 선명하지가 않다. 그에 따르면, A계열이 그 자
체 안에 패러독스를 포함하고 있으므로 시간이 비실재적이라는 것인데
그것은 시간 자체의 성격에서 연유한다. 시간이 그 자체 안에 패러독스
를 내포하고 있다는 지적은 어제 오늘의 이야기가 아니다. 시간은 본디
패러독스를 내포하고 있다. 시간 안에 있는 것들 사이에서는 모순이 성
립하지 않지만, 시간은 유와 무의 모순으로 진행한다. 사건의 추이가 가
능적 미래로부터 와서 현재를 거쳐 과거로 넘어가서 무화한다고 할 때,
실재적인 것은 오직 현재에만 국한되어 있다. 그 현재는 그러나 A계열의
명제이지 B관계의 명제는 아니다.

A계열 이론과 B관계 이론이라는 개념 설정이 애당초 잘못된 것이다.
왜냐하면 양자는 제각기 별개의 범주이기 때문이다. A계열 이론은 시간
존재에 관계되고, B관계 이론은 인식 관계이다. 이것을 같은 범주로 보
는 것 자체가 잘못이다. 즉 범주 혼동의 오류를 범한 것이다. 나아가서
그것은 근원적으로 논리의 한계를 넘어서는 시간을 논리적으로 생각하

---

5 Arthur N. Prior, *Papers on Time and Tense*는 이런 경향을 단적으로 보여주고 있다.

려는 무모함을 드러낸 것이라고 하지 않을 수 없다. B관계란 애당초 시간의 성격이 아니라 어떤 사건을 시간적 순서에 좇아서 알고자 하는, 인식의 방편인 것이다. 거기에는 시간은 없고 정지된 관계만 있다.

두 계열이 전혀 별개의 것임에도 불구하고 이것을 '시간'이라는 하나의 범주에 넣어서 생각하니 거기에 부정합성이 생기는 것은 당연하다. 맥타거트는 그것을 패러독스라고 한 것이다. 달리 말하면 그것은 시간을 억지로 패러독스라는 논리적 함정에 넣어서 그 비실재성을 폭로하는 것에 불과하다. 시간이야말로 가장 실재적이고, 실재성 여부를 가르는 규준인 것이다. 또 A계열과 B관계는 같은 차원에 나란히 설 수 있는 상호 대립항이 아니다. A계열이 기초적(fundamental)이고 B관계는 그 위에 성립하는 곁가지에 불과한 것이다. 시간상의 사건의 선후가 없이 어떻게 '이전'·'이후'라는 개념이 있을 수 있는가. 이것을 동일한 차원에서 서로 대립하는 것으로 보는데, 즉 B관계를 사실 이상으로 높여서 A계열과 동격으로 놓는 데서 패러독스가 생기는 것은 당연하다. 시간은 처음부터 존재와 무라는 모순을 내포하고 있는 개념이다. 그러기에 시간은 애당초 논리적으로 접근할 수 있는 주제가 아니다. 예컨대 삶과 죽음, 존재와 무를 어떻게 논리적으로 해결한단 말인가? 논리란 일정한 한계 안의 현실을 조리를 세워 생각하고 말로 표현하는 방편에 지나지 않는다. 변화하는 것은 논리 속에 들어오면 그 생명을 잃게 된다. 논리는 정지(불변성) 위에서 성립되는 것이기 때문이다.

존재를 논리로 환원한다는 것, 다시 말하면 인생의 삶과 변화를 떠나 시간을 논리적으로 해석하여 그 성격이 역설적이라고 지적하는 것이 무슨 의미가 있을까? 과연 논리의 테두리 속에 시간이 갇힐 수 있는 것일까?

결론: 철학적 시간론

1.

사람은 누구나 규칙적으로 뜨고 지는 해와 달, 순환하는 계절의 시간 속으로 태어나서 시간과 더불어 살다가 시간을 떠나는 것으로 생을 마친다. 그래서 시간은 먼 옛날부터 과학, 철학, 종교의 영역에서 중요한 과제의 하나로 연구되어왔다. 시간 문제에 학문적으로 접근하는 것은 과학과 철학이다.[1]

과학적 시간개념은 지구 중심적 톨레미(Ptolemaios)의 우주관이 물러난 뒤, 태양계 안의 시간은 뉴턴의 절대시간 개념이 통용되고 있으며, 태양계를 벗어난 우주공간의 시간은 아인슈타인의 상대성원리에 입각한

---

[1] 시간론을 말하면 으레 동양의 주역에도 고유한 시간 사상이 있을 법한데 왜 서양 것만 이야기하느냐고 한다. 동양에서는 예로부터 태음력을 채용하고 있으며, 간지(干支)에 따라 60년마다 되돌아오는 세력(歲曆)과 하루를 12시(支)로 나누는 시간개념이 있는데 주역은 이것을 답습할 뿐 별도의 시간개념을 가지고 있지 않다. 주역에서 중요한 것은 괘(卦)의 해석인데 그것은 존재론이나 인생론의 사항이지 시간론의 소관사는 아니다. 동양 사상에서 독자적 시간론을 찾을 양이면 불교 특히 화엄사상이나 선(禪)불교에서 찾아야 할 것이다. 이에 대해서는 이 책 641~706쪽 참조.

시간개념이 타당하다고 여겨지고 있다. 과학적 시간 연구는 시간을 '이전과 이후의 지평에서 본 운동의 수'라고 정의한 아리스토텔레스로부터 시작한다. 운동을 헤아리려면 수에 의존해야 하는데 수는 단위들의 집합이고, 더 정확하게 말하면 일(一)과 다(多)의 종합이다. 사물이 헤아려질 수 있으려면 그 사물들이 상호 외재적으로 병치(並置)되고 서로 떨어져 있어야 하며, 헤아려질 대상들의 단위가 동일해야 한다. 그러나 수에는 공간적 연속성이나 시간적 지속성과는 달리 비약이 있다. 일반적으로 운동의 측정은 일정한 시간 동안 운동체가 이동한 공간상의 궤적의 측정이다. 시간의 길이는 사실은 공간적 이동거리의 크기인 것이다. 그것은 공간화된 시간이다. 그러니 시간은 수로 접근할 수 없다.

과학적 시간은 동시성에서 성립하는 동질적 시간이다. 이 시간은 지금들의 연속이므로 거기에서는 지평개념도 따라서 현재개념도 성립되지 않는다. 있는 것은 오직 지금뿐이다. 있음과 없음이 지금에 준거해서 결정되므로 이 시간은 지금-시간이다. 그것은 이전과 이후의 두 방향으로 무한히 전진하는 동질적 1차원적 계기(繼起)이다. 그러나 종래의 과학적 시간 연구는 전자시계의 제작으로 끝난 셈이다. 현대의 과학적 시간론은 '대폭발 우주론(Big Bang Cosmology)'의 과제이다.

철학적 시간론은 우리의 삶과 관련해서 성찰되어야 한다. 그때의 시간은 곧 의식의 삶이다. 의식은 중단 없는 흐름이고, 양화되지 않고, 우리의 삶 바로 그것이라고 할 수 있다.

양화되지 않는 의식은 직관할 수밖에 없다. 의식은 부단한 흐름으로 의시간적(疑時間的) 성격을 가지고 있다. 그것을 시간성(Zeitlichkeit)이라고 한다. 철학적 시간 성찰은 이 시간성에 대한 성찰이다. 과학적 시간 개념이 운동 및 수와 관련되는데 반해 철학적 시간론은 시간성으로서의 의식과 연관된다.

2.

　시간론에서 신화적 설명을 걷어내고 철학적으로 성찰하기 시작한 것
은 플로티노스(Plotinus, 205~270)로부터 시작한다. 그는 헬레니즘의 후
기, 그리스도교가 호교적 통일을 기도하던 종교적 혼란기에 신비주의의
온상인 알렉산드리아에서 기초 교육을 받았다. 헬레니즘의 세례를 입은
그는 플라톤 철학을 잇는 한편 아리스토텔레스의 시간 사상을 비판하면
서 독자적 시간론을 전개한다. 그의 사상체계는 일자(一者)인 영원으로
부터 만유가 유출(流出)하는 '내려오는 길'(下向道)과 영원으로 '올라가는
길'(上向道)로 되어 있는데, 시간론은 내려오는 길에서 전개된다. 『에네아
데스』(Enneades) 제Ⅲ권 제7장의 제목은 '영원과 시간에 관하여'로 되어
있다. 거기에서 그는 시간을 '영혼(psyche)의 삶'으로서 파악한다. "영혼
은 본성상 가만히 있지 못하고 영원 속에 회집(會集)되어 있던 고요를 깨
고 나와서, 마치 씨앗이 발아하여 줄기·이파리·열매로 자기를 현시하듯
이, '다음과 이후'를 향해 자기를 넘어서 운동하기 시작한다. 즉 예지적
정신의 하강이 시작된 것이다. 이 운동은 우리를 항상 장래의 것, 이후의
것, 동일하지 않고 언제나 다른 것을 향해 이끌어간다. 이 운동과 함께 시
간 또한 움직이기 시작한 것이다. 영혼 자신이 시간화한 것이다."[2] 영혼
의 자기 시간화는 정신(영원)의 시간화, 영혼 속으로의 정신의 자기소외

2　이 책, 260쪽.

이기도 하다. 영혼은 영원을 원상(原象)으로 하는 모상(模象)으로서 자신을 시간으로서 형성한다. "영혼은 우선 자신을 시간화하였을 뿐 아니라, 영원을 대리하도록 시간을 창조하였다. 영혼은 이렇게 생겨난 우주를 시간에 종속시켰다."[3] 영혼은 예지계를 원상으로 하는 그 모상으로서 가시적 우주를 형성한 것이다. 시간이 영속성(perpetuity)을 갖는 것은 그 원상인 영원을 닮았기 때문이다. 시간은 영혼의 삶에 다름 아니다. 플로티노스는 "시간은 영혼의, 즉 하나의 삶의 형식으로부터 다른 형식에로 넘어가는 운동 가운데 있는 영혼의 삶"[4]이라고 정의한다. "시간은 영혼의 삶의 끊임없는 연속이다."[5] "영혼을 떠나서 시간을 정초할 수는 없다. 그것은 예지계의 영원도 존재를 떠나서는 생각할 수 없는 것과 같다. 시간은 (영원과 마찬가지로) [운동의] 수반현상이 아니며, [운동에] 뒤따르는 어떤 것도 아니다. 시간은 영혼 안에서 발견되고 그 속에 포함되어 있는 것이다."[6]

영혼은 원상인 영원의 모상(模像)으로서 자신을 시간화하고, 다음에는 자신을 원상으로 해서 창조된 자연계로 하여금 시간 질서에 따르도록 한다. 여기에서 비로소 이전과 이후라는 시간적 술어가 자연계의 변화에 대해 적용할 수 있게 된다. 그리하여 자연계의 모든 운동은 시간에 의해 측정될 수 있다. 영혼은 시간의 근원으로서 자연계의 운동을 인식할 수 있다. 운동이 시간을 측정하는 게 아니라 시간이 운동을 측정하는 것이다.

---

3   *Enneades*, Ⅲ, 7, 11.

4   같은 책, 같은 곳.

5   같은 책, Ⅲ, 7, 12.

6   같은 곳, 『선집 Ⅰ』, 261쪽 참조.

플로티노스의 시간론에서 주목되는 것은 '지금(nun)'에 대한 성찰이다. 지금은 이미 없는 과거와 아직 없는 미래를 분리하는 역할도 하지만 양자를 지속으로서 결합하는 역할도 한다. 과거와 미래는 시제가 없다. 그러나 지금은 있다. 이 지금의 존재가 없는 과거와 미래를 분리한다. 과거는 어쩌지 못하는 필연적 영역이고, 지금은 현실적 존재이며, 미래는 가능적인 것이다. 존재는 가능태에서 현실태를 거쳐 필연적인 것으로 화석화(化石化)된다. 그런가 하면 지금은 연장 없는 점적 한계로서 과거와 미래를 이전과 이후의 지속으로서 결합하는 역할도 한다. 이 지속의 질서에서 벗어나는 시간은 없다. 아니, 그 지속 때문에 시간인 것이다. 그러나 그는 아직 시간양상에 대해서는 성찰하지 못했다.

이상은 시간의 발생근거를 플로티노스 철학체계의 '내려오는 길'에서 살펴본 것이다. 그는 '올라가는 길'(上向道)에서 시간의 초극을 모색한다. 그것은 탈시간화(脫時間化)의 길로서 일자(一者)인 영원으로 올라가는 길이다. 시간이 영원의 모상이므로 이 길은 원상을 찾아가는 길이기도 하다. 그의 제자인 포르피리오스는 스승인 플로티노스가 평생 네 번 영원에 도달했다고 증언하고 있으나, 이 길은 이론을 넘어 체현으로 가는 길이므로 우리의 논의 밖이다.

그의 시간과 영원의 사상은 그 뒤 두 방면으로 영향을 준다. 하나는 아우구스티누스에 의해 시간을 의식으로 환원하는 데 결정적 역할을 하였고,[7] 또 하나는 그의 영원관이 보에티우스(Boetius, 480~524)의 영원

---

7 Roland J. Teske는 아우구스티누스가 플로티노스로부터 크게 영향받은 것을 강조하고 있다(*Paradox of Time in Saint Augustine*). 특히 Henry Chadwick은 아우구스티누스의 『고백록』 IX권의 문장의 도처에 각주를 붙여서 그 문장이 플로티노스의 문장에서 인용된 것임을 밝히고 있다(*A new translation Saint Augustine, Confssiones*). 『선집』, 279쪽의 각주 참조. 그러나 플로티노스의 영향을 지나치게 강조하다보면 아우구스티누스의 창조성을 해칠

관에 그대로 수용되어 중세의 영원 사상에 크게 영향을 미쳤다. 그리고 그의 신비주의는 에크하르트와 뵈메 등 독일 신비주의 사상에 이어지고 있다.

3.

아우구스티누스(Aurelius Augustinus, 354~430)는 그리스 철학과 그리스도교를 종합함으로써 진정한 의미의 유럽을 형성한 사상가로 평가되고 있다. 그는 시간문제에서는 그리스도교의 교의를 받아들여 신이 만유를 창조할 때 시간도 창조한 것으로 보고 있다. 그의 『창세기』해석에 따르면 신은 만유를 두 번 창조하였다. 신은 전지전능하고 영원(aeternitas)하지만 그 신의 제1창조는 '하늘의 하늘'인 천사의 세계와 '땅의 땅'[8]이라고 해야 할 영역의 창조이다. 천사의 세계는 유시무종(有始無終)하여 이것을 그는 유구(悠久; aevum)하다고 하고, '땅의 땅'은 무형질료(materia informa)의 영역으로서 '무시간'이라고 한다. 그리고 제2창조에서 비로소 우리가 사는 천지가 창조되었는데 이때 시간도 함께 창조되었다. 시간의 존재근거는 신의 이 제2창조에 있다. 그러므로 만유를 창조하기 '이전'에 신은 무엇을 했느냐고 묻는 것은 무의미하다.[9]

우려가 있다.

8 '땅의 땅(terra terrae)'이라는 개념은 '하늘의 하늘'에 대비해서 내가 만든 것이다. 아우구스티누스는 제1창조의 하늘의 하늘(coelum coeli)과 제2창조의 하늘(coelum)은 구별하면서 '땅'은 양자에 다 같이 그냥 '땅'이라고 했기 때문이다.

9 만유를 창조하기 '이전'에 신은 무엇을 했느냐?는 물음에 대한 답으로서 그의 시간론은 시작된다.

그러면서 한편 그는 없는 과거와 미래 때문에 현재가 있다고 한다. 만일 과거와 미래가 없지 않고 현재와 같이 있다면, 그것은 영원이지 시간이 아니다. 현재가 '있다'고 말할 수 있는 까닭은 그것이 '없게 될' 것이기 때문이다. "내가 참된 의미에서 '시간이 있다'고 말할 수 있는 것은 그것이 바로 '없는 방향으로 향하고 있기' 때문이다."[10] 시간의 시간된 소이는 무로부터 흘러와서 무로 향해 흘러간다는 데 있다는 시간의 패러독스가 성립한다.

거기에 이어서 그는 플로티노스가 든 예를 그대로 들면서 천체의 운동은 그 자체로 시간이 아니라고 아리스토텔레스의 시간론을 비판한다. 또한 그와 마찬가지로 시간의 양상을 의식(anima)의 양상에서 찾는다. 시간에서 있는 것은 오직 현재[11]뿐, 과거와 미래는 없다. 그러나 과거와 미래가 전혀 없는 것이 아니라, 의식을 매개로 해서 있는 것으로 전환시킨다. 존재하는 것으로 해야 역사서술도 가능하고 미래 예견도 가능하기 때문이다. 어떻게 있는가? 과거는 기억 속에 있고, 미래는 기대 속에 있으며, 현재는 직관 속에 있다. 기억과 기대도 현재에서 이루어짐으로 현재 속에 불러와야 한다. 과거는 기억으로서의 현재이고, 현재는 직관으로서의 현재이며, 미래는 기대로서의 현재라고.[12] 이렇게 그는 시간의 소재는 의식이라고 명시하고 있다.

시간의 근거를 의식에서 찾는 철학적 시간론의 최대 난점은 시간을 양적으로 측정할 수 없다는 데 있다. 현재는 연장(지속)을 갖지 않는 개

---

10 Saint Augustine, *Confessions*, A new Transl., Henry Chadwick, 1991, Oxford Univ. Press. Bk. 11. Ch. 14.

11 아우구스티누스는 '지금(nun)'이라는 개념 대신 '현재(praesens)'라는 개념을 사용한다. 그러나 그는 아직 시간의 흐름성격도 구조도 지금과 현재의 구분도 성찰하지 못했다.

12 *Cofessions*, Bk 11, Ch. 20 참조.

념이므로 길이를 가질 수 없고, 과거와 미래는 없기 때문에 측정할 수 없다. 의식은 양화할 수 없음에도 불구하고 아우구스티누스는 양화를 시도한다. "시간이란 연장이다. 그 밖에 아무것도 아니다. 무엇의 연장인가? 마음 자신의 연장이 아니라면 이상하다."[13] 마음에 '연장'개념을 들여대고 있는 것이다. '시간의 간격(intervalla)'[14]이라는 개념도 쓰고 있다.

그의 옹색한 해결책은 시간을 질로 환원하는 것이다.[15] 그가 말하고자 하는 측정이란 경과하는 어떤 사실의 길이가 아니라, 그것이 지나가는 현재 속에 새겨놓은 인상의 깊이 즉 질적인 것이다. 과거의 길이는 기억의 깊이이고, 미래의 길이는 기대의 깊이이니, 그것이 긴 기억과 긴 기대라는 것이다. 이 점은 그가 이 문제를 가지고 얼마나 헤매는가를 보여주고 있다. 이것은 그가 아직 철학적 시간론에 철저하지 못한 증거이기도 하다. 질의 양화는 이후에도 계속해서 아포리아로 남는다. 그래서 칸트도 '내포량(內包量)'이라는 개념을 개발하지만 어색하기는 마찬가지이다. 질의 양화는 지양해야 하는 것이다. 이를 위해서는 현대철학을 기다려야 한다.[16]

---

13 같은 책, Bk. 11 Ch 29.

14 같은 책, Ch. 16.

15 그는 시간의 연장을 '마음의 분산(distentio animae)'이라고 한다. distentio는 dis-(분산)와 tendere(향하다)의 합성어로서 그 반대를 그는, '마음의 집중(extendo animae)'이라고 한다. 시간은 과거·현재·미래의 세 방향으로 분산하여 퍼지는 마음이다. 예컨대 어떤 노래를 부른다고 하자. 1) 부르기 전에 마음은 노래 전체에 향한다(tendere). 2) 부르기 시작하면 이미 부른 부분에 대해서는 기억이 향하고, 3) 아직 부르지 않은 부분에 대해서는 기대가 향한다. 그리하여 2)와 3)의 '향함(tendere)'은 마음이 분산(dis-)되어 향하는 distendere이다. 현재는 직관(attendere)으로 향함으로 결국 마음은 세 방향으로 분산한다. 역시 어색한 해결책이다. 그리고 extentio에 대한 아우구스티누스적 용법과 관용적 용법 사이에는 일치하지 않는 부분도 있는 것 같다.

16 현대로 훌쩍 건너뛰기 전에 칸트와 헤겔도 '공간과 시간을 한 묶음으로 논술한 바 있다.

4.

베르그송(Henri Bergson, 1859~1941)은 데카르트 이후 프랑스 최대의 철학자다. 그는 실증과학을 누구보다도 존중하지만 시간문제에서만은 과학적 시간개념에 대해 매우 비판적이다. 과학적 시간은 지금 지금 지금의 연속이므로 거기에서는 지속이 성립되지 않는다. 지금 속에는 또 지금이 있고, 이 지금 속에는 또 지금이 있다. 그러나 시간은 양화될 수도 없고 공간을 기반으로 하지도 않는다. 시간은 공간적 연장이 아닌 지속이므로 '직관'을 통해 인식된다. 직관은 변화하는 대상 속으로 파고들어가 그것과 합치하는 것, 즉 공감이다. 베르그송의 시간은 '순수지속'이다. 그것은 생명과 마찬가지로 정지를 거부한다. 인간의 의식이 바로 그 순수지속이다. 순수지속으로 들어가기 위해서는 먼저 실체론적 사고를 버려야 한다. 지속은 변화 자체에 승화(乘化)하기 때문이다.

의식의 여러 변양이 시간양상의 근거가 되는데 그중 가장 중요한 것이 '현재'다. 그 현재가 과거와 미래로 파고들어가서 지평이 형성된다. 지평을 갖는 현재는 지속한다. 이 현재가 '살아있는 현재'다. 직접적 과거는 기억되는 지각이고, 직접적 미래는 행동으로 연결된다. 나의 현재는 감각과 운동이 연합한 것으로서 감각적 운동적인 것이다. 그 중심에 신체가 있다.

나의 현재는 나의 신체와 결부되어 있다. 그런데 신체는 공간 속에 연장되어 있고, 감각을 가지고 물체와 접촉하며 또한 움직인다. 신체는 과

그러나 그들의 '공간과 시간', 논술은 각기 자기의 철학체계 안에서 '공간과 시간'이 차지하는 자리와 역할을 서술한 것이기 때문에 본 연구에서는 제외한다. 이에 대해서는 『선집 I』, 335~369쪽(칸트), 371~395쪽(헤겔) 참조.

거와 미래가 접촉하는 원점이고, 나에게 영향을 미치는 대상과 나로부터 영향을 받는 대상 사이에 있는 장소이며, 이미 수행된 행동과 새로 시작하는 행동이 교차하는 지점이다. 신체는 한편으로는 물질세계와 연계되고 또 한편으로는 동시에 과거와 미래를 연속시키는, 즉 시간의 지속성을 보증하는 매듭이다. 우리의 신체의 현재 상태가 바로 우리의 현재적 현실성이다. 거기에서 우리는 과거와 미래의 연속성을 본다. 현재는 행동의 원점이다. 행동은 기억을 물질화하고 감각을 관념화한다. 현재는 그런 행동이 행해지는 현장이다. 현재는 물질에 가하는 운동을 통해 과거와 미래를 이어주는 연속의 매듭이며, 달리 말하면 과거를 향해서는 기억을 그리고 미래를 향해서는 기대를 지각으로 매개해서 행동으로 재생시키는 계기(契機)이다.

베르그송의 경우 과거 현재 미래의 연속성을 극명하게 보여주는 것은 신체보다는 오히려 지속하는 의식이다. 이제 의식과 시간을 검토한다. 현재-과거의 연속성은 기억이 보증하고, 현재-미래의 연속성은 기대가 보증한다. 현재는 지속하는 생성이다. 나의 현재는 직전의 과거의 지속이면서 동시에 미래의 기대이고 결정이다. 직전의 과거는 직전에 지각되어 기억 속에 축적된 의식이며, 절박한 미래란 지각에 의해 결정되는 한에서의 행위 또는 운동이다.

기억은 과거를 현재에 연속시킨다. 과거는 이미 현재 속에는 없고 오직 기억을 통해서만 현재 속에 불러올 수 있다. 만일 기억이 없다면 과거는 영원히 망각 속에 묻혀버리고 만다. 기억은 없는 과거를 현재 속에 살려내는 것이다. 그것은 없는 과거 무(無)와 시제 있는 현재, 즉 무와 존재를 연속시킨다. 기억은 과거의 존재근거다. 베르그송에 따르면 과거가 기억에 보존되는 데는 두 가지가 있다. 하나는 운동 기제의 형태 속에 보존되고, 또 하나는 독립적 회상 속에 보존된다. 이것은 기억에는 두 가지가 있다는 말과 같다. 가령 외국어를 학습할 때 우리는 낱말이나 문장을 반복해서 읽고 암기해서 기억 속에 보관하는데 그렇게 해서 기억된 것은 필요할 때는 언제든지 입에 올릴 수 있도록 한다. 그것은 그 외국어를 자동적으로 행위와 연결되게 하는 것, 습관화하는 것이다. 이것을 그는 '습관적 기억'이라고 한다. 다른 또 하나는 그런 노력 없이 기억되는 것이다. 예컨대 운동회 때 내가 달음박질을 하는데 엄마가 소리 지르며 응원한 것이 의식 속에 기록되는 경우인데, 이것은 뒷날 불현듯 살아날 수 있다. 프루스트의 『잃어버린 시간을 찾아서』에 나오는 기억이 바로 이것이다. 이것을 베르그송은 '순수기억'이라고 한다.

습관적 기억은 신체 속에 기제화(機制化)되어 언제든지 반복될 수 있다. 반면에 순수기억은 특정한 시위(時位)에 실려서 점점 더 먼 과거 속으로 사라진다. 그러나 그것을 현재 속에 되살리기 위해 그 시위를 찾아 시간을 거슬러 올라가야 하는 것은 아니다. 기회 있을 때마다 재인(再認)을 통해 되살릴 수 있다. 되살린다는 말은 현재화한다는 말이다. 현재 속에 살아난다는 것은 현재와 동시적으로 된다는 것이다. 그리하여 현재는 원본적 현재도 있고 재인을 통해 과거가 살아나는 현재도 있다. 마찬가지로 과거도 영원히 화석화된 과거도 있고 현재 속에 재생되어 현재와 공존하는 과거도 있다. 순수기억은 과거를 저장해 가지고 있고, 습관적 기억은 그것을 현재 속에서 재생하여 행동으로 옮긴다. 현재는 습관적 기억에 의한 행동의 장이며, 과거는 순수기억이 저장되는 창고, 기억창고이다. 순수기억이 설사 재생되는 일이 없다 하더라도 아주 없어지는 일은 결코 없다. 다만 무의식의 상태로 있을 뿐이다.

우리의 정신이 현시점에서 먼 과거에 집착하면 그 정신은 꿈을 꾸는 삶을 사는 셈이 된다. 즉 의식이 몽롱해진다. 반대로 현시점에 집중하면 할수록 정신은 긴장되고 행동으로 나아간다. 그리하여 우리의 정신이 과거로 침잠하면 할수록 우리의 정신은 현실과 행동을 상실하여 몽롱해지고, 반대로 그 정신이 현재나 미래에 집중하면 할수록 그것은 행동으로 되고 심하면 충동으로 되기도 한다. 현실에 충실한 사람은 민첩하게 행동하지만 과거의 회상에만 잠겨 있는 사람은 몽상가가 된다.

베르그송은 이 두 방향 즉 의식의 긴장과 이완을 정신의 방향과 물질의 방향으로 해석한다. 이것은 그의 철학의 기본 구도다. 그것은 의식의 삶의 긴장의 극한에 정신성이 있고, 그 반대방향의 극한에 물질성이 있다고 보는 것이다. 긴장과 이완 사이 즉 정신과 물질 사이의 지속을 직관하면 직관이 아래의 방향(물질 쪽)으로 향하는 경우에는 지속이 점점 분산하여 우리의 단순한 감각을 분할한다. 그래서 질을 양으로 희석한다. 그 극한에 있는 것은 '순수한 반복'인데 이것을 그는 순수한 동질적 '물질성'이라고 한다. 거기에서 공간과 물질이 성립한다. 반대의 방향, 즉 정신 쪽으로 나아가면 우리는 점점 더 긴장하고 수축하고 강렬해지는 지속으로 향하게 된다. 그 극한에 있는 것은 영원이다. 그것은 죽은 영원, 개념적 영원이 아니라 생명의 영원이다. 물질이 지속의 분산인 것과는 반대로 영원은 모든 지속의 응집이라고 할 수 있다. 의식은 점점 긴장하고 응축되고 농후해진다. 직관은 이 두 극한 사이를 움직인다.

생명체는 물질에 침투한 의식이다. 생명의 원리는 필연과 수동성이 지배하는 물질의 운동을 차단하고 자기 존재를 영속화시키려는 긴장된 노력의 과정이다. 생명의 비약과 자유를 말할 수 있는 대목은 바로 여기다.

이것을 시간론의 언어로 표현하면 어떻게 될까? 현재에는 두 가지가 있게 된다. 하나는 물질 내지 공간과 접촉하는 공간화된 동시적 현재이고, 또 하나는 순수한 정신인 영원으로서의 현재다. 전자는 순간적 현재, 과학적 시간이 가리키는 현재이고, 후자는 흐르는 시간으로서 창조적이고 절대적인 현재다. 특히 후자는 과거로부터 그냥 연속되어 오기만 하는 동시적 시간의 흐름을 단절하고, 전 과거를 등에 업고 미래로 전진하는 삶의 비약(élan vital)의 현재이다.

5.

후설(Edmund Husserl, 1859~1938)은 시간론의 모두에서 아우구스티누스의 시간 사상을 인증하면서 자기의 주견을 전개한다.[17] 후설의 의식 현상학은 인식의 명증성 획득을 위해 형상적 환원을 하고 또 의식의 발생적 근원을 찾아 초월론적 환원을 수행하는데, 우리의 주제인 시간론은 초월론적 환원을 통해 드러난다.

현상학적 여건으로서의 현상학적 시간은 객관적 시간을 배제하고 난 뒤에 남는 현상학적 잔여, 즉 의식 내재적으로 현출하는 시간, 현출하는 지속 자체이다. 이것은 지향적 의식이 의식 자신을 지향하는 내적 체험 영역 속에서 현출하는 시간이다. 그것은 존재하는 시간이기는 하지만 객관적 세계의 시간이 아니라, 의식의 경과 속에 내재하는 시간 즉 시간성이다.

---

17 그의 시간론은 튀빙겐 대학에서 1904~1905년에 행한 주당 4시간의 강의안을 프라이부르크 대학을 퇴임할 때 후임자인 하이데거로 하여금 출판하도록 해서 나온 『내재적 시간의식의 현상학 강의』(*Vorlesung zur Phänomenologie des inneren Zeitbewusstseins*, 1928)에 수록되어 있다. 이것은 그의 사후에 나온 전집 *Husserliana* X에 재수록되어 있다.

땡! 하고 한 음이 울린다고 하자. 음이 울리면 그 순간의 음의 지각을 그는 근원인상(Urimpression)이라고 한다. 근원인상이란 최초의 생생한 지각이다. 이 음은 순간 과거로 물러나면서 여운을 남긴다. 즉 음은 저의 잔영(Nachhall)을 남기고 있는 것이다. 파지(Retention)는 지금 듣고 있는 음 안에 이제 막 지나간 음이 아직 남아 있는 여운에 대한 의식을 가리킨다. 음이 지나가면서 우리의 의식 속에 아직 잔영으로 남아 있는 그 부분의 지각이 파지이다. 요컨대 파지란 근원인상이 과거로 침퇴(沈退)하면서 남긴 여운에 대한 지각이다. 파지가 혜성의 꼬리라면 근원인상은 그 핵이다. 이것은 과거 쪽의 경우이지만 이것을 미래 쪽에다 놓으면 그것을 예지(豫持, Protention)라고 한다.

파지에 대한 지각은 지금에서 이루어진다. 이것을 후설은 '전-공재(前-共在, Vor- Zugleich)'라고 한다. 이제 막 지나간 것에 대한 지각 즉 파지가 지금과 함께 있다(共在)는 것이다. 과거-현재-미래로 계기(繼起)하는 시간 계열에 대한 지향을 후설은 세로(縱)의 지향성(Längsintentionalität)이라고 한다. 앞에서 예로 든 음들의 기억사영을 가지고 음의 지금과 음의 과거의 계열 즉 연속을 갖게 되는데 이것을 세로의 지향성이라고 하는 것이다. 이 지향성이 과거 현재 미래라는 시간양상을 구성하는 기반이 된다.

의식류는 부단히 흘러간다. 그 흘러가는 의식 가운데 내재적 음 현상이 나타난다고 하자. 그 음은 순간적으로 또는 일정기간 동안 흘러가는 의식 속에 자기의 시위(時位)를 가지고 함께 흘러간다. 흐름 자체를 지향하는 것이 세로의 지향성이고, 시위가 정해진 음 현상을 지향하는 것이 가로(橫)의 지향성(Querintentionalität)이다. 세로의 지향성이 흐름으로서 지속성을 구성한다면, 가로의 지향성은 사상(事象)의 시위(時位)에 정향(定向)한다. 전자에서는 시간의 지속과 계기(繼起)의 계기(契機)가 구성되고, 후자에서는 동시성 및 시위의 객관화의 계기가 구성된다. 전자가 '본래적 시간역(Zeitfeld)', 즉 흐름 자신의 통일의 1차원적 의시간적 질서로서 본래적 시간성이다.

시간양상을 후설은 시간성격(Zeitcharakter)이라고 한다. 그가 말하는 시간성격이라는 개념 속에는 과거 현재 미래라는 시간의 1차적 성격뿐 아니라, '이전', '이후' 등 2차적 시간성격도 포함되어 있다. 현상학적으로는 시간양상은 시간객관의 현출방식에 따라 결정된다. 의식의 변양과 거기 따르는 내재적 대상이 나타나는 방식에 따라 시간양상이 결정된다는 것이다. 즉 시간양상은 의식의 변양에 의존한다. 의식류의 변양과 시간의 변양은 평행하므로 전자가 주어지는 방식은 곧 시간양상을 드러낸다.

파지에서는 '이제 막 지나간' 시위가 주어지며, 예지에서는 '곧 다가올' 지금이 주어진다. 근원인상 파지 예지는 의식류로서 의시간적 질서요, 거기에 기초해서 비로소 지금 과거 미래라는 시간양상 내지 '이전', '이후'라는 2차적 시간성격도 구성된다. 근원인상은 파지로 변양하기 직전의 의식이므로 지금을 구성하는 원점이다. 지금은 연장을 갖지 않은 점적 한계이다. 근원인상에는 파지의 꼬리와 예지의 지평이 결합되어 있다. 지금이 과거와 미래라는 지평과 연결될 때 그것을 우리는 '현재'라고 한다. 모든 지각은 파지의 뜰(Hof)과 예지의 뜰을 가지고 있는데 이것이 현재의 지평을 형성한다. 파지는 과거구성의 근원이 된다. 즉 과거는 파지를 기초로 해서 구성된다. 파지는 한편으로는 과거직관의 기초인 동시에 다른 또 한편으로는 시간을 구성하는 연속체가 성립하는 원천이 된다. 특히 후자의 경우에 결정적 역할을 하는 것은 근원인상이 남긴 사영의 파지이다. 시간 구성적 연속체는 바로 이 사영의 연속성이다. 요컨대 파지는 과거직관의 근원이긴 하나 '지금 막 지나간' 시간 객관에 대한 현재적(顯在的) 지금에서의 의식이다.

미래는 예지에 기초해서 구성된다. 예지는 '와야 할 것' 자체를 공허하게 구성하고 그것을 지금에서 충실(erfüllen)시킨다. 따라서 그런 예지는 무규정적이어서 얼마든지 달리 변양할 수도 있고 없어질 수도 있다. 예지는 지금에서는 아직 충실되지 않고 도래할 것이 지금에 이르러야 비로소 충실되는 것이므로 지금에서 보면 '아직 없는 것'이면서 그러나 지금에 '앞서 있는 것'이다.

모든 시간적 존재는 다른 시간적 존재에 대해 시간적 관계를 갖는데, 그 시간관계는 예컨대 계기, 지속, 동시성 등이다. 이런 시간관계에서 보면 시간적 존재는 횡적으로는 동일한 시각에 있으며(동시성), 종적으로는 과거에서 미래로 이행하는 지속성 속에 있고(계기), 시간적 존립의 크기 즉 시작과 끝이라는 한계(지속)를 갖는다.

동시성은 한 객관이 다른 객관에 대해 갖는 시간관계이다. 동시성은 아무런 연관이 없는 두 객관(또는 그 이상의 객관)이 나의 지각에서 일치할 때 구성된다. 서로 다른 객관들의 상이한 진행들의 평행성(平行性), 이것들의 시간적 일치 및 시간의 공유(共有) 등은 동시성의 현상이다.

시간의 계기(繼起)는 상속(相續)을 의미한다. 계기는 시간적 이재(離在)를 결합시켜서 시간적 선후 사이에 동일성을 보장한다. 시간적 선후를 결합시키는 것은 '지금'이다. 지금은 과거와 미래를 단절하기도 하지만 결합하기도 한다. 계기는 이 결합에서 성립한다. 그러므로 계기는 이전에서 이후로의 불가역적 일방적 연속성을 의미한다.

계기는 의식류의 세로의 지향성에서 구성되는 데 반하여 동시성은 의식류의 가로의 지향성에서 구성된다. 동시성은 다수의 근원감각의 병재

(並在)요, 계기는 여러 경과양상의 연속 내부에서 한 시점을 끌어낼 수 있는데 이때 이 시점 속에 있는 등형식(等形式)의 여러 경과양상의 공재(共在), 아니 오히려 동일한 경과양상이다. 전자의 병재는 수많은 의식류의 계기가 '한꺼번에' 있는 병재이며, 후자의 병재는 '전-공재'이다. 양자의 관계는 사실은 일방은 타방 성립의 기초가 된다. 그리하여 후설도 "시간적 계기가 없으면 동시성도 없고, 동시성 없이는 시간적 계기도 있을 수 없다. 그러므로 동시성과 계기는 상관적이요 불가분적으로 구성되어야 한다"[18]고 말한다. 계기의 구성은 새로운 지금의 출현, 즉 전-공재의 계열인 파지계열에서 이루어지고, 동시성은 이질적 객관의 동시적 지각에서 구성된다.

지속은 태풍의 지속, 약효의 지속 등에서 보듯이, 시간적 객관이 시간 속에서 자기 동일성을 유지하는 기간을 가리킨다. 그것은 시간계열 즉 의식류 속에서의 자기 동일자의 형식이다. 시간류 속에서 지속하는 시간 객관을 후설은 시간질료(Zeitmaterie)라고 한다. 이것은 파지변양을 통해 자기의 시위를 가진 채 과거화하는데 그것을 현재적이게 하는 것 즉 현전화하는 것은 상기이다. 상기를 통해 과거의 시위를 현전화하는 데서 지속이 구성된다.

이상은 초월론적 환원을 통해 살펴본 후설의 시간론이거니와 그는 이것으로 그치지 않고 또 한 번의 환원을 시도한다. 이것을 그는 제2의 에포케라고 한다. 환원이란 본디 반성의 성격을 갖지 않을 수 없는데 그 반성작용 자체에 대한 분석을 수행하는 것이 제2 에포케의 과제다. 제2 에포케란 반성작용에 의해 구성되는 부분 즉 노에마는 떼어버리고 작용

---

18 *Husserliana* X, S. 7.

자체로의 환원을 가리킨다. 작용 자체만을 고찰하면 그 작용은 '항상적으로 기능하는 자아', 즉 '항상적 현재'로 있다. 이것을 '살아있는 현재(lebendige Gegenwart)'라고 한다.[19] 그 현재는 '항상 흐르면서 정지해 있는 현재'이다. 과거화하지 않는다는 점에서 또 시간 내재적 존재가 아니라는 점에서 그 현재는 지속을 가지고 있지 않다. 이 점에서 그것은 비-시간적이다. 그 자아는 초시간적(überzeitlch)이요, 시간적 존재에 대해 자아가 태도를 취하는 방식의 극(極)이요, 그 태도를 취하는 주체이다. 더 정확하게 말하면, 자아는 가장 근원적인 근원성에 있어서는 시간 속에 있지 않다. 그 자아는 생생하게 살아 있는 의식의 삶 자체이며, 한 발짝도 과거로 변양하지 않고 항상 현재로만 있는 자아요, 기능 자체이다.

이것은 반성-이전적이요 익명적이다. 아니, 현재 이전적이다. 이것은 '정지해 있는 지금(nunc stans)'이다. 이 작용 현재는 편시간성(遍時間性, Allzeitlichkeit)이다. '항구적 지금 형식'이기도 하다. 편시간성은 '도처에 있지만 아무데도 없는(überal u. nirgends)' 시간성, 즉 도처(到處)-무도처(無到處)의 시간성이다. '도처에 있다' 함은 무시간적 항상성(恒常性)을 의미하고, '아무데도 없다' 함은 실재적으로나 내재적으로 시위가 정해져 있지 않음을 가리킨다. 후자가 익명성(Anonimität)이다.

시간에는 필연적으로 시간양상이 있게 마련이고, 시간양상 때문에 시간이라고 하는 것이다. 그런데 이 시간양상을 제거하면 그것은 시간이라고 말할 수 없다. 그러므로 '살아있는 현재'는 시간 이전적이라고 말하지 않으면 안 된다. 후설도 이것을 '침묵의 구체태'라고 한다. '살아있는 현재'는 후설 시간론의 최후의 경지다. '정지해 있는 지금'이란 종래의 개념

---

19 이 대목의 서술은 유고(Ms, B, C, K) 및 K. Held, *Lebendige Gegegwart* (Martin Nijhoff, Haag, 1966)를 참고했다.

으로 말하면 '영원한 하루', 즉 '영원'이다. 여기는 시간론을 넘어서는 경지다.

6.

후설이 전기(前期)에서 데카르트 정신을 계승하여 인식의 명증성을 찾아간 것과는 달리 하이데거(Martin Heidegger, 1889~1976)는 후설의 환원을 역환원한 셈이다. 그는 생활세계에서 출발한다.

하이데거는 주저 『존재와 시간』의 기본 의도를 '현존재를 시간성을 겨냥해서 해석하고, 시간을 존재물음의 초월론적 지평으로서 해석한다'[20]고 밝히고 있다. 이 문장의 앞부분 '현존재를 시간성을 겨냥해서 해석한다'는 것은 뒤에서 차츰 밝혀질 것이지만, 여기서 먼저 주목해야 할 것은 뒷부분, 즉 '시간을 존재물음의 초월론적 지평으로서 해석'한다는 것이다. '초월론적'이란 말은 가령 '이 돌은 딱딱하다'는 말에 앞서 '돌이라는 것은 일반적으로 딱딱한 것'이라고 생각하는 차원을 가리킨다. 그러므로 위의 명제는 '시간을 존재 일반이 드러나는 지평으로서 해석한다'는 것, 시간의 지평에서 존재를 구명한다는 것이다. '시간은 존재가 드러나는 지평'이다.[21]

구체적 생활세계 속에서 사는 인간 자기를 하이데거는 현존재(Dasein)

---

20 *Sein und Zeit*, 제1부의 제호.
21 만일 존재를 시간의 지평에서 파악하지 않으면 존재를 실체론적으로 또는 영원이나 이념의 차원에서 파악한다는 것인데, 그것은 인간을 역사적 현실 속에서 실존론적으로 파악하려는 태도와 어긋난다.

라고 한다. '이 세상에 살고 있는 자'라는 뜻이다. 현존재의 구조를 한마디로 '세계-내-존재(In- der-Welt-sein)'라고 한다. '내(in)'는 범주적으로는 '시-공간적 안'을 가리키지만 실존주적(Existenzialien)으로는 사람이 사는 양식을 가리킨다.[22] 즉 'in'은 'innan'에서 유래하는데 이것은 [어디에] '산다', '거주한다', '체재한다'는 뜻이다. '세계(Welt)'는 우리가 일상적으로 사는 '세상'이다. 모든 것은 인간 현존재를 통해서 드러난다. 좋고 나쁜 것도, 진리와 비진리도 인간에게서 드러난다. 인간이 없으면 설사 진리가 있은들 무슨 의의가 있는가? 현존재는 존재를 개시(開示)하는 근원이다. 그래서 현존재를 분석해야 하는 것이다. 『존재와 시간』은 현존재 분석으로 일관한다.

현존재가 일상적으로 만나는 존재자는 일단 유용한 도구다. 망치는 못 박는 데 쓰이는 도구다. 망치를 전재자[23]로 환원해서 범주적으로 규정하려면 '망치는 무게를 가지고 있어서 그것을 받치고 있는 받침대를 제거하면 낙하한다'는 역학 법칙을 끌어들여야 한다. 물은 과학적으로는 H_2O이지만 일상적으로는 목마를 때 마시고 더우면 목욕하는 것이다. 인간은 사물이나 사건에 대해서는 '배려(besorgen)'하고, 남에 대해서는 '고려(fürsorgen)'하며, 자기 자신에 대해 가장 마음 쓰면서 산다. 이런 마음씀을 그는 Sorge라고 한다. 憂愁思慮이다. 이것은 생활세계에서의 의식

22　범주(Kategorie)는 우리의 사유를 언어로 표시하는 기본 형식이다. 아리스토텔레스는 그 것을 10가지로 거론했고 칸트는 12가지를 들었다. 실존주는 인간의 삶의 양식의 표현이 므로 수로 제한할 수 없다.

23　하이데거는 유용한 도구적인 것을 Zuhandenes라 하고 대상적으로 있는 것을 Vorhandenes 라고 한다. 나는 전자를 용재자(用在者), 후자를 전재자(前在者)라고 옮긴다.

의 구체적 실행형태를 가리킨다.[24] 그 마음씀의 의미[25]가 시간성이다. 마음씀을 마음씀이게 하는 것은 시간성이라는 것이다.

현존재의 존재론적 구조 전체의 형식적 실존론적 전체성을 밝히기 위해 하이데거는 '불안' 현상을 분석한다. 불안은 공포와 다르다. 공포에는 분명한 대상이 있지만 불안에는 그것이 없다. 우리는 까닭 없이 으스스한 정상(情狀, 기분)에 빠져서 마음이 안정하지 못하는 경우가 있다. 그때 온 세상이 마치 썰물처럼 쓸려나가서 자기의 '세계-내-존재' 자체가 무의미해지고 자기는 무기력에 빠진다. 세상의 모든 것은 허무 속으로 밀려나고 자기는 오직 그 자신에 의지해서 존재할 수밖에 없는 자로서 자기를 개시한다. 불안거리는 실지로는 현존재 자신의 존재다. 솔직하게 말하면 불안거리는 '죽음'이다. 죽음은 인간의 유한성을 드러낸다. 그런가 하면 불안은 언제 그랬느냐는 듯 어느 순간 사라지고, 마치 물안개 거치고 산천경계가 아스라이 드러나듯이, 그렇게 온 세상이 드러난다. 불안은 두드러진 개시성이다.

불안 현상의 분석을 통해 하이데거는 현존재의 존재를 '(세계 내부적으로 만나는 존재자)에 몰입해 있음으로서, (세계) 내에 있으면서, 자기를 앞질러 있음'이라고 규정한다. 이 규정은 세 부분으로 되어 있다. 첫 번째 것은 '(…) 존재자에 몰입해 있음'인데 이것은 피투성[26]을 가리키고, 두

24　하이데거는 이 대목을 서술하면서 cura의 우화를 소개하고 있다. cura는 영어의 care다.

25　이때의 '의미'는 예컨대, '너 그렇게 돈 버는 의미가 뭐냐?'고 할 때의 의미이다. 의미는 범주적으로는 낱말의 뜻이겠지만 실존주의적으로는 가정형편이라든가 유학 준비 등 돈벌이를 하게끔 하는 것, 그것을 가능하게 함을 가리킨다. '과학의 의미가 무엇인가'는 칸트의 물음이거니와 그것은 과학의 가능근거를 묻는 것이다.

26　피투성(被投性)은 인간이 자기 존재를 스스로 선택해서 세상에 태어나지 않고 던져진 존재임을 가리킨다.

번째 규정은 '(세계) 내에 있음'이다. 이것은 현존재의 현사실성[27]이다. 현존재는 세상에 현사실적으로 실존하는 존재이다. 마지막 규정은 '자기를 앞질러 있음'이다. 이것은 현존재는 늘 자기의 장래를 향해 달려가고 있다는 것이다. 이것을 한마디로 말하면 현존재는 '피투적 현사실적 기투'이다. 시간론적으로 보면 피투성은 과거적이고, 현사실성은 현재적이며, 기투는 미래적이다. 이것이 마음씀의 구조이다. 마음씀은 이 세 계기의 통일로서 현존재의 존재 의미이다. 시간성은 현존자의 존재를 그것되게 하는 것, 현존재의 존재를 가능하게 하는 것이다.

죽음 분석을 통해 하이데거는 현존재의 전체성을 확보한다. 전체성은 '처음부터 끝까지', '태어나서 죽기까지'이다. 현존재는 '죽음에 이르는 존재(Sein zum Tode)'다. 죽음은 위의 규정에서 말하는 '자기를 앞질러 있음'의 계기에서 만난다. 이 규정을 '선구적(先驅的, vorlaufend)'이라고 한다. 선구란 죽음 쪽으로 앞지름을 가리킨다. 죽음은 세인-자기와의 모든 연관을 단절시켜서 현존재로 하여금 가장 독자적 존재이게 한다. 즉 죽음은 현존재로 하여금 전체적 가능적 존재로서 실존하도록 한다.

본래성은 죽음 앞에 다가선 현존재가 갖는 양심에서 드러난다.[28] 즉 양심의 부름에 의해 부름 받는 자는 평균적 일상성 속에서 자기를 이해하고 있는 비본래적 세인-자기를 거부하게 한다. 이 부름을 통해 비본래적 현존재는 본래적 자기로 돌아온다. 즉 양심을 통해 현존재는 본래성을 확보한다. 본래성이란, 현존재가 내면의 소리 없는 말인 양심의 소리

---

27 사물이나 사태의 경우 '사실성'(Wirklichkeit, Tatsache)이라고 해야 할 것을 현존재의 경우 Faktiziltät라고 한다. 이것을 '현사실성'이라고 옮긴다.

28 '본래성'은 선구적 결의성에 입각한 현존재의 존재양식이거니와 '비본래성'은 '세인'의 존재양식을 가리킨다. 특히 『존재와 시간』 후반부에서는 사물을 전재자로 보는 태도 또한 '비본래적'이라고 한다.

에 청종하여 독자적 자기를 회복하는, 다시 말하면 실존론적으로 본래적 자기에 입각해서 자기의 존재를 선택하는 것을 말한다. 우리 식으로 말하면 克己復禮이다. 죽음을 통한 전체성의 확보와 양심을 가지려는 의지의 결단을 하이데거는 '선구적 결의성(vorlaufende Entschlossenheit)'이라고 한다. 이것은 현존재의 근원성이다.

하이데거의 시간사상을 이해할 때 늘 유의해야 할 것은 현존재의 존재(마음씀)가 시간적 구조를 가지고 있다는 것이다. 다시 말하면 과거-현재-미래로 연속해서 흘러가는 시간이 있고 거기에 현존재가 함께 실려 가는 것이 아니라, 현존재가 존재하는 한, 그 존재 즉 마음씀이 시간적 구조를 가지고 있다는 것이다. 마음씀을 시간적 구조에서 보면 '기존(既存)하면서-현전화하는 장래'가 된다. 이것이 시간성이다. 하이데거의 시간론은 이것을 본래성과 비본래성의 입장에서 시간적으로 해석하는 것이다. 그가 말하는 시간성이란 현존재의 존재를 가능하게 하는 것으로서 현존재의 존재 의미이다. 다시 말하면 시간성이 비로소 현존재의 존재를 가능케 한다. 가능하게 한다는 말은 그것으로 하여금 그것 되게 한다는 뜻이다. 『존재와 시간』의 모두에서 '현존재를 시간성을 겨냥해서 해석한다'고 한 것은 바로 이 대목을 가리킨다.

본래적 시간성은 선구적 결의성의 시간성인데 그것은 '장래'를 우선시킨다. 인간은 실존적으로 미래지향적으로 살기 때문이다. 그 시간성은 '기존하면서-현전화하는-장래'이다. 그러나 장래라고 해서 기존성보다 더 이후가 아니며 기존성이 현존(현재)보다 더 이전도 아니다. 장래란 시간양상의 하나인 미래라는 뜻이 아니라 현존재가 '장차 자기에게 다가감'이며, '현존' 또한 시간양상의 하나인 현재가 아니라 현존재가 현사실적으로 있는 양식을 표현한다. 기존은 현존재가 이미 있어왔던 양식을 가리킨다.

『존재와 시간』 제II편 제4장 '시간성과 일상성'은 제I편에서 다룬 현존재의 개시성의 시간성을 다루고 있다. 그것은 마음씀의 구조(이해, 정상성, 퇴락 및 말)를 시간적으로 해석하는 것이다. 이것을 여기서 다 거론할 수는 없다. 본래적 시간성은 위에서 말한 바 있거니와, 비본래적 시간성에서 기투에 해당하는 것은 '예기'(또는 기대)이고, 피투적 현사실성에 해당하는 것은 보유(또는 망각)이며, 퇴락에 해당하는 것은 현전화(또는 현존)이다.

이것을 정리하면 다음과 같다. 현존재의 구조계기는 '기투적 피투적 현사실성'이다. 이것의 본래적 시간성은 '장래 기존성 현존(현전화)'이고, 비본래적 시간성은 '예기(또는 기대) 보유(또는 망각) 현전화(또는 현재)'이다.

그런데 도대체 시간이나 시간성은 '존재'하는 것이 아니라 '시숙(時熟, sich zeitigen)'하는 것이다. 하이데거의 시간 사상의 특징 중 하나는 시간이 탈자적이라는 것이다. 탈자(脫自, éxtatikon)란 자기를 벗어남이다. 그것은 마음씀의 구조가 '자기를 앞질러 있음'(기투), '…에 몰입해 있음'(피투성), '이미 …내에 있음'(현사실성)을 가능하게 하는 것이기도 하다. 장래, 기존성, 현존은 〈자기를 향해〉, 〈…로 돌아와〉, 〈…를 만나게 함〉의 현상적 성격들을 가리킨다. '…를 향해(zu…)', '…에로(auf…)', '…에(bei…)'라는 현상들은 시간성을 단적으로 탈-자(脫-自)로서 드러낸다. 시간성은 근원적으로 탈-자 그 자체이다. 장래, 기존 및 현전화는 시간성의 세 탈자태(Ekstasen)이다. 시간성의 본질은 세 탈자태의 통일에서의 시숙이다. 저 앞에서 우리는 죽음에로 선구하는 현존재는 본질적으로 유한하다고 했거니와, 시간성 또한 유한하지 않을 수 없다. 시간성의 탈자성은 통속적 시간개념 형성의 기초가 된다.

『존재와 시간』마지막 장은 '통속적 시간개념의 근원'을 검토한다. 이 것은 시간성이 어떻게 통속적 시간(일반적 시간)으로 되느냐를 다룬다. 이것은 세 단계로 되어 있다. 1) 현존재의 시간성의 일부(日附) 가능성; 2) 시간의 공공화(公共化); 3) 통속적 시간 개념의 발생.

1) 현존재의 시간성의 일부 가능성: 일부(日附)는 날짜 매김이다. 우리 는 늘 날짜를 매기면서 산다. 예를 들면 우리는 흔히 '〈그때〉에는…', '〈그 전〉에는…', '〈지금〉은…'이라고 말한다. 이 표현들은 현존재의 배시적 고 려의 비본래적 시간성에 근거한다. 이 시간성은 '지금' 즉 '현전화'가 중 심으로 되어 있다. 지금(jezt), 그때(dann), 저때(damals)에 의거해서 날짜 가 매겨질 수 있다. 이것들이 날짜 매김의 기초다.

'그때'에는 '지금은 이미 아님'이, 그리고 '저때'에는 '지금은 아직 아님' 이 시사되어 있다.

'지금'은 '이미 없음'과 '아직 없음'의 준거로서 기능하고 있다. 그 지금 은 늘 '지금 지금 지금…'이다. 이 현전화를 중심으로 예기의 지평은 '이 후'이며, 보유의 지평은 '이전'이 된다. 이런 일부 가능성은 시간성의 탈 자적 틀의 반영이다. 이 탈자태로 인해 시간성은 지평을 가질 수 있다. 그 리하여 '지금'의 지평은 '…하는 오늘'로, '그때'의 지평은 '…할 이후'로 그리고 '저때'의 지평은 '…한 이전'으로 신장폭(Spannweite)을 넓혀서 일 부화할 수 있다. '지금'을 예컨대 '강의 중'이라고 하는 것은 이렇게 신장 폭을 넓혀서 말하는 것이다. 신장폭은 사람에 따라 다르다. 채무자의 '오 늘'과 천체 물리학자의 '오늘'이 같을 수는 없다.

2) 시간의 공공화: 지금까지의 모든 논의는 현존재의 시간성이다. 그 것으로는 사회생활을 할 수 없다. 시간성의 공공화가 필요하다. 현존재

는 태양의 자식으로서 그 삶은 태양의 운행리듬에 맞추어서 영위된다. 일출, 일몰, 정오는 시간의 공공화가 가능한 두드러진 자리이다. 공공화의 원시적 예로 자연시간인 '농민시계(Bauerzeit)'가 있다. 농민시계란 가령 '해 그림자가 한 발짝일 때 어디서 만나자'고 하는 것이다. 이런 공공화된 시간을 하이데거는 '세계시간(Weltzeit)'이라고 한다. 공공화된 세계시간을 인공적으로 균분하고 정밀하게 계산해서 측정도구로 만든 것이 시계다.

3) 통속적 시간 개념의 발생: 시간의 일부 가능성, 신장성 등 탈자적-지평적 시간성을 은폐하고, 시간을 오직 퇴락의 존재양식에서만 보게 되면, 즉 모든 존재자를 전재자로서만 보게 되면 거기에서 소위 통속적 시간개념이 나온다. 통속적 시간은 아리스토텔레스에 의해 확립된 전통적 시간개념, 즉 과학적 시간, 베르그송이 말하는 공간화된 시간을 가리킨다.

배려적 시간 해석과 통속적 시간 해석 사이에는 몇 가지 주목할 만한 차이가 있다. 첫째, 통속적 시간해석은 배려적 시간해석을 수평화한다. 통속적 시간해석의 '지금'에는 지평이 없다. 통속적 시간해석에서는 지금들이 병렬적으로 늘어서서 계기(繼起)로만 있기 때문이다. 둘째, 이 지금들은 사라지고 사라진 지금들은 과거를 형성하고, 다가올 지금들은 미래를 형성한다. 그것은 중단도 없고, 처음도 끝도 없이 과거와 미래의 두 방향으로 무한하다. 지금 속에는 또 지금이 있고, 그 속에는 또 지금이 있다.

이상과 같이 나는 선구적 결의성에서 드러난 현존재의 시간성과 일상적 현존재의 시간적 해석에서 드러난 비본래적 시간성, 그 시간성의 일부 가능성과 공공화에 의한 세계시간 그리고 현존재의 퇴락에서 연원하는 통속적 지금-시간을 검토하였다. 그러나 이 세 시간 해석은 서로 합치하지 않는다. 하이데거의 말을 빌리면 "탈자적으로 이해된 장래[시간성], 일부 가능한 유의의한 〈그때〉[세계시간] 그리고 아직 다가오지는 않았으나 이제 곧 다가올 단순한 지금이라는 의미의 〈미래〉라는 통속적 개념[통속적 시간], 이 삼자(三者)는 합치하지 않는다."[29] 이것은 과거와 현재라는 현상의 경우도 마찬가지이다.

이상 거론한 하이데거의 시간론을 한마디로 줄여서 말하면, 현존재의 존재는 마음씀이고, 그 의미 즉 마음씀을 가능하게 하는 것은 다름 아닌 시간성이라는 것이다. 현존재는 '피투적 현사실적 기투'인데 그것을 시간적 구조에서 보면 '기존(旣存)하면서-현전화하는 장래'가 된다. 그것이 시간성이다. 이것을 하이데거는 본래성과 비본래성의 입장에서 검토한 것이다.

7.

이상으로 나는 철학적 시간론을 검토하였다. 그 시간론은 바꿔 말하면 시간성 이론이다. 이 시간성이 시간의 근원 또는 진정한 시간이라는 것이다. 시간성은 의식이므로 양화할 수 없다. 따라서 장수했다든가 단명했다고 말하는 것은 무의미하다. 인간은 누구나 자기의 삶을 살다 죽기 때문이다.

앞에서 또 나는 종래의 과학적 시간연구는 끝났다고 했거니와, 철학적 시간론도 20세기를 맞이하여 시간성 이론으로 막을 내려야 할 것이

---

29 *Sein und Zeit*, S. 427.

다. 그러나 그냥 끝난 것이 아니라, 과학적 시간 개념과 철학적 시간성 개념은 대립적으로 분리되지 않고 서로 융합되고 있다. 그 몇 가지를 예시하면 다음과 같다. 시간표상에 직선적 표상과 원환적 표상의 두 가지가 있다는 것은 다 아는 바인데 우리는 이 두 표상을 다 가지고 살고 있다. 세월은 무한히 흘러서 되돌아오지 않지만 해가 바뀌면 또 새해 12달(月)이 되풀이된다. 월력(月曆)도 일력(日曆)도 시분초(時分秒)도 마찬가지다. 태양의 자식인 우리는 아침 점심 저녁을 태양의 위치에 맞추어서 생리화하였다. 하루를 24시간으로 정하고 밤과 낮에 각기 12시간씩을 배분하여 거기에 우리의 생리적 욕구를 맞추고, 그것을 공공의 시간으로 약정한 것이다. 그것을 정밀화 정확화한 것이 과학적 시간개념이다.

과학적 시간개념에는 지금은 있으나 지평적 현재는 없다. 그러나 우리는 비본래적이긴 하나 시장함이나 출근하는 일 등 배려적 시간성 개념을 늘 사용하고 있다. 시계가 갖는 정확성과 정밀성에 고마워하고 거기에 의존해서 사회생활을 하고 있다. 시간성 이론을 전개하는 철학자도 시계에 맞추어 강의하고 퇴근할 것이다. 공공의 시간은 시계가 결정한다고 해도 과언이 아니다. 과학적 시간개념에서는 시간은 흐르지 않는다. 시간의 흐름성격은 시간성 이론에서 가능하다. 우리는 시간을 흐름으로 이해하고 그렇게 노래하고 있다. 시간은 흐르는 것이다. 과학자도 시간의 흐름성격을 자연스럽게 수용하고 있다. 이와 같이 우리는 과학적 시간 개념과 철학적 시간성 개념을 다 가지고 산다. 상이한 두 개념이 우리의 구체적 생활 속에서 통합되어 있다. 현대의 우리는 과학적 시간개념과 철학적 시간성 개념을 구분 없이 수용 융합하고 있다. 시간론상으로 현대는 융합의 시대이다.

시간 사상은 무엇보다도 만유를 '영원의 상하'(相下)에서 보는 실체론적 사고를 지양한다. 시간은 변화의 기저이므로 일체를 '변화의 상하'에서 보기 때문이다. 이 점에서 시간론자는 어쩔 수 없이 헤라클레이토스의 후예이다.

실체론적 형이상학을 부정하는 사유는 불교의 교리와도 상통한다. '변화의 상하'는 곧 '무상의 상하'에 다름 아니다. 불교의 삼법인(三法印)은 諸行無常 諸法無我 涅槃寂靜인데 마지막 涅槃寂靜은 종교의 사항이어서 우리의 연구에서는 제처놓더라도 앞의 두 가지, '모든 변화는 무상하고, 모든 사상(事象)에는 상주하는 주체가 없다'는 사상은 전적으로 시간론과 궤(軌)를 같이 한다. 이것으로 미루어 시간론은 동서의 사상을 아우르는 주제가 될 수 있음직도 하다.

* 이 글은 2019년 9월 '한일학술포럼'에서 발표한 것이다. 이것으로 이전 판의 총결론을 대신한다. 한일학술포럼은 대한민국 학술원과 일본 학사원이 매년 번갈아 자국에서 개최하는 회원들만의 학술 발표 모임이다.

발문

　나는 2년 전 근 40년에 걸친 교단 생활을 마감하는 퇴임 축하연에서 오랫동안 연찬해온 나의 시간론 연구를 3부작으로 정리하고자 한다고 밝힌 바 있다. 그때 구상한 제1부는 일반 시간론이고, 제2부는 시간에 대한 철학적 성찰이며, 제3부는 '시간의 존재론'이라 하여 시간에 대한 나의 짧은 견해를 피력해보고자 했던 것이다. 그때 그 계획의 제1부와 제2부가 이 책의 제Ⅰ편과 제Ⅱ편, 제Ⅲ편으로 나타난 셈이다. 즉 이 책의 제Ⅰ편은 그때의 제1부이며, 제Ⅱ편과 제Ⅲ편은 그때의 제2부이다. '시간의 존재론'으로 기획되었던 제3부는 유보한다. 왜냐하면 첫째, 나의 만용이 너무 컸고, 둘째, 남은 시간에는 더 기초적인 일을 하고 싶기 때문이다. 그것은 내가 강의 준비에 꽤 심혈을 기울였으나 매번 성공하지 못하고 끝난 『존재론』을 정리하는 일이다.

　시간론에 대한 이 저술 작업을 나는 3년 반 동안 계속했다. 처음에 가까스로 컴퓨터의 워드 프로세서를 배워서 근근이 100쪽 정도를 입력했는데 기술 부족으로 그만 몽땅 날려버렸다 그때는 참으로 난감하였다. 이것을 다시 입력하는 데 6개월 이상 걸렸다. 그 과정에 인생에 대한 참회도 있었고, 자기 변신에 대한 고민도 많았다. 그런 우여곡절 끝에 이제

서야 제III편의 종지부를 찍을 수 있게 되었다. 아쉬운 것은 주제마다 좀 더 철저한 성찰을 다하지 못한 채 세상에 내보낸다는 것이다.

이 작업을 도와준 분들은 많다. 서울대학교 중앙도서관의 김현미 씨는 도서 대출을 꾸준히 그리고 성의 있게 도와주었다. 서울대학교 사범대학 영어교육과 김길중(金吉中)교수는 내가 애타게 찾고 있는 어느 시의 원문과 시인의 이름을 찾아주었다. 로세티(Christina Rosseti)의 『누가 바람을 보았는가?』(Who has seen the wind?)가 그것이다. 이 시는 중학교 2학년 때 배운 것인데, 시인의 이름도 그 시의 제목도 잊어버린 채 내용만을 기억하고 있었다. 그 기억이 정확한지의 여부를 확인하기 위해 나는 오랫동안 그 시를 찾아 헤맸다. 김 교수는 그 문제를 한순간에 해결해주었다. 출판을 위해 서울대 철학과의 김남두(金南斗) 교수와 박찬국(朴贊國) 교수가 적극적으로 알선하고 협조해주었다. 이분들에게 이 자리를 빌려 감사의 뜻을 전한다. 그리고 경영상 승산 없는 이 책을 출판하겠다고 선뜻 승낙해주신 문예출판사 의 전병석 사장님과 특히 성의껏 교정에 수고해주신 강규순 편집장에게 감사한다.

아내는 무능하고 어리석게 한평생을 살아온 내 곁에서 고생을 많이 했다. 사랑하는 딸에게도 고생시켜서 미안하다는 말을 전하고 싶다. 이 자리를 빌려 아내와 딸에게 감사의 뜻을 전한다.

참고문헌

서설

Augustinus, *Confessions*, The Loeb Classical Library, 1970, Havard Univ. Press.

R. Bultmann, *Geschichte und Eschatologie*, 2 verbesserte Aufl., 1965, G. C.B. Mohr, Tübingen.

玄正睦 옮김, 스티븐 호킹의 『時間의 歷史』, 1989, 삼성이데아, 서울.

제I편의 제1부

『성경』, 한영대역, 1995, 말씀보존학회, 서울.

F. W. Nietzsche, *Nietzsches Werke*, 1910~1917, Großoktav Verlag, Leipzig.

F. W. Nietzsche, *Gesamtausgabe* in 9 Bänden, 1964, Körner, Stuttgart.

H. Berkhof, *Der Sinn der Geschichte: Christus*, 1959, Vandenhoeck & Rupreckt, Göttingen & Zürich.

R. Bultmann, *Geschichte und Eschatologie*, 2 verbesserte Aufl., 1964, G.C.B. Mohr, Tübingen.

Th. Boman, *Das hebräische Denken im Vergleich mit dem Griechischen*, 5 Aufl.,

1968, Vandenhoeck & Rupreckt, Göttingen.

O. Cullmann, *Christus und die Zeit*, 2 Aufl., 1948, Evangelische Verlag, Schweiz.

H. Diels, *Fragment der Vorsokratiker*, 1957, Rowohlts, Hamburg.

M. Heidegger, *Nietzsche*, I, II, 1961, Neske, Tübingen.

___________, *Identität und Differenz*, 1957, Neske, Tübingen.

K. Löwith, *Nietzsches Philosophie der Ewigen Wiederkehr des Gleichen*, 2 Aufl., 1956, Koklhammer, Stuttgart.

H-Ch. Puech, Gnosis and Time, in Eranos Yearbook, vol. 3, *Man and Time*, 1957, Pantheon Books Inc., New York.

J. Stambauch, *Untersuchungen zum Problem der Zeit bei Nietzsche*, 1959, Martinus NijhofF, Den Haag.

M. Eliade, *The Sacred and the Profane*, 1987, Harcourt Brace & Company, New York & London.

________, *Cosmos and History, The Myth of the Eternal Return*, 1959, Harper & Row, New York.

정진홍 옮김, 미르치아 엘리아데의 『우주와 역사—영원회귀의 신화』, 1984, 민음사, 서울.

The Man and Time, Eranos Yearbook, vol. 3, 1951, Zürich.

J. G. Frazer, *Golden Bough*, 永橋卓介 譯, 『金葉枝』, 岩波文庫, 東京.

S. Toulmin and J. Goodifield, *The Discovery of Time*, 1965, Chicago Uni. Press.

R. Wendorff, *Zeit und Kultur*, 3 Aufl. 1985, Westdeutscher Verl.

제I편의 제2부

Emile Borel, *L'espace et le temps*, 失野健太郎 譯, 『空間と時間』, 1941, 岩波新書,

東京.

A. Einstein, *Relativity, The Special and the General Theory*, Authorized transl. by R. W. Lawson, 1961, Three Rivers Press, New York.

Albert Einstein : Philosopher-Scientist, ed. by Paul Arthur Schilpp, 1997, Open Court, Illinois.

N. Feather, *Mass, Length and Time*, 1966, Penguin Books.

H. Blumenberg, *Lebenszeit und Weltzeit*, 1986, 2 Aufl. Suhrkamp, Frankfurt am Main.

H. Reichenbach, *The Direction of Time*, 1956, California Uni. Press.

S. Toulmin & J. Goodfield, *The Discovery of Time*, 1982, Harper & Row, New York.

Time ed. intro. by H. Westphal & C. Levenson, 1993, Hackett Publishing Company, Inc., Cambridge.

G. J. Whitrow, *The Nature of Time*, 1972, Thames and Hudson Ltd., London.

P. J. Zwart, *About Time*, 1976, American Elsvier, New York.

Die Zeit, Serie Piper Bd. 1024, 1983, München-Zürich.

김석희 옮김, 움베르토 에코·에른스트 곰브리치 외, 『시간 박물관』, 2000, 푸른숲, 서울.

한국일보 타임-라이프 편집부 편역, 사무엘 A. 가우드스미트·로버트 클레이본의 『시간의 측정』, 1986, 서울.

沈雨最 옮김, 永田 久, 『層과 占의 과학』, 1992, 동문선, 서울.

强池信夫·管本大二·井川義次 譯, 劉文英 著, 『中國の時空論, 甲骨文字から相對性理論まで』, 1992, 東方書店, 東京.

虎尾正久, 『時とはなにか, 曆の起源から相對論的'時'まて』, 1970, 講談社, 東京.

제I편의 제3부

G. J. Whitrow, *The Nature of Time*, 1972, Thames and Hudson Ltd., London.

Die Zeit, Serie Piper Bd., 1024, 1983, München-Zürich.

H. Blumenberg, *Lebenszeit und Weltzeit*, 1986, 2 Aufl. Suhrkamp, Frankfurt.

Heirich Meier hrsg. *Die Zeit*, Bd. 2, Serie Piper 1989, München.

R. Wendorff, *Zeit und Kultur*, 1985, Westdeutscher Vrl.

P. J. Zwart, *About Time*, 1976, American Elsevier, New York.

John S. Mbiti, *African Religions & Philosophy*, 1969, Heinemann Educational
  Books Ltd., London.

高田眞治·後藏基己 譯,『易經』, 上下, 1968, 岩波文庫, 東京.

桑原方壽太郎,『動物の休内時計』, 1969, 岩波新書, 東京.

劉文英 著, 通池信夫 外 2人 譯,『中國の時空論』, 1993, 東方書店, 東京.

龍浦靜雄,『時間』, 1976, 岩波新書, 東京.

李石來 校註,『風浴歌詞集—한양가·「농가월령가」』, 1974, 신구문화사, 서울.

金星元 편,『韓國의 歲時風浴』, 1987, 명문당, 서울.

中埶 肇,『時間と人間』, 1976, 講談社文庫, 東京.

제II편의 제1부

Platon, *Sämtliche Werke 5(Politikos, Philebos, Timaios, Kritias)*, 1962, Rowohlt.

Plato, *Timaeus and Critias*, transl. with an introd. and an appendix on Atlantis
  by Desmond Lee, 1965, Penguin Classics.

박종한·김영균 역주, 플라톤의『티마이오스』, 2000, 서광사, 서울.

R. Mckeon ed. and with an Introduction, *The Basic Works of Aristotle*, 1965,
  Random House, New York.

金奎榮, 『時間論』, 증보판, 1987, 서강대학교출판부, 서울

趙要翰, 『아리스토텔레스의 哲學』, 1988, 경문사, 서울.

소광희, 「하이데거와 아리스토텔레스—아리스토텔레스의 시간론을 중심으로」, 『하이데거와 철학자들』, 1999, 철학과현실사, 서울.

P. F. Conen, *Die Zeittheorie des Aristoteles*, 1964, C.H. Beck, München.

F. Solmsen, *Aristotle's System of the Physical World, A Comparison with his Predecessors*, 1960, Cornell Univ. Press, New York.

M. Heidegger, *Gesamtausgabe*, Bd. 24 (*Die Grundprobleme der Phänomenologie*) 1975, Vittorio Klostermann, Frankfurt am Main.

Charles J. Whitby, *The Wisdom of Plotinos*, 1919, William Rider and Son Ltd., London.

Plotinus, with an English translation by A. H. Armstrong, 1967, Harvard Uni. Press.

Plotin Enneades, Texte etabli. et traduit par Emile Brehier, Les Belles Lettres, 1989, Paris.

Plotins Schriften, übers. von Richard Harder, 1937, Felix Meiner, Leipzig.

Select Works of Plotinus, trnsl. by Thoma Taylor, ed. with preface and bibliography by G. R. S. Mead. 1914, G. Bell and Sons, Ltd., London.

L. Gerson, *Plotinus*, 1994, Routledge, London and New York.

D. J. O'meara, *Plotinus*, An Introduction to the *Enneades*, 1993, Clarendon Press, Oxford.

W. Beierwaltes, *Plotin, Über Ewigkeit und Zeit*, Text Übersetzung Kommentar, 1967, Vittorio Klostermann, Frankfurt am Main.

A. Smith, "Eternity and Time" in *The Cambridge Companion to Plotinus*, ed. by

L. P. Gerson, 1996, Cambridge Uni. Press.

W. Gent, *Das Problem der Zeit*, 1965, Hildesheim, Fraukfurt a. M.

P. J. Zwart, *About Time*, 1976, American Elsevier Publishing Company, New York.

H. Conrad-Martius, *Die Zeit*, 1954, Kösel-Verlag, München.

R. Sorabji, *Time, Creation and the Continuum*, 1986, Cornell Univ. Press, New York.

제II편의 제2부

『성경』, 한영대역, 1995, 말씀보존학회, 서울.

Augustinus, *Confessiones*, The Loeb Classical Library, 1970, Harvard Univ. Press.

Saint Augustine, *Confessions*, A new transl. and introd. by Henry Chadwick, 1992, Oxford Univ. Press.

Saint Augustine, *Confessions*, transl. with a preface by E. B. Pusey, 1957, J. M. Dent and Sons Ltd., London.

최민순 옮김, 아우구스티누스의 『고백록』, 1982, 성바오로출판사, 서울.

J. Henssen, *Augustins Metaphysik der Erkenntnis*, 1931, Berlin u. Bonn.

H. Marron, *Augustinus*, 1965, Rowohlt, Hamburg.

H. C. Puech, "Gnosis and Time" in *Man and Time* (Eranos Yearbook vol 3), 1957, Pantheon Books, New York.

G. Quispel, "Time and History in Patristic Christianity" in *Man and Time* (Eranos Yearbook vol 3), 1957, Pantheon Books, New York.

R. J. Teske, *Paradox of Time in Saint Augustine*, 1996, Marquette Univ. Press.

R. Sorabji, *Time, Creation and Continuum*, 1986, Cornell Univ. Press, New York.

蘇光照, 『時間과 時間意識』, 1977, 서울.

______, 「아우구스티누스의 시간론 : 시간의 의식 내재화의 효시」, 『형이상학과 존재론』1, 1995, 철학과현실사, 서울.

제II편의 제3부

Saint Augustine, *Confessions*, A new transl., by Henry Chadwick, 1991, Oxford Univ. Press.

Saint Augustine, *Confessions*, transl. with a preface by E. B. Pusey, 1957, Everyman's Library, London.

최민순 옮김, 아우구스티누스의 『고백록』, 1982, 성바오로출판사, 서울.

Anicius Manlius Severinus Boetius, *Trost der Philosophie : lateinisch und deutsech* ; hrsg. und übersetzt von Ernst Gegenschatz, Olof Gigon eingeleitet u. erläutert von Olof Gigon, 1990, Artemis, München.

鄭義采 옮김, A.M.S. 보에시우스의 『哲學의 慰安』, 1971, 성바오로출 판사, 서울.

鄭義采 옮김, 토마스 아퀴나스의 『神學大全』, 1985, 성바오로출판사, 서울.

金奎榮, 『時間論』, 1987, 서강대학교출판부, 서울.

Baruch de Spinoza, *Ethica ordine geometrico demonstrata / Die Ethik mit geometriscber Methode begründet, Spinoza Opera·Werke*, 2te Bd. lateinisch und deutsch, 1980, Wissenschaftliche Buchgesellschaft, Darmstadt.

제III편의 제1부

Immanuel Kant, *Kritik der reinen Vernunft*, hrsg. von Raymund Schmidt,

1956, Felix Meiner, Hamburg.

Kants Werke, Akademie Textausgabe, 1968, Walter de Gruyter, Berlin.

M. Heidegger, *Kant und das Problem der Metaphysik*, 1951, Vittorio Kloster-
mann, Fraukfurt a. M.

이선일 옮김, 마르틴 하이데거의 『칸트와 형이상학의 문제』, 2001, 한길사, 서울.

백종현, 「시간·시간의식―칸트 시간 개념의 함축」, 예술문화연구 제7호,
1997, 서울대출판부, 서울.

제III편의 제2부

G. W. F. Hegel, *Hegels Werke in zwanzig Bänden*, 1970, Suhrkamp, Frankfurt
a. M.

O. D. Brauer, *Dialektik der Zeit, Unters. zu Hegels Metaphysik d. Weltgeschichte*,
1982, Günther Holzboog GmbH & Co., Stuttgart.

M. Heidegger, *Sein und Zeit*, 1972, Max Niemeyer, Tübingen.

__________, *Logik. Die Frage nach der Wahrheit*(GA Bd. 21), Vittorio
Klostermann, Frankfurt a. M.

J. V. der Meulen, *Heidegger und Hegel*, 1953, Anton Hain, Meisenheim a. Glan.

B. Lakebrink, *Studien zur Metaphysik Hegels*, 1969, Rombach, Freiburg.

제III편의 제3부

Henri Bergson, *Essai sur les donnees immediates de la conscience*.

__________, *Matière et mémoire*.

__________, *L'evolution créatrice*.

__________, *L'énergie spirituelle*.

______________, *La pensée et le mouvant*, in Henri Bergson, Oeuvres, 1970, Paris.

______________, *Durée et simultanéité* ; 1922, Universitaires de France.

W. Ch. Zimmerli & M. Sandbothe Hrsg. *Klassiker der Modernen Zeitphilosophie*, 1993, Wissensehaftliche Buchgesellschaft, Dermstadt.

金奎榮, 『時間論』, 1987, 서강대학교출판부, 서울.

김형효, 『베르그송의 철학』, 1991, 민음사, 서울.

中島盛夫, 『ヘルクソンと現代』, 1965, 稿新書, 東京.

池辺義教, 『ヘルクソンの哲學』, 1976, 第三文明社, 東京.

제III편의 제4부

E. Husserl, *Husserliana*, Martinus Nijhoff, Haag.

______________, Bd. I, hrsg. von S. Strasser, 1963.

______________, Bd. II, hrsg. von W. Biemel, 1950.

______________, Bd. VI, hrsg. von W. Biemel, 1962.

______________, Bd. X, hrsg. von S. Strasser, 1963.

______________, *Erfahrung und Urteil*, hrsg. von L. Landgrebe, 1972, Felix Meiner, Hamburg.

______________, *Philosophie als strenge Wissenschaft*, 2 Aufl. 1965. Vittorio Klostemann, Frankfurt a. M.

______________, *Vorlesungen zur Phänomenologie des inneren Zeitbewußtseins*, hrsg. von M. Heidegger, 1928, Max Niemeyer, Halle.

高亨坤, 『禪의 世界』, 1971, 태학사, 서울.

金奎榮, 『時間論』, 1987, 서강대학교출판부, 서울.

蘇光照, 『時間과 時間意識』, 1977, 서울.

B. Abba, *Vor-und Selbstzeitigung als Versuch der Vermenscbllichung in der Phänomenologie Husserls*, 1972, Anton Hain, Meisenheim a. Gian.

W. Biemel, "Die entscheidenden Phasen der Entfaltung von Husserls Philosophie," in *Zts. f. Philos. Forsch.* 1959, XIII.

G. Böhme, *Über die Zeitmodi*, 1966, Vandenhoeck & Ruprecht, Göttingen.

G. Brand, *Welt, Ich und Zeit*, 1969, Martinus Nijhoff, Haag.

F. Brentano, *Psychologie vom empirischen Standpunkt*, 1924, Felix Meiner, Leipzig.

A. Diemer, *Edmund Husserl*, 2 verbesserte Aufl. 1965, Anton Hein, Meisenheim.

G. Eigler, *Metaphysische Voraussetzungen in Husserls Zeitanalysen*, 1961, Anton Hein, Meisenheim.

H. Conrad-Martinus, *Die Zeit*, 1954, Kösel, München.

H-G. Gadamer, "Die phänomenologische Bewegung", in *philos. Rundschau*, 77, 1963.

W. Gent, *Das Problem der Zeit*, 1965, Georg Olms, Heldesheim.

N. Hartmann, *Philosophie der Natur*, 1950, Walter de Gruyter, Berlin.

M. Heidegger, *Sein und Zeit*, 1953, Max Niemeyer, Tübingen.

__________, *Holzwege*, 1952, Vittorio Klostermann, Frankfurt a. main.

K. Held, *Lebendige Gegenwart*, 1966, Martinus Nijhoff, Haag.

J. Henssen, *Augustins Metahpysik der Erkenntnis*, 1931, Berlin u. Bonn.

H. Hohl, *Lebenswelt und Geschichte*, 1962, Karl Alber, München.

P. Janssen, *Geschichte und Lebenswelt*, 1970, Martinus Nijhoff, Haag.

L. Landgrebe, *Phänomenologie und Metaphysik*, 1949, Marion Schröder, Hamburg.

__________, *Der Weg der Phänomenologie*, 1963, Gütersloher Gerd Mohn.

H. Marron, *Augustinus*, 1965, Rowohlt, Hamburg.

E. W. Orath, hrsg., *Zeit und Zeitlichkeit bei Husserl und Heidegger, Phänomeno-logische Forschungen* 14. 1983, Karl Alber, Freiburg und München.

H. C. Puech, "Gnosis and Time", in *Man and Time* (Eranos Yearbook, vol. 3) 1957, New York.

W. W. Fuchs, *Phenomenology and the Metaphysics of Presenee*, 1976, Martinus Nijhoff, The Hague.

G. Quispel, "Time and History in Patristic Christianity", in *Man and Time* (Eranos Yearbook, vol. 3) 1957, New York.

Saint Augustin, *Confessions*, translated with a preface by Pusey, E. B. Everyman's Library, 1957, London.

W. Szilasi, *Einführung in die Phänomenologie Edmund Husserls*, 1959, Max Niemeyer, Tübingen.

E. Tugendhart, *Der Wahrheitsbegriff bei Husserl und Heidegger*, 1970, Walter de Gruyter, Berlin.

R. M. Zaner, *The Problem of Embodiment*, 1964, Martinus Nijhoff, Haag.

제III편의 제5부

M. Heidegger, *Frühe Schriften*, Gesamtausgabe(GA) Bd. 1, 1979, Vittorio Klostermann, Frankfurt a. Main,

__________, *Sein und Zeit*, 1953, Max Niemeyer, Tübingen. GA Bd. 2, 1975, Vittorio Klostermann, Frankfurt a. M.

__________, *Prolegomena zur Geschichte des Zeitbegriffs* (GA Bd. 20).

___________, *Logik. Die Frage nach der Wahrheit*(GA. Bd. 21).,

___________, *Die Grundprobleme der Phänomenologie*(GA Bd. 24).

___________, *Metaphysische Anfangsgründe der Logik*(GA Bd. 26).

___________, *Was ist Metaphysik?* 1949, Vittorio Klostermann, Frankfurt.

___________, *Platons Lehre von der Wahrheit mit einem Brief über den Humanismus*, 1954, Francke, Bern.

___________, *Holzwege*, 1952, Vittorio Klostermann, Frankfurt a. m.

___________, *Zur Sache des Denkens*, 1969, Max Nieneyer, Tübingen.

高亨坤, 『禪의 世界』, 1971, 태학사, 서울.

소광희 옮김, 마르틴 하이데거의 『존재와 시간』, 1997, 경문사, 서울.

이수장·박찬국 지음(소광희 감수), 『하이데거, 그의 생애와 사상』, 1999, 서울대학교출판부, 서울.

신상희, 『시간과 존재의 빛』, 2000, 한길사, 서울.

H. G. Gadamer, "Über leere und erfüllte Zeit", in *DieFrage Martin Heideggers* vorl. von H. G. Gadamer, 1969, Carl Winter Uni. Verlag, Heidelberg.

G. Brand, *Welt, Ich und Zeit*, 1969, Martinus Nijhoff, Den Haag.

W. Gent, *Das Problem der Zeit*, 1965, Georg Olms Hildesheim.

M. Heinz, *Zeitlichkeit und Temporalität*, Elementa Bd. XXV-1982, Königshausen Neumann & Rodopi, Würzburg/Amsterdam, 1982.

K. Held, *Lebendige Gegenwart*, 1966, Martinus NijhofF, Den Haag.

H. Hohl, *Lebenswelt und Geschichte*, 1962, Karl Alber, Freiburg/München.

Th. Kisiel, "Der Zeitbegriff beim früheren Heidegger(um 1925)", in *Zeit und Zeitlichkeit*, hrsg., von E.W. Orath, 1983, Karl Alber, Freiburg / München.

W. F. Otto, "Die Zeit und das Sein", in *Anteile, M. Heidegger zum 60 Geburtstag*,

1950, Vittorio Klostermann, Frankfurt a. m.

O. Poggeler, *Der Denkweg Martin Heideggers*, 1963, Neske, Tübingen.

__________, *Neue Weg mit Heidegger*, 1992, Karl Alber, Freiburg / München.

__________, "Zeit und Sein bei Heidegger", in *Zeit und Zeitlichkeit*, hrsg. von E. W. Orath 1983, Karl Alber, Freiburg/München.

A. Rosales, *Transzendenz und Differenz*, 1970, Martinus Nijhoff, Den Haag.

R. Schaeffler, *Die Struktur der Geschichtszeit*, 1963, Vittorio Klostermann, Frankfurt a. Main.

제III편의 제6부

高亨坤, 『禪의 世界』, 1971, 태학사, 서울.

_____, 『하늘과 땅과 인간』, 1975, 조양사, 서울.

_____, 『現代 思潮의 전향과 禪 思想』, 1974, 朴吉眞총장기념논집, 원광대출판부.

_____, 『秋史의 '白坡妄證 15條'에 대하여』, 1975, 학술원논문집 제14집, 서울.

_____, 『新華嚴論 研究—특히 無時間論을 중심으로』, 1977, 학술원논문집 제 16집, 서울.

『大正新修大藏經』, 권 48, 永嘉 玄覺, 「禪宗永嘉集」.

憲業 편역, 『禪宗永襄集』, 1972, 불광출판부, 서울.

『大正新修大藏經』, 권 30, 護法 撰, 玄奘 譯, 『成推識論』, 大正新修大 藏經刊行會, 東京.

『大正新修大藏經』, 권 30, 鳩摩羅什 譯, 『中觀論』, 大正新修大藏經 刊行會, 東京.

『大正新修大藏經』, 권 45, 『法藏, 華嚴一乘分齊章』, 上同.

普慧大藏經刊行會版本, 『景德傳燈錄』, 中華民國 59년, 眞善美出版社, 合北.

永明 延壽禪師, 『宗銳錄』(百卷), 宋楊傑操.

重顯 雪賣,『壁嚴錄』上中下, 1970, 岩波文庫, 東京.

臨濟 玄義,『臨濟錄』, 1970, 岩波文庫, 東京.

金室榮,『時間論』, 1987, 서강대학교출판부, 서울.

織田,『佛敎大辭典』, 1947, 大藏出版株式會社, 東京.

水野 外 3人 편집,『佛典解題事典』, 1993, 春秋社, 東京.

駒澤大學,『禪學大辭典』上下, 1978, 大修諸書店, 東京.

平川 影,『八宗網要』上下, 1955, 大藏出版株式會社, 東京.

中山延二,『佛敎に於ける時の硏究』, 1970, 百華苑, 東京.

嫌田芮雄,『中國佛敎史』, 1982, 岩波全書, 東京.

E. Husserl, *Vorlesungen zur Phänomenologie des inneren Zeitbewußtseins*, hrsg. von M. Heidegger, 1928, Max Niemeyer, Halle.

M. Heidegger, *Sein und Zeit*, 1953, Max Niemyer, Tübingen.

__________, *Was ist Metaphysik?* 1949, Vittorio Klostermann, Frankfurt a. m.

__________, *Erläuterungen zur Hölderlins Dichtung*, 1951, Vittorio Klostermann, Frankfurt a. m.

__________, *Holzwege*, 1952, Vittorio Klostermann, Frankfurt a. m.,

__________, *Einführung in die Metaphysik*, 1953, Max Niemeyer, Tübingen.

__________, *Platons Lehre von der Wahrheit mit einem Brief über den Humanismus*, 1954, Franke, Bern.

__________, *Was ist das — die Philosophie?* 1956, Günter Neske Pfullingen, Tübingen.

__________, *Identität und Differenz*, 1957, Günter Neske Phullingen, Tübingen.

__________, *Gelassenheit*, 1959, Günter Neske Phullingen, Tübingen.

제III편의 제7부

J. McT. E. McTaggart, *The Nature of Existence* vol. 1&2, 1968, Cambridge Univ. Press.

J. W. Dunne, *An Experiment with Time*, 1969, Faber and Faber Limited, London.

R. M. Gale, *The Language of Time*, 1968, Routledge & Kegan Paul, London.

R. M. Gale ed., *The Philosophy of Time*, 1968, Macmilan, London & Melbourne.

A. Grunbaum, *Philosophical Problem of Space and Time*, 1963, Alfred A. Knopf, New York.

E. Parsons, *Time Devoured*, 1964, George Allen and Unwin Ltd., London.

A. N. Prior, *Papers on Time and Tense*, 1968, Oxford Univ. Press.

J. Otten, "The Passage of Time" in *Introductory Reading in Metaphysics* ed. by R. Taylor, Prentice Hall, New Jersey.

S. Toulmin & J. Goodfield, *The Discovery of Time*, 1965, Chicago Univ. Press.

M. Whiteman, *Philosophy of Space and Time*, 1967, George Allen and Unwin Ltd., London & New York.

W. Ch. Zimmerli · M, Sandbothe hrsg. *Klassiker der Modern Zeitphilosophie*, 1993, Wissenschaftliche Buchgesellschaft, Darmstadt.

결론: 철학적 시간론

Aristoteles, *Physica*.

F. Solmen, *Aristotle's System of the Physical World*, 1960, Cornell Univ. Press.

Plotin Enneades, Text etabli. et traduit par Emile Brehier Les Belles Lettres 1989, Paris.

W. Beierwaltes übersetzt, einleitet und kommentiert Plotin, *Über Ewigkeit und Zeit*, 1967, Vittorio Klostermann.

Augustinus, *Confessions*, The Loeb Classical Library, 1970, Havard Univ. Press.

H. Bergson, *Ouveres*, 1970, Paris.

H. Bergson, *Durée et simultaneité*, 1922, Univ. de France.

E. Husserl, *Husserliana*, X, 1963, Martinus Nijhoff, Haag.

E. Husserl, *Erfahrung und Urteil*, hrsg. von L. Landgrebe, 1972, Felix Meiner, Hamburg.

K. Held, *Lebendige Gegenwart*, 1966, Martinus Nijhoff, Haag.

M. Heidegger, *Sein und Zeit*, 1953, Max Niemeyer, Tübingen.

소광희 옮김, 하이데거『존재와 시간』, 1995, 경문사, 서울.

소광희,『時間과 時間意識』, 1977, 서울.

소광희,『소광희 저작선집』, 제I권 및 제V권, 2016, 문예출판사, 서울.

소광희, "시간과 시간성", 학술원 논문집 인문사회과학편, 2019, 58집 1호.

리뷰 : 시간으로의 산책

최 화

(경희대 철학과 교수)

운정(芸汀) 소광희 선생님께서 정년퇴임 축하연에서 시간론을 3부작으로 정리하려고 한다고 밝히셨다 한다. 그런데 듣는 우리로서는 별로 기억이 나지 않는 말씀이었다. 아니면 그때 축하연을 한 번만 하고 만 것이 아니라 각기 다른 제자나 동료들의 모임으로 여러 번 이루어졌던 것으로 기억나는데 필자가 참석하지 못한 어느 자리에서 하셨던 말씀인지도 모르겠다. 아무튼 정년퇴임을 하신 선생님께서는 댁에서 조용히 쉬시리라 짐작하고 있었다. 그러다 얼마 지나지 않은 어느 날 느닷없이 두꺼운 책 한 권으로 우리 머리를 후려치시면서 "이놈들, 내가 가만히 있을 줄 알았지?"하고 일갈을 하셨으니 그것이 바로 이《시간의 철학적 성찰》이라는 책이다. 우리는 우선 그 두께에 압도되었다. 아니, 얼마 되지도 않았는데 단지 양적 시간으로만 계산해도 어떻게 그 사이에 이 방대한 양을 집필하셨단 말인가? 말하자면 시간에 대한 반(反)시간적 저항이 아닌가! 이걸 다 읽을 생각을 하니 시간이 저절로 '시간 속에서' 성찰되겠다는 생각이 들었다. '시간의 시간적 성찰'이라고나 할까.

그런데 책을 펼치니 지금까지 전혀 선생님께 들어 보지 못한 이야기들이 펼쳐지는 것이었다. 우리가 알고 있던 선생님의 시간론은 아우구

스티누스, 후설, 하이데거에 대한 강의와 논문이 전부였다. 그런데 제1
편 시간에 대한 일반적 표상을 논하는 '일반 시간론'이라는 제하의 논의
는 원환적 시간표상과 직선적 시간 표상을 구별하고 성스러운 시간과
세속적 시간을 대립시키는 한편 니체의 영겁회귀를 논하지 않는가. 게
다가 달력과 계시법(計時法)을 자세히 살펴보고 생체시간, 체험시간, 사
회적 시간을 논하고 있었다. 이런 이야기는 평소의 선생님 입에서 들어
보지 못한 이야기인데 언제 이런 것까지 준비하셨단 말인가? 이 모두를
정년퇴임 후라는 그 짧은 시간 동안에 이루지는 못할 일이니 그 이전부
터 준비하셨다는 이야기인데, 어떻게 우리에게 한 마디도 하시지 않으
면서 이 방대한 작업을 준비하실 수가 있는가? 가슴 속에 뭔가 감추고
계신 분은 정말 무섭구나 하고 느끼는 한편으로 우리가 아는 선생님은
이런 분이 아니신데 하는 의문도 가시지 않았다.

그런 의문은 이제 2편과 3편을 다 읽고서야 비로소 풀릴 수 있었다.
2편과 3편은 철학적 시간론을 살펴보는 부분으로 주로 서양 철학자들
의 시간론을 차례로 논하는 부분이다. 아무래도 이 부분이 이 책의 핵심
일 것이다. 2편은 플라톤, 아리스토텔레스, 플로티누스, 그리고 아우구
스티누스 등 주로 고대철학자들의 시간론을 살펴보는 부분이고, 3편은
칸트, 헤겔, 베르크손, 후설, 하이데거, 고형곤 등 주로 근·현대 철학자들
의 시간론을 살펴보는 부분이다. 그런데 무엇보다도 중요하고 또 독자
들이 특별히 주목했으면 하는 것은 그 많은 철학자들을 논하는 선생님
의 관점이다. 그것은 어느 특별한 관점이나 입장이라 할 수 없는 관점이
다. 아니, 관점이나 입장이 없는 관점이나 입장이다. 사실 그러한 관점이
나 입장은 없다. 그런데 있다. 그것을 보여 준 것이 소광희 선생님의 눈
부신 면이다. 그것은 무엇인가? 그 모든 시간론을 다 섭렵한 선생은 그

중 어느 한 입장에 서지 않으셨다. 그러면 어떻게 되는가? 겉으로는 소박한 일반인의 입장이라 할 수도 있을 것으로 보인다. 소 끄는 시골 농부에게 "시간이란 게 뭐요?"하고 물으면 이러저러하다고 대답할 듯한 그런 입장과 비슷하다. 그러나 그는 그야말로 무식하기 때문에 뭐가 뭔지를 모르는 사람이다. 선생님은 거기서 한 발짝 더 나아가 모든 것을 보고 이것은 이것이고 저것은 저것이라고 말하는 태도를 취한다. 뭐랄까? 선사가 "산은 산이요, 물은 물이다"라고 할 때의 그 긍정의 광명정대함이라고나 할까?

선생님의 수필을 읽어보면 어딘지 모를 풀냄새가 난다. 그것은 들판에서 잘라오기는 했는데 잘라온 그대로의 생경한 풀냄새가 아니라 말라서 건초더미가 된 다음 광에 쌓아놓은 풀냄새이다. 들판에서 생풀을 먹은 소의 우유와 건초를 먹은 소의 우유 맛을 비교해 보면 이 차이는 금방 알 수 있다. 이것은 선생님을 뵐 때에도, 말씀 한마디, 한 마디에 묻어 나오는 구수한 풀내음이다. 그 소박한 풀내음을 풍기는 "이러하다"는 긍정이 선생님의 입장 아닌 입장이다. 그것도 결국 입장 아니냐고 물으면 아니라고 할 재간은 없다. 그것은 입장은 입장인데 어느 쪽에도 치우치지 않은 입장이다. 공명정대한 입장, 전면적인 입장, 입장 아닌 입장이다. 이것을 선생님이 의식적으로 확보한 것은 아닌 듯싶다. 그냥 당연히 그런 것 아니냐는 생각으로 기술하다 보니 그렇게 된 것 같다. 철저한 전문가이면서 동시에 소박한 일반인으로서 철학자들의 시간론을 하나하나 살펴 본 것이다. 마치 시간론의 역사라는 긴 시간을 고적히 산책한다는 듯이.

시간론을 산책하듯이 살펴본 것이기 때문에 하나 어려울 것이 없다. 누구나 읽으면 술술 이해가 된다. 이것이 이 책의 가장 큰 장점이자 특징이다. 말이 쉬워 산책이지 시간론은 사실 철학적 주제 중에서도 가장 어려운 부분이다. 그런데 그것을 누구나 알기 쉽게 서술했다는 것은 아무나 할 수 있는 일이 아니다. 모든 것을 마스터하고 거기다 세월의 숙성을 기다린 다음에야 가능한 일이다. 아마 선생님께서는 이 숙성의 시간을 보내느라고 이렇게 오래 기다리신 모양이다. 시간론을 전공으로 삼으신 만큼 '시숙'의 의미를 그만큼 잘 이해하신 것이 아닌가 한다. 젊은 철학자에게 시간을 논하라면 어려운 철학적 기술용어를 도입하여 뭐가 뭔지 잘 모르게, 어렵게, 전문적으로 논할 것이다. 그런 글을 읽으려면 바짝 긴장해야 한다. 선생님의 글은 그렇지가 않다. 가령 헤겔이 시간을 다룬 부분(《엔치클로페디》, §245-261)을 읽다보면 시간과 공간이 어떻게 구별되는지, 영원과 지금은 어떻게 다른지 뒤죽박죽이어서 도무지 이해가 가지 않는데, 그것을 선생님은 공간의 점과 지금이 함께 확보되는 '여기-지금'으로 설명함으로서 헤겔에게 왜 시간이 항상 지금으로 표상되는지가 이해되게 하였다. 필자로 말하자면 선생님에 의해 처음으로 헤겔을 이해하게 된 것이다. 물론 이해한다고 다 공감하는 것은 아니지만 하여튼 헤겔이 의미하려는 바가 무엇인지는 알게 되었다. 그러니 명확한 설명의 덕목을 어찌 강조치 않을 것인가. 대가를 스승으로 둔 제자의 기쁨을 다시 한 번 만끽하는 바이다.

《시간의 철학적 성찰》은 여러 철학자들의 시간론을 한적하고 광명정대하게 다루고 있으니 그 구체적 내용이야 독자 여러분들께서 직접 그 산책로를 따라 한 번 걸어 보시면 힘들이지 않고 알 수 있으리라 생각한다. 필자는 그 중에서도 가장 중요한 마지막 부분, 즉 후설과 하이데거와 고형곤(聽松)을 다룬 부분을 한 번 생각해 보고 싶다.

우선 후설의 시간론을 살펴보자. 후설은 "자연적 태도에서 보이는 초월적 대상은 음영을 남기니 명증적이라고 할 수 없으므로 이를 의식 내재적 영역으로 환원하고, 다시 그것의 발생적 근원을 찾아 초월론적 환원을 거쳐서 그 저류를 본다. 그 저류가 곧 의시간적 시간성으로서 근원적 시간 즉 시간구성의 원천이다. 그리고 거기서 반성하는 자아와 반성되는 자아가 분열됨을 천착하고, 반성하는 자아는 반성을 통해 절대로 드러나는 일이 없는 익명적 자아라고 천명"하였다고 한다. 여기서 '내재적 영역으로[의] 환원'과 '초월론적 환원'을 했다고 하지만 그러한 현상학적 방법이 일반적 관찰과 추론의 방법과 무엇이 얼마나 다른지 의문이다. 현상학적 방법을 전혀 동원하지 않고 그냥 우리의 내적 의식을 관찰 대상으로 삼고 반성해보더라도 '반성하는 자아'와 '반성되는 자아'가 구별되고, '반성하는 자아'는 항상 자기에게 드러나지 않는 '익명성'을 가질 것이 아닌가? 또, 거기서 '반성하는 자아'는 시간구성의 원점이고, "반성되는 자아"는 "시위에 실려서 뒤로 침퇴하는, 즉 파지 계열을 형성하는 자아"로 드러난다고 한다. 그리하여 유명한 후설의 시간의 다이어그램이 등장하게 되는데, 이 다이어그램의 문제점은 현재가 하나의 세로선으로 이루어졌다는 것이다. 물론 점으로서의 일반적 현재표상과는 다르게 세로선으로 이루어졌다는 점은 주목할 만하지만 역시 현재가 점적 순간을 점하는 것으로 표상되었다는 것은 부인할 수 없다. 과거의 끝이자 미래의 시작으로서의 수학적 점과 같은 현재는 없다. 현재는 항상 어떤 기간을 점한다. 인간이 지각할 수 있는 최소한의 시간은 1/20초이다. 아무리 짧아도 그만큼의 시간은 지속되어야 의식이 되지 그렇지 않다면 무엇이 일어났는지 우리는 알아차릴 수가 없다. 번갯불이 번쩍였다 사라지더라도 1/20초는 지속되어야 번개가 친 것을 알지 그보다 짧은 시간에 없어졌다면 우리는 번개가 쳤는지 아닌지 알아차리지 못한다. 무슨 말이냐 하면 시간의 다이어그램에서 현재를 이루는 선은 최소한 1/20초의 두께를 가진 선이라야지 그냥 가는 선일 수가 없다는 것이다. 사실은 그 정도의 선이 아니라, 우리가 푸른 숲을 본다고 할 때 그 '푸른'이라는 말을 할 수 있으려면 초당 몇 백조 번의 진동을 한 번에 응축해야 한다. 그 진동을 1/20초만에 한 번씩 센다 하더라도 이만 오천 년, 즉 250 세기가 걸린다. 그러니 우리가 보는 모든 '현재' 지각은 이미 오랜 과거의 응축이다.

우리가 하려는 말은 결국 후설의 현상학적 방법이 명증성을 보증해 주는 방법일 수 없다는 것이다. 그가 명증적으로 파악했다는 다이어그램은 전혀 명증적이지 않고 우리 지각의 조건이라는 비현상학적 지식 (1/20초)에 기반을 두어야 한다는 것이다. 다이어그램의 세로선이 가로선으로 되어 현재가 일정한 기간 지속되는 것임을 말할 때에야 비로소 진실에 가까워질 것이다.

하이데거로 넘어가보자. 우리가 선생님 옆에 있을 때에는《존재와 시간》만 열심히 읽었다. 그런데 선생님은 이 책에서《존재와 시간》이전과 이후를 말씀하고 계신다. 우리는 듣지 못했던 이런 이야기는 벌써 하이데거의 지평을 훨씬 넓힌 것으로서 후학들에게 큰 도움을 줄 것이다. 여기서는 그런 이야기를 하려는 것이 아니라 하이데거의 한계를 꼬집는 이야기를 해야 할 것 같다(그래야 재미있으니까). 후설에서 벌써 예지가 어떻게 이루어지는가가 문제되었었다. 하이데거는 그것을 기재존재는 이미 동시에 기투존재라 함으로써 후설 식으로 말하면 파지가 있다는 것은 이미 예지가 있기 때문이라고 설명한다. 그것은 매우 타당하고 그럴 듯한 설명인데 이것은 사실 하이데거의 독창적 창조물이 아니다. 그 이전에 이미 베르크손이 인간의 현재란 곧 몸이 있는 곳인데 몸은 항상 감각-운동적(sensori-moteur)이라고 한 말에 포함되어 있는 이론이었다. 몸은 지각 세계의 여러 존재자들 속에 그들과 함께 있으면서 그들이 어떻게 있는지를 지각하고(sentir) 그 지각에 반응하는 운동(motion, 특히 신체운동)을 하면서 살아가게 되어 있는 존재자이다. 감각은 과거의 감각이요 운동은 미래의, 미래를 위한 운동이다. 그러니 이것이 바로 기재적 기투와 같은 말이다. 우리는 그러므로 베르크손에서 하이데거의 선구를 본다. 필자는 선생님 곁에서 하이데거를 배우다가 베르크손으로 옮겨간 일종의 배신자인데, 그럴 수밖에 없었던 것은 《존재와 시간》을 읽은 필자에게 하이데거는 존재론을 칸트적 선험철학에, 즉 존재론의 기초인 기초존재론을 인간이라는 현존재 분석에 종속시킨 것으로 보였기 때문이다. '존재적'인 것과 '존재론적'인 것을 구별한 하이데거는 현존재 분석을 '존재론적'인 것이라 했는데, 그것이 바로 경험적인 것, 즉 '존재적'인 것과 구별되는 선험적인 것, 즉 '존재론적'인 현존재 분석이라는 뜻이 되기 때문이다. 하이데거는 결국 존재론을 인식론에(인식론이 아니라면 현존재라는 개별존재론에) 종속시켰다고 생각했기 때문에 필자는 하이데거를 떠났다. 아, 필자의 이런 항변을 들으신 선생님께서 뭐라 야단을 치실지 모르겠다. 그러니까 존재의 입장에서 시간을 생각하는 '시간과 존재'라는 3부를 구상하지 않았느냐고 하실 지도 모른다. 그런데 그것은 결국 이루어지지 않지 않았느냐, 못 한 것은 할 수 없었기 때문이 아니냐고 반발한다면, 너는 아직도 젊은이들의 그 알량한 이론에 매달려 있느냐고 하실까? 이런 배신자를 아직도 내치지 않고 술상대로 두신 걸 보면 선생님의 큰 도량에 감복할 따름이다.

사실 배신자로서의 나의 괴팍한 행태는 고형곤 선생님을 뵐 때에도 이미 드러난 것이었다. 소 선생님은 나를 그래도 제자라고 고형곤 선생님의 댁에 데리고 가셨는데 그 자리에서도 나는 곱게 권하신 술만 마신 것이 아니라 이러쿵저러쿵 횡설수설한 것이다. 선생님께서 얼마나 곤궁스러우셨을까? 지금 나이가 들어 생각하니 모골이 송연하다. 하여간 고형곤 선생님의 시간론은 후설, 하이데거, 선불교를 두루 알아야 제대로 이해할 수 있는 것인데 소선생님의 말씀을 인용하면 말로는 간단히 표현될 수 있다.

"모든 자질구레하고 현기증 나는 이론을 쓸어버리고 무념의 일념 속에서 만유의 현전을 직하에 보려 한다. 거기서는 시간의 삼라만상이 한꺼번에 현전하는 절대 현재로서 천명된다. 그것은 현세에 대한 절대적 긍정이기도 하다. 계보적으로 선종은 유식론과 화엄 사상을 잇고 있으나 앞에서 검토한 여러 불교의 시간론의 마지막 단계에서 그 총결산이기도 하다. 이 점에서 청송이 천명하는 화엄론의 '무시간론'과 청송 자신의 '절대 현재론'은 표리관계에 있다고 할 수 있다."

아, 이제야 알겠다. 아까 말했던 선생님의 관점의 그 광명정대함이 어디서 나왔는지를. 선생님은 스승의 가르침을 몸으로 구현하고 계셨구나! "자질구레하고 현기증 나는 이론을 쓸어버리고 무념의 일념 속에서 만유의 현전을 직하에 보려" 한 것이 바로 이 책이로구나. 찌질한 배신자가 이러쿵저러쿵 논할 수 있는 책이 아니로구나.

지은이 **소광희**

충남 대전에서 출생하여 서울대학교 철학과에서 학부와 대학원 과정을 마치고(철학 박사), 서울대학교 철학과 교수로 재직했으며, 철학연구회 회장, 한국철학회 회장과 서울대학교 인문대학장을 역임했다. 현재 서울대학교 명예교수와 대한민국학술원 회원으로 있다. 저서로는『기호논리학』,『패러독스로 본 세상』,『시간의 철학적 성찰』,『자연 존재론』,『사회 존재론』,『자아 존재론』,『하이데거「존재와 시간」강의』,『청송의 생애와 선철학』,『무상의 흔적들』등이 있으며,『형이상학과 존재론(1·2)』,『현대의 학문체계』,『하이데거의 언어사상』등의 공저가 있다. 역서로 하이데거의『존재와 시간』,『시와 철학』등이 있다. 저서『시간의 철학적 성찰』로 2002년 한국백상출판문화상 저술상과 2003년 대한민국학술원상을 수상했다.

소광희 저작선집 1

시간의 철학적 성찰

1판 1쇄 발행 2001년 10월 30일
2판 1쇄 발행 2003년 7월 5일
3판 4쇄 발행 2021년 11월 30일

지은이 소광희
펴낸곳 (주)문예출판사 | **펴낸이** 전준배
출판등록 2004. 02. 12. 제 2013-000360호 (1966. 12. 2. 제 1-134호)
주소 03992 서울시 마포구 월드컵북로 6길 30
전화 393-5681 | **팩스** 393-5685
홈페이지 www.moonye.com | **블로그** blog.naver.com/imoonye
페이스북 www.facebook.com/moonyepublishing | **이메일** info@moonye.com

ISBN 978-89-310-0174-7 03100

• 잘못 만든 책은 구입하신 서점에서 바꿔드립니다.

문예출판사® 상표등록 제 40-0833187호, 제 41-0200044호